Klappe links: Gesamtübersicht Florida und angrenzende Gebiete mit Seitenzahlen für die in diesem Buch beschriebenen Orte und Routen

Dr. Hans-R. Grundmann GmbH
Verlagsgruppe Reise Know-How

Hans-R. Grundmann
Bernd Wagner

Florida

mit Atlanta, Charleston, New Orleans

Hans-R. Grundmann
Bernd Wagner

Florida

mit Atlanta, Charleston, New Orleans

7. komplett aktualisierte und überarbeitete Auflage 2016
mit separater Floridakarte
ist erschienen im

Reise Know-How Verlag

ISBN 978-3-89662-296-9

Gestaltung
Umschlag: Carsten Blind, Asperg, Hans-R. Grundmann
Satz und Layout: Hans-R. Grundmann, Ulf Behrmann, Carsten Blind
Karten: map solutions, Karlsruhe

Fotos ➢ Fotonachweis auf Seite 490

Druck
Media Print, Paderborn

Dieses Buch ist in jeder Buchhandlung
in Deutschland, Österreich und der Schweiz erhältlich.
Die Bezugsadressen für den Buchhandel sind

- Prolit Gmbh, 35463 Fernwald
- Buch 2000, CH-8910 Affoltern
- Mohr & Morawa GmbH, A-1230 Wien
- Barsortimenter

Wer im lokalen Buchhandel Reise Know-How-Bücher nicht findet,
kann diesen und andere Titel der Reihe auch im Buchshop des
Verlages im Internet bestellen: **www.reise-know-how.de**

Willkommen im Sonnenstaat

Als im frühen 16. Jahrhundert die Spanier erstmals an Floridas Küste anlegten, hielten sie das neu entdeckte Land für eine Insel und lagen damit nicht ganz falsch. Denn Florida hat in mancher Hinsicht mehr mit den Inseln der Karibik gemein als mit dem Rest der kontinentalen USA. Tropische Temperaturen, Palmen und Sandstrände, karibische Klänge und kubanische Küche machen es zu einem vergleichsweise exotischen Reiseziel.

Andererseits ist Florida aber auch Durchschnittsamerika mit *Shopping Malls*, *Fast Food* an jeder Ecke, ausufernden Großstädten, vielspurigen *Freeways* und was sonst noch so dazu gehört. Hinzu kommt eine touristische Infrastruktur typisch amerikanischer Prägung. Kein anderer US-Staat ist so sehr vom Tourismus bestimmt wie Florida. Mancher Ort verdankt ihm sogar seine Entstehung.

Die größten **Attraktionen** Floridas sind so bekannt, dass man sie kaum erwähnen muss: Neben **Sonne, Sand und Meer** gehören dazu vor allem die **Vergnügungsparks** bei **Orlando**, speziell ***Walt Disney World***, die ***Art Deco***-Meile in Miami Beach, das schillernde **Key West** und das ***J. F. Kennedy Space Center*** beim Cape Canaveral.

Florida hat auch darüber hinaus viel zu bieten. In zahlreichen ***State***, einigen ***National Parks*** und anderen Naturschutzgebieten stößt man auf eine ungewöhnlich **vielfältige Flora und Fauna** und – unter Wasser vor der Inselkette der Florida Keys – auf Korallenriffe. Eine Florida-Spezialität sind die ***Spring Parks***, die um ergiebige Frischwasserquellen und ihre Abflüsse entstanden und teilweise Lebensraum für Seekühe und Alligatoren sind.

Jahrhundertealte **Forts**, angelegt in den Anfängen der Besiedelung bis zum Bürgerkrieg, **Plantagen** aus der Zeit der Sklaverei und die älteste, von spanischen Kolonisten gegründete Stadt der USA, **St. Augustine**, sind sehenswerte Besuchsziele nicht nur für historisch Interessierte. Geballte (Waffen-) **Technik** bieten das erwähnte *Kennedy Space Center* bei Cape Canaveral, das *Museum of Naval Aviation* für Militärflugzeuge bei Pensacola und der *Battleship Park in Mobile/Alabama*. Echte **Kunstschätze** warten u.a. im *Ringling Art Museum* in Sarasota und im *Dalí Museum* in St. Petersburg. Wer **Kneipenbummel** und **Nachtleben** sucht, wird vor allem in Miami Beach fündig, aber auch in Key West, Orlando,Tampa/Ybor City und anderen Brennpunkten des Tourismus.

Dieses für **2016 wieder gründlich aktualisierte Buch** steigt im **Allgemeinen Teil 1** – nach einer kompakten Darstellung all dessen, was man vor einer Reise nach Florida unbedingt wissen sollte – rasch in die Details für Reiseplanung- und vorbereitung ein. Das umfangreiche **Kapitel »Unterwegs in Florida«** befasst sich danach intensiv mit allen praktischen Fragen, die sich für und auf Reisen im Sonnenstaat stellen (können).

Der **Aufbau des Teil 2 »Routen und Reiseziele«** ist auf Seite 110 beschrieben. Der Reiseteil ist gespickt mit up-to-date-Informationen und **Internetadressen** für noch mehr Details. Neben den zahlreichen Empfehlungen für **Unterkünfte** vom **Hostel** über **Mittelklasse-Motels** bis hin zur **Luxusherberge** findet der Leser ebenso viele überprüfte Hinweise auf besonders schön gelegene und/oder komfortable **Campingplätze**.

Ein **abschließendes Kapitel** ist dem möglichen **Reisebeginn und/oder auch -ende in Atlanta** gewidmet mit ausführlicher Beschreibung von Routen durch Georgia, South Carolina und Alabama und lohnender Ziele am Wege nach/von Florida.

Wer mehr über Florida erfahren möchte, findet im **Anhang »Florida Wissen«** alles Wichtige zu Geschichte, Bevölkerung, Staat, Politik und Wirtschaft, Kunst und Kultur.

Eine gute Reise wünscht Ihnen

Hans-R. Grundmann

TEIL 1 PLANUNG, VORBEREITUNG UND DURCHFÜHRUNG einer Reise nach Florida 10

Piktogramme Die im Reiseteil benutzten Piktogramme sind weitgehend selbsterklärend. Sie erleichtern bei der Suche nach Quartieren, Campingplätzen, Restaurants etc. den raschen Zugriff auf die jeweilige Information im Text bzw. machen zusätzlich auch optisch auf Hinweise zum Wandern/Schwimmen und auf Fotopunkte aufmerksam.

Steckbrief Florida: Zahlen und Fakten

Größe	Mit einer Fläche von ca. 170.000 km^2 (Deutschland 357.000 km^2) liegt Florida unter den 50 US-Staaten auf Platz 22.
Einwohner	Doch mit 20 Mio Einwohnern (2015) rangiert der Staat bevölkerungsmäßig – nach Kalifornien und Texas und neuerdings bereits knapp vor New York State – **an dritter Stelle**. Die **Bevölkerungsdichte** liegt mit 117 Personen/km^2 zwar deutlich unter der von Deutschland (230 Personen/km^2 bei 82 Mio Einwohnern), ist aber für US-Verhältnisse hoch und überdies extrem unterschiedlich verteilt. Das Gros der Bevölkerung lebt an den Küsten südlich der Linie Tampa-Orlando-Daytona, rund um Orlando und im nordöstlichen Ballungsraum Jacksonville. Die Innenbereiche der Halbinsel und der Norden samt dem Panhandle oberhalb der Linie Tampa/Orlando/ Daytona Beach sind nur relativ dünn besiedelt.
Hauptstadt	Seit 1824 Tallahassee
Flagge	Die Staatsflagge zeigt ein rotes Kreuz auf weißem Hintergund und – in der Mitte des Kreuzes – das Staatssiegel, ➤ erste Seite dieses Buches.
Verwaltung	Der Staat Florida besteht aus 67 Landkreisen (*Counties*).
Regierung	Das Parlament hat zwei Kammern mit Sitz in Tallahassee/ Nordflorida. Ein Gouverneur, der alle vier Jahre neu gewählt wird, regiert den Staat.
Staatshymne	*Suwannee River* von *Stephen C. Foster*, ➤ Seite 288
Staatsmotto	*In God we trust*

Planung, Vorbereitung und Durchführung
einer Reise nach Florida

1. FERIENZIEL FLORIDA

In diesem Kapitel geht es zunächst einmal um wichtige und nützliche Vorabinformationen zum Ferienziel Florida. Weitergehende Details zu Florida, seiner Geschichte, Land und Leuten, finden sich im ausführlichen Anhang, Teil 3 dieses Buches.

1.1 Reiseplanung und -information

1.1.1 Warum nach Florida?

Vielfältige Attraktionen

Dass Florida eines der beliebtesten Reiseziele der USA ist, hat gute Gründe. Die klimatischen und geografischen Bedingungen für **Badeurlaub** und **Wassersport** aller Art sind ideal. **Endlose Strände**, darunter einige der schönsten der USA, warten am Atlantik, an der Golfküste und auf der Inselkette Florida Keys. Darüberhinaus gibt es zahllose weitere Sehenswürdigkeiten und Attraktionen für unterschiedlichste Interessen wie das ***Kennedy Space Center*** beim Cape Canaveral oder die **Vergnügungsparks** vor allem bei Orlando. ***City Life*** findet man in Miami, Fort Lauderdale und Tampa, **historische Stätten** in St. Augustine/Nordflorida, Key West und auf Garden Key weit draußen im Golf von Mexico. ***National*** und ***State Parks*** schützen **Sumpf-** und **Küstenlandschaften**, darunter die ***Everglades*** und – nicht nur – darin eine reiche **Fauna**. Für manche sicher überraschend verfügt Florida auch über viele hochkarätige **Museen** zu Kunst, Kultur und Geschichte.

Florida ist als Reiseziel für »Amerikaneulinge« genauso geeignet wie für amerikaerfahrene Urlauber, denn es unterscheidet sich vor allem im Süden und im sog. *Panhandle* deutlich vom Rest der USA. Die **Entfernungen** in Florida sind im Gegensatz zum Rest der USA **überschaubar** und die **touristische Infrastruktur ist dicht**.

Urlaubskosten

Flugzeiten und **-kosten** von Europa nach Florida sind **relativ günstig**, **Mietwagen** in Florida **ebenfalls**. Die **Hotel- und Moteltarife** liegen – außer in der Hochsaison (vor Weihnachten bis Mitte April) – unter denen anderer US-Reiseregionen.

Bahia Honda Beach auf den Florida Keys

1.1.2 Reisezeiten

Winterziel Florida?

Florida galt lange als reines **Winterreiseziel**. Im frühen 20. Jahrhundert kamen wohlhabende Nordstaatler zum Überwintern in den Staat und verließen ihn wieder, wenn die heiße Jahreszeit nahte. Dank der heutzutage lückenlosen Klimatisierung allerorten lässt es sich in Florida durchaus auch in heißen Monaten aushalten, von den vielen Bademöglichkeiten mal ganz abgesehen.

Südflorida

Als **ideale Reisezeit** gelten in **Südflorida** dennoch **Winter und Frühling**, da die Temperaturen dann am angenehmsten sind und es nur selten regnet. Der **Sommer** hingegen kann ziemlich nass sein, außerdem muss man zwischen Mai und Oktober mit hoher Luftfeuchtigkeit rechnen. Gelegentlich gibt es monsunartig heftige Regenfälle, nach denen aber bald wieder die Sonne scheint. Nicht selten stehen nach Regen viele Straßen für kurze Zeit komplett unter Wasser. Die geringere Beliebtheit Südfloridas im Sommer führt zu deutlich reduzierten H/Moteltarifen.

Nordflorida

An der nördlichen Golf- und Atlantikküste sind die **Sommermonate** die beliebteste Reisezeit mit den höchsten Preisen. Im Winter ist es in Nordflorida zum Baden zu kalt. Tagsüber werden zwar auch 15-20°C erreicht, aber nachts sinken die Temperaturen kräftig. Immerhin ist es dann überwiegend trocken und sonnig.

Zentralflorida

Das zentrale Florida mit Orlando und den Vergnügungsparks vermarktet sich zwar als **ganzjährige Reiseregion**. Da man sich in den Parks aber viel im Freien aufhält und in der Sonne anstehen muss, wenn auch oft abgeschattet und mit Wassernebel besprüht, sollte man dort den Hochsommer eher meiden.

1.1.3 Reiseziele und -dauer

Überlegungen

Wer nicht gleich drei Wochen oder mehr Zeit hat (➤ unten), sollte sich keine komplette Florida-Rundfahrt oder mehr vornehmen, sondern sich für Teilregionen entscheiden. Welche Region in erster Linie in Frage kommt, hängt natürlich von persönlichen Interessen, von der Jahreszeit und der möglichen Reisedauer ab.

Eine Woche

Bei nur 7-8 Tagen Aufenthalt ist man am besten mit einer festen Unterkunft in einem passenden Ort bedient. Am Standquartier kann man den gewünschten Ferienaktivitäten nachgehen und/oder von dort aus die Umgebung erkunden. Eine gute Wahl für einen solchen Kurzurlaub ist z.B. **Miami Beach**, das mit dem nahen Miami besonders viel Abwechslung bietet und ein guter Ausgangspunkt für Ausflüge auf die Florida Keys und in die *Everglades* ist. Auch **Orlando** passt für eine Woche *Action:* der Besuch in den Vergnügungsparks lässt sich gut mit Ausflügen an die Strände an beiden Küsten, nach Cape Canaveral und zu nahen *Spring Parks* kombinieren. Wer eher Badeurlaub im Sinn hat, sollte die **»Strandstädte« an der südlichen Golfküste** vorziehen, von wo der Weg nach Orlando nicht weit ist. **Tampa** und **Fort Myers** sind ebenso wie Miami, Fort Lauderdale und Orlando von europäischen Flughäfen aus mit Nonstop-Flügen zu erreichen.

Zwei Wochen

Bei einem Aufenthalt von zwei Wochen (oder mehr) wäre es dagegen schade, sich nur auf **ein** Standquartier zu beschränken. Man könnte zwei Wochen z.B. zwischen Miami Beach und Orlando aufteilen oder auch eine **kleine Rundreise** durch den südlichen Teil des Staates unternehmen. Wer den Besuch der **Vergnügungsparks** bei Orlando mit einem **Badeurlaub** im Spätsommer/Herbst kombinieren möchte, sollte überlegen, nach dem Hauptspaß in den *Amusement Parks* zum Entspannen **ins nordwestliche Florida** zu fahren. Dort ist zwar weniger »los«, aber man findet **im *Panhandle* die schönsten Strände der ganzen USA**.

Etwa ab zwei Wochen lohnt sich ggf. auch die **Miete eines Campmobils**, zumal viele Campingplätze (vor allem in *State Parks*) schon allein für sich attraktive Ziele sind, ➢ Seite 39ff.

Drei und mehr Wochen

Für eine **Rundreise** durch den ganzen Staat sollte man am besten bis zu **vier** Wochen Zeit haben. Mit einigen Auslassungen kann man aber auch **in drei Wochen eine beachtliche Route** realisieren.

Die im Reiseteil dieses Buches beschriebenen Strecken lassen sich leicht zu einer größeren Rundfahrt verbinden.

Dieser palastartige Bau dient ausschließlich als Visitor Center für Touristen

1.1.4 Information hier und vor Ort

Staatliche Tourist Information

Die zentrale Touristeninformation des Staates Florida heißt ***Visit Florida*** und residiert in der HauptstadtTallahassee (✆ 1-888-735-2872). Auch in Deutschland gibt es eine touristisch orientierte Florida-Vertretung, die auf Anforderung kostenloses Informationsmaterial verschickt (➢ Adressenanhang Seite 492).

Internet

Visit Florida unterhält die ausführliche Website

www.visitflorida.com bzw. www.visitflorida.com/deutsch

mit jeder Menge aktuellen Informationen zu Florida als Urlaubsziel. Von dort kann man sich zu wichtigen Orten und Regionen durchklicken, Infos zu Sehenswürdigkeiten, Unterkunft, Shopping, Anreise etc. finden und ggf. Reservierungen vornehmen.

Die Seite www.visitflorida.com/guides bietet den Download zahlreicher Broschüren, u.a. Hefte über Fahrrad-, Kajak und Kanutouren, Wanderwege, Ausritte und Angelmöglichkeiten.

Wem es weniger um Reiseinformationen als um Hintergrundwissen geht, sollte sich die Website des Staates Florida ansehen. Dort findet sich Wissenswertes zu Natur, Wirtschaft und Politik des Staates in englischer Sprache; www.myflorida.com.

Lokale Tourist Information

In allen größeren und auch den meisten kleineren Orten in Florida gibt es lokale Informationsstellen, die ***Tourist Information Centers*** oder ***Convention & Visitors Bureaus***. Sie haben neben allgemeinen Florida-Infos jede Menge **Broschüren**, **Karten** und **Werbung** (Hotels, Restaurants, Aktivitäten) zur jeweiligen Stadt und Region. Diese Stellen sind immer einen kurzen Besuch wert. Die Adressen finden sich im Reiseteil jeweils vor den Restaurant- und Übernachtungstipps. Vor Ort sind die **Hinweisschilder »*Tourist Information*«** selten zu übersehen.

AAA Karten & TourBooks

In den Vertretungen des amerikanischen Automobilclubs **AAA** (als ***Triple A*** bezeichnet; www.aaa.com) gibt es **Straßenkarten**, **Stadtpläne** und ***TourBooks*** für Mitglieder **kostenlos**; das gilt auch für Mitglieder europäischer Clubs.

Die ***TourBooks*** sind eine Art Reiseführer mit Betonung kommerzieller Attraktionen. Sie enthalten außerdem ein umfangreiches **Motel-/Hotelverzeichnis** für Häuser ab unterer Mittelklasse, Preisbereich ab ca. $60. Wer einigermaßen Englisch versteht, wird es unterwegs als zusätzliche Informationsquelle zu schätzen wissen (aktuelle Öffnungszeiten/Eintrittspreise, Ermäßigungen für Clubmitglieder etc.). ***TourBooks*** gibt es für alle US-Staaten, mal sind auch mehrere Staaten in einem Band zusammengefasst.

Florida dagegen ist aufgeteilt in gleich drei Bände: **Central Florida**, **South Florida**, **Alabama & Florida Panhandle**.

AAA Büros

Vertretungen des AAA gibt es in fast jeder Stadt, in großen Städten mehrere; alle Adressen über die Homepage www.aaa.com.

Discount Card des AAA

Gegen Vorlage der ADAC-Clubkarte gibt es alle gewünschten Unterlagen – wie gesagt – gratis. Die Clubkarte sorgt obendrein für Gleichstellung mit amerikanischen AAA-Mitgliedern bei Club-*Discounts* und Sondertarifen in Motels, Vergnügungsparks etc. (auf den Slogan »***Show your Card***« achten).

Stadtrundfahrten sind oft eine gute Idee in großen Städten. Die Marke »CitySightseeing« mit roten open-air Doppeldeckerbussen und hop-on-hop-off System gibt es mittlerweile weltweit

1.2 Geografie und Klima

Geografische Charakteristik

Lage

Florida ist der **südlichste Staat** der kontinentalen USA. Selbst seine Nordgrenze (mit Georgia und Alabama) liegt noch südlich der Grenze Kaliforniens mit Mexiko. In Key West, am südwestlichen Zipfel des Staates, kann man daher den ***Southernmost Point*** bewundern, den südlichsten Punkt der kontinentalen Vereinigten Staaten, der dort durch einen bunten Betonklotz markiert wird (➤ Seite 172). Wegen dieser exponierten Lage galt Florida früher als der *Southernmost State*. Doch seit 1959 das ferne Hawaii zum US-Bundesstaat wurde, muss bei diesem Superlativ immer der Zusatz »*continental*« hinzugefügt werden, denn die Inselgruppe im Pazifik liegt noch ein Stück weiter südlich. So wurde aus dem *Southernmost State* der ***Sunshine State***.

Leicht übersehen wird, dass der Staat Florida nicht nur aus der riesigen Halbinsel im Südosten Nordamerikas besteht. Das Staatsgebiet zieht sich von der **Hauptstadt Tallahassee** ganz im Norden über dem westlichen Ende der Halbinsel noch ca. 350 km weiter nach Westen. Dieser 60-150 km breite Streifen ist bekannt als der ***Florida Panhandle***, der Pfannenstiel des Staates. Er grenzt im Norden überwiegend und Westen ganz an Alabama.

Von Wasser umschlossen

Neben der südlichen Lage prägt vor allem das **Meer** die Geografie des Staates. Wenn man einmal von der Nordgrenze absieht, ist Florida rundum von **Wasser** umgeben. Von keinem Ort des Staates fährt man über 100 km bis ans Meer, im Osten an den Atlantik, im Westen an den Golf von Mexiko. Die Küstenlänge beträgt ca. 2.200 km. Wenn man die Ufer aller Buchten und Inseln mitzählt, kommt man sogar auf über 10.000 km Küstenlinie.

Vorgelagerte Inseln

Den Küsten sind über Hunderte von Kilometern sandbankartige schmale ***Barrier Islands*** vorgelagert. Einige der bekanntesten Städte Floridas wie Miami und Palm Beach, St. Pete oder Daytona Beach liegen auf solchen über Brücken erreichbaren Inseln.

Atlantikküste und Florida Keys

An der Atlantikküste ziehen sie sich nahezu ununterbrochen von Georgia kommend bis hinunter nach Miami. Südlich der Stadt beginnen die ***Florida Keys***, Inseln, die sich in einer geschwungenen Linie über eine Distanz von rund 200 km aneinanderreihen und mit Key West im Golf von Mexico enden .

Golfküste

Entlang der Golfküste sind *Barrier Islands* nicht durchgängig vorhanden. Dort erstrecken sich die Strände auf den vorgelagerten Sandinseln zwischen Fort Myers und Tarpon Springs und – im Nordwesten – zwischen der Apalachicola Bay und Pensacola.

Sümpfe

Die Festlandsküsten sind überwiegend versumpft und beherbergen riesige Mangrovenwälder, die nur per Boot zugänglich sind.

Vor dem größten Sumpfgebiet, den südwestlichen ***Everglades***, liegt zwischen Marco Island und den Florida Keys die Welt der ***10.000 Islands***, die in Wahrheit noch niemand wirklich gezählt hat.

Seen und Flüsse

Florida ist ausgesprochen reich an **Binnengewässern**. Das größte unter ihnen ist der riesige **Lake Okeechobee** (➤ Seite 195) mit einer Fläche von 1.890 km². Im Landesinneren gibt es noch eine Menge weiterer Seen: größere wie den Lake George oder Lake Kissimmee und zahllose kleinere, die sich u.a. in *National Forests* und zahlreichen *State Parks* verbergen.

Die großen **Flüsse** des Staates findet man in seiner Nordhälfte. Die wichtigsten sind der breite **St. Johns River**, der in der Nähe von Jacksonville in den Atlantik mündet, und der vielbesungene malerische **Suwannee River**, der aus Georgia kommt und nördlich der Insel Cedar Key in den Golf von Mexiko fließt. Flüsse und Seen bedecken in Florida insgesamt über 30.000 km². Fast 20% der Fläche des Staates bestehen somit aus Wasser.

Landschaft

Florida ist unglaublich **flach**. Die höchste Erhebung ist der gerade mal 105 m hohe **Britton Hill** ganz im Nordwesten in der Nähe des Dorfes Lakewood unweit der Alabamagrenze. Da es also keinerlei Berge, noch nicht einmal wirkliche Hügel gibt, fehlen spektakuläre Landschaften, wie man sie z.B. aus dem Westen der USA kennt. Wer größere Straßen und Autobahnen nicht verlässt, sieht daher nichts als eintönige und oft ziemlich dicht besiedelte Landstriche. Auch die Küstenstrecken als solche sind daher weniger attraktiv als etwa in Main oder entlang der Pazifikküste.

Das heißt nicht, dass Florida keine Naturschönheiten besitzt. Ganz im Gegenteil. Es gibt wunderschöne **Quellflüsse** in schattigen **Wäldern**, umwerfende weiße **Sandstrände** und üppige subtropische **Sumpflandschaften**. Im Gegensatz zum Westen indessen, wo man oft schon beim Durchfahren mancher Region bleibend beeindruckt wird, muss man sich um Florida mehr »bemühen«, muss landschaftlich reizvolle Ecken gezielt anfahren, sich Zeit nehmen und etwas genauer hinsehen als anderswo. Wer etwa nur mit dem Auto durch den ***Everglades National Park*** braust, wird enttäuscht sein, weil es so außer brettebener grüner Waldlandschaft nicht viel zu sehen gibt. Wenn man die *Everglades* aber im Boot erkundet – ob auf organisierten Ausflügen oder auf eigene Faust im gemieteten Kanu –, dann kann der Besuch zu einem unvergesslichen Erlebnis werden.

Naturgeschützter Sumpf gleich hinter den Stränden von Fort Lauderdale (Hugh Taylor Birch State Park, ➤ Seite 184).

Windiger Strand auf Key West

Klimatische Besonderheiten

Klimazonen

In Florida treffen **verschiedene Klimazonen** aufeinander: im Norden herrscht das warme, aber gemäßigte Klima der Südstaaten, im Süden das tropisch-feuchte Klima der Karibik; dazwischen liegt eine subtropische Übergangszone. Das Wetter ist daher in den Regionen oft sehr unterschiedlich. **Im Winter** kann es in Pensacola im ***Panhandle*** schneien, während die Urlauber auf **Key West** in der Sonne brutzeln. Und an ein- und demselben Sommerwochenende kann in **Tallahassee** das Gießen der Gärten wegen Wasserknappheit untersagt sein, während in **Miami** sintflutartiger Regen die Straßen überschwemmt.

Orkane (Hurricanes)

Generell ist das Wetter extremer und unberechenbarer. Von Juni bis November, speziell August, September und Oktober, sind *Hurricanes* keine Seltenheit. Bei Orkangefahr sorgen zeitige Unwetterwarnungen dafür, dass man gefährdete Gebiete umfahren bzw. verlassen kann. Evakuierungsrouten sind ausgeschildert.

Sommer

In Florida ist es bekanntlich deutlich **wärmer** und **sonniger** als in Mitteleuropa. Die Sommer sind überall sehr heiß. Von Mai bis September herrschen durchgehend Temperaturen von weit über 30°C verbunden mit schweißtreibend hoher Luftfeuchte.

Winter

So etwas wie Winter, obendrein noch Schnee, kennt man allenfalls an der Nordgrenze des Staates – aber auch dort als Ausnahme. Indessen sind Nachttemperaturen unter dem Gefrierpunkt in Nordflorida samt *Panhandle* von November bis Februar durchaus normal. Anderswo in Florida, speziell südlich der Linie Orlando-Tampa, kennt man kaum Frost, Schneefall ist dort eine Sensation. Auf den Florida Keys sind Minustemperaturen vollständig unbekannt.

Konsequenz für Reisen nach Florida

Wie bereits eingangs erwähnt sind **Frühling** und **Herbst**, wenn es viel wärmer als in Mitteleuropa, aber nicht brüllend heiß ist, die besten Zeiten für Reisen nach und durch Florida. In **Südflorida** gelten die Monate November, mehr noch ab kurz vor Weihnachten bis April als Hauptreisezeit. Generell ist es dann bei 20°-25°C angenehm warm und meistens sonnig und trocken.

Der **Hochsommer** ist für **Südflorida** und die ***Keys*** eine eher ungünstige Zeit, in der es extrem schwül sein kann und außerdem regelmäßig, wenn auch meist nur kurz regnet. Im ***Panhandle*** hingegen sind die Sommer trockener. Dort gelten die Sommermonate von Mai bis September als Hauptsaison.

1.3 National Parks und State Parks

Die schönsten Regionen Floridas stehen weitgehend unter **Naturschutz**. Wälder, Sümpfe, Flüsse, Seen, Küstenabschnitte und komplette Inseln sind ***National Parks*** und ***Forests*** und vor allem ***State Parks***, die vom Staat Florida installiert wurden.

Idee hinter den Nationalparks

Der Naturfreund *Horace McFarland* hielt sie für »das einzige, was wir haben, das nicht von irgendwo importiert wurde« und der Autor *James Bryce* nannte sie »die beste Idee, die Amerika je hatte«. Tatsächlich stellen die amerikanischen **Nationalparks** auch für Touristen aus dem Ausland eine der Hauptattraktionen der USA dar. Ihre Einrichtung basiert auf dem Gedanken, außergewöhnliche Landschaften, Naturwunder und bedeutsame historische Stätten vor Zerstörung und kommerzieller Ausbeutung zu bewahren und gleichzeitig den Bürgern des Landes den (kontrollierten) Zugang zu ermöglichen. Bereits 1872 wurde im nordwestlichen US-Staat Wyoming der ***Yellowstone Park*** ins Leben gerufen. Aber erst seit 1916 existiert der ***National Park Service***, der seither die Nationalpark-Idee in weltweit nachgeahmter Weise in die Praxis umgesetzt hat; www.nps.gov.

Nat`l Parks in Florida

In Florida sollte es noch etwas länger dauern, bis man sich ernsthafte Gedanken über die Erhaltung der Naturschönheiten des Staates machte. Die ***Everglades***, das große Sumpfgebiet ganz im Süden der Halbinsel wurde erst 1947 zum ersten Nationalpark des Staates erklärt (➤ Seite 141ff). Hinzu kamen in den folgenden Jahrzehnten nördlich der *Everglades* die ***Big Cypress National Preserve*** (➤ Seite 394), an der Atlantikküste die ***Canaveral National Seashore*** (nördlich des *Kennedy Space Center*, bislang kaum erschlossen) und der ungewöhnliche ***Biscayne National Park*** (➤ Seite 144), dessen Attraktionen zu 95% unter Wasser liegen. An der nördlichen Golfküste fasste man mehrere Inseln und Küstenstreifen zur ***Gulf Islands National Seashore*** zusammen (➤ Seite 303).

Der jüngste Nationalpark Floridas »Dry Tortugas« mit dem alten Fort Jefferson auf Garden Key liegt 100 km westlich von Key West im Golf von Mexico

Ein etwas jüngerer Zuwachs (1992) ist der ***Dry Tortugas National Park*** (➢ Seite 176), der eine Gruppe von sieben kleinen Inseln ca. 100 km westlich von Key West umfasst.

National Forests

Hinzu kommen noch drei ***National Forests***, Waldgebiete, die der nationalen Forstverwaltung Washingtons unterstehen: der ***Osceola NF*** (➢ Seite 287) an der Grenze zu Georgia, der ***Ocala NF*** (➢ Seite 258) nördlich von Orlando und der ***Apalachicola V*** (➢ Seite 349) im *Panhandle* (www.fs.usda.gov/florida).

Eintritt/ Jahrespass

Der Eintritt für einen der *National Parks* in Florida beträgt maximal $20 (*Everglades NP*) für alle Insassen (bis zu 6 Personen) eines privaten Autos. Der Kauf eines Jahrespasses, ***America the Beautiful Annual Pass***, der für den Eintritt in alle Nationalparks, das Parken an *Trailheads* von *National Forests* u.a.m. gilt, **kostet $80** und lohnt sich vor allem für Leute, die innerhalb von 12 Monaten nach Erwerb weitere Reisepläne für die USA haben.

State Parks

In Florida gibt es zur Zeit (2016) 174 staatseigene Parks. »***The real Florida***« lautet das Motto dieser Parks, denn sie bieten eine ursprünglichere Seite Floridas, die mit der Künstlichkeit der Vergnügungsparks nichts gemein hat. Während man in manchem Bundesstaat den Eindruck haben kann, dass sich die Bundesregierung die »Leckerbissen« für ihre Nationalparks geschnappt und den Einzelstaaten nur die Attraktionen »zweiter Klasse« überlassen hat, können es einige *State Parks* in Florida mit *National Parks* durchaus aufnehmen. Nicht umsonst wurde Florida 2013 bereits zum dritten Mal für die attraktivsten *State Parks* der USA ausgezeichnet; www.floridastateparks.org.

Blue Springs State Park unweit Orlando mit Manatees (unten rechts) im klaren Wasser, ➢ Text rechts und Seite 259

Unter-wasserpark

Tatsächlich sind die ***Florida State Parks*** an Vielfalt kaum zu überbieten. So ist etwa der 1960 gegründete ***John Pennekamp Coral Reef State Park*** (➤ Seite 150ff) vor der Küste von Key Largo ein Unterwasser-Park und zugleich der älteste seiner Art in den USA. Er schützt ein Gebiet von 230 km², zu dem die bekanntesten Korallenriffe Floridas gehören.

Schnorcheln mit Stachelrochen, nur ca. 1 m unter der Wasser-oberfläche (hier in der künstlichen Lagune von Discovery Cove, ➤ Seite 254)

Strandparks

Viele der *Florida State Parks* an den Küsten besitzen traumhafte Strände. Mehrere davon landeten mit ihren *Beaches* bereits in die alljährlich neu erstellte Top-Ten-Liste der schönsten Strände der USA (➤ Kasten auf Seite 341).

Spring Parks

Eine Reihe von ***State Parks*** im Landesinneren bestehen aus Arealen rund um **glasklare Quellflüsse**. In den ***Silver Springs*** und ***Rainbow Springs***, den größten Inlandquellen des Staates, treten Wassermengen von 15.000-36.000 l/sec (im Durchschnitt 2 Mio m³ täglich) an die Oberfläche. Die um die Quellen und die ersten Kilometer ihrer Abflüsse herum entstandene Vegetation und die unerhörte Wassertransparenz bei sommers wie winters immer gleichen Temperaturen zwischen 20°C und 23°C sorgten früh für die Anlage von ***State Parks*** zum Schutz der spezifischen Flora und Fauna des Quellbereichs und – soweit möglich – Verhinderung ihrer kommerziellen Ausbeutung. Auch der *National Forest Service* sorgte für den Schutz der in seinen Wäldern entspringenden Quellflüsse. Unter www.florida springs.org/visit/map findet man eine Karte und Liste von 40 öffentlich zugänglichen Quellen. Die schönsten sind in einem Themenkasten auf Seiten 259f genannt.

Historical Parks

Viele *State Parks* beziehen sich auf historische Sehenswürdigkeiten. Im ***Fort Clinch State Park*** (➤ Seite 280) an der nördlichen Atlantikküste kann man z.B. die Festung aus dem frühen 19. Jahrhundert besichtigen und am Strand schwimmen gehen. Im ***Koreshan State Park*** (➤ Seite 383f) südlich von Fort Myers an der

Golfküste geht es in erster Linie um eine außergewöhnliche historische Siedlung einer Sekte, aber zum Gelände gehören – wie häufig – auch ein schöner Campingplatz und ein Kanuverleih.

State Park Typen

Der **Erschließungsgrad** der Parks ist unterschiedlich. Die meisten kann man mit dem Auto, einige nur per Boot oder zu Fuß erreichen. Die verschiedenen Bezeichnungen geben Hinweise dazu: eine ***State Preserve*** ist der am wenigsten entwickelte Typ. Dort gibt es kaum Infrastruktur. Bei den ***State Parks*** kann man von gut ausgebauten Besuchereinrichtungen wie Bootsstegen, Picknick-

Camping

bereichen und oft **Campingplätzen** ausgehen, letztere in der Ausstattung von einfach bis – überwiegend – komfortabel.

Eintritt State Parks

Die meisten *State Parks* sind täglich von 8 Uhr morgens bis zum Sonnenuntergang geöffnet. Einzelbesucher ohne Auto zahlen \$2-\$5/Person Eintritt, Einzelbesucher mit Auto \$4-\$6, bei zwei bis acht Personen im Fahrzeug beträgt der Eintritt \$5-\$10.

An den ***Entrance Stations*** erhält man meist eine Karte des Parks und zahlt den Zutritt. In abgelegeneren Parks oder in der Nebensaison müssen Besucher an einer ***Self-Service-Pay-Station*** den Betrag in einen Umschlag stecken und in einen Behälter werfen.

Wie bei den Nationalparks kann man auch für die *Florida State Parks* einen **Jahrespass** (*Annual Pass*) kaufen, der \$60 pro Einzelperson oder \$120 pro Familie (bis zu 8 Personen) kostet.

Geocaching/-seeking

In *Florida State Parks* dürfen **Geoseeker** oder *-cacher* ***Geocaches*** verstecken und suchen. *Geocaching*-Fans wissen, was gemeint ist.

Weiterführende Informationen

Wer noch mehr über Floridas *State Parks* wissen möchte, als auf den offiziellen Websites steht, findet in *Michal Strutins* ***Florida State Parks: A Complete Recreation Guide*** (*Mountaineer Books*) detaillierte Informationen zu den einzelnen Parks.

Internetinfo

Offizielle Seite State Parks Florida: www.floridastateparks.org

Ranger

In *National-* wie in *State Parks* sind sog. ***Ranger*** – in graugrünen Uniformen leicht erkennbare und immer hilfsbereite – männliche und weibliche »Mädchen für alles«. Sie organisieren Wanderungen, Bootsfahrten etc. und haben in den Parks polizeiliche Befugnisse. Viele *Ranger* sind Idealisten, denn trotz ihrer überdurchschnittlichen Ausbildung (mindestens Bachelor-Abschluss) und vielfältigen Aufgaben gehören sie zu den am schlechtesten bezahlten öffentlichen Angestellten.

Strandszene im Henderson State Park an der Emerald Coast im Nordwesten, dem »Pfannenstiel« Floridas

1.4 Flora und Fauna

1.4.1 Eichen, Mangroven, Pinien und Palmen

Waldland

Als die ersten weißen Siedler eintrafen, war das Gebiet des heutigen Florida ein einziger üppiger **Urwald**. Der Norden der Halbinsel wurde von dichten Kiefernwäldern bedeckt, die immer mehr mit Palmen durchsetzt waren, je weiter man nach Süden kam. Dort gingen die Wälder langsam in Grasland und Sümpfe über, die sich mit Baumgruppen aus Mangroven und aus Palmen abwechselten.

*Vor allem in Südflorida findet man in vielen Parks und Gärten ausladende **Banyan Trees** mit Zweigen, die »Luftwurzeln« bilden und sich damit selbst abstützen*

Eichen und Spanish Moss

Neben Kiefern, Palmen und Mangroven sind auch Pinien, Zypressen und Eichen in Florida heimisch. Eine weit verbreitete Eichenart sind etwa die immergrünen ***Live Oaks***, die – besonders im Norden des Staates – häufig malerisch mit dem sogenannten ***Spanish Moss*** behangen sind. Dabei handelt es sich nicht etwa um Moos, sondern um eine Pflanze, die zur Familie der Ananas gehört und sich von der Luftfeuchtigkeit ernährt. In manchen Orten sind die Eichenalleen so dicht mit *Spanish Moss* bewachsen, dass sich aus dieser Pflanze ein durchgängiger grau-grüner Baldachin gebildet hat. Z.B. ist Tallahassee für derartig überwachsene, tunnelartige Straßen bekannt, die ***Canopy Roads***.

Pinien und Palmen

Obwohl die **Pinie** der am häufigsten vorkommende Baum des Staates ist, gilt die **Palme** als sein inoffizielles Symbol. Eigentlich sind in Florida nur etwa 15 Palmenarten heimisch, darunter die ***Coconut Palm*** und die sog. ***Royal Palm***, die schlank und hochgewachsen ist und viele Alleen säumt. In Palm Beach (Atlantikküste) und in Fort Myers (Golfküste) wurden viele Straßen mit Tausenden von *Royal Palms* verschönert. Zu den einheimischen sind im 20. Jahrhundert über 100 weitere Palmenarten aus aller Herren Länder nach Florida importiert worden, so auch die kurze und stämmige ***Sago Palm*** aus Asien oder die ***King Palm*** aus Australien, die man leicht an ihren knorrigen Stämmen erkennt.

1.4.2 Tierwelt

In der Luft und auf dem Land

Besonders die Sümpfe im südlichen Florida sind für ihre vielfältige Fauna bekannt. Hier ist eine Reihe von Arten heimisch, die im Rest der USA vom Aussterben bedroht sind. In den ***Everglades*** wurden allein über **360 Vogelarten** identifiziert, darunter verschiedene Pelikane, alle zwölf amerikanischen Reiherarten, Bussarde, Geier, Truthähne, Fischadler, Weißibisse, Schlangenhalsvögel und die hübschen Rosalöffler. Auch die Liste der einheimischen **Reptilien** ist lang. Wasser- und Landschildkröten sind hier ebenso zu beobachten wie Klapperschlangen und Leguane, die ihre Farbe je nach Umgebung wechseln können. In Florida ebenfalls anzutreffen sind **Säugetiere** wie Hirsche, Waschbären, Kaninchen, Gürteltiere, Beutelratten und der – allerdings ausgesprochen seltene – Florida-Panther.

Alligatoren und Krokodile

Die Sümpfe Südfloridas sind die einzige Region auf der ganzen Welt, in der zugleich **Alligatoren** und **Krokodile** leben. Das ist möglich, da sich im Ökosystem dieses Gebiets Salz- und Süßwasser vermischen und die Lebensbedingungen daher sowohl für Süßwasserbewohner wie den Alligator als auch für Salzwassertiere wie das Krokodil geeignet sind. Man kann beide Arten dadurch unterscheiden, dass das seltenere Krokodil ein spitzeres Maul und große Fangzähne hat. Tatsächlich bekommt man in den *Everglades* und anderswo fast nur Alligatoren zu Gesicht. Sie können ein Gewicht von 450 kg und eine Länge von über 4 m erreichen. Vor nicht allzu langer Zeit wurden sie noch gejagt, da ihr Fleisch als schmackhaft galt und ihre Lederhaut gern zu Schuhen und Gürteln verarbeitet wurde.

Unter Wasser

Die **Unterwasserwelt** Floridas ist noch **vielfältiger** und abwechslungsreicher als Flora und Fauna an Land. Geangelt werden u.a. gerne Tarpon, Marlin und Schwertfisch. Auch Krabben, Krebse, Langusten und Austern gibt es an den Küsten und davor Haie in mehreren Arten, darunter Hammer-, Wal- und die prinzipiell gefährlichen Tigerhaie. Angriffe auf badende Urlauber sind indessen sehr selten.

Delfine

In den 1960er-Jahren machte die Fernsehserie *Flipper* den **Delfin** zum prominentesten Meerestier Floridas. Die hochintelligenten Delfine leben an den Küsten zwar durchaus auch in freier Wildbahn (Bootstouren im Panhandle, speziell Seite ➢ 344), wer sie aber aus der Nähe betrachten möchte, ist im allgemeinen auf Meereszoos, -parks und- aquarien angewiesen. Es gibt in einigen Parks auch die Möglichkeit, zu den Tieren Wasser zu steigen und mit ihnen zu schwimmen . Solche ***Dolphin Encounter Programs*** werden z.B. in der ***Discovery Cove*** (➢ *SeaWorld Orlando*, Seite 254) und im ***Dolphin Research Center*** auf der Insel Grassy Key angeboten (➢ Seite 158), wo einst *Flipper* ausgebildet wurde.

Schwimmen mit Delfinen bei SeaWorld (Discovery Cove)

Manatees

Neben Delfinen sind vor allem die bedrohten **Seekühe** (*Manatees*) zu einer Art Maskottchen des Staates Florida geworden. Diese massigen und etwas plump aussehenden Meeressäuger leben in den warmen Küstengewässern, aber auch in Flüssen und in Süßwasserseen im Landesinneren. *Manatees* haben einen grauen, fischförmigen, aber felligen Körper, zwei Vorderflossen und einen flachen Schwanz. Ausgewachsen sind sie meist um 3 m lang und 450 kg schwer, können aber auch noch größer sein. Da sie schlecht hören und etwas träge sind, werden sie häufig von Booten angefahren und verletzt, an die hundert pro Jahr auch auch getötet. Dennoch haben sich der Bestand in den letzten Jahren stabilisiert. In und um Florida leben nach Schätzungen wieder über 6000 *Manatees*.

Korallen

Zu den bekannten Meeresbewohnern Floridas gehören schließlich auch die **Korallen**. Wie Polypen setzen sie sich auf dem Meeresboden fest. Wenn sie sterben, verkrusten ihre Kalkskelette, auf denen sich wiederum neue Korallen ansiedeln. So wachsen sie zu gebirgsartigen Riffen heran, die von einer bunten Welt von Pflanzen und Tieren bewohnt werden. Da **Korallenriffe** nur in konstant warmen, sauberen Gewässern gedeihen können und ein ausgesprochen empfindliches Ökosystem darstellen, sind sie mittlerweile weltweit eine echte Rarität geworden. In den kontinentalen USA gibt es nur ein einziges Korallenriff: es ist – wie erwähnt – den Florida Keys vorgelagert und kann u.a. im ***Biscayne National Park*** (➢ Seite 144) und im ***John Pennekamp Coral Reef State Park*** (➢ Seite 150f) bewundert werden.

2. REISEVORBEREITUNG

2.1 Flüge nach Florida

Direktflüge ab Europa

Die fünf größten Flughäfen Floridas, **Miami** (MIA) mit jährlich 41 Mio Passagieren, **Orlando** (MCO/40,2 Mio), **Fort Lauderdale** (FLL/ 29,2 Mio), **Tampa** (TPA/18,9 Mio) und **Fort Myers** (RSW/8,4 Mio) werden von Europa aus nonstop, d.h. ohne Zwischenlandung oder Umsteigen, von den folgenden Airlines angeflogen:

- ***Air Berlin*** von Düsseldorf nach Fort Myers, Orlando und Miami
- ***Air France*** von Paris nach Miami
- ***American Airlines*** von Paris nach Miami
- ***British Airways*** von London nach Miami, Orlando und Tampa
- ***Edelweiss Airlines*** von Zürich nach Miami
- ***Eurowings*** von Köln/Bonn nach Tampa
- ***Icelandair*** von Reykjavik nach Orlando
- ***Lufthansa*** von Frankfurt nach Orlando und Miami
- **Swiss** von Zürich nach Miami
- ***Virgin Atlantic*** von London nach Miami

Atlanta

Ein guter Ausgangspunkt für Florida-Rundreisen ist auch **Atlanta** (ATL): Der nach Passagieraufkommen (ca. 104 Mio/Jahr) weltgrößte Flughafen bietet den Vorzug zahlreicher transatlantischer NonStop-Verbindungen. Von dort gibt es mehrere interessante Routen nach Florida, ➤ Kapitel 8 ab Seite 400.

BA World Traveller Plus

Wer bequemer als in der *Economy Class* fliegen möchte, findet bei den meisten Airlines unter unterschiedlichen Bezeichnungen eine »Zwischenklasse« oberhalb *Economy* und unterhalb *Business*. Schon seit langem offeriert ***British Airways*** die ***World Traveller Plus Class*** in einer separaten Kabine mit höherem Sitzkomfort (15 cm mehr Beinfreiheit, breitere Polster), besserer Bordverpflegung und *Priority Boarding* sowie zwei freien Gepäckstücken und Handgepäck bis je 23 kg (!). Das kostet von €200 bis €700 zusätzlich pro Strecke je nach Abflugtag und -zeit.

Economy Plus/ComfortP KLM u.a.

Auch ***KLM/Delta*** bieten 10 cm mehr Sitzabstand in der *Economy-Plus*-Kabine für geringere Zusatzkosten (bis €160), aber keine höheren Gepäckfreigrenzen etc. Bei ***American Airlines*** nennt man das *Main Cabin Extra* und bietet noch ein bisschen mehr Beinfreiheit.

Economy Premium

Lufthansa, Air Berlin, Alitalia, Air France und ***Virgin Atlantic*** haben eine ***Premium Economy Class*** mit Vorzügen ähnlich *BA Traveller Plus* einschließlich ***Priority Boarding***, aber – so weit ersichtlich – mit deutlich höheren Tarifen als *Economy*.

Business Class

Die Tarife der *Business Class* nach Florida liegen bei €3.000-€5.000 für den Hin- und Rückflug. Bei Interesse für superentspanntes Reisen sollte man aber mal in die Tarife von *Virgin Atlantic* und *British Airways* schauen. An bestimmten Tagen gibt es da Tarife um €2.000, die nur wenig über *Economy Premium* liegen.

Gepäckfreigrenzen und -kontrolle bei USA-Flügen

Mittlerweile sind die unterschiedlichen Hand-, Frei- und Übergepäckregelungen der *Airlines* derart komplex, dass man schon einen zweisprachigen Kurs in internationalen *Baggage Regulations* benötigt, um sie zu verstehen. Hier daher nur das Wichtigste, im Detail helfen die jeweiligen **Internetportale**.

Für alle Transatlantikflüge in der ***Economy Class*** gilt: **Nur ein Gepäckstück** bis 23 kg und 158 cm (Länge+Breite+Tiefe) wird frei befördert (***Condor*** nur 20 kg!). **Übergepäck** (mehr als 23 kg/158 cm) bzw. **zusätzliche Gepäckstücke sind teuer**. Pro Flugstrecke (!) fallen bei ***Lufthansa*** für den zweiten Koffer (bis 23 kg/158 cm) €75 an und für Übergepäck (max. 32 kg) pauschal €100 bzw. über 158 cm €300. Die meisten anderen *Airlines* differenzieren auch zwischen vorab und erst beim *Check-in* gezahltem Zusatzgepäck: ***Air Berlin*** €150/€165, ***Condor*** €70/€75. Höhere Freigrenzen gelten bei den Buchungsklassen *Premium Economy* (*LH*), *World Traveller Plus* (*BA*), *Premium Class* (*Condor*), *Business* oder *First Class*. Alle (aktuellen) Details findet man auf den Webseiten der einzelnen *Airlines*, eine gute Gesamtübersicht z.B. unter: www.canusa.de/freigepaeckgrenze.html.

Das **Handgepäck** darf ebenfalls eine bestimmte Größe nicht überschreiten, z.B. 55x40x20 cm bei *Condor*, 55x40x23 bei *Air Berlin* und *Lufthansa*. **Gewichtslimits** variieren ebenfalls nach *Airline*: 6 kg bei *Condor*, 8 kg bei *Lufthansa*, bis 23 kg (!) bei *British Airways* – in der Regel bei allen **plus Laptop** oder **Handtasche**. Im Handgepäck darf sich kein **Behälter mit Flüssigkeiten, wachs- und gelartigen Stoffen** über 100 ml befinden (offiziell 90 ml, aber bis 100 ml werden toleriert). Diese müssen in einem transparenten, verschließbaren Plastikbeutel transportiert werden, der max. 1 Liter Fassungsvermögen aufweist.

Gepäckstücke werden im Transatlantikverkehr in großen Stichproben geöffnet und durchsucht. Verschlossene Koffer »knackt« man einfach. Also entweder alles von vornherein unverschlossen lassen oder – besser – ***Travel Safe Locks*** verwenden, Zahlenschlösser in unterschiedlichsten Ausführungen und gesicherte Gepäckgurte, die von der amerikanischen Checkinstanz TSA mit einem Spezialwerkzeug geöffnet werden können. Erhältlich sind sie in Ausrüstungs-, Sport- und Gepäckshops ab ca. €10/Stück (USA ab ca. $7). Es gibt mittlerweile auch Koffer und Reisetaschen mit eingebauten ***TSA Locks***.

2

Umsteigen in Europa

Die Zubringerflüge nach Frankfurt sind üblicherweise in den Ticketkosten der Lufthansa enthalten, ebenso die Verbindungen von den in Deutschland durch die jeweilige *Airline* angeflogenen Flughäfen zu den Drehkreuzen der Nachbarstaaten.

Umsteigen in den USA

US-Fluggesellschaften fliegen zurzeit mit Ausnahme von *American Airlines* nicht nonstop von Europa nach Florida. Deren Passagiere müssen in Washington DC, Charlotte, Atlanta oder anderen großen Drehkreuzen an der Ostküste umsteigen. Das kostet zwar mehr Zeit, aber die Tarife für diese Flüge sind teilweise niedriger als für Direktflüge und man kann bei ihnen die Flüge großräumig »gabeln«, also etwa einen Hinflug nach Miami mit einem Rückflug von Atlanta oder New Orleans kombinieren und ggf. auch noch (gegen geringen Aufpreis) in der Umsteigestadt unterbrechen, die in vielen Fällen ein attraktives Ziel für sich ist.

Buchung

In der Hauptsaison in den Sommermonaten, über Weihnachten/Neujahr und Ostern sind die noch halbwegs preiswerten Tickets oft lange im voraus vergeben; sie müssen frühzeitig gebucht werden. Außerhalb der jeweiligen Hochsaison gibt es aber selbst zu Sondertarifen immer noch kurzfristig freie Plätze.

Preisvergleich

Reisezeitschriften wie ***Reise & Preise*** (www.reise-preise.de) oder ***Clever Reisen*** (www.fliegen-sparen.de) beschäftigen sich schwerpunktmäßig mit Fernreisen und haben aktuelle Tariftabellen.

Zahlreiche **Internetportale** eignen sich zur Marktübersicht, z.B.:

www.airline-direct.de www.swoodoo.com
www.ebookers.de www.expedia.de
www.flugticket.de www.mcflight.de
www.fluege.de www.opodo.de
www.ticketman.de www.travel-overland.de

Die Portale www.billiger-reisen.de und www.reisepreisvergleich.de vergleichen die Angebote dieser und weiterer Agenturen und listen sie nach Tarifen geordnet.

Vorgehen

Nicht selten ist das Finden und Buchen eines geeigneten, dazu noch preiswerten Fluges per Eigeninitiative im Internet selbst mit Hilfe solcher Reiseportale aber ein ziemlich mühsames Geschäft, das sich per Anruf in einer Reiseagentur schneller erledigen lässt und – für vorinformierte Bucher – nicht teurer kommt.

In der Schweiz geht nichts über den *Globetrotter Travel Service*: www.globetrotter.ch.

Die preiswertesten Flüge findet man in der Regel – und wenn man schon weiß, mit welcher Airline man fliegen möchte, auch schnell – bei Direktbuchung. Denn die Fluggesellschaften bieten eine sog. *Best Price*-Garantie, d.h., die bei ihnen direkt gebuchten Flüge werden in keinem Internetportal günstiger angeboten.

Übersicht Airlines

Die Telefonnummern in Deutschland und der Schweiz und die Internetportale aller nennenswerten **Fluggesellschaften im USA-Luftverkehr** finden sich in der folgenden Liste:

Die wichtigsten Airlines im Transatlantikverkehr

Airline	Telefon in D	in CH	Internet-Adresse
Air Berlin	030/34343434	0848/737800	www.airberlin.de
Air France	069/29993772	0848/747100	www.airfrance.de
American	069/29993234	0848/289289	www.aa.com
Austrian Air	069/50600598	044/2868088	www.austrian.com
British Airways	0421/5575758	0848/845845	www.ba.com
Delta	069/29993771	0848/000872	www.delta.com
Eurowings	01806/320320	0900/000407	www.eurowings.com
Icelandair	069/299978		www.icelandair.de
KLM	069/29993770	0848/874444	www.klm.de
Lufthansa	069/86799799	0900/900922	www.lufthansa.com
SAS	01805/117002	084/8117100	www.flysas.de
SWISS	069/86798000	0848/700700	www.swiss.de
United	069/50985051	044/8009212	www.united.com
Virgin Atlantic (ab London) 0044/8448747747			www.virgin-atlantic.com/eu/en.html

2

Abflugzeit und Flugdauer Die Flüge in die USA starten üblicherweise am späten Vormittag bis frühen Nachmittag, so dass man nach Ortszeit am Nachmittag oder frühen Abend am Ziel eintrifft (Zeitdifferenz Florida zu MEZ 6 Stunden). Die reine Flugzeit vom europäischen Transatlantik-Airport beträgt 8,5-10 Stunden. Mit Umsteigen auf einen Zubringerflug in den USA werden daraus rasch 13-15 Stunden plus eine eventuelle Anreise nach Frankfurt, Paris, London etc.

Rückflug Für Fragen bezüglich des Rückfluges, die in den USA auftreten, kann man die *Airlines* ausnahmslos von öffentlichen Telefonen oder auch vom Hotelzimmer aus gebührenfrei anrufen:

Air Berlin	1-866-266-5588
Air France	1-800-237-2747
American	1-800-433-7300
Austrian Air	1-800-843-0002
British	1-800-247-9297
Delta	1-800-221-1212
Eurowings	1-845-709-8332 *
Icelandair	1-800-223-5500
KLM	1-800-618-0104
Lufthansa	1-800-645-3880
SAS	1-800-221-2350
Swiss	1-877-359-7947
United	1-800-864-8331
Virgin Atlantic	1-800-821-5438

Diese und weitere *toll-free numbers* sind gebührenfrei von jedem US-Telefon aus zu erfragen unter © **1-800-555-1212**.

2.2 Pass und Einreiseformalitäten

Einreise in die USA ohne Visum

Voraussetzung einer Einreise ohne Visum für Westeuropäer ist, dass der Aufenthalt in den USA
- besuchsweise erfolgt,
- nicht länger als **maximal 90 Tage** dauert und
- ein **Ticket mit reserviertem Rückflug** innerhalb dieser Frist vorgelegt werden kann.

Reisepass/ Biometrische Daten und ESTA (➤ rechts)

Wer diese Bedingungen erfüllt, muss **für den Flug in die USA** nur noch seinen **Reisepass** kontrollieren und mindestens 72 Stunden vor der Abreise (besser jedoch früher) seine **ESTA-Genehmigung** im Internet (nur dort möglich!) beantragt haben. Für Personen, die auf Grundlage des sog. *Visa Waiver Program* (ESTA) in die USA einreisen, braucht der Reisepass nur noch für die Dauer des geplanten Aufenthalts in den USA gültig zu sein.

Kontroll-Prozedur

Obwohl also jeder dank ESTA bzw. Visum (➤ Seite 32) noch vor Besteigen des Flugzeugs überprüft wurde, erfolgt eine weitere Kontrolle am Immigrationsschalter im Ankunftsairport. Dort werden die sog. **biometrischen Daten** erfasst. Das sind in diesem Fall Fingerabdrücke und ein Gesichtsfoto (dauert ca. eine Minute). Ein **Passlesegerät** gibt Auskunft über vorherige Einreisen und dabei ggf. gespeicherte negative Kontakte mit der US-Obrigkeit. Oft erkundigt sich der *Officer* auch noch nach Reiseabsichten des Touristen, seiner Berufstätigkeit etc. Hat er nichts zu beanstanden, erhält der Ankömmling in der Regel den Einreisestempel für volle 90 Tage.

Self-serve-Einreise

In den Großflughäfen müssen Einreiser mittlerweile die Datenerfassung an Automaten selbst erledigen, also Pass und Fingerspitzen scannen und ernst in die Kamera gucken. Nach gelungener Erfassung spuckt der Automat eine Bestätigung samt Foto aus. Sie wird dem *Immigration Officer* in die Hand gedrückt, der sich nun nur noch auf Gesichtskontrolle und Kurzbefragung beschränkt. Das Verfahren verkürzt die Wartezeiten deutlich. Beim *Self-Service* stehen im übrigen Helfer bereit.

Visum-erfordernis

Bei Reiseplänen, die 90 Tage übersteigen und dann penibel erläutert werden müssen, benötigt man ein Visum. Immer ein Visum beantragen müssen auch **bei uns lebende Bürger aller Staaten, die nicht von der Visapflicht ausgenommen wurden** (Ausnahmen weltweit: EU, Australien & Neuseeland), oder wer sich **nach dem 1. März 2011 in Syrien, Irak, Iran, Sudan, Libyen, Jemen oder in Somalia** aufgehalten hat bzw. eine doppelte Staatsangehörigkeit in Verbindung mit einem dieser Länder besitzt.

Funktion des Visums

Beim Visum (am. ***Visa***), handelt es sich um eine »Unbedenklichkeitsbescheinigung«, die dem Antragsteller nach persönlichem Interview vom zuständigen Konsulat in den Pass geklebt wird.

Antrag auf Erteilung

Das Besuchervisum wird gegen eine variable, vom Dollarkurs abhängige **Gebühr** (zur Zeit **$160**) von den US-Generalkonsulaten in **Berlin, München** oder **Frankfurt** erteilt. Welches Konsulat zuständig ist, ergibt sich aus dem Wohnort des Antragstellers.

Generelle **Informationen zu Visaantrag und Ausdruck/Ausfüllen des Antragsformular DS-160** gibt es unter https://de.usembassy.gov/de/visa/tourismus-und-reisen/antragsverfahren.

Verschärfte Regelungen nach 9/11/ Interview

Bereits seit dem 11. September 2001 erteilen die USA die Visa nicht mehr einfach nach Sichtung der Formulare, sondern laden alle Antragsteller über 13 und unter 80 Jahren zum persönlichen **Interview** in eines der untenstehenden Konsulate bzw. in die US-Botschaft (A und CH) ein. Zum Interviewtermin, den man im Internet im Rahmen der Möglichkeiten selbst definiert (»*Schedule my Appointment*«) bringt der Antragsteller den Ausdruck seines Antrags, das Fotooriginal, Reisepass und weitere Unterlagen mit. Nach dem Interview kommt das Visum per Post oder gar nicht.

Konsularabteilung der US-Botschaft in Berlin
(zuständig für norddeutsche und neue Bundesländer)
Clayallee 170, 14191 Berlin (www.us-botschaft.de)

ESTA - Einreisegenehmigung in die USA

Bereits 2009 wurde **ESTA** eingerichtet, ein elektronisches System der Einreiseregistrierung und -genehmigung (***E****lectronic* ***S****ystem for* ***T****ravel* ***A****uthorization*. Ohne vorherige Anmeldung bei ESTA ist eine Einreise per Flugzeug oder Schiff von Übersee in die USA nicht möglich. Damit das klappt, muss die Registrierung mindestens 72 Stunden vor Abreise erfolgen. Die Genehmigung gilt für zwei Jahre und mehrere Einreisen. Sofern man sich bei ESTA »prophylaktisch« registriert hat, sind auch kurzfristige Reiseentscheidungen dadurch möglich. Unter der Internetadresse https://de.usembassy.gov/de/visa/esta finden sich alle Einzelheiten und ein Link zum Antrag. Die entsprechende Seite kann auch direkt aufgerufen werden: https://esta.cbp.dhs.gov/esta.

(**Hinweis**: Auf der Botschaftsseite wird vor unautorisierten Seiten gewarnt, die einen »offiziellen« Eindruck erwecken, aber erst nach Kartenzahlung von z.B. $59 für eine überflüssige Informationsschrift den Antrag weiterleiten. Wer im Internet unter »Einreise USA«sucht, findet tatsächlich eine Reihe von Portalen, die für die ESTA-Beantragung Hilfe anbieten. Keine davon benötigt man.)

Der ESTA-Antrag ist in allen wichtigen Sprachen verfügbar (Auswahl per Klick oben rechts). Bevor man die elektronischen Seiten ausfüllt, Pass+Personalausweis (!) sowie Kreditkarte bereitlegen, ggf. Arbeitgeberadresse(n) und Kontaktanschrift USA mit Telefonnummer zur Hand haben. Die Eingabeprozedur kann inkl. Rückfragen des Systems ziemlich zeitraubend sein. Der letzte Punkt ist die Zahlung einer Gebühr in Höhe von **US$14** per ***Paypal*** oder **Kreditkarte**.

Mit der Quittierung der Zahlungseinreichung erhält man einen 16-stelligen Zugangscode, unter dem man nachschauen kann, ob ESTA die Einreise autorisiert hat, was oft schon innerhalb weniger Minuten der Fall ist. Um das zu tun, ist wieder https://esta.cbp.dhs.gov/esta aufzurufen und auf »Bestehenden Antrag überprüfen« bzw. »*Check existing application*«. Nach zwei weiteren Schritten und Eingabe von Reisepass-Nummer, Geburtsdatum und zugeteiltem Code kommt »Autorisierung genehmigt« mit Zahlungsbestätigung. Nun steckt man im Computer der *US-Homeland Security* als zugelassener Einreiser. Das kann so auch die Fluglinie beim Einchecken aufrufen und ablesen, ebenso und vor allem der Immigrationscomputer und -beamte bei Ankunft in den USA.

Generalkonsulat München
(zuständig für Bayern und Baden Würtemberg)
Königinstraße 5, 80539 München
http://german.munich.usconsulate.gov

Generalkonsulat Frankfurt
(Hessen, NRW, Rheinland Pfalz und Saarland)
Gießener Straße 30, 60435 Frankfurt
http://german.frankfurt.usconsulate.gov

Botschaft der Vereinigten Staaten in der Schweiz
Info: ✆ **031/5800033**, http://bern.usembassy.gov

Botschaft der Vereinigten Staaten in Österreich,
Info: ✆ **072/0116000**, www.usembassy.at

Das erteilte – in den Pass geklebte – Visum berechtigt zu beliebig vielen Einreisen in die USA innerhalb des gewährten Zeitrahmens.

Aufenthaltsdauer in den USA

Letzte Instanz bei der Einreise ist der ***US Immigration Officer*** auf US-Territorium. Er vergibt bei Visainhabern die gewünschte Zeit bis zu 180 Tagen, aber ggf. auch weniger. Er kann die Einreise im Extremfall trotz Visum verweigern. **Der Pass muss in jedem Fall ab Einreise noch 9 Monate lang gültig sein**.

Zoll/Customs

Neben dem Einreiseformular (nur Visainhaber) ist eine **Zollerklärung** auszufüllen. Man darf alle persönlichen Gegenstände (Kleidung, Foto- und Sportausrüstung etc.) zollfrei einführen. Alkohol ist auf ein Quart (ca. 1 Liter), Zigaretten sind auf 200 Stück begrenzt. Für Mitbringseln gibt es eine Wertgrenze von $100, aber das Auge des Gesetzes schaut vor allem auf die Zollerklärung: Dort darf auf keinen Fall ein »Yes« angekreuzt sein bei: »Ich habe Früchte, Gemüse, Fleischwaren etc. dabei« oder »Ich war kürzlich auf einem Bauernhof«. Der Zoll macht beim grünen Schild (***nothing to declare***) nur **Stichproben** und stempelt das Zollpapier.

Ankunft

Einreise/Passkontrolle und Zollfreigabe des Gepäcks erfolgen dort, wo man erstmals amerikanischen Boden betritt. Umsteigen hat immer die Erledigung aller Formalitäten im ersten Flughafen zur Folge. Vorteilhaft dabei ist, dass die Ankunft am Ziel danach stressfrei und rascher läuft, nachteilig, dass man sein Gepäck entgegennehmen und nach der Zollkontrolle wieder aufgeben muss.

2.3 Transport in Florida

Situation

Die meisten Urlauber mieten sich für ihre Floridareise zu Recht ein Fahrzeug, sei es ein Pkw/Minivan, Camper oder auch Motorrad. Es gibt zwar durchaus Bus- und Zugverbindungen und manche Städte – wie Miami, Atlanta oder New Orleans – haben ein gut funktionierendes öffentliches Verkehrssystem, aber in vielen Orten sieht es damit schlecht aus. Gerade die schönsten Parks und Strände sind mit öffentlichen Verkehrsmitteln überhaupt nicht zu erreichen. Der einzige Ort, in dem man sich länger ohne eigenes Transportmittel aufhalten kann, ist Miami Beach, da dort Hotels, Geschäfte, Restaurants, Strände und Sehenswürdigkeiten eng beieinander liegen und es Busverbindungen nach Miami gibt.

2.3.1 Öffentliche Verkehrsmittel

Eisenbahn

Wenn man bedenkt, welch wichtige Rolle die Eisenbahn bei der Erschließung Floridas einst spielte, ist es erstaunlich, wie wenig Zugverbindungen es dort heute noch gibt. Die von ***Amtrak*** betriebene Florida-Linie ***Silver Service*** verbindet New York via Washington DC und Savannah mit Orlando, Tampa und Miami. Dabei besteht – wie im Flugzeug – Reservierungspflicht. Auf dieser Route verkehren der ***Silver Star*** (mit Umweg über Tampa) und der ***Silver Meteor*** (ohne Umweg über Tampa) jeweils einmal täglich; www.amtrak.com. Auskunft in Deutschland bei CRD International, ✆ 040/300616-0; www.amtrak.de.

Die Route der regionalen Bahnlinie ***Tri Rail*** verbindet den Miami Airport über Fort Lauderdale (dort *Airport Shuttle Bus*) mit Palm Beach (dort *Airport Shuttle Bus*); www.tri-rail.com.

Greyhound

Das Busnetz ist in Florida für amerikanische Verhältnisse relativ dicht. Vor allem ***Greyhound-Busse*** verbinden alle größeren und viele kleinere Orte. Die Busse sind komfortabel, haben Klimaanlage, Toilette und *Wifi*. Auf längeren Strecken werden Pausen bei Cafés oder *Fast Food Places* eingelegt. Da *Greyhound-Terminals* häufig in unerfreulichen Stadtteilen liegen, sind Busse vorzuziehen, die möglichst vor Einbruch der Dunkelheit ankommen.

Keine Greyhound Netztickets mehr

Der legendären ***Greyhound Ameripass***, mit dem man während der Geltungsdauer ohne weitere Kosten *stand-by* in jeden Bus steigen konnte, wurde **ersatzlos gestrichen**. Wer heute für eine Reise in den USA den Bus benutzen möchte, muss Tickets mit Sitzplatzreservierung für die geplanten Teilstrecken kaufen. Dabei lassen sich zwar im Internet *Discounts* »mitnehmen«, aber insgesamt wird das schnell teuer (Beispiel: das preiswerteste Ticket Miami-Pensacola kostet online $107, eine Woche im Voraus $80, an der Station am selben Tag $161); www.greyhound.com.

Kostenvergleich

Ein Vergleich der Reisekosten im ***Greyhound*** und per **Mietwagen** führte zu Zeiten der preiswerten Netztickets zwar noch zu ökonomischen Vorteilen für Alleinreisende, von anderen Aspekten nicht zu reden. Aber schon ab zwei Personen war die Wagenmiete billiger und zwar selbst bei jungen Leuten unter 25, die bei der Automiete erhöhte Tarife in Kauf nehmen müssen, ➢ unten. Das gilt heute erst recht und ggf. auch für Alleinreisende.

Buchen vor der Reise?

Wer sich dennoch für den *Greyhound* entscheidet, könnte vor der Reise zunächst nur Teilstrecken für den Einstieg reservieren und dann unterwegs flexibel weitersehen. Wobei kurzfristiger Ticketkauf höhere Kosten verursacht. Unabdingbar dafür ist ein auch in den USA internetfähiges Smartphone, Notebook oder Tablet-PC.

Information

Aktuelle **Informationen zu den Routen** (samt Streckennetzkarte) gibt's im Internet unter www.greyhound.com. Fahrplaninformationen vor Ort *toll free* unter ✆ **1-800-231-2222**.

Nachteile Busreise

Nachteilige Aspekte des Busreisens sind, dass man stärker auf Cafeterias und *Fast Food* angewiesen ist als Autofahrer, die sich leichter in Supermärkten fern der *Terminals* versorgen können. Man wird oft auch mit weniger erfreulichen M/Hotels im Umfeld der Station vorlieb nehmen müssen. Campingplätze, *Hostels* etc. befinden sich oft außer Reichweite, so dass im Schnitt die Übernachtungskosten höher ausfallen als beim flexiblen Automieter.

2.3.2 Mietwagen – Pkw, SUV und Minivans

Vermieter, Kosten, Konditionen

Beurteilung

Ein Mietwagen ist in den USA für individuell reisende Touristen im allgemeinen die **beste Transportalternative**, ab zwei Personen immer auch **die finanziell günstigste**. **Für Florida** gilt außerdem, dass die Automiete deutlich billiger ist als im gesamten Rest der USA. Die Kosten für Mietwagen der *Economy Class* (ganzjährig ab ca. €180/Woche inkl. aller Versicherungen ohne Saisonaufschlag) sind dort selbst für Einzelreisende nicht zu schlagen.

Mindestalter

Voraussetzung jeder Automiete ist in ganz Nordamerika fast ausnahmslos, dass der/die Fahrer das **21. Lebensjahr** vollendet hat/haben (nationaler **Führerschein** genügt). Für jeden **Fahrer unter 25 Jahren** wird immer ein **Zuschlag** von bis zu $60/Tag plus Steuern) berechnet. Die Gebühr hängt vom Vermieter und Anmietort ab.

Junge Mieter

Die Firma ***Alamo*** bietet 21- bis 24-jährigen Mietern bzw. Fahrern die Möglichkeit, sich gegen noch relativ moderate Zusatzkosten von **$25 pro Tag** ans Steuer zu setzen. Gleichzeitig ist dann aber das jeweils höherwertige Leistungspaket zu buchen (➢ Seite 36). **Wichtig**: Dieser Tarif ist nicht vor Ort erhältlich.

Vermieter und Buchung

Bei Reiseveranstaltern, Automobilclubs, Internetagenturen und Mietwagenvermittlern sind alle gängigen Fahrzeuge zu buchen. Letztere sind z.B. ***Holiday Autos***, ***Sunny Cars*** oder ***CardelMar***, die sowohl mit Reisebüros zusammenarbeiten als auch das Internet als Vertriebskanal nutzen: www.holidayautos.de, www.sunnycars.de bzw. www.cardelmar.de. Nur übers Internet vermitteln die Firmen ***Mietwagenmarkt*** (www.mietwagenmarkt.de) und ***billigermietwagen*** (www.billigermietwagen.de) weltweit Mietfahrzeuge.

In Deutschland unterhalten folgende US-Vermieter eigene Büros:

Alamo/	www.alamo.de
National	www.national.de
Avis	www.avis.de
Budget	www.budget.de
Dollar	www.dollar.de
Enterprise	www.enterprise.de
Hertz	www.hertz.de

Pkw-Kategorien

Pkw und Vans können ausschließlich nach **Größenklassen** von ***Economy*** bis ***Fullsize/Premium*** und nach **Gattungskriterien** wie ***Convertible*** (Cabriolet), ***SUV*** oder ***Minivan*** gebucht werden. **Bestimmte Fahrzeugmarken und -typen lassen sich nicht reservieren**. Man hat aber meist vor Ort noch eine Auswahlmöglichkeit.

Florida ist wie keine andere Region der USA außer Südkalifornien Cabrioland; Mietkosten pro Woche ab ca. €360 bei Vorausbuchung

Ausstattung

Mietwagen besitzen immer **Automatikgetriebe, *Air Condition*** und **Radio mit CD-Player**, neuerdings teilweise auch **Satellitenradio**. Ihr **Verbrauch** ist meist etwas höher als bei vergleichbaren Typen in Europa, hält sich aber heute wegen moderner Motoren und Tempobeschränkungen (➤ Seite 49) auch bei größeren Fahrzeugen in erträglichen Grenzen.

Größe

Bei der Wahl der Kategorie sollte man sich weniger vom Preis leiten lassen; die Unterschiede sind bei den Pkw von Größenklasse zu Größenklasse oft kaum der Rede wert (€20-€50 pro Woche!).

Ein etwas geräumigerer Wagen bietet den Vorteil, dass der Kofferraum nicht so knapp ist. Ab 4 Personen könnte man – speziell auf längeren Reisen – an einen **Minivan** denken (ab ca. €320 pro Woche), wenn ein Campmobil nicht in Frage kommt.

Tarife und Kostenvergleich

Ein Vergleich der Angebote von Reiseveranstaltern, von Vermittlungsportalen und der *Rental Car Companies* (Direktbuchung) zeigt für Standard-Pkw vielfach keine wirklich substanziellen Unterschiede bei den Tarifen. Doch es gibt erstaunliche »Ausreißer« nach oben, so dass ein Preisvergleich immer lohnt. Dabei sollte mit Sorgfalt auf die Nebenbedingungen und Tarifinhalte im Einzelnen geachtet werden, damit nicht eine scheinbar preiswerte Miete letztlich teuer kommt.

Tarifinhalt

Bei **Vorausbuchung** sind unabhängig vom Vermieter vor Ort auch im günstigsten Tarif üblicherweise bereits die **Basiskosten**, Umsatz- und Lokalsteuern, **Haftpflicht-** und **Vollkaskoversicherung** enthalten. Außerdem **unlimitierte Meilen**. In Katalogen und Internetportalen sind die Details recht übersichtlich gelistet.

Leistungspakete

Fast alle Tarife sind seit Jahren in sog. **Leistungspakete** unterteilt, deren Bezeichnungen variieren, aber fast identische Inhalte kennzeichnen: »A« und »B«, »Spar Plus« und «Inklusiv Plus«, »Silber« und »Platin« o. ä. Das jeweils teurere Paket beinhaltet neben den Punkten oben Zusatzversicherungen, keine Gebühren für zusätzlichen Fahrer und vollen Tank »gratis«, ➤ Punkt »Tankregelung«.

Es gibt auch ***Leistungspakete mit Navigerät*** für €30-€50/Woche mehr. Erwägenswert ist das für Fahrten in dicht besiedelten Regionen, in Florida in erster Linie im Süden einschließlich Tampa/Orlando, bei Routen jenseits der Ballungsgebiete eher unnötig.

Bevor man den Vermieter endgültig wählt und »A« oder »B« bucht, sollte man sich über die Tarifinhalte im Klaren sein, um keine Überraschungen zu erleben. **Nützlich ist, Folgendes zu wissen:**

Tankregelung

Die günstigen Tarife basieren auf dem vor Ort extra zu bezahlenden vollen Tank (sog. *Fuel Service Option/FSO* – oft zu heftigen Benzintarifen). Rückgabe dann leer. Aber wer riskiert schon die Tankuhrnadel am Anschlag mit der Gefahr, drei Meilen vorm Abflugairport liegenzubleiben? Da schenkt man dem Vermieter lieber ein paar Gallonen des teuren Sprits. Wer bereits vor der Reise in der Heimat die *FSO* gebucht hat, muss sie auch vor Ort in Anspruch nehmen. Alle anderen können noch bei der Wagenübernahme am Schalter auch die ***Self service Option*** wählen und den Wagen vor der Wagenabgabe selbst wieder auftanken. Diese Möglichkeit wird gerne verschwiegen.

Einwegmiete

Bei **Miete in Florida** gelten nicht nur die niedrigsten Miettarife, sondern es gibt zudem bei großen *Rental Companies* **keine Einwegzuschläge für die Rückgabe an einer anderen Station innerhalb Floridas**. Die bis vor kurzem bei *Alamo* mögliche Einwegmiete ohne *One-way-Fee* bei Anmietung in Atlanta und Rückgabe an Stationen in Florida (und umgekehrt) gibt's nicht mehr.

Zusatzkosten/ Taxes

Bei **Zusatzkosten**, die vor Ort zu entrichten sind (z.B. Aufpreis für junge Fahrer oder Einweggebühr bei Rückgabe des Fahrzeugs außerhalb von Florida mit Ausnahme von Atlanta), kommen **immer *taxes*** hinzu, die staatlichen Umsatzsteuern.

Miete vor Ort

Auch bei einer Automiete vor Ort läuft ohne **Kreditkarte** nichts. Verbindliche Reservierungen sind ohne Angabe einer Kreditkartennummer samt Verfalldatum nicht möglich.

Airport-off Airport

Für eine **kostengünstige Wagenmiete** erst vor Ort meidet man besser die Schalter im Airport. Billigvermieter sind oft nicht weit. Sie finden sich rasch im Internet unter *Car Rental* plus Ortsangabe. Meist ist auch ein **Gratistelefon für *Off-Airport* Vermieter** unweit der Gepäckausgabe vorhanden.

Rental Car Companies vor Ort

Firma	Toll-free ©	Internet-Adresse
Alamo	1-800-GO ALAMO	www.alamo.com
Avis	1-800-633-3469	www.avis.com
Budget	1-800-218-7992	www.budget.com
Dollar	1-800-800-4000	www.dollar.com
Enterprise	1-800-261-7331	www.enterprise.com
Hertz	1-800-654-3131	www.hertz.com
National	1-800-CAR RENT	www.nationalcar.com
Payless	1-800-PAY LESS	www.paylesscar.com
Thrifty	1-800-334-1705	www.thrifty.com

Weekend Rates

Fast überall gibt es **Wochenendtarife** (manchmal ab Donnerstag Mittag) und **Wochenpauschalen** zum 4-5fachen Tagessatz.

Die Reservierung bereits vor Reiseantritt spart Mühe und sichert in der Regel die gewünschte Wagenklasse und häufig auch einen besseren Preis als direkt vor Ort.

Gebrauchtwagen

Am preiswertesten leiht man Autos von Firmen, die sich ***Rent-A-Used-Car*** oder ähnlich nennen. In ganz Nordamerika gibt es beispielsweise Filialen von ***Rent-A-Wreck***; www.rentawreck.com.

Haftpflicht bei vor Ort gemieteten Fahrzeugen

Nicht vergessen darf man die viel zu niedrigen **Haftpflichtdeckungssummen** bei vor Ort gemieteten Fahrzeugen, ➤ unten. Man kann bei großen Vermietern eine »Aufstockung« kaufen. Sie heißt ***LIS*** (***Liability Insurance Supplement***) oder ***ALI*** (***Additional Liability Insurance***) und kostet ab ca. $10/Tag für die Erhöhung auf $1 Mio, nicht gerade ein preiswerter Spaß. Auch daher sollte Mietwagen besser vor der Reise hier buchen, wer keine spezielle Kreditkarte hat, ➤ umseitig.

Vollkasko und Deckungssumme der Haftpflichtversicherung

Vollkasko

Die **Vollkaskoversicherung** ohne Selbstbeteiligung ist als Tarifbestandteil Standard; sie gilt aber nur auf öffentlichen befestigten Straßen. Unklar ist die Angelegenheit, wenn Schäden auf – ja meist »privaten« – Parkplätzen, etwa von Supermärkten oder Hotels oder Campplätzen anfallen. Also Vorsicht unterwegs!

Übliche Haftpflichtdeckung

Die Frage der Haftpflichtdeckung ist bei Mietwagen ein wichtiger Punkt. Es gibt für USA-Mietwagen auch bei uns Niedrigtarife, die nur die – wiewohl gesetzeskonforme – Minimaldeckung beinhalten. Sie kann bei lächerlichen pauschal $50.000 liegen.

Aufstockung der Deckung über Veranstalter

Derartig geringe Deckungssummen resultieren aus der in den USA personenbezogenen Haftpflichtversicherung: Amerikanische Automieter bringen ihre persönliche (meist bessere) Versicherung mit. Sie gilt unabhängig vom Fahrzeug. Reiseveranstalter und internationale Vermieter bieten daher ihren europäischen Kunden in der Regel Tarife an, die **Zusatzversicherungen über mindestens $1 Mio**, teilweise **€1,7-€2 Mio** enthalten Bei einer Automiete über ***Sunny Cars*** (www.sunnycars.de) sind zur Zeit sogar bis **€7,5 Mio** zusatzversichert. Das kostet pro Woche zwar etwas mehr als beim jeweils preiswertesten Anbieter, vermindert aber Risiken.

Aufstockung der Haftpflichtdeckung und ggf. Vollkasko via Kreditkarte

Mit der **Lufthansa-/Eurowings- & Mercedes-Goldkarte** ist zwar keine Haftpflichtaufstockung, aber eine Vollkaskoversicherung für Mietwagen verbunden, was das Anmieten von Fahrzeugen vor Ort verbilligt. **Bei der Netbank bietet die Platinkarte sowohl Haftpflichtaufstockung als auch Mietwagen-Vollkasko**.

Voraussetzung solcher Deckungen per Kreditkarte ist natürlich immer die Zahlung der Mietkosten mit Karte. Wer die Karte einsetzen möchte und Wert auf die Zusatzhaftpflicht legt, sollte »seine« **Kreditkarten-Bedingungen** daraufhin überprüfen.

Mit einem Full-Size SUV mietet man genug Platz für eine volle Schlafsacklänge und zwei -breiten hinter den Vordersitzen. Eine Luftmatraze gleicht kleine Unebenheiten aus; oder man begnügt sich für diesen Zweck kostenneutral mit einer großen Kartonpappe aus dem Entsorgunsbereich eines Baumarktes, wie hier demonstriert.

Führerschein

In Nordamerika genügt eigentlich der nationale Führerschein. Noch-Inhaber der alten grauen »Lappen« oder rosafarbenen Ausweise sollten besser den **Internationalen Führerschein** zusätzlich dabei haben. Denn Regierungsabkommen und die Vorstellungen eines Sheriffs auf dem Lande sind zweierlei: Bei Kontrollen und Unfall leuchtet dem eine ***International Driver's License*** eher ein als eins dieser alten Dokumente. Florida möchte die *Int'l License* sogar gesetzlich vorschrieben, ➤ www.flhsmv.gov/ddl/idp.html.

Motorrad-miete

Auch Motorräder kann man wie Mietwagen, im Reisebüro oder im Internet vorbuchen. Klimatisch eignet sich Florida für Motorradtrips bestens. Es gibt vor allem allerhand Spezialisten für ***Harleys***. Bei Internetrecherche findet man unter Schlagworten wie z.B. »***motorcycle rental florida***« 'zig Verleiher samt ihrer Tarife.

Vermietung von Mopeds in Key West

2.3.3 Die Campmobilmiete

Grundsätzliches

Vorzüge/ Nachteile

Die Miete eines **Campers** bzw. **Wohnmobils** bietet für Rundreisen manchen Vorteil. Zunächst kann man sich das ständige Packen und Umziehen sparen und hat außerdem sein »Wohnzimmer« dabei. Selbstversorgung ist kein Problem und man ist daher viel weniger auf *Fast Food* und Restaurants angewiesen als im Pkw oder *Van*. Hinzu kommt, dass die USA zahllose Campingplätze jeder Komfortkategorie bieten, besonders in Florida in großer Dichte, so dass es auch ohne Reservierung äußerst selten ein Problem ist, einen passenden Platz zum Übernachten zu finden. Zu Camping und Campingplätzen im Einzelnen ➤ Kapitel 3.2.3 ab Seite 66.

Der Urlaub im Camper ist leider ein **teures Vergnügen**. Während Leihwagen in Florida eher etwas preiswerter sind als in anderen Regionen, kann davon – wiewohl saisonabhängig – bei Campmobilen keine Rede sein. Gerade im Frühling, der besten Reisezeit im Süden des Sonnenstaates, sind die Tarife hoch.

Hinzu kommen im Umfeld populärer Touristenziele oft **happige Stellplatzgebühren**, die auf den Florida Keys und anderswo auf Spitzenplätzen direkt am Strand in der Hochsaison (Januar bis Ostern) bis über $100/Nacht und Fahrzeug betragen können.

Andererseits gibt es traumhaft angelegte und ebenso gelegene (meist) staatliche *Campgrounds* mit Gebühren ab \$16-\$20/Tag, in vielen Fällen sogar mit Strom- und Wasseranschluss.

Der heftige Benzindurst vieler Campmobile fällt dank der seit 2015 stark gesunkenen Literpreise (➤ Seite 52) und wegen der in Florida nicht so großen Entfernungen weniger ins Gewicht als bei Rundreisen in anderen Gebieten der USA.

Altersgrenze/ Camper fahren, ein Problem?

Campmobile, welcher Größe auch immer, dürfen prinzipiell mit **Pkw-Führerschein** von Fahrern **ab 21 Jahren** bewegt werden. Niemand unterscheidet dort bei Anmietung deutsche alte (Klasse 3 t bis 7,5 t) und neue (Klasse B bis 3,5t) Führerscheine. Ungeklärt ist, indessen was bei Unfällen passiert, wenn Polizei oder Gericht feststellen, dass der Fahrer eines Campmobils über 3,5 t Gesamtgewicht nur einen Pkw-Führerschein Klasse B besitzt.

Das Fahren im Campmobil ist (auf den in Florida durchweg sehr gut ausgebauten Straßen) selbst in großen Fahrzeugen einfacher, als es auf Anhieb den Anschein hat. Man gewöhnt sich schnell an die oft etwas schwammige Straßenlage und leichtgängige Lenkung, die nur geringen Straßenkontakt vermittelt.

Aber man sollte den in vielen Regionen Floridas sehr dichten Verkehr nicht unterschätzen (Atlantikküste im Großraum Miami-Palm Beach und darüberhinaus, Bereich Tampa-Fort Myers, Großräume Orlando und Jacksonville). Große Campmobile erfordern dann hohe Konzentration und vermitteln auch auf zweispurigen Straßen, etwa der Strecke über die Florida Keys hinunter nach Key West, kaum sonderliche Fahrfreude.

Campertypen

RVs

In den USA gelten Camper vom kleinsten Modell bis zum Riesen-Motorhome als ***Recreational Vehicles*** – Kürzel ***RV*** (»Arwí«). *RVs* verfügen über großvolumige 8-12-Zylinder-Benzinmotoren und zusätzliche 110 Volt-Klimaanlagen auf dem Dach, für Florida und den ganzen USA-Süden ein unverzichtbarer Komfort. **Dieselmotoren** hat zur Zeit kein Anbieter im Programm.

Kategorien/ Vermieter

Nimmt man die Angebote der großen Reiseveranstalter, findet man in Florida nur relativ große Campmobiltypen:

- ***Motorhome Class C***
- ***Motorhome Class A***

Man kann sich die Fahrzeuge mit allen Details am besten auf den Internetportalen der Vermieter selbst im Internet ansehen.

Britz Motorhome Rentals: www.britz-usa.com (Orlando)

Cruise America: www.cruiseamerica.com
(Atlanta, Fort Lauderdale, Fort Myers, Gainesville, Jacksonville, Miami, Orlando, Pensacola, Tampa)

El Monte: www.elmonterv.com (Miami, Orlando)

Road Bear RV Rentals: www.roadbearrv.com (Orlando)

Escape Vans

Erst seit wenigen Jahren auf dem Markt sind die peppig bemalten umgebauten **Minivans** der Firma ***Escape*** mit Stationen im US-Westen, New York und **Miami**. Es handelt sich um ältere Vans von Ford oder GM, die als Gebrauchtwagen gekauft werden. Die Umrüstung zum **Einfachcamper** mit ***Flowerpower-Look*** erfolgt bei Anschaffung durch *Escape*. Die hintere Sitzbank wird nachts zum Doppelbett. Für zwei zusätzliche Passagiere kann ein Zelt dazugemietet werden. Weitere Details unter www.escapecampervans.com oder z.B. bei www.usareisen.com/escape-campervans.

Escape Flower-power Van; alle Fahrzeuge sind unterschiedlich bemalt

Motorhomes Class C

Kennzeichnung

Bei den Class C-*Motorhomes* (22-27/28 Fuß) gibt es immer einen weit über die Fahrerkabine hinausragenden Dachüberhang, in dem sich ein **Doppelbett** verbirgt, das nicht nur zum Schlafen, sondern auch als Stauraum tagsüber praktisch ist.

Nachteilig ist die durch diese Bauweise **eingeschränkte Sicht nach oben** (im Stadtverkehr wichtig wegen höherhängender Ampeln). Ab 24 Fuß Länge gibt es zusätzlich (zur immer auch zum Bett umzubauenden Sitzecke) ein Doppelbett im hinteren Teil des Wagens und ein richtiges »Badezimmer«. Erkauft wird der Komfort mit langen, bei Fahrzeugen über 25 Fuß abenteuerlichen Überständen des Aufbaus über die Hinterachse. Die C-Klasse gibt es meist in ***Slide out***-Version, die den Sitzbereich auf »Wohnzimmergröße« ausdehnt, aber den Benzindurst erhöht.

C-19 von Cruise America

Nur *Cruise America* hat eine kleine C-Klasse mit 19 Fuß Länge. Dieser Fahrzeugtyp ist auch wegen geringerer Breite ein guter Kompromiss zwischen den verkehrstechnischen Vorzügen von *Camper Vans* und *Class C*-Komfort, aber kaum billiger als ein 22-Fuß WoMo. Der geringere Verbrauch kompensiert das nur zum Teil.

Campmobile von Cruise America (hier eine C-Klasse 27 Fuß mit riesigem Überhang) sind alle großflächig mit bunten touristischen Motiven der USA verziert

Motorhome Class A

Ab 30 Fuß Länge wird aus dem *Motorhome* ein **Riesen-Campingbus**, den man ***Class A Camper*** nennt. Die Überhänge verschwinden zugunsten eines integrierten Cockpits über die volle Breite von ca. 2,50 m mit viel besserer Rundumsicht als in der C-Klasse. Anstelle eines Alkovenbetts tritt ein Doppelbett, das nachts über den Vordersitzen abgesenkt werden kann. Das Schlafzimmer ist vom Wohnbereich separiert, die Nasszelle angenehm groß.

Miet-Tarife, Gesamtkosten und Konditionen (2016)

Tagestarife

Camper sind – wie gesagt – ein recht **teures Vergnügen**. Zu (täglich schwankenden!) Basis-Tagestarifen kommen Übergabegebühren/Endreinigungskosten, Pauschalen für die Ausstattung des RV mit Campingutensilien und Bettwäsche, Zusatzversicherungen, Zuschläge für Wochenend- und Vormittagsübernahme u.a.m.

Meilen und Meilenpakete

Die **Standardtarife** beziehen sich auf 0 mi, 60 mi oder 100 mi pro Tag. Mehrmeilen kosten bis zu $0,40 pro Meile plus *tax*. Statt einer Meilenabrechnung können zusätzliche Pauschalmeilen/Tag (+40, +100 etc.) oder 500-mi-Pakete gekauft werden. Auch **unbegrenzte Meilen** sind zum Pauschaltarif oder als Tageszuschlag auf den Grundtarif erhältlich. Die Details wechseln von Firma zu Firma und in schöner Regelmäßigkeit von Jahr zu Jahr.

Pauschalen für unbegrenzte Meilen und teilweise auch Meilenpakete sind vor Ort nicht verfügbar. Sie müssen vorgebucht werden. Das bedingt eine gute Vorausplanung der Route inkl. Meilenschätzung, damit man nicht die falsche, sprich zu teure Variante bucht. Denn für nicht verbrauchte Meilenpakete gibt es keinen Ersatz, ebensowenig für unlimitierte Pauschalen, wenn sich herausstellt, dass man mit Abrechnung der Meilen besser gefahren wäre.

Internet-/ Frühbuchung

Frühbucher erhalten bei allen Vermietern unterschiedliche, z.T. beachtliche Rabatte über sog. Flextarife, zusätzlich ggf. bei Internetbuchung, was zusammen die Kosten spürbar senken kann.

Specials

Alle Vermieter offerieren in Abhängigkeit von der Buchungslage und von Ungleichgewichten bei der Buchungssituation sog. ***Specials***. Teilweise gibt's die bei unseren Veranstaltern, teilweise auch nur auf den Portalen der Vermieter.

Preisvergleich

Es ist heute nicht mehr nötig, zum Preisvergleich mühsam Tarife und Nebenkosten per Hand zu addieren, denn Reiseveranstalter nehmen dem potenziellen Kunden die Mühe der Endpreisermittlung ab. Auf einer ganzen Reihe von **Veranstalterportalen** führt die Eingabe der Daten und Anklicken aller gewünschten »Extras« (Zusatzversicherung, Meilenpakete etc) rasch zum Ergebnis.

Konditionen

Einige Details der Bedingungen bedürfen aber einer Erläuterung:

One-way

- **Unterschiedliche Ankunfts- und Abflug-Airports** führen bei allen RV-Vermietern zu – teilweise hohen – Einweggebühren.

Haftpflicht-Deckungs–summen

- Die **Haftpflichtdeckungssumme** ist auch bei den Campern ein wichtiger Punkt. Campmobile sind in den USA wie Miet-Pkw oft nur mit der gesetzlich minimalen Summe abgesichert, ➤ Seiten 37f. Daher ist bei Campern, die über hiesige Veranstalter gebucht werden, meistens eine Aufstockung der Deckungssumme auf mindestens $1 Mio. im Tarif enthalten.

CDW

- Die **Abkürzung CDW** steht für *Collision Damage Waiver* (manchmal auch **LDW**, L für *Loss*) und suggeriert Freistellung von Kosten im Schadenfall. Sie ist immer in den Campertarifen enthalten, beinhaltet aber oft hohe Eigenbeteiligung bei Schäden am Fahrzeug (unabhängig davon, wer der schuldige Verursacher sein mag, zahlt der Mieter zunächst immer). Bei bestimmten Schäden (z.B. bei vom Dach abrasierter Klimaanlage und bei Unterbodenschaden) und Schäden, die auf nicht öffentlichen Straßen eintreten (z. B. Zufahrt zum Campingplatz), haftet der Mieter selbst mit CDW ggf. unbegrenzt.

VIP

- Die **Zusatzversicherung** mit der seltsamen Bezeichnung **VIP** (*Vacation Interruption Policy)* ergänzt CDW/LDW. Sie kostet vor Ort bis zu $20/Tag (plus Steuern), ist aber heute ebenfalls in den meisten bei uns angebotenen Tarifen enthalten (worauf man achten sollte!). Sie reduziert von CDW nicht abgedeckte Schäden und in anderen Fällen die Selbstbeteiligung.

Kaution

- Die **Höhe der Kaution** bei Übernahme des Campers ist unterschiedlich ($500-$1.500). Sie fällt immer an und kann in der Regel nicht bar geleistet werden. Üblich ist die Blankounterschrift auf einem Kreditkartenformular. Oder aber die Summe wird auf einem Formular eingetragen bzw. ausgedruckt und vom Mieter unterschrieben. Ggf. bucht man sie tatsächlich ab unter Verrechnung bei Rückgabe bzw. Erstattung, wenn keine $-Kosten anfielen.

Hinweis zur Vorbuchung des Campers

Kosten wie Konditionen der RV-Vermieter sind bei direkter Buchung in den USA eher ungünstiger als bei Buchung vor der Reise, speziell bei einem schwachen Euro. Man tut daher gut daran, Campmobile bei hiesigen Veranstaltern zu buchen. Ausschließlich bei diesen gibt es zudem kostengünstige **Inklusivangebote**, die Flug und RV-Miete in einem Pauschalpreis zusammenfassen.

2.3.4 Kostenvergleich Pkw – Campmobil

Überlegungen mit Motel/Hotel

Wegen der erheblichen Kostendifferenz zwischen Pkw- und Campmobilmiete ist es – unabhängig von der Jahreszeit – so, dass die Summe aus Autokosten und Übernachtung im Motel/Hotel in der unteren bis Mittelklasse in der Regel deutlich geringer ausfällt als die Summe aller Campmobilkosten. Gerade in Florida sind die Übernachtungstarife in hohem Maße saisonabhängig, so dass bei niedrigeren Miettarifen für Camper etwa im Herbst auch die Motelkosten niedrig liegen und umgekehrt. Die Kosten für die Campingplätze schwanken dagegen nicht oder nur vergleichsweise wenig, sieht man vom Extremfall der Florida Keys ab. Im Schnitt kann man im Winterhalbjahr für RVs von täglichen Campingplatzkosten (mit *Full-Hook-up*) in Höhe von \$40-\$60 ausgehen (ohne Florida Keys), sonst \$30-\$45. Auch die höheren Benzinkosten des Campmobils sind bei Vergleichen zu berücksichtigen. Bei **Pkw-Mietkosten** von €25-€40/Tag inklusive aller Meilen und Versicherungen und **Camperkosten** (mit Mehrmeilen und -verbrauch plus Campgebühren) kaum unter €120/Tag darf das tägliche Hotel locker über \$100/Tag kosten, und dennoch spart man. Bis zu welcher Höhe der Quartierkosten Pkw, SUV oder Minivan günstiger sind als ein Camper ist aber letztlich ein nur individuell zu kalkulierendes Rechenexempel.

Andere Aspekte

Im Endeffekt stehen sich hier aber eher **Philosophien** gegenüber als die reine Kalkulation. Wer den Camper vorzieht – aus persönlichen Präferenzen oder weil z.B. eine Reise mit Kindern im Wohnmobil einfach mehr Spaß macht, nicht zuletzt bei *Disney World*, ➢ Seite 214 –, wird dabei nicht auf den letzten Euro sehen.

Pkw + Zelt

Im übrigen gilt: Man kann auch ein Zelt mitnehmen, meistens oder dann und wann campen, dabei viel Geld sparen und auf manchen wunderschönen Plätzen zwischen Mangroven strandnah an Seen oder Wasserläufen Klima und Natur Floridas besonders genießen. Wobei die Campgebühren auf vielen Plätzen etwas bis deutlich niedriger als die für Wohnmobile sind, da ja weder Steckdose noch Wasseranschluss benötigt werden.

2.4 Die Finanzen

In den USA, speziell in Florida ohne Kreditkarte zu reisen, ist fast unmöglich. Aber neben dem Plastikgeld benötigt man für kleinere Ausgaben immer auch Bardollars, denn einfache Cafés, *Fast Food Places* und auch mancher kleine Shop ebenso wie viele staatliche Campingplätze akzeptieren keine Kreditkarten.

Nötige Bardollars

Ein **Barbestand** für die ersten Ausgaben in den USA sollte auf jeden Fall in der Brieftasche stecken. Und zwar **in relativ kleinen Scheinen bis maximal \$50**. Mit größeren Banknoten gibt es schon mal Probleme bei der Annahme. Ein **Vorrat an \$1-Noten** darf nicht fehlen. Denn die braucht man manchmal für den Gepäckkarren am Airport, für Trinkgelder und andere kleine Ausgaben vom Moment des Betretens amerikanischen Bodens an.

Mit **Euros** kann man mangels Umtauschmöglichk… von Airports und Großstädten wenig anfangen. A… Wechselkurs immer miserabel (das gilt nicht für Bar… dem Automaten, die zum aktuellen Kurs belastet werd…

Bargeld per Bankkarte

Apropos: Man kann aus **amerikanischen Bargeldautomaten** (**ATM** = ***A**utomatic **T**eller **M**achines. »Teller«* ist das amerikanische Wort für den »Schalter«) ohne weiteres mit der **Giro-** bzw. **Bankkarte** (früher EC-Karte) Dollars ziehen, sofern diese das ***Maestro-Logo*** zeigt und noch einen **Magnetstreifen** hat. Die Kosten sind mit Ausnahmen niedriger als bei Bargeldbeschaffung per Kreditkarte.

ATM-Probleme: Benutzerführung

Ein kleines Problem der ATM ist das immer wieder etwas andere Menü der **Benutzerführung** in englischer Sprache. Unklarheiten, ob nun *»yes«* oder *»no«* zu pressen ist, tauchen da schon mal auf. Häufig wird abgefragt: *»Debit« or »Credit«*? Grundsätzlich heißt dann die Antwort *»Credit«* auch bei der Geldkarte und damit der Abhebung vom eigenen Konto.

Auszahlung verweigert

Auch wer alles richtig macht, erhält nicht an jedem ATM Bargeld. Insbesondere die Automaten kleinerer lokaler Banken verweigern bei ausländischen Karten gern mal die Auszahlung. Es macht daher Sinn, Dollars nicht erst dann besorgen zu wollen, wenn der Bestand schon gegen Null geht, sondern wenn man eine der Filialen national operierender Institute passiert, die sich auch in Kleinstädten finden, z.B. ***Bank of America*** oder ***Wells Fargo***.

Filiale der Bank of America in Naples in der 5th Avenue (Old Naples). Dort funktioniert der Bargeldautomat garantiert auch mit europäischer Bankkarte

Falscher Chip auf der Karte

Ein weiteres Problem sind ggf. neue Karten mit einem sog. **EMV-Chip**, die zwar im europäischen Ausland funktionieren, aber nicht weltweit, sofern sie nicht zusätzlich einen Magnetstreifen besitzen, der aber frei geschaltet worden sein muss. Anscheinend ist das nicht immer der Fall. Inhaber neuerer Karten mit Magnetstreifen sollten sich daher bei der Ausgabeinstitution vergewissern, ob und dass die Karte auch in den USA funktioniert.

Tipp: Besorgen Sie sich Bargeld aus dem Automaten – speziell beim ersten Versuch in den USA – lieber während der Öffnungszeit der Bank. Wenn etwas schiefgeht, lässt sich das dann klären. Bloß nicht den ersten Versuch am Samstagnachmittag machen!

Banknoten

US-Dollar-Noten – die Scheine lauten auf die Beträge 1, 2 (sehr selten), 5, 10, 20, 50, 100 – **unterscheiden sich nicht in der Größe** und wiesen früher alle **dieselben Farben** auf: Zahlseite grauschwarz und die Rückseite grün (daher der Begriff ***Greenback*** für die Dollarwährung). Beim Herausgeben ist daher mehr Aufmerksamkeit als hierzulande geboten. Neueren 5-, 10-, 20-, 50- und 100-Dollarscheinen wurde auf der »grauen« Seite ein **rosa Farbton** unterlegt.

Der **Dollar** wird umgangssprachlich oft ***Buck*** genannt. Speziell gilt dies bei Fragen nach dem Preis auf Märkten, an Imbisständen o.ä. Die Antwort lautet dann z.B. ***»five bucks«***.

Münzen

Münzen gibt es zu 1, 5, 10, 25, 50 Cents und $1. Die 50-Cents-Münze wie auch eine **goldfarbene 1$-Münze** sind im täglichen Zahlungsverkehr eher selten, obwohl davon angeblich jedes Jahr Millionen in Umlauf gebracht werden.

Folgende Bezeichnungen haben sich eingebürgert:

Penny	1 Cent
Nickel	5 Cents
Dime	10 Cents
Quarter	25 Cents

Wichtigste Münze ist nach wie vor der ***Quarter***, man benötigt ihn zum Telefonieren an Münzgeräten und für viele Automaten.

Travelers Cheques

Da es sich aus Sicherheitsgründen nicht empfiehlt, größere Summen Bargeld mit sich herumzutragen, sind die mittlerweile weitgehend »aus der Mode« gekommenen Reiseschecks (auf US$ ausgestellt) ggf. als Notgroschen durchaus noch sinnvoll. ***Travelers Cheques*** (amerikanische Schreibweise) werden im Gegensatz zu früher in Geschäften nur noch selten wie Bargeld akzeptiert und können nur noch in Banken in Bares getauscht werden und kosten sowohl beim Erwerb als auch bei der Einreichung Gebühren.

Kreditkarten

Die Kreditkarte ist in den USA ein weit wichtigeres Zahlungsmittel als bei uns. Neben Hotels und Restaurants akzeptiert das Gros der Geschäfte und Supermärkte Kreditkarten. Auch Eintrittsgeld für Museen oder die Tickets fürs Kino kann man fast immer mit der Karte bezahlen. Die Mehrheit der Tanksäulen ist heute ebenfalls für Direktzahlung mit Karte ausgerüstet, was ein Anstehen an der Kasse erübrigt. Es gibt wenige Situationen, in denen nur bar bezahlt werden kann, etwa an Straßenständen, in einfachen Cafés und *Fast Food Places*. Auch wer bei uns ohne Plastikgeld auskommt, sollte sich für die Floridareise eine Karte zulegen.

Überall akzeptiert werden ***Visa-*** und ***Mastercard***. ***American Express*** folgt mit Abstand und ist nicht so universell einsetzbar.

Cashing

Mit der Kreditkarte kann man in den meisten Banken im Rahmen der Grenzen, die die ausgebende Institution setzt, auch Bargeld abheben, mit Pin Code auch am Geldautomaten. Die Gebühren dafür sind aber häufig höher als ein ***Cashing*** mit Bankkarte. Oft ist ein *Cashing* per *Credit Card* auch nur dann möglich, wenn bei der ausgebenden Organisation ein Guthaben unterhalten wird.

Verlust der Kreditkarte

Bei Verlust einer Kreditkarte ist die Haftung auf €50 beschränkt, gleichgültig, welcher Schaden zwischen Verlust und Benachrichtigung der Organisation eintritt.

Folgende Telefonnummern können in den USA gebührenfrei angerufen werden, sollte die Kreditkarte verlorengehen oder sonst irgendein Problem auftauchen:

American Express	✆ 1-800-528-4800
Mastercard	✆ 1-800-307-7309
VISA	✆ 1-800-847-2911

Für alle in Deutschland ausgestellten Karten gibt es das zentrale ✆ 116116; bei Anruf dort aus den USA 011-0049 vorwählen.

Notfall

Was tun, wenn Reiseschecks, Dollars und Kreditkarten abhanden gekommen sind und ein Ersatz nicht zu beschaffen ist?

Mit Anruf in der Heimat gibt es eine besonders rasch funktionierende Möglichkeit für den **Geldtransfer**:

Reisebank/ Western Union

Und zwar von Deutschland aus über **Reisebank** und **Post** in Kooperation mit ***Western Union***, einer Unternehmung, die in fast allen Städten Nordamerikas ab mittlerer Größe ein Büro unterhält. **Filialen der Reisebank** befinden sich in Bahnhöfen deutscher Großstädte und in Flughäfen. Nach Einzahlung bei der Reisebank oder Post kann die Summe nach wenigen Minuten in einem *Western Union Office* in Empfang genommen werden; die Gebühren sind indessen sehr hoch.

Auskunft in Deutschland unter
✆ 0800/1811797 bzw. unter www.reisebank.de

Western Union in den USA:
✆ 1-800-325-6000; www.westernunion.com

Zur Auslandsvertretung

Wenn alle Stricke reißen, bleibt nur der Gang zum nächsten **Konsulat** (Adresse ➤ Seite 87). Die Konsulate helfen im allgemeinen nicht mit Bargeld, leisten aber logistische Unterstützung bei der Hotelunterbringung und Transportorganisation. Auf weitere Hilfe können Touristen kaum hoffen.

Zum Mitrechnen im Supermarkt: Einkaufswagen mit integriertem Rechner

3. Unterwegs in Florida

3.1 Autofahren in den USA

Verkehrssituation

Autofahren ist in den USA – von den Großstädten und ihrem Umfeld einmal abgesehen – oft weniger stressig als etwa in Deutschland oder der Schweiz. Außerhalb der Ballungsgebiete sind geringe Verkehrsdichte, weitgehend beachtete Tempolimits, die nicht zwischen Pkw und Lastwagen unterscheiden, und größere Gelassenheit am Steuer einige Gründe dafür.

Orientierung

Speziell für **Florida** fällt zudem die Orientierung – dank weitgehend ebener Landschaft und in Küstennähe verlaufender Hauptstrecken besonders leicht. Die meisten Städte sind schachbrettartig mit durchnummerierten Straßen angelegt, so dass man dort allgemein besser klarkommt als in unbekannten Orten Europas.

Es wird rechts gefahren, und die wenigen für uns neuen Verkehrszeichen erklären sich durch ihre Symbolik durchweg von selbst. Ein europäischer Autofahrer braucht also nicht umzudenken.

Es gibt aber eine Reihe von Verhaltensregeln und gewisse Andersartigkeiten, die zu kennen wichtig ist und in bestimmten Situationen sogar unabdingbar sein kann.

3.1.1 Abweichende Verkehrsregeln

Vorfahrt

- **Stoppzeichen** für alle Fahrtrichtungen an Kreuzungen bedeuten »wer zuerst kommt, fährt zuerst«. Das Anhaltgebot gilt natürlich auch bei offensichtlich leeren Querstraßen und wird strikt befolgt. Die Regel ist genauer als unser »rechts vor links« und besonders in Wohngebieten Standard. Mehrere sich der Kreuzung nähernde Wagen überqueren diese nach kurzem Halt in der **Reihenfolge der Ankunft**. Ist diese unklar, löst man das Problem überwiegend und höflich durch Handzeichen.

Ampeln

- Zeigt eine Ampel **rot,** darf unter Beachtung der Vorfahrt des Querverkehrs rechts abgebogen werden, es sei denn, eine Schrifttafel untersagt dies ausdrücklich (*No Turn on Red*). Im Fall einer gesonderten Abbiegerspur **muss** sogar bei Rot abgebogen werden, solange dies der Querverkehr zulässt. Die **Lichterfolge** an der Ampel ist **Grün-Gelb-Rot-Grün**; die Rot/Gelb-Phase vor dem Grün entfällt.

Schulbus

- Die bekannten gelben Schulbusse dürfen weder überholt noch vom **Gegenverkehr** (!) passiert werden, wenn sie anhalten und Kinder ein-/aussteigen lassen. Warnblinker an den Ecken der Busse und seitliche Stoppschilder markieren die Stopp-Phase. Ein Nichtbeachten gilt als schweres Verkehrsdelikt.

Überholen

- Auf mehrspurigen Straßen wird in den USA legal rechts überholt. Theoretisch ist dies zwar nur erlaubt, wenn dafür nicht die Spur gewechselt wird, aber in der Praxis sind **Überholmanöver auf der rechten Seite** üblich. Daran muss man sich gewöhnen und den rechten Fahrbahnen **auf *Freeways*** höhere

Für Begegnungen mit den knallgelben Schulbussen gelten Sonderregeln mit der Schärfe des Verhaltens bei Ampelrot und Stoppschild

Aufmerksamkeit schenken als von Europa gewohnt. Eines der obersten Gebote auf mehrspurigen Straßen ist nicht zuletzt deshalb das **sture Spurhalten**. Auf voll besetzten Straßen, speziell auf Stadtautobahnen kann ein Spurwechsel schwieriger sein als bei uns.

Carpool

- Zum Zweck der Verkehrsreduzierung während des Berufsverkehrs sind auf City-Autobahnen ***Carpool-Lanes*** eingerichtet. Diese Fahrspuren dürfen immer oder zu angegebenen Zeiten nur von Bussen, Taxen und Fahrzeugen benutzt werden, in denen zumindest 2, manchmal auch ab 3 Passagiere sitzen.

Linie/ Doppellinie

- Durchgezogene **Fahrbahn-Trennmarkierungen** dürfen zum Überholen oder Abbiegen überfahren werden. Die Funktion der in Europa einfachen Linie übernimmt in den USA eine auf keinen Fall zu überfahrende Doppellinie.

Tempolimits

- Es ist den Bundesstaaten überlassen, Höchstgeschwindigkeiten festzulegen. In Florida gelten:
  - **auf Autobahnen Höchstgrenzen von 70 mph**
  - auf **Landstraßen 60 mph, bei 4 Spuren bis 65 mph**
  - in **Orten 30 mph** (**in Schulnähe 20 mph**) oder ausgeschildert

  Die **Überwachung** erfolgt durch in Polizeiwagen installierte **Radargeräte**. Wer am Sheriff zu schnell »vorbeibrettert«, hat ihn bald im Rückspiegel und wird sogleich fürs ***speeding*** zur Kasse gebeten (ab $75 bei geringfügigen Überschreitungen). Für Geschwindigkeitsüberschreitungen an Baustellen und bei Schulen verdoppelt sich die Geldstrafe.

Speziell Florida

In Florida gilt außerdem, dass bei **Regen** das **Fahrlicht** eingeschaltet werden muss. Für **Kinder bis zu 5 Jahren** ist ein Kindersitz vorgeschrieben.

Parkrichtung (Florida)

Beim schrägen Einparken – wo auch immer – muss das Heck mit dem Nummernschild zur Straße bzw. Fahrspur zeigen, da in Florida nur hinten ein Nummernschild Vorschrift ist. Das will die Polizei bei Vorbeifahrt sehen. Sonst gibt's ein teures *Ticket*.

Parken und Parkverstöße

Die **Parkvorschriften** in den USA sind auch generell streng. Kontrolleure sind ständig unterwegs, verteilen ***Tickets*** oder lassen abschleppen (Die »***fine***« beträgt in Cities leicht $100 und mehr).

Park- bzw. Halteverbote sind mit Verkehrszeichen kenntlich gemacht, zusätzlich markieren oft farbige Bordsteine die Verbotszonen. Die Farben in Florida bedeuten:

Roter Streifen am Fahrbahnrand: **Halteverbot**

Blauer Streifen am Fahrbahnrand: **Parken nur für Behinderte**

Gelber Streifen am Fahrbahnrand: **Parkverbot** (oft nur bis 18 Uhr)

Hydranten dürfen nicht zugeparkt werden: rechts und links müssen etwa 5 m frei bleiben.

Zahlung

Wer ein ***Ticket*** erhält, darf entweder im beigelegten Umschlag **Dollars bar** verschicken oder bei einer Bank per ***Money Order*** die Bußgeldsumme einzahlen. Bei Versäumnis hat man die Aufforderung zur Zahlung bald auch in Europa zu Hause auf dem Tisch, denn der Autovermieter muss die Adresse herausrücken.

Polizeikontakt und Alkohol am Steuer

Um einen Autofahrer zu stoppen, bleibt die Polizei hinter ihm und betätigt kurz die Sirene und die rote Rundumleuchte, das Zeichen zum »Rechtsranfahren«. Nach dem Anhalten wartet man im Wagen, alles andere könnte falsch gedeutet werden. Es ist auch nicht ratsam, unbedachte Bewegungen zu machen, etwa in der Absicht, die Papiere aus dem Handschuhfach zu kramen. In den USA könnte das als der Griff zur »Knarre« interpretiert werden. Am besten bleiben die Hände auf dem Lenkrad.

Ein solches Verhalten ist üblich, um der Polizei – die immer mit überraschendem Schusswaffengebrauch rechnen muss – eine defensive Position zu signalisieren. Polizisten verhalten sich in Kontrollsituationen im allgemeinen sachlich-korrekt, nach dem ersten »Abtasten« und kooperativer Haltung des Gestoppten auch bei Übertretungen – speziell gegenüber Touristen – freundlich.

Die respektvollen Anreden lauten ***Officer*** oder ***Sir***. In *National* und *State Parks* besitzen die ***Ranger*** einen ähnlichen Status wie sonst die Polizei.

In Florida gilt die 0,8-Promille-Grenze. Wer sie überschreitet, wird hart bestraft ($500-$1.000). Laut dem sog. *Open Container Law* darf sich nicht einmal eine geöffnete Flasche mit einem alkoholischen Getränk im Innenraum des Fahrzeugs befinden – streng genommen nicht einmal die bereits entkorkte, aber nicht geleerte Weinflasche vom Vorabend im Kühlschrank des Campers.

Auch trinkende Mitfahrer rund um einen stocknüchternen Fahrer zählen schon zum Tatbestand »Alkohol im Verkehr«. Gegenüber **Drogen** am Steuer gilt ebenfalls die ***Zero Tolerance***-Politik. Wer in dieser Beziehung auffällt, wird registriert und nach Bestrafung und Heimreise in Zukunft nicht wieder ins Land gelassen.

Polizeifahrzeuge sehen nicht überall gleich aus, hier der SUV der »Local Police« in Naples

3.1.2 Straßensystem

Zum Verständnis der **Klassifizierung von Straßen** in den USA erscheinen folgende Hinweise nützlich:

Highways/ Freeways

Eine durchgehende Autostraße, welcher Qualität auch immer, ist grundsätzlich ein ***Highway***. Für *Interstate*-Autobahnen und alle sonstigen autobahnartig ausgebauten Straßen existiert der Begriff ***Freeway***. *Freeways* sind teilweise gebührenpflichtig (in Florida gilt das gleich für eine ganze Reihe von Autobahnen im Bereich Miami/Orlando). Sie heißen dann ***Toll Road*** (*Toll* = Gebühr).

Toll Roads/ Turnpikes (Straßengebühren)

Die Kosten sind unterschiedlich. Das Abfahren der kompletten Strecke der ***Alligator Alley*** (I-75) in Südflorida von Miami nach Naples an der Westküste (78 mi) kostet z.B. nur $3,00 (in bar).

Relativ teuer ist dagegen die Benutzung der ***Florida's Turnpike*** ab Florida City über Miami nach Orlando und darüberhinaus. Tarif für Miami-Orlando (233 mi) $19,15; www.floridasturnpike.com.

Der ***M.B. Andersen Beachline Expressway*** verbindet Orlando und Cape Canaveral; www.cfxway.com (41 mi; $3,25). An den Mautstationen muss entweder der jeweils angezeigte Betrag gezahlt werden, oder man erhält eine Art Lochkarte, die bei Verlassen der *Toll Road* abgerechnet wird.

Sunpass

Wer elektronisch über ***Toll by Plate*** abrechnen lässt, braucht bei Durchfahrt der Stationen nicht mehr bar zu bezahlen und passiert sie rasch. Das gilt auch für **Mietwagen**, ist aber mit Abrechnung über die *Rental Car Company* teurer als bei Eigeninitiative. Deutschsprachige Vorabinformation der Details unter http:/www.usa-reisen-experte.de/sunpass. Englisch unter http://www.floridasturnpike.com/all-electronictolling/TOLL-BY-PLATE.cfm.

In Florida ist auch für manche **Brücken** auf sonst gebührenfreien Strecken ***toll*** zu bezahlen, so etwa für die ***Sunshine Skyway Bridge*** über die Tampa Bay oder die Brücke hinüber nach **Sanibel Island**.

Interstate Autobahnen

Wie der Name sagt, sind ***Interstates*** die großen Verbindungsstraßen zwischen den, aber auch vielfach innerhalb der Staaten. An ihnen führt auf einer Floridareise zur Überwindung langweiliger Landstriche und fürs schnelle Vorankommen kein Weg vorbei. Indessen fährt man auch in Florida auf Autobahnen leicht an manchem vorbei, was die Reise abrundet.

Autobahnkreuzung in Fort Lauderdale (I-95/I-595). Im Großraum Miami ist das nur eine von vielen ähnlich komplex und großräumig angelegten »Intersections«

Picnic Areas

An den *Interstates,* aber auch an anderen Straßen gibt es außerhalb der Ballungsgebiete viele schöne **Rastplätze** (*Picnic/Rest Areas).* Sie sind oft ähnlich wie Campingplätze mit Picknicktischen und Grillrosten ausgestattet. An Gelegenheit, unterwegs Mahlzeiten bequem im Freien zu bereiten, fehlt es damit nicht.

Gravel Roads

Für uns ungewohnt sind **Schotterstraßen** (*Gravelroads* oder *Unpaved Roads*). Schotter ist bevorzugter Belag für wenig benutzte Nebenstrecken und Zufahrten zu manchen Stränden und *State Parks,* speziell zu deren Campingplätzen. Bei anhaltender Trockenheit sind sie mitunter sehr **staubig**, bei Nässe **rutschig**, bei gutem Wetter jedoch problemlos zu befahren, wiewohl mit vielen Mietfahrzeugen, speziell Campmobilen, laut Kleingedrucktem in den Verträgen »eigentlich« nicht erlaubt – daher Vorsicht!

Straßenkarten

Die **kostenfreie offizielle Straßenkarte des Staates Florida**, die es in jeder Touristeninformation gibt, lässt fast nichts zu wünschen übrig. Sie enthält außerdem Umgebungspläne für alle wesentlichen Städte, Übersichten über *National & State Parks & Forests* sowie Details zu Autobahnen und *Toll Roads.*

Die diesem Buch beigefügte Floridakarte ist für Reiseplanung und Übersicht unterwegs mehr als ausreichend.

Genauere Stadtpläne gibt es in den örtlichen Büros der **Tourist Information**. Mitglieder von Automobilclubs erhalten beim **AAA** Straßenkarten und Stadtpläne ebenfalls kostenfrei, ➤ Seite 15.

3.1.3 Tanken und Pannenhilfe

Benzinpreise

Die Benzinpreise in Florida liegen zur Zeit zwischen $2,20 und $3,00 pro Gallone (3,8 l) für unverbleites Normalbenzin (*Regular Gas unleaded*=bleifrei). Wegen hoher Preisunterschiede zwischen Selbstbedienung und *Full-Service* sind ***Self-serve Gas Stations*** die Regel. Wer tankt, muss zunächst einen **Hebel an der Tanksäule** ziehen, drücken oder umlegen, sonst fließt kein Sprit.

Aktuelle Benzinpreise erfährt man im Internet unter www.tallahasseegasprices.com usw., wobei die fett geschriebene Ortsangabe ausgetauscht werden kann durch »miami, «tampa« etc.

Tankstellen/ Gas Stations

Die Mehrheit der Benzipreise bezieht sich heute auf ***Cash or Credit Card – same Price***. Die günstigsten Tarife bieten **Mini-Marts** mit Tanksäulen. Nur **Discount-Tankstellen** überraschen gelegentlich damit, dass sie keine Kreditkarten akzeptieren.

Es überwiegen aber **Kreditkarten-Tanksäulen**, die den Gang zur Kasse an sich überflüssig machen. Nach Einschieben der Karte und elektronischer Prüfung wird die Zapfsäule (*pump*) freigegeben und am Ende direkt am Automaten ein Beleg ausgedruckt.

Die meisten Tankstellen sind für Kreditkartenzahlung direkt an der Tanksäule eingerichtet. Die US-Oktanzahl (87/89/91) der Benzinsorten ist immer deutlich angegeben.

Indessen »fragen« mehr und mehr Automaten den ZIP-Code der Rechnungsadresse über die Karte ab. Auf europäischen Karten findet der Rechner diese oft nicht und verweigert dann den Benzinfluss. In solchen Fällen zahlt man vor dem Tanken bar oder mit Kreditkarte an der Kasse einen selbst gewählten Betrag und erhält die Freigabe der Zapfsäule. Ist der Betrag verbraucht, stoppt das Gerät automatisch. Bei Überzahlung erhalten auch Kreditkartenzahler die Differenz ohne weiteres bar erstattet.

Reifendruck

Einen Druckluftservice, wie bei uns selbstverständlich, vermisst man oft an den Tankstellen. Wo vorhanden, findet sich meist ein langer sperriger Schlauch mit Manometer, aber man sollte selbst mit eigenen, billig zu erwerbenden Prüfern im Kugelschreiberformat nachchecken. ***Mini Marts*** haben manchmal einen Münzkompressor, der für einen *Quarter* ein paar Minuten anspringt.

Unfall/ Panne

Alle Auto- und Campervermieter geben ihren Kunden eine Notrufnummer mit auf den Weg für Panne oder Unfall. Bei den landesweit operierenden Firmen ist das Telefon Tag und Nacht besetzt.

AAA Straßendienst

Ebenfalls helfen kann der ***TripleA*** (AAA=*American Automobil Association*), der einen ***Emergency Road Service*** unterhält. Einsatzwagen patroullieren wie bei uns auf Autobahnen und stark frequentierten Strecken. Im Fall einer Panne wählt man *toll free* ✆ **1-800-222-4357** (4357=*HELP*). Mitglieder europäischer Automobilklubs, die ihre Mitgliedskarte (*Membership Card*) vorweisen können, werden behandelt wie AAA-Mitglieder, ➤ Seite 15.

Hilfreiches Vokabular für Autoreisende

beware of	Vorsicht vor	merging traffic	einmündender Verkehr
brake	Bremse	narrow bridge	schmale Brücke
brake lights	Bremslichter	neutral	Leerlauf
bypass	Umgehungsstraße	no parking	Parken verboten
causeway	Brücke	no passing	Überholverbot
caution	Achtung	no turn on red	kein Rechtsabbiegen bei Rot
clutch	Kupplung	no U-turn	kein Wenden
construction	Bauarbeiten	one way	Einbahnstraße
crossing/xing	Kreuzung	ped xing	Fußgängerüberweg
dead end	Sackgasse	rear wheel	Hinterrad
detour	Umleitung	right of way	Vorfahrt
do not enter	Einfahrt verboten	slippery when wet	Rutschgefahr bei Nässe
engine	Motor	slow	langsam fahren
exit	Ausfahrt	steering wheel	Lenkrad
front wheel	Vorderrad	tail gate	Heckklappe
gas	Benzin	tail light	Rücklicht
headlights	Scheinwerfer	tire	Reifen
hood	Motorhaube	toll	Autobahn- bzw. Brückengebühr
horn	Hupe	traffic light	Ampel
jack	Wagenheber	turn light	Blinker
junction	Kreuzung/ Abzweigung	tow-away zone	Abschleppzone
licence	Führerschein	yield	Vorfahrt beachten
license plate	Nummernschild		
loading zone	Ladezone		

Gartenansicht eines Marriott Courtyard Hotels (gehobener Standard im Preissegment $100-$200). Die Zimmer in den Häusern der Courtyardkette verfügen mehrheitlich über Balkon oder Terrasse, andere Ketten selten bis nie.

Originell-buntes Motel direkt am Strand in Daytona Beach

3.2 Unterkunft und Camping

3.2.1 Motels, Motor Inns, Hotels und Lodges

Situation

In den USA und speziell in Florida wird Touristen die Suche nach einer geeigneten Unterkunft leicht gemacht. Außerhalb der jeweiligen Hochsaison findet man fast überall problemlos ein Zimmer. Hotels und Motels konzentrieren sich unübersehbar an den Ausfallstraßen von Städten und Ortschaften, an typischen touristischen Routen, in Flughafennähe und in bestimmten Bereichen der Cities. ***Motels*** und ***Motor Inns*** zeigen überwiegend mit

Vacancy/No Vacancy,
Welcome/Sorry oder ganz einfach mit **Yes/No**
in Leuchtschrift deutlich an,
ob die Frage nach einem freien Zimmer lohnt.

Motels/ Motor Inns

Motels verfügen über ebenerdige oder zweistöckige (selten mehr) – von außen unkontrolliert zugängliche – Zimmertrakte und eine Rezeption, **nicht aber über eine eigene Gastronomie**. Gegen den Durst gibt`s Getränkeautomaten (Cola etc., nie Bier!) und zur Kühlung mitgebrachter Getränke Eiswürfelmaschinen.

Auf dem Lande besteht manches Motel aus einer Ansammlung sogenannter ***Cabins***, zimmergroßen Holzhäuschen mit Bad.

Motor Inns unterscheiden sich prinzipiell kaum vom Motel. In den etwas besseren *Inns* erfolgt der Zutritt zu den Zimmern wie im Hotel über die Rezeption oder Nicht-Gästen verschlossene Eingänge, nicht über außenliegende Türen. ***Motor Inns* der gehobenen Klasse** verfügen gelegentlich über Restaurant und Bar.

Hotels

Im Fall der **Hotels** liegen zwischen »Absteigen« und Luxusherbergen aus Glas und Marmor Welten. Gemeinsames Merkmal ist die zum Haus gehörende **Gastronomie** und die Erhältlichkeit von **Alkoholika** an einer Bar.

Parken kann in *Downtown*-Hotels kostspielig sein, da Gäste fürs ***Valet Parking*** (der Portier fährt das Auto in eine Parkgarage) extra zur Kasse gebeten werden und obendrein ein Trinkgeld anfällt.

Resorts, Lodges

In landschaftlich reizvollen Gebieten und an der Küste nennen sich Hotelkomplexe gerne ***Resort*** oder ***Lodge*** und signalisieren damit, dass **Aktivitäten** wie Golf, Tennis, Surfen, Reiten, Kanufahren, Fischen etc. geboten werden oder im Umfeld möglich sind. ***Lodges*** befinden sich in Florida u.a. in einigen der schönsten Parks in herrlicher Lage im Grünen. Solche Unterkünfte sind oft sehr populär und müssen frühzeitig reserviert werden.

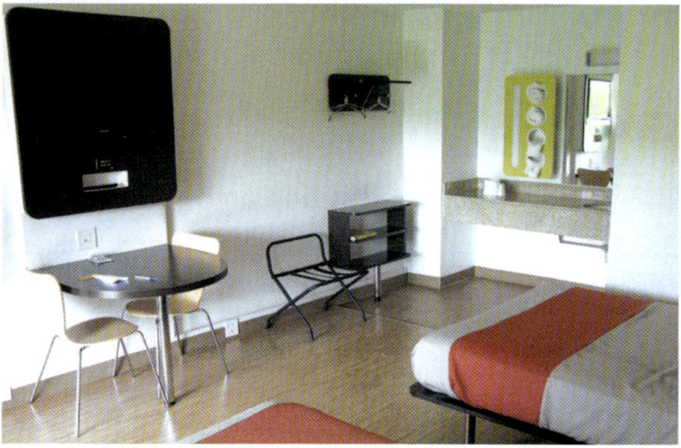

Minimalistisches Zimmerdesign im Motel 6. Dominant ist der Fernseher. Rechts hinten der in preiswerten Quartieren typische vom Bad mit Wanne/Dusche +WC getrennte zum Zimmer hin offene Waschtisch

Zur Art der Zimmer

Üblich sind ***smoking*** und ***non-smoking rooms***, wobei viele Quartiere schon keine Raucherzimmer mehr haben. *Smoking rooms* sind meist von Kampfrauchern derart verpestet, dass auch leichte Raucher es in ihnen kaum aushalten können. Für viele bedeutsam ist auch die Entscheidung ***first*** (= ebenerdig) ***or second floor***, was in Motels mit Außenkorridoren den Alternativen »gepäckgünstig, da direkt beim Auto«, oder »ruhiger im 1. Stock, dafür Gepäckschlepperei« entspricht. ***Connecting Rooms*** (Zimmer mit doppelter Verbindungstür) sind für Familien ideal, können aber sonst (obwohl meist doppelt abschließbar) Abstriche in Sachen Sicherheit und Lärmbelästigung bedeuten.

Ausstattung

Die **Innenausstattung** amerikanischer Hotel- und Motelzimmer zeichnet sich durch **Uniformität** aus: je nach Größe des Raums ein ***Kingsize Bed*** (ca. 1,90 x 2 m), ***Queensize Bed*** (1,50 x 2 m) oder zwei kleinere ***Double Beds*** (1,40 x 1,90 m), in einer Ecke Sessel oder Stühle plus Tisch. **Eigenes Bad und Flachbildfernseher** gehören zum preiswertesten Raum, ebenso eine **Klimaanlage** (in Billigmotels laute Kästen unter dem Fenster). Unterschiede im Preis drücken sich weniger im grundsätzlich vorhandenen Mobiliar als durch Zimmergröße, Qualität der Ausstattung und Grad der Abnutzung aus. Neuere Häuser der Mittelklasse bieten für $90-$120 einen Komfort, der denen in weit teureren Hotels kaum nachsteht.

Manche der in Florida beliebten ***Suite Hotels*** und ***Lodges*** verfügen über gut eingerichtete **Wohnungen** oder Suiten mit Kochecke.

»Frühstück«

Gerne wirbt man mit ***Free Coffee und Free (continental) Breakfast***. Der **Gratiskaffee** bezieht sich oft auf eine Kaffeemaschine in der Rezeption oder ein kleines Heißwassergerät im Zimmer plus einige Tütchen Pulverkaffee. **Kontinentales Frühstück** umfasst Kaffee oder Tee und ein Tablett *Donuts* und *Muffins* zur gefälligen Bedienung in der Rezeption. Einige Ketten der Mittelklasse wie ***Hampton***, ***Fairfield***, ***La Quinta*** u.a. bieten ortsabhängig ein etwas reichhaltigeres, aber selten aus unserer Sicht wirklich gutes Frühstück. Wo Letzteres der Fall ist (in besseren Hotels), muss das meist entsprechend extra bezahlt werden. Motelgäste, die Wert auf ein »echtes« und preisgünstiges Frühstück legen, begeben sich in die Filialen von Ketten wie ***Denny's*** u.a., ➤ Seite 73

Pay-TV und Internet

Gratisfilme am laufenden Band (fast) ohne werbliche Unterbrechung gibt es auf den Kanälen des ***Cable-TV***, das manche Motels abonniert haben. Bessere Häuser bieten per Hausprogramm eine Auswahl neuester Produktionen und Softpornos. Nach Einschalten oder nach ein paar Freiminuten wird eine **hohe Gebühr** fällig.

WLAN/WIFI

Ab unterer Mittelklasse, speziell, was die Ketten betrifft, bieten heute fast alle H/Motels kostenfreien Zugang zum Internet (***free Wifi***), nur gelegentlich sind noch Gebühren dafür fällig (eher in der ohnehin teuren Hoteloberklasse).

Kosten

Die Tarife für die Übernachtung unterliegen erheblichen regionalen und saisonalen **Schwankungen**. Sieht man ab von Innenstädten und Brennpunkten des Tourismus zur Hochsaison, kommt man in Florida **recht preiswert** unter. Es gibt immer noch eine große Zahl einfacher Motels, die bei Belegung mit 2 Personen selbst in der Hochsaison unter $60 pro Nacht und Zimmer fordern – an Wochentagen auf dem Land und in kleinen Ortschaften. **Die Mehrheit der Unterkünfte in der durchaus akzeptablen unteren Mittelklasse liegt in Florida im Tarifbereich $70-$100**. Bei schlechter Auslastung und in der *Off-Season* sinken die Preise.

Wakulla Lodge im gleichnamigen State Park. Ein individuelles älteres Mittelklassehotel in Parklage gleich hinter dem Strand des großen Quellteichs, ➤ *Seite 295*

Da es keine echten **Einzelzimmer** (*single occupancy*) gibt – mindestens steht ein Bett der Größe *Queensize* (ca. 1,50 m x 2 m) im Raum –, liegt der Preis für eine Person nur wenig unter dem für zwei Personen (*double*) oder ist sogar identisch. In ***Twin Bedrooms*** (mit 2 Doppelbetten) können **bis zu 4 Personen** übernachten. Häufig – so bei Eltern + Kinder – kostet das dann nicht mehr.

Alle Preisangaben sind netto; hinzu kommt immer die ***Sales Tax*** (➤ Seite 96). Ein »richtiges« **Frühstück** ist überwiegend nicht im Zimmerpreis enthalten, ➤ Seite 57 oben.

Zimmersuche/ Hotelverzeichnisse

Man kann in den USA ohne Hotelverzeichnis und Empfehlungen in Reiseführern unterkommen, indem man sich einfach an der Werbung entlang von Autobahnen, an Ausfallstraßen oder in Flughäfen orientiert. Die hohe Zahl an **Hotel- und Motelketten** in allen Kategorien, deren Häuser weitgehend identisch sind, erleichtert die Unterkunftswahl. Aber darüberhinaus gibt es auch viele **unabhängige Motels und Hotels**, mehrheitlich im Billigsektor.

Tourbooks

Wer nicht ganz auf den Zufall bauen möchte und Wert auf ein gutes Preis-/Leistungsverhältnis bei der Übernachtung legt, besorgt sich ***TourBooks* des AAA** mit ziemlich umfassenden **Unterkunftsverzeichnissen** samt aktueller Preise und Daten für Häuser ab unterer Mittelklasse mit **Sonderrabatten für Mitglieder**. Auch die in ***Welcome*** oder ***Visitor's Centers*** gratis ausliegenden regionalen oder auf den ganzen Bundesstaat bezogenen ***Accommodation/Hotel Guides*** (Unterkunfts-/Hotelführer) sind hilfreich.

Hotel Coupons

In den Touristeninformationen, aber auch in Hotels, Motels und Restaurants einschließlich *Fast Food* Ketten wie *McDonald`s* findet man Hefte voller ***Discount Coupons*** für Hotels/Motels. Die beziehen sich überwiegend auf Häuser der Ketten an den *Interstate Freeways*, in Städten und rund um touristische Attraktionen. Man kann die Discount-Tarife auch im **Internet** aufrufen, ausdrucken und ausschneiden: www.hotelcoupons.com; www.travelcoupons.com und/oder www.freehotelcoupons.com.

Die ***Coupons*** versprechen in erster Linie dem kurzfristig anrufenden Gast Schnäppchenpreise (oft nur am Tag/Nachmittag der Ankunft) und dienen vielen M/Hotels dazu, ihre Auslastung zu erhöhen. Gute Chancen auf Realisierung von Coupontarifen hat man natürlich eher außerhalb von Saisonzeiten und Wochenenden.

Wer flexibel ist und *Discounts* dieser Art nutzen möchte, kann dafür bereits von unterwegs anrufen und mit explizitem Hinweis auf den Gutschein nach dem annoncierten Preis fragen:

»***Do you have a room tonight at a rate of $69?***
I have a hotel coupon«.

Ein Anspruch auf Einlösung bzw. den Coupontarif besteht nicht. Der praktische Nutzen solcher Coupons ist daher saisonal unterschiedlich, aber oft genug ist ein guter Deal »drin«, ➤ Kasten rechts.

Die Coupon-Hefte sind dank ihrer Karten auch geeignet zur Identifizierung der Lage von Motelballungen.

Discount Coupons

Wie auch anderswo in den USA findet man speziell im Tourismus-Staat Florida Discount Coupons und **Couponhefte** für Hotels, Motels, Restaurants und Sehenswürdigkeiten.

Was **Unterkünfte** angeht, beziehen sich Coupons meistens auf Häuser der bekannten großen Ketten, ➢ Liste Seite 61. Manchmal versprechen sie eine prozentuale Ermäßigung (z.B. »30% off«), meist einen konkreten Niedrigpreis.

In der Realität ist es nicht immer leicht, Coupons mit Erfolg einzusetzen. Sie dienen auch dazu, potenzielle Gäste überhaupt ins Haus zu locken. Man spekuliert darauf, dass zumindest ein Teil der Kunden auch dann ein Zimmer bucht, wenn aus irgendeinem Grund der Couponvorteil nicht zum Zuge kommt. Bei besonders günstigen Tarifen – etwa \$39,50 oder \$49,50 – gibt es oft »Haken«: entweder gilt das Angebot nicht am Wochenende oder nicht in der Hauptreisezeit, es bezieht sich nur auf wenige Zimmer, die schon alle gebucht sind, oder es heißt sogar: »*Sorry, we do not accept coupons anymore*«.

Für attraktive Ziele wie Key West oder Miami Beach findet man *Discount Coupons* eher selten. Aber in Regionen mit dauerhaften Überkapazitäten wie z.B. im Bereich Orlando/Kissimmee und entlang der Autobahnen lohnt es sich durchaus, auf *Coupon Discounts* zu setzen. Dort werden die Coupons meistens akzeptiert. Simple Ansprache beim Betreten einer Rezeption mit dem *Coupon* in der Hand ist denn auch: »: »*Do you honour this coupon tonight?*« Identische Niedrigtarife finden sich manchmal auch auf den Werbetafeln an der Straße oder werden auf Nachfrage ganz ohne Coupon gewährt.

Ganz anders sieht es **mit Coupons von Restaurants und Sehenswürdigkeiten** aus. Wenn ein Restaurant z. B. *2 for 1* verspricht, dann kann man damit tatsächlich immer zwei Mahlzeiten zum Preis von einer essen. Auch bei Eintrittspreisen gibt es in manchen Fällen erhebliche Ermäßigungen, die bis zu 30% betragen können. *Coupons* dieser Art werden erfahrungsgemäß generell anstandslos eingelöst.

Coupons, ausgeschnitten aus einer Gratiskarte vom Großraum Orlando (liegt in Hotels, Touristeninformationen und Restaurants aus), die von derartigen Coupons eingerahmt wird

Heft voller Discountcoupons für Hotels & Motels in ganz Florida

Senioren

Nachlässe gibt es oft auch **für Senioren**, wobei man auch schon mal ab 55 Jahren so definiert wird. In Hotels beginnt der discountberechtigende Seniorenstatus meist mit 60, ➤ Seite 96.

Unterkünfte im Internet

Wer sich nicht mit den in diesem Buch empfohlenen Unterkünften begnügen und sich im **Internet** mit der Auswahl in bestimmten Städten/Zielen vertraut machen möchte, findet für jede wesentliche Stadt eine komplette Liste mit aktuellen Preisen.

Buchungsportale

Für eine Übersicht empfehlen sich Portale wie www.booking.com und www.hotels.com, auch gut ist www.orbitz.com.

Reservierung von Unterkünften, **➤ Kasten Seite 63**

Dank der gebührenfreien ***(toll-free)*** **800/844/855/866/877/888-Nummern** fallen bei Reservierungen in den USA keine Telefonkosten an. Über diese Nummern verfügen nicht nur Hotelketten, sondern auch viele Einzelunternehmen. Unter den nebenstehend genannten Nummern erreicht man die Reservierungszentralen.

Die **Preisgestaltung variiert selbst innerhalb ein- und derselben Kette stark**; die Tarifintervalle in Klammern geben nur einen Anhaltspunkt. An Brennpunkten des Tourismus, in Innenstädten und Airportnähe wird die genannte $-Grenze bisweilen erheblich überschritten. Auch ein Budgetmotel kann in einigen Städten und/oder zur Hochsaison leicht $70 und mehr kosten. Andererseits sind Preise in der Nebensaison unter $50 nicht selten.

Die Verteilung und Dichte von Hotels und Motels der verschiedenen Ketten ist sehr unterschiedlich. Die **Ober- und Luxusklasse** konzentriert sich dabei eher auf die **Großstädte und besonders beliebte Zielregionen**. Auf die Häuser der bekannten Ketten der (im weitesten Sinn) Mittelklasse stößt man allerorten:

Choice Hotels u.a. mit *Clarion, Comfort Inn, EconoLodge, Mainstay, Quality Inn, Rodeway, Sleep Inn*; www.choicehotels.com

Hilton Worldwide u.a. mit *Doubletree, Embassy Suites, Hampton* und *Homewood Suites*; www.hiltonworldwide.com

InterContinental Hotels Group u.a. mit *Holiday Inn und Express, Crown Plaza, Doubletree, Indigo, Staybridge Suites*; www.ihg.com

Marriott Hotels u.a. mit *Courtyard, Fairfield Inn, Renaissance, Springhill Suites* und *Town Plaza*; www.marriott.com

Starwood Hotels u.a. mit *Wyndham, Baymont, Hawthorn, Days Inn, Howard Johnson und Microtel*; www.starwoodhotels.com

Unten ein typisches Einfachmotel (hier ohne Kettenbindung) der $50-$70-Kategorie mit überdachter Einfahrt (dort ist die Rezeption und gibt's Kaffee). Auch viele Kettenmotels sehen so oder ähnlich aus

Die wichtigsten Motel-/Hotelketten,

soweit sie auch in Florida und weiteren Staaten im US-Süden vertreten sind

		toll-free ✆ USA	Internetportal
Obere Preisklasse ($150 und mehr)	Crown Plaza	1-800-2CROWNE	www.crowneplaza.de
	Hilton	1-800-HILTONS	www.hilton.de
	Hyatt	1-800-233-1234	www.hyatt.de
	Marriott	1-888 236-2427	www.marriott.de
	Radisson	1-800-967-9033	www.radisson.com
	Sheraton	1-800-325-3535	www.sheraton.de
	Westin	1-800-WESTIN1	www.westin.com
	Wyndham	1-877-999-3223	www.wyndham.com
Mittlere Preisklasse ($80-$130)	Best Western	1-800-780-7234	www.bestwestern.de
	Clarion	1-877-4CHOICE	www.choicehotels.de
	Comfort Inn	1-877-4CHOICE	www.choicehotels.de
	Country Inns	1-888-201-1746	www.countryinns.de
	Courtyard	1-888-236-2427	www.marriott.de
	Days Inn	1-800-DAYS-INN	www.daysinn.com
	Doubletree	1-855-610-TREE	www.doubletree.com
	Drury	1-800-DRURY-IN	www.druryhotels.com
	Econo Lodges	1-877-4CHOICE	www.choicehotels.de
	Embassy Suites	1-800-EMBASSY	www.embassysuites.com
	Fairfield Inn	1-888 236-2427	www.marriott.de
	Four Points	1-800-325-3535	www.fourpoints.de
	Hampton	1-800-HAMPTON	www.hamptoninn.com
	Holiday Inn (mit HI Express)	1-800-HOLIDAY	www.holidayinn.de
	Howard Johnson	1-800-I-GO-HOJO	www.hojo.com
	La Quinta	1-800-SLEEP-LQ	www.lq.com
	Quality Inn	1-877-4CHOICE	www.choicehotels.de
	Ramada Inn	1-800-2RAMADA	www.ramada.de
	Residence Inn	1-888-236-2427	www.marriott.de
	Sleep Inn	1-877-4CHOICE	www.choicehotels.de
	Springhill Suites	1-888-236-2427	www.marriott.de
	Super 8	1-800-800-8000	www.super8.com
	Travelodge	1-800-525-4055	www.travelodge.com
Untere Preisklasse ($50-$80)	Budget Host	1-800-BUD HOST	www.budgethost.com
	Hospitality Int`l (Scottish/Red Carpet/Passport u.a.)	1-800-251-1962	www.bookroomsnow.com
	Knights Inn	1-800-477-0629	www.knightsinn.com
	Motel 6	1-800-4MOTEL6	www.motel6.com
	Red Roof Inn	1-800-RED-ROOF	www.redroof.com
	Rodeway Inn	1-877-4CHOICE	www.choicehotels.de

Kategorien

Die Grenzen zwischen **Ober-, Mittel-** und **Untere Preisklasse** verlaufen insbesondere zwischen Unter- und Mittelklasse fließend. Ein »Untere-Mittelklasse-Haus« übertrifft nicht unbedingt den Standard z.B. eines *Red Roof Inn*.

Während die Unterkünfte der Mittel- und Oberklasse in den meisten Fällen einen Standard bieten, der den Erwartungen und dem Preis (im jeweiligen lokalen Rahmen) gerecht wird, sind **in der untersten Kategorie die Unterschiede groß**. Das gilt insbesondere für die Vielzahl der kleinen preiswerten *Motels*, die keiner Kette angehören. Bei ihnen erkennt man erst vor Ort, ob man sich für $49 eine heruntergekommene Absteige einhandelt oder ein Sonderangebot in einem gerade halbleeren Motelkleinod.

Brauchbare Motels gibt es in Florida schon ab $60.

Übernachtung und Kriminalität

Motels und Hotels verfügen mehrheitlich über eigene Parkplätze oder Parkhäuser, manchmal gibt es sogar Wachpersonal (*security*). Die Zimmer sind üblicherweise mit Spionen und zusätzlichen Verriegelungen versehen. Das gilt auch für Verbindungstüren zwischen Räumen, die als Familienzimmer genutzt werden können, ➤ auch Seite 56.

Wem *Motels* und *Motor Inns* mit von außen letztlich unkontrolliert zugänglichen Zimmern suspekt erscheinen, der findet ab der unteren Mittelklasse mehr und mehr Häuser, deren Zimmer von Nicht-Gästen nur durch die Rezeption betreten werden können.

Wertgegenstände und Dokumente sollte man im zentralen **Safe** an der Rezeption deponieren, sofern es keine Zimmersafes gibt.

Check-in/ check-out

In **Hotels** und ***Inns*** ist *Check-in* meist erst ab 15 Uhr, *Check-out* 11-13 Uhr, während in ***Motels*** gereinigte Zimmer meist ganztägig bezogen werden können. *Check-out*-Zeiten sind üblicherweise 10-12 Uhr, wobei ein *Late Check-out* ohne Probleme vereinbart werden kann, wenn nicht schon Gäste »auf der Matte« stehen.

Sollte einem das Zimmer nicht zusagen (z.B. Aufzug oder Eismaschine nebenan), sollte man auf einer Alternative bestehen.

Bezahlung

In Motels muss gleich bei Ankunft gezahlt werden, bar oder per Kreditkarte. In besseren Häusern erfolgt in der Regel zunächst nur Prüfung und Registrierung der Kreditkarte und Abrechnung aller in Anspruch genommenen Leistungen (Zimmerservice, Telefon, *Pay-TV* etc.) bei der Abreise.

Trinkgeld

Ein kleines Problem ist für europäische Touristen die Frage der richtigen **Trinkgeldbemessung**. Da die Angestellten in Hotels und Restaurants in den USA viel stärker vom Trinkgeld abhängig sind als bei uns (➤ auch Seite 77), wird bei allen Dienstleistungen im Hotel ein ***tip*** erwartet. Überlässt man es einem ***Attendant***, den Wagen auf dem Parkplatz abzustellen (***Valet Parking***, üblich in Stadthotels ab oberer Mittelklasse), erwartet dieser nicht unter $3. Der ***Bellhop*** (Hotelpage) erhält fürs Koffertragen $1 pro Gepäckstück, der ***Doorman*** (Türsteher) $2 fürs Taxiholen und die ***Room Maid*** $2 täglich, die im Zimmer hinterlassen werden.

Telefonisch richtig reservieren und stornieren

(generell zum Thema »Telefonieren in den USA« ➤ ab Seite 96)

Damit bei einer Zimmerreservierung unterwegs per Telefon alles klappt, sind ein paar Punkte **zu beachten**:

- Bei einem **Direktanruf** im Haus der Wahl sind zunächst Art des Zimmers (*Single/Double/non-smoking* etc.) und die Daten (*tonite only, 2 nights October 15-17* etc.) zu nennen. Im Fall eines **Anrufs beim *toll-free* & einer Kette** nennt man natürlich zuerst Staat und Stadt, in Großstädten ggf. die Präferenz für einen Stadtteil. Sind Zimmer frei, werden dem Anrufer immer automatisch die Tarife genannt.
- Ist man einverstanden, wird nach der Ankunftszeit gefragt. Ohne weitere Formalitäten erhält man normalerweise eine Zusage bis 18 Uhr (6 pm), in einigen Fällen auch 16 Uhr. Ist nicht sicher, dass man vor dieser Uhrzeit eintrifft, muss das Zimmer mit einer **Kreditkarte** »garantiert« werden. Nur so lässt sich eine anderweitige Vergabe ausschließen. Dazu müssen ***Credit Card Number*** und Verfalldatum der Karte (***Expiration Date***) zur Hand sein. Das Zimmer bleibt dann die ganze Nacht reserviert; der Preis wird der Karte belastet, egal wann – oder ob – man letztlich eintrifft.

Notieren sollte man sich unbedingt (ggf. nachhaken):

- die ***Reservation Number*** (üblich nur bei Ketten)
- die genaue Adresse des Hauses und **lokale Rufnummer**.
- bei Anfahrt mit dem Auto ggf. **Hinweise zur Lage**, z. B. *Interstate #75, Exit 26, right turn and at first traffic light left on Frontage Road*.
- im Fall eines Hotels im Airportumfeld das **Aussehen des hoteleigenen Busses**. *Vans* kleinerer Häuser sind als solche oft schwer zu identifizieren. Wer nicht exakt an der üblichen Stelle wartet, wird leicht »übersehen«.

Bei Absagen – *sorry, we are completely booked for that day* – kann man es mit oft guten Chancen **am Tag der Anreise ab spätem Vormittag** wieder probieren. Manchmal werden dann Zimmer frei, die ursprünglich länger gebucht waren.

Ob man nun unterwegs eine bessere/preiswertere Unterkunft entdeckt oder das Ziel nicht erreichen wird, eine **feste Reservierung sollte rechtzeitig storniert werden** (»*to cancel*«), sonst fallen die vollen Kosten an. Stornoanruf unbedingt **vor 18 Uhr** (ggf. früher, ➤ oben). Im Fall einer Kette ist es notwendig, die Reservierungsnummer parat zu haben, damit nichts schiefläuft. Man erhält eine Stornierungsnummer (ggf. nachfragen), die aufbewahrt werden sollte. Falls später die Kosten einer stornierten Übernachtung dennoch vom Kreditkartenkonto abgebucht werden, lässt sich ohne sie schlecht reklamieren. Wer sicher gehen möchte, notiert außerdem **Datum und Uhrzeit der Stornierung** und lässt sich den Namen der Person im Call Center geben.

Reservierung per Internet

Kurzfristige Reservierungen sind auch unterwegs und am selben Tag noch per Internet möglich und haben den Vorteil der leichten Vergleichbarkeit mehrerer aktueller Alternativen wie auch Beurteilung der Lage verschiedener Hotels.

3.2.2 Sonstige Unterkünfte

Bed & Breakfast

Amerikanische *B&Bs* sind nicht mit europäischen Pendants zu vergleichen, d.h., **nicht die billige Alternative zum Motel** oder Hotel. Das Preisniveau liegt überwiegend im Rahmen der oberen Mittelklasse und oft weit darüber, also **ab ca. $90/DZ** im günstigen Fall **bis ohne weiteres $300**. Dafür bieten *B&Bs* durchweg gute, individuell eingerichtete Zimmer mit Bad und immer ein üppiges Frühstück. Die teuren Alternativen befinden sich meist in stilvollen historischen Häusern mit Atmosphäre. Attraktiv an den *B&Bs* ist für viele auch der über »Familienanschluss« ggf. erleichterte Kontakt zu Land und Leuten.

Bei ***Florida Bed & Breakfast Inns*** sind knapp 80 *B&B Places* registriert, ➤ unter www.florida-inns.com. Listen mit ***Bed & Breakfast Places*** einer Stadt/Region gibt es vor Ort in fast allen Büros der *Tourist Information.*

Ferienwohnungen

Wer einen Badeurlaub in Florida verbringen möchte oder an eine Rundreise eine geruhsame Woche in Strandnähe anhängen will, kann auch aus einem großen Angebot an **Ferienwohnungen** und (teureren) **Ferienhäusern** wählen. Viele Touristeninformationen (Adressen im Reiseteil) vermitteln Ferienwohnungen. Eine gute Auswahl an Wohnungen am Atlantik und an der Golfküste bieten USA-Reiseveranstalter wie TUI, Dertour und FTI.

Hostels USA

Das Jugendherbergswesen ist in den USA im Vergleich zu Europa zwar unterentwickelt, aber viele Herbergen befinden sich in günstiger Lage im Brennpunkt der Cities oder in einem besonders attraktiven Umfeld. Zu unterscheiden sind die Häuser der ***American Youth Hostel Federation*** (***HI-Hostels***; www.hiusa.org), die dem weltweiten Jugendherbergsverband angehören, und ***Hostels* freier Träger**. Im Süden Floridas gibt es mit dem ***Miami Beach Hostel*** nur noch eine HI-Herberge: www.hi-miamibeach.com.

Hostels Florida

Für Einzelreisende sind *Hostels* konkurrenzlos billig. Die Übernachtung im Mehrbettzimmer kostet ab $18 bis ca. $30/Person. Bei zwei Personen ist manches *Hostel* schon teurer als die untere Motelkategorie. Wobei im *Hostel* immer allerhand Extras inklusive sind – vom Frühstück über Küchenbenutzung und *Happy Hour* bis hin zu *Beach Parties*. Vom Kontakt zu gleichgesinnten Gästen nicht zu reden, den es im Motel nicht gibt. Manche Herbergen offerieren auch preiswerte EZ/DZ mit und ohne privates Bad.

Alle Details zu den unabhängigen *Hostels*, bei denen es im Allgemeinen etwas lockerer zugeht als in den Quartieren der Herbergsorganisation findet man unter den Reservierungsportalen

www.hostels.com
www.hostelsclub.com
www.hostelworld.com

Reservierung

Hostels in der Nähe attraktiver Ziele (z.B. Miami Beach, Key West, St. Augustine und ganz generell in Küstenorten) sind oft ausgebucht. Dort sorgt nur **langfristige Vorausreservierung** für ein freies Bett zum gewünschten Termin.

Apps

Smartphone-Nutzer finden im ***iTunes App Store*** und im ***Android Market*** Apps auch für die amerikanischen *Hostels*.

Studentenwohnheime

Eine Übernachtungsalternative sind in den Sommermonaten (Mai bis einschl. August) dann teilweise leerstehende Studentenwohnheime, ***University Residences*** oder ***College Dorm(itorie)s***. Fast jede größere Stadt verfügt über mindestens ein *College*. Das ***Department of Housing*** der jeweiligen Institution ist zuständig für die Vermietung. Die Bedingungen variieren. Während in manchen Fällen Einzelübernachtungen – sofern nicht ausgeschlossen – kaum weniger als in Mittelklasse-Motels kosten, liegen woanders die Preise auch schon mal bei $30 pro Nacht. Preiswert werden *Dormitories* meist erst, wenn man eine Woche oder länger bleibt. Kontakt im Internet nur über die einzelne Institution.

The Clay Hotel, früher ein International Hostel in Miami Beach, ➤ Seite 132, jetzt eine preiswerte Alternative für budgetbewusste Hotelbucher

Camping auf dem subtropisch grünen Platz im Collier Seminole State Park in Floridas Südwesten. Im Vordergrund die in State Parks immer vorhandene Feuerstelle mit Grillrost

3.2.3 Camping in Florida

Die Situation

Campingplätze

Die USA bieten Campingfans Zelten unter einfachen Bedingungen in schöner Landschaft bis zum Komfortcamping für Wohnmobile alles, was das Herz begehrt. Die meisten Campingplätze sind großzügig angelegt, und die Stellplätze fürs Campmobil oder Zelt beschränken sich nicht auf wenige Quadratmeter, sondern umfassen immer ein **kleines Areal mit Picknicktisch und Grillrost**, oft auch mit Feuerstelle – letzteres in erster Linie auf staatlichen Plätzen (➤ Foto oben).

Campingführer/ Camping Apps

Nichts geht indessen ohne **Campingführer**. Die 2012 eingestellten *Campbooks* des Automobilclubs wurden ersetzt durch USA-weit 7 *Woodall's/AAA Campground Guides* (für Clubmitglieder kostenlos, ➤ Seite xxx). Auf Florida und alle angrenzenden Staaten bezieht sich der Regionalführer ***The South Official Campground Guide***.

Indessen sind die mittlerweile verfügbaren ***Camping Apps*** den gedruckten Listungen vielen Belangen überlegen. Neben der Übersicht unter »*All Campgrounds*« kann man selektiv auch Plätze nur für Zeltcamper, nur für Campmobile, nur in *State Parks* und nach weiteren Kriterien aufrufen; ➤ www.allstays.com.

campflorida. com

Die Campervermieter legen ihren Kunden oft auch den ***KOA-Atlas*** (➤ Seite 68f) und Werbung privater Campingplatz-Betreiber ins Fahrzeug. Die ***Florida Association of RV Parks & Campgrounds*** (FARVC) gibt jährlich eine kostenlose Broschüre heraus, die privatwirtschaftlich geführte Campingplätze im gesamten Staat mit allen Details auflistet und kommentiert; http://campflorida.com.

Campingtipps im Reiseteil

Wer nur einige Wochen auf Campingreise in Florida unterwegs ist, kommt entlang der in diesem Buch beschriebenen Routen auch mit den zahlreichen Camphinweisen im Reiseteil ganz gut hin.

Gebühren

Auf allen **staatlichen Campingplätzen** gilt eine **pauschale Einheitsgebühr (*fee*) pro Stellplatz** unabhängig von der Personenzahl (Obergrenze 8 Personen und oft 2 Fahrzeuge). Die Gebühren werden oft im ***Self-Registering*** Verfahren erhoben: die Camper stecken – nach Eintragung ihrer Daten – Bargeld in einen bereitliegenden Umschlag und werfen diesen in eine ***Deposit Box***.

Auf kommerziellen Plätzen überwiegt die Berechnung einer Basisgebühr für 2 Personen plus Aufschlag für jeden weiteren Gast.

Hook-ups, TV und Wifi

Die meisten kommerziell betriebenen *Campgrounds* und auch viele *State Parks* (➤ unten) verfügen über sog. ***Hook-ups***, Steckdosen, Wasserhahn und Abwasserloch an den Stellplätzen. Häufig sind auch ***Sites***, die nur ***Electricity and Water*** bieten. Sind alle drei Anschlüsse vorhanden, spricht man von einem ***Full Hook-up***. Oft gibt es auch eine **TV-Buchse** für die zentrale Satellitenschüssel oder das Kabelnetz. Mittlerweile haben viele Campingplätze **Internetzugang (*Wifi*)** mit und ohne Gebühr. Naturgemäß kosten Stellplätze mit Voll- oder Teilversorgung mehr als andere.

rechts: *Abwasserbecken mit Wasserschlauch zum Reinigen*

links: *Frischwasser und Strom gibt's direkt am Stellplatz aus Säulen wie dieser (meist aber nicht ganz so elegant)*

Dumping/ Entsorgung der Abwässer

Campmobilfahrer kommen auch ohne *Hook-ups* aus. Denn sogar auf Rastplätzen und *Campgrounds* ohne Anschluss am Stellplatz befinden sich sog. ***Dump-*** oder ***Sewage- Stations***, wo man – gegen Gebühr – Schmutzwasser ablassen und Trinkwasser auffüllen kann. Auch **Tankstellen** und ***Truck Stops*** haben bisweilen eine *Dump Station*. Mit vollen Batterien lassen sich in Wohnmobilen durchaus auch 2-3 Tage ohne Stromanschluss überbrücken.

Staatliche Campgrounds

Nationalparks

Campingplätze in Nationalparks liegen in Florida – dort nur *Everglades* (Seite 144) und *Dry Tortugas National Parks* (Seite 177) sowie *Gulf Islands Nat'l Seashore* (Seite 299) – und anderswo in meist reizvoller Umgebung und zeichnen sich durch großzügige Aufteilung aus. Die NP-Plätze in Florida verfügen über einfache sanitäre Einrichtungen. Die Kosten betragen $16-$30 je Nacht und Stellplatz, *Dry Tortugas* $15/Zelte; www.nps.gov/drto.

Nationalforste

In Waldgebieten betreibt der ***National Forest Service*** Campingplätze der sanitären Einfachkategorie. In Florida gibt es nur drei größere Nationalforste, die – insbesondere im ***Ocala NF*** nördlich von Orlando – gut angelegte und gelegene Campareale bieten.

Ausstattung und Tarife

Größere straßennahe NF-Plätze sind im Woodall's/*AAA Guide* verzeichnet. Markierungen in der ***Official Florida State Map*** und Karten von ***Rand McNally*** zeigen einen Teil davon und deren ungefähre Lage; vor Ort findet man Wegweiser. Die Gebühren betragen $3-$21 je nach Ausstattung und Lage.

State Parks

Florida unterhält zahlreiche ***State Parks*** in reizvoller Lage; zu vielen gehören Campingplätze. Sie verfügen mehrheitlich über guten sanitären Komfort mit Wasser- und Stromanschluss an den meisten Stellplätzen. Lage und Anlage sorgen fast immer für sehr **erfreuliche Campingbedingungen**. Die **Kosten** variieren; sie betragen $16-$42/Nacht. Am teuersten sind *Topsail Hill* im *Panhandle* und die *State Parks* auf den Florida Keys. Informationen zu allen *Florida State Parks* im Internet unter:

www.floridastateparks.org

State Park Campgrounds sind ausnahmslos in Campingführern verzeichnet und **auf allen Karten** markiert.

Corps of Engineers

Die **Pioniere der US-Armee** (*US Army Corps of Engineers*) sind in Friedenszeiten auch mit zivilen Projekten befasst, speziell mit Staudammbau und Stauseewartung; www.usace.army.mil. Die von ihnen an Flussläufen und *Reservoirs* angelegten Plätze gehören überwiegend zur preiswerten Kategorie (ca. 20-24 US$). In Florida gibt es u.a. drei schön gelegene Plätze am **Caloosahatchee River**/ St. Lucie Canal, der via Lake Okeechobee Golf- und Atlantikküste miteinander verbindet, und am Ostufer des **Seminole Lake** nordwestlich von Tallahassee an der Grenze zu Georgia.

County Parks

Einige **Städte** und **Landkreise** unterhalten in eigener Regie Campingplätze sehr unterschiedlicher Qualität und Ausstattung. Die Kosten liegen dort eher auf moderatem Niveau.

Kommerziell betriebene Campgrounds

Kennzeichnung

Über die kommerziell betriebenen Campinglätze lassen sich **allgemeingültige Aussagen** nur grob machen. Alle bezüglich Komfort und Lage denkbaren Kategorien sind vorhanden. Es überwiegen Anlagen mit ***Hook-up*-Angebot** (➤ oben) und deutlich knapperem Zuschnitt der Plätze als auf staatlichen *Camgrounds*. Die **Tarife** orientieren sich an Ausstattung und Nähe zu touristischen Reiserouten und -zielen. Die **preisliche Untergrenze** für einfache und/oder abgelegene Privatplätze liegt in Florida bei ca. $**20**. Im Umfeld von Attraktionen, an den Küsten und im Einzugsbereich von Großstädten wird es rasch teurer. Ab **$30/Nacht und teilweise weit mehr** (Florida Keys bis $100 in der Ostersaison) gibt`s dort ebene Plätzchen, saubere Sanitäranlagen, Waschmaschinen, Pool, Minishop etc., aber auch den Nachbarn auf Tuchfühlung.

Kampgrounds of America

Die Mehrheit der *Campground*-Betreiber ist unabhängig. Aber es gibt auch »Campingplatz-Ketten«; in erster Linie ***KOA*** mit etwa 450 Plätzen in den Nordamerika, davon 23 in Florida. Sie bieten ihren Gästen allerorten einen fast identischen Sanitärstandard und oft genug vorbildliche Anlagen.

Einfahrt zu einem kommerziell betriebenen Campingplatz am Tamiami Trail nördlich der Everglades, zugleich Zentrale der Skunkapeforschung, ➤ *Seite 395.*

KOA lockt Campmobilfahrer mit einer ***Value Kard*** **($27)**, die einen 10%-igen Rabatt auf die Übernachtungskosten garantiert. Auch mit diesem Discount bleibt KOA überwiegend in der preislichen Oberklasse **ab $30/Nacht** und oft weit mehr; www.koa.com

Good Sam

Sanitär durchweg sehr gut sind auch die ebenfalls nicht ganz billigen, aber unabhängigen *Campgrounds*, die vom ***Good Sam Club***, einer kommerziellen Camping-Organisation, eine Art Gütesiegel erhalten. Deren Qualitäten sind stärkeren Schwankungen unterworfen als bei KOA; www.goodsamclub.com.

Campingplatzreservierung

National Parks

In Florida kann man in 3 der 4 Nationalparks campen (*Everglades National Park, Dry Tortugas NP* unf *Gulf Islands National Seashore*); die Plätze in den ***Everglades*** und an der Küste der ***Gulf Islands*** lassen sich **bis zu 6 Monate im Voraus** buchen unter

www.recreation.gov, **✆ 1-877-444-6777**

NFS und CoE Campgrounds

Die Belegung der ***National Forest Campgrounds*** erfolgt mehrheitlich nach ***first-come-first-served***. Die drei populärsten Plätze im *Ocala National Forest* ($21) lassen sich aber zentral reservieren und zwar – ebenso wie die *Campgrounds* des ***Corps of Engineers*** – auch unter www.recreation.gov bzw. ✆ wie oben.

State Parks

Alle Campingplätze in **Floridas *State Parks*** sind unter

✆ 1-800-326-3521 oder www.reserveamerica.com zu reservieren.

Auf beiden hier genannten Portalen finden sich für jeden Platz regionale Lagekarten, eine genaue Karte der Platzanlage und Satellitenbilder, die eine klares Bild des Geländes samt Umgebung liefern.

Reservierungsdetails staatliche Plätze

In vielen Fällen ist es möglich, sich einen spezifischen Stellplatz (am Wasser, im Schatten, in Duschanlagennähe etc.) herauszusuchen und gezielt zu reservieren. Bei www.recreation.gov kostet das eine Reservierungsgebühr ($9) zusätzlich. Auf beiden Portalen muss man sich (nur einmal) vor der Reservierung registrieren (»*sign in*«), eine Kreditkartennummer aber erst bei konkreter Buchung angeben. Die Belastung der Campingkosten plus ggf.

3

Gebühren erfolgt unmittelbar danach. Den vor Ort vorzulegenden *Voucher* kann man sich selbst ausdrucken.

Kommerziell geführte Campgrounds

Alle **kommerziellen Campingplätze** sind telefonisch reservierbar (✆ in Campingführern bzw. *-Apps* und – für besonders empfehlenswerte Plätze – im Reiseteil dieses Buches). Die Mehrheit verfügt heute über eigene ***Websites*** mit Kontaktformular. Reservierung der KOA-Plätze auch über www.reserveamerica.com.

Wie bei den Hotels werden Reservierungen für eine Ankunft auch nach 18 Uhr garantiert, wenn der Anrufer bzw. Internetbucher eine **Kreditkartennummer** hinterlegt. Auch bei Nichterscheinen wird diese dann belastet. Es gilt daher wie bei den Hotels: unbedingt vor 18 Uhr stornieren, wenn die Platznutzung nicht erfolgt.

Campen ohne Campingplatz

National Forest

In allen *National Forests* und Gebieten des *Bureau of Land Management* ist Camping abseits offizieller Plätze (sog. ***Dispersed Camping***) erlaubt. Allerdings wird das wilde Campen in der Nähe dicht besiedelter Regionen oder von Naturschutzgebieten oft untersagt. Die Büros des ***Forest Service*** geben über bestehende Einschränkungen beim *Dispersed Camping* Auskunft; www.fs.fed.us.

Private Property/ Parks

Sich einfach irgendwo hinzustellen, ist weder erlaubt noch ratsam. Schilder mit der Aufschrift ***Private Property*** oder ***No Trespassing*** sollten unbedingt respektiert werden. Dasselbe gilt für öffentliche Parks. **Übernachten in Campmobilen auf innerstädtischen Plätzen und Straßen ist überall untersagt**, die Gefährdung durch Ruhestörung und Kriminalität zudem erheblich.

Rastplätze und -stätten

Speziell bei längeren Autobahnfahrten oder als Ausweichlösung liegt es für **Campmobilfahrer** ggf. nahe, auf Rastplätzen an *Interstates* zu übernachten. Dieses sogenannte ***Overnight Parking*** ist zwar in einer Reihe von US-Staaten erlaubt, aber offiziell nicht in Florida – dort darf man max. 3 Stunden parken. In der Praxis wird dies aber durchaus geduldet. Solange Camper den Verkehr nicht behindern, dürfen sie dort anstandslos die ganze Nacht stehen.

Wichtig: Alle ***Rest Areas*** in Florida verfügen mittlerweile über ***Nighttime Security*** – das heißt ein Sichheitsdienst sorgt für ruhigen Schlaf. Außerdem kann man im Campmobil auch auf Parkplätzen von ***Truck Stops*** eine Nacht (gratis) überbrücken. Die weit verbreitete *Truck-Stop*-Kette ***Pilot Flying J*** (www.pilotflyingj.com) wirbt um Camper sogar mit Gratisübernachtung und (gebührenpflichtiger) *Dumping Stations* zum Leeren der Schmutzwassertanks. Der auch nachts auf solchen Truckparkplätzen vorhandene Verkehrslärm lässt diese Möglichkeit aber nur ausnahmsweise geeignet erscheinen.

Wal Marts

Viele Filialen der Kaufhauskette ***Walmart*** erlauben ***Campmobilisten*** die gebührenfreie Übernachtnutzung ihrer **Parkplätze**. Wo nicht, steht ein unmissverständliches Schild: *No RV-Parking overnight*! In Florida gibt es immerhin über 200 *Walmarts*. Auch unter www.walmartatlas.com steht, wo *RV-Parking* verboten ist.

Die in Florida größte Supermarktkette mit über 700 Filialen allein im Sonnenstaat ist »Publix«. Man findet Publix-Märkte daher auch noch im kleinsten Ort

3.3 Essen und Trinken

3.3.1 Selbstversorgung

Supermärkte

Wer sich auf einer Floridareise selbst versorgen möchte, hat damit keinerlei Probleme. Überall gibt es **Supermärkte** mit einem immensen Sortiment. Die beiden größten Supermarktketten in Florida sind ***Publix*** und ***Winn-Dixie***. Beide haben fast immer eine eigene **Bäckerei** und **Metzgerei**, ebenso eine **Fischtheke**. Preiswerter kauft man in den ***Walmart Supercenters*** und bei ***Aldi*** (Süd!) in erstaunlich zahlreichen Filialen, ➤ https://storelocator.aldi.us.

Man findet große Supermärkte an den Hauptstraßen aller Ortschaften, oft sind sie Teil eines kleinen Einkaufszentrums. Die **Öffnungszeiten** variieren stark, in größeren Orten bleiben sie oft bis Mitternacht geöffnet, gelegentlich sogar 24 Stunden. Wer dennoch einmal vor verschlossenen Türen steht, findet das Nötigste in einem der vielen, meist mit Tankstellen verbundenen ***Mini Marts***, die durchweg rund um die Uhr geöffnet sind.

Alkoholika

Im Vergleich zu anderen Staaten im Süden der USA geht man in Florida mit dem Alkohol relativ locker um. **Bier** und **Wein** gibt es in großer Auswahl in praktisch allen **Supermärkten**, hochprozentige Alkoholika aber nur in speziellen ***Liquor Stores***.

Um alkoholische Getränke kaufen oder auch in der Bar oder im Restaurant bestellen zu können, muss man 21 Jahre alt sein. Die Einhaltung dieser **Regelung** wird strikt beachtet. Bars und Kneipen, aber auch Supermärkte und *Liquor Stores* verlangen oft die Vorlage einer ***ID*** (***Id****entity*=Personalausweis/Führerschein). Hintergrund der Strenge ist eine rigorose Aberkennung der Schank- bzw. Verkaufslizenz bei Verstößen gegen die Alkoholgesetzgebung.

Alkoholkonsum ist auf öffentlichen Plätzen und im Auto streng verboten. Man darf auch keine geöffneten Flaschen oder angebrochen Container mit Alkoholika im Auto mitführen. Dies gilt sogar für den Kofferraum und strengenommen für den Kühlschrank des Campmobils. Selbst angetrunkene Mitfahrer erfüllen schon den Tatbestand »Alkohol am Steuer«, ➤ auch Seite 50.

3

Trinkwasser

Ein Problem nicht nur in Florida ist die Wasserqualität. Das Leitungswasser wird in den USA meist stärker als bei uns mit Chemikalien behandelt – man riecht und schmeckt es. Für Kaffee und Tee, oft auch für's Kochen, empfiehlt sich daher, das Leitungswasser zu meiden und ***Drinking Water*** aus dem Supermarkt zu benutzen. Es wird überall in transparenten 1- und 2-Gallonen-Behältern ab ca. $0,70/*Gallon* verkauft.

Preiswerter einkaufen mit Kundenkarte

Viele – oft substanziell preisermäßigte – Sonderangebote in Supermärkten gelten nur für »gute« Kunden, die als solche über Kunden-/Clubkarten definiert sind. Eine Kundenkarte erhält jeder, auch ein ausländischer Tourist. Man geht nur vorm Einkauf zum *Service Desk* des Marktes und lässt sich mit einer amerikanischen Adresse registrieren, wobei man den korrekten Zip-Code (= Postleitzahl) des Ortes parat haben muss.

Winn Dixie ist eine kleinere Supermarktkette mit Hauptsitz in Jacksonville/Florida

Manche Läden stellen die Karte auch direkt an der Kassse aus, obwohl das Wartezeiten verlängert. Kundenkarten eines Konzerns (*Publix, Kroger, Winn Dixie, Safeway, Piggly Wiggly* etc.) gelten für alle Märkte der Kette und bisweilen noch für weitere zur jeweiligen Unternehmung gehörende Ketten in den gesamten USA und Canada.

3.3.2 Restaurants

Situation

In Florida ist die gastronomische Vielfalt beachtlich, die Palette reicht vom üblichen *Fast Food* bis zum Feinschmecker-Restaurant in allen Ausprägungen: Neben klassischer amerikanischer ist die Küche der Südstaaten ebenso vertreten wie mexikanische, karibische, asiatische und europäische Küche. Besonders empfehlenswert sind in Florida viele Fischlokale.

Fast Food- und Restaurantketten

Fast Food Places

Alle großen amerikanischen **Ketten** sind auch in Florida vertreten. Nicht nur bei ***McDonald's*** und dem ***Burger King***, sondern auch im ***Boston Market***, bei ***Hardee`s***, ***Arby's***, ***Wendy's, Checkers*** und anderen serviert man neben einigen spezifischen Varianten Hamburger und Pommes (*french fries*), und bei ***KFC*** (= *Kentucky Fried Chicken*) bekanntlich fritierte Hühnerteile mit Beilagen. ***Taco Bell***, ***Taco John`s*** und weitere Tacostätten liefern preiswert Mexikanisches, das rasch den Magen füllt. Bei der ***Dairy Queen*** stehen zwar die Milchprodukte (*Blizzard* genannte Eisvariationen und *Milkshakes*) im Vordergrund, aber auch dort geht es nicht ohne die unvermeidlichen Burger. ***Subway*** und ***Larry's Giant Subs*** sind Sandwichketten, die sich in »mehrstöckigen« Kreationen überbieten. Und ***Long John Silver`s*** wie ***Bubba Gump*** haben – vor allem – frittierten Fisch und *Seafood*.

Auch Filialen der Drive-in Kette Checkers (Hamburger etc.) sind verbreitet. Dem eiligen Gast wird dort das Tablett mit seiner Bestellung ins geöffnete Seitenfenster gehängt.

Waffle House und IHOP

In Richtung *Family Restaurant* tendieren das ***Waffle House*** und das ***IHOP*** (= *International House of Pancakes*). Beide servieren alle Mahlzeiten und nicht etwa nur Waffeln und Pfannkuchen.

Sonderpreise

Wer schnell für vergleichsweise wenig Geld satt werden möchte, kommt in den Kettenrestaurants auf seine Kosten, zumal bei immer irgendwo laufenden Sonderofferten wie z.B. *»Big Mac & French Fries for $2,99«* oder *»2 Tacos for the price of one«*.

Family Restaurants

Zuverlässige Adressen für den Kampf gegen den großen Hunger sind – gerne als ***Family Restaurants*** klassifizierte – **Kettenlokale mit Bedienung**, die eine Stufe über den *Fast Food Places* eingeordnet werden können. Hier ist ***Denny's*** am weitesten verbreitet, aber auch auf Namen wie ***Shoney`s***, ***Perkins***, ***Steak'n Shake***, **J.Bs.**, ***Bob Evans***, ***Applebees***, ***T.G.I. Friday's*** oder ***Cracker Barrel*** stößt man häufig. Bei allen ist die Auswahl besonders bei den typisch amerikanischen ***Items*** (Positionen auf der Karte) groß, die durchweg in üppigen Portionen serviert werden.

Denny's hat – wie viele *Fast-Food*-Ketten – rund um die Uhr geöffnet. Ein mengen- und preisreduziertes Angebot gibt es dort und anderswo für ***Seniors*** (bisweilen ab 55 ohne ID-Kontrolle).

Die verbreitete ***Pizza Hut*** kennt man seit vielen Jahren auch bei uns. Und ***Red Lobster*** ist die bekannteste überregionale *Seafood Chain* der USA, serviert aber ebenso *Burger* und **Steaks**.

Speisenkarte des Family Restaurants »Denny's« mit kalorienträchtigen amerikanischen »Items« auf den immer randvollen Tellern

Steakhäuser

Apropos Steaks: auch dafür gibt es Ketten. ***Outback***, ***LongHorn***, ***Black Angus*** und ***Tony Roma's*** stehen für die (noch) erschwingliche rustikale Mittelklasse und ***Ruth's Chris*** für das distinguierte teure Steak-Restaurant. Einfacher und preiswerter sind ***Ponderosa*** und ***Sizzler*** (beide nur in und um Orlando). Bei ***Sizzler*** darf man für eine *Flatrate* auch ohne Hauptgericht an der ***All-you-can-eat-Bar*** (Salat und Pasta, keine Steaks) grenzenlos nachfassen.

Angelpier mit Restaurant und Kneipe über dem Wasser am Nordende und Strand von Anna Maria Island (südlich der Tampa Bay)

Restaurantküchen

Kubanische Küche

Eine besonders in Südflorida weit verbreitete und beliebte Küche ist die kubanische. **Kubanische Gerichte** sind deftig und meistens einfach. Sie kombinieren Schweine- oder Rindfleisch mit Reis, Bohnen und *plantains* (bananenartige Frucht, die frittiert als Beilage serviert wird). Gewürzt wird mit Zwiebeln und Knoblauch; häufig sind auch Gerichte mit ***mojo*** abgeschmeckt, einer Sauce aus Knoblauch und Zitronen. Ein ungewöhnliches kubanisches Getränk ist der Zuckerrohrsaft ***guarapo***, den man in Südflorida unbedingt einmal probieren sollte.

Mexikanische Küche

In **mexikanischen Restaurants** überwiegen in Tortillas eingerollte, mit Zwiebeln gewürzte und ggf. mit Käse überbackene Fleisch- und Hackfleischvariationen. Wer auf eine bessere Fleischqualität Wert legt, sollte sich an ***Fajitas*** halten, marinierte und gegrillte Steakstreifen. ***Enchiladas*** und ***Burritos*** können auch mit Huhn oder – für Vegetarier – nur mit Käse und/oder Bohnen gefüllt sein. In innovativen Restaurants gibt es auch Abwandlungen wie **Spinat-*Enchiladas*** oder ***Shrimp Burritos***. Als Beilagen werden immer schwarze Bohnen (*refried beans*) und rötlicher, gewürzter Reis (*Spanish rice*), bisweilen auch Avocadomus (*guacamole*) serviert.

Sonstige

Man findet auch zahlreiche **italienisch orientierte Lokale** mit großem Angebot an Pizza und Pasta. Auch **asiatische Restaurants** sind häufig. Neben den üblichen chinesischen und thailändischen Lokalen sind in Florida ***Sushi Bars*** populär. Die Qualität der *Sushi*-Happen ist gut und die Preise sind moderat.

Fisch/ Seafood

Auch in Lokalen, die nicht explizit auf Fisch und Meeresfrüchte spezialisiert sind, findet man *Seafood*-Gerichte, in erster Linie Krabben (*shrimps*), Thunfisch (*tuna*), Lachs (*salmon*) und sogar Schwertfisch (*swordfish*). Fisch wird gegrillt (*grilled*) oder frittiert (*deep fried*) serviert. Hier und dort gibt es *blackened fish*, eine für die Südstaaten typische Kombination aus Grillen und Braten.

Während **reine Fischrestaurants** in den Großstädten eher zur oberen Preiskategorie gehören, findet man in Küstenorten preiswertere Fischlokale. Bestimmte Regionen in Florida sind für Spezialitäten bekannt, so der Süden für ***Stone Crab*** (Krebs) und die Gegend von Apalachicola im Panhandle für ***Oysters*** (Austern). Ein lukullisches Highlight in einfachen Küstenrestaurants ist nicht selten der frische ***Catch of the Day*** zu moderaten Preisen.

Vegetarische Küche

In Urlaubsorten und größeren Städten ist es kein Problem, sich fleischlos zu ernähren. Viele Restaurants haben vegetarische Gerichte auf der Karte; auch gibt es dort rein vegetarische Lokale. In kleineren Ortschaften sieht es indessen schlechter aus.

Mahlzeiten

Amerikanisches Frühstück

Das traditionelle ***American Breakfast*** ist reichhaltig und schwer. Es besteht aus Eiern, Speck oder Würstchen, *Hash Browns* (gerösteter Kartoffelpamps), je nach Geschmack kombiniert mit Pfannkuchen, Waffeln oder auch schlicht Toast. Eine in allen Südstaaten zu findende Beilage ist außerdem ***Grits***, ein warmer Maisbrei, süß oder herzhaft. Die Eier gibt es meistens als Rührei (*scrambled eggs*), jedoch auch als Spiegelei (*sunny side up*) oder in Form eines Omeletts. Diese Art Frühstück serviert man in besseren Hotels und in *Family Restaurants* wie *Denny`s* (➤ oben), in angepasster Form auch bei *McDonald's* und Co.

Continental Breakfast

Das Gros der H/Motelketten zieht sich mit ***Continental Breakfast*** aus der Affäre. Zum Kaffee aus der Pumpkanne gibt's im einfachsten Fall Gebäck wie *Donuts*, *Croissants*, *Muffins* und/oder *Bagels*, oft auch *Cereals* mit Milch, Toast, salzige Butter, Chemiegelee und Philadelpia-Käse. Gelegentlich ein bisschen Obst dazu. Wer Wert auf »richtigen« Kaffee möglichst aus zumindest einem Keramikbecher statt Styropor- oder Papptasse legt, geht in einen *Coffee Shop* oder eine *Coffee Bar*, wo in der Regel auch eine Auswahl an Sandwiches und mehr wartet.

Lunch

Trotz des häufig nicht üppigen Frühstücks fällt das ***Lunch*** in den USA meist auch bescheiden aus. Sandwich oder Salat sind typische Mittagsspeisen. Viele Lokale offerieren mittags leichte Kombinationen wie ***Soup & Salad*** und berechnen niedrigere Preise als abends für identische Gerichte. Vor allem ***Steak Restaurants*** verfügen oft über eine ***Salad Bar***, an der mehrfach nachgefasst werden darf. Ggf. sogar ohne ein Hauptgericht zu bestellen. Das kostet wenig und ersetzt leicht eine volle Mahlzeit.

Dinner

Im Allgemeinen wird das Abendessen in den USA **früher** serviert als in Europa. In Florida sitzt man oft schon um 17.30 Uhr beim

Dinner. Wer außerhalb großer Städte und Touristenhochburgen unterwegs ist, denkt besser zeitig ans Abendessen, da dort oft schon ab 20 Uhr kein warmes Essen mehr zu bekommen ist.

Das *Dinner* ist die tägliche **Hauptmahlzeit**, sie besteht aus mehreren Gängen. Man beginnt mit *Appetizers* oder *Starters* (Vorspeisen), widmet sich dann dem *Main Course* oder *Entree* (Hauptgericht) und schließt mit *Dessert* (Nachspeise) und Kaffee ab.

Getränke

Getränke stehen unter der Rubrik ***(Alcoholic) Beverages***. Nur »feinere« Restaurants führen eine ***Wine List***. Das ***Glas of Wine*** (*red, white, rosé*, oft ohne weitere Spezifikation), sofern man sich darauf einlässt, ist Glücksache.

Verhalten im Restaurant

Für das Verhalten in den Restaurants gibt es eine Reihe **ungeschriebener Gesetze**, die man beachten sollte, wenn man nicht unangenehm auffallen möchte.

Please wait to be seated

Zunächst einmal wartet auf den ***Host***/die ***Hostess***, eine Art Empfangschef(in), der/die die Tische zuteilt. Hat man nicht reserviert und ist alles besetzt, wird man in eine Warteliste eingetragen und namentlich aufgerufen. Man muss normalerweise nicht Schlange stehen (obwohl es auch das bisweilen gibt), sondern kann während der Wartezeit schon `mal einen Drink an der Bar nehmen.

Trinkgeld/Tip

Beim Bezahlen gilt es zu beachten, dass **Trinkgeld** (*tip*) ein Muss ist. Servicepersonal wird in den USA schlecht bezahlt und ist auf die Trinkgelder angewiesen. Wenn man die Rechnung (den *cheque*) erhält, addiert man daher zur Endsumme vor (!) *Sales Tax* noch etwa 15%, bei überdurchschnittlichem Service auch 20%. Man kann den *Tip* bar auf dem Tisch liegen lassen oder bei Kreditkartenzahlung auf dem *Credit Card Slip* eintragen und selbst die Endsumme ausrechnen, ehe man unterschreibt.

Wo viele ausländische Touristen sind, hat sich in manchen Restaurants – als Reaktion darauf, dass viele europäische und lateinamerikanische Gäste nicht genug Trinkgeld geben – die Unsitte breitgemacht, 15% Trinkgeld gleich mit auf die Rechnung zu setzen. Man sollte sich daher seine Rechnung immer genau ansehen, ehe man ggf. weitere 15% hinzurechnet.

Kaffeebars

Die Zeiten, in denen es in den USA keinen guten Kaffee gab, sind lange vorbei. Überall servieren ***Coffee Bars*** Espresso, Cappuccino und viele Eigenkreationen, die indessen nicht jedermanns Geschmack treffen.

Besonders die heute allerorten zu findenden Filialen der Kaffeekette ***Starbucks*** verkörpern die neue Kaffeekultur. Doch selbst der teuerste Edelkaffee kommt meist nur im Papp- oder Styroporbecher.

Saloon in Key West

3.3.3 Bars, Lounges und Saloons

Kneipen

Über die Auswahl an ***Watering Holes*** für durstige Kehlen kann man nicht klagen. Die Atmosphäre in ihnen entspricht weitgehend dem Bild, das uns Fernsehserien und Filme liefern. Hotels besitzen oft eine ***Bar*** oder ***Cocktail Lounge***. Vor allem in restaurierten »alten« Vierteln und in aufgepeppten künstlichen Restaurant- und Kneipenzentren gibt es **originell ausgestattete Saloons**. Eine **uramerikanische Besonderheit** sind ***Sports Bars***, Kneipen, in denen zahlreiche Monitore die verschiedensten Sportsendungen gleichzeitig übertragen.

Happy Hour

In vielen *Bars* und *Lounges* wird zur ***Happy Hour*** (16-19 Uhr mit herabgesetzten Preisen) ein einfaches *Buffet* aufgebaut, an dem sich die Gäste bedienen dürfen. Bezahlt werden nur die Getränke.

Getränke-auswahl

In den Kneipen trinkt man überwiegend **Bier**. Hochprozentiges wird in reinem Zustand – außer *Whiskey* und *Rye* (kanadischer Whiskey) mit viel Eis *on the rocks* – so gut wie nicht konsumiert, sondern nur zum Mixen benutzt. Beim Bier stehen immer mehrere Sorten Flaschenbier und Zapfbier (***draft beer***) zur Auswahl. Das eiskalte Nass fließt fast ohne Schaumbildung ins meist dickwandige Glas. Beliebt sind ***pitcher***, offene Karaffen, aus denen sich eine Runde das Bier selbst ins Glas einschenkt.

Ein ***Glas of Wine*** gibt's in vielen Lokalen nur unterteilt nach *red, white* und vielleicht noch *rosé* ohne weitere Differenzierung.

Preise

Alkoholische Getränke sind ein recht teurer Spaß. Ein Bier (0,3 l) unter \$5-\$6 (*+tax+tip*) gibt es in Florida kaum noch, selbst wenn es im Plastikbecher kommt. Wein beginnt bei \$8 netto pro Glas.

Vokabular im Restaurant

menu	Speisekarte
napkin	Serviette
cutlery	Besteck
check	Rechnung
tip	Trinkgeld

Frühstück - Breakfast

coffee	Kaffee
decaf	entkoff. Kaffee
hot chocolate	Kakao
tea	Tee
fruit juice	Fruchtsaft
cream	Sahne
milk	Milch
sugar	Zucker
sweetener	Süßstoff
scrambled eggs	Rühreier
poached eggs	pochierte Eier
eggs sunny side up	Spiegeleier
hard-boiled eggs	hartgekochte Eier
soft-boiled eggs	weichgekochte Eier
(cheese/ mushroom) omelette	(Käse- / Pilz-) Omelette
hash browns	röstiähnliche Frühstücksbeilage
french toast	weißes Toastbrot
waffle	Waffel
pancake	Pfannkuchen
maple syrup	Ahornsirup
bread	Brot
rolls	Brötchen
toast	Toast
butter	Butter
honey	Honig
jam	Marmelade
jelly	Gelee

Mittag-/Abendessen - Lunch/Dinner

appetizers/ starters	Vorspeisen
soup	Suppe
clam chowder	Muschelsuppe
broth	Fleischbrühe
gumbo	würziger Fischeintopf
tomato soup	Tomatensuppe
cream of chicken soup	Hühnercremesuppe
vegetable soup	Gemüsesuppe
mixed / green salad	gemischter / grüner Salat
corn salad	Feldsalat
lettuce	Kopfsalat
spinach	Spinat
Cesar salad	grüner Salat mit Croutons
chef's salad	gemischter Salat mit Schinken, Käse o.ä.
onion rings	fritierte Zwiebelringe
seafood salad	Salat mit Meeresfrüchten
meat	Fleisch
ham	gekochter Schinken
bacon	Speck
barbequed spare ribs	gegrillte Rippchen
beef	Rindfleisch
chop	Kotelett
filet mignon	Filetsteak
ground beef	Rinderhack
lamb	Lamm
liver	Leber
meatloaf	Hackbraten
pork	Schweinefleisch
rabbit	Kaninchen
roast	Braten
rump steak	Rumpsteak
sausages	Würstchen
t-bone steak	Rindersteak
veal	Kalbfleisch
venison	Wild
poultry	Geflügel
turkey	Truthahn
chicken	Hähnchen
duck	Ente
french fries	Pommes Frites
baked potatoes	gebackene Kartoffel in Schale
mashed potatoes	Kartoffelbrei

Gemüsearten - Vegetables

baked beans	gebackene Bohnen
cabbage	Kohl
carrots	Karotten

cauliflower	Blumenkohl
eggplant	Aubergine
corn-on-the-cob	Maiskolben
cucumber	Gurke
garlic	Knoblauch
herbs	Kräuter
leek	Lauch
lentils	Linsen
mushrooms	Pilze
onions	Zwiebeln
peas	Erbsen
peppers	Paprika
pickles	Essiggurken
pumpkin	großer Kürbis
squash	kleiner Kürbis
produce	frisches Gemüse
potatoes	Kartoffeln

Fisch und Meeresfrüchte - Fish and Seafood

catfish	Wels
cod	Kabeljau
crab	Krebs
eel	Aal
halibut	Heilbutt
herring	Hering
lobster	Hummer
oysters	Austern
perch	Barsch
salmon	Lachs
scallops	Jakobsmuscheln
sole	Seezunge
squid	Tintenfisch
trout	Forelle
tuna	Thunfisch
shrimp cocktail	Krabbencocktail
smoked salmon	Räucherlachs

Nachtisch - Dessert

apple pie	gedeckter Apfelkuchen
brownie	Schokokuchen bzw. -plätzchen
cinnamon roll	Zimtschnecke
cream	Sahne
custard	Vanillepudding
donut	Schmalzkringel
fruit salad	Obstsalat
ice-cream	Eis
pastries	Gebäck
rice pudding	Reisbrei

Obst - Fruit

apple	Apfel
apricot	Aprikose
blackberries	Brombeeren
cantaloup	Zuckermelone
cherries	Kirschen
figs	Feigen
grapes	Weintrauben
lemon	Zitrone
lime	Limone
orange	Orange
melon	Melone
peaches	Pfirsiche
pears	Birnen
pineapple	Ananas
plums	Pflaumen
rasberries	Himbeeren
rhubarb	Rhabarber
strawberries	Erdbeeren

Getränke - Beverages

alcoholic drinks	alkohol. Getränke
beer	Bier
beer on tap	Fassbier
brandy	Cognac
cider	Apfelwein
red wine	Rotwein
white wine	Weißwein
dry	trocken
sweet	lieblich
sparkling wine	Sekt
table wine	Tafelwein
soft Drinks	alkoholfreie Getränke
fruit juice	Fruchtsaft
lemonade	süßer Zitronensaft
milk	Milch
mineral water	Mineralwasser
tonic water	Tonicwasser
soda water	Selterswasser
tomato juice	Tomatensaft
root beer	»Kreuzung« aus Malzbier und Limonade (reine Chemie)

3.4 Aktivitäten

Baden/ Beachlife/ Swimming

Strände sind Hauptanziehungspunkte Floridas und für jedermann frei zugänglich. Fast ohne Unterbrechung besteht die gesamte **Ostküste** von Miami bis Georgia mit ihren vorgelagertenn Inselstreifen hinter dem *Intracoastal Waterway* aus Dünen und hellsandigen Stränden. Von April bis Ende Oktober, in Südflorida noch länger, liegen die **Wassertemperaturen** über 20°C. Wegen flach auslaufender Strände ist dort die **Brandung** meist wenig ausgeprägt.

Noch badefreundlicher sind die Wassertemperaturen an der südlichen **Golfküste** zwischen Naples und Clearwater. Seegang beeinträchtigt dort Badefreuden seltener als am Atlantik.

Die unendlichen Strände des ***Panhandle*** sind zwar bei den Einheimischen beliebt, aber bislang international eher wenig bekannt. Dabei gehören sie zu den **schönsten der USA**. Der Sand ist dort puderweich und blendend weiß, das Wasser sehr sauber und von türkisfarbener Transparenz, ➤ Seite 338ff. Für Badeurlaub weniger geeignet sind generell die **Florida Keys**, die Strände dort vergleichsweise schmal und dünn gesät, auf **Key West** immerhin nach Stürmen neu aufgespült, aber zu Saisonzeiten oft recht voll.

Gefahren

An den Stränden lauern **kaum Gefahren**, sieht man vom gelegentlichen Auftreten von Quallen ab. Haifischangriffe kommen an der Atlantikküste zwar vor, sind aber selten, an der Golfküste so gut wie gar nicht. Am gefährlichsten ist an den Stränden Floridas die **Sonne**. Auch wer weniger sonnenempfindlich ist, sollte in Florida Sonnencremes mit hohem Lichtschutzfaktor benutzen.

Surfen/ Surfing

Für echte Surfer ist Florida **kein Traumziel**, denn die Bedingungen können nicht annähernd mit Kalifornien oder Hawaii mithalten – die **Wellen** sind meistens zu niedrig. Für **Anfänger** oder für Leute, die das Wellenreiten einfach mal ausprobieren möchten, sieht es anders aus. Man kann an der Atlantikküste das Surfen ganz entspannt lernen oder einfach nur mit dem Surfbrett herumexperimentieren. An der Golfküste ist das Wasser häufig selbst für Anfänger zu ruhig. Zum Surfen eignet sich bestens die **mittlere Atlantikküste** zwischen Daytona Beach und Cape Canaveral und zwischen Flagler Beach und St. Augustine. Als Floridas **Surf-Hauptstadt** gilt **Cocoa Beach** südlich Cape Canaveral, wo man auch den bekannten ***Ron Jon's Surf Shop*** findet, ➤ Seite 201.

Volleyball am Strand von Clearwater (Golf von Mexico)

Tauchen & Schnorcheln/ Diving & Snorkeling

Bei Tauchern sind die Küsten Floridas und ganz besonders die Gewässer um die Inselgruppe der **Florida Keys** sehr beliebt. Neben der bunten Unterwasserwelt der **Korallenriffe** sind die Reste gesunkener Schiffe für viele Taucher attraktiv. Es gibt sogar einen ***Shipwreck Trail***, eine Taucher-Route, die neun Schiffwracks zwischen Key Largo und Key West miteinander verbindet; Details unter www.floridakeys.noaa.gov/shipwrecktrail.

Man benötigt zum Tauchen in Florida einen **Tauchschein**, den man ggf. vor Ort in mehrtägigen Intensivkursen erwerben kann. Wer dafür keine Zeit hat oder wem Kurse und Ausrüstung zu teuer sind, kann durchaus auch mit Hilfe von **Schnorchel** und **Brille** die eindrucksvolle Unterwasserwelt Floridas erleben. Als Traumziel für Schnorchler gilt der ***John Pennekamp Coral Reef State Park*** vor Key Largo, ➢ Seite 150. Schnorchel und Taucherbrillen sind überall zu kaufen und werden an den Stränden der bekannteren Urlaubsorte auch stundenweise verliehen.

Angelsport/ Fishing

Angeln ist in Florida eine äußerst beliebte Freizeitbeschäftigung. In vielen Küstenorten kann man Angel-Ausflüge (***Fishing Trips***) buchen. Häufig ragen lange ***Fishing Piers*** ins Meer hinaus, von denen man seine Angel auswirft. Oft kosten solche Piers Eintritt, eine spezielle Lizenz braucht man dort aber nicht.

Anders sieht es mit dem Angeln im Landesinneren aus. Wer in Seen oder Flüssen fischen möchte, muss sich zunächst einen Angelschein (*Fishing License*) kaufen, den es z.B. in Sport- und *Outdoor-Shops* gibt; ➢ www.myfwc.com/license. Besondere Kenntnisse brauchen dafür nicht nachgewiesen zu werden. Detaillierte Auskünfte erteilen auch die örtlichen Touristeninformationen.

Auf Flüssen, Seen und in Sumpfregionen sind Kanus auch in Florida populär. Kanu- und Kajakverleiher gibt es an fast allen geeigneten und gut zugänglichen Gewässern, speziell in State Parks

Kanu & Kajak/ Canoe & Kayak

Die Möglichkeiten für Kanu- und Kajaktrips sind in Florida unbegrenzt. Neben den **Küsten**, **Seen** und **Flüssen** ist es vor allem das große Sumpfgebiet der ***Everglades***, das sich für Touren per Kanu oder Kajak anbietet. Der Clou überhaupt ist der ***Wilderness Waterway*** durch das Gebiet der 10.000 Islands von Flamingo nach Everglades City durch 160 km sumpfige Wildnis (per Kanu in 4-5 Tagen machbar). An den Ufern befinden sich kleine Primitiv-*Campgrounds* und sog. ***Chickees*** (Übernachtungsplattformen auf dem Wasser) weitab der Zivilisation für Leute, die sich 100%ig moskitosicher verpackt haben. In Flamingo und Everglades City können die Boote gemietet werden.

Auch in vielen ***State Parks*** und im ***Ocala National Forest*** sind Kanus zu leihen und z.B. die Quellflüsse der vielen glasklaren *Springs* abzufahren. Vom ***Koreshan State Park*** bei Fort Myers kann man auf dem Estero River ins Landesinnere oder zu vorgelagerten Inseln paddeln. Eine gute Adresse für den Verleih ist die ***Florida Professional Paddlesport Association***, die zahlreiche Verleiher umfasst und Paddeltouren organisiert; www.paddleflausa.com.

Schwimmringe/Tubes

Tubing ist ein **Wasserspaß**, den man unbedingt einmal ausprobieren sollte. Gerade im heißen Sommer in Florida bietet das *Tubing* ruhige Entspannung und Abkühlung. Im *Tube*, einem Schwimmring, der aussieht wie der Schlauch eines Traktorreifens, lässt man sich auf Flüssen und Bächen durch die Landschaft treiben. Die populärsten Wasserläufe zeichnen sich durch geringe Tiefen, mäandernden Verlauf, kleine gefahrlose Stromschnellen und angenehme Wassertemperaturen aus. Das Problem der »Einbahnstraße« Fluss lösen Firmen, die ***Tubes*** verleihen und ihre Kunden per Bus zu einem ein paar Planschstunden entfernten Ausgangspunkt befördern, so z.B. im ***Ichetucknee Springs State Park*** bei Hildreth/Fort White im zentralen Nordflorida, ➤ Seite 290. Weitere Tubing-Reviere in derselben Region sind die ***Ginnie Springs*** (➤ Seite 290) und der ***Rainbow Springs State Park*** (➤ Seite 350).

Wandern/Hiking

Wandern gehört nicht zu den bevorzugten Aktivitäten Floridas. Aber in den Nationalparks, in den meisten *State Parks* und anderweitigen Naturschutzgebieten sind **Wege** (*Hiking Trails*) für kurze und mittlere Wanderungen angelegt, viele davon als ***Nature Trails*** mit Lehrcharakter, wo auf Tafeln und Schaubildern, Landschaft, Geschichte, Flora und Fauna der Region kommentiert und erklärt werden.

Golf

Kein Wunder, dass ***Tiger Woods*** in Florida lebt: die Bedingungen zum Golfen sind ideal; es gibt im Sonnenstaat **über 1500 Golfplätze** – mehr als in jedem anderen US-Bundesstaat. Wenn das interessiert, findet alle Infos dazu unter www.playfla.com.

Golf in Florida: Der Alligator ist echt und scheint nicht weiter zu beunruhigen

Golfturniere

Auch wer es vorzieht, nur zuzuschauen, liegt in Florida richtig, dort werden viele hochkarätige Turniere ausgetragen. Die beiden bedeutendsten Golfturniere sind die ***World Golf Championships*** in Miami (www.worldgolfchampionships.com) auf dem Platz *The Blue Monster* sowie***The Players Championship*** auf dem *TPC Sawgrass Course* in Ponte Vedra Beach; www.tpc.com/sawgrass.

Wenn nicht Golf, dann vielleicht Minigolf? Anlagen dafür gibt es allerorten. Sie sind oft fantasievoll angelegt und auf den ersten Blick als solche kaum zu erkennen

Tennis

Tennisspieler sollten ihre Rackets nicht vergessen. Vielenorts findet man – meistens in öffentlichen Parkanlagen – allgemein zugängliche **gebührenfreie Plätze**. Zu größeren Hotels und Resortkomplexen, manchmal sogar Campingplätzen gehören immer Tenniscourts, deren Benutzung meistens für Gäste frei ist. Tennisschläger sind – nebenbei – deutlich billiger als bei uns.

Vogelbeobachtung/ Bird Watching

Das **Vogelbeobachten** ist in den USA und so auch in Florida ein regelrechter Volkssport. Ob in den *Everglades*, im *Corkscrew Swamp* oder an den Küsten, oft sieht man mit Ferngläsern ausgerüstete Gruppen auf der Suche nach exotischen Vogelarten. In Florida gibt es etwa 180 einheimische Arten und dazu noch etwa 300 Zugvogelarten, die sich zumindest zeitweise dort aufhalten. Als beste Gebiete zum *Bird Watching* gelten der ***Corkscrew Swamp*** bei Naples (➤ Seite 392), das ***Shark Valley*** am Rand der *Everglades* (➤ Seite 395), das ***Ding Darling National Wildlife Refuge*** auf Sanibel Island (➤ Seite 388) und das ***Merritt Island National Wildlife Refuge*** bei Cape Canaveral (➤ Karte Seite 202).

Kulturelle Erbauung/ Cultural Sights

Ein lückenloser Besuch aller wesentlichen **historischen Sehenswürdigkeiten** und **Museen** Floridas würde eine lange Studienreise ausfüllen. Florida verfügt über imposante alte Küstenforts, einige sehenswerte Ante Bellum-Plantagen und eine ganze Reihe exzellenter Kunstsammlungen und technischer Museen. Viele davon sind in architektonisch beachtlichen Gebäuden untergebracht, teils historischen Vorbildern nachempfunden, teils ultramodern.

Vergnügungs-parks/ Theme Parks

Die meistbesuchten Sehenswürdigkeiten in Florida sind die bekannten Themenparks bei Orlando. Dort ist ***Disney World*** mit vier Parks der Marktführer. Zu den wichtigsten Konkurrenten gehören ***Universal*** mit zwei Parks, der Marinepark ***Sea World*** und die ***Busch Gardens*** in Tampa. Man könnte allein im Bereich von Orlando/Tampa einen längeren Urlaub verbringen und dabei täglich neue Attraktionen besuchen. Das wäre indessen nicht nur sehr teuer, da der Eintritt für die bekanntesten Parks mittlerweile über $100 pro Person/Tag kostet (Kinder 3-9 Jahre nur ein paar Dollar weniger), es wäre auch schade, denn die »echten« Sehenswürdigkeiten Floridas findet man eher anderswo.

Shopping

Von **Muscheln**, **Naturschwämmen** (aus Tarpon Springs, ➤ Seite 374) und dem eher bescheidenen Angebot an indianischem Kunsthandwerk der Seminolen einmal abgesehen, gibt es kaum typische Florida-Produkte. In Ybor City (➤ Seite 362) und Key West (➤ Seite 163) kaufen Urlauber gerne **Zigarren** als Mitbringsel; ansonsten bleibt kaum mehr als Florida T-Shirts und jede Menge Souvenirs für alle Geschmäcker.

Wer **exklusive Shoppingzonen** mag, wird in Florida u.a. am **Las Olas Boulevard** in Fort Lauderdale (➤Seite 184), im ***Mayfair Shopping Center*** in Coconut Grove (➤Seite 129) und entlang der **Worth Ave** in Palm Beach (➤ Seite 190) fündig. Preiswerter ist es in den ***Factory Outlet Malls***. Die bekannteste ist *die* ***Sawgrass Mills Factory Outlet Mall*** in Sunrise bei Fort Lauderdale. Der riesige Komplex ist die weltgrößte *Mall* dieser Art und zieht jährlich 26 Mio. Besucher an (➤ Seite 186). Beachtlich sind auch die ***Orlando Premium Outlets*** (➤ Seite 217) in der Vineland Ave bzw. am Int'l Drive.

Shopping-, Restaurant- und Entertainmentcenter Pier Park direkt an der Strandstraße #98A in Panama City Beach im Florida Panhandle

3.5 Alles Weitere von A bis Z

Abkürzungen

Einige wichtige Abkürzungen, denen man unterwegs immer wieder begegnet und die auch in diesem Buch vorkommen, sind:

AAA	American Automobile Association/
A/C	Air Conditioning/Klimaanlage
a.m.	vormittags
ATM	Automated Teller Machine/Bankautomat
Ave	Avenue
Bldg	Building
Blvd	Boulevard
Hwy	Highway
I-75	Interstate-Autobahn Nummer 75
ID	Identity Card/Ausweis
Ln	Lane
NP	National Park
ORV	Off-Road Vehicle
pm	nachmittags
Rd	Road
RV	Recreational Vehicle/Wohnmobil
St	Street

Apotheken und Drugstores

Reine Apotheken (***Pharmacies***), wiewohl hier und dort vorhanden, findet man relativ selten. Meistens ist bestimmten ***Drugstores*** und großen Supermärkten eine *Pharmacy* zugeordnet, wo es **nicht verschreibungspflichtige Medikamente** in Selbstbedienung gibt.

Rezeptpflichtige Medikamente werden an Sondertheken für ***Prescriptions*** ausgegeben. Marktführer sind *Walgreens* (www.walgreens.com), *CVS* (www.cvshealth.com) und *Rite Aid* (www.riteaid.com).

Ärzte und Zahnärzte

Vor einer Reise in die USA sollte unbedingt eine Reisekrankenversicherung abgeschlossen werden. Es kommt vor, dass eine Behandlung auch im Notfall verzögert oder sogar abgelehnt wird, wenn unklar ist, wie und ob sie bezahlt werden kann. Trotz einer insgesamt hohen Dichte bei der ärztlichen und zahnärztlichen Versorgung, ist es in den USA für Touristen bisweilen nicht einfach, einen Arzt (***Physician***) oder Zahnarzt (***Dentist***) zu finden bzw. einen Termin zu erhalten. Im Prinzip benötigt man lokale »Fürsprache«, etwa des Hotel- oder Campingplatzpersonals.

Relativ zwecklos ist der Versuch, ohne Anmeldung in einer beliebigen Praxis (***Doctor's Office***) vorzusprechen. Eine Ausnahme bilden ***Walk-in Clinics***, auf »Laufkundschaft« eingestellte Gemeinschaftspraxen, die man in Städten ab mittlerer Größe findet.

Mit **akuten Beschwerden** und **Verletzungen** kann man sich direkt zum ***Emergency Room*** (Notaufnahme) des nächstgelegenen Hospitals begeben. Bei Problemem hilft ggf. in einigen Orten die Organisation ***Traveler's Aid*** weiter (www.travelersaid.org, ➤ auch Seite 95). In *National* und *State Parks* sind die ***Ranger*** Ansprechpartner und meist sehr hilfsbereit.

Notfälle

Telefonnummer für Notfälle aller Art *(Emergencies)* ist 911.

Banken

Eine Bankfiliale findet sich noch im kleinsten Ort. Viele akzeptieren **Reiseschecks** nur »ungern« und wenn, zahlen sie den Nennwert nur nach Gebührenabzug aus. Oft gibt es auch eine Summenbegrenzung (z.B. max. $300). Üblicherweise muss dazu der Pass vorgelegt werden. Das gilt ausnahmslos auch für die Auszahlung von Bardollars gegen Kreditkarte ***(Cashing)***. Die Mehrheit der Banken honoriert ***Mastercard*** und ***VISA***. Banken öffnen durchweg montags bis freitags (selten auch samstags) um 9 Uhr und schließen bei durchgehender Geschäftszeit bisweilen bereits um 14 Uhr, selten später als 16 Uhr. Geldautomaten (***ATM***: ***A****utomated* ***T****eller* ***M****achines)* stehen für Abhebungen mit *Credit Card* oder *Bank Card* (früher EC-Karte) rund um die Uhr zur Verfügung.

So können Banken auch aussehen

Behinderungen

Florida ist – wie die gesamten USA – **vorbildlich** auf Menschen mit Behinderung eingestellt. Es gibt überall behindertengerechte Eingänge, Hotel- und Motelzimmer, WCs etc. Parkplätze für Behinderte sind ebenso Vorschrift wie bei uns. Einige der größeren *Rental Car Companies* (z.B. *Avis* und Dollar) haben behindertengerechte Fahrzeuge im Programm. Themenparks sind ausnahmslos für Rollstuhlfahrer geeignet. Alle amerikanischen Fluggesellschaften sind gesetzlich verpflichtet, ihre Maschinen auch Rollstuhlfahrern zugänglich zu machen. In den Flughäfen können über die jeweilige Airline Rollstühle angefordert werden.

Gerade für Reisende mit speziellen Bedürfnissen bietet das **Internet** Informationen und Hilfe. Unter den Adressen www.disabled travelers.com oder www.access-able.com findet man u.a. Reiseführer, Reisebüros und Newsletter, die sich auf die Bedürfnisse von Menschen mit Behinderung spezialisiert haben.

Botschaften und Konsulate

Die diplomatischen Vertretungen des eigenen Landes in den USA sind für Touristen normalerweise nur von Interesse, wenn **Not am Mann** ist, in erster Linie bei Verlust der Finanzen und der Papiere. Soweit »lediglich« Reiseschecks und Kreditkarten abhandengekommen sind, helfen die ausgebenden Organisationen und Eigeninitiative, ➢ Seite 47. Ist der **Pass weg**, lässt sich der Gang zur heimischen Botschaft bzw. zu den Konsulaten nicht vermeiden. Die Adresse des jeweils zuständigen Konsulats erfährt man bei seiner **Botschaft**:

Deutschland: ***Embassy of the Federal Republic of Germany***
4645 Reservoir Rod
Washington DC 20007
✆ (202) 298-4000
www.germany.info

Schweiz: ***Embassy of Switzerland***
2900 Cathedral Ave NW
Washington DC 20008
✆ (202) 745-7900
www.swissemb.org

Österreich: ***Austrian Embassy***
3524 International Court NW
Washington DC 20008
✆ (202) 895-6700
www.austria.org

In Florida gibt es folgende **Konsulate:**

Deutschland: **Generalkonsulat** der Bundesrepublik, 100 N Biscayne Boulevard, Suite 2200, **Miami**, ✆ (305) 358-0290

Honorarkonsulat, 7320 E Fletcher Ave, **Tampa**, ✆ (239) 821-6504
www.germany.info/henning

Honororkonsulat, 390 N Orange Ave, Suite 2000, Bank of America Bldg, **Orlando**, ✆ (407) 843-2111 www.germany.info/mcclane

Österreich: **Honorarkonsulat Miami**, 2445 Hollywood Blvd, **Hollywood**, ✆ (954) 925-1100
www.konsulatmiami.com

Weitere Honorarkonsulate in **Orlando** & **Ft. Myers**
✆ (407) 924-3877 bzw. ✆ (239) 948-968

Schweiz: **Honorarkonsulat Miami**, c/o Panalpina Inc., 703 Waterford Way, Suite 890, © (305) 377-6700

Honorarkonsulat Orlando, 1011 North Wymore Road Winter Park, © (407) 645-3500

Elektrischer Strom

Die USA verfügen über ein Wechselstromnetz mit 110-125 Volt Spannung und einer Frequenz von 60 Hertz. Apparaten, die sich auf 110/125 V umschalten lassen bzw. sich automatisch anpassen (Ladegeräte für Kamera, Handy oder Laptop), schadet der Frequenzwechsel von 50 auf 60 Hertz nicht; Rasierapparate laufen etwas rascher. Adapter für unsere Stecker findet man leichter und billiger bei uns als in Florida. Vor Ort hat man am ehesten Glück im ***Walmart*** (nach *International Travel Adapter Plug* fragen) oder in den Filialen der Baumarktketten ***The Home Depot*** und ***Lowe's***.

Feiertage und Schulferien

Auf einer Floridareise muss man sich um Feiertage keine großen Sorgen machen, denn die meisten Sehenswürdigkeiten, Vergnügungsparks, Geschäfte und Restaurants sind **immer geöffnet**.

Feiertagsbezeichnung	Datum	Erläuterung/Bedeutung
New Years Day	1. Januar	Neujahrstag wie bei uns
Martin Luther King Day	3. Montag im Januar	Gedenktag an den ermordeten Prediger wider den Rassenhass
President`s Day	3. Montag im Februar	an sich Washingtons Geburtstag, heute Feiertag zu Ehren aller ehemaligen Präsidenten
Good Friday	Freitag vor Ostern	Karfreitag, nicht überall Feiertag
Memorial Day	Letzter Montag im Mai	Tag zur Ehrung aller Gefallenen. Das Wochenende läutet den Sommer ein
Independence Day	4. Juli	Unabhängigkeitstag, wichtigster Feiertag der USA, Umzüge und Paraden, Feuerwerk
Labor Day	1. Montag im September	Tag der Arbeit, wie bei uns der 1. Mai. Ende der Feriensaison
Columbus Day	2. Montag im Oktober	Tag der Entdeckung Amerikas
Veteran`s Day	11. November	Ehrentag für die Veteranen der US-Armee
Thanksgiving (»Turkey Day«)	4. Donnerstag im November	Erntedankfest, großer Familientag
Christmas Day	25. Dezember	Nur **ein** Weihnachtstag

Schulen, Behörden und – für Urlauber wichtiger – **Banken**, sind jedoch an Feiertagen geschlossen. Manche offiziellen Feiertage werden jedes Jahr neu datiert, damit sie auf einen Montag fallen und den Arbeitnehmern so ein langes Wochenende sichern. Auf einen Samstag fallende Feiertage, realisiert man bereits am **Freitag**. Die **Sommerferien** der Schulen variieren etwas mit dem Landkreis (*county*), sie beginnen im allgemeinen Mitte Juni und enden Mitte der zweiten Augusthälfte.

Fernsehen

Situation

Das amerikanische Fernsehen mit zahlreichen Kanälen wird von einer Handvoll großer, auf privatwirtschaftlicher Basis operierender Gesellschaften dominiert. Gegen die in kurzen Abständen von Werbung unterbrochenen überwiegend seichten Programme wirkt das Angebot unserer öffentlich-rechtlichen Sender intellektuell hochwertig, und auch unsere Kommerzsender schneiden im Vergleich dazu nicht schlecht ab. Die »locker« gemachten amerikanischen Nachrichten vermitteln mehr noch als bei uns Informationen in krasser Momentaufnahme, außerdem sind sie viel stärker auf ***National News*** konzentriert.

Nachrichten

Urmutter aller Nachrichtensender ist ***CNN*** (www.cnn.com) mit Firmensitz in Atlanta, ➤ Seite 412. Das vom Medienmogul *Ted Turner* gegründete *Network* sendet rund um die Uhr. Nicht weniger bedeutsam sind die konservativ geprägten ***Fox News*** mit Sitz in New York. International berichtenswert ist vor allem, was die Politik und Interessen der USA mehr oder weniger direkt tangiert oder Sensationswert besitzt. Die Welt außerhalb der USA ist für die meisten US-Fernsehkonsumenten daher *terra incognita*.

Kabel

Für alle, die der vielen Werbebotschaften überdrüssig sind, kommt **werbefreies Kabelfernsehen gebührenpflichtig** ins Haus.

Filme am laufenden Band von jugendfrei bis Softporno ohne Unterbrechungen durch Werbespots gibt es auf speziellen ***Movie Channels***. Viele Hotels und Motels werben damit.

Filme

Genau wie Reisebücher und Romane sind auch Filme eine **gute Einstimmung** auf eine Floridareise. Hier eine kleine Auswahl bekannter Spielfilme, die ganz oder teilweise (in einzelnen wichtigen Szenen) in Florida gedreht wurden:

Analyze This/ Reine Nervensache	Miami und Fort Lauderdale
Apollo 13	Kennedy Space Center
Birdcage / Ein Paradies für schrille Vögel	Miami und Beach (*Carlyle Hotel*, 1250 Ocean Dr)
Cape Fear	Fort Lauderdale u. Hollywood
Contact	Cape Caneveral u. Umgebung
Tage des Donners	Daytona Beach

3

Godfather II/Der Pate II	Miami
Goldfinger	Miami Beach (*Fontainebleau Hilton Hotel*)
Greatest Show on Earth	Sarasota
Jaws II/Der weiße Hai II	Navarre Beach
Key Largo	teilweise auf den Florida Keys (überwiegend in den Studios von Hollywood/LA)
Lethal Weapon III	Orlando
Licence to Kill/ Lizenz zum Töten	Key West
Miami Blues	Miami
Midnight Cowboy	Coral Gables (*Miracle Mile*)
Random Hearts/ Begegnung des Schicksals	Miami Beach (*National Hotel*)
Rosewood	Lake County
Scarface	Miami Bach
There's something about Mary/ Verrückt nach Mary	Miami
Strip Tease	Fort Lauderdale
Thunderball	Silver Springs
The Truman Show	Seaside und Destin

FKK

Nacktbaden ist nur an der ***Haulover Beach*** (www.hauloverbeach.org) in Bal Harbor (10880 Collins Ave) nördlich von Miami Beach erlaubt, ansonsten aber in Florida nicht. »Oben-ohne« wird vereinzelt auf **Party-Stränden** wie Miami South Beach, Daytona Beach und auch in manchen Urlaubsanlagen in Grenzen toleriert. Trotz auch dort installierter Verbotsschilder bleiben Nudisten in der ***Canaveral National Seashore*** (www.nps.gov/cana) am nördlichsten Abschnitt der ***Playalinda Beach*** unbehelligt.

Fotografieren

Speicherchips für Digitalkameras liegen bei Wechselkursen um $1,07 für den Euro eher über deutschen Preisen. Man findet sie u.a. in den Läden der Ketten ***Best Buy***, ***Staples***, ***Office Depot*** und den Fotoabteilungen der Kaufhäuser ***K Mart***, ***Walmart*** und ***Target***. Besser nimmt man ausreichend Kapazität für die Reise mit.

Empfehlenswert ist ein **externer Speicher** (*Laptop* oder *Stick*), um das »Tagespensum« zu sichern und ggf. gleich zu ordnen und zu bearbeiten bzw. den Chip ggf. wieder frei zu bekommen.

Hurrikan

Ein *Hurricane* ist ein **Orkan**, an den Küsten Floridas keine Seltenheit. Der Sturm wird von intensiven Regenfällen und häufig auch von **Überflutungen** begleitet. ***Hurricane Season*** ist zwischen Juni und November mit Schwerpunkt August bis Oktober. Die bislang größten Schäden in Florida richtete ***Hurricane Andrew*** **1992** an. Im Jahr 2004 zogen gleich vier schwere Hurrikane hintereinander über Florida, darunter ***Charley***, der bislang stärkste Orkan im neuen Jahrtausend; vor allem waren von ihm Gasparilla, Captiva und Sanibel Island stark betroffen. Vielen noch gut erinnerlich ist sicher der ***Hurricane Katrina***, der Ende August 2005 in New Orleans und an der Mississippiküste für schwerste Verwüstungen, viele Tote und Hunderttausende Obdachlose verursachte, ➤ Seiten 309 & 312. Florida blieb davon weitgehend unberührt. Auch danach gab es keinen weiteren vergleichbaren Extremorkan.

Die Unwetter kommen aber nie überraschend. Sie werden frühzeitig vom *National Hurricane Center* in Miami angekündigt, so dass genug Zeit bleibt, um gefährdete Gebiete zu verlassen. Überall gibt es Evakuierungszentren und ausgeschilderte Routen, denen man im Notfall folgen muss; www.nhc.noaa.gov.

Internet ➤ unter WLAN/Wifi auf Seite 104

Kinder

Florida ist ein ausgesprochen **kinderfreundliches** Reiseziel. In Restaurants gibt es immer Kinderstühle und spezielle Gerichte für Kinder. Viele **Museen** haben Kinderabteilungen, in denen die Inhalte spielerisch vermittelt werden. Auch schöne Spielplätze zum Austoben findet man in Florida leicht. Viele Campingplätze und *Fast Food*-Restaurants haben attraktive Kinderspielanlagen.

Kinder mit nach Florida zu nehmen, muss nicht teuer sein. Die Miete von Leihwagen und Campern ist unabhängig von der Anzahl der Insassen, ebenso der Eintritt in *National* und *State Parks*. Staatliche Campingplätze, ➤ Seite 67, kosten mit Kindern keinen Dollar mehr. Auf kommerziell geführten *Campgrounds* und in Motels/Hotels bezahlt man abhängig vom Alter der Kinder eben-

Auf Kinder und Jugendliche zugeschnittener jahrmarktartiger »Spielplatz« am Boardwalk von Daytona Beach

3

falls keinen oder einen nur geringen Aufpreis. Ein wirklich **teurer Spaß** sind indessen die Vergnügungsparks. Kinder ab zehn (!) Jahren zahlen oft schon den **vollen Erwachsenenpreis** (üblich ist über 12 Jahre) und niemand fragt, ob die erwachsenen Begleiter ohne das Kind/die Kinder überhaupt den Park besuchen würden.

Klimatisierter Indoor Kinderspielplatz für die Kleinen. Derartig attraktive Anlagen sind keine Ausnahme, sondern bei McDonald's häufig vorhanden

Klimaanlagen

In Anbetracht der in Florida enormen sommerlichen Hitze sind Klimanlagen/***Air Conditioner*** dort nicht wegzudenken. Leider besteht oft die Tendenz zur Übertreibung. Eisiger Wind empfängt bisweilen die Besucher von Restaurants, Banken und *Shopping Malls*. **Hotelzimmer** besitzen ausnahmslos *Air Conditioning*. Auch alle **Mietfahrzeuge** verfügen über Klimaanlagen. Oft fährt man mit ein bisschen Fahrtwind angenehmer. Ganz besonders mit Kindern im Auto ist Zurückhaltung beim Umgang mit *AC* angezeigt. Erkältungskrankheiten sind leicht die Folge eines allzu extremen Wechsels zwischen Backofenhitze draußen und vergleichsweise niedrigen Temperaturen im Wagen.

Lesen - Literatur

Ob als **Einstimmung** und **Reisevorbereitung** oder als **Urlaubslektüre**, hier eine kleine Auswahl an Romanen mit Bezug zu Florida:

Russell, Karen, ***Swamplandia***. Eine wahrlich magische Abenteuer- und Familiengeschichte aus den Sümpfen Floridas.

Hemingway, Ernest, ***Haben und nicht haben***. Der weltberühmte Autor arbeitete zwar an vielen Werken während er in Key West lebte – dies ist aber sein einziger Roman, der auch vor Ort spielt.

Hiaasen, Carl, ***Sternchenhimmel***. Dieser und andere Romane von *Carl Hiaasen* haben viel Lokalkolorit und befassen sich kritisch und humorvoll mit den Zuständen in Florida.

Hurston, Zora Neale, ***Their Eyes Were Watching God*** (ein »Oldie« von 1937, deutsch: »Und ihre Augen schauten Gott«). Der bekannteste Roman der afro-amerikanischen Autorin (➤ Seite 206) spielt in verschiedenen Regionen Floridas, u.a. in den *Everglades*. Auf Deutsch nur antiquarisch oder in Bibliotheken zu finden.

Rawlings, Marjorie Kinnan, ***The Yearling*** (ein weiterer »Oldie« hier 1938; deutsch: »Frühling des Lebens«). In diesem mit dem Pulitzer-Preis ausgezeichneten Roman beschreibt die Autorin eine Kindheit in der Region nördlich von Orlando. Ihr ist der *Marjorie Kinnan Rawlings Historic State Park* am Orange Lake nördlich von Ocala/Silver Springs gewidmet Auf Deutsch ebenfalls nur noch antiquarisch oder in der Bibliothek zu bekommen.

Maße & Gewichte

Obwohl die Einführung metrischer Maß- und Gewichtseinheiten seit Jahren gesetzlich beschlossene Sache ist, findet man bis heute nur in Broschüren und auf Wegweisern der Nationalparks so exotische Angaben wie Kilometer, Liter und Celsius. Ansonsten gelten *Miles, Gallons, Pounds* usw.:

1 inch			2,54 cm
1 foot	12	inches	30,48 cm
1 yard	3	feet	91,44 cm
1 mile	1760	yards	1,61 km
1 acre	4840	square yards	0,405 ha
1 square mile	640	acres	2,59 km^2
1 fluid ounce			29,57 ml
1 pint	16	fluid ounces	0,47 l
1 quart	2	pints	0,95 l
1 gallon	4	quarts	3,79 l
1 barrel (Öl)	42	gallons	158,97 l
1 ounce			28,35 g
1 pound (lb)	16	ounces	453,59 g
1 ton	2000	pounds	907,18 kg

Benzin wird in den USA nur in Gallonen verkauft (3,79 l; Ende 2016 in Florida unter $2/Gallone) und der Benzinverbrauch in Meilen pro Gallone gemessen

Ochopee Post Office

ein Essay von Hans Löwenkamp/Regensburg

Stell dir vor, du willst deinem Onkel in der *Miccosukee Indian Reservation* eine Freude machen und ein Kistchen Whisky schicken – und das schickst du dann mit der Post nach Ochopee am *Tamiami Trail* mitten in der *Big Cypress National Preserve* zwischen Naples und Miami. Womöglich noch postlagernd, damit dein Onkel nicht vom Briefträger bei der Siesta gestört wird, sondern in Ruhe sein Sumpfboot rüsten und das Ding in Ochopee abholen kann. Du ahnst nicht, welche Probleme du der lokalen Postbehörde bereiten würdest.

Ich spreche nun nicht von den Gefahren der Anreise durch die unheimlichen *Everglades*, von den rechts und links des *Highway* No. 41 gut sortiert im Sumpf lauernden Alligatoren, die bekanntlich nur auf das Postauto warten, um es bei den Haxen zu packen und sich zum Zwecke sofortigen Verzehrs aller Wertsendungen und des Fahrers sowieso zu bemächtigen. Nein, ich spreche von der vorschriftsmäßigen und sachgerechten Verwaltung des Versendungsgutes in der Postanstalt des Bestimmungsortes. Da sehe ich Schwierigkeiten.

Gewiss, die *Everglades* sind ein weites Land. Mit unermesslich viel Stauraum, wenn du dir nur mal die Höhe vorstellst. Aber nehmen wir mal an, dass dem Kistchen nach postalischen Vorschriften, wenn es denn postlagern soll, der Aufenthalt im Freien untersagt ist, meinetwegen weil es nicht auf den Whisky regnen darf oder wegen der Alligatoren. Dann muss es wohl oder übel reingeschafft werden ins Postgebäude, und da wird es eng, sehr eng.

Durch die Tür wird das Kistchen wohl kommen. Zumindest hochkant. Denn wo sich ein Postkunde vom Stamme der *Seminole* oder *Miccosukee* hineinzwängen kann, da geht auch ein Kistchen Whisky durch. Aber dann?

Wo soll man denn da um himmelswillen das Kistchen postlagern? Doch nicht im Keller und nicht auf dem Dachboden; ganz sicher nicht in der Schalterhalle, die muss ja für den miccosukeeischen Publikumsverkehr frei bleiben, oder? Auch nicht hinter der Theke oder gar im Büro des Postvorstehers. Also?

Nichts also! Du siehst es doch selber, es geht nicht. Postgut in Übergröße kann nun einmal im *Ochopee Post Office* keine Aufnahme finden. Deshalb wirst du auch gewiss, wenn du nur gehörig nachschaust, in allen Postämtern der Welt auf einen amtlichen Aushang stoßen mit dem Hinweis, dass es im *Ochopee Post Office* in Florida leider nicht möglich sei, Sperrgut zur Postlagerung entgegenzunehmen, das in Länge, Breite oder Höhe ein Maß von 12,5 *inches* übersteigt, es sei denn, es fände sich auf der Paketkarte eine deutlich geschriebene und eigenhändig unterzeichnete Erklärung des Absenders in englischer, seminolischer oder miccosukeeischer Sprache, dass sich der Inhalt des Paketes für die Lagerung im Freien eignet und im Fall von Regen- oder Alligatoreneinwirkung auf Schadensersatzansprüche jedweder Art verzichtet wird.

Das kleinste US-Postamt steht mitten in den Everglades an der Straße #41 (Tamiami Trail, *➤ Seite 393)*

Notfälle – ✆ in deutscher Sprache: 1-888-222-1373 (ADAC)

Die **Notrufnummer 911** gilt überall in den USA, egal, ob es sich um Verkehrsunfälle, Verbrechen oder Feuer handelt, ➤ Seite 86.

Öffnungszeiten

Behörden sind meistens von montags bis freitags, jeweils 9-17 Uhr geöffnet, **Banken** ebenfalls nur montags bis freitags ab 9 Uhr (oder bisweilen 10 Uhr) bis 15 Uhr (oder 16 Uhr). Manche haben *Drive-through*-Schalter, die länger offen gehalten werden.

Einzelhandelsgeschäfte öffnen oft erst um 10 Uhr und schließen bereits um 18 Uhr, in **Einkaufszentren** ggf. erst um 20/21 Uhr. In allen größeren Städten und an den Ausfallstraßen selbst mittelgroßer Orte bleiben viele **Supermärkte rund um die Uhr** geöffnet.

Die Öffnungszeiten der **Museen** variieren stark, viele sind montags geschlossen (Angaben zu einzelnen Museen im Reiseteil).

Post

Postämter befinden sich noch im kleinsten Nest und sind dank der zu den Schalterstunden immer aufgezogenen **Nationalflagge** selten schwer zu finden. Die landesweiten **Öffnungszeiten** sind Mo-Fr 9-17 Uhr oder bis 18 Uhr, Sa 8-12 Uhr.

Briefmarken gibt es meistens auch in Hotels und in Geschäften, die Postkarten verkaufen, außerdem in **Automaten** in Supermärkten und Einkaufszentren. Dort jedoch zahlt man einen Aufschlag für diesen Service, d.h., ein Nennwert von beispielsweise $0,40 kostet $0,50 oder ähnlich.

Briefkästen erkennt man an der blauen Farbe und der Aufschrift ***US Mail***. In Hotels und Motels kann man Postkarten und Briefe an der Rezeption abgeben.

Die amerikanische Post funktioniert zuverlässig; www.usps.com.

Brief- und Postkartengebühren:

Postkarten und **Briefe** (bis 28 g) nach Europa **$1,20**

Inlandsbriefe und **Postkarten** bis 28 g: **$0,49**

Post nach Übersee läuft (mit der Ausnahme von Paketen) automatisch per Luftpost, wenn ***Air Mail Stamps*** benutzt werden. Briefe nach Europa dauern **bis zu 1 Woche**.

Rauchen

Die USA sind heute eine weitgehend »rauchfreie Zone«. In allen **öffentlichen Gebäuden** (einschl. Vergnügungsparks) ist in den USA das Rauchen **untersagt**. Restaurants und Kneipen sind ebenfalls *Non-smoking*-Bereiche, da Lokale mit Raucherzimmer oder -ecke immer weniger werden. In vielen Motels und Hotels hat man noch die Wahl zwischen **Raucher-** und **Nichtraucherzimmern**, wobei erstere – weil nun offenbar nur noch von echten Kampfrauchern bewohnt – oft unerträglich verpestet sind.

3

Sales und Room Tax

In den USA sind in Läden und Restaurants nur **Nettopreise** angegeben, auf die erst an der Kasse die **Umsatzsteuer** aufgeschlagen wird. In Florida beträgt die ***Sales Tax*** 6%. Gelegentlich addiert man dazu noch eine **lokale Steuer** (in Miami z.B. 1%). Auch in Motels und Hotels sind die Tarife immer netto, hinzu kommen ***Resort Taxes***, die von Stadt zu Stadt variieren. In Miami Beach belaufen sich z. B. die *Resort Taxes* zur Zeit auf 6%, auf jede Hotelrechnung kommen daher dort noch (6+1+6=) 13% drauf.

Senioren

Der Begriff des ***Senior*** für ältere Mitbürger ist eine amerikanische Erfindung, die sich auch bei uns durchgesetzt hat. Wichtig ist, dass es in Amerika für alles und jedes **Seniorenrabatt** gibt, auf die Eintrittspreise in Museen, beim Camping, in *Family Restaurants* und auch in vielen Hotels. Zwar liegt das offizielle Renteneintrittsalter bei 65, aber bisweilen gilt schon – wenn es um Kunden geht – als *Senior*, wer 55 Jahre alt ist. Die meisten Seniorenrabatte gibt es ab 60 Jahren.

Telefonieren

System/ Florida

Die USA und Kanada verfügen über ein in sich geschlossenes Telefonsystem aus stets dreistelliger Vorwahl und siebenstelliger Rufnummer. Jeder Bundesstaat besitzt eine dreistellige Vorwahl, den ***Area Code***, einige dicht besiedelte Staaten, darunter Florida, mehrere davon. **Bei Gesprächen über den regionalen *Area Code* hinaus muss die »1« vorweggewählt werden**.

Das ist auch der Fall bei den **gebührenfreien 800-/844-/855-/866-/877-/888-Nummern**: ➤ Seite 98.

In Florida gibt es **17 Vorwahlen**:

239	Naples
305+786	Miami, Florida Keys
321+407	Orlando
352	Gainesville, Ocala
386	Daytona Beach
561+772	Palm Beach
727+813	St. Petersburg, Tampa
754+954	Fort Lauderdale
850	Tallahassee und Panhandle
863	Lake Wales
904	Jacksonville, St. Augustine
941	Sarasota

Allgemeine Telefonauskunft: ✆ 1-800-555-1212

International

Über die Vorwahl 01 (mit Vermittlung, teurer!) bzw. 011 (ohne Vermittlung) öffnet man den Zugang zum internationalen Netz.

Mit den Landesvorwahlen
49 für Deutschland,
41 für die Schweiz,
43 für Österreich
und die Ortsvorwahl ohne Null sind Verbindungen in die Heimat rasch hergestellt.

Mittlerweile vom Aussterben bedrohtes amerikanischen (Münz-) Payphone

Münztelefone

In amerikanischen Münzfernsprechern (***Pay-Phones***) ist direkte Durchwahl mit Münzeinwurf, national wie international, nicht möglich, sondern nur per Telefon- oder Kreditkarte, ➤ unten und umseitig.

Ferngespräche einschließlich solcher im Nahbereich lassen sich bei **Münzeinwurf nur mit Hilfe eines *Operator*** bzw. einer Computerstimme führen, die standardisierte Anweisungen gibt.

Telefonieren mit Münzeinwurf

Wer keine Telefonkarte zur Hand hat, muss für internationale Ferngespräche in *Pay Phones* **rollenweise *Quarters*** bereithalten, da immer mindestens 3 min (!) zu bezahlen sind. Mit dem *Operator* gibt es dabei selbst bei guten Englischkenntnissen auch schon mal Verständigungsprobleme.

Nationale Ferngespräche sind dagegen dank der Handykonkurrenz heute viel billiger als früher und kosten in *Payphones* auch schon mal nur ab $0,25.

Phone oder Calling Cards

Am preiswertesten telefoniert man bargeldlos mit den allerorten (Kaufhäuser, Tankstellen, *Mini Marts,* Automaten in *Truck Stops* etc.) erhältlichen ***Phone Cards***. Bei den verschiedenen für die USA angebotenen Karten sind die Minutenpreise in den letzten Jahren kontinuierlich gesunken, so dass heute mit den günstigsten Karten Gebühren unter $0,01/min für Ferngespräche in den USA und aus den USA nach Europa möglich sind. Das **Internet** bietet dazu alle aktuellen Informationen und obendrein die Kaufoption für alle *Phone Cards*. Übersichtlich ist die Seite www.cheapcard.org.

Funktion

Die ***Phone*** oder ***Calling Cards*** funktionieren wie folgt: ***Toll-free-number*** für die jeweils gewünschte Sprachansage wählen (selten deutsch) und dann nach Anweisung die Codenummer der Karte eintasten, die Nummer wählen und fertig. Noch verfügbare Restminuten werden jeweils angesagt.

Vorsicht: Der **Haken von sehr preiswerten Karten** liegt häufig in den Zusatzkosten – etwa fixe Verbindungskosten pro Gespräch, oder auch eine wöchentliche *Maintenance Fee*, die auch anfällt bei Nichtnutzung der Karte.

3

Telefonieren mit Kreditkarte

Dort, wo Kreditkarten in *Payphones* eingeschoben werden können, z.B. in *Airports* oder *Shopping Malls*, lässt sich direkt ohne die lästige Zahlentipperei wie bei den *Calling Cards* telefonieren. Die **Gebühren** für einen ***Credit Card Call*** sind indessen mehrfach **höher als bei Nutzung einer vor Ort gekauften *Phone* bzw. *Calling Card*.**

Aufschläge für Telefonate aus Hotels/Motels sind zwar allgemein niedriger als in Europa, dennoch oft happig genug. Bisweilen werben aber auch Motels mit Netto-Telefongebühren.

Ferngespräche lassen sich im übrigen **vom Hotelzimmer aus** bequemer führen als von einem *Pay Phone*, vorausgesetzt, es ist noch ein Telefon im Zimmer vorhanden. Das gilt auch für Anrufe zum **Nulltarif** bei einer **800-Nummer**, etwa zur Reservierung eines Mietwagens oder Hotels für die nächsten Nächte oder in die Heimat per *Calling Card*.

Für **gebührenfreie** und **Kartengespräche** vom Zimmertelefon aus berechnen Hotels und Motels manchmal nichts, meist aber einen Fixbetrag von $0,50-$1 pro Anruf.

1-800, 844, 855, 866, 877 oder 888

Bei den Vorwahlen 1-800/1-844/1-855/1-866/1-888/1-877 schaltet sich auch von ***Pay Phones*** aus kein *Operator* ein; die Kosten gehen zu Lasten des Angerufenen. **800/844/855/866/877/888-Nummern sind auch vom Ausland aus zu erreichen**, dann zunächst Vorwahl 001 statt 1. Sie kosten aber die normale Auslands-Gesprächsgebühr.

Sollte eine *toll-free number* nicht mehr erreichbar sein, ruft man – ebenfalls gebührenfrei – die **Information an: ✆ 1-800-555-1212**.

1-900

Das Gegenteil der 800-Nummern sind **900-Nummern**, für die im Minutentakt eine **Honorierung für den Angerufenen** fällig wird.

Mit Handy in den bzw. aus den USA telefonieren mit Cellion SIM-Card

Handy-Besitzer ohne Tri- bzw. Quad Band können in Nordamerika nicht angerufen werden bzw. telefonieren. Das betrifft nur ältere Handys. Wer aber einfach sein neueres **Tri- oder Quad-Handy** mitnimmt und drauflos telefoniert, wird am Ende mit einer exorbitanten Rechnung erfreut. Handy-Komfort zu moderaten Gebühren (wenn auch nicht so günstig wie manche amerikanische *Telephone Card*) verspricht dagegen die ***Cellion Sim Card***, die man für die Dauer der Reise ins eigene Handy einsetzt. Faktisch hat man damit eine nordamerikanische Nummer, unter der man auch zu Minimaltarifen von der Heimat aus erreichbar ist. Das System ist einfach zu handhaben und zuverlässig. Alle Details unter www.cellion.de.

No-contract-Phones

Eine andere Möglichkeit sind **Billig-Handys** (***Prepaid Cell Phones*** nur zum Telefonieren ab ca. $30), die man z.B. im ***Walmart*** findet. Mit dem Kauf verbunden sind freie 200-300 min. Für Auslandsgespräche muss man es freischalten lassen, und die Freiminuten reduzieren sich natürlich. Kombiangebote von *US-Cell Phones* mit *Flat Rates* auch unter www.net10wireless.com.

Skype

Wer *Laptop, Tablet* oder *Smartphone* dabei hat, telefoniert auch unterwegs – wo immer **Wifi** verfügbar ist, ➤ unten – mit *Skype* billig ins heimische Festnetz oder ganz kostenfrei mit anderen Skype-Nutzern; www.skype.de.

Temperaturen

In den USA weigert man sich nicht nur standhaft, das weltweit geltende metrische System einzuführen, auch bei den Temperaturen hält man an den alten britischen Grad **Fahrenheit** fest:

Die Formel für die Umrechnung von Celsius (**C**) in Fahrenheit und umgekehrt lautet:

°F = 32° + 1,8 x°C bzw. **°C = (°F – 32°) : 1,8**

Aber die Näherungsformel tut's bei Normaltemperaturen auch:

°F = 30° + 2 x°C bzw. **°C = (°F – 30°) : 2**

Celsius	**-15°**	**-10°**	**-5°**	**0°**	**5°**	**10°**	**15°**	**20°**	**25°**	**30°**	**35°**	**40°**
Fahrenheit	**5°**	**14°**	**23°**	**32°**	**41°**	**50°**	**59°**	**68°**	**77°**	**86°**	**95°**	**104°**

Toiletten

Das Wort *Toilet* ist in den USA verpönt – man fragt besser nach dem ***Restroom*** oder auch ***Ladie' s Room*** bzw. ***Men's Room***. Es gibt in Florida – außer an Stränden und in den *State Parks* – nur relativ selten öffentliche Toiletten. In Restaurants sind die Toiletten natürlich eher für Gäste gedacht, wer höflich fragt, darf sie aber meistens benutzen. ***Fast Food Places*** sind in dieser Hinsicht überwiegend unproblematisch. Auch in Einkaufszentren, großen Supermärkten und in Tankstellen finden sich Toiletten.

Trinkgeld

In der heutigen amerikanischen Dienstleistungsgesellschaft ist das Trinkgeld (***Tip***) fester Bestandteil des Entlohnungssystems nicht nur in der Gastronomie oder im Taxigewerbe. Ein *Tip* wird nicht nur im besseren Hotel oder bei einer Stadtrundfahrt von den diversen dienstbaren Geistern erwartet, sondern auch im Supermarkt, sofern der höfliche junge Mann hinter der Kasse beim Transport der Einkaufstüten zum Wagen behilflich ist. So 100% klare Regeln für die Höhe des *Tip* wie im Restaurant oder Hotel, ➤ Seiten 62 und 77, gibt es sonst nicht, außer dass Münzgeld selten ausreicht.

Eine **Dollarnote** muss es selbst bei kleinsten Handreichungen schon sein. Ein Liste mit Empfehlungen für alle Lebenslagen liefert http://money.cnn.com/pf/features/lists/tipping.

Uhrzeit

In den USA steht »**am**« (*ante meridiem*, vormittags) oder »**pm**« (*post meridiem*, nachmittags) hinter einer Zeitangabe:

9 Uhr	9 am
21 Uhr	**9 pm**

Besonders zu beachten ist:

12.00 Uhr	**12:00 pm**	oder ***noon***
12.20 Uhr	**12:20 pm**	
24.00 Uhr	12:00 am	oder ***midnight***
0.20 Uhr	12:20 am	

In **Fahr- und Flugplänen** werden »am-Zeiten« häufig in Normalschrift, »**pm-Zeiten**« **in Fettschrift** gekennzeichnet.

Bombenwetter Mitte Januar beim Art Deco Weekend in Miami Beach/Ocean Drive, *➤ rechts oben*

Veranstaltungen

In Florida wird viel gefeiert. Zu allen möglichen Anlässen veranstaltet man ***Festivals***, ***Fiestas*** und ***Fairs***. Sie reichen von altmodischen Jahrmärkten mit Karussells und Achterbahnen über Rodeos und Autorennen, Angel- und Sandburgen-Wettbewerbe, bis zu hochkarätigen Musikfestivals und Filmfesten.

Hier die wichtigsten nach Monaten geordnet:

Januar

Art Deco Weekend: dieses Straßenfest in **Miami Beach** feiert den Baustil und unterstützt Renovierung und Erhaltung des *Art Deco*-Viertels, 3 Tage Mitte Januar; www.artdecoweekend.com

Epiphany Celebration: griechisches Fest in der von griechischen Schwammtauchern gegründeten Hafenstadt **Tarpon Spings** mit Musik, Tanz, Essen und orthodoxer Morgenandacht in der Kathedrale, am 6. Januar mit Prozession; www.epiphanycity.org

South Florida Fair: traditioneller Jahrmarkt mit Riesenrad und Landwirtschaftsausstellung in West Palm Beach, 17 Tage Mitte bis Ende Januar; www.southfloridafair.com

Februar

Artigras: landesweit bekanntes Kunst-Festival in **Jupiter**, 3 Tage Mitte Februar; www.artigras.org

Coconut Grove Arts Festival: Ausstellung der Werke von über 350 Künstlern aus aller Welt entlang des South Bayshore Drive (Miami), 3 Tage Mitte Februar; www.cgaf.com

Daytona 500: das berühmteste NASCAR-Rennen auf dem ***Daytona International Speedway***, Mitte Februar; www.daytonainter nationalspeedway.com

Edison Festival of Light: der Geburtstag des Erfinders *Thomas Edison* wird in **Fort Myers** u.a. mit Lichterparaden gefeiert, 10 Tage ab Mitte Februar; http://edisonfestival.org

Everglades Seafood Festival: fangfrischer Fisch und indianische Kunst in **Everglades City**, 3 Tage Mitte Februar; www.evergladesseafoodfestival.com

Fiesta Day & Flan Fest: Straßenfest zur Feier u.a. der kubanischen Traditionen von **Ybor City**, einem Stadtteil von Tampa, außerdem Wettbewerb von Restaurants und Amateuren (getrennt) um den besten Pudding, am letzten Samstag des Monats 11-16 Uhr; http://www.ybormarket.com/flan_fest_2016

Mardi Gras: in **Pensacola** wird der Karneval ähnlich wie in New Orleans gefeiert, jedoch in einem kleineren Maßstab, Mitte Februar; www.pensacolamardigras.com

Miami International Boat Show: eine der größten Bootsausstellungen der Welt in **Miami Beach**, 5 Tage Mitte Februar auf der Insel Virginia Key; www.miamiboatshow.com

Olustee Battle Reenactment: dort wird die wichtigste Schlacht des Bürgerkrieges, die in Florida stattfand, nachgestellt, 2 Tage Mitte Februar; www.olusteefestival.com

März

Amelia Island Concours D'elegance: Oldtimer-Show auf **Amelia Island**, 3 Tage Mitte März; www.ameliaconcours.org

Bike Week: für Hunderttausende von Motorrad-Fans in **Daytona Beach**, 10 Tage Anfang März; www.officialbikeweek.com

Calle Ocho Festival: kubanisches Straßenfest in **Little Havanna** in **Miami**, Sonntag Mitte März; www. carnavalmiami.com

Fort Myers Beach Shrimp Festival: bei diesem Fest werden Garnelen in allen erdenklichen Zubereitungen verkauft, dazu gibt es Umzüge, 2 Tage Mitte März, www.fortmyersbeachshrimpfestival.com

Sanibel Shell Show: Ausstellung von Muscheln und aus/mit Muscheln hergestellter Produkte auf **Sanibel Island**, 3 Tage Do-Sa Anfang März; http://sanibel-island.sanibel-captiva.org/events

Sarasota Jazz Festival: Auftritte bekannter Jazzmusiker in **Sarasota**, 7 Tage Anfang März; www.jazzclubsarasota.com

Tico Warbird Airshow: historische Flugzeuge am Boden und in der Luft in **Titusville**, 7 Tage Mitte März; www.vacwarbirds.net

April

Apalachicola Antique & Classic Boat Show: nostalgische Schiffe aller Art im Hafen, Sa Mitte April; www.antiqueboatshow.org

Seven Mile Bridge Run: 2000 Läufer aus aller Welt nehmen an diesem Rennen über eine der längsten Brücken der Welt teil, in **Marathon** auf den Florida Keys, 2. Sa im April; http://7mbrun.com

Spring Arts Festival: Kunstmarkt, Kulinarisches & *Entertainment* in **Gainesville**, 2 Tage Mitte April; www.springartsfestival. com

Springing the Blues Festival: bekannte Blues Bands spielen in **Jacksonville Beach**, 4 Tage Anfang April, www.springingtheblues.com

Shark's Tooth Festival in **Venice**, das für die an seine Strände gespülten Haifischzähne bekannt ist, auch Kunsthandwerk und Kochkunst, 3 Tage Anfang April; www.sharkstoothfest.com

Mai

Gamble Rogers Music Festival: Folk Music in **St. Augustine**, 3 Tage Anfang Mai; www.gamblerogersfest.org

Fort Lauderdale Air Show: Flugschau nach 2 Jahren Ausfall wieder seit 2016, 2 Tage Anfang Mai; www.lauderdaleairshow.com

Isle of Eight Flags Shrimp Festival: Kulinarisches und Kunsthandwerk in **Fernandina Beach** auf Amelia Island mit vielen Shrimp-Fängern, 3 Tage Anfang Mai; www.shrimpfestival.com

Jacksonville Jazz Festival: eines der landesweit größten Jazz-Ereignisse überhaupt, 3 Tage Ende Mai; www.jaxjazzfest.com

Sunfest: Musik- und Kunstfestival mit Konzerten und Feuerwerk in **West Palm Beach**, 5 Tage Anfang Mai; www.sunfest.com

Pensacola Festival of Five Flags: Festival zur Gründung der Stadt mit Schiffsparade, letzter Sa im Mai, www.fiestaoffiveflags.org

Juni

Billy Bowlegs Pirate Festival: »Piraten« erobern **Fort Walton Beach**, 4 Tage Anfang Juni; www.billybowlegsfestival.com

Silver Spurs Rodeo: das größte Rodeo östlich des Mississippi in Kissimee, 2 Tage Anfang Juni; www.silverspursrodeo.com

Juli

Key West Annual Hemingway Days: 6 Tage Ende Juli ehrt und feiert man den berühmten Autor. Amüsant ist der *Hemingway*-Ähnlichkeitswettbewerb; www.hemingwaydays.net

Coke Zero 400: NASCAR-Rennen in **Daytona Beach** Anfang Juli; www.daytonabeach.com/events/racing/coke-zero-400

Fourth of July: der amerikanische Nationalfeiertag wird natürlich überall mit grandiosen Feuerwerken begangen

Sarasota Powerboat Grand Prix Festival: Bootsausstellung und -rennen, Parade, 2 Tage Anfang Juli; www.suncoastoffshore.org

August

keine größeren Veranstaltungen

September

NKF Rich Salick Surf Festival: Wettsurfen in **Cocoa Beach** mit Rahmenprogramm, 4 Tage Anfang September; www.nkfsurf.com

St. Petersburg Festival, abendlicher Straßenumzug vor dem Autorennen in **St. Petersburg**, 3 Wochen Mitte bis Ende September; http://stpetefest.org

Oktober

Alligator Warrior Festival: im ***O'Leno State Park*** nördlich von Gainesville wird die Kultur der Indianer Nordfloridas gewürdigt, 3 Tage Mitte Oktober; www.alligatorfest.org

Clearwater Jazz Holiday: Jazz-Musik vom Feinsten in Clearwater, 4 Tage Mitte Oktober; www.clearwaterjazz.com

Fantasyfest in **Key West**: Ende Oktober wird 10 Tage lang gefeiert: phantasievolle Kostümparaden und kreative Parties auf Straßen, Plätzen und in allen Lokalen; www.fantasyfest.net

Biketoberfest: Motorradfestival in Daytona Beach, 4 Tage Mitte Oktober, www.daytonabeach.com/biketoberfest

The Fort Lauderdale International Film Festival: bedeutendes Film-Festival, 17 Tage Mitte November; www.fliff.com

Hard Rock Cafe der Universal Studios bei Orlando: ***täglich Fiesta***

November

Great Gulfcoast Arts Festival: Kunst und Kunsthandwerksmarkt in **Pensacola**, 3 Tage Anfang November; www.ggaf.org

St. Augustine Art & Craft Festival: großer traditioneller Kunstmarkt, 2 Tage Ende November; www.staugustineartfestival.com

The Florida Seafood Festival: *Seafood* und Jahrmarkt in **Apalachicola**, 2 Tage Anfang November; www.floridaseafoodfestival.com

Dezember

St Augustine Colonial Night Watch: mit Umzügen im Kerzenschein und Präsentationen gedenkt man der wechselvollen Kolonialzeit 1739-1789 unter spanischer wie britischer Hoheit, Anfang Dezember; www.historiccoastculture.com/event/detail/21960

Art Basel Miami Beach: Messe für Moderne Kunst mit Exponaten von über 250 Galerien aus 30 Ländern, 4 Tage Anfang Dezember, www.artbasel.com/miami-beach

Holiday Home Tour: historische Gebäude auf **Amelia Island** öffnen die Tore, 2 Tage Anfang Dezember; www.ameliahometours.com

W(ireless)LAN bzw. Wifi

Internetzugang

Der Zugang zum Internet ist den USA, besonders in dichter besiedelten Gebieten wie Florida großräumig möglich. Die meisten Motels und eine große Zahl kommerzieller Campingplätze, sogar **viele *State Parks*** werben mit ***free Wifi*** (**Wi**reless **fi**delity=WLAN). Kostenlosen Zugang gewähren ebenfalls Cafés und Restaurants, darunter alle ***Starbucks Cafés*** und die Lokale der meisten ***Fast Food*-Ketten**, wiewohl mit Unterschieden beim Zugangskomfort und der Geschwindigkeit. Sehr gut funktioniert dabei allerorten ***McDonald's***. Nur und ausgerechnet in Hotels der gehobenen Kategorien kostet der Zugang oft noch extra.

Beim Nachmittagskaffee mal eben die E-Mails sichten und beantworten, ist selten ein Problem. Irgendwo findet sich immer irgendwo Gratis-Wifi, hier in einem Straßencafé in Seaside an der Emerald Coast im nordwestlichen Panhandle

Zugang ohne eigenen Rechner

Da in den USA heute faktisch jeder ein Smartphone besitzt und flächendeckend online gehen kann, haben ***Internet Cafés*** mit *Desktop* Rechner weitgehend ausgedient. Wer ohne *Handy* bzw. *Laptop* ins Internet gehen möchte, hat u.a. folgende Möglichkeiten:

- In öffentlichen Bibliotheken der USA (www.publiclibraries.com) ist eine Computernutzung mit Internetzugang kostenlos möglich; Ausdrucke kosten moderate Gebühren.
- Manche größeren Tourismus-Infobüros (*Visitor Centers*) bieten ihren Besuchern freies *Wifi*.
- Filialen des Versandkonzerns ***Federal Express*** (*Fedex*) bieten (kostenpflichtige) Computer- und Druckernutzung, www.fedex.com/us/office/in-store-services.html

Foto Upload

Normalerweise haben die Rechner USB-Schnittstellen, über die man seine Digitalkamera »entladen« und die Bilder an die eigene Mailbox, das Web-Fotoalbum zum Archivieren oder auch gleich an Freunde und Bekannte schicken kann.

Hinweis

Vorsicht mit Passwörtern! Auf keinen Fall an öffentlichen Zugängen Passwörter speichern; auch sollte man dort die Liste der besuchten Internetseiten und genutzte Zwischenspeicher löschen.

Waschen unterwegs

In allen größeren Orten gibt es **Münz-Waschsalons (*Coin Laundries*** oder ***Laundromats*)**. Auch viele **Motels** haben Waschmaschinen und Trockner (***Guest Laundry***). In den meisten Maschinen bewegt sich statt der Trommel eine Art Propeller hin und her und quirlt die Wäsche durcheinander. Die Einstellung »*hot*« heißt nicht etwa Kochwäsche, sondern entspricht der Temperatur des zulaufenden Heißwassers (keine Nachheizung in der Maschine).

Nach ganzen ca. 20 Minuten ist der Vorgang meist schon beendet und das Ergebnis entsprechend, nämlich unbefriedigend.

Bei höheren Ansprüchen an den Grad der Sauberkeit fügt man dem Waschmittel (*Detergent*) die bei uns kaum noch bekannte Bleiche (*Bleach*) hinzu. Ein Waschgang kostet mindestens $2-$3, der Trockner mindestens $1, wofür man immer jede Menge 25-Cent-Stücke (*Quarters*) oder $1-Scheine benötigt.

Zahlen

Schreibweisen

In den USA werden **Komma** und **Punkt** anders herum benutzt als bei uns. Ein Dollar und fünfzig Cent wird $1.50 geschrieben und bei mehr als dreistelligen Zahlen ein Komma zum Unterteilen benutzt (z.B. 1,000,000).

Datum

Bei **Daten** fängt man immer mit dem Monat an:

7/11/2017 meint also den 11. Juli (nicht etwa den 7. November).

Stockwerke

Auch **Stockwerke** werden anders gezählt, denn das **Erdgeschoss** ist der ***First Floor***. Das H/Motelzimmer im ***Second Floor*** liegt also nach unserem Verständnis im ersten Stock.

3

Zeitungen und Zeitschriften

Zeitungen/ Nachrichten

In den USA sind lediglich zwei Tageszeitungen landesweit verbreitet. Die höchsten Printauflagen besitzen das **Wall Street Journal** (ca. 1,3 Mio., www.wsj.com), gefolgt von ***USA Today*** (knapp 1 Mio., www.usatoday.com). Sie kostet heute $2 (Verkauf großenteils in Zeitungsautomaten) und liegt in besseren Hotels häufig gratis aus. Immerhin besitzt sie ein akzeptables Niveau, ist aber auf nationale Neuigkeiten fixiert. **Internationale Nachrichten** findet man darin nur, soweit sie die Politik der USA betreffen und/oder Sensationswert besitzen.

Die bekannte ***New York Times*** (Auflage knapp 600.000, am Sonntag über 1 Mio, www.nytimes.com) wird hauptsächlich an der Ostküste gelesen.

In Florida gibt es noch fünf regionale Tageszeitungen mit sechsstelliger Auflage: Die ***Tampa Bay Times*** (ca. 300.000, www.tampabay.com), die ***Tampa Tribune*** (ca. 200.000, www.tbo.com), den ***Orlando Sentinel*** (ca. 170.000, www.orlandosentinel.com), den ***Sun Sentinel*** (Fort Lauderdale/Palm Beach; ca 160.000, www.sun-sentinel.com) und den Miami Herald (ca. 140.000, www.miamiherald.com). Letztgenannte erscheint auch auf Spanisch als ***El Nuevo Herald*** (www.elnuevoherald.com).

Zeitschriften

Bei den **Zeitschriften** existiert ein breites Sortiment für alle denkbaren Spezialinteressen und massenhaft Blätter der seichten Unterhaltung und für Promiklatsch. Anspruchsvoller sind nur das letzte verbliebene Politmagazin ***Time*** (www.time.com) und eine Handvoll Wirtschaftsblätter. Insgesamt ist das Zeitungs- wie Zeitschriftenangebot mit europäischer Vielfalt und vor allem mit dem bei uns gewohnten Niveau nicht vergleichbar.

Internationale Presse

Internationale Publikationen – i.e. englischsprachig aus Großbritannien und allerhand Gazetten und Magazine auf Spanisch für die Latino-Leserschaft – gibt es nur in ***News Shops***. Nach deutschsprachigen Zeitungen/Magazinen braucht man gar nicht erst zu suchen. Sie sind in den USA so gut wie nirgendwo mehr zu finden.

USA Today und lokale Zeitungen werden oft über solche Klapptür-Kästen verkauft. Gratis liegen darin auch Anzeigenblätter für Immobilien, Autos und Supermärkte

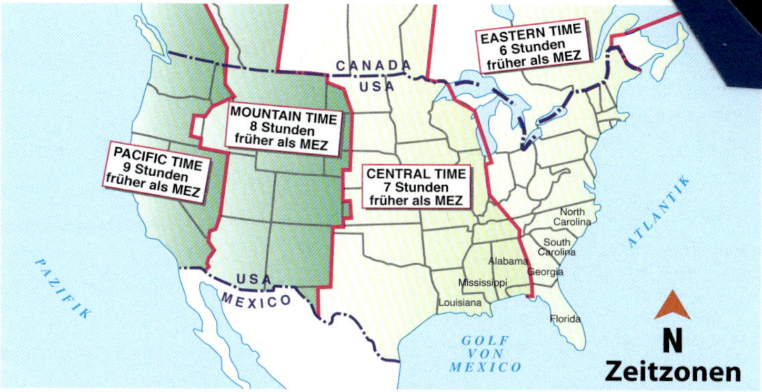

Zeitungen im Internet

Wer sein ***Laptop***, ***Tablet*** oder ein internetfähiges ***Handy*** dabei hat, benötigt unterwegs aber kaum mehr gedruckte Nachrichten aus der Heimat. Da dürfte den meisten ausreichen, was auf gebührenfreien Verlagsportalen geboten wird.

Zeitzonen - Sommer-/Winterzeit

Florida liegt in **zwei Zeitzonen**. Der überwiegende Teil des Staates und ebenso Georgia gehören zur ***Eastern Time Zone*** (= mitteleuropäische Zeit minus sechs Stunden). Nur der westliche Zipfel des Staates – der *Panhandle* zwischen dem Apalachicola River und der Grenze zu Alabama – gehört zur ***Central Time Zone*** (= mitteleuropäische Zeit minus sieben Stunden). Die gilt auch noch in New Orleans bis einschließlich Texas.

Wie in Europa werden die Uhren in Frühling und Herbst um eine Stunde umgestellt, wenn auch zu etwas anderen Terminen: Die **Sommerzeit** (***Daylight Saving Time***) läuft vom zweiten Sonntag im März bis zum ersten Sonntag im November, ➤ Tabelle unter http://eclipse.gsfc.nasa.gov/SEhelp/daylightsaving.html.

Zoll bei Rückkehr aus den USA

Zum Zoll bei der **Einreise in die USA** ➤ Seite 32.

Wer aus Nordamerika **nach Deutschland** zurückkehrt, zahlt bis zu folgenden Werten weder Zoll noch Umsatzsteuern:

Mitbringsel €430/Person (Kaufbelege aufbewahren!), unabhängig davon **200 Zigaretten,1 l Spirituosen**, **4 l Wein** und **16 l Bier**.

Man zahlt **bei Warenwerten bis €700/Person** eine **Pauschalabgabe** von 17,5% (USA und Kanada). Erst darüber kommen die vollen Sätze Zoll (überwiegend gering) zum Tragen, die mit der Warenart etwas variieren.

Immer aber sind dann **19% Einfuhrumsatzsteuern auf Warenwert plus Zoll** fällig, www.zoll.de.

Routen und Reiseziele in Florida

STARLITE HOTEL

Zum Aufbau des Reiseteils

Der Reiseteil dieses Buches kombiniert Ortsbeschreibungen und Routen weitgehend so, dass sich unterschiedlich lange sinnvolle Rundstrecken durch Florida zusammenstellen lassen, ohne dass zu sehr hin- und hergeblättert werden muss.

Ausgehend von **Miami** folgt – mit Ausnahme von ausführlich beschriebenen Abstechern in und rund um den ***Everglades National Park*** und auf die **Florida Keys** – die Fahrt durch Florida in einer Richtung – nämlich gegen den »Uhrzeiger«:

- Zunächst geht es **über Cape Canaveral** an der Atlantikküste entlang bis **Jacksonville** (von dort ggf. Abstecher nach **Savannah/Georgia** und **Charleston/South Carolina**).
- Sozusagen auf halbem Wege liegt nur 50 km landeinwärts mit **Orlando,** der **Hochburg der Vergnügungsparks**, das nach Besucherzahlen wichtigste Reiseziel Floridas. Ihm ist ein besonders detailliertes Kapitel gewidmet.
- Wer von dort aus nicht mehr weiter nach Norden möchte, überspringt die folgenden Kapitel und kann z.B. via **Homosassa Springs** oder **Tampa/St. Petersburg** in südliche Richtung weiterlesen. Ebenso, wenn es **von Orlando** auf schnellstem Wege **nach Miami** gehen soll. Nur bei einer Fahrt von Orlando nach Miami via Atlantikküste muss man sich – ausnahmsweise – in Gegenrichtung der Beschreibungen orientieren.
- Auf der Route von Jacksonville durch Floridas Norden zur Hauptstadt **Tallahassee** und weiter zur westlichsten Stadt des Staates, **Pensacola**, sind abkürzende »**Umkehrstrecken**« nach **Süden** leicht möglich: einmal explizit über **Lake City** und **Gainesville** nach Orlando und des Weiteren zwischen Tallahassee und Pensacola dank der Nähe der »Rückroute« in Richtung Tampa/St. Petersburg mehrfach über eine der vielen Querverbindungen zwischen der Interstate #10 und der Küstenstraße #98.
- Über Florida hinaus nach Westen führt ein 200-250 mi Abstecher an der Alabama-/Mississippiküste entlang nach **New Orleans**.
- Weiter gegen den »Uhrzeiger« läuft auch die Beschreibung **ab Pensacola** entlang der **Golfküste** vom ***Panhandle*** mit seinen **Traumstränden** über die **Apalachee Bay** und weiter landeinwärts (wegen der im Nordwesten versumpften Küste) zunächst bis zur Tampa Bay mit den Städten Tampa/St. Petersburg/Clearwater.
- Nach Miami, Orlando und New Orleans ist auch der Ballungsraum **Tampa/St. Petersburg/Clearwater** Inhalt eines eigenen umfangreichen **Kapitel**s.
- Auf den abschließenden Seiten des Florida-Reiseteils geht es an der südlichen **Golfküste** über **Sarasota, Venice, Fort Myers** und **Naples** (zurück) nach Miami.
- Ein **Sonderkapitel** im Anschluss an den Florida-Reiseteil bezieht sich auf **Anfahrten von Atlanta nach Florida** auf vier unterschiedlichen Routen.

Für sämtliche Routen und Ziele gibt es zahlreiche **Unterkunfts-, Camping**- und **Restaurantempfehlungen**, meist in Verbindung mit Ortsbeschreibungen, bisweilen aber auch auf »freier Strecke« in den Text eingestreut.

Piktogramme

Die im Reiseteil benutzten Piktogramme sind weitgehend selbsterklärend. Sie erleichtern bei der Suche nach Quartieren, Campingplätzen, Restaurants usw. den raschen Zugriff auf die jeweilige Information im Text bzw. machen zusätzlich auch optisch auf Hinweise zum Wandern/Schwimmen und auf Fotopunkte aufmerksam.

1

1. MIAMI UND UMGEBUNG

1.1 Miami

An Miami führt in Florida kein Weg vorbei. Als **größte Stadt des Staates** dominiert sie seine Wirtschaft, sein Kulturleben und sein Image. Das moderne Zentrum, bunte Einwandererviertel, ausgedehnte Villenvororte der Wohlhabenden bis Superreichen und das insular vorgelagerte Miami Beach machen es zu einem besonders interessanten und abwechslungsreichen Reiseziel.

1.1.1 Geschichte

Gründung

Selbst für amerikanische Verhältnisse ist Miami eine ziemlich **junge Stadt**: ihre Anfänge reichen gerade hundert Jahre zurück. Wo heute rund 2,7 Mio. Menschen leben, befand sich um die Wende vom 19. zum 20. Jahrhundert noch ein kleines Dorf. Die Spanier hatten zwar schon im 16. Jahrhundert am Miami River eine **Missionsstation** gegründet, und die ersten amerikanischen Siedler waren Mitte des 18. Jahrhunderts in die Gegend gekommen, aber es handelte sich dabei nur um kleine Gruppen. Das subtropische Klima Südfloridas zog ab Ende des 19. Jahrhunderts erstmals auch Erholung suchende Reisende aus den winterkalten Nordstaaten an. Die exzentrische ***Julia Tuttle*** etwa, an die der *Julia Tuttle Causeway* erinnert, der Miami mit Miami Beach verbindet, kam deshalb mit ihrem an Tuberkulose erkrankten Mann nach Florida. Sie engagierte sich für eine stärkere Besiedelung der Gegend um Miami und war es auch, die den Eisenbahnmagnaten *Henry Morrison Flagler* dazu überredete, die Strecke der ***Florida East Coast Railroad* bis Miami** auszubauen (➤ Seite 474). Erst als diese Linie 1896 den Verkehr aufnahm, begann Miamis eigentliche Geschichte. Tatsächlich fielen Ankunft der ersten Eisenbahn und offizielles Gründungsdatum der Stadt zusammen. Miami war dadurch mit dem Rest der USA verbunden. Neubürger strömten erst von da ab in Scharen auch nach Südflorida.

Das Ancient Spanish Monastery sieht aus wie die mögliche Keimzelle des heutigen Miami. Aber in Wahrheit wurde nur ein spanisches Original hierher versetzt, *➤ Seite 124*

Erste Boomjahre

Während des 1. Weltkriegs erlebte Miami seinen ersten »Boom«. Da die amerikanische Luftwaffe in Südflorida Ausbildungslager angelegt hatte, zogen Tausende von Militärangehörigen mit ihren Familien in die Stadt. Bereits in den 1920er-Jahren gründete man die ***University of Miami*** im Vorort **Coral Gables** und legte den ersten Flughafen an, Vorläufer des heutigen *Miami Int'l Airport*.

Miami Beach wurde zum Urlaubsort. Sand, Sonne und Meer waren die Hauptattraktionen, aber hinzu kam in jener Zeit noch ein weiterer Aspekt: die **Prohibition**. Das eigentlich für die gesamten USA geltende Verbot, Alkoholika zu produzieren, zu verkaufen oder auszuschenken, wurde in Miami weitgehend ignoriert.

Viele der Hotels, die in den Jahren zwischen den Weltkriegen im *Art-Deco*-Stil entstanden waren, wurden während des 2. Weltkriegs in Soldatenquartiere umfunktioniert; die Militärs machten die Region Miami zu einem der wichtigsten Trainingszentren der USA.

Das Lieblingsspiel der alten Exil-Kubaner ist Domino. Hier im »Domino Park« an der Calle Ocho, Ecke SW 15th Ave, der offizell Maximo Gomez Park heißt

Kubaner

In den 1950er- und 60er-Jahren wurde die Entwicklung Miamis von Ereignissen geprägt, die sich im benachbarten Kuba abspielten. Die Verbindungen zwischen Florida und Kuba (➢ Seite 476) waren vorher schon eng gewesen. Massen von Amerikanern flogen regelmäßig nach Havanna, um sich dort zu amüsieren, und reiche Kubaner kamen zum Shopping nach Miami. *Fidel Castros* Machtübernahme verursachte eine **Auswanderungswelle** in die USA – Hunderttausende Kubaner flüchteten aus ihrer Heimat. Sie ließen sich mehrheitlich in Miami nieder, wo sie seitdem Gesicht und Atmosphäre der Stadt prägen. Für Besucher wird dies vor allem in der ***Calle Ocho***, Hauptstraße des Viertels ***Little Havana***, deutlich. Heute haben 35% der Einwohner Miamis kubanische Wurzeln (das sind über 50% der Einwohner mit Latino-Hintergrund, ➢ rechts).

Rassenkonflikte

Die Flüchtlinge aus der Karibik kamen in eine Stadt, in der die Beziehungen zwischen den Rassen alles andere als harmonisch abliefen. Wie auch in anderen amerikanischen Städten waren Angloamerikaner nach und nach aus dem Zentrum Miamis in gepflegte Vororte gezogen, und in der Innenstadt schwarze **Ghettos** entstanden. Während sich die Spannungen der 1960er-Jahre in erster Linie zwischen Afro- und Angloamerikanern abspielten, kam es in den folgenden Jahrzehnten immer wieder zu Konflikten zwischen Schwarzen und Kubanern.

Kriminalität

In den 1980er-Jahren erwarb sich Miami auch in anderer Hinsicht einen miserablen Ruf. Es galt als Drehscheibe des Drogenhandels, und die Mordrate war die höchste unter den Großstädten der USA – was etwas heißen will. Dieses Image wurde obendrein durch die Fernsehserie *Miami Vice* weltweit erfolgreich verbreitet. Als 1993 in kurzen Abstände auch noch mehrere Morde an (auch deutschen) Touristen für Schlagzeilen gesorgt hatten, gab es gegen Endes des letzten Jahrhunderts vorübergehend einen dramatischen Rückgang der Urlauberzahlen.

Miami heute

Doch die Krise wurde erstaunlich schnell überwunden. Im Norden der Stadt existieren zwar immer noch prekäre Stadtviertel, die als gefährlich gelten und von Besuchern gemieden werden (sollten), aber das zentrale Miami und das früher ebenfalls problematische Miami Beach konnten saniert, die Kriminalität zurückgedrängt werden.

Miami erlebte in den letzten Jahren eine beachtliche Entwicklung des Tourismus, dem wichtigsten Wirtschaftszweig Floridas und auch des Großraums Miami. Tatsächlich verdient ein nennenswerter Anteil der Bevölkerung heute seinen Lebensunterhalt im touristischen Sektor und damit verbundenen Dienstleistungen. Im Jahr 2015 kamen 15 Mio Besucher nach Miami und Miami Beach, davon fast 5 Mio. als Passagiere von Kreuzfahrten. Nur ca. 50% waren US-Amerikaner und 10% Europäer. Der große Rest entfällt im Wesentlichen auf Touristen aus Lateinamerika.

Miami ist heute eine der am schnellsten wachsenden Metropolen der USA. Der Mix der Bevölkerung ist farbenfroher als anderswo und trägt eine deutlich karibische Note. Unter den zugezogenen Gruppen bilden Kubaner die größte, an zweiter Stelle folgen Kanadier, an dritter Haitianer. Schon an vierter Stelle liegen Deutsche Zuwanderer mit Hochburg in Miami Beach.

Port Miami ist das weltgrößte Cruise Ship Terminal mit fast 5 Mio. Passagieren in 2015

Miami
N
0
4,5 km
Orlando
Davie
Fort Lauderdale
595
1
Florida's Turnpike
75
Hollywood
Miramar
95
821
A1A
441
Ancient Spanish Monastery
Orlando
826
Florida's Turnpike
75
826
817
NORTH MIAMI
Bal Harbour
Bay Harbor Islands
27
Surfside
95
1
HIALEAH
Ave
7th
Miami Shores
Ronald Reagan Expwy.
Palmetto Expwy.
Kennedy Causeway
Collins Ave.
Hialeah Park Race Track
Miami Springs
MIAMI
MIAMI BEACH
Ronald Reagan Expwy.
Julia Tuttle Causeway
NW 36th St.
112
195
Westflorida / Fort Myers / Tampa
Miami International Airport
DOWN-TOWN
A1A
Bayside Market place
Jungle Island
Art Deco District
Dolphin Expwy.
836
MacArthur Cswy.
Flagler St.
27th Av.
959
Little Havana
Cruise Terminal
Tamiami Trail
41
Venetian Pool
Fisher Island
Biltmore Hotel
976
Coral Way
Rickenbacker Causeway
CORAL GABLES
Villa Vizcaya
Virginia Key
Westwood Lakes
Lowe Art Museum
Seaquarium
Cocowalk
Crandon Park
South Miami
COCONUT GROVE
Don Shula Expwy.
821
Key Biscayne
Fairchild Tropical Garden
Matheson Hammock Park
874
Kendall
Bill Baggs Cape Florida State Park
Biscayne Bay
1
Cape Florida
Südflorida Everglades Park und Key West

1.1.2 Praktisches

Orientierung, Information und öffentlicher Transport

Orientierung

Die Orientierung in Miami fällt relativ leicht. Die Hauptverkehrsachsen, ob nun *Interstate* oder nicht, sind als Autobahnen ausgebaut und gut ausgeschildert. Die beiden Ringautobahnen ***Palmetto Expessway*** (#826) und ***Ronald Reagan Turnpike*** (#821, ➢ Seite 51 zu den ***Toll Roads***) umgehen Miami weiträumig westlich. Das zentrale Straßensystem ist weitgehend schachbrettartig angelegt.

Information

Das ***Greater Miami & Beaches Convention & Visitors Bureau*** residiert drei Blocks südlich des Miami River in der 701 Brickell Avenue, ✆ 1-800-933-8448; www.miamiandbeaches.de oder com.

Info-Stände auch im *Airport*, in Coral Gables und Coconut Grove:

Coral Gables Chamber of Commerce, 224 Catalonia Avenue, ✆ (305) 446-1657, www.coralgableschamber.org

Coconut Grove Tourist Information, 3390 Mary Street, ✆ (305) 461-5506, www.coconutgrove.com/visitor-info

Öffentlicher Transport

Die **öffentlichen Verkehrsverbindungen** sind in Miami und der näheren Umgebung relativ gut. **Die *Metro-Dade Transit Agency*** betreibt mit ***Metrorail***, ***Metromover*** und ***Metrobus*** (Ticket $2,25, Expressbusse $2,65, Tagespass $5,65, 7-Tage-Pass $29,25, ***Metromover* frei**) ein dichtes Netz; Infos: www.miamidade.gov/transit.

Hauptverkehrsmittel sind **Busse**. Sie fahren tagsüber alle 20-30 min. Die Verbindungen sind speziell zwischen Miami Beach und *Downtown* ausgezeichnet (Linie #120 alle 12 min, ***Beach Max***). Auch nach Einbruch der Dunkelheit kann man in den belebten Vierteln von South Beach oder in Coral Gables ohne Bedenken an den Haltestellen auf den Bus warten. Anderswo ist aber Vorsicht geboten, so etwa im Stadtteil Liberty City.

Metromover

Der ***Metromover*** ist eine kostenlose Hochbahn in *Downtown*. Sie verbindet *Financial District*, *Bayfront* und *Government Center*, ➢ Foto Seite 118 und Text Seite 119.

Metrorail

Die ***Metrorail*** ist eine S-Bahn, die von **Palmetto** (***Green Line***) im Stadtteil Hialeah (nordwestlich von *Downtown*) bzw. ab **Airport** (***Orange Line***) durch *Downtown* und Coconut Grove nach South Miami führt. Info ➢ Website oben.

Flughafen

Der ***Miami International Airport*** (MIA; www.miami-airport.com), mit jährlich über 40 Mio Passagieren einer der größten US-Flughäfen, liegt ca. 10 mi nordwestlich *Downtown* zwischen *Dolphin* und *Palmetto Expressways* (#836/#826) und 36th Street NW.

An-/Abfahrt nach/von Miami Beach ist am günstigsten mit dem Expressbus ***Airport Flyer*** – #150, Miami Beach ($2,65; alle 20 min).

Außerdem gibt es noch den ***Airport Shuttle***, der seine Passagiere zu beliebigen Adressen bringt bzw. dort abholt ($16/Person bis/ab Bereich *Downtown*; www.supershuttle.com). Gäste der Hotels im Flughafenbereich werden gratis vom **Hotelbus** transportiert.

Mietwagen und Orientierung (zu den Turnpikes ➤ Seite 51)

Wer einen Mietwagen ab *Airport* gebucht hat, wird zunächst zur – in einigen Fällen ein paar Meilen entfernten – Station in der Umgebung transportiert. Vor Fahrtantritt macht es Sinn, sich anhand eines Stadtplans zu orientieren. Denn das System der *Greater Miami Freeways* ist für Ortsfremde unterwegs vom Fahrersitz aus nicht ganz leicht zu durchschauen. Ein mitgebrachtes oder mitgemietetes Navigerät ist dabei hilfreich, ➤ Seite 36.

Interstate Freeway #95 durch das zentrale Miami mit Auffahrten und Abfahrten in Downtown. In den Rush Hours sind dort alle Spuren dicht besetzt.

Miami per Bike und Segway

Hat man erst einmal sein Auto geparkt oder ist mit öffentlichen Verkehrsmitteln unterwegs, sind in Miami und Beach **Fahrräder** keine schlechte Idee. Man kann Besichtigungstouren per Bike buchen oder auch individuell Fahrräder leihen und damit auf Entdeckung gehen, z.B. bei ***Bike and Roll*** am zentralen Bayside Marketplace und gleich zwei Mal in Miami South Beach; http://bikemiami.com/tours. Die Firma bietet auch Touren per ***Segway*** an.

Unterkunft und Camping

Für viele Besucher ist **Miami Beach** der beste Standort für einen Aufenthalt in Miami. Von dort aus erreicht man leicht das Stadtzentrum und weitere Nahziele, ➤ Quartierempfehlungen Seite 132f.

Airportbereich

Speziell in Miami kommen Unterkünfte in Flughafennähe nicht nur eine Nacht nach Ankunft oder vor Abflug, sondern durchaus auch als Standquartier für ein paar Tage in Frage. Denn die Entfernung von dort nach Miami Beach und Key Biscayne beträgt je nach Endziel dort 10-12 mi, in den Bereich *Downtown* 7-8 mi, nach Coral Gables nur 5-6 mi und Coconut Grove ca. 7 mi. Rund um den *Miami Int'l Airport* warten fast alle bekannten Kettenhotels (überwiegend) der gehobenen Kategorie, ebenso wie ein paar unabhängige H/Motels auf Gäste. Daher und weil es vor allem in der winterlichen Hochsaison das Gros der Besucher in Strandnähe zieht, kommt man im Airportbereich oft zu relativ moderaten Tarifen unter (verglichen mit Miami Beach oder Coconut Grove); das Preis-/Leistungsverhältnis stimmt u.a. in diesen Häusern:

Tipp:

- ***Hilton Miami Airport***, 5101 Blue Lagoon Drive in prima Lage an eben dieser Lagune, sehr großer Poolbereich, gute Gastronomie, ab $140; ✆ (305) 262-1000, www3.hilton.com
- ***Regency Hotel***, 1000 NW Le Jeune Road, nur 1 mi vom Flughafen entfernt, gute gehobene Mittelklasse, fast alle Zimmer mit Balkon ab $115; ✆ (305) 441-1600, http://regencyhotelmiami.com

Wer spät ankommt oder früh abfliegt, wird für eine Nacht gut bedient, ohne dafür immer extreme Tarife zahlen zu müssen, im

- ***Miami Int'l Airport Hotel***, offizielle Adresse NW 20th Street, aber faktisch mitten im Airport, ✆ (305) 871-4100, ✆ 1-800-327-1276, ab $129; https://usmia2.webhotel.microsdc.us

Downtown

Im Bereich *Downtown* bieten ein gutes Preis-/Leistungsverhältnis:

- in der gehobenen Kategorie das moderne ***Hyatt Regency Hotel***, 400 SE 2nd Ave im *Central Business District* nahe *Bayfront Park*, ab $150; ✆ (305) 358-1234, www.miamiregency.hyatt.com
- in der Mittelkasse das Designhotel ***YVE Miami Downtown***, 146 Biscayne Blvd unweit *Bayside Marketplace*, ab $118; ✆ 1-855-983-4636, ✆ (305) 358-4555, www.destinationhotels.com/yve-miami
- etwas preisgünstiger die eigentlich für längere Aufenthalte konzipierten, aber auch kürzerfristig zu mietenden recht passablen ***Fortuna House Apartments***, 432 NE 26 Street ca. 2 mi nördlich *Downtown* in ruhiger Lage 200 m von der Biscayne Bay entfernt, ab $85; ✆ (954) 232-4705, www.fortunahouse.com

Coral Gables

- Das ***Biltmore Hotel***, 1200 Anastasia Avenue, ✆ 1-855-311-6903, Sommermonate ab $250, im Winter aber nicht unter $400, ist eine der edelsten Quartiere der Stadt; www.biltmorehotel.com
- Erschwinglicher ist u.a. das ***Chateaublau Hotel***, 1111 Ponce de Leon Blvd, auch im Winter ab $145, sonst ab $120; ✆ 1-888-642-6442, http://hotelchateaubleau. com.

Coconut Grove

- Im teuren Coconut Grove bieten ***Hampton Inn***, 2800 SW 28th Terrace, und das ***Marriott Courtyard***, 2649 South Bayshore Dr, auch im Winter schon mal Tarife »nur« um $200, sonst ab $130.

Camping

Im Bereich Metro Miami gibt es nur einen – auch von der Lage her – uneingeschränkt empfehlenswerten Campingplatz:

- Der ***Larry and Penny Thompson Park & Campground*** grenzt an das Zoogelände, ohne mit ihm verbunden zu sein: 12451 SW 184th Street, Zufahrt über den Hwy #1. Über 240 großzügige, komfortable Stellplätze warten zu – relativ günstigen – Tarifen ab $34 für RVs mit *Hook-up*, Zelte $17. Der an das Gelände grenzende **Badesee** wurde mit Strand und Rutschen aufgewertet: Eintritt $3, bis 17 Jahre $2; wer auch rutschen will, zahlt $6/$4, ✆ (305) 232-1049; www.miamidade.gov/parks/larry-penny.asp

Südlich von Miami kommen als Quartiere in Frage:

- ***Miami Everglades Resort***, 20675 SW 162nd Ave, Komfortplatz südwestlich des Zoos, $31-$69; www.miamicamp.com
- ***Southern Comfort RV Resort***, 345 East Palm Drive in Florida City, $45, ✆ 1-888-477-6909, www.socorv.com

Essengehen

Miami quillt über von *Eateries* jedweder Provenienz und preislicher Kategorien. Hier nur eine winzige Auswahl

Restaurants Downtown

- Guten Fisch serviert ***The River Seafood & Oyster Bar***, 340 West Flagler Street, ✆ (305) 530-1915; www.therivermiami.com
- Als bestes Steakhaus der Stadt gilt der ***Capital Grille***, 444 Brickell Avenue, ✆ (305) 374-4500; www.thecapitalgrille.com

Little Havana

- Das bekannteste Restaurant in *Little Havana* heißt seltsamerweise ***Versailles***, 3555 SW 8th Street. Traditionelle kubanische Gerichte zu moderaten Preisen; lebhafte Atmosphäre, ✆ (305) 444-0240; www.versaillesrestaurant.com
- Empfehlenswert ist auch die Kette ***La Carreta***. Eine Filiale befindet sich in der 3632 SW 8th St, einfache, aber authentische kubanische Küche, ✆ (305) 444-7501; www.lacarreta.com

Coral Gables

Der mediterranen Atmosphäre von Coral Gables entsprechend gibt es dort viele italienische und spanische Restaurants:

- ***Diego's Andalucia Tapas***, 4825 Southwest 8th Street, ✆ (305) 456-8130, www.diegosandaluciatapas.com
- Spanisch isst man auch in der ***Bulla Gastrobar***, 2500 Ponce de Leon Blvd, ✆ (305) 441-0107; www.bullamiami.com
- Die ***Casa Juancho***, 2436 SW 8th Street, steht für *Paella, Tapas* und spanischen Wein, ✆ (305) 642-2452; www.casajuancho.com
- Italienisch geht's zu im ***Villagio Ristorante*** (360 San Lorenzo Avenue im Shopping-Center *Village of Merrick Park*, ✆ (305) 447-8144; www.villagiorestaurants.com

Metromover, das ideale Verkehrsmittel in Downtown Miami, ➤ rechts

Skyline von Downtown Miami bei Nacht

1.1.3 Stadtbesichtigung

Downtown Miami

Kennzeichnung

Das **Geschäftszentrum** von Miami ist kaum zu übersehen, denn dort – zwischen der Biscayne Bay und der Autobahn I-95 – ragen reihenweise **moderne** und **postmoderne Wolkenkratzer** in den Himmel. Sie bilden die – vor allem – vom Fernsehen bekannte ***Skyline*** der Stadt und wirken besonders nachts eindrucksvoll, wenn sie neonfarben erleuchtet sind. Dieser nur tagsüber stark belebte Bereich ist zwar als solcher insgesamt nicht übermäßig attraktiv, aber Geschäfte, Museen und das im folgenden beschriebene Umfeld machen *Downtown* besuchenswert. Nach Geschäftsschluss ist im zentralen Miami nicht mehr viel los, da sich das Nachtleben anderswo, speziell in Miami Beach abspielt.

Metromover

Man kann *Downtown* Miami ohne weiteres zu Fuß erkunden. Bequemer ist indessen die Benutzung des sog. ***Metromover***, einer Hochbahn mit vielen Stopps, die das gesamte Zentrum umrundet. Besonders in den tropisch heißen Sommermonaten ist die Fahrt in der vollklimatisierten und -automatischen Bahn das einzig Wahre. Die Fahrt ist kostenfrei.

Kulturzentrum/ Geschichtsmuseum

Ein guter erster Anlaufpunkt in der Innenstadt ist das Kulturzentrum ***HistoryMiami*** in der **101 W Flagler Street**, ein von *Philip Johnson* entworfener Komplex, der einer spanischen Fortanlage nachempfunden wurde.

Er beherbergt ein beeindruckendes Geschichtsmuseum, das detailliert über die Entwicklung Floridas informiert. Eine große Abteilung beschäftigt sich dort auch mit den Seminolen, dem bis heute in Südflorida ansässigen Indianerstamm (➤ Seiten 395ff und 473). Fundstücke aus präkolumbischer Zeit sowie Gebrauchsgegenstände und Möbel aus dem frühen 20. Jahrhundert bilden weitere Schwerpunkte der Ausstellungen. Man kann im Museum auch Stadttouren per Bike, Boot und Bus buchen. Mo-Sa 10-17 Uhr, ab So 12 Uhr, $8, unter 12 Jahren $5; www.historymiami.org.

Flagler Street

Die nach dem Eisenbahnkönig *Henry Morrison Flagler* benannte **Flagler Street** ist die zentrale Ost-West-Straße der Stadt. Sie **teilt Miami** in eine **nördliche** und eine **südliche Hälfte**. Die nördlich der Flagler Street verlaufenden nummerierten Straßen tragen den Zusatz *North West* (oder kurz NW) bzw. *North East* (NE), heißen also North East 1st Street, North East 2nd Street usw. Die südlichen Straßen werden dementsprechend mit dem Zusatz *South West* (SW) bzw. *South East* (SE) versehen. Während alle parallel zur Flagler Street verlaufenden Straßen ***Streets*** heißen, werden die Straßen, die sie kreuzen, als ***Avenues*** bezeichnet. Auch sie sind durchgehend nummeriert.

So wie die Flagler Street Miami in Norden und Süden aufteilt, markiert die **Miami Ave** die Grenze zwischen **Westen** und **Osten**. Die östlich gelegenen *Avenues* heißen daher nördlich der Flagler Street North East 1st Ave, North East 2nd Ave usw., südlich der Flagler Street South East 1st Ave, South East 2nd Ave usw. Alles klar? Was sich zunächst verwirrend anhört, ist auf den zweiten Blick ein logisches System, das die Orientierung erleichtert.

Bayfront Park

Die Flagler Street stößt an ihrem östlichen Ende auf einen weiteren Fixpunkt des Zentrums, den von einem früheren Frachthafen zur Grünanlage umgewandelten ***Bayfront Park*** am Ufer der Biscayne Bay. In der hübsch angelegten Grünanlage finden alljährlich die Feierlichkeiten zum

Independence Day am 4. Juli statt, mit Veranstaltungen u.a. im großen ***Klipsch Amphitheater*** und im kleineren ***Tina Hills Pavilion***; www.bayfrontparkmiami.com

Außerdem steht im *Bayfront Park* eine Reihe bemerkenswerter Statuen und Denkmäler. Da wäre zunächst die bekannte ***Torch of Friendship***, eine Gedenkstätte in Form einer Fackel, die die Freundschaft zwischen Miami und seinen lateinamerikanischen »Nachbarn« symbolisieren soll. Weitere Monumente ehren ***Christopher Columbus*** und ***Julia Tuttle*** (➤ Seite 111).

Das ***Challenger Memorial*** erinnert an die Astronauten, die 1986 bei der Explosion der *Challenger*-Raumfähre starben.

Bayside Marketplace

Nördlich schließt sich der ***Bayside Marketplace*** an den Park an, eine *Shopping Mall*, deren Angebot besonders auf touristische Kundschaft zielt. Immerhin hat man von den Terrassen einiger Restaurants und *Fast Food Places* (insgesamt 13 plus *Foodcourt*) einen prima Blick auf die Yachten in der *Miamarina*, 401 Biscayne Blvd; www.baysidemarketplace.com.

Boottrips

Am *Marketplace* legen Ausflugsboote zu unbedingt empfehlenswerten **Rundfahrten durch die Biscayne Bay** ab (*Millionaires Row Cruise*). Vorm Panorama von *Downtown Miami* geht es vorbei an den Villen der Superreichen auf den in der Bucht liegenden Inseln.

Beste Zeit für einen solchen 90-min-Trip ist der frühe Vormittag, wenn das Sonnenlicht von Osten auf die Wolkenkratzer, den Hafen (oft mit Riesen-Kreuzfahrtschiffen), Fisher Island, Miami Beach and die erwähnte *Millionaire's Row* fällt. Während der Tour unterhält man die Passagiere mit pointenreichem Tratsch über die Villenbesitzer, ✆ (305) 379-5119, tägl. 10 Abfahrten von 10.30-19 Uhr, $28, bis 12 Jahre $19 (online Rabatt); www.islandqueencruises.com

Freedom Tower

Sehenswert ist in dieser Ecke der Innenstadt auch der ***Freedom Tower*** (600 Biscayne Blvd, ➤ Foto unten im Hintergrund) schräg gegenüber dem *Marketplace*. Man kann den markanten gelben Turm zwar nicht besteigen, ein Foto ist er aber allemal wert. Er

Bayside Marketplace mit Miamarina

wurde in den 1920er-Jahren dem Glockenturm der Kathedrale von Sevilla nachempfunden. Die Bezeichnung *Freedom Tower* und auch der Spitzname des Gebäudes *Ellis Island of the South* erinnern daran, dass dort von 1962 bis 1974 die **Einwanderung der kubanischen Flüchtlinge** abgewickelt wurde. 2005 wechselte der *Freedom Tower* den Eigentümer und sollte gesprengt werden, um Platz für ein Hochhaus mit Apartments zu schaffen. Öffentliche Proteste verhinderten das, ➤ www.mdcmoad.org/freedom-tower. Heute beherbergt der restaurierte Turm u.a. das ***Museum of Art & Design***, Mi-So 12-17 Uhr, frei; www.mdcmoad.org.

Museum Park

Die **nördliche *Downtown*** zwischen Biscayne Blvd und der Brücke nach Miami Beach (*MacArthur Causeway*) wurde komplett umgestaltet. Dadurch erhielt der *Museum Park* (12 ha, zuvor *Bicentennial Park*) durch zwei Neubauten ein völlig verändertes Gesicht:

- ***Pérez Art Museum***, 1103 Biscayne Blvd, Di-So 10-18, Do bis 21 Uhr, $16; www.pamm.org
- ***Patricia and Phillip Frost Museum of Science***, Eröffnung 2016

Bunte Papageien (»Parrots«) im Jungle Island Park

Jungle Island

Auf **Watson Island** eingangs des ***Mac Arthur Causeway*** (hinüber nach Miami Beach) liegen die exotischen Gärten des ***Jungle Island Park***. Dort kann man neben zahlreichen bunten Pflanzen Papageien und andere tropische Vögel – obendrein ein paar Reptilien – bestaunen; zudem stehen drei Tiershows auf dem Programm, 1111 Parrot Jungle Trail, täglich 10-17 Uhr, $ 35, bis 10 Jahre $ 27; Parken $9, ✆ (305) 400-7000; www.jungleisland.com.

Little Havana

Calle Ocho

Zwischen Downtown im Osten und Coral Gables im Westen liegt eines der buntesten und bekanntesten Viertel der Stadt: ***Little Havana***, das **Herz des kubanischen Miami**. Die Hauptstraße SW 8th Street wird hier nur ***Calle Ocho*** (deutsch: 8. Straße) genannt. Spektakuläre Sehenswürdigkeiten warten nicht in

Little Havana – das Viertel ist arm und ungepflegt –, hat dafür aber Atmosphäre und Lokalkolorit. An der *Calle Ocho* sind in Anlehnung an Hollywoods *Walk of Fame* Sterne in den Bürgersteig eingelassen, die an bekannte Persönlichkeiten mit kubanischer Abstammung erinnern. Aus den Musikläden tönen Salsa und andere lateinamerikanische Rhythmen. In vielen Läden werden Zigarren, Heiligenfiguren und kubanische Spezialitäten verkauft. ***Botánicas*** sind Läden, die Kerzen, Talismane und religiös-kultische Gegenstände führen.

Bunte Wandmalereien, mit Blumen geschmückte Altäre und rein spanischsprachige Buchhandlungen unterscheiden *Little Havana* von benachbarten Vierteln. Überall wird sehr viel mehr Spanisch als Englisch gesprochen.

Domino Park

An der Kreuzung *Calle Ocho*/SW 15th Avenue stößt man auf den belebten ***Máximo Gómez Park*** (geöffnet Sonnenauf- bis -untergang). Dieser Park ist eines der Zentren des sozialen Lebens der Gegend. Kubanische Rentner treffen sich dort zum Schwätzchen oder zu ein paar Runden Domino – von den Einheimischen daher auch ***Domino Park*** genannt, ➢ auch Foto auf Seite 112.

Patriotismus

Sehenswert ist auch der **Cuban Memorial Boulevard** am östlichen Ende des *Calle Ocho*. Hier steht die ***Eternal Flame in Honor of the 2506th Brigade***, ein ewiges Feuer, das an einen der wichtigsten Bezugspunkte in der Geschichte der Exilkubaner erinnert: 1961 versuchte eine Gruppe von Castro-Gegnern die Heimatinsel zurückzuerobern, was jedoch in der seither bekannten »Schweinebucht« kläglich scheiterte. Weitere Monumente und Stätten des *Memorial Boulevard* sind u.a. eine Bronze-Landkarte Kubas und das ***Memorial*** für ***José Martí***, im 19. Jahrhundert Kopf des Kampfes gegen die spanischen Kolonialherren.

Cafés

In einem der vielen Restaurants oder Cafés kann man beim Zuckerrohrsaft ***Guarapo*** oder bei ***Café con Leche*** entspannen. Dazu passt das süße Gebäck ***Churro***, eine Spezialität, die es u.a. in der ***Arahis Bakery***, 745 SW 8th Street, gibt.

Bike Tour

Wer die lange *Calle Ocho* per Auto durchfährt und hier und dort für einen kleinen *Walk* oder Lokalbesuch auch mal anhält, kann nur einen sehr oberflächlichen Eindruck mitnehmen. Auf der geführten Radtour »***A Taste of Little Havanna***« (4 Stunden, $60) sieht und erfährt man mehr; http://bikemiami.com/tour/taste-of-little-havana, ➢ auch Seite 116.

North Miami

Kloster

Durchaus sehenswert ist ***The Ancient Spanish Monastery***, 16711 W Dixie Hwy (vom Highway #1/Biscayne Blvd auf die 163th Street/ #826, dann NE 22nd Ave 1/4 Meile nach Norden), ➢ Foto auf Seite 111; www.spanishmonastery.com. Ähnlich wie im Fall *Cloister* in New York City oder des *Hearst Castle* in Kalifornien wurde hier aus original europäischen Bausteinen eine scheinbar Jahrhunderte alte Attraktion geschaffen. Die spanische ***St. Bernard de Clairvaux Episcopal Church*** aus dem 12. Jahrhundert war in den 1920er-Jahren vom Zeitungsverleger *William Randolph Hearst* gekauft und – in Einzelteile zerlegt – in die USA verschifft worden.

Mehrere Jahrzehnte blieb der Bau in New York zwischengelagert, bevor man ihn in den 1950er-Jahren Stein für Stein hier wieder aufbaute und an eine episkopale Gemeinde verkaufte; täglich 10-16.30 Uhr, $10, bis 18 Jahre $5; www.spanishmonastery.com.

Südliche Stadtteile

Coral Gables

Coral Gables, einige Meilen südwestlich des Zentrums, ist zwar lange mit Miami zusammengewachsen, wurde in den 1920er-Jahren aber als **separate Stadt** konzipiert und hat immer noch ihr eigenes Flair. Ein *George Edgar Merrick* plante seinerzeit Coral Gables und war auch für den Bau der wichtigsten Gebäude verantwortlich. Seine Vision war eine mediterrane Stadt mit schattigen Straßen, vielen Grünflächen und besonderer Architektur. Der Ort sollte in erster Linie spanischen Charakter besitzen, was sich in den Straßennamen niederschlug: Malaga, Andalusia, Valencia und Aragon Avenue sind nur einige Namen. Aber auch noch andere architektonische Traditionen spielten eine Rolle, so dass man in manchen Ecken von Coral Gables auch Häuser wie in der Normandie oder im kolonialen Baustil Südafrikas findet. Zwischen Sansovino Ave, Castania Ave, Maggiore Street und Riviera Drive imitieren einige Häuser sogar chinesische Baustile.

Stadttore

Merrick hatte für Coral Gables auch eigene **Stadttore** vorgesehen, von denen indessen nur wenige wirklich gebaut wurden, da die Weltwirtschaftskrise 1929 seine ehrgeizigen Pläne vor der endgültigen Fertigstellung stoppte. Zu den erhaltenen Toren zählen der ***Douglas Entrance*** an der Kreuzung *Calle Ocho*/Douglas Road und ***Granada Entrance*** an der *Calle Ocho*/Granada Boulevard.

Das Biltmore Hotel in Coral Gables, *➤ Seiten 126 und 117*

Coral Gables House

Für sich selbst und seine Familie baute *Merrick* ein Haus in einem üppigen tropischen Garten am Coral Way (907, Besichtigung nur Mi und So 13, 14 und 15 Uhr; Erwachsene $5, bis 12 Jahre $1). Die Giebel des aus Korallengestein konstruierten Baus erklären den Namen der Stadt: ***Coral Gables*** heißt nichts anderes als ***Korallengiebel***; www.coralgables.com/index.aspx?page=138.

Wer von dort dem Coral Way nach Osten folgt, erreicht rasch die teure Einkaufsgegend ***Miracle Mile***, in der das Feinste vom Feinsten dominiert, www.shopcoralgables.com. An der Kreuzung von Coral und Biltmore Way steht die ***City Hall***, das Rathaus von Coral Gables im Stil italienischer Paläste. Info ➤ Seite 115.

Venetian Pool in Coral Gables

Biltmore Hotel

Absolut sehenswert ist der bombastische Bau (➪ Foto Seite 124) des traditionsreichen ***Biltmore Hotel***. Das Hotel wurde 1926 eröffnet und gilt immer noch als eine der edelsten Adressen der Stadt. Neben Restaurants, Cafés, Tennisplätzen und anderen Sportanlagen gehört sogar ein Theater zum Hotelkomplex. Sein tolles Schwimmbad ist der **größte Hotelpool** in den gesamten USA mit bewegter Vergangenheit: In den 1930-Jahren folgten bis zu 3.000 Zuschauer den damaligen *Pool-Shows* (u.a. Synchronschwimmen und Alligatoren-Kämpfe). **»Tarzan«** ***Johnny Weissmuller*** war dort Schwimmlehrer und stellte Weltrekorde auf; 1200 Anastasia Ave, ab $260, ✆ 1-855-311-6903; www.biltmorehotel.com.

Venetian Pool

Der *Biltmore Pool* wird optisch noch übertroffen vom wunderschönen ***Venetian Pool***, einem zum *National Landmark* erhobenen Baudenkmal ein wenig weiter nordöstlich (2701 DeSoto Blvd, Ende Mai bis Mitte Sept Mo-Fr 11-17.30, Sa-So 10-16.30 Uhr, sonst Mo geschlossen; Eintritt $12, bis 12 Jahre $7, Kinder unter 3 dürfen nicht hinein; www.coralgablesvenetianpool.com.

Früher befand sich an dieser Stelle ein Steinbruch, aus dem man Korallengestein für viele Gebäude von Coral Gables gewonnen hatte. Nach Ende der Bautätigkeit kam man auf die Idee, den früheren Steinbruch, der zudem über eine Quelle verfügte, mit Wasser vollaufen zu lassen, die Ränder zu bepflanzen und daraus ein **öffentliches Schwimmbad** zu machen, das nun in seinem glasklaren Pool Abkühlung von der Hitze Südfloridas bietet.

Kunstmuseum

Coral Gables besitzt ein exzellentes Kunstmuseum. Das ***Lowe Art Museum*** befindet sich auf dem Campus der *University of Miami* im Süden des Vororts am 1301 Stanford Drive. Das nach den Mäzenen *Joe & Emily Lowe* benannte Haus besitzt eine beachtliche Kunstsammlung, die von europäischen Gemälden des Barock und der Renaissance bis zu Werken zeitgenössischer amerikanischer Künstler wie *Frank Stella* und *Duane Hanson* und zu indianischer Keramik aus präkolumbischer Zeit reicht. Wegen des Umfangs der Sammlung dieses Museums bekommen Besucher immer nur eine begrenzte Auswahl zu sehen. Geöffnet Di-Sa 10-16 Uhr, So 12-16 Uhr, $10; Schüler/Studenten $5, bis 12 Jahre frei; www.miami.edu/lowe.

Key Biscayne Strände

Folgt man der Brickell Ave nach Süden, erreicht man am *Wainwright Park* den ***Rickenbacker Causeway***, die Brücke hinüber zur **Key Biscayne** mit den schönsten von Palmen gesäumten Stränden Miamis im ***Crandon County Park*** (6747 Crandon Blvd) und ***Cape Florida State Park*** (1200 S Crandon Blvd). Sie sind attraktiver als die Strände in Miami Beach. ***Dr. Beach*** wählte den Strand dieses *State Park* sogar mehrfach unter die zehn besten Strände der USA; www.drbeach.org, ➤ Seite 341. Do-Mo (10+13 Uhr, frei) kann man dort das ***Cape Florida Lighthouse*** besichtigen; www.floridastateparks.org/capeflorida und www.miamidade.gov/parks.

Auf der kleinen Insel **Virginia Key** zwischen Festland und Key Biscayne befindet sich am Weg zu den Stränden das ***Miami Seaquarium*** am 4400 Rickenbacker Causeway. Dort kann man Wale, Haie, Seelöwen und Seekühe, Delfine und andere Meeresbewohner bestaunen, Fütterungen und diverse Shows ansehen. Wer auf seiner Floridareise noch nach Orlando kommt, kann sich das *Miami Seaquarium* aber ggf. sparen, denn das weit größere *SeaWorld* bietet mehr. Geöffnet täglich 10-18 Uhr, $43, bis 9 Jahre $34, Parken $10, © (305) 361-5705; www.miamiseaquarium.com.

Picknickplatz unter Palmen am Strand von Key Biscayne

Villa Vizcaya

Eines der prächtigsten Gebäude von Miami liegt unmittelbar südlich der Key Biscayne-Brückentrasse an der South Miami Avenue #3251. Die *Villa Vizcaya*, ein im Stil der **italienischen Renaissance erbauter Palast**, ist als ***Vizcaya Museum & Gardens*** eine Besucherattraktion ersten Ranges. Auf der Anfahrt durch Mangroven, zwischen Palmen und Statuen scheint man sich meilenweit von der Hektik Miamis zu entfernen. Mi-Mo 9.30-16.30 Uhr, $18, bis 12 Jahre $6, © (305) 250-9133; www.vizcaya.org.

Die Villa wurde zu Beginn des 20. Jahrhunderts vom Multimillionär ***James Deering*** erbaut. Der aus grauem Kalkstein bestehende Komplex ist von Gartenanlagen umgeben und beherbergt eine **Sammlung von Kunstwerken und Antiquitäten** aus aller Herren Länder. Schon *James Deering* lud zu Lebzeiten gerne Prominente

Villa Vizcaya

und Hollywood-Stars ein. Nachdem die Villa in den 1950er-Jahren in die öffentliche Hand übergegangen war, nutzten sie viele Politiker für Tagungen und Feste. U.a. empfingen dort *Ronald Reagan* und *Bill Clinton* internationale Gäste.

Coconut Grove

Folgt man **ab der *Villa Vizcaya*** dem Bayshore Drive nach Süden, erreicht man nach 2 mi den zentralen Bereich (Main Hwy/Virginia Street) des Nobelvororts **Coconut Grove**. Die zentralen Achsen heißen ***Grand Avenue*** und ***Main Highway***. An ihnen finden sich kleine Boutiquen, Cafés, Restaurants und das Edel-Einkaufszentrum ***Mayfair in the Grove*** (3390 Mary Street) mit maurischen Stilelementen und üppigem Grün; www.mayfairinthegrove.net.

Nur einen Block weiter ist es zum *Open-air-Shopping-* und *Entertainment Center* ***Cocowalk*** an der Ecke Grand Avenue/Virginia. Coconut Grove kann mit den ersten Adressen in New York und Los Angeles ohne weiteres mithalten – auch was die Preise betrifft, 3015 Grand Avenue; www.cocowalk.net.

Der Name der Gegend erinnert daran, dass sich hier einmal nichts als ein Hain (*grove*) von Kokospalmen befand. *The Grove*, wie Einheimische die Gegend meist knapp nennen, ist aber auch historischer Boden, denn hier stand einst die erste weiße Niederlassung im Bereich des heutigen Miami.

Künstlerkolonie

In den 1960er-Jahren kamen viele Künstler nach Coconut Grove. Die Gegend war Anziehungspunkt für Exzentriker und Aussteiger. Wer sich heute dort niederlässt, muss extrem betucht sein.

Barnacle

Das 1891 in **Coconut Grove** erbaute ***Barnacle*** ist das älteste sich noch an Originalstelle befindliche Wohnhaus im Raum Miami: ***Barnacle Historic State Park***, 3485 Main Hwy, Mi-Mo 9-17 Uhr, Führungen um 10, 11.30, 13 und 14.30 Uhr, $2, Führung $3, © (305) 442-6866; www.floridastateparks.org/thebarnacle.

1.1.4 Tropische Gärten und Metrozoo

Tipp: Matheson Hammock Park

Gute 4 mi südlich von Coconut Grove liegt der ***Matheson Hammock County Park***. Der Clou der Anlage ist eine riesige palmengesäumte künstliche Badelagune. Von ihren breiten Stränden fällt der Blick auf Miamis *Skyline*, ein tolles Fotomotiv, 9610 Old Cutler Road, $5; www.miamidade.gov/parks/matheson-hammock.asp.

Fairchild Garden

An das Gelände grenzt südlich der ***Fairchild Tropical Botanic Garden***. Dieser hügelige und von raffiniert angelegten Teichen durchzogene Park ist ein subtropisches, überaus eindrucksvolles **Arboretum** mit Regenwald. Der Eintritt schließt eine 45 min Tramtour mit Erklärungen ein. Manchen dürfte aber ein individueller Spaziergang trotz fehlender Führung mehr bringen. **Sehr empfehlenswert, obwohl teuer**! 10901 Old Cutler Road, täglich 7.30-16.30 Uhr, $25, bis 17 Jahre $12; © (305) 667-1651; www.fairchildgarden.org.

Zoo

Der ***Zoo Miami***, weit außerhalb der City etwas westlich der *Florida Turnpike* am Coral Reef Drive, ist der flächenmäßig größte Zoo der USA. Der Zoo beherbergt über 200 Arten, zahlreiche davon ganz ohne Käfige und Gehege. Von einer hochliegenden ***Monorail*** aus kann man sich das ausgedehnte Zoogelände zunächst von oben ansehen; 12400 SW 152nd Street, Mo-Fr 10-17, Sa-So 9.30-17.30 Uhr, $18/bis 12 J. $14, © (305) 251-0400; www.zoomiami.org.

Das Coral Castle bei Homestead http://coralcastle.com

Wer von Miami in Richtung Everglades/Florida Keys fährt, sollte sich den kleinen Abstecher zum originellen ***Coral Castle Museum*** gönnen. Es steht an der Straße #1 (28655 South Dixie Hwy) etwa 3 mi nördlich von **Homestead.** Diese »Burg« aus Korallengestein, darunter tonnenschwere Quader, wurde von *Edward Leedskalnin* in 28 Jahren weitgehend eigenhändig und ohne Maschinen errichtet (1923-1951). Wie er das bei nur 1,50 m Größe und 45 kg Gewicht zuwege brachte und zwischenzeitlich in drei Jahren ab 1936 den bis dahin fertigen Teil des Baus noch um ein paar Meilen auf seinen endgültigen Platz versetzte, ist weitgehend rätselhaft. Dokumente oder Fotos aus der Bauphase existieren nicht. Lediglich das Motiv der ungewöhnlichen Bautätigkeit scheint klar zu sein: Liebeskummer. Er begann den Bau mit 36 Jahren und starb als 64-jähriger Junggeselle.

Besichtigung täglich 8-18 Uhr, Fr+Sa bis 20 Uhr; Eintritt $15, bis 12 Jahre $7.

Garten des Coral Castle

1.2 Miami Beach

1.2.1 Kennzeichnung und Entwicklung

Kennzeichnung

Viele, die Miami hören, denken dabei vor allem an Miami Beach, die **kleinere, lebendigere und um einiges verrücktere Nachbarstadt** der Metropole. Tatsächlich handelt es sich um zwei separat verwaltete Städte, wiewohl sie eigentlich eine Einheit bilden und der Eindruck vorherrscht, Miami Beach sei eine Art Vorort oder eben der Stadtstrand von Miami.

Miami Beach liegt nur etwa 4 mi östlich des Zentrums auf einer der Küste vorgelagerten langen schmalen Insel. Der Bereich ist nicht nur viel überschaubarer als Miami, er ist außerdem ganz und gar für die Bedürfnisse von Urlaubern eingerichtet. Es bietet sich daher für Miami-Besucher an, Miami Beach als Standquartier zu wählen und von dort aus Abstecher aufs Festland und in die Umgebung zu unternehmen.

Entwicklung

Die Entwicklung zum Urlaubsziel begann in Miami Beach bereits in den 1920er-Jahren. Manche der bunten *Art-Deco*-Gebäude im südlichsten Stadtteil **South Beach** stammen noch aus dieser Zeit. Wenn man an den gepflegten Hotels, teuren Geschäften und Restaurants des **Ocean Drive** vorbeiläuft, kann man sich kaum vorstellen, dass noch Mitte der 1980er-Jahre Überlegungen angestellt wurden, den Großteil des Viertels abzureißen.

Damals waren viele Gebäude dem Verfall ausgesetzt, die Fenster mit Brettern vernagelt. Und wer konnte, war längst weggezogen. Manche Straßen waren wie ausgestorben, in anderen lebten verarmte Rentner und kubanische Flüchtlinge. Eine weitsichtige Bürgerinitiative, die ***Miami Design Preservation League***, führte dann die Wende herbei.

Man begann mit Renovierungen – und Ende der 1980er-Jahre eröffneten die ersten neuen Cafés und Läden. Hotels, die nach ihrer Blütezeit in den 1930er- und 1940er-Jahren geschlossen worden waren, wurden mit viel Liebe zum Detail wieder hergerichtet und gehören mittlerweile zu den Besucherattraktionen. Rund 1000 Gebäude stehen heute im *Art-Deco*-District (offizielle Bezeichnung: *Miami Beach Architectural District*) unter Denkmalschutz.

1.2.2 Praktisches

Orientierung, Information und öffentlicher Transport

Ein grandioses ***Visitor Center***
der ***Miami Beach Chamber of Commerce***
(www.miamibeachguest.com, ✆ 305-673-7400)
befindet sich im *Convention Center*, 1901 Convention Center Dr.

Das Internetportal bietet Infos zu Hotels, Restaurants, Museen und zahlreiche Links.

Bal Harbor
Surfside
NORTH BAY VILLAGE
Normandy Shores Golf Course
Normandy Drive
Bay Drive
John F. Kennedy Causeway
934
Collins Ave.
1
LITTLE HAITI
Bird Key
Miami Beach
La Gorce Country Club
Fontainebleau Miami Beach
A1A
N
0
1 km
Morningside
Morningside Park
Picnic
Islands
Lake Road
Alton Road
47 Street
907
Biscayne
Drive
Arthur Godfrey Road
Julia Tuttle Causeway
112
195
Prairie Ave.
Pine Tree
Indian Creek
Bay
Golf
Biscayne Blvd
Venetian Islands
Sunset Islands
Di Lido Island
San Marino Island
Rivo Alto Island
Holocaust Memorial
Dade Blvd.
Bass Museum of Art
Collins Park
Convention Center
City Hall
Lincoln Rd.
Delano Hotel
Lincoln Theatre
Venetian Causeway
West Ave.
Belle Island
395
Jungle Island
15th St.
ART DECO DISTRICT
11th St.
Star Island
Flamingo Park
The Wolfsonian
Lummus Park
6 Street
MacArthur Causeway
Meridian Ave.
Ocean Drive
MIAMI BEACH
Bayside Marketplace
Port of Miami
Port Blvd.
41
Jewish Museum of Florida
Brickell Key
South Point Park
Fisher Island

Telefonvorwahl

Da Miami **zwei verschiedene Vorwahlen** hat (305 und 786) muss man bei vielen Gesprächen, auch wenn man nur auf der anderen Straßenseite anruft, die Vorwahl mitwählen.

Transport

Im südlichen Miami Beach fährt der Elektrobus **#123 *South Beach Local*** u.a. die Washington Avenue in ganzer Länge ab (alle 20 min, täglich 8-1 Uhr morgens, So erst ab 10 Uhr). Die bunten Busse und Haltestellen sind nicht zu übersehen. Die Fahrt kostet nur $0,25; eine Streckenübersicht findet man unter www.miamidade.gov/transit/library/routes/123.pdf.

Parken

Man muss schon Glück haben, um in Miami Beach einen kostenlosen Parkplatz zu finden. Es gibt aber ausreichend **kostenpflichtige** – gut ausgeschilderte – **Parkplätze** und **Tiefgaragen** (so an der Lincoln Road). Die meisten Hotels nehmen ihren Gästen für die eigene Parkgarage oder den Parkplatz täglich $10-$30 extra ab.

Unterkunft, Camping und Essengehen

Unterkunft/ Preisniveau

Miami Beach ist kein billiges Pflaster, und die Übernachtungskosten schwanken je nach Saison stark. Zwischen Ende Dezember und Ostern sind sie am höchsten. Am stilvollsten übernachtet man zwar in einem der alten *Art-Deco*-Hotels im südlichen Teil der Stadt, man muss aber wissen, dass diese Häuser aus einer Zeit stammen, in der Hotelzimmer im allgemeinen enger und einfacher waren. D.h., selbst in luxuriös renovierten Häusern sind Zimmer und Bäder kleiner als in den USA sonst üblich.

Hotels

- Noch zu den halbwegs günstigeren Hotels in Strandlage zählt das ***Holiday Inn Oceanfront***, 4333 Collins Avenue, ab $119, © 1-800-181-6068, www.holidayinn.com/miamibeachfl.
- Das in einem Häuserkomplex aus den 1920ern untergebrachte ***Clay Hotel*** ist eines der schönsten seiner Art in den gesamten USA. Das rosafarbene Gebäude wurde mehrfach als Drehort für *Miami Vice* benutzt; 1438 Washington Avenue, © 1-800-379-2529, ab $99; www.clayhotel.com; ➤ Foto Seite 65.
- Unter den *Art-Deco*-Hotels der Mittelklasse in Strandnähe empfehlen sich u.a. das ***Avalon Hotel*** (700 Ocean Drive, © 1-800-933-3306, ab $135, Winter ab $175; www.avalonhotel.com), das ***Cavalier*** (1320 Ocean Drive, © 305-531-3555, ab $70, Winter ab $130; www.cavaliermiami.com) und das 1937 erbaute ***Shepley Hotel*** (1340 Collins Avenue, © 786-260-6124, ab $100, Winter ab $130; www.theshepleyhotel.com).
- Das ***Essex House*** wurde für seine gelungene Renovierung mehrfach ausgezeichnet; 1001 Collins Avenue, ab $99, im Winter ab $109, © (305) 534-2700; www.essexhotel.com.

Zu den **Top-Hotels** in Miami Beach gehören

- das edle ***Delano South Beach*** in idealer Lage am Rand des *Art-Deco-District* nahe der Lincoln Road; 1685 Collins Ave, © 305-672-2000, ab $345, im Winter ab $420; www.delano-hotel.com

- ebenso gleich nebenan das ***National Hotel*** (1677 Collins Ave, © 1-800-327-8370, ab $260; www.nationalhotel.com) und das
- und das ***Art-Deco-Meisterwerk The Tides*** (1220 Ocean Drive, © 305-604-5070, ab $356, Winter $536!; www.tidessouthbeach.com).

Hostels

Trotz des insgesamt hohen Hotelpreisniveaus gibt es in Miami Beach auch **relativ preiswerte Hostels** (Hochsaison teurer):

- Im *Art-Deco-District* liegt das ***Hostel Jazz on South Beach***, prima Preis-Leistungsverhältnis; 321 Collins Ave, Bett $20-$44; auch DZ $70-$95, © (305) 672-2137; www.jazzhostels.com.
- Das ***South Beach Hostel*** wird viel gelobt: ***Free Breakfast & Dinner***, Gratis-Transport zum Airport u.a.m.; 235 Washington Ave, $17-$32/Bett,© (305) 534-6669; www.southbeachhostel.com.
- Das ***Miami Beach Int'l Hostel*** wurde renoviert und 2013 vom Portal *Hostelworld.com* sogar zum **#1-Hostel der USA** gekürt. Die Lage – nur zwei Blocks vom Strand entfernt – ist obendrein prima; 236 9th Street, ab $27/Bett, DZ ab $69, © (305) 534-0268; www.hostelmiamibeach.com.
- Das ***Tropics Hotel & Hostel*** liegt auch nur einen Block vom Strand entfernt und hat einen großen Pool; 1550 Collins Ave, ab $28, auch DZ ab $120, © (305) 531-0361, www.tropicshotel.com.
- Das ***HI Miami Beach*** ist das einzige *HI-Hostel* in Florida, in toller Lage nur zwei Blocks vom Strand entfernt, mit mexikanischem Restaurant, 1506 Collins Ave, ab $29/Bett, ab $130 DZ, © (305) 787-3122, www.hi-miamibeach.com.

Preiswertere Lagen

- Der ***Oleta River State Park*** in North Miami Beach verfügt über sog. ***Cabins***, kleine Blockhäuser, für $55/Tag, 3400 NE 163rd St, © (305) 919-1844; www.floridastateparks.org/park/Oleta-River.
- Relativ erschwinglich und sauber ist z.B. das ***Motel 6*** in **Dania Beach** südlich von Fort Lauderdale, 825 East Dania Beach Blvd, zum Strand sind es nur ca. 1.000 m (*John Lloyd Beach State SP*), Tarife ab $60, in der Wintersaion ab $75; © (954) 921-5505.

Belebter Atlantikstrand vor der Hochhauskulisse von Miami Beach

Camping

Direkt in Miami Beach oder in akzeptabler Nähe gibt es keine Möglichkeit zum Campen; ➤ aber Seiten 117 und 182.

Restaurants

Die Anzahl an *Eateries* mit *Fast Food* und »richtigen« Restaurants ist heute in Miami Beach riesig:

- Eine echte **Institution** (seit Ende der 1980er-Jahre) ist in South Beach das ***News Café*** am 800 Ocean Drive, das mitsamt seinem kleinen Zeitungs- und Buchladen täglich rund um die Uhr geöffnet ist; © (305) 538-6397; www.newscafe.com.
- Im ***Purple Penguin*** im *Penguin Hotel* gibt es ein prima Frühstück; 1418 Ocean Drive, © 1-877-220-2816; www.penguinhotel.com.
- Frische *Paninis & Sandwiches* hat ***Jimmy'z Kitchen*** in der 1542 Alton Road, © (305) 534-8216; www.jimmyzkitchen.com.
- Das ***Tantra*** ist eine ungewöhnliche Kombination aus *Lounge*, Bar und Restaurant und zur Zeit ein Szenetreff; 1445 Pennsylvania Ave, © (305) 672-4765; www.tantra-restaurant.com.
- Fisch isst man gut im ***Grillfish*** (1444 Collins Ave, © 305-538-9908; www.grillfish.com). Eine kubanische Fischküche hat ***David's Café*** (1058 Collins Ave, © 305-534-8736; www.davidscafe.com).
- Es gibt auch mehrere gute und preisgünstige **Sushi-Bars**, zum Beispiel ***Sushi Doraku*** (1104 Lincoln Road, © 305-695-8383; www.m.dorakusushi.com).
- Die beste Pizza der Stadt gibt es im ***Visa-01***, etwas versteckt in der 1680 Michigan Ave. Unbedingt reservieren, da klein und zurzeit angesagt; © (305)-397-8189; www.visa-01.com.

Seafood Auswahl vor einem Restaurant in Miami Beach

Nachtleben

Das Nachtleben ist eine der Hauptattraktionen von Miami Beach und die Auswahl an Clubs und Bars entprechend groß; aktuelle Infos unter http://miami.nightguide.com. Hier ein paar Tipps:

- ***Dream Nightclub***, 1532 Washington Ave, seit einigen Jahren *die* Adresse für *Electronic Dance Music*; http://dreammia.com.
- ***Purdy Lounge***, entspannter Club für entspannte Leute, montags Reggae, 1811 Purdy Ave, © (305) 531 4622; www.purdylounge.com.
- ***Set Miami***, populärer Nightclub über zwei Stockwerke; Philosophie: *high end luxury VIP night club*, 320 Lincoln Road, © (305) 735-1900; www.setmiami.com.

Willkommen auch oder gerade bei Nacht

1.2.3 Stadtbesichtigung

Art Deco District

Die *Miami Design Preservation League* unterhält das ***Art Deco Welcome Center*** (1001 Ocean Dr, © 305-672-2014; www.mdpl.com), wo man Informationen über die Geschichte der Stadt und den *Art-Deco*-Baustil findet. Zudem kann man dort feine Postkarten und Bildbände mit *Art-Deco*-Motiven kaufen, sowie an informativen **geführten Rundgängen** teilnehmen (***Walking Tours***: Fr-Mi 10.30 Uhr, Do um 18.30 Uhr, ca. 90 min, $25).

Wer sich lieber auf eigene Faust umsehen möchte, kann sich auf den **Ocean Drive** und die parallel verlaufende Collins Ave konzentrieren, denn hier stolpert man geradezu über sehenswerte Bauten aus den 1930er-Jahren. Da wären zum Beispiel am Ocean Drive das

- hellblaue ***Park Central Hotel*** (#640; www.theparkcentral.com)
- das blaugelbe ***Breakwater*** mit seinem markanten Namenszug (#940; http://breakwatersouthbeach.com),
- das zartgrüne ***Clevelander*** (#1020; www.clevelander.com) und
- das schlicht-weiße edle ***Cardozo*** (#1300; www.cardozohotel.com), das der Sängerin *Gloria Estefan* gehört, und gleich nebenan
- das weiß-bläuliche kleine ***Cavalier*** (#1320) und viele mehr; www.cavaliersouthbeach.com.

Man kann in diese (und in andere) Hotels ruhig hineingehen, sich umsehen und die Lobbies besichtigen, denn, was anderswo Kirchen oder Burgen sind, das sind in Miami Beach eben die Hotels.

Versaces Casa Casuarina

Ein Haus zwischen der 11. und 12. Straße am Ocean Drive (#1116) fällt besonders auf: Es erinnert an einen sehr alten italienischen Palast – stammt aber aus den 1930er-Jahren. Ein Kennzeichen ist seine schwere hölzerne Eingangstür. Das unter der Bezeichnung ***Casa Casaurina*** bekannte Gebäude befand sich mehrere Jahre in Besitz des Modemachers ***Gianni Versace***, der 1997 auf den Stufen vor seiner Haustür erschossen wurde.

Danach wurde es zunächst zu einem Privatclub Superreicher und später umfunktioniert in ein nahezu unbezahlbares Luxushotel der Extraklasse mit Zimmertarifen oft nicht unter $1.000/Nacht! ***The Villa Casa Casaurina***, www.vmmiamibeach.com.

Art Deco in Florida

1925 wurde in Paris die Ausstellung ***Exposition Internationale des Arts Décoratifs et Industriels Modernes*** (Weltausstellung für Kunstgewerbe und Industriedesign) gezeigt, auf der Designer die neuesten Trends vorstellten: Möbel, Textilien, Keramik, Glas und Kunsthandwerk, alles in einem damals hochmodernen, farbenfrohen Stil, der verspielte Formen mit exotischen Motiven kombinierte. Diese bald erfolgreiche Mode wurde – nach dem abgekürzten Ausstellungstitel – unter der Bezeichnung ***Art Deco*** bekannt.

Weniger schnörkelig-üppig als der Jugendstil, leichter und lebensfroher in Farben und Formen, eroberte das Design von Paris aus halb Europa und inspirierte auch manchen amerikanischen Innenausstatter. Wer mit der Zeit ging, dekorierte damals sein Haus mit farbenfrohen Lampen und Stoffen, die mit aztekischen oder ägyptischen Mustern oder Abbildungen fremdartiger Tiere geschmückt waren. Was als Einrichtungstrend begann, wurde bald auch ein **Baustil**. In den Großstädten im Norden der USA – besonders in New York – errichtete man neuartige Gebäude mit geschwungener, stromlinienförmiger Architektur. Die berühmtesten dieser ***Art-Deco*-Bauten** sind das ***Chrysler*** und das ***Empire State Building*** in New York, die mit ihrer kühnen Höhe und mit edelstahlverzierten Fassadenelementen den Fortschrittsglauben ihrer Zeit verkörpern.

Als in den 1930er-Jahren in Südflorida ein Bauboom begann und reihenweise neue Hotels errichtet werden sollten, griffen einige Architekten die klaren und zugleich schwungvollen Konturen und Stromlinienformen dieser Mode auf. Sie entwarfen Gebäude, deren experimentierfreudige, geometrische Formen den Einfluss des nördlichen *Art Deco* erkennen ließen. Zugleich gaben sie dem Stil aber auch eine ganz eigene karibische Note. Sie trauten sich, kräftigere Farben zu benutzen als ihre Kollegen im grauen Norden. In die Dekoration der Fassaden integrierten sie ortstypische Motive wie Palmen und Flamingos. Dieser Baustil, der noch eine Spur bunter und lebensfroher ist als seine europäischen und nordstaatlichen Verwandten, wird auch als ***Tropical Deco*** bezeichnet. Man kann ihn nirgendwo besser bewundern als im südlichen Teil von Miami Beach.

Architekten wie *Albert Anis, L. Murray Dixon, Roy F. France* und *Henry Hohauser* zeichneten hier in den Jahren vor dem zweiten Weltkrieg verantwortlich für nahezu tausend Gebäude im Stil des tropischen *Art Deco*, von denen ein Großteil erhalten geblieben ist.

Wenn man im südlichen Miami Beach herumspaziert, fallen einem als erstes die **markanten Fassaden** dieser Häuser auf. Sie sind fast immer symmetrisch gestaltet und die **Grundfarbe** ist meistens **weiß**, das mit verschiedenen Farben kombiniert wurde. Sie können pastellig oder auch kräftiger in den Farben sein. So sieht man viel sonniges Gelb, Palmengrün, Flamingorosa und Ton in Ton gehaltene Türkis- und Blautöne, die die Farbe des Meeres widerspiegeln. Manche Details sind funktional, so etwa die kleinen Vorsprünge über den Fenstern, die man *eyebrows* (= Augenbrauen) nennt. In den Tagen vor der Erfindung der Klimaanlage sollten sie die Fenster vor direkter Sonneneinstrahlung schützen, um so die Temperaturen in den Hotelzimmern erträglich zu halten. Andere Teile der Fassaden sind nur Zier, etwa Friese und Reliefs über den Eingängen, um eigene Gäste und andere Urlauber zu beeindrucken. Manche dieser Dekorationen bestehen aus geometrischen Mustern, in anderen kann man Pflanzen und Tiere erkennen.

Viele Hotels versuchen auch, durch die Einrichtung der Zimmer und die Gestaltung der Lobbies die Atmosphäre der 1930er-Jahre lebendig werden zu lassen. Viele der Hotels wurden in den letzten Jahren liebevoll restauriert, so z.B. das ***Winterhaven*** (1400 Ocean Drive, ✆ 305-531-5571; www.winterhavenhotelsobe.com), das ***Tides*** (1220 Ocean Drive), das ***Essex House*** (1001 Collins Avenue) oder das ***Betsy Ross Hotel*** (1440 Ocean Drive, ✆ 1-866-792-3879, www.thebetsyhotel.com) von 1942 mit eindrucksvoller Säulenfront.

Wer sich alleine nicht hineintraut oder einfach nur mehr über *Art Deco* in Miami Beach erfahren möchte, sollte die informativen Führungen buchen, welche die *Miami Design Preservation League* veranstaltet. Sie starten im ***Art Deco Welcome Center*** (1001 Ocean Drive), ➤ weitere Details dazu auf Seite 135.

Art Deco modernistisch verändert an der Collins Avenue

Filmschauplätze

Während die Gebäude am Ocean Drive größtenteils aus den 1930er- und den frühen 1940er-Jahren stammen, findet man an der sehr viel längeren **Collins Avenue** auch neuere Häuser. Und sie werden immer neuer, wenn man weiter nach Norden kommt. Eine Fahrt entlang der Collins Avenue ist gewissermaßen eine **Zeitreise** durch die **amerikanische Architektur des 20. Jahrhunderts** – von den pastelligen 1930ern über die sachlichen 1950er bis in die postmodernen 1990er-Jahre.

Sehenswert sind an der Collins Avenue u.a. das bereits erwähnte schneeweiße ***Delano Hotel*** (#1685, ➤ Seite 132), in dem Madonna einmal eine ihrer legendären Geburtstagsparties ausrichten ließ, oder das ***Fontainebleau*** (#4441; www.fontainebleau.com) knapp 3 mi nördlich des *Art-Deco-District*.

Den Pool des Luxushotels kennt man aus dem *James-Bond*-Film ***Goldfinger*** von 1964, in dem *Sean Connery* mit seinem Gegenspieler *Gerd Fröbe* zusammentrifft. Das Hotel war auch danach immer wieder Drehort für Filme und TV-Serien.

Zu den zahllosen weiteren Filmschauplätzen in Miami Beach gehören das 1939 erbaute ***Carlyle*** (1250 Ocean Drive; www.carlyleoceandrive.com), wo *Birdcage* (1995) gedreht wurde, und das ***Cardozo,*** ➤ Seite 135, direkt nebenan, in dem einige Schlüsselszenen des Films *Verrückt nach Mary* (1998) spielen.

Strände

Es gibt in Florida zwar eine ganze Reihe von Stränden, die weißer und sauberer sind als in Miami Beach, für einen Stadtstrand ist Miami Beach aber erstaunlich attraktiv: Das Wasser ist klar, der Sand wird regelmäßig gereinigt und der Strand ist so lang und breit, dass selbst in der Hochsaison meist viel Platz ist.

Lummus Park

Wenn es an den Wochenenden am **Lummus Park** zwischen 5th und 15th Street doch einmal voll werden sollte, kann man leicht nach Norden ausweichen. Beachten sollte man die kleinen erhöhten **Holzhäuschen**, von denen aus die Rettungsschwimmer

Patriotische Bemalung sogar am Strand

Strand und Wasser beobachten. Viele im Bereich des Ocean Drive wurden den Farben und Formen des *Art Deco* nachempfunden.

Kunstmuseen

Neben Hotels und Filmschauplätzen gibt es in Miami Beach auch einige Museen, darunter zwei Kunstmuseen:

- Das ***Bass Museum of Art*** zeigt klassische europäische Kunst, größere Sammlungen widmen sich dem Barock und der Renaissance; 2100 Collins Ave, Mi-So 12-17 Uhr, Wiedereröffnung nach Modernisierung im Herbst 2016; www.bassmuseum.org.
- ***The Wolfsonian*** der ***Florida International University*** in einem spanisch-arabisch aussehenden weißen Stuckgebäude erwartet die Besucher mit Kunst im Design von Gebrauchsgegenständen, mal mehr Kunst, mal mehr Gebrauchsgegenstand, mal europäisch, mal amerikanisch, aber alles überwiegend aus dem 20. Jahrhundert; 1001 Washington Avenue; Do-Di 10-18 Uhr, Do bis 21 Uhr, So ab 12 Uhr, $7, ermäßigt $5; www.wolfsonian.org.

Holocaust Memorial mit Namenswand, *➤ nächste Seite oben*

Jüdisches Museum

Wem dies alles zu wenig mit Miami und mit Florida zu tun hat, dem sei das dritte Museum in South Beach ans Herz gelegt. Das ***Jewish Museum*** kann zwar keine hochkarätige Kunstsammlung bieten, dafür hat es mit der **Geschichte und Kultur der in Florida lebenden Juden** einen ausgeprägten regionalen Bezug. Besonders in Miami Beach hatten sich mit Beginn der 1920er-Jahre viele jüdische Amerikaner niedergelassen, daher auch die koscheren Restaurants und über 20 Synagogen. Noch Anfang der 1980er-Jahre lag der jüdische Bevölkerungsanteil in South Beach bei 60%, ist aber seither aus demographischen Gründen stark rückläufig.

Das Museumsgebäude, auf dessen Fassaden sich *Art-Deco*-Muster mit Davidsternen verbinden und dessen bunte Glasfenster besonders auffallen, diente einst der ältesten orthodoxen Gemeinde der Stadt als Gotteshaus; 301 Washington Avenue, Di-So 10-17 Uhr, $6; www.jmof.fiu.edu.

Holocaust Memorial

Neben dem *Convention Center* steht ein ***Holocaust Memorial***, dessen Entstehung einer Initiative von Überlebenden der Nazi-Konzentrationslager zu danken ist. Das bewegende **Mahnmal** besteht aus mehreren Teilen, darunter **Skulpturen**, ein ewiges Licht und Wände, auf denen Bilder aus den KZs zu sehen sind und ein Gang, in dem man die Namen sämtlicher Lager dieser Art lesen kann. Überaus beeindruckend ist der riesige grüne Bronzearm im Zentrum des Mahnmals, der aus dem Boden ragt. 1945 Meridian Avenue, täglich von 9 Uhr bis zum Sonnenuntergang geöffnet, Eintritt frei; www.holocaustmmb.org.

Lincoln Road

Außer in den Museen schlägt das kulturelle Herz von Miami Beach in der Lincoln Road. Dort findet man neben einer Vielzahl kleiner Galerien und Geschäfte auch das ***New World Center*** (#500 unweit der 17th Street; www.nws.edu), in dem die *New World Symphony* zu Hause ist.

Zwischen Washington und Lenox Avenue wurde die Lincoln Road zur Fußgängerzone umgewandelt. Sonntags findet dort ein Wochenmarkt statt; www.lincolnroadmall.info. Wer an regionaler Literatur, Reiseführern, Büchern und Bildbänden über Miami und Florida interessiert ist, sollte mal in der Buchhandlung ***Books & Books*** vorbeischauen (927 Lincoln Road; www.booksandbooks.com).

Star & Fisher Islands

Die Geld- und Showprominenz wohnt in Miami Beach nicht auf der Hauptinsel, sondern auf einer der kleinen Nachbarinseln, die man nur per Boot oder Flugzeug erreichen kann.

Manches bekannte Gesicht könnte einem außerdem auf **Fisher Island** südlich von Miami Beach über den Weg laufen – wenn die Insel der Öffentlichkeit zugänglich wäre. Doch in dieser Enklave der Superreichen bleibt man lieber unter sich. Für die Gäste der Prominenz gibt es ein Luxushotel: www.fisherislandclub.com.

Wohlstandsinsel Star Island zwischen Festland und Miami Beach. Im Hintergrund die Skyline der Downtown, die bei Tag nicht ganz so eindrucksvoll wie bei Nacht 'rüberkommt, *➢ Seite 119*

1.3 Everglades National Park

Lage und Ausdehnung

Mit einer Fläche von über 6.104 km² ist der ***Everglades National Park*** der größte Nationalpark im Osten der USA. Sieht man ab von einem ca. 20 mi breiten besiedelten und agrarisch genutzten Streifen, der sich entlang der Küste von Süd-Miami bis etwa Key Largo zieht, bedeckt der Park den gesamten Südzipfel Floridas. Im Norden reicht er bis an den *Tamiami Trail*, die südlichste Verbindungsroute zwischen Ost- und Westküste, ➤ Seite 393.

Anfahrt

Von Miami erreicht man den ***Everglades National Park*** auf der Straße #1, die mitten durch Miami (Brickell Avenue) und über die Inseln der Florida Keys bis Key West läuft, oder über die (mautpflichtige) Autobahn ***Florida's Turnpike*** *(Homestead Extension)*. Ab Florida City geht es dann auf der Stichstraße #9336 in die *Everglades*. Sie läuft durch den Nationalpark bis zum Endpunkt Flamingo an der Florida Bay, der inselübersäten Bucht zwischen Festland und den Keys (ca. 50 mi).

Information

Etwa 10 mi westlich von Florida City liegt unmittelbar hinter der Parkgrenze (Eintritt $20/Wagenladung oder Jahrespass ➤ Seite 20) das ***Ernest Coe Visitor Center*** (40001 State Road 9336). Dort gibt es ausführliche Informationen einschließlich eines Films und die typische Nationalpark-Faltkarte mit anschaulichen Darstellungen seiner Flora und Fauna. ***Park Ranger*** stehen dort wie in allen Nationalparks Rede und Antwort und geben hilfreiche Tipps, ✆ (305) 242-7700; www.nps.gov/ever.

Parkstraße

Entlang der Parkstraße gibt es zahlreiche Haltepunkte und Abzweigungen, an denen Spazierwege und Lehrpfade beginnen.

Nur etwa 2 mi westlich der Parkeinfahrt zweigt die Zufahrt zur ***Royal Palm Area*** ab (weitere 2 mi), die nach einer bescheidenen Gruppe von hier wachsenden hohen Palmen benannt wurde. Am kleinen Besucherzentrum beginnen dort zwei der besten – je knapp 1 km langen – Lehrpfade des Parks (Zeitbedarf je ca. 30 min):

Lehrpfade

- Der ***Gumbo Limbo Trail*** ist nach einer Gummibaumsorte benannt und führt durch ein dschungelähnliches Dickicht. Am Weg stehen die lokale Vegetation erläuternde Tafeln.
- Der zweite Lehrpfad ***Anhinga Trail*** wurde nach einem hier häufigen Wasservogel benannt. Er läuft überwiegend auf breiten Holzstegen über einen Sumpf. Fast immer suhlen sich dort unweit der Stege Alligatoren im flachen Wasser. Im Winter liegen sie gelegentlich auch stundenlang auf dem warmen Asphalt der Zugangswege und bilden ein beliebtes Fotomotiv.

Für weitere Stopps empfehlen sich der ***Pa-hay-okee-Overlook*** und ***Mahogany Hammock*** (ein *hammock* ist eine Art Bauminsel) jeweils am Ende kurzer Stichstraßen, wo man einen Eindruck von der – hier aber eher unspektakulären – *Everglades*-Landschaft erhält. Auch am ***Nine Mile Pond*** und am **West Lake** sind mit etwas Glück Alligatoren und Wasserschildkröten zu beobachten.

Hinweis: Ein **Fernglas** ist oft hilfreich, denn Alligatoren, Schildkröten und Vögel sind nicht immer straßen- und wegnah zu sehen.

Flamingo

Am Endpunkt der Strecke liegt **Flamingo**, die touristische Zentrale der *Everglades*. Flamingo ist kein Ort, sondern besteht aus einem weiteren ***Visitor Center***, Campingplatz, Rad- und Bootsverleih und einem kleinen Shop mit begrenztem hochpreisigen Sortiment. Camper und Picknicker tun also gut daran, sich vor dem Parkbesuch in Homestead oder Florida City zu versorgen.

Achtung: Moskitos

Für alle Unternehmungen in den *Everglades* sollte man genügend **Mückenspray** oder -**lotion** dabei haben. Bis auf kurze Perioden und Wind- und Regenwetter sind die Moskitos dort ein »Kreuz«. Ohne wirksamen Schutz mag man an manchen Tagen das Auto kaum verlassen. Auch Campen in den *Everglades* sollte man ohne chemische Keulen im Gepäck nicht erwägen. Im Zweifel in dieser Frage die *Ranger* fragen, sie kennen die aktuelle Intensität des Moskitoproblems.

Tipp: ***Moskito Repellent/Spray*** nicht erst in Flamingo kaufen; dort ist das Zeug glatt doppelt so teuer wie im Supermarkt in Florida City!

Bootsmiete

Man kann in Flamingo Kanus, Kajaks und Hausboote mieten und auf eigene Faust die Sümpfe erkunden. Gut gekennzeichnete *Trails* und meist sehr ruhiges Wasser ermöglichen selbst Anfängern am Paddel das individuelle *Everglades*-Abenteuer.

Kanus kosten $28/4 Stunden und $38/Tag, Kajaks $35/4 Stunden und $45/Tag – Hausboote sind extrem teuer. Weitere Details unter www.evergladesnationalparkboattoursflamingo.com.

Geführte Touren

In Flamingo starten auch organisierte **Bootstouren**. Es gibt die ***Florida Bay Tour*** durch die vorgelagerte Inselwelt und die ebenfalls ca. 2-stündige ***Backcountry Tour*** mit *Ranger*-Erläuterungen zu Flora und Fauna der Sümpfe; Ticket $38, bis 12 Jahre $20 (Abfahrten mehrmals täglich, Frequenzen saisonal unterschiedlich).

Airboat Tours

Sog. Sumpfboote dürfen nur außerhalb der Parkgrenzen die *Everglades* lärmverseuchen. ***Airboat Tours*** werden am *Tamiami Trail* (Straße #41) von Miami nach Naples und in Everglades City auf der Nordwestseite des Parks angeboten, ➤ Seite 394.

Wilderness Waterway

Flamingo ist Ausgangs-/Endpunkt des ***Wilderness Waterway***, einer 160 km langen Wasserstrecke durch sumpfige Wildnis bis Everglades City am Nordwestende des Parks. Hartgesottene und 100%ig moskitosicher verpackte Naturliebhaber folgen dieser Route per Kanu und schlagen ihre Zelte abends auf einem der vielen kleinen Primitiv-*Campgrounds* oder auf sog. ***Chickees*** (Übernachtungsplattformen über dem Wasser) weitab der Zivilisation auf. Für eine derartige Tour muss man mindestens 5-6 Tage einplanen und sich perfekt ausrüsten (inkl. Moskitoschutz), denn es gibt unterwegs nicht einmal Trinkwasser.

Sowohl für die Befahrung des *Waterway* als auch für die Nutzung der *Chickees* unterwegs benötigt man ***Permits***, erhältlich im ***Visitor Center*** an der Einfahrt in den Park.

Unterkunft

Unterkunft im Bereich der Ostseite der *Everglades* findet man am besten und preiswertesten in einem der zahlreichen **Motels in Homestead** und **Florida City**, z.B. (alle 3 in Florida City):

- ***Fairway Inn***, 100 Hwy #1, neben dem *Visitor Center*, \$61-\$90, © 1-888-340-4734; www.fairwayinnfl.com.
- ***Travelodge Florida City***, 409 SE First Avenue, \$78-\$158, © 1-800-758-0618; www.tlflcity.com.
- ***Everglades Hostel***, 20 SW 2nd Ave, \$28/Bett, \$75/DZ, © 1-800-372-3874; www.evergladeshostel.com.

Weitere Quartier-Informationen bekommt man bei der *Tropical Everglades Visitor Association*; www.tropicaleverglades.com.

Camping

Per Auto erreichbar sind im Ostteil des Parks

- der schattige ***Long Pine Key Campground*** (108 Stellplätze, \$20) unweit der Einfahrt. Er hat weniger Mücken (➤ Seite 143), ist aber nicht sonderlich attraktiv, keine Duschen oder *Hook-ups*; keine Reservierung, *first-come-first-served*.
- der moskitoverseuchte ***Flamingo Campground*** (235 Stellplätze, \$20, mit Stromanschluss \$30) in bester Lage an der Florida Bay; er besitzt immerhin Duschen. Reservierung ➤ Seite 69.

Picknick- und Campingplatz an der Florida Bay in Flamingo. Die gähnende Leere am Tag des Fotos ist dem unsichtbaren Feind »Moskito« zu danken

1.4 Biscayne National Park

Östlich von **Homestead** liegt der ***Biscayne National Park***, Zufahrt über die SW 328th St. Der Park umfasst die Biscayne Bay und die nördlichsten Inseln der Florida Keys. Mit seinen **Korallenriffen** ist der Park vor allem für Taucher und Schnorchler ein Paradies. Im kleinen *Visitor Center* (täglich 9-17 Uhr) auf dem Festland informieren Ausstellungen und Filme über Flora und Fauna des Gebiets. Auf einigen der Keys darf man zelten (\$20); www.nps.gov/bisc.

In der Nachbarschaft des Besucherzentrums befindet sich der ***Homestead Bayfront County Park*** (9698 N Canal Drive) mit Yachthafen, schönem Picknickplatz, Spielplatz und **Badestrand**.

Das Phänomen Everglades

Die ***Everglades*** bilden den **drittgrößten Nationalpark der USA** außerhalb von Alaska (nach *Death Valley* und *Yellowstone National Parks*). Dennoch umfasst das Gebiet nur den kümmerlichen Rest eines früher **riesigen subtropischen Sumpfgebietes**, das vor Ankunft der weißen Siedler fast die gesamte Südhälfte der Halbinsel Florida bedeckte. Der Lake Okeechobee war damals das eigentliche Herz dieser Sümpfe, heute liegt er weit entfernt. Das langsam aber stetig in die *Everglades* nachdrückende Wasser stammt indessen immer noch aus diesem See, der seinerseits durch Flüsse gespeist wird, die südlich von Orlando entspringen.

Dieses Süßwasser aus dem Landesinneren trifft in den *Everglades* auf Salzwasser des Golfs von Mexiko, das von der West- und Südküste aus in die flachen Sumpfgebiete eindringt. Die dadurch entstehende seltene **Mischung von Süß- und Salzwasser** ist einer der Gründe für die ungewöhnliche Vielfalt von Flora und Fauna der *Everglades*. Sein Ökosystem ist das einzige weltweit, wo **Alligatoren** (Süßwasser) und **Krokodile** (Salzwasser) gleichzeitig leben. Auch die Pflanzenwelt lässt an Vielfalt nichts zu wünschen übrig: Palmen, Mangroven und Zypressen wachsen neben Kiefern, Eichen, Farn und allen nur erdenklichen Grasarten.

Obwohl das sumpfige Terrain, die vielen Insekten und das schwüle Klima die *Everglades* nicht gerade einladend machen, lebten Menschen schon seit zwei Jahrtausenden in der Region von Jagd und Fischfang, bevor – gegen Ende des 19. Jahrhunderts – die ersten **Weißen** kamen. Sie wollten Landwirtschaft betreiben und legten aus diesem Grund Sumpfgebiete trocken. Zuckerrohrplantagen und Gemüsefarmen entstanden; entsprechend schrumpften die *Everglades*. Die Regierung versuchte außerdem, die den Siedlern zusetzenden regelmäßigen Überschwemmungen in den Griff zu bekommen.

Bereits 1912 wurde der ***Miami Canal*** zwischen dem Lake Okeechobee und Miami gebaut, der Trinkwasser in die Stadt transportierte und gleichzeitig den Wasserstand des Sees verminderte. Nach Überschwemmungen deichte man 1938 den See zusätzlich ein und beendete damit endgültig die periodischen Überflutungen seiner Umgebung. Diese Maßnahmen machten den Siedlern das Leben zwar leichter, doch sie trugen ebenfalls zur Zerstörung des sensiblen Ökosystems der Sümpfe bei.

Schon früh begannen daher einige Umweltorganisationen, für die Erhaltung der Sümpfe zu kämpfen. Ihr Engagement war letztlich von Erfolg gekrönt: das südliche Kerngebiet der *Everglades* wurde zunächst zum Naturschutzgebiet und 1947 zum Nationalpark erklärt.

Great Blue Heron

Später kamen die nördlich angrenzenden Sümpfe der ***Big Cypress National Preserve*** als Übergangszone zwischen naturgeschützten und Gebieten wirtschaftlicher Nutzung hinzu.

Die ökologische Gefährdung der Region war und ist damit aber noch lange nicht beendet. Dünger und Pflanzenschutzmittel werden von außerhalb der Parkgrenzen nach wie vor in den Park gespült. Ebenso wird zu viel Wasser aus den Sümpfen abgeleitet, um die schnell wachsenden Städte Südfloridas zu versorgen. Die dadurch verursachte Verminderung des Süßwasserdrucks hat zur Folge, dass Salzwasser tiefer ins Land drängt und – ähnlich wie angeschwemmter Dünger – das ökologische Gleichgewicht beschädigt. Einige der Pflanzen- und Tierarten der *Everglades* sind seither vom Aussterben bedroht.

Floridas Regierung geriet nach Ernennung der *Everglades* 1979 zum ***World Heritage Site*** zunehmend und sogar international unter Druck, mehr für die Rettung der *Everglades* zu unternehmen. Aber erst im Jahr 2000 kam es schließlich zum sogenannten ***Water Resources Development Act***. Dieses Gesetz regelt seither die Wasserwirtschaft des Parks und die Bereitstellung der dafür notwendigen Mittel; www.evergladesrestoration.gov.

Weiße Ibisse

Top Ten in Miami und Umgebung

1. An einer Führung durch den ***Art-Deco*-Bezirk in Miami Beach** teilnehmen
2. Einen Tag in **Miami Beach** chillen inkl. Cocktail in der Bar des ***Delano Hotels***
3. Den ***Fairchild Botanical Garden*** besuchen
4. Die ***Everglades*** auf dem ***Anhinga Trail*** und/oder auf einer **Bootstour** kennenlernen
5. Die ***Millionaire's Row Boat-Cruise*** durch Miamis Biscayne Bay buchen
6. Die ***Villa Vizcaya*** in Miami besichtigen
7. Das ***Biltmore Hotel*** in Coral Gables ansehen und/oder im ***Venetian Pool*** baden
8. In ***Little Havana*** kubanisch essen gehen
9. Mit dem ***Metro Mover*** über der Innenstadt von Miami schweben
10. Durch **Coconut Grove** bummeln

2. »INSELHÜPFEN« AUF DEN FLORIDA KEYS

2.1 Geographie und Geschichte

Kennzeichnung

Die Florida Keys sind etwas Besonderes. Zahlreiche Inseln reihen sich in einer geschwungenen Linie von Miami aus zunächst parallel und nahe zum Festland, dann aber in zunehmendem Abstand in Richtung Südwesten hintereinander und verlieren sich irgendwann im Golf von Mexiko. Sie bilden den **südlichsten Zipfel der kontinentalen USA** und weisen gewissermaßen den Weg in die Karibik. Kuba liegt viel näher als etwa Floridas Hauptstadt Tallahassee – vom Rest der Vereinigen Staaten ganz zu schweigen. Die Sonne scheint noch intensiver als anderswo, die Farben sind bunter. Das Meer ist mal türkis, mal eher grün, in der Ferne dann tiefblau, genau wie man es von kitschigen Postkarten und aus Reisekatalogen kennt.

key = cayo

Als erste Europäer erkundeten im frühen 16. Jahrhundert Spanier die Inselwelt Südfloridas. Auf sie geht auch die – eigenartig erscheinende Bezeichnung – ***»Key«*** zurück. Sie hat nichts mit der englischen Vokabel für »Schlüssel« zu tun, sondern leitet sich vom Wort ***cayo*** ab, das im amerikanischen Spanisch eine kleine, flache Insel bezeichnet. Die englischsprachigen Siedler, die sich ab dem 19. Jahrhundert auf den *cayos* niederließen, machten daraus *key*.

Erschließung

Lange war die Inselgruppe nur per Schiff zu erreichen, und für viele der kleineren Inseln ist dies immer noch so. Die wichtigsten Keys sind heute über die Straße #1 verbunden. Schon **1905** war mit dem **Bau der ersten Brücken** begonnen worden, damals noch nicht für den Straßenverkehr, sondern für eine **Eisenbahnlinie**. ***Henry Flagler*** wollte die *Florida East Coast Railway* (➤ Seite 473f) nicht auf dem Festland enden lassen, sondern sie bis Key West weiterführen. Dadurch wurde nebenbei die Erreichbarkeit

Riesenhummer als Blickfang vor einem Seafood Restaurant auf den Florida Keys

der Inseln wesentlich verbessert, aber der eigentliche Zweck dieser Bahnroute war es, Reisen und Transporte in die Karibik – besonders nach Kuba – zu erleichtern. Key West wurde in den Jahren nach Fertigstellung des Schienenstranges denn auch tatsächlich zu einem wichtigen Umschlagplatz für Agrarprodukte aus den karibischen Inseln und aus Mittel- und Südamerika.

Als die Bahntrasse samt einiger Brücken 1935 durch einen Orkan schwer beschädigt wurde, verzichtete man auf die teure Wiederherstellung zugunsten einer durchgehenden **Autostraße** bis Key West. Einige der zahlreichen Brücken auf dieser Route gehen auf die ehemalige Bahnlinie zurück, die meisten sind neu. Hier und dort stehen die alten Konstruktionen noch.

Situation der Keys heute

Man darf sich unter den Florida Keys kein unberührtes, einsames Inselparadies vorstellen. Vielmehr sind einige von ihnen dicht besiedelt, verfügen über eine typisch amerikanische Kommerz-Infrastruktur und sind bestens touristisch erschlossen.

Ihren speziellen Reiz lässt man sich bis gut bezahlen. Das Preisniveau auf den Keys liegt – bis auf Supermärkte und *Fast Food Places* – deutlich über dem des Festlands und wird immer höher, je weiter südlich man kommt. Insbesondere gilt das für die Tarife sämtlicher Unterkünfte einschließlich der Campingplätze.

Zeitbedarf für den Abstecher ab Miami

Man sollte sich aber dadurch nicht von einem Besuch der Keys abschrecken lassen, sondern sich nur darauf einstellen. Zwei volle Tage sind das Minimum für einen Trip bis Key West. **Hin- und Rückfahrt ab Miami** (ca. 320 mi retour) sind theoretisch machbar, aber keine vernünftige Option. Starker, überwiegend zweispuriger Verkehr, Ortsdurchfahrten mit Ampeln und *Speed Limits* sorgen für geringe Durchschnittsgeschwindigkeiten und leicht bis über 4 Stunden reine Fahrzeit für die 160 mi one-way.

Unabhängig von Zeit und Kosten: die Fahrt über die Keys nach Key West gehört zum Besten, was Südflorida zu bieten hat.

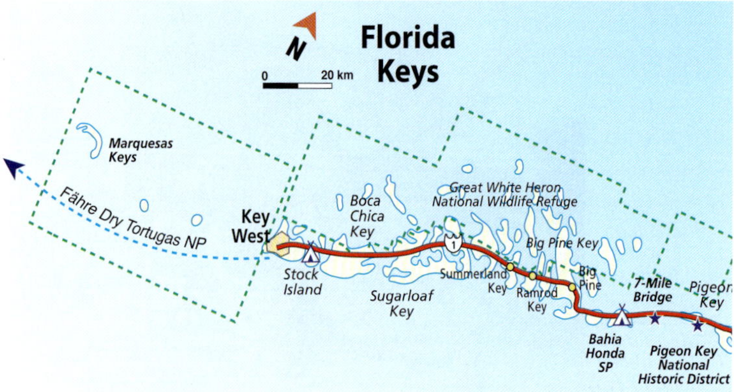

MM für Mile Marker

Da alle Orte und Sehenswürdigkeiten auf den Keys zwangsläufig an oder in der Nähe dieser Straße liegen, gilt ein ***besonderes System der Adressen- und Wegbeschreibung***. Es gibt – außer in Marathon und Key West – kaum »normale« Adressen mit Straßennamen und Hausnummern; stattdessen wird die Lage eines bestimmten Hotels, Restaurants oder auch eines Strandes meistens nur mit ***MM*** angegeben, gefolgt von einer Zahl und ggf. einem »O« (= *oceanside*, ungerade Nummer, i. e. südliche Seite der Keys) oder »B« (= *bayside*, gerade Nummer, i.e. nördliche Seite der Keys an der Florida Bay). *MM* steht für ***Mile Marker*** und bezeichnet die grünen Schilder am Straßenrand. Sie zählen die ***Entfernung zum Meilenstein 0 in Key West***. Die Zählung endet südlich von Florida City auf dem Festland mit ***MM 127,5***. Übersicht unter: www.keyshistory.org/MileMarkerChart.html

2.2 Die oberen Keys

Anfahrt zu den Keys

Es gibt zwei Möglichkeiten, die Keys mit dem Auto zu erreichen. Eine »unüblichere« Umwegroute (für Leute mit viel Zeit) führt südlich von Florida City über die Straße #905A (*Card Sound Road*) und die gebührenpflichtige *Card Sound Bridge* zunächst auf die nördliche Hälfte von Key Largo. Die **Hauptroute** entspricht durchgehend dem Verlauf der **Straße #1 von Miami bis Key West** und ist nach Passieren der weniger inspirierenden Ortschaften auf Key Largo ein echtes Fahrerlebnis.

Florida Reef

Vor Florida liegt das einzig lebende **Korallenriff** der USA. Die Strukturen des mit 270 km Länge und 6 km Breite weltweit drittgrößten Barriereriffs ziehen Taucher, Schnorchler und Wasserratten aus aller Welt an. Der nördliche Rand des ***Florida Reef*** liegt bei der Insel ***Soldier Key*** im ***Biscayne National Park***, ➤ Seite 144. Von dort folgt das Riff in einem sanften Bogen den Florida Keys mit wechselnder Breite bis zur Inselgruppe der ***Dry Tortugas*** rund 110 km westlich von Key West, ➤ Seite 176f.

John Pennekamp Coral Reef State Park

Die erste Attraktion am Wege ist der ***John Pennekamp Coral Reef State Park***. Der **älteste Unterwasserpark** der USA wurde bereits 1963 eingeweiht. Er trägt den Namen eines Redakteurs der Zeitung *Miami Herald*, der sich für die Einrichtung des Parks stark gemacht hatte. Der *State Park* umfasst ein Gebiet von 210 km² und schützt einen Teil des *Florida Reef*.

Einfahrt bei *Mile Marker* 102, täglich 8 Uhr bis Sonnenuntergang, $8/Auto bzw. $2/Person; www.floridastateparks.org/pennekamp.

Parkgelände an Land

Die Basis des *State Park* befindet sich auf Key Largo direkt neben der Hauptstraße und besteht aus ***Visitor Center***, ***Campground*** und **Marina**. Der Campingplatz ($36) weist zwar eine originelle Lage zwischen Mangroven auf, ist jedoch relativ eng und ebenso teuer wie die besseren Plätze weiter westlich, ➤ unten).

Das *Visitor Center* (täglich 8-17 Uhr) mit großem **Aquarium** vermittelt einen Eindruck von der farbenfrohen Unterwasserwelt vor den Keys und vom Ökosystem der Korallenriffe. Auf dem Gelände hinter dem Strand gibt es Spazierwege durch pittoreske dichte Mangrovenhaine.

Boote und Tauchen

Zum vorgelagerten Riff gelangt man am preiswertesten mit **Glasbodenbooten** wie der *Spirit of Pennekamp* (täglich 9.15, 12.15 und 15.15 Uhr, 2,5-Stunden-Tour $24/$17; www.pennekamppark.com, ✆ 305-451-6300). Wer die Korallen nicht nur durch dicke Glasscheiben von oben sehen möchte, schließt sich an besten **Schnorchelausflügen** ($30, bis 18 Jahre $25) und **Tauchtrips** an, die in allen möglichen Varianten und Längen angeboten werden (nur mit Tauchschein). Dort wie außerhalb des Parks lassen sich auch Kanus ($20/Std), Kajaks ($12) und ***Stand-up Paddle Boards*** ($25) mieten.

Vielbesuchte Unterwasser-Sehenswürdigkeiten sind neben den Korallen auch das **Wrack des Frachters *Benwood*** zwischen *French Reef* und *Dixie Shoals*, die Statue ***Christ of the Abyss*** (an den *Dry Rocks*), eine Replik der Christus-Statue vor der Küste Genuas (www.keyshistory.org/artchristofthedeep.html), und die hier eigens versenkte ***Spiegel Grove***, ein alter Landungsbootträger der US-Marine (www.spiegelgrove.com). Tauchenthusiasten können diese meist leicht erreichbaren Ziele problemlos selbständig erkunden. Key Largo ist dafür ein idealer Ausgangspunkt.

Sogenannte Adirondack Chairs, »erfunden« und patentiert 1905 in den Adirondack Mountains in New York State, heute überall zu finden, hier in Key Largo

Die Korallenriffe erfordern nur eine geringe Tauchtiefe, die Wracks liegen tiefer (➤ Kasten Seite 153). Wegen der ohnehin notwendigen Boots- und Ausrüstungsmiete wählen viele Taucher gleich ein Komplettpaket. Auf den Keys gibt es dafür in jedem Ort Anbieter. Bei ***Horizon Divers*** in Key Largo kostet z.B. ein Tauchgang zu den Wracks $90 (inklusive Tank, Bleigurte etc.); Adresse: 100 Ocean Drive, ✆ 1-800-984-3483 www.horizondivers.com.

Korallen

Es ist streng verboten (und wird auch kontrolliert), Korallen abzubrechen und mitzunehmen. Die zahllosen Korallensouvenirs, wie sie in *Shops* wie *Shell World* (MM 106; 97600 Overseas Highway; www.shellworldflkeys.com) auf Key Largo angeboten werden, sind nicht aus einheimischen, sondern aus importierten Korallen gefertigt.

Das nötige Gerät für alle möglichen Wassersportarten lässt sich auf den Keys überall mieten. Aber die Tarife dafür sind meist happig

Key Largo und Humphrey Bogart

Der **Filmklassiker »Key Largo«** mit ***Humphrey Bogart*** und *Lauren Bacall* wurde nicht nach dem Ort benannt. Es verhält sich umgekehrt: Zunächst wurden einige wenige Szenen auf den nördlichen Keys in einem Kaff gedreht, das damals noch *Rock Harbor* hieß. Dann kam der Film mit Starbesetzung in die Kinos (1948) und wurde ein Erfolg. Das brachte die Einwohner von Rock Harbor auf die Idee, ihr Dorf wie die ganze Insel zu nennen. Kommerziell gesehen war das sicher keine schlechte Idee.

Bogart hat Key Largo für die Dreharbeiten nie betreten, produziert wurde größtenteils in den Hollywood-Studios. Genau genommen lieferte Key Largo für den Film nur eine mittlerweile abgebrannte Fassade (des *Caribbean Club*, www.caribbeanclubkl.com).

African Queen

Wohl zum Trost für Filmfans liegt vor dem lokalen *Holiday Inn* (***Holiday Inn Key Largo***, MM 100; 99701 Overseas Highway; www.holidayinnkeylargo.com) immerhin die »echte« ***African Queen*** vor Anker, das kleine Dampfschiff aus dem gleichnamigen Film mit (ebenfalls) *Humphrey Bogart* und (dieses Mal) *Katharine Hepburn* (1951); www.africanqueenflkeys.com. Wem das nicht genügt, kann in ***Bogie's Café*** (im *Holiday Inn*) des Kultstars gedenken oder in ***Bogie's Tiki Bar*** stilecht auf ihn anstoßen.

Schwimmen mit Delfinen

Dolphins Plus (31 Corrine Place, Key Largo, © 1-866-860-7946; www.dolphinsplus.com) etwas weiter südlich ist eine von drei Einrichtungen auf den Keys, die das Schwimmen mit Delfinen möglich macht: täglich 8.30 und 14 Uhr, 30 min ab $150. Das Angebot wird von manchen Tierschützern aber kritisiert. Wer es ausprobieren möchte, sollte besser bis zum ***Dolphin Research Center*** auf Grassy Key weiterfahren (➤ Seite 158).

Information

Key Largo Chamber of Commerce, 106000 Overseas Hwy, © 1-800-822-1088; www.keylargochamber.org.

Informative *Website*: www.fla-keys.com; auch mit mehrsprachiger Telefon-Hotline: © 1-800-352-5397.

Unterkunft

- An der Hauptstraße findet man die Häuser der großen Ketten, so etwa das ***Courtyard by Marriott*** mit eigener Marina, 99751 Overseas Highway, © (305) 451-3939.
- Billiger kommt man in kleinen, unabhängigen Motels unter, z.B. ***Bay Harbor Lodge***, 97702 Overseas Hwy, ab $155 (mind. zwei Nächte), © 1-800-385-0986; www.bayharborkeylargo.com.
- Ein echtes Kuriosum ist in Key Largo die ***Jules Undersea Lodge***, ein Unterwasserhotel in 9 m Tiefe mit ganzen zwei Doppelzimmern. Wer möchte, kann sich dort auch »*Underwater*« trauen lassen, ➤ Kasten rechts; 51 Shoreland Drive, ab $800/DZ mit Dinner und Frühstück, © (305) 451-2353, www.jul.com.

Camping

Der beliebte Platz des ***John Pennekamp Coral Reef State Park*** (➤ Seite 150) ist häufig voll besetzt. Alternativen sind:

- ***Key Largo Campground & Marina***, 101551 Overseas Hwy, von der Hauptstraße in die Samson Road abbiegen (400m), $38-$90, © 1-800-526-7688, www.keylargokampground.com.
- ***Calusa Campground & Marina***, 325 Calusa, Key Largo, $52-$150, © (305) 451-0232; www.calusacampground.com.
- ***King's Kamp***, 103620 Overseas Hwy, Key Largo, $50-$85, © (305) 451-0010; www.kingskamp.com.

Restaurants

- ***Fish House***, lockere Atmosphäre, 102401 Overseas Hwy, © (305) 451-4665; www.fishhouse.com.
- ***Senor Frijoles***, dieser Mexikaner ist eine gute Alternative für alle, die keinen Fisch mögen, 103900 Overseas Hwy, © (305) 451-1592; www.senorfrijolesrestaurant.com.

Tavernier

Noch auf Key Largo liegt weiter südlich **Tavernier**. Den eher unscheinbaren Ort beachten die meisten Urlauber kaum. Es gibt dort aber ein paar historische Gebäude, so etwa das rosa-weiß gestrichene ***Historic Tavernier Inn***, eines der wenigen Hotels aus den 1920er-Jahren (91865 Overseas Highway, © 305-853-5015; www.keyscaribbean.com).

Das Gebäude diente 1935 nach einem Hurrikan als Ersthelfer-Basis. Später entstanden dort die 29 sog. ***Red Cross Houses***. Um sie vor Zerstörung durch zukünftige Stürme zu schützen, wurden sie **aus Beton** gegossen.

Plantation Key

Jenseits des Tavernier Creek (MM 90) erreicht man **Plantation Key**. Der Name der Insel erinnert daran, dass sich im frühen 20. Jahrhundert auf den oberen Keys viele Plantagen befanden, auf denen u.a. Zitrusfrüchte, Tomaten und Ananas angebaut wurden. Planation Key war aber nie dauerhaft besiedelt wie etwa die Orte Tavernier und Marathon auf den Nachbarinseln.

Das ***Ragged Edge Resort*** ist zwar relativ einfach, aber liegt am Wasser, daher nicht billig; 243 Treasure Harbor Road, $99-$259, ✆ 1-800-436-2023; www.ragged-edge.com.

Tauchen zu Kriegsschiffen, Haien und Hochzeiten

Ein Beitrag vom Alfred Vollmer/Neubiberg

Rein tauchtechnisch sind die Küstengewässer um die Florida Keys ein ideales Revier. Denn das Meer ist dort meist nur bis 10 m, maximal 15 m tief, so dass man auch mit normaler Atemluft (also ohne Spezialgemisch wie Nitrox) sehr lange tauchen kann.

Die Unterwasserwelt der Keys ist von ihrer biologischen Vielfalt her zwar nicht so vielfältig wie das Rote Meer, die Südsee oder das Great Barrier Reef, aber die auffallend großen und zum Teil zahlreichen Hirnkorallen sind durchaus imposant. Um das Revier noch attraktiver zu machen, wurde schon 1965 eine Christusstatue – *Christ of the Abyss* – in nur 8 m Tiefe verankert. Der Unterwasser-Christus zog zwar über die Jahre viele Taucher an, aber künstliche Attraktionen nutzen sich irgendwann ab.

Am 17. Mai 2002 versenkte man daher – mit erheblichem Aufwand – 6 mi vor der Küste von Key Largo den 1989 außer Dienst gestellten Landungsboot-Träger ***Spiegel Grove***. Das einstige Kriegsschiff wurde dafür zunächst in einen umweltfreundlichen Zustand gebracht. Nicht nur ließ man alles Restöl ab und reinigte Schiff und Tanks gründlich, sondern entfernte auch sämtliche Kabel. Das mit 155 m seinerzeit längste künstliche Riff der Welt wurde 2005 durch den Hurrikan *Donna* verschoben und liegt nun zwischen 25 m und 40 m Tiefe (zuvor zwischen 15 m und 26 m).

Tauchen zwischen weißen Ammenhaien

Captain Slate, Inhaber der *Captain Slate's Scuba Adventures* in Tavenrier (➤ unten), schätzt, dass die *Spiegel Grove* 60.000 bis 70.000 Taucher pro Jahr auf die Keys lockt, was einen Umsatz von mindestens $14 Mio allein auf Key Largo produziert.

Ich hatte mir für den Tauchgang hinunter zur *Spiegel Grove* einen Tag Zeit genommen, einen Freitag. Damit wurde es aber nichts, denn Freitag ist der Tag des ***Creature Feature***, was der Betreiber des Tauchzentrums so bewirbt: »*Captain Slate*, der für die Zähmung von Barrakudas und Muränen weltbekannt ist, lädt Sie ein zum allwöchentlichen *Creature Feature*, auf dem seine »Haustiere« zu treffen sind. Diese seit über 25 Jahren gezähmten und gehegten schwimmenden *Pets* waren bereits auf dem *Discovery Channel*, bei *SEATV*, *Animal Planet* und in vielen weiteren TV-Beiträgen zu sehen «.

Obwohl derartige Veranstaltungen nicht so ganz nach meinem Geschmack sind, machte mich diese Unterwassershow neugierig. Und wirklich: die frei lebenden Tiere wurden behandelt wie *Pets* (Haustiere) – auch die *Nurse Sharks* (Ammenhaie). Der große, zuvor besprochene Höhepunkt war das Streicheln der – auch in anderen Regionen – nicht aggressiven Ammenhaie.

Jeder Taucher durfte die Tiere berühren und wurde dabei auf Video gebannt. Tatsächlich war der Tauchgang für den Videofilm inszeniert und das Bildmaterial gleich danach verfügbar. Neben dem Streicheln der Haie durch die Gasttaucher war das Füttern einer Muräne ebenso festgehalten wie die Szene, bei der sich *Captain Slate* einen im eigenen Mund gehaltenen Fisch von einem Barracuda wegschnappen ließ. Das Video kostete indessen fast noch 'mal genau so viel wie zwei Tauchgänge samt Ausrüstungsmiete.

Nach einer Stunde Oberflächenpause stand der zweite Tauchgang an – hinab zum *Christ of the Abyss*. Dort wurde ich Zeuge einer **Unterwasserhochzeit**, bei der die beiden Hauptakteure ihr Ja-Wort nicht sprechen, sondern per Schild anzeigen und in die Unterwasser-Kameras lächeln. Das Glas Sekt zum Anstoßen auf das Brautpaar gibt es erst nach dem Tauchgang, dann zusammen mit den nicht tauchenden Hochzeitsgästen, die der Zeremonie dank Glasbodenboot von oben zugeschaut hatten.

Captain Slate erzählt stolz, dass er der Erfinder der Unterwasserhochzeit sei und mit der größten Unterwasserhochzeit aller Zeiten mit 110 »Teilnehmern« sogar im *Guinness Book of World Records* gelangte.

Captain Slate's Scuba Adventures, 90791 Old Hwy, Tavernier,
✆ 1-800-331-3483; www.captainslate.com.

Statue des Christ of the Abyss

2.3 Die mittleren Keys

Windley Key & Upper Matecumbe Key

Winley Key Quarry SP

Als nächstes erreicht man die kleine **Windley Key**, die aus den beiden winzigen Umbrella Keys entstand. Sie wurden durch den Schutt miteinander verbunden, der Anfang des 20. Jahrhunderts beim Abbau von uraltem Korallengestein für die Zwecke des Eisenbahnbaus anfiel. Die einstigen Steinbrüche sind heute ein ***Fossil Reef Geological State Park***. Man kann dort die Reste der Korallenformationen bestaunen, die vor rund 125.000 Jahren für die Entstehung der Florida Keys ursächlich waren.

MM 84,9; 84900 Overseas Hwy, Do-Mo 9-17 Uhr, $3, ✆ (305) 664-2540; www.floridastateparks.org/windleykey.

Auch die **Hauptsehenswürdigkeit** der Key geht – indirekt – auf den Bau der Eisenbahn zurück. Ein durch einen Steinbruch aufgerissenes riesiges Loch in der Landschaft ließ man nach Fertigstellung der Strecke mit Meerwasser vollaufen und setzte in diesem künstlichen See Fische aus.

Theater of the Sea

Schon in den 1940er-Jahren begann man, den See unter der Bezeichnung ***Theater of the Sea*** als Touristenattraktion zu vermarkten. Es gibt dort **Delfin- und Seelöwenshows** zu bewundern und die **Möglichkeit, mit Seehunden, Delfinen und Rochen zu schwimmen** ($145/$195/$65). Die Shows können indessen nicht mit ähnlichen Veranstaltungen in Miami oder Orlando mithalten.

MM 84,5; 84721 Overseas Hwy, täglich 9.30-17 Uhr, Eintritt $32, bis 10 Jahre $22; ✆ (305) 664-2431; www.theaterofthesea.com.

Upper Matecumbe Key

Am 2. September 1935 wurden alle Keys von einem Hurrikan verwüstet, aber keine der Inseln wurde härter getroffen als **Upper Matecumbe Key**. Hier blieb im wahrsten Sinn des Wortes kein Stein auf dem anderen. Daran erinnert dort ein Denkmal – das ***Florida Keys Hurricane Memorial***. Es markiert in Höhe des *Fire Department* (MM 81,5; 81850 Overseas Hwy) ein Massengrab der Einwohner und Eisenbahnarbeiter, die damals ums Leben kamen.

Islamorada

Der einzige größere Ort in diesem Bereich ist **Islamorada**. Wer kein Boot hat und sich nicht fürs Angeln interessiert, wird sich dort eher langweilen. Sportfischer und Hochseeanglern dagegen bekommen leuchtende Augen, wenn sie den Ortsnamen hören.

Sonnenuntergang bei Islamorada

Einige der bekanntesten Angelwettbewerbe der USA finden in Islamorada statt.

Information/ Boote

Islamorada Chamber of Commerce, 87100 Overseas Hwy, © 1-800-322-5397; www.islamoradachamber.com

Boote chartern kann man u.a. bei ***Bud n' Mary's*** am Westzipfel von Upper Matecumbe Key, 79851 Overseas Hwy, © 1-800-742-7945; www.budnmarys.com

Restaurants

- Ein beliebtes Restaurant in Islamorada ist das ***Lorelei (!) Restaurant & Cabana Bar***, 81924 Overseas Highway, © (305) 664-2692; www.loreleicabanabar.com
- Etwas edler und teurer ist das ***Lazy Days Restaurant***, bekannt für seine *Seafood*, aber auch gute Steaks, 79867 Overseas Hwy, © (305) 664-5256; www.lazydaysrestaurant.com

Lignumvitae, Long, Grassy, Vaca und Pigeon Key

Lignumvitae Key State Park

Zwischen Upper und Lower Matecumbe Key liegen bei MM 78,5 zwei unbewohnte Inseln, die beide **nur mit dem Boot** zu erreichen sind: ozeanseitig die knapp 1 mi entfernte winzige Indian Key und buchtseitig in ähnlicher Entfernung die viel größere **Lignumvitae Key** ($3 Eintritt). Letztere wurde 1971 vom Staat Florida gekauft und steht seitdem unter Naturschutz. Bis 1953 gehörte sie einer Familie *Matheson*, deren früheres Wohnhaus (mit Zisterne und Windmühle) sich besichtigen lässt. Auf der Insel findet man außerdem ein intaktes Stück **tropischen Waldes**. Fr-So gibt es jeweils um 10 und 14 Uhr interessante Führungen. Bootstouren nach Lignumvitae Key legen von ***Robbie's Marina*** (77522 Overseas Hwy, © 1-877-664-8498; www.robbies.com) ab, dort kann man auch Boote mieten; www.floridastateparks.org/lignumvitaekey.

Indian Key State Park

Die Besichtigung von **Indian Key** funktioniert ähnlich – Boote zum Mieten (keine Touren!) auch bei *Robbie's Marina*. Indian Key ist kein tropisches Juwel wie die wild bewachsene Lignumvitae Key, dafür geschichtsträchtig. Anfänglich befand sich dort eine Handelsniederlassung mit Hotel und kleiner Werft, die 1840 von Indianern überfallen und komplett zerstört wurde. Im ***Indian Key State Historic Site*** ($3) sind die Reste der Siedlung noch zu sehen; www.floridastateparks.org/indiankey.

Long Key State Park

Über Lower Matecumbe Key, Craig Key und Fiesta Key erreicht man Long Key mit dem gleichnamigen ***State Park*** ($8, MM 67,5; 67400 Overseas Hwy; www.floridastateparks.org/park/Long-Key). Er besetzt einen langen Streifen zwischen Strand (schmal) und Straße, der vor allem aus einem **Campingplatz** besteht, auf dem man direkt am Wasser/Strand sein Zelt bzw. den Camper stellen kann (Strom-/Wasseranschluss, Kanuverleih); ab $38,50, © 305-664-4815, immer voll, langfristige Vorreservierung angezeigt. Auf den meisten Stellplätzen stört die laute Straße.

Viadukt

Long Key wurde beim Eisenbahnbau im frühen 20. Jahrhundert über das *Long Key Viaduct* mit Grassy Key verbunden.

Delfin-Forschungszentrum auf Grassy Key

Dolphin-Research

Auf **Grassy Key** befand sich im heutigen ***Dolphin Research Center*** früher die Delfin-Schule, in der auch der Star der ab 1963 ausgestrahlten Fernsehserie ***Flipper*** ausgebildet wurde. Vor dem Gebäude steht die Skulptur einer Delfinmutter mit Nachwuchs – sie ist *Flipper* gewidmet.

Im *Dolphin Research Center* erfährt man alles über Delfine und Seelöwen, kann sie beim Vorführen von Kunststücken bewundern und im ***Encounter Program*** auch selbst mit Delfinen im Wasser spielen ($119-$199). Bei ***Play with Dolphins*** bleibt man am Beckenrand stehen ($60). Was diese Programme von anderen ähnlicher Art unterscheidet, ist der Umstand, dass es hier nicht um Profit geht, sondern um – auf die Delfine gerichtete – Verhaltensforschung. Wer mit den Delfinen ins Wasser hüpfen will, sollte sich frühzeitig dafür anmelden – aber schon der einfache Besuch des *Dolphin Research Center* vermittelt bleibende Eindrücke; MM 59, 58901 Overseas Highway, täglich 9-16.30 Uhr, Eintritt $28/$23, © (305) 289-1121, www.dolphins.org.

Vaca Key

Grassy Key geht fast nahtlos in die Vaca Key über, die heute fast komplett vom Ort **Marathon** (*Visitor Center*, 12222 Overseas Hwy) beherrscht wird. Diese Kleinstadt ist mit ihren *Fast-Food*-Restaurants, unansehnlichen Shops und Tankstellen sicher der unattraktivste Ort auf den gesamten Keys. Dennoch könnte man eine Pause einlegen, und zwar am ***Crane Point***, einem tropischen Park. Ein Spazierweg führt buchtseitig zum *Adderley House* von 1905; MM 50 B, Mo-Sa 9-17, So 12-17 Uhr, $13/$9; www.cranepoint.net.

Marathon/ Geschichte

Die Geschichte des Ortes begann erst mit der Ankunft der Eisenbahnlinie nach Key West: Als den Arbeitern während der Konstruktion der *7-Mile-Bridge* (1908-1912) klar wurde, was für eine schwierige und langwierige Aufgabe der Brückenbau sein würde, sollen sie diese Herausforderung mit einem Marathonlauf verglichen haben. So entstand dann neben Quartieren, Geschäften, Werkstätten und Kneipen auch gleich der Name.

Seven Mile Bridge

Unter den 42 Brücken über die Keys ist die ***7-Mile-Bridge***, die westlich von Marathon beginnt, sicher die bekannteste. Man kennt sie u.a. aus dem **James-Bond-Film *Licence to Kill*** (1989), der auch in Key West spielt, oder aus ***True Lies*** (1994) mit *Arnold Schwarzenegger*, in dem ein Teil der alten Brücke zerstört wird. Bei der *7-Mile-Bridge* laufen zwei Trassen parallel. Die einstige Eisenbahnbrücke wurde nach dem Hurrikan von 1935 in eine Straße umgewandelt, genügte aber der Verkehrsbelastung irgendwann nicht mehr. Die neue Brücke (auf der Ozeanseite) stammt aus dem Jahre 1982. Seither können die gut zwei Meilen der alten Brücke bis Pigeon Key nur noch per pedes oder Bike genutzt werden. Pigeon Key kostet $12 Eintritt, gleich wie man hinkommt (➢ unten). Ein ***Visitor Center*** befindet sich in einem alten Eisenbahnwaggon am Ostende der Brücke auf Knights Key. Westlich Pigeon Key geht's nicht weiter, weil ein Teilstück der alten Brücke fehlt.

Pigeon Key

Für alle, die sich für die **Geschichte der Brücke und des Eisenbahnbaus** interessieren, lohnt sich ein Stopp für Pigeon Key. Auf ihr befanden sich während des Brückenbaus Werkstätten und ein Lager für Arbeiter. Später lebte dort Personal, das Reparaturen und Wartungsarbeiten durchführte. Heute befindet sich an gleicher Stelle das ***Pigeon Key Museum***, MM 47 O.

Touren über die Museumsinsel starten per Boot auf Knights Key um 10, 12 und 14 Uhr ($12, bis 13 Jahre $9); man kann reservieren: © (305) 743-5999. Das Museum hat täglich 9.30-16 Uhr geöffnet. Wer zu Fuß oder per Bike auf der alten Brücke hinwandert/-fährt, zahlt ebenfalls $12. Den besten Blick auf beide Brücken hat man eher von Pigeon als von Knights Key; www.pigeonkey.net.

Eingang auf die alte 7-mi-Bridge auf der Nordseite. Links erkennt man die neue Brücke

2

Leuchtturm

5 mi südlich von Knights Key steht einer der ungewöhnlichsten Leuchttürme der Keys: Das achteckige ***Sombrero Lighthouse***, ein gerüstartiger Ganzmetallbau, wurde 1858 fertiggestellt. Er ist der höchste in einer Kette von sechs Leuchttürmen, die hier vor den gefährlichen Korallenriffen warnen.

2.4 Die südlichen Keys

Bahia Honda

Am Ende der *7-Mile-Bridge* fährt man zunächst noch über eine kleine Gruppe winziger Inseln, darunter Little Duck und Ohio Key, bevor man **Bahia Honda Key** erreicht. Schon den spanischen Entdeckern war aufgefallen, dass die Bucht (*bahía*) vor dieser Insel sehr tief (*hondo*) ist. Den Brückenbauern bereitete das erhebliche Probleme. Der Bau der pittoresken *Bahia Honda Bridge* war aufwendiger als der der längeren *7-Mile-Bridge*.

Bahia Honda Key ist auch aus geologischer Perspektive interessant, denn sie bildet eine Art Übergangszone zwischen den nordöstlichen Keys, die sich aus Korallen bildeten, und den südwestlichen Inseln aus Kalkstein.

State Park

Auf dieser Key lohnt sich ein Stopp im ***Bahia Honda State Park*** (MM 37, ✆ 305-872-2353, www.floridastateparks.org/bahia-honda), egal, ob man nur für ein paar Stunden schwimmen und schnorcheln oder gleich mehrere Tage direkt **am Meer campen** möchte. Die subtropische Vegetation und der von Palmen gesäumte weiße Sandstrand vor allem der *Sandspur Beach* erinnern hier mehr als anderswo an die Karibik.

Von den beiden **Campingplätzen** des Parks liegt aber nur »***Sandspur***« direkt am Strand. Der größere, eher für RVs gut geeignete Platz unweit der Brücke ist auch nicht schlecht, aber recht laut. In beiden Fällen ist langfristige Reservierung im Internet angezeigt (➤ *State Park*-Portal oben; Einheitspreis/Nacht $36).

Der Park verfügt über eine kleine **kommerzielle Infrastruktur** mit Snackbar, Kayak- und Ausrüstungsverleih. Auch **Schnorcheltouren** können dort gebucht werden (90 min $30); mehr unter www.bahiahondapark.com.

Einer der Strände im Bahia Honda State Park liegt gleich neben der unterbrochenen alten Eisenbahnbrücke von 1905

Pelikane vor der Sandspur Beach von Bahia Honda

Big Pine Key

Auf Big Pine Key befindet sich das ***National Key Deer Refuge***, ein Naturschutzgebiet für die vom Aussterben bedrohten ***Key Deers***. Diese Tiere sehen aus wie Rehe, werden aber nur 80 cm hoch. Der beliebteste Anlaufpunkt für Besucher ist hier der See ***Blue Hole*** in einem alten Steinbruch (vom Hwy #1 dem Key Deer Blvd 3 mi folgen). Dort leben Schildkröten und Alligatoren, die sich von einer Aussichtsplattform beobachten lassen. Nur wenige hundert Meter weiter beginnt ***Watsons Nature Trail***, ein Lehrpfad (1 km) durch den Lebensraum des *Key Deer*; www.fws.gov/nationalkeydeer.

Information

Lower Keys Chamber of Commerce, MM 31, 31020 Overseas Hwy, Big Pine Key, © 1-800-872-3722; www.lowerkeyschamber.com.

Restaurants

- Beliebt für seine gute Küche ist ***Keys Cuisine***, MM 30, 30233 Overseas Hwy; im August/Sept bei großer Hitze geschlossen
- ***Mangrove Mama's***, MM 20 auf Sugarloaf Key, hat gute *Seafood*, © (305) 745-3030; www.mangrovemamasrestaurant.com.

Unterkunft

Die ***Big Pine Key Fishing Lodge*** (MM 33, 33000 Overseas Hwy, © 305-872-2351) hat **Motel** (ab $134) und ***Campground*** (ab $43) mit Strand und Pool; www.bpkfl.com.

Südlich Big Pine Key hält die meisten Key-Touristen nichts mehr auf, sie fahren schnurstracks durch bis Key West. Zwar gibt es auf den südlichen Keys tatsächlich nicht mehr ganz viel zu sehen, aber einige Hinweise dürfen nicht fehlen:

Torch Keys

Da wären zunächst die drei Torch Keys, die nach dem ***Torchwood Tree*** benannt sind. Sie gehören zu den wenigen Inseln, auf denen noch **wilde Limonen** wachsen, eine für die in Südflorida beliebte Limonentorte ***Key Lime Pie*** (➤ Seite 167 unten) unverzichtbare Frucht. Die Torch Keys sind bewohnt, aber vom Wohlstand anderer Inseln ist dort nicht viel zu spüren.

Little Palm Island

Den totalen Kontrast zu den ärmlichen Torch Keys liefert **Little Palm Island** weiter westlich, das man nur per Boot oder Flugzeug erreichen kann (MM 28,5). Auf dieser kleinen Insel erholen sich Millionäre in einem der exklusivsten Resorts weltweit. Zimmer kosten dort ab $900/Nacht (ohne Verpflegung). Neugierig? Dann mal die Website ansehen: www.littlepalmisland.com.

Tauchparadies Ramrod Key

An die Torch Keys schließt sich **Ramrod Key** an, die für das schönste Stück Riff der Korallenkette vor den Keys bekannt ist. Es wird geschützt durch das *Looe Key Sanctuary Preservation Area*. Dort können Taucher das **Wrack der *Adolphus Busch*** erkunden. Das Schiff wurde absichtlich versenkt, um ein **künstliches Riff** zu schaffen und das Tauchen noch interessanter zu machen. **Halbtägige Tauchausflüge** (ab $69 Tauchen, $39 Schnorcheln) werden z.B. vom ***Looe Key Reef Resort*** angeboten; MM 27,5; 27340 Overseas Hwy, DZ ab $115, © 1-877-816-3483; www.diveflakeys.com.

Sugarloaf Key

Über Summerland und **Cudjoe Key** geht es weiter zum **Sugarloaf Key**. Dort steht der ***Bat Tower*** aus den 1920er-Jahren. Er sollte helfen, Fledermäuse auf die Keys zu locken. Man versprach sich davon eine erfolgreiche Bekämpfung der Mosquitoplage. Der Plan schlug fehl – was blieb, ist der seltsame Holzturm. Abzweigung buchtseitig zum kleinen Airport (MM 17); www.roadsideamerica.com/tip/238.

Ankunft auf Key West

Auf den letzten Meilen wird die #1 zur breiten Schnellstraße. Über die vorgelagerte Stock Island stößt sie auf den das nördliche Key West umrundenden **Roosevelt Boulevard**. Wer nicht gerade eine Adresse auf der Südseite der Insel direkt ansteuern will, hält sich für die Fahrt ins Zentrum am besten buchtseitig und folgt dem Straßenzug North Roosevelt Blvd/Truman Ave bis Duval Street.

Key West Mallory Square, ➤ *Seite 168*

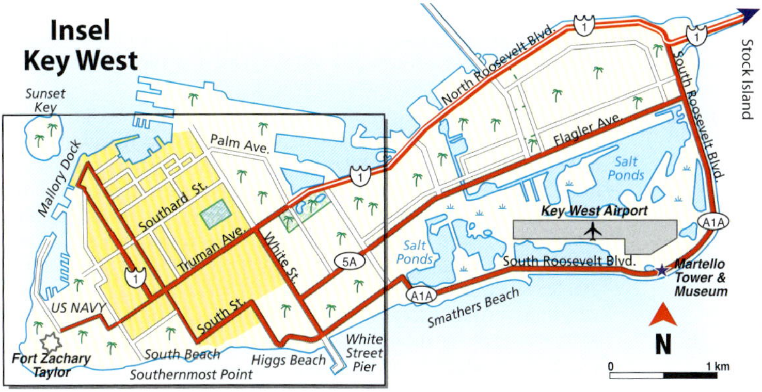

2.5 Key West

2.5.1 Geschichte

Ursprung des Namens

Nachdem man stundenlang über Inseln mit komplizierten Namen fuhr, scheint es mit der Endstation der Fahrt über die Keys einfacher auszusehen. Schließlich ist man auf der westlichsten Insel der Kette angelangt; und warum sollten die ersten Siedler ihren Wohnort nicht entsprechend benannt haben? Tatsächlich beruht der Name Key West auf einem Missverständnis, das in ähnlicher Form bereits die Bezeichnung *keys* für *cayos* hervorbrachte. Die ersten englischsprechenden Bewohner der Insel verstanden die spanischen Bezeichnung ***Cayo Hueso*** (= Knocheninsel) nicht und so, da für sie *Hueso* wie *West* klang, wurde daraus **Key West**.

Der Hintergrund für diesen seltsamen Namen ist Legende. Die ersten spanischen Seeleute, die Key West im frühen 16. Jahrhundert betraten, sollen dort bergeweise Menschenknochen gefunden haben. Sie hielten die indianischen Einwohner der südlichen Keys deshalb für Menschenfresser. Und so galt Key West lange als unheimlich und gefährlich. Da sich dort im 18. und frühen 19. Jahrhundert nichtsdestoweniger Piraten niedergelassen hatten, um von dieser Basis aus Raubfahrten in die Karibik zu unternehmen, passte das gut zum Image der Insel.

Erste Jahre

Key West ist der **älteste Ort auf den Keys**. 1821, als die USA den Spaniern Florida abkauften, wechselte auch Key West den Besitzer. Der Geschäftsmann *John Simonton* aus Alabama zahlte dem Spanier *Juan Salas* dafür damals $2.000. Nur wenig später traf amerikanisches Militär ein, am Hafen wurde zum ersten Mal die US-Flagge gehisst und Key West zu einem Marinestützpunkt. In den ersten Jahren der amerikanischen Präsenz führte man zunächst Kleinkrieg gegen die Piraten auf den umliegenden Inseln.

Erst nach dem erfolgreichen Abschluss dieses Krieges kamen Siedler in nennenswerter Zahl. 1850 zählte man immerhin schon an die 3.000 Einwohner, die vorwiegend aus Neu-England und von den Bahamas zugewandert waren.

Wrecking

Die wirtschaftliche Grundlage des Lebens auf Key West bestand damals fast ausschließlich aus dem sogenannten ***Wrecking***, d.h. dem Ausplündern von auf Riffe geratenen und gesunkenen Schiffen. Dies war nicht etwa eine Fortsetzung des Piratendaseins mit anderen Mitteln, sondern eine durchaus legale Beschäftigung. Wegen der vielen Riffe rund um die Keys gerieten dort ständig Schiffe in Seenot. Wer in solchen Fällen als erstes bei dem sinkenden Schiff eintraf und die Besatzung rettete, hatte einen rechtlich verbrieften Anspruch auf einen Großteil der Ladung und alles andere, was sich sonst noch an Bord befand.

Seafood Restaurant in Key West. Man achte auf die Fahrräder – nirgendwo sonst in den USA ist das Fahrrad ein so selbstverständlich genutztes Transportmittel

Wirtschaftsentwicklung

Als nach 1850 Leuchttürme für einen Rückgang der Schiffsunfälle sorgten, war man darüber in Key West sicher nicht erfreut. Man musste sich wohl oder übel auf andere Geschäftszweige umstellen. Zur ohnehin schon betriebenen **Fischerei** kam der Handel mit **Schwämmen**, die es in den flachen Gewässern rund um die Keys in Hülle und Fülle gab. Außerdem zog es immer mehr kubanische Einwanderer nach Key West, die aus ihrer Heimat die Kunst der **Zigarrenherstellung** mit auf die Keys brachten. In den Blütezeiten dieser Industrie wurden auf Key West jährlich hundert Mio. Zigarren gewickelt– mit der schönen Folge, dass Key West in den 1880ern nicht nur zur größten Stadt Floridas aufstieg, sondern auch das höchste Pro-Kopf-Einkommen im gesamten Staat erwirtschaftete.

Krisen

Doch damit war es bald vorbei. Zunächst wurden die Schwammbänke von einer Krankheit befallen. Dann kam es zu einem Konflikt zwischen Eignern und Arbeitern der Zigarrenindustrie, der damit endete, dass die großen Fabriken nach Ybor City in Tampa umzogen (➤ Seite 362). Nach dem 1. Weltkrieg begann auch noch die US-Navy, sich langsam zurückzuziehen, was den Verlust weiterer Arbeitsplätze zur Folge hatte. Den Tiefpunkt seiner Entwicklung erlebte Key West in den 1930er-Jahren während der **Weltwirtschaftskrise**. Als 1935 auch noch die Bahnverbindung vom Orkan zerstört wurde , was die Insel vom Rest der Welt abschnitt, wäre die Bevölkerung fast komplett evakuiert und der Ort Key West dem Verfall überlassen worden.

Tourismus und Prominenz

Dass es am Ende so weit nicht kam, verdankt die Insel ihrem warmen Winterklima und ihrer exotischen Lage am Rand der Karibik. Das Potential dieser Kombination erkannte man zuerst Ende der 1930er-Jahre, als Key West – zunächst langsam – vom **Tourismus** entdeckt wurde. Nach dem 2. Weltkrieg machte sogar der damalige Präsident *Truman* Urlaub auf Key West. Außerdem etablierte sich in der kleinen Stadt eine lebenslustige **Künstlerkolonie**. Die Dichterin *Elizabeth Bishop* und der Dramatiker ***Tennessee Williams*** waren die ersten bekannten Größen, die in Key West blieben. Es folgten viele andere, darunter ***Ernest Hemingway***, dessen früheres Wohnhaus zur bekanntesten Sehenswürdigkeit des Ortes aufstieg. Spätestens mit *Hemingway* wurde die Insel weltberühmt. Vom Mythos des Literatur-Nobelpreisträgers von 1954 zehrt man immer noch.

Feste

Heute leben die 25.000 Einwohner von Key West zu einem großen Teil vom Tourismus. Jährlich kommen an die 3 Mio Besucher (davon über ein Viertel Kreuzfahrt-Touristen) in die südlichste Stadt der kontinentalen USA. ***Highlights*** sind in Key West u.a. das ***Fantasy Fest*** mit Kostümparaden Ende Oktober, während der ununterbrochen gefeiert und getanzt wird (www.fantasyfest.com), und die ***Hemingway Days*** um dessen Geburtstag (21. Juli) herum. Populär ist dabei der *Hemingway-look-a-like-contest* (Ähnlichkeitswettbewerb); www.fla-keys.com/hemingwaymedia.

2.5.2 Praktisches

Parken

Im zentralen Key West einen Parkplatz zu finden, ist **schwierig**. Weiträumige Parkverbote, zugeparkte Straßen dort, wo es erlaubt ist, und vollbesetzte, dazu teure Parkplätze sind normal. Am besten lässt man sein Auto bei der Unterkunft, so vorhanden, geht zu Fuß oder leiht ein Fahrrad oder Moped. Chancen auf einen **Parkplatz** hat man am ehesten im Bereich der ***Smathers Beach***.

Information

Key West Chamber of Commerce, 510 Greene Street, ✆ (305) 294-2587; www.keywestchamber.org.

Alternative Stadtführung

Bis heute ranken sich viele gruselige Anekdoten um Key West. Es gibt sogar eine Stadtführung, die den Spuren von Verbrechern und Geistern folgt. Bei Dunkelheit geht's mit einer Laterne durch die Gassen der Altstadt, zum Friedhof, in Gebäude, die einen Hausgeist beherbergen, und zu einem alten Baum, der früher einmal als Galgen diente. Dazu erzählt werden blutrünstige Geschichten.

Zur Schwulen- und Lesbenszene in Key West

Bei einer Onlinebefragung nach dem besten Reiseziel in der Kategorie »Schönwetter-Destinationen« stimmten 37% der schwulen bzw. lesbischen Teilnehmer für Key West, das damit weit vor anderen Zielen auf Platz 1 lag. Über 200.000 Besucher sollen es jedes Jahr sein, die in der lockeren Atmosphäre von Key West ihresgleichen suchen und finden. Vor allem die Duval Street bietet Schwulen und Lesben unübersehbar eine große Zahl einschlägig orientierter Bars, Bistros und Boutiquen.

- ***La Te Da***, 1125 Duval Street, www.lateda.com, ist ein Komplex mit Restaurant, mehreren Bars und Hotel, Transvestitenshows und Themenabenden
- ***Bourbon Street Pub***, 724 Duval Street, www.bourbonstpub.com, mit Gartenbar/-pool
- ***Aqua Key West***, 711 Duval Street, www.aquakeywest.com, Tanzclub mit Karaoke und *Drag Queen*-Show

Diese ***Ghost Tours of Key West*** beginnen gegen 20 Uhr; 430 Greene Street, © (305) 294-9255, $21/$13; www.hauntedtours.com.

Unterkunft

- Die mit Abstand preisgünstigste Übernachtungsmöglichkeit bietet das ***Key West Hostel*** mit ***Seashell Motel***; 718 South St, ab $49/Bett, $159 DZ, © (305) 296-5719; www.keywesthostel.com.
- **Vermittler** für Motel- oder Hotelzimmer sind ***Vacation Key West*** (eher für Motels, © 1-800-595-5397; www.vacationkw.com) und die ***Key West Inns*** (eher für Hotels und *B&Bs*, © 1-800-492-1911; www.keywestinns.com).
- **Auf eigene Faust** sieht man sich am besten am **North Roosevelt Boulevard** um. Dort sind bekannte Hotelketten gut vertreten, u.a. ***Quality Inn*** (#3824, © 1-800-533-5024), ***Fairfield Inn*** (#2400, © 305-296-5700, www.fairfieldinnkeywest.com) oder ***Marriott Courtyard*** (#3031, © 305-296-6595, www.marriott.com/eywcy). © der Hotelketten ➤ Seite 61.

Die Preise der Hotels schwanken je nach Saison extrem. In der Zeit von Weihnachten bis nach Ostern kosten selbst einfachste Zimmer kaum unter $150, nach oben gibt es kaum Grenzen.

- Als eine der besten Adressen gilt das ***Westin Key West Resort & Marina***, 245 Front Street, selten unter $400, © 1-866-837-4250; www.westinkeywestresort.com.
- Im historischen **Ortskern** gibt es eine Reihe **hübscher kleiner Hotels und *B&Bs***, u.a. ***La Pensione*** (809 Truman Ave, ab $188, © 1-800-893-1193; www.lapensione.com), das prima gelegene ***Southernmost Point Guest House*** (1327 Duval Street, ab $170, © 305-294-0715; www.southernmostpoint.com), ***Merlin Guesthouse*** (811 Simonton Street, ab $269, © 1-800-549-4430; www.historickeywestinns.com) und ***Casa Marina Waldorf Astoria Resort*** (1500 Reynolds Street am Ozean, nicht ganz billig: ab $339, © 1-866-203-6392; www.casamarinaresort.com).

Camping

- Wer nicht unbedingt direkt auf Key West seinen Camper parken oder sein Zelt aufschlagen möchte, sollte den gut ausgestatteten ***Sugarloaf Key/Key West KOA*** *Campground* (mit Strand & Bootsanleger) in Erwägung ziehen; MM 20, 251 State Rd 939, $68-$99, © 1-800-562-7731; www.koa.com/campgrounds/sugarloaf-key.

- Näher an Ort und Insel Key West liegt ***Boyd's Key West Campground*** auf der vorgelagerten Stock Island mit einigen Stellplätzen direkt am Wasser, andere Plätze zumindest akzeptabel; sanitär sehr gut, Pool; 6401 Maloney Avenue, am östlichen Ortsrand südlich in die 3rd Street abbiegen, $55-$126, © (305) 294-1465; www.boydscampground.com.
- ***Leo's Campground***, 5236 Suncrest Road, Stock Island, $39-$75, © (305) 296-5260; www.leoscampground.com.

Restaurants

- ***Turtle Kraals***, 231 Margaret Street, *Seafood* in lockerer Atmosphäre am Hafen im *Land's End Village*; © (305) 294-2640; www.turtlekraals.com.
- Fisch und Steaks gibt's im ***Commodore Waterfront Steakhouse***, 700 Front St, © (305) 294-9191; www.commodorekeywest.com.
- Das ***A & B Lobster House*** ist für gutes *Seafood* bekannt, 700 Front Street, © (305) 294-5880, www.aandblobsterhouse.com.
- ***El Meson de Pepe*** gilt als bestes kubanisches Restaurant in Key West. Wo heute auch Zigarrenroller ihre Kunst demonstrieren, kamen **im 19. Jahrhundert die kubanischen Flüchtlinge an,** 410 Wall Street, beim Mallory Square im *Cayo Hueso y Habana*, © (305) 295-2620; www.elmesondepepe.com.
- Moderne amerikanische Küche offeriert das ***Pisces***, 1007 Simonton Street, © (305) 294-7100; www.pisceskeywest.com.
- ***Mangia Mangia*** serviert italienisches Essen (recht preiswert), 900 Southard St, © (305) 294-2469; www.mangia-mangia.com.
- **Kubanische Speisen** sind preiswert im einfachen ***El Siboney Restaurant*** in der 900 Catherine Street, © (305) 296-4184, www.elsiboneyrestaurant.com.
- Wer die berühmte ***Key Lime Pie***, eine Baiser-Limonen-Torte, probieren möchte, sollte über die Greene Street zur Elizabeth Street gehen (3 Blocks von der Duval Street entfernt). Auf der Ecke steht dort ***Kermit's Key West Key Lime Shoppe*** mit der angeblich besten *Lime Pie* der Insel; www.keylimeshop.com.

Per Conch Train die große Key West Tour zu machen, ist ein ziemlich teurer Spaß (➤ Seite 169). Besser mietet man ein Fahrrad.

2

2.5.3 Besichtigung

Mallory Square und Pier

Zentraler Anlaufpunkt und zugleich die touristischste Ecke im ohnehin sehr touristischen Key West ist der **Mallory Square** am nordwestlichen Ende der Altstadt direkt am Wasser. Dort legen auch die großen **Kreuzfahrtschiffe** an, die über die niedrigen Gebäude von Key West hinausragen und sie wie Spielzeughäuser erscheinen lassen. Die Kreuzfahrtpassagiere bleiben immer nur ein paar Stunden, kaufen schnell ein T-Shirt, trinken bei *Sloppy Joe's* einen Cocktail und eilen dann schon wieder zum Schiff zurück, um am nächsten Tag auf den Bahamas einen ähnlichen Landausflug zu wiederholen. Die Schiffe müssen aber nicht nur deswegen schon vor Sonnenuntergang wieder ablegen. Abends versammelt sich nämlich die halbe Stadt auf der ***Mallory Pier***, um der im Meer versinkenden Sonne zu applaudieren. Die Ankerzeiten der Kreuzfahrtschiffe findet man hier: www.keywestcity.com/department/calendar.php.

Sonnenuntergangsparty

Diese **tagtägliche Party** ist schon seit den 1960er-Jahren eine Key West-Tradition, als sich Hippies regelmäßig abends am Wasser versammelten, musizierten, ein paar Joints rauchten, der Sonne beim Untergang zusahen und ihr Beifall zollten. Mittlerweile ist das allabendliche Spektakel ziemlich kommerzialisiert. Zu den Akrobaten, Wahrsagern und Feuerschluckern haben sich viele Händler gesellt, die Souvenirs und Getränke verkaufen. Es gibt aber immer noch exzentrische Gestalten, wie man sie sonst kaum zu Gesicht bekommt. Und im Moment, wenn die letzten Sonnenstrahlen verschwinden, brandet der Applaus auf wie eh und je; www.sunsetcelebration.org.

Rundfahrten

Der Mallory Square (➪ Foto Seite 162) ist auch ein guter Ausgangspunkt für die Erkundung von Key West, da von dort aus die Orientierung leicht fällt. Die **Stadtrundfahrten** beginnen ebenfalls am Square. Es gibt zwei verschiedene; beide sind auf fast identischer Route unterwegs und umrunden dabei die Insel:

Warten auf den Sonnenuntergang am Mallory Square

Das Key West Shipwreck Museum ist äußerlich besonders originell und hat auch noch einen Aussichtsturm

- Der ***Conch Train*** ist eine Art offener Zug, der an Vergnügungsparks á la *Disney* erinnert und von einem als Lokomotive verkleideten Jeep gezogen wird; www.conchtourtrain.com.
- Die Wagen des ***Old Town Trolley*** sehen aus wie die *Cable Cars* aus San Francisco, haben aber den Vorteil, dass man sie an 13 Haltestellen nach Belieben verlassen und wieder zusteigen darf: ***Hop-on-hop-off***; www.trolleytours.com/key-west.

Kosten der Trolley Tours/ Rundgang

Die **$30 pro Person** (bis 12 Jahre frei) für diese Fahrten kann man sich aber sparen, denn Key West ist so **überschaubar**, dass man die interessanten Punkte **ganz gut zu Fuß** erreicht – solange es nicht zu heiß ist. So könnte man etwa vom Mallory Square die Whitehead Street bis zu ihrem Ende am *Southernmost Point* hinunterlaufen und dann die Duval Street wieder zurückspazieren. Dabei passiert man die meisten der spezifischen Sehenswürdigkeiten (inklusive *Hemingway House*), Cafés und Bars (*Sloppy Joe's*) und hat nebenbei viel von Old-Key West gesehen. Strukturierter folgt man bei ausgeprägtem lokalen Interesse der ausgeschilderten ***Key West Historic Marker Tour***, die 50 historisch bedeutsame Gebäude und Plätze verbindet (überwiegend in der Altstadt). Details unter www.key westhistoricmarkertour.org.

Aquarium

An der Ecke Mallory Square in der #1 Whitehead Street befindet such die älteste Touristenattraktion der Stadt, das ***Key West Aquarium***. Es entspricht nicht mehr modernen Standards, ist aber eine der wenigen Attraktionen in Key West, die auch für Kinder interessant ist, zumal man dort Fische anfassen und füttern darf; täglich 10-18 Uhr, Eintritt $16, bis 12 Jahre $8, ✆ 1-888-544-5927; www.keywestaquarium.com.

Schiffswracks & Schätze

Es gibt gleich drei Museen, die sich den Schiffen, die vor den Keys sanken, Piraten und Schätzen widmen:

- Im ***Key West Shipwreck Museum*** in einem Holzhaus mit Personal in historischen Kostümen von 1856 stehen Multimediales und ein Panoramablick vom knapp 20 m hohen Aussichtsturm

im Vordergrund; 1 Whitehead Street, täglich 9.40-17 Uhr, Eintritt $15, Kinder $8, © (305) 292-8990, www.keywestshipwreck.com.

- Im ***Mel Fisher Maritime Museum*** schräg gegenüber sind **echte Funde** ausgestellt. *Mel Fisher* war einer der bekanntesten Schatzsucher Floridas. Er entdeckte u.a. die *Nuestra Señora de Atocha* und die *Santa Margarita,* die beide 1622 einem Hurrikan zum Opfer fielen. Teile seiner Funde sind nun hier zu bewundern; 200 Greene Street, Mo-Fr 8.30-17, Sa-So ab 9.30 Uhr, Eintritt $15/$5, © (305) 294-2633; www.melfisher.org.
- Das dritte Museum, das gleich um die Ecke liegt, nähert sich dem Thema aus anderer Perspektive. Im ***Oldest House Museum*** kann man sehen, wie Key West vom Plündern der gesunkenen Schiffe profitierte. In diesem ältesten Haus der Insel von 1829 erfährt man zwar nicht ganz viel über die Beute, erhält aber einen Einblick in die Wohnkultur des frühen Key West; 322 Duval Street; Mo, Di, Do, Fr, Sa 10-16 Uhr, Eintritt frei; www.oirf.org.

Audubon House

Gegenüber *Mel Fishers Museum* steht das wunderschöne ***Audubon House***, das an den Naturliebhaber und Maler ***John James Audubon*** erinnert. Er besuchte 1832 Key West und zeichnete dort typische Pflanzen und Tiere der Insel. Das nach ihm benannte Haus war genaugenommen noch gar nicht fertig, als sich *Audubon* dort aufhielt und einige Zeit in dessen Garten verbrachte. Wem es genügt, in Key West nur eine der alten Villen zu besichtigen, kommt im *Audubon House* eher auf seine Kosten als im oft vollen *Heming-*

way House; 205 Whitehead Street, täglich 9.30-17 Uhr, Eintritt $12, bis 12 Jahre $5, © 1-877-294-2470, www.audubonhouse.com.

Little White House

Wenn man der Front Street ein Stück weiter folgt, steht man bald vorm Eingang zum sog. ***Little White House***, in dem **Präsident *Harry S. Truman*** des öfteren seine Ferien verbrachte. Das Haus ist zwar weiß, sieht aber dem Washingtoner »Weißen Haus« nicht eben ähnlich. Immerhin regierte *Truman* von dort aus zeitweilig die USA; 111 Front Street, täglich 9-17 Uhr, Eintritt $17, bis 12 Jahre $6, © (305) 294-9911; www.trumanlittlewhitehouse.com.

Man kann das Gebäude nur im Rahmen von **Führungen** besichtigen. Dabei sind weniger die Einrichtungsgegenstände interessant, als vielmehr die mit Anekdoten gefüllten Erläuterungen zu *Truman* und seinen Aufenthalten in Key West. Es wird außerdem ein kurzer Film über diesen Präsidenten gezeigt. Auch sein Nachfolger *Eisenhower* machte später Urlaub auf Key West, verzichtete aber darauf, im *Little White House* zu wohnen. Als Republikaner wollte er auf keinen Fall in einem Bett übernachten, in dem sein ihm verhasster demokratischer Vorgänger geschlafen hatte.

Hemingway Home & Museum

Zurück auf der Whitehead Street sind es noch sieben Blocks bis zum ***Hemingway Home & Museum***, dessen Besichtigung vor allem für *Hemingway*-Fans lohnt. Wer den James-Bond-Film ***License to Kill*** gesehen hat, wird z.B. den Schauplatz der Schlüsselszene wiedererkennen, in der *Timothy Dalton* diese »Lizenz« entzogen wird – sie wurde auf dem Balkon des Hauses gedreht; 907 Whitehead Street, täglich 9-17 Uhr, Eintritt $13/$6; www.hemingwayhome.com.

Das zweistöckige Kalksteinhaus wurde 1851 im **spanisch-kolonialen Stil** erbaut, geschmackvoll eingerichtet und von einem tropischen Garten umgeben. Dort leben zahlreiche Katzen, die angeblich alle von den Haustieren des Schriftstellers abstammen. In einem Nebengebäude darf man einen Blick in das Arbeitszimmer des Autors werfen, in dem außer Schreibtisch und Büchern auch ein paar seiner Jagdtrophäen zu sehen sind. ***Ernest Hemingway*** lebte von 1931 bis 1940 in diesem Haus, bevor es ihn nach Kuba zog. In diesen Jahren in Key West arbeitete er an einigen wichtigen Werken, so an seinem Roman über den spanischen Bürgerkrieg *For Whom the Bell Tolls* (»Wem die Stunde schlägt«) und dem nicht ganz so bekannten Titel *To Have and Have Not* (»Haben und nicht haben«), dem einzigen, dessen Handlung in Key West spielt.

Südlichster Punkt der USA

Vom *Hemingway Home & Museum* sind es noch etwa 500 m die Whitehead Street hinunter bis zur Atlantikküste. Dort steht ein tonnenförmiges Monument, das schwarz-rot-gelb bemalt ist und die Aufschrift ***Southernmost Point Continental USA*** trägt. Denn hier steht man zwar am südlichsten Punkt, aber eben nur der kontinentalen Vereinigten Staaten. Hawaii liegt noch weiter südlich als Florida. Früher befand sich hier nur eine Tafel, doch sie wurde regelmäßig gestohlen, daher entschloss man sich irgendwann zu diesem schweren Betonmonstrum in Form einer Boje.

Ein Muss auf Key West: Erinnerungsfoto am südlichsten Punkt der kontinentalen USA, nur 90 mi von Cuba entfernt

»Conch«

Über den Worten *Southernmost Point* sieht man auf der Boje ein **Dreieck**, auf dem eine **Muschel** abgebildet ist. Es handelt sich dabei um die einheimische, rosafarbene Muschelsorte ***Conch*** (Aussprache: Konk, deutsch: Tritonshorn-Muschel). Sie ist eine Art **Symbol für Key West** – alteingesessene Bürger bezeichnen sich ebenfalls als ***Conchs***, Stadtrundfahrten werden mit dem ***Conch Train*** veranstaltet, und die typischen alten Holz-Wohnhäuser im viktorianisch-karibischen Stil mit Veranda nennt man ***Conch Houses***.

Conch Republic

Die Muschel auf dem Denkmal trägt außerdem den Schriftzug ***The Conch Republic***. Er erinnert an eine abenteuerliche Episode, die sich 1982, kurz vor Errichtung dieses Monuments, ereignete. Damals wie heute hatten die Behörden in Südflorida Mühe mit der Bekämpfung von Schmuggel und Drogenhandel. Da es unmöglich ist, die endlosen Küsten der Keys zu kontrollieren, beschlossen die Grenzschützer, bereits am Nordende des Hwy #1 bei Florida City Kontrollpunkte zu installieren und dort alle Autos zu überprüfen. In Key West war man über diese Maßnahme so erbost, dass eine kleine Revolution ausbrach. Wenn die Behörden Key West wie feindliches Ausland behandeln wollten und vor dem Festland quasi Grenzkontrollen errichteten, dann könne man ja gleich aus den USA austreten, meinten damals viele.

So erklärte sich **Key West am 23. April 1982 für unabhängig** und gab sich den Namen **Conch Republic**. Dies war zwar nicht wirklich ernst gemeint, aber medienwirksam. Immerhin entwarf man eine **eigene Flagge** und druckte **eigene Pässe**. Das Internet hat diese Verrücktheit wieder neu entfacht: die »einzige erfolgreich von den USA abgespaltene« Republik lebt! Wer da mitmachen möchte: ein einfacher Pass kostet $100, Honorarkonsul-Ehren samt Urkunde $1.250 und ein Botschafter-Posten $10.000: www.conchrepublic.com.

Beaches

Östlich vom *Southernmost Point* beginnt die ***South Beach***. Am südlichen Ende der Reynolds Street stößt man auf die ***Higgs Beach*** mit Picknicktischen und Grillrosten. Der längste Strand ist die ***Smathers Beach*** (S Roosevelt Blvd). Alle anderen Strände sind **schmal**, oft ziemlich **voll** und nicht umwerfend.

Den schönsten Strand mit klarem tiefen Wasser hat die ***Fort Zachary Taylor Beach*** im gleichnamigen *State Park* in der Südwestecke der Insel. Zufahrt über Front und Southard Street, dann übers US-Navy Gelände; 601 Howard England Way, $6/Auto, $2/Fußgänger, ab 8 Uhr; www.floridastateparks.org/forttaylor.

Fort Zachary Taylor

Im Eintritt für den *State Park* eingeschlossen ist auch die Besichtigung des blendend erhaltenen mächtigen Forts, das einst den äußersten Zipfel der USA gegen die Konföderierten, Ende des 19. Jahrhunderts gegen die Spanier und sogar im 2. Weltkrieg gegen deutsche Angriffe verteidigen sollte, die nie kamen. Aber selbst im Bürgerkrieg sah es keine nennenswerten Kampfhandlungen. Die ab 1845 gebaute Festung wurde 1947 endgültig außer Dienst gestellt, später restauriert und 1985 für Besucher freigegeben. Der Besuch von Strand und Fort ist ein gutes Kontrastprogramm zu den kommerziellen Attraktionen in Key West. Das ***Cayo Hueso Café*** lädt mit Strand-Terrasse zum Verweilen ein.

Schöne Bilder liefert die Website www.fortzacharytaylor.com.

Duval Street

Von der South Beach läuft die **Duval Street**, die beliebteste und belebteste Straße von Key West, schnurgerade hinauf bis zum Mallory Square (2 km). Die **Souvenirgeschäfte**, in denen man die üblichen T-Shirts, Postkarten, Muscheln und kitschigen Andenken erstehen kann, scheinen an ihr kein Ende zu nehmen, und auch manche der Restaurants und Bars sehen so aus, als ob sich schon lange kein Einheimischer mehr dorthin verirrt hat.

Die beiden bekanntesten Bars in der Duval Street sind indessen echte Institutionen: ***Margaritaville*** (#500; www.margaritavillekeywest.com, © 305-292-1435) und ***Sloppy Joe's*** (#201; www.sloppyjoes.com, © 305-294-5717), angeblich *Ernest Hemingways* Lieblingskneipe. An den Autor erinnert u.a. der Cocktail ***»Papa Dobles«*** (Bacardi, Limonen-, Grenadinen- und Grapefruitsaft).

Smathers Beach

»Pappa« Hemingways Stammkneipe, www.sloppyjoes.com

Tanzen geht man im ***Rick's Upstairs***, #202; www.ricksbarkeywest.com. Das ***La Te Da*** (#1125) ist mit seinen Bars einer der bekannteren Schwulen-Treffpunkte und veranstaltet regelmäßig ***Drag Shows***, ➤ Seite 166.

Shopping

Unter den vielen *Shops* lohnen sich u.a. die älteste Kunstgalerie auf der Insel ***Gingerbread Square Gallery*** (#1207; www.gingerbreadsquaregallery.com) oder auch der ***Key West Cigar Club & Smoke Shop*** (#335; www.keywestcigarclubsmokeshop.com) mit Tabakwaren, die allerdings – im Gegensatz zur Vor-Castro-Zeit – bis 2015 nicht aus Kuba stammten. Einfuhr und Verkauf echter kubanischer Zigarren kann erst nach offizieller Aushebung des US-Embargos duch den amerikanischen Kongress erfolgen.

Kulturelle Kontrapunkte

Wie überall in Key West vermischen sich auch entlang der **Duval Street** Kommerz und Kultur. Zwischen lauten Bars und kitschigen Läden verbergen sich ein paar echte »Perlen«. Das ***Instituto San Carlos*** z.B. ist nicht nur ein interessantes, im kubanischen Barockstil erbautes Gebäude, es fungiert auch als eine Art **kubanisches Kulturzentrum** mit Konzerten und Ausstellungen; #516; www.institutosancarlos.org.

Im Haus #108 befindet sich das Kuriositäten-Kabinett ***Ripley's Believe It or Not*** (täglich 9-20 Uhr, Eintritt $15, bis 12 Jahre $10; www.ripleys.com/keywest; zu *Ripley's* generell ➤ Seite 275).

Das kleine ***Red Barn Theatre*** bietet oft ein abwechslungsreiches Programm; #319, drei Blocks weiter in Richtung Mallory Square; ✆ (305) 296-9911; www.redbarntheatre.com.

Friedhof

Außer einem Bummel über die Duval Street sollte man sich auch noch einen Spaziergang durch ruhigere Wohngegenden gönnen. Dafür kommen fast alle Quer- und Parallelstraßen der Duval Street in Frage. Als Ziel kann man sich dabei z.B. den nicht weit entfernten und sehr interessanten **Friedhof** zwischen der Olivia und der Angela Street nehmen. Da die Insel nur knapp über dem Meeresspiegel liegt, sind in Key West die Toten nicht tief begraben, viele Gräber sogar überirdisch angelegt. So entstand eine Friedhofsarchitektur mit **Grabmälern** und Wänden, die an die **Totenstädte in New Orleans** erinnert.

Key West und Kuba: alte Nachbarn, »Eiszeit« und Zukunft

Der Blick auf die Landkarte zeigt es klar und deutlich: von Key West ist es nach Kuba näher als nach Miami – vom Rest des Staates und der USA ganz zu schweigen. Und ständig stolpert man in Key West über Kubanisches. Ein Teil der Bevölkerung stammt von Einwanderern ab, die schon im 19. Jahrhundert aus Kuba hierher kamen. Sie brachten neben ihrer Sprache und der kubanischen Küche die **Zigarrenproduktion** auf die Insel, von der viele Bewohner lange Jahre lebten. Der Tabak für die »kubanischen« Zigarren, die man überall erstehen kann, kommt allerdings nicht aus Kuba, sondern wegen des strengen Einfuhrverbots für kubanische Produkte meist aus anderen Ländern.

Vor der Revolution in Kuba war Key West auch verkehrstechnisch aufs engste mit der großen Nachbarinsel verbunden. Wo heute nördlich des Mallory Square das *Pier House* steht, befanden sich bis in die 1950er-Jahre die sogenannten ***Havana Docks***, Anleger der Autofähre nach Kuba. **Die ersten Flüge** ab den USA nach Kuba, zugleich die ersten Flugverbindung aus den USA ins Ausland überhaupt, starteten ebenfalls in Key West (Oktober 1927).

Die **Künstlerkolonie** von Key West war schon immer von Kuba und dessen Kultur fasziniert. *Ernest Hemingway* zog sogar von Key West ganz nach Kuba, und *Tennessee Williams* stattete, während er in Key West lebte, *Fidel Castro* einen Besuch ab.

Obwohl in den 1960er-Jahren alle offiziellen Verbindungen mit Kuba unterbrochen wurden, war man sich in Key West der Nähe zu Kuba immer bewusst. Als in den 1980ern die Präsenz der US-Navy in Key West massiv reduziert werden sollte, startete der Bürgermeister aus Sorge um Arbeitsplätze eine ganz besondere Protestaktion, er surfte persönlich nach Kuba (ca. 90 mi), um die US-Regierung daran zu erinnern, wie nahe Key West dem kommunistischen »Feind« Kuba ist.

Aber um den Kommunismus ist es bekanntlich nicht mehr gut bestellt. Auch ***Fidel Castro*** hat mittlerweile abgedankt und alle Regierungsämter an seinen Bruder ***Raúl*** abgetreten. Das Feindbild verblasst mehr und mehr. Zuletzt haben sich beide Staaten stark aufeinander zubewegt: Ende September 2014 kam es zum historischen Handschlag zwischen *Barack Obama* und *Raúl Castro* und zum ersten persönlichen Gespräch zwischen den Präsidenten beider Länder seit fast 60 Jahren. Anschließend wurden die diplomatischen Beziehungen wieder aufgenommen und Botschaften in beiden Hauptstädten eröffnet. Die offizielle Aufhebung des seit Jahrzehnten bestehenden Wirtschaftsembargos hängt noch von der Zustimmung des US-Kongresses ab; sie dürfte aber nur eine Frage der Zeit sein.

Direkte Flug- und Fährverbindungen sollen nach Aufbau der nötigen Infrastruktur wiederbelebt werden, darunter auch die **Route Key West-Havanna**. Vielleicht wird man noch in 2016 wieder von Key West aus per Schiff nach Kuba übersetzen können; einige Reedereien sind da ganz optimistisch, ➢ http://havanaferrypartners.com.

2

2.6 Abstecher auf die Dry Tortugas

»Fortsetzung« der Keys

Das Straßennetz der USA endet zwar in Key West, aber das heißt nicht, dass es keine weiteren Inseln mehr gibt. Westlich von Key West liegt in nur 30 km Entfernung zunächst die Inselgruppe der **Marquesas Keys**. Noch weiter westlich, gut 100 km von Key West entfernt, stößt man auf eine weitere Gruppe von sieben kleinen Inseln, die schon 1513 von *Ponce de León* entdeckt wurde. Er nannte die Inseln nach den dort auffallend vielen Schildkröten ***Las Tortugas***. Als sie später in amerikanischen Besitz übergingen, fügte man noch das Adjektiv ***dry*** hinzu, da es auf der ganzen Inselgruppe kein Frischwasser gibt.

Nutzung

Die Trockenheit verhinderte für lange Zeit eine Besiedelung. Erst 1825 wurde auf der **Garden Key** ein erstes Gebäude errichtet, ein Leuchtturm, der Schiffe vor den gefährlichen Riffen der umliegenden Gewässer warnen sollte. Gleichzeitig entwarf man weitreichende Pläne für die Inseln. Man wollte ihre exponierte Lage militärisch nutzen, um den Golf von Mexiko besser kontrollieren zu können. Der Plan für eine Befestigungsanlage auf den Dry Tortugas ging bereits auf Präsident *Thomas Jefferson* zurück (1801-1809). Aber erst 1846 begann man mit dem Bau des nach ihm benannten größten US-Küstenforts mit über 2 m dicken Mauern, ausgelegt für 450 Kanonen und eine Besatzung von 1.500 Soldaten.

Fort Jefferson

Genau wie im Fall von *Fort Zachary Taylor* auf Key West wurden die Bauarbeiten am ***Fort Jefferson*** zumindest in der ersten Phase von Sklaven ausgeführt. Nach Abschaffung der Sklaverei brachte man verurteilte Straftäter und Kriegsgefangene aus dem Bürgerkrieg auf die Insel. Das Ganze stand allerdings von Anfang an unter keinem guten Stern. Die Bauarbeiten kamen nur schleppend voran. Die ersten Mauern begannen bereits kurz nach Fertigstellung im weichen Sanduntergrund abzusacken. So zog man schon 1874 die wenigen dort effektiv stationierten Soldaten ab und überließ *Fort Jefferson* dem Zahn der Zeit.

Das bombastische Fort Jefferson besetzt bis auf einen Sandstreifen und eine kleine Landzunge die Insel Garden Key komplett

Das Wasserflugzeug landet nach nur 40 min am Strand von Garden Key, ist dafür aber auch erheblich teurer als der Bootsausflug

Nichtsdestoweniger blieben die Außenmauern der riesigen, sechseckigen Anlage einigermaßen erhalten. Das rote Fort, umgeben von Palmen und kleinen weißen Strandstücken mitten im türkis-blauen Meer, ist eine der eindrucksvollsten Sehenswürdigkeiten in Reichweite der Keys.

Dry Tortugas National Park

Seit 1992 bilden die 7 Inseln der ***Dry Tortugas*** einen **Nationalpark**, den am wenigsten besuchten der USA. Das liegt natürlich in erster Linie daran, dass er nur via Key West per Flugzeug oder Ausflugsboot zu erreichen, und der Transport dorthin recht kostspielig ist. Der Zutritt kostet **$10/Person**; www.nps.gov/drto.

Für Boot- bzw. Flugzeugtrips ab Key West gibt es zwei Veranstalter (Adressen unten). Die Preise dafür sind nicht so überzogen, wie es auf den ersten Blick scheinen mag, denn außer dem reinen Transport sind Frühstück und Mittagsbuffet an Bord, nicht-alkoholische Getränke, die Führung durchs Fort und die Ausleihe von Flossen, Taucherbrille und Schnorchel inbegriffen. Nach der gut zweistündigen Anfahrt und Fortbesichtigung hat man gute drei Stunden Zeit, um sich auf der Insel umzusehen, zu schwimmen und zu schnorcheln, bevor es wieder zurück nach Key West geht.

Transport im Detail

Der Katamaran ***Yankee Freedom III*** fährt ab *Key West Ferry Terminal*, 100 Grinnell Street, zur Garden Key ($175 inkl. NP-Eintritt, bis 16 Jahre $125). Die Fahrtzeit beträgt 2 Std. 15 min. Das Boot legt täglich um 8 Uhr ab (vorher *Check in* und *Boarding*) und ist gegen 17.15 Uhr wieder zurück, ✆ 1-800-634-0939; www.drytortugas.com.

Mit ***Key West Seaplane Adventures*** geht's schneller, aber ohne Verpflegung unterwegs und nur ca. 2,5 Std. Aufenthalt; $299, Kinder $239; mit Aufenthalt 6,5 Std. $525/$420 jeweils plus $10 Eintritt; ✆ (305) 293-9300; www.keywestseaplanecharters.com.

Camping

Unterkünfte und Restaurants gibt es auf den Dry Tortugas nicht. Aber neben dem *Fort Jefferson* befindet sich ein traumhaft gelegener, wiewohl sanitär einfachster **Zeltplatz**: dort kann man unter Palmen am Strand in himmlischer Ruhe campen. Wegen fehlender stehender Gewässer gibt es dort keine Moskitos! Man muss allerdings gut ausgerüstet sein und – einschließlich Trinkwasser – alles selbst mitbringen und auch Abfall wieder abtransportieren.

Da die *Yankee Freedom*-Reederei nur maximal 10 Camper pro Tag mitbringen darf, ist trotz der geringen Kapaziät des *Campground* (acht Plätze für jeweils drei 2-Personen-Zelte) immer gesichert, dass alle unterkommen. Der Engpass liegt also nur beim Fährboot (Reservierung der Passagiere mit Campabsicht unter © 1-800-634-0939). Der Transport der Camping-Utensilien kostet $20/Person zusätzlich. Camper müssen außerdem früher einchecken als die Tagesbesucher. Vor Ort zahlt man für den Stellplatz $15.

Die Rückfahrt kann an einem beliebigen späteren Tag erfolgen.

Aktivitäten

Außer der Besichtigung des Forts, Campen und Schwimmen können für die Dry Tortugas auch *Fishing*-, Tauch- und Schnorcheltrips gebucht werden, mehr unter www.nps.gov/drto.

Traumhaftes Camping auf Garden Key in enger Nachbarschaft zum Fort Jefferson

Top Ten auf den Keys

1. Ausflug auf die **Dry Tortugas** machen
2. ***Fort Zachary Taylor*** besichtigen und den vorgelagerten Strand genießen
3. Sich ins nächtliche **Kneipenleben von Key West** stürzen
4. Das ***Dolphin Research Center*** auf Grassy Key besuchen
5. **Glasbodenbootstour** im *John Pennekamp Coral Reef State Park* buchen
6. An der **Sonnenuntergangsparty** auf dem Mallory Square in Key West teilnehmen
7. Das ***Hemingway*** und/oder ***Audubon House*** in Key West besichtigen
8. An der ***Sandspur Beach*** von Bahia Honda Island baden und ggf. campen
9. Per Leihfahrrad oder -moped **Key West umrunden**
10. Das ***Pigeon Key Museum*** an der **Seven Mile Bridge** besuchen

3. KÜSTE DER KONTRASTE Von Miami nach Jacksonville

3.1 Zur Route

Von Miami Beach nach Fort Lauderdale

Wer von Miami in Richtung Norden fährt, kommt durch dicht besiedeltes Gebiet und kann wählen zwischen *Florida's Turnpike*, I-95 und den Straßen #1 oder #A1A. Die Autobahnen eignen sich nur fürs schnelle Vorankommen und die verkehrs- und ampelbelastete #1 ist keine sinnvolle Alternative. Mit ausreichend Zeit (wegen des ebenfalls langsamen Vorankommens) sollte die #A1A entlang der Küste in Betracht gezogen werden. Zwar gibt es an ihr auch unahnsehnliche Abschnitte, aber zwischen zahllosen Hotels, Motels und Apartmenthochhäusern sieht man auf ihr zumindest dann und wann das Meer und passiert **Strandzugänge**.

Miami Beach geht praktisch nahtlos in North Miami Beach über. Es folgt Hollywood, ein klangvoller Name, touristisch aber nur am Rande erwähnenswert. Immerhin warten dort die riesige ***Aventura Shopping Mall***, 19501 Biscayne Blvd (I-95, *Exit* 16; www.aventuramall.com) und das ***Seminole Hard Rock Hotel & Casino*** (Seminole Way zwischen Straße #441 und *Florida's Turnpike*) auf Gäste.

Von Fort Lauderdale nach Jacksonville

Knapp 330 mi sind es über die gebührenfreie Autobahn I-95 von Fort Lauderdale bis Jacksonville im Norden Floridas. En route entlang der Atlantikküste liegen mehrere Orte mit bekannten Namen:

- das reiche **Palm Beach** als Highlight der südlichen Küste
- etwa auf halber Strecke Cape Canaveral mit dem ***Kennedy Space Center***

Ergänzend zur Karte links sei auch auf die Karten auf den Seiten 188, 197 und 263 für die Küsten weiter nördlich hingewiesen.

- nur 50 mi weiter das Motorsportzentrum **Daytona Beach**
- und 40 mi unterhalb Jacksonville das historische **St. Augustine**

Außerdem sind es auf der Höhe von **Cape Canaveral** nur rund 40 mi landeinwärts bis zur »Welthauptstadt« des konzertierten Amusements, **Orlando**, der – ihrer touristischen Bedeutung entsprechend – ein großes Sonderkapitel gewidmet ist (➤Seite 207).

Straßen-alternativen

Auch oberhalb von Palm Beach bleibt es beim Verlauf mehrerer Straßen parallel zur Küste und unmittelbar an ihr entlang nach Norden. Bis Fort Pierce kommt man am schnellsten auf der gebührenpflichtigen und daher verkehrsärmeren ***Florida's Turnpike*** voran. Ab Fort Pierce ist dann die gebührenfreie I-95 die einzige Alternative für Meilenfresser. Küstennäher, teilweise sogar unmittelbar am *Intracoastal Waterway* zwischen den vorgelagerten Inseln und dem Festland verläuft die **Straße #1**, auf den **Barrier Islands** über große Strecken zusätzlich die **#A1A**, ➤ Foto unten. Auf diesen Straßen kann sich die Fahrt wegen hoher Verkehrsbelastung, Ortsdurchfahrten und Ampeln auch noch nördlich der Ballungsstreifens in die Länge ziehen. Man handelt sich für die Mühe der Fahrt auf den Straßen #1 und zunächst auch #A1A nicht einmal überwiegend schöne Strecken ein, denn Küste und Hinterland sind flach und landschaftlich unspektakulär.

Straße #A1A

Anders ist es auf nördlicheren **Teilstrecken der #A1A**, auf der man Dünengebiete, viele schöne Strände, Naturschutzreservate, Sommervillen-Siedlungen und *State Parks* mit wunderbaren Picknick- und Campingplätzen passiert. Der Zeitbedarf dafür ist indessen ziemlich groß. Wer sich überwiegend an die #A1A hält, benötigt z.B. für die Strecke von Fort Lauderdale bis Cape Canaveral bei reichlich Stunden am Steuer mit Unterbrechungen locker zwei Tage; auf der I-95 sind es dagegen nur 3-4 Fahrtstunden. Je nach individueller Schwerpunkt- und Zielsetzung macht es daher Sinn, für Teilabschnitte die nie weit entfernt voneinander verlaufenden Straßen zu wechseln.

Teilweise laufen die Straßen #1 und A1A auf identischer Trasse, wobei »Business« eine vom Hauptverlauf der Route abweichende Ortsdurchfahrt der #1 kennzeichnet

3.2 Städte im urbanen Streifen nördlich von Miami

3.2.1 Fort Lauderdale

Kennzeichnung

Geschichte

Knapp 30 mi nördlich von Miami Beach stößt man auf einen weiteren bekannten Badeort. Sein militärisch klingender Name geht auf ein Fort zurück, das Major *William Lauderdale* 1838 während der Seminolenkriege (➤ Seite 473) dort errichtete. Weiße Siedler kamen erst Jahrzehnte später in größerer Zahl. Den eigentlichen Durchbruch für die Stadtentwicklung brachte erst der Bau der Eisenbahn Ende des 19. Jahrhunderts.

Venice of America

Da die Stadt in einer ziemlich sumpfigen Ecke entstand, was den Hausbau erschwerte, kam man auf die Idee, reihenweise parallel verlaufende Entwässerungskanäle anzulegen und den Erdaushub zu länglichen Halbinseln aufzuschütten. Dadurch entstanden etwa 300 km Wasserwege mit Tausenden von Grundstücken mit privatem Bootsanleger vor der Tür. Sie trugen Fort Lauderdale die Bezeichnung ***Venice of America*** ein.

Die 172.000-Einwohner-Stadt ist außerdem für ihre Häfen bekannt, sowohl den edlen Yachthafen in der Innenstadt als auch den großen ***Port Everglades*** südlich des Zentrums, in dem viele Kreuzfahrtschiffe vor und nach dem Karibiktörn an- und ablegen.

Touristen-stadt/ Einstige Spring Break Hochburg

Neben Schifffahrt und -bau ist **Tourismus** der wichtigste Wirtschaftszweig von Fort Lauderdale. Besonders gutbetuchte Amerikaner verbringen ihren Strandurlaub dort lieber als im stellenweise schillernden Miami Beach. Dabei galt Fort Lauderdale früher als eine Art »Ballermann« Floridas und war besonders bei Studenten beliebt, bis die Stadtväter beschlossen, weniger zahlungskräftige Besucher abzuschrecken. Konsum alkoholischer Getränke im Freien und Frisbee- und Ballspielen am Strand wurden verboten. Und so verlor Fort Lauderdale bald den Rang als Hochburg vor allem des sog. ***Spring Break***. Zu diesem Sauf- und Sexereignis reisen 'zigtausend Studenten in den Frühjahrsferien gerne nach Florida, ➤ Seite 262.

Praktisches

Information

Greater Fort Lauderdale Convention & Visitors Bureau, 100 East Broward Blvd, © 1-800-227-8669; www.sunny.org.

Flughafen

Der ***Fort Lauderdale – Hollywood International Airport*** (FLL) (© 1-866-435-9355; www.broward.org/airport) liegt 5 mi südlich von *Downtown*. Verkehrsanbindung über ***Broward County Transit***, Ticket $1,75, Tagespass $4, www.broward.org/bct.

Restaurants

- Für Salate und Lunch ist das ***Floridian*** eine gute Wahl; 1410 East Las Olas Blvd, I-95 *Exit* 27, 24 Stunden geöffnet; © (954) 463-4041, www.thefloridiandiner.com.
- *Italian Food* am Wasser gibt's im ***Serafina***; 926 NE 20th Ave, I-95 *Exit* 29; © (954) 463-2566, www.serabythewater.com.

3

- Fischgerichte und einen schönen Ausblick genießt man im ***Sea Watch***; 6002 N Ocean Boulevard, I-95 *Exit* 32, 6 mi nördlich der *Main Beach*; ✆ (954) 781-2200, www.seawatchontheocean.com.
- Eines der besten Restaurants der Stadt ist das ***High Life Café*** mit moderner amerikanischer Küche; 3000 North Federal Hwy, I-95 *Exit* 31; ✆ (954) 563-1395, www.hilifecafe.com.

Unterkunft

- ***The Chocolate Hostel***; 506 SE 16th St, I-95 *Exit* 27, $30/Bett, $60/EZ; ✆ (954) 522-6350, www.bridge-hostel-fort-lauderdale.com.
- Von *Hostels* abgesehen muss man für preiswertere Unterkünfte ins Umfeld, etwa nach Pompano Beach (z.B. ***Ronny Dee Resort Motel***, 717 S Ocean Blvd, zwei Blocks vom Meer, I-95 *Exit* 36, ab $79, ✆ 954-943-3020; www.ronnydeeresort.com) oder nach Hollywood (z.B. ***Sea Downs Oceanfront Inn***, 2900 N Surf Rd, am Meer, I-95 *Exit* 21, ab $96; ✆ 954-923-4968, www.seadowns.com).
- Ein hübsches **B&B** in Fort Lauderdale ist das stilvolle ***Granada Bed and Breakfast Inn***, nur einen halben Block vom Strand entfernt; 3011 Granada Street, I-95 *Exit* 29, ab $129; ✆ 1-877-800-5552, www.granadainn.net.
- Für einen Downtownbesuch (***Riverwalks***, ➤ Seite 184) eignet sich besonders das ***Riverside Hotel***; 620 E Las Olas Blvd, I-95 *Exit* 27, ab $159; ✆ 1-844-467-0671; www.riversidehotel.com.
- ***La Quinta Inn Sunrise Sawgrass Mills*** (➤ ***Sawgrass Mills Outlet Center***, Seite 186), 13651 NW 2nd Street, I-595 *Exit* 1, ab $105; ✆ (954) 846-1200, www.laquintafortlauderdale.com.

Hotels **umittelbar am Strand** liegen nördlich des *Hugh Taylor Birch State Park*; Anfahrt über Oakland Park & Ocean Blvd, z.B.

- ***Sun Tower***, 2030 North Atlantic Blvd (I-95 *Exit* 31) mit Balkonzimmern und -suiten überm Strand (ab $149) und schattigem Poolgarten; ✆ 1-877-897-7775, http://suntowerhotelsuites.com.

Camping

- Der ***Kozy Kampers RV Park*** befindet 7 mi vom Strand entfernt; 3631 West Commercial Blvd, I-95 *Exit* 32, Sommer $39, Winter $49; ✆ (954) 731-8570, www.kozykampers.com.
- Im Bereich Fort Lauderdale ist auch der ***Markham Park*** mit Pool und See eine gute Wahl, 16001 Hwy 84 in Sunrise, I-595 *Exit* 1A, ab $40; ✆ (954) 357-8868, www.broward.org/parks/markhampark.

Am Strand von Fort Lauderdale im März. Das Wasser ist schon badewarm

In Fort Lauderdale stehen nicht nur Mercedes und Porsche vor der Villa. Kanalseitig liegt die Yacht am Privatsteg

- Näher am Meer liegt der ***Quiet Waters Park*** nördlich Fort Lauderdale in Deerfield Beach mit großer Rutsche, Wasserski etc.; 401 S Powerline Rd, I-95 *Exit* 42B, $40, Rent-a-tent $35; © (954) 357-5100, www.broward.org/parks/quietwaterspark.
- In Pembroke Pines befindet sich der ***C.B. Smith Park*** an einem See; 900 North Flamingo Road, I-75 *Exit* 9, $40; © (954) 357-5170, www.broward.org/parks/cbsmithpark.

3

Stadtbesichtigung

Fort Lauderdale Beach

Über 10 km **heller Sandstrand** sind die Hauptattraktion der Stadt. Wer über die Straße #A1A anfährt, gelangt direkt dorthin (Beach Boulevard/Ocean Drive). Die Strandpromenade entlang der #A1A ist zugleich Flanierstrecke für Bikinischönheiten, Skating- und Bikeroute. Viele Bars und Restaurants säumen den Strand auf der gegenüberliegenden Straßenseite. Ab dem frühen Abend tobt dort das Leben. Außer fürs ***High Life***, zum Schwimmen und Sonnenbaden kommen Urlauber zum **Tauchen** und zum **Wasserski**; auch ***Jet Skis*** sind in Fort Lauderdale beliebt.

In Strandnähe befinden sich zwei museale Sehenswürdigkeiten:

Schwimm-tempel

- An der #A1A etwa auf der Höhe der SE 5th Ave findet man die etwas in die Jahre gekommene ***International Swimming Hall of Fame*** in der man Fotos bekannter Schwimmer, Medaillen und sonstige Trophäen bewundern kann. Viel Raum ist dem legendären Schwimmer ***Johnny Weissmuller***, der als Tarzan-Darsteller berühmt wurde und in Fort Lauderdale lebte, sowie ***Mark Spitz*** gewidmet, der sieben Goldmedaillen bei den Olympischen Spielen in München 1972 gewann; 1 Hall of Fame Drive, Mo-Fr 9-17, Sa-So 9-14 Uhr, $8, Kinder $4; www.ishof.org.

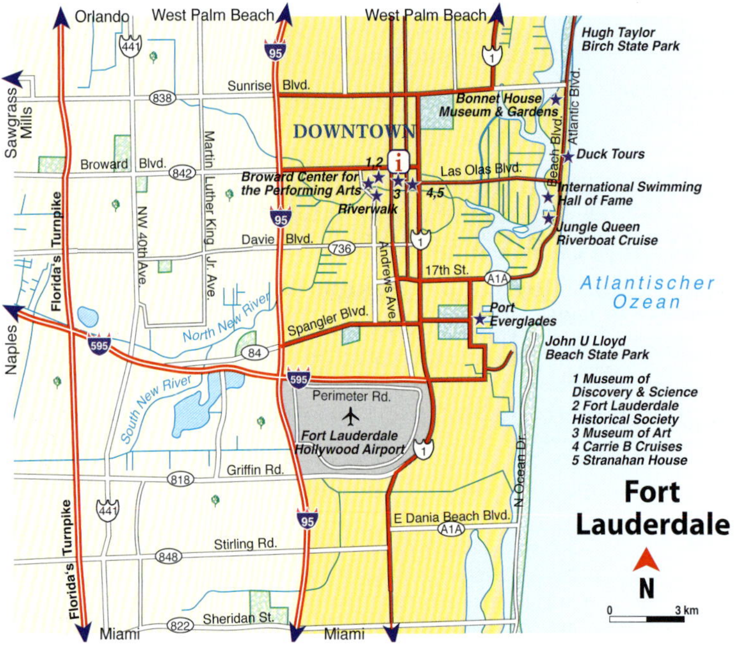

Bonnet House

• Gut zwei Meilen weiter nördlich steht das ***Bonnet House*** – ein palastartiges Wohnhaus. Hier schuf sich das Künstlerehepaar *Frederic* und *Helen Bartlett* 1920 ein Refugium. Nach *Helens* frühem Tod heiratete *Frederic* einige Jahre später die Malerin *Evelyn Lilly*. In den um einen Innenhof gelegenen Räumen sind heute vor allem Portraits und Stillleben von *Evelyn Bartlett* zu sehen; 900 N Birch Road, Di-So 9-16 Uhr, Eintritt $20 (ohne Haustour $10), bis 12 Jahre $16; www.bonnethouse.org.

Mangroven & Lagunen

Nur wenig weiter nördlich beginnt der ***Hugh Taylor Birch State Park***. In diesem Park kann man sehr schön zwischen Mangroven und Lagunen spazieren gehen oder auch ein Kanu leihen und herumpaddeln; 3109 E Sunrise Boulevard, täglich von 8 Uhr bis Sonnenuntergang; www.floridastateparks.org/hughtaylorbirch; Boot- und Fahrradverleih: www.mcruzrentals.com.

Downtown Fort Lauderdale/ Las Olas Boulevard

Neben seinem Strandbereich besitzt Fort Lauderdale auch ein kleines Zentrum mit vielen Shops, Cafés und Restaurants, ein paar »alten« Häusern und diversen Museen. Vom Strand führt der **Las Olas Boulevard** (www.lasolasboulevard.com) in die *Downtown* hinein. Zwischen Federal Hwy (Straße #1) und dem Esplanade Park/Ave of the Arts (Nordseite) bzw. S Andrews Ave (Südseite) folgen dort Uferpromenaden (***Riverwalks***) dem Flusslauf.

Stranahan House Auf der Nordseite des Flusses liegt beim Federal Hwy das ***Stranahan House***, ältester Bau der Stadt (1901); 335 SE 6th Ave, Touren täglich 13, 14, 15 Uhr, Eintritt $12/$7; www.stranahanhouse.org.

Kunstmuseum Direkt am Las Olas Blvd/Ecke Andrews Ave liegt das ***NSU Art Museum Fort Lauderdale*** – eines der hochkarätigeren Kunstmuseen in Florida. Zur Sammlung gehören u.a. Werke des US-Malers *William Glackens*, der europäischen avantgardistischen Künstlergruppe COBRA (1948-51) und kubanische Kunst; sogar ***Picasso*** ist mit einigen Keramik-Werken vertreten; 1 East Las Olas Blvd, Di-So 11-17 Uhr, Do bis 20 Uhr, So ab 12 Uhr, Eintritt $12, bis 17 Jahre $5; www.nsuartmuseum.org.

Geschichtsmuseum Das ***Fort Lauderdale History Center*** im ungewöhnlichen Bau des einstigen *New River Inn* von 1905 informiert über die Geschichte der Stadt; 219 SW 2nd Avenue, Mo-Fr 12-16 Uhr, Sa-So 9.30-16 Uhr, Eintritt $15, Kinder $7; www.oldfortlauderdale.org.

Die Ausstellung mit kleinen Abteilungen zu den Seminolen und zum Baseball in Fort Lauderdale muss man nicht unbedingt gesehen haben. Was den Besuch aber lohnend macht, ist der mehrfach täglich gezeigt kurze Dokumentarfilm über ***Movies, made in Fort Lauderdale***. In der Stummfilmzeit, bevor die Filmindustrie nach Hollywood übersiedelte, war Fort Lauderdale ein wichtiges Filmzentrum und auch später entstanden hier noch bekannte Streifen. So etwa ***Cape Fear*** (1991) oder ***Striptease*** (1996) mit *Demi Moore* und dem aus Florida stammenden ***Burt Reynolds***.

MODS Im ***Museum of Discovery & Science*** (mit **IMAX-3D-Kino**) geht es mit interaktiven Ausstellungen und Experimenten in erster Linie um die regionale Flora und Fauna und Umwelt. Eher für Kinder; 401 SW 2nd St, Mo-Sa 10-17 Uhr, So 12-18 Uhr, Eintritt $15, bis 12 Jahre $13, IMAX allein $9/$7, Kombi $20/$16; www.mods.org.

»Tourboot« Wassertaxi

Fort Lauderdale ist das Venedig Amerikas. Wer die Villen und Paläste entlang der zahllosen Kanäle, am New River und am *Intracoastal Waterway* auf kurze Distanz in Augenschein nehmen möchte, macht am besten eine Tour mit dem gelben ***Water Taxi***. Insgesamt gibt es 17 Anlegestellen bei Hotels, Restaurants und Sehenswürdigkeiten, die durch drei verschiedene Routen miteinander verbunden sind. Man kann an jedem Anleger spontan einsteigen. Die Boote verkehren alle 15-30 min von 9.45 Uhr bis 23 Uhr. Keine Tickets für Einzelfahrten. Tagespass $26, Kinder bis $12, ab 17 Uhr $16. Fahrpläne an den Anlegern und unter www.watertaxi. com.

Broward Center

Das ***Broward Center for the Performing Arts*** westlich des Esplanade Park ist ein Fixpunkt im kulturellen Leben der Stadt. Dort kommen Theaterstücke, Musicals wie Opern zur Aufführung, ebenso Ballett und Konzerte von Jazz bis Klassik; 201 SW 5th Ave; www.browardcenter.org.

Riverfront/ Bootstouren

Direkt am Fluss lässt sich der große **Komplex *Las Olas Riverfront*** mit zahlreichen Restaurants und Cafés nicht verfehlen. Am Dock starten dort **Bootstouren** durch die Kanäle an Millionärsvillen vorbei zum ***Port Everglades***, dem drittgrößten Kreuzfahrthafen der Welt hinter Miami und Dubai. Vom Wasser aus hat man Einblick in Wohlstand und Wohnkultur der (finanziellen) Oberschicht. Viele Anwesen verfügen hier über parkartige Gärten mit Luxusyachten am eigenen Steg, ➤ Foto Seite 183. Die originelle Alternative bieten ***Ducktours*** & ***Ducky Rides*** per Amphibienfahrzeug auf Straßen und Kanälen; 17 S Fort Lauderdale Beach Blvd, $32/$18 für 90 min, Start um 11, 13 & 15 Uhr; www.fortlauderdaleducktours.com.

Sawgrass Mills Outlet Mall

Vom Besucheraufkommen her (26 Mio/Jahr) ist ***Sawgrass Mills*** die größte ***Outlet Mall*** der USA und gilt als eine der größten Attraktionen Floridas außerhalb von Orlando. Sie befindet sich in Sunrise am 12801 West Sunrise Blvd (Straße #838) 12 mi westlich von *Downtown* Ft. Lauderdale. Anfahrt über I-595 *Exit* 1B, dann Flamingo Rd nach Norden, Mo-Sa 10-21.30 Uhr, So 11-20 Uhr; www.simon.com/mall/sawgrass-mills (flächenmäßig noch größer ist die ***Aventura Mall*** in Hollywood, ca. 12 mi südlich Ft. L'dale, ➤ Seite 179).

In der überdimensionalen ***Sawgrass Indoor-Mall*** mit über **350 *Factory Stores*** werden vor allem bekannte Markenprodukte in den Bereichen Textil, Leder und Sportausstattung im günstigen Direktverkauf angeboten. Fürs leibliche Wohl sorgen zahlreiche Restaurants und *Fast Food Places*, geballt im großen *Food Court*.

3

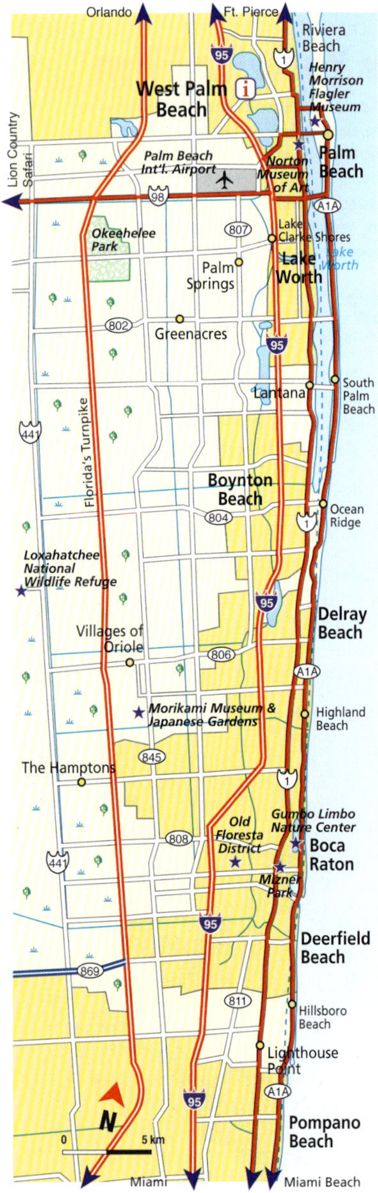

3.2.2 Boca Raton, Delray Beach und Lake Worth

Boca Raton

Gut 15 mi nördlich von Fort Lauderdale passiert man Boca Raton, eine wohlhabende 90.000-Einwohner-Stadt, die u.a. für ihre vielen Golfplätze bekannt ist. Das schönste Viertel heißt ***Old Floresta Historic District*** und befindet sich nördlich der West Palmetto Park Road westlich von *Downtown*. Dieses Viertel zwischen Paloma und Cardinal Ave mit schönen alten Häusern und traumhaften Gärten lädt zu Spaziergängen ein. Besonders schön ist die **Hibiscus Street**.

Der Wohlstand der Stadt schlägt sich auch nieder im ***Mizner Park Shopping Center*** am Federal Highway. Dort dominieren teure Boutiquen, Kunstgalerien, Juweliershops und Restaurants. Zum Komplex gehört auch ***Centre for the Arts at Mizner Park***, ein Kunst- und Veranstaltungszentrum mit Amphitheater und dem ***Boca Raton Museum of Art***; www.bocamuseum.org; 327 Plaza Real nördlich der West Palmetto Park Rd. Zufahrt über NE Mizner Blvd oder Federal Hwy #1 und NE 5th Street ; www.miznerpark.com.

Tropischer Garten

Lohnenswert ist ein Besuch des ***Gumbo Limbo Nature Center***. Neben üppigen tropischen Pflanzen gibt es dort auch Wasserschildkröten zu sehen, die man speziell im Küstenabschnitt zwischen Palm Beach und Cape Canaveral findet; ➤ Seite 197 (*Hobe Sound Nat'l Wildlife Refuge*). Ein ***Nature Trail*** führt zu einem Aussichtsturm mit Panoramablick über den nahen Lake Wyman und den Atlantik; 1801 N Ocean Blvd, Mo-Sa 9-16, So 12-16 Uhr; www.gumbolimbo. org.

Information

Boca Raton Chamber of Commerce, 1800 N Dixie Hwy; © (561) 395-4433, www.bocaratonchamber.com.

Delray Beach

Greater Delray Beach Chamber of Commerce: 140 NE 1st Street, © (561) 278-0424, www.delraybeach.com.

Morikami Museum

10 mi nördlich von Boca Raton in Delray Beach sind das ***Morikami Museum*** und die ***Japanese Gardens*** ebenfalls einen Besuch wert; 4000 Morikami Park Road, I-95 *Exit* 51; Di-So 10-17 Uhr, Eintritt $15, bis 17 Jahre $9; www.morikami.org.

Die Anlage erinnert daran, dass dort im frühen 20. Jahrhundert Japaner lebten, die in Ananasplantagen arbeiteten.

Zu den *Morikami Gardens* gehört u.a. ein Museum mit einem Teehaus. Außerdem gibt es wechselnde Ausstellungen über japanische Kunst und Kultur, einen Park mit der sehenswerten ***Morikami Bonsai Collection***, Teiche, schöne Spazierwege und das ***Cornell Café*** mit japanischen Spezialitäten.

Lake Worth

Die Lagune zwischen dem Festland und der nördlich von Boynton Beach neuerlich beginnenden Inselkette vor der Küste, Teil des *Intracoastal Waterway*, heißt an diesem Küstenabschnitt Lake Worth. So nennt sich auch der einzige größere Ort zwischen Delray und Palm Beach. Zentrale Anlaufstelle in Lake Worth ist die ***Central Palm Beach Chamber of Commerce***, 501 Lake Avenue; www.cpbchamber.com.

Lake Worth war einmal ein beliebter Badeort mit einem altehrwürdigen Kasino. Heute ist es eine eher verschlafene Kleinstadt mit einem hübschen Strand am Atlantik.

Mizner Park Tower und Amphitheater in Boca Raton, *➤ linke Seite*

Der Kasino-Complex wurde aber jüngst wieder instandgesetzt, und das erste Restaurant ist auch schon eingezogen: ***Mulligan's Beach House***, 10 South Ocean Boulevard; © (561) 588-4133, www.mulligansbeachhouse.com.

Wer in dieser Region übernachten möchte und auf das teure Palm Beach verzichten mag, findet in Lake Worth eine gute Auswahl an preiswerteren Unterkünften:

- Günstig sind z.B. das

  Motel 6, 1310 West Latana Road, in Latana, I-95 *Exit* 61, ab $63, © (561) 585-5833 oder das

  Lago Motor Inn, 714 South Dixie Hwy, I-95 *Exit* 63, ab $70, © (561) 585-5246; www.lagomotorinn.com.
- Schattige Stellplätze hat der ***County Campground*** im ***John Prince Park*** westlich Lake Worth; © 1-877-992-9925, 4759 South Congress Ave, I-95 *Exit* 63, neben dem *Lantana Aiport*; www.pbcgov.com/parks/camping.

Flagler Museum

3.2.3 Palm Beach

Kennzeichnung

Luxuriöse Villensiedlungen gibt es in Florida wie Sand am Meer, doch Palm Beach ist selbst für Florida-Verhältnisse ungewöhnlich wohlhabend und mondän. Laut Wirtschaftsmagazin *Forbes* lebt ein Drittel der reichsten Bewohner Floridas in Palm Beach – und man demonstriert diesen Wohlstand: Nobelkarossen noch und nöcher, und wo andernorts Eigentümer ihre Luxusvillen mit hohen Zäunen und Mauern sichern, kommt man in Palm Beach ohne aus. Benannt ist der Ort nach den zahlreichen **Palmen**, die dort die Straßen säumen. Den rund 9.000 Einwohnern leisten trotz des hohen Bekanntheitsgrades von Palm Beach selbst in der Hauptsaison – wohl wegen fehlender touristischer Infrastruktur – erstaunlich wenig Urlauber Gesellschaft.

Luxus und Prominenz

Der Ort liegt auf einer schmalen Insel vor der Küste und ist durch mehrere Brücken mit dem Festland verbunden. Die nobelsten Geschäfte mit teuren Markennamen wie *Cartier, Gucci, Armani, Chanel* und anderen findet man entlang der **Einkaufsstraße Worth Avenue**. Wer sich eher für die gehobene Wohnkultur der Residenten interessiert, sollte sich auf den **Ocean Blvd** (Straße #A1A) konzentrieren. Dort lebt jede Menge Prominenz.

Nicht zu übersehen ist das größte Anwesen der Insel am Südende des Ocean Blvd vor der Southern Blvd Bridge. Dieser arabisch anmutende Palast heißt ***Mar-a-Lago*** und gehört *Donald Trump*, US-Präsidentschaftskandidat 2016; www.maralagoclub.com.

Flagler Museum

Wer sich für die Inselgeschichte interessiert, sollte das sehenswerte ***Flagler Museum*** am Whitehall Way besuchen. Den Palast ließ der Eisenbahnkönig *Henry Morrison Flagler* 1901 als Hochzeitsgeschenk für seine dritte Ehefrau errichten.

Außer einer Sektion über *Flagler* und die Geschichte des Hauses, das zeitweise auch als Hotel diente, gibt es einige Zimmer, die zeigen, wie nobel man schon vor 100 Jahren leben konnte. Neben dem Gebäude ist *Flaglers* privates Zugabteil zu besichtigen. Nr. 1 Whitehall Way auf der Festlandseite der Insel, Di-Sa 10-17, So 12-17 Uhr, Eintritt $18, bis 12 Jahre $3; www.flaglermuseum.us.

The Breakers

Ein weiterer Fixpunkt in Palm Beach ist das Hotel ***The Breakers*** (1 South County Road), das – vom *Flagler Museum* aus gesehen – an der gegenüberliegenden Inselseite am Atlantik steht. Es wurde 1926 in einem Stil errichtet, der die ***Villa Medici*** in Rom nachempfindet, und gilt bis heute als eine der besten Hoteladressen in den USA. Die große Lobby mit ihrem eindrucksvollen Gewölbe sollte man sich unbedingt ansehen; Zimmerpreise in der Nebensaison ab $360, sonst über $600; www.thebreakers.com.

Information

Palm Beach Chamber of Commerce, 400 Royal Palm Way; ✆ (561) 655-3282, www.palmbeachchamber.com

Parken

Ganz offen versuchen die Bürger von Palm Beach, sich neugierige Touristen vom Leib zu halten, indem sie nur begrenzte Parkmöglichkeiten einräumen. Am Ocean Boulevard ist es so gut wie unmöglich anzuhalten oder das Auto zu parken; vor dem Hotel ***The Breakers*** gibt es an der Zufahrt immerhin ein paar Abstellplätze. Nur vor dem ***Flagler Museum*** ist ausreichend, sogar gebührenfreier Parkraum vorhanden.

Restaurants

- Das ***Café L`Europe*** gilt als Treffpunkt der Schönen und Reichen; 331 South County Rd, © (561) 655-4020; www.cafeleurope.com.
- ***Ta-boo Restaurant*** – *Palm Beach's Legendary American Bistro & Bar*, hier dinierte schon *John F. Kennedy*, gute – durchaus noch erschwingliche – ***Lunch Specials***; 221 Worth Avenue, © (561) 835-3500, www.taboorestaurant.com.

Unterkunft

Palm Beach ist ein ausgesprochen teures Pflaster. Selbst in der Nebensaison im Hochsommer findet man kaum Zimmer unter $150, in der Hauptsaison schießen die Preise extrem in die Höhe.

- Wer sich den Kick des Besonderen gönnen will, findet im ***The Breakers*** Zimmer ab ca. $360, Winter ab $600, © 1-888-273-2537.
- Nicht ganz so teuer ist es im ebenfalls pompösen, aber kleinen ***The Chesterfield*** – britisch angehauchter Luxus; 363 Cocoanut Row, ab ca. $190, © (561) 659-5800; www.chesterfieldpb.com.
- Ein ordentliches ***B&B*** ist das ***Palm Beach Historic Inn***; 365 South County Road, ab $119, im Winter ab $289, © (561) 832-4009; www.palmbeachhistoricinn.com.

Billiger kommt man in West Palm Beach oder Lake Worth unter.

Luxushotel »The Breakers« in Palm Beach

3.2.4 West Palm Beach

Charakter

Mit Palm Beach und seiner Nachbarstadt West Palm Beach verhält es sich ungefähr so wie mit Miami Beach und Miami. Der kleinere Strandort ist auf den ersten Blick schöner und schicker, dafür aber ein **reines Kunstprodukt**, während die **Stadt auf dem Festland** viel **größer und gegensätzlicher** ist – eine echte Stadt mit ansehnlichen und weniger erfreulichen Vierteln und einer bunt gemischten Bevölkerung. Während gegen Ende des 19. Jahrhunderts in Palm Beach die ersten grandiosen Villen bezogen wurden, entstand West Palm Beach als Siedlung für die dort angestellten Dienstmädchen, Köche und Gärtner.

Kunstmuseum

Trotz seiner ärmlichen Anfänge verfügt West Palm Beach heute über eine hochkarätige Sehenswürdigkeit; das ***Norton Museum of Art*** gilt als eines der **besten Kunstmuseen** der südöstlichen USA.

1941 vom Stahlmagnaten *Ralph Norton* gegründet, beherbergt es eine Sammlung mit den Schwerpunkten europäische Kunst von Renaissance bis Impressionismus sowie chinesische und amerikanische Werke des 20. Jahrhunderts. U.a. hat man dort Gemälde *von Gauguin, Picasso* und *Pollock*. 1451 South Olive Ave, Di-So 10-17, Do bis 19, So ab 11 Uhr, $12; www.norton.org.

Safari Park

In der Umgebung von West Palm Beach ist der ***Lion Country Safari Park*** in Loxahatchee ein beliebtes Ausflugsziel. Hier kann man die **Tierwelt Afrikas** – wie auf einer Safari – vom eigenen Auto aus und häufig aus nächster Nähe bewundern. Als der Park in den 1960er-Jahren angelegt wurde, galt er als revolutionär: In ihm konnte man die Tiere in ihrer – nachgebildeten – natürlichen Umgebung sehen und nicht in Käfigen oder winzigen Gehegen wie anderswo bis dato üblich; 2003 Lion County Safari Road, I-95 *Exit* 68, dann westlich 16 mi auf dem Southern Blvd, täglich 9.30-17.30 Uhr, $31, bis 9 Jahre $23; www.lioncountrysafari.com.

Information

Palm Beach County Visitors Bureau, 1555 Palm Beach Lakes Blvd, West Palm Beach, © 1-800-554-7256, Info für den gesamten Landkreis (*County*); www.palmbeachfl.com.

Unterkunft

- Am Hwy #1, der hier *Dixie Highway* heißt, findet man diverse preisgünstige, wiewohl meist ältere Motels:
- Abseits der Hauptstraße und Strände liegt unweit des Clear Lake das **Studio 6**, 1535 Centrepark Drive, I-95 *Exit* 69A, dann Belvedere Rd, ab $69; © (561) 640-3335, www.staystudio6.com.
- Ein ***B&B*** ist ***Hibiscus House***, 213 S Rosemary Ave, I-95 *Exit* 70, ab $139; © 1-866-833-8171, www.palmbeachhibiscus.com.
- Entlang der **I-95** (*Exits* 68-74) sind die Häuser der **Motelketten** unverfehlbar wie z.B. das ***Red Roof Inn West Palm Beach*** (2421 Metrocentre Blvd East, I-95 *Exit* 74, dann 45 Street, ab $69, © 561-697-7710) und gute Häuser der Mittelklasse an der **Belvedere Road** (*Exit* 69) in Airportnähe, z.B. das ***Holiday Inn Palm Beach Airport*** (1301 Belvedere Road, I-95 *Exit* 69A, ab $98, © 561-659-3880; www.hiwestpalmbeach.com) oder das ***Hampton Inn West Palm Beach Central Airport*** (1601 Worthington Road, I-95 *Exit* 69A, dann 1 mi auf Belvedere Road, © 561-472-7333).

Camping

- Campen kann man unweit des *Lion Country Safari Park* in Loxahatchee im ***Lion Country Safari KOA***, 2000 Lion Country Safari Rd, I-95 *Exit* 68, dann 16 mi auf Southern Blvd, ab $40; © 1-800-562-9115, www.koa.com/campgrounds/west-palm-beach.

Restaurants

Die lebendigste Ecke von West Palm Beach ist die **Clematis Street** östlich des Stadtzentrums mit vielen Cafés und Restaurants:

- im ***Roxy's Pub*** gibt's *Burger* und *Seafood*; 309 Clematis Street; © (561) 296-7699, www.roxyspub.com.
- Im ***E.R. Bradley's Saloon*** hat man einen tollen Blick aufs Wasser; 104 S Clematis Street; © (561) 833-3520, www.erbradleys.com.
- Eine der beliebtesten Kneipen ist ***O'Shea's Pub*** in der 531 Clematis Street; © (561) 833-3865, www.osheaspub.com.

Exkurs – Abstecher zum Lake Okeechobee (Karte Seite 391)

Anfahrt

Der **größte See Floridas** ist der **Lake Okeechobee**. Sein Name bedeutet in der Sprache der Seminolen-Indianer »Großes Wasser«. Sein südlichster Punkt, die South Bay, liegt nur 50 mi von West Palm Beach entfernt.

Seecharakter

Die Region um den See herum ist **landwirtschaftlich** geprägt: Es werden Zitrusfrüchte, Gemüse und Zuckerrohr angebaut, manche Einwohner leben auch von der Viehzucht. Der Lebensstil dort hat mit dem der Küste nichts gemein. Man hört *Country Music*, geht auf Rodeos und fährt im *Pick-up* durch die Gegend. Da das Land um den See herum **äußerst flach** ist, gibt es keine spektakulären Blicke über den See. Im Gegenteil: da er komplett von einem **Deich** umgeben ist (➤ dazu auch den Themenkasten »Phänomen *Everglades*« Seite 145), kann man den See nur dort sehen, wo die Uferstraße auf der Deichkrone verläuft.

Eule, fotografiert im Barley Barber Swamp bei Port Mayaca am Lake Okeechobee

Scenic Trail

Auf diesem sog. ***Herbert Hoover Dike*** umrundet der ***Lake Okeechobee Scenic Trail*** den See. Dieser rund 110 mi lange teils Asphalt-, teils Schotterweg wird gerne von Wanderern und Mountainbikern genutzt. An vielen Stellen kann man Wasservögel und Alligatoren beobachten.

Camping

Entlang des *Scenic Trail* gibt es mehrere **Campingplätze** am Wasser. Manche der schönsten Plätze, etwa am Kissimmee River oder bei Lake Harbor, sind nur zu Fuß zugänglich. Per Auto ansteuern lässt sich aber das ***Clewiston/Lake Okeechobee RV Resort***; es liegt 3 mi abseits des Deichs, 194 *County Road* #720 in Clewiston, $40; © (863) 983-7078, www.clewistonkoa.com.

Information

Weitere Infos über den *Lake Okeechobee Scenic Trail* und *Campgrounds* gibt's bei den – für den Unterhalt der Deiche und Seeuferanlagen verantwortlichen – Pionieren der ***US Army: Corps of Engineers***, 525 Ridgelawn Road, Clewiston; © (863) 983-8101, www.saj.usace.army.mil.

Unterkunft

Das nostalgisch eingerichtete ***Seminole Inn*** in **Indiantown** an der Ostseite des Sees (ca. 12 mi bis an den Lakeport Mayaca am *St. Lucie River Canal*) ist einen Umweg wert; 15885 SW Warfield Blvd, ab $88; © (772) 597-3777, www.seminoleinn.com.

3.3 Von Palm Beach nach Cape Canaveral

Zur Strecke

Nördlich von Palm Beach vermindert sich langsam die dichte Bebauung der Atlantikküste. Auch die Strände und Parks sind dort deutlich weniger besucht als weiter südlich. Zwischen Palm Beach und Stuart gibt es einige **schöne *State Parks*** und ***Beaches*** (speziell auf Jupiter Island), die zu Zwischenstopps einladen.

Straßen #1 und #A1A

Aber die **Straße #1** (und mit ihr teilweise in identischem oder parallelem Verlauf die #A1A) führt meist weitab der Küste durch immer wieder dichten Kommerz und ebene (Sumpf-) Landschaft ohne besonderen Reiz. Sowohl bei North Palm Beach und dann wieder in Stuart trennt sich die **#A1A** streckenweise von der #1 und läuft über die der Küste vorgelagerten Inseln bis Cape Canaveral und weiter oben ab Daytona Beach bis Amelia Island. Indessen führt die Straße nur selten direkt an den Stränden entlang. Der Atlantik verbirgt sich meist hinter Dünen und Privatbesitz. **Strandzugänge** (und Parkplätze) sind aber regelmäßig vorhanden.

Mac Arthur Beach

Ein erster Abstecher auf der Fahrt nach Norden könnte dem ***John D. Mac Arthur Beach State Park*** gelten. Er liegt auf Singer Island, eher einer Halbinsel, östlich von North Palm Beach (Anfahrt von der I-95 bzw. Straße #1 auf dem Blue Heron Blvd oder PGA Blvd, die beide in die #A1A übergehen. Lange **Strände** und kurze ***Trails*** warten. Die **Hauptattraktionen** des Parks befinden sich indessen **im und unter Wasser**. Dort leben Schildkröten und Meereskühe und eine unglaubliche Menge tropischer Fische, Korallen und Schwämme. Von Rangern geführte Spaziergänge und Kajak-Touren kann man im ***Nature Center*** buchen. Der Jack Nicklaus Drive (**Straße #A1A**) führt mitten durch den Park, $5/Fahrzeug; © (561) 624-6950, www.floridastateparks.org/macarthurbeach.

Jupiter

Nur 10 mi sind es von North Palm Beach nach **Jupiter**. Am Nordufer der Mündung des Loxahatche River (Brücke der #1 führt über den Fluss) steht unübersehbar das rote ***Jupiter Inlet Lighthouse*** samt Museum, Eintritt $10, bis 18 Jahre $5, täglich 10-17 Uhr, Mai-Dez nur Di-So; www.jupiterlighthouse.org.

Jupiter Lighthouse

3

Nur wenige Meilen nördlich von Jupiter passiert man auf dem Hwy #1 einen weiteren attraktiven Park mit einem ganz anderen Charakter. Das weitläufige Areal des ***Jonathan Dickinson State Park*** liegt zwischen der Hauptstraße und dem (hier) romantischen **Loxahatchee River**. Fahrrad, Reit- und Wanderwege führen durch Sumpfgelände und Mangroven. Es gibt dort eine ***Canoe Rental Station*** (© 561-746-1466); mit den Booten sind tolle Paddeltouren möglich. Auch **Ausflugsboote** befahren den verzweigten Fluss auf Rundkursen. Sie legen mitten im Park von einem eigenen Dock ab; Einfahrt in den Park vom Hwy #1 ca. 3 mi südlich von Hobe Sound, $6; www.floridastateparks.org/jonathandickinson.

Jonathan Dickinson ist der einzige *State Park* in diesem Bereich, in dem man (zwei Plätze, je $26) campen kann: der ***River Campground* in Flussnähe** fern der Straße verfügt über schön angelegte Stellplätze (für Zeltcamper und Vans); der straßennahe ***Pine Grove Campground*** ist zwar RV-komfortabel, aber Verkehrslärm ausgesetzt.

Ein paar Meilen weiter nördlich liegt der Ort Hobe Sound. Das Naturschutzgebiet ***Hobe Sound National Wildlife Refuge*** besitzt zwei separate Areale:

Das ***Hobe Sound Nature Center*** liegt nördlich der Einfahrt in den *Jonathan Dickinson Park*, der größere Teil der *Refuge* jedoch auf Jupiter Island (von Hobe Sound geht's über die SE Bridge Road und dann auf die North Beach Rd). Sein Gebiet umfasst Dünen, Salzwassermarschen und Mangrovenwälder; es ist bekannt als Brutgebiet für **Meeresschildkröten**, ➤ Foto Seite 200. Ende Mai bis Ende Juli finden Do und Fr sehr populäre geführte Wanderungen (max. 30 Teilnehmer) statt, auf denen man alles zum Leben der ***Sea Turtles*** erfährt (gratis, Spende $5 wird erwartet). Wer sich dafür interessiert, muss schon bis

Sea Turtles

zu einem Jahr im voraus seinen Termin reservieren unter www.hobesoundnature center.com/event_calendar/turtle_walks.

Die Meeresschildkröten legen ihre Eier an den Stränden Südostfloridas ab

St. Lucie Inlet

Die gesamte Nordspitze von Jupiter Island oberhalb der *Wildlife Refuge* steht als ***St. Lucie Inlet Preserve State Park*** (www.floridastateparks.org/stlucieinlet) unter Naturschutz und besitzt keine Straßenanbindung auf der Insel. Am Ende der **Cove Road** in **Port Salerno** nördlich von Hobe Sound gibt es eine Ab-/Anlegestelle (ab #A1A ca. 1,5 mi), von der Besucher mit eigenem bzw. mitgebrachtem gemieteten Kayak oder Kanu den Park ansteuern können – kürzeste Entfernung hinüber ca. 600 m (*Boat Rentals* u.a. in Jupiter und Stuart). Kilometerlanger einsamer (schmaler) Strand wartet auf der Ostseite: auf der Westseite geht es zur Tierbeobachtung in verzweigte mangrovengesäumte Wasserläufe.

3

Stuart

Das Städtchen **Stuart** (16.000 Einwohner) am St. Lucie River eignet sich gut als Ausgangsbasis für Ausflüge zu den Parks der Umgebung und/oder eine Übernachtung auf einer Tour entlang der Küste. Der zentrale Bereich um *Visitor Center*, *Lyric Theatre* und *Heritage Museum* zwischen St. Lucie River und SW Flagler Ave nördlich der South Colorado Ave ist ganz ansehnlich.

Info

Martin County Visitor's Center, *Downtown* in 101 SW Flagler Ave; © (772) 288-5451, www.discovermartin.com.

Restaurant

- Das *Seafood*-Restaurant ***Black Marlin*** in *Downtown* Stuart wird im Internet relativ gut beurteilt, ist aber nicht billig; 53 West Osceola Street; © (772) 286-3126, www.prawnbroker.com.

Unterkunft

- Das ***Inn Shepard's Park*** ist ein ***B&B*** im historischen Zentrum; 601 SW Ocean Blvd, ab $135; © (772) 781-4244, www.innshepard.com.
- Im ***Southwind Motel*** kommt man ab ca. $60 unter; 603 SW Federal Hwy, © (772) 287-0773; www.thesouthwindmotel.com.
- Campen im nahen ***Jonathan Dickinson State Park***, ➤ Seite 196

Heimatmuseum

Das ***Heritage Museum*** (eine Art Heimatmuseum in der 161 SW Flagler Ave, tägl 10-15 Uhr, frei; www.stuartheritagemuseum.com) muss man nicht gesehen haben.

Wer aber einen Abend in Stuart verbringt, sollte den Besuch einer Vorstellung im ***Lyric Theatre*** in Erwägung ziehen (59 SW Flagler Ave). Das vielseitige Programm kann man unter www.lyrictheatre.com einsehen, ebenfalls Tickets reservieren.

South Hutchinson Island

Elliott Museum

Von Stuart geht es über zwei Brücken nach **South Hutchinson Island**. Das ***Elliott Museum***, einen beachtlichen Bau in großflächiger Verglasung nahe der Stuart Beach, erreicht man über die südliche Brücke des NE Ocean Blvd. Das Museum widmet sich dem Erfinder und Tüftler *Sterling Elliott* und der Regionalgeschichte, u.a. hat man dort zahlreiche Oldtimer; täglich 10-17 Uhr, Eintritt $14, bis 12 Jahre $6; © (772) 225-1961, www.elliottmuseumfl.org.

Aquarium

Auf der anderen Straßenseite steht das ***Florida Oceanographic Coastal Center*** mit Aquarien und einem Lehrpfad zu Strand- und Küstenvegetation; 890 NE Ocean Blvd, Mo-Sa 10-17, So 12-16 Uhr, $12, bis 12 Jahre $6; www.floridaocean.org.

Schiffbruch-Museum

Von der #A1A führt der SE Mac Arthur Blvd bis zur Südspitze der Insel. An dessen schmalster Stelle (ca. 80 m, ca. 2 mi von der #A1A entfernt) steht seit 1875 mit dem ***House of Refuge*** das älteste Haus im *Martin County*. Dort fanden einst Schiffsbrüchige Unterschlupf. Heute ist es ein ganz interessantes Museum; Mo-Sa 10-16, So 13-16, Eintritt $8, bis 12 Jahre $6; www.houseofrefugefl.org.

Atomkraft Learning Center

Etwa in der Inselmitte passiert die #A1A das Atomkraftwerk ***St. Lucie Nuclear Plant***. Dort informiert der Betreiber des Komplexes *Florida Power Light* im ***Energy Encounter*** im kostenlosen ***Learning Center*** über Atomenergie – wie anders – als besonders umweltverträgliche und sichere Angelegenheit. 6501 South Ocean Drive, Mo-Fr 10-16 Uhr; www.fpl.com/encounter.

Geschichts-museum

Aquarium

Bereits zu Fort Pierce gehört das Museum ***St. Lucie County Regional History Center*** an der #A1A kurz vor der Brücke hinüber zum Festland (414 Seaway Drive); Mi-Sa 10-16 Uhr, So 12-14 Uhr, Eintritt $4; www.stlucieco.gov/history. In unmittelbarer Nachbarschaft befindet sich das ***St. Lucie Aquarium*** am Boatslip hinter dem weißen Strand; www.sms.si.edu/ SMEE. Tickets und Zeiten wie *History Center*; Kombitickets für beide $7, Kinder $4.

Seafood

Nicht zu übersehen ist in Sichtweite des Aquariums (500 m) am Ostende des Fort Pierce Strandes ***Chuck's Seafood Restaurant*** mit einer Terrasse direkt am Wasser. Es gilt als eine der besten *Eateries* der Gegend; 822 Seaway Drive, © (772) 461-9484.

Fort Pierce

South und North Hutchinson Island sind nicht miteinander verbunden; die Straße #A1A führt in **Fort Pierce** kurz übers Festland und die #1 auf die Brückentrasse Northern Causeway hinüber zur Nordinsel. Die militärische Bezeichnung erinnert daran, dass sich dort während der Seminolenkriege ein Fort befand. Die Stadt (43.000 Einwohner) ist ein wichtiger Umschlagplatz für Zitrusfrüchte und Gemüse. Außerdem gilt sie als Hauptstadt der ***Treasure Coast***. »Schatzküste« deshalb, weil auf dem Meeresgrund vor den Barrier Islands bereits viele Wracks reich beladener spanischer Schiffe gefunden wurden und weitere vermutet werden.

Information

St. Lucie County Tourism (2000 Virginia Ave, © 1-800-344-8443) und speziell für Fort Pierce im ***Seven Gables House*** beim *Manatee Center* ➤ unten; www.visitstluciefla.com/visitors.htm.

Downtown

An den etwa 400 Metern der North Second Street und des Indian River Drive zwischen A Ave und Boston Ave samt Querstraßen hinunter zum *Intracoastal Waterway* stehen einige öffentliche Gebäude einschließlich ***Farmers Market***. Dort konzentrieren sich auch *Shops* und Gastronomie. Die beste Lage haben die Restaurants ***Cobb's Landing*** und ***Tiki Bar*** an der ***Marina*** (Ende der A Ave). Von der #1 fährt man am besten auf der Orange Ave dorthin.

Manatee-beobachtung

Interessant ist das ***Manatee Observation and Education Center*** 300 m nördlich des Ortszentrums gleich oberhalb der Marina am Moore's Creek. Dort kann man – zumindest im Winter – die großen, schwerfällig aussehenden Meereskühe gut beobachten; 480 N Indian River Drive, Okt.-Juni Di-Sa 10-17, So 12-16, Juli-Sept. Do-Sa 10-17 Uhr, Eintritt nur $1; www.manateecenter.com.

Eine der seltenen Gelegenheiten, Manatees zu Gesicht zu bekommen, bietet das Manatee Observation Center in Fort Pierce (sonst noch im Homossassa Wildlife Park, ➤ Seite 353)

Navy Seals Museum

Das ***NAVYSEAL Museum*** widmet sich der Eliteeinheit *SEALs*, den Unterwasserkampfeinheiten der US-Marine, deren Ausbildung vom 2. Welt- bis zum Vietnamkrieg an der Küste bei Fort Pierce stattfand; 3300 North #A1A, also auf North Hutchinson Island ca. 5 mi nordöstlich der Stadt. Di-Sa 10-16, So ab 12 Uhr, Eintritt $10, Kinder $5; www.navysealmuseum.com.

Vero Beach

Der nächste Ort nach Fort Pierce ist **Vero Beach**. Touristen kommen vor allem wegen der vielen **Golfplätze** und der von dort aus leicht zugänglichen **Strände** auf North Hutchinson Island.

Citrus Museum

Wer sich für Details des Zitrusanbaus interessiert, sollte im ***The Heritage Center & Indian River Citrus Museum*** vorbei schauen; 2140 14th Ave, Di-Fr 10-16 Uhr, frei; www.veroheritage.org.

Kunst-museum

Architektonisch auffällig ist das ***Vero Beach Museum of Art***. Drinnen präsentiert man regionale Kunst; 3001 Riverside Park Dr, Mo-Sa 10-16.30, So ab 13 Uhr, $10; www.verobeachmuseum.org.

Straße #A1A auf den Hutchinson und Ponce de Leon Islands

Naturgemäß entspricht die Straße #A1A in ihren Verläufen über die vorgelagerten Barrier Islands der attraktivsten Route entlang der Atlantikküste. Aber nicht nur im Großraum Miami ist sie meist stark verkehrsbelastet, sondern auch auf den Inseln weiter nördlich als Zubringer zu Shoppingzonen, zahllosen Apartmentsiedlungen, Resortanlagen, Villen, Yachthäfen (an den Westseiten der Inseln am *Intracoastal Waterway*) und großen Strandparkplätzen. Außerdem gelten auf ihr überwiegend *Speed Limits*, die ein Vorankommen auch in der Nebensaison und an Werktagen stark verlangsamen.

Kurz: die Entscheidung für ein Abfahren der #A1A kostet immer relativ viel Zeit, ein für die meisten Urlauber knappes Gut. Und damit stellt sich die Frage: welche Abschnitte der #A1A lohnen sich wirklich und welche nicht. Da sich entlang ihres Verlaufs eine ganze Reihe von – vorstehend beschriebenen – Anlaufpunkten befindet, kommt es für die Entscheidung stark aufs persönliche Interesse an. Unter dem Aspekt eines strand- und naturnahen Verlaufs sind South Hutchinson Island, der Norden von North Hutchinson und der Süden von Ponce de Leon Island (Bereich Sebastian Inlet) am attraktivsten. Südlicher und nördlicher davon ist die Besiedelung relativ dicht, großenteils sogar städtisch. Eine Fahrt zwischen Fort Pierce und Wabasso Beach sowie – weiter oben – Indiatlantic und Cape Canaveral ist daher nicht sonderlich ergiebig. Vielmehr macht es ggf. Sinn, sich auf den Abschnitt Wabasso Beach (Zufahrt über Wabasso Causeway #510; von der I-95 Exit 156, dann 90th Ave und 85th Street nach Wabasso) bis zur nächsten Brücke auf Ponce de Leon Island über den Indian River zu beschränken. Denn »echte« Highlights gibt es zwischen dem *Sebastian Inlet SP* und dem *Kennedy Space Center* keine mehr.

Wabasso Island

Bei Wabasso, 9 mi nördlich von Vero Beach, befindet sich auf der gleichnamigen Insel im *Intracoastal Waterway* (Indian River) das ***Environmental Learning Center*** mit *Nature Trails* und geführten ($12, Anmeldung im Internet) wie kostenfreien kurzen Kanutouren. Wabasso Island, 255 Live Oak Drive (Anfahrt über *Wabasso Causeway* #510), Di-Fr 10-16, Sa 9-16, So 13-16 Uhr, Eintritt $5 inkl. 20 min Kanu, Kinder frei; www.discoverelc.org.

Sea Turtles/ Bird Watching

Die ***Pelican Island National Wildlife Refuge*** auf North Hutchinson Island (auf halber Strecke zwischen Sebastian Inlet und Wabasso Beach) schützt u.a. die bedrohten Meeresschildkröten. Sie legen zwischen Mai und August auch dort ihre Eier an den Stränden ab, ➤ *Hobe Sound Wildlife Refuge* auf Seite 196). Oktober bis März auch ***Bird Watching Tours***; www.fws.gov/pelicanisland.

Sebastian Inlet SP

Das Sebastian Inlet trennt North Hutchinson und Ponce de Leon Island. Der ***Sebastian Inlet State Park*** ($8/Fahrzeug) umfasst weiträumig die Spitzen beider Inseln und gehört dank seiner Attraktivität für Wassersportler wie Naturliebhaber mit jährlich 700 000 Besuchern zu Floridas beliebtesten *State Parks*. Im Juni und Juli gibt es Führungen (Anmeldung unter ✆ 321-724-5424) zu den Ei-Ablageplätzen und Jungtieren der *Loggerhead Turtles*, ganzjährig Kanutrips und im Winter *Bird Watching Tours*. Der komfortabel angelegte ***Campground*** (ab $28) auf der Westseite der Insel zwischen Wald und Wasser ist oft voll, Reservierung daher eine gute Idee; ➤ Seite 69; www.floridastateparks.org/sebastianinlet.

Museen

Zum *State Park* gehören auch zwei kleine Museen (täglich 10-16 Uhr): das nicht so ganz spannende ***Fishing Museum*** (neben der *Camper Registration*) und das ***McLarty Treasure Museum*** mit Schätzen aus vor Jahrhunderten gesunkenen spanischen Schiffen ca. 2 mi südlich der Inlet-Brücke (Grenze des Parks).

Camping Long Point

Eine gute Alternative zum *State Park Campground* ist ***Long Point*** am Ende der Long Point Road (zweigt ca. 1 mi nördlich der Inlet-Brücke von der #A1A ab) mit vielen Stellplätzen direkt am Ufer des Indian River. Einheitstarif $28; © (321) 952-4532, www.brevardcounty.us/ParksRecreation/Campgrounds/LongPoint.

Weiter nach Cape Canaveral über Cocoa Beach

Wie erwähnt gibt es auf dem weiteren Weg in Richtung Cocoa Beach/Cape Canaveral nicht mehr viel zu sehen. Ab **Melbourne Shores** dominiert dichte Besiedelung und fast ununterbrochener Kommerz den Verlauf der bald vierspurigen #A1A voller Ampelkreuzungen. Kurz vor Cape Canaveral löst sich die Straße von der Küste, passiert den enormen Kreuzfahrtschiff-Hafen und führt als Autobahn zunächst zurück auf die Straße #1. Bei Zielsetzung ***Kennedy Space Center*** verlässt man die #A1A bei Palmetto (*Exit* 49/Courtenay Pkwy nach Norden – noch ca. 12 mi bis zum Ziel).

Kreuzfahrthafen Cape Canaveral

Ein reizvoller **Campingplatz** (wiewohl ohne Schatten) liegt hinter dem Strand von Cap Canaveral am Einfahrtkanal der Kreuzfahrtschiffe. Anfahrt über dem George King Blvd (ab #A1A unmittelbar bevor die zur Autobahn wird) und zum Ende durchfahren bis zum *Jetty Park*; $27-$39, auch *Cabins* ab $55; © 321-783-7111, www.jettyparkbeachandcampground.com.

Der *Jetty Park* ist auch für eine Erholungspause am **Strand** gut geeignet; nebenbei wartet der ***Jetty Park Grill*** auf Gäste.

Ron Jon Surf Shop in Cocoa Beach an der #A1A, größter Laden weltweit für Surf- und Beachbedarf und 365 Tage im Jahr rund um die Uhr geöffnet: www.ronjonsurfshop.com.

Saturn I-Rakete im Rocket Garden. Im Vordergrund eine der ersten Raumkapseln

3.4 Das Kennedy Space Center

Lage und Zufahrt

Das Gelände des ***John F. Kennedy Space Center*** befindet sich auf **Merritt Island** zwischen Festland und dem **Cape Canaveral**, das von der Spitze einer dreiecksförmigen breiten Landzunge gebildet wird, die sich nach Süden in den Barrier Islands fortsetzt. Das gesamte Gebiet ist von der *US-Airforce* besetzt und nicht öffentlich zugänglich. Wer nicht über die Straße #A1A«, wie vorstehend beschrieben, oder auch von Westen über die Straße #528 (*Exit* 205 von der I-95), dann auch #A1A anfährt, erreicht das *Visitor Center* des Raumfahrtzentrums auf den Straßen #407 (I-95 *Exit* 212), #405 und – in deren Verlängerung – **NASA Cause-/Parkway**.

Charakterisierung

Das *Kennedy Space Center* ist für alle Florida-Reisenden ein echtes »Muss« und auch für Leute interessant, die sich sonst nicht so sehr für Raumfahrttechnik interessieren. Von hier aus starteten alle bemannten Raumflüge der USA; zuletzt von 1981 bis 2011 die ***Space Shuttles***. Wann die nächste bemannte Raketen-Generation abheben wird, ist zurzeit unklar. Pläne hat die NASA aber angeblich bereits in der Schublade.

Zeiten und Eintritt

Die Anlage ist **täglich 9-18 Uhr** geöffnet, **Eintritt $50, bis 11 Jahre $40** inkl. *Kennedy Space Center Bus Tour, Apollo/Saturn-V-Center, Space Shuttle Atlantis*, IMAX-Kino, *Shuttle Launch Experience*. Zusätzlich kann man weitere Leistungen buchen, u.a. **Lunch mit echten Astronauten**; Kostenpunkt $30, bis 11 Jahre $16.

Weitere **Detailinfos** zu den Tickets und Öffnungszeiten an Tagen mit Raketen-Starts unter www.kennedyspacecenter.com.

Zeitbedarf

Für den Besuch sollte man mindestens 4-5 Stunden einplanen, man kann dort aber auch leicht einen vollen Tag verbringen. Die NASA selbst schlägt Aktivitäten inkl. Pausen für 8 Stunden vor.

Visitor Complex

Das *Space Center* besteht neben dem Großparkplatz ($10, RVs $15 Flatrate) zunächst einmal aus dem sog. *Visitor Complex* mit mehreren teilweise miteinander verbundenen Gebäuden und *Open-air* Ausstellungen.

Dort erfährt man alles über Geschichte und mögliche Zukunft der (US-amerikanischen) Raumfahrt und kann im ***Rocket Garden*** die wichtigsten Raketentypen von den Anfängen bis zur riesigen *Saturn I* bewundern, ➤ Foto links.

Raumfähre Atlantis

Die größte Halle beherbergt das originale ***Space Shuttle Atlantis***, das 33 Weltraum-Missionen hinter sich gebracht hat. Dort ist die Raumfähre mit geöffneten Frachtklappen aufgehängt. Multimediale Darstellungen und kleine Experimente zum Ausprobieren erhellen zahllose Details der *Shuttle* Historie.

Simulierter Shuttle Start

Eine besondere Attraktion ist gleich nebenan das simulierte ***Shuttle Launch Experience***. Die oft geduldig Schlange stehenden Besucher steigen in den Nachbau eines *Space Shuttle* und erleben samt Astronauten-*Briefing* und *Countdown* einen virtuellen Start, sogar einen kurzen Moment Schwerelosigkeit und dann einen scheinbaren Blick aus dem Weltraum auf unseren blauen Planeten. Licht,- Ton- und *Special Effects* sind wirklich sagenhaft und vermitteln das Gefühl eines echten Raumflugs.

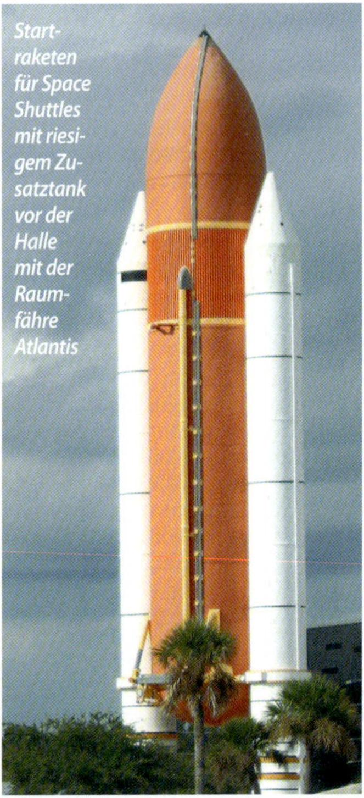

Start-raketen für Space Shuttles mit riesigem Zusatztank vor der Halle mit der Raumfähre Atlantis

Tip: Früh am Vormittag (9-10/11 Uhr) ist meist noch nicht so viel los und die Warteschlange für das *Launch Experience* kürzer.

IMAX-/3D-Kino

Zum Besucherkomplex gehört auch ein ***IMAX-Kino***. Aktuell stehen »***Journey to Space 3D***« und »***Hubble 3D***« auf dem Programm, visuelle Meisterwerke.

KSC Tours

Im Eintrittspreis eingeschlossen ist die **KSC-Standard Tour**. Busabfahrt 10-14.30 Uhr ca. alle 15 min, Dauer ca. 2 Stunden. Zunächst geht es vorbei an der *Launch Platform* LC 39A, von der 1969 die legendäre Apollo-11-Mission zum Mond abhob, zum gewaltigen ***Apollo/Saturn-V-Center***. Unter anderem beherbergt die Halle ein Exemplar der größten jemals gebauten Rakete. Neben der 111 m hohen (hier in der Horizontalen) und 2.812 Tonnen schweren ***Saturn V*** wirken Menschen wie Ameisen.

Zusätzliche Touren

Wer sich intensiv für weitere Details der Raumfahrt interessiert, kann zusätzlich ***KSC Up-close Tours*** buchen, geführte Besichtigungen mit unterschiedlichen Schwerpunkten. Sie kosten jeweils $25 extra (für Kinder bis 11 Jahre $19).

Astronautentraining

Und wer es ganz genau wissen und am eigenen Leib ausprobieren möchte, wie das so ist unterwegs als Raumfahrer, bucht eine ***Astronaut Training Experience*** im *ATX-Center* (ab Alter 7 Jahre möglich mit altersabhängigen Kosten für den halben Tag Schulung: $145/ $169/$175). Anmeldung nötig unter © 1-866-737-5235.

Information auf Deutsch

Die Erläuterungen in den Bussen der KSC-Touren erfolgen ausschließlich in schnell gesprochenem Amerikanisch, dem man auch mit passablen Sprachkenntnissen nicht immer folgen kann. Hilfreich ist hier ein **Audio-Führer in deutscher Sprache**, den man im *Space Center* ausleihen kann.

Astronaut Hall of Fame

Bis vor kurzem wurde das technisch orientierte Erlebnis im *Space Center* durch die ***Astronaut Hall of Fame*** auf dem Festland westlich des KSC ergänzt. In dieser »Ruhmeshalle« wurden speziell die Astronauten und ihre Leistungen gewürdigt, allen voran Helden der Anfangsjahre und die ersten Mondfahrer wie *John Glenn, Alan Shepard, Edwin Aldrin* und *Neil Armstrong*. Bestandteile dieser mittlerweile geschlossenen **Ausstellung** wurden 2015 in den *KSC Visitor Complex* integriert und sind nun dort zu sehen.

American Police Hall of Fame

In Nachbarschaft zur früheren *Astronaut Hall of Fame* befindet sich die ***American Police Hall of Fame*** gleich südlich des NASA Causeway am Vectorspace Blvd (zwischen Indian River und Autobahn der Hwy #1). Zu sehen sind dort historische Polizeifahrzeuge und -hubschrauber und vieles Interessante mehr zum US-Polizeiwesen. Abgerundet wird ein Besuch durch eine riesige Schießhalle, in der auch Ausländer mitballern dürfen, sofern sie ESTA-Einreiser sind. Gegen Aufpreis ($40 inkl. 50 Schuss) sogar mit einer MP 5 von *Heckler & Koch*; täglich 10-18 Uhr, Eintritt $13, bis 12 Jahre $8; www.aphf.org.

Unterkunft

- Rund um den *Exit* 215 der I-95 bei **Titusville** findet man eine Reihe der üblichen Kettenmotels, u.a. das ***Kennedy Space Center Ramada Inn*** (3500 Cheney Hwy, © 321-269-5510, ab $79), gegenüber das ***Best Western Space Shuttle Inn*** (3455 Cheney Hwy, © 1-877-722-3422, ab $99) und das ***Days Inn Titusville*** westlich der *Interstate* (3755 Cheney Hwy, © 321-269-4480, ab $69).
- Auch nicht sonderlich weit entfernt vom *Kennedy Space Center* sind die H/Motels in **Cocoa Beach** ein paar Meilen südlich von Ort und Hafen Cape Canaveral. Sie bieten den Vorzug der Strandnähe. Das kostet an Wochenenden etwas mehr, aber So-Do sind die Tarife dort je nach Saison oft moderat, z.B. im ***Motel 6*** (3701 North Atlantic Ave, ab $69, © 321-783-3103). Aber selbst das im Design sehr originelle ***Four Points by Sheraton*** mit guter Bar gleich neben dem *Ron Jon Surfshop* ist So-Do ab $111 bezahlbar (4001 North Atlantic Ave, © 321-783-8717, www.fourpointscocoabeach.com).

(Internetadressen ansonsten über die jeweiligen Ketten)

Camping

- Wer vom *Kennedy Space Center* in Richtung Süden orientiert ist, wird mit dem ***Jetty Park Campground*** im Ort Cape Canaveral gut bedient, Anfahrt über die #A1A, ➤ Seite 201 unten.
- Schattiger und billiger, dennoch komfortabel inkl. *Wifi* ist der Platz im ***Manatee Hammock Park*** südlich von Titusville; 7275 South Hwy #1, © 321-264-5083; www.brevardcounty.us/ParksRecreation/Campgrounds/ManateeHammock.

Historischer Raumschiff-entwurf aus dem 19. Jahrhundert

Stimme des schwarzen Florida: Zora Neale Hurston

Zora Neale Hurston kam 1891 in Alabama zur Welt und zog drei Jahre später in einen für die USA ungewöhnlichen Ort: Die Kleinstadt **Eatonville**, ***wenige Meilen nördlich von Orlando*** (I-4 *Exit* 90), wurde ausnahmslos von Schwarzen bewohnt. Die Gemeinde war 1887 zu eben diesem Zweck gegründet worden und gilt als eine der **ersten rein afroamerikanischen Städte** der USA.

Die Initiatoren wollten ihren Ort ohne weiße Einmischung selbst verwalten. *Zoras* Vater, der Prediger *John Hurston*, der noch als Sklave zur Welt gekommen war, beteiligte sich maßgeblich daran. Er wurde von den Bürgern Eatonvilles wiederholt zum Bürgermeister gewählt.

Zora wuchs daher in einer Umgebung auf, in der sich die afro-amerikanische Kultur freier entfalten konnte als andernorts. Besonders die Tradition des **Geschichtenerzählens** wurde in Eatonville gepflegt. Abends versammelten sich Jung und Alt regelmäßig, um sich von phantasievollen Erzählungen unterhalten zu lassen. Diese Geschichten prägten *Zora Neale Hurston*. Zum einen setzte sie die Tradition selbst fort, indem sie Kurzgeschichten und Romane schrieb, zum anderen widmete sie sich dem Sammeln und Aufschreiben. So verbrachte sie viele Jahre damit, ältere Afroamerikaner erzählen zu lassen und ihre Geschichten für die Nachwelt festzuhalten. Dabei konzentrierte sie sich zunächst auf Florida; später interessierte sie sich auch für andere Südstaaten und die Karibikinseln.

Ihr bekanntestes Werk ist **Their Eyes Were Watching God** (1937), das unter dem Titel »Und ihre Augen schauten Gott« auch auf Deutsch erschien und als erster feministischer Roman einer afro-amerikanischen Autorin gilt. Seine Handlung führt die eigenwillige Heldin von Eatonville tief in die *Everglades* und bleibt dabei fest in der Kultur und Natur Floridas verankert.

Andere schwarze Schriftsteller verrissen ihre Werke, weil sie ihnen zu unpolitisch waren und Themen wie Rassismus und Diskriminierung zu ignorieren schienen. Von ihrer Schriftstellerei konnte sie daher nur kurzfristig leben. Sie arbeitete als Lehrerin, Journalistin und Kellnerin. Nach dem 2. Weltkrieg schwand ihre Popularität weiter. Als sie 1960 in Fort Pierce starb, wurde sie in einem Massengrab für Arme beigesetzt.

Die **Wiederentdeckung** der Schriftstellerin ist vor allem *Alice Walker* zu verdanken, die in Büchern und Interviews immer wieder auf ihre große Bedeutung hinwies. *Walker* sorgte dafür, dass *Their Eyes Were Watching God* neu aufgelegt wurde und gab *Hurstons* autobiografisches Werk *I love myself when I am laughing* heraus (auf Deutsch: »Ich mag mich, wenn ich lache«).

Eatonville, nach wie vor eine Kleinstadt mit 2.100 überwiegend schwarzen Bewohnern, ist heute ein Vorort von Orlando. Das kleine ***Zora Neale Hurston National Museum of Fine Art*** zeigt Werke afrikanischer Künstler; 227 East Kennedy Blvd, Mo-Fr 9-16, Sa 11-13 Uhr, frei. Seit 1990 feiert Eatonville seine bekannteste Einwohnerin außerdem am letzten Wochenende im Januar mit dem ***ZORA! Festival***; www.zorafestival.org.

Sonderkapitel
Orlando

ORLANDO
Welthauptstadt des Kommerztourismus

Touristenziel #1

Orlando ist eines der populärsten touristischen Ziele der Welt. Über 64 Mio amerikanische wie internationale Besucher pilgerten 2015 dorthin, vor allem, um sich in *Disney World* und zahlreichen weiteren Themenparks zu amüsieren. Die Freizeitindustrie ist der mit Abstand wichtigste Wirtschaftsfaktor der Region. Die Mehrheit der heute ca. 2,4 Mio Einwohner des Großraums Orlando-Kissimmee lebt direkt oder indirekt vom Tourismus.

Geschichte

Stadt Orlando

Bereits 1838 wurde in der Nähe des heutigen Orlando das *Fort Gatlin* errichtet, um die Seminolen in Schach zu halten. Aber die ersten Siedler ließen sich erst gegen Mitte des 19. Jahrhunderts in der Region nieder, nachdem die letzten Indianer vertrieben worden waren. Sie widmeten sich zunächst der Viehzucht und dem Anbau von Baumwolle. Erst nach dem Bürgerkrieg gewannen Zitrusplantagen ihre dominierende Bedeutung. Als im 20. Jahrhundert in Florida – zunächst zaghaft – der Tourismus begann, bezog sich dies nur auf die Küstenregionen. Landeinwärts liegende Gebiete und Städte waren davon so gut wie nicht betroffen.

Theme Parks

Aber 1949 öffnete ***Gatorland*** als erste nennenswerte Touristenattraktion ihre Pforten bei Orlando. In den folgenden 10 Jahren stieg die Einwohnerzahl Orlandos von 52.000 (1950) auf immerhin schon 88.000. Dann erstand in den 1960er-Jahren der Filmproduzent und Zeichentrickmogul ***Walt Disney***, der mit riesigem Erfolg seit 1955 *Disneyland* im kalifornischen Anaheim (bei Los Angeles) betrieben hatte, ein 122 km^2 großes Sumpfgelände südwestlich von Orlando, um dort ein noch attraktiveres – wie er es damals nannte – »Reich der Fantasie« zu bauen.

Um zu vermeiden, dass sich rundherum – wie in Anaheim geschehen – wieder im Nu eine unerwünschte Infrastruktur billiger

Vergnügungsparkstatistik

Sieben der zehn meistbesuchten Vergnügungsparks Nordamerikas befinden sich in Orlando. Disney's ***Magic Kingdom*** ist seit Jahren der meistbesuchte Vergnügungspark der Welt (ca. 20 Mio Besucher in 2015). Mit Abstand folgen die drei anderen Disneyparks: ***Epcot*** (ca. 11,5 Mio), ***Animal Kingdom*** und ***Hollywood Studios*** (letztere beide über 10 Mio). Weit dahinter liegen die ersten Nicht-Disneyparks: ***Universal Studios*** (über 8 Mio; stark zunehmend in den letzten Jahren), ***Island of Adventure*** (über 8 Mio) und ***SeaWorld*** (knapp 5 Mio). Ähnlich eindrucksvoll ist die Rangliste der Wasserparks. Vier der zehn weltweit bestbesuchten Wasserparks befinden sich im Großraum Orlando. Selbstredend liegen die beiden Disneyparks ***Typhoon Lagoon*** und ***Blizzard Beach*** (beide über 2 Mio) wieder vorne (weltweit nur übertroffen vom *Chime-Long Water Park* in China), gefolgt von ***Aquatica*** bei ***SeaWorld*** (ca. 1,6 Mio) und ***Wet'n Wild*** (ca. 1,3 Mio). Exakte Zahlen unter https://en.wikipedia.org/wiki/List_of_amusement_park_rankings.

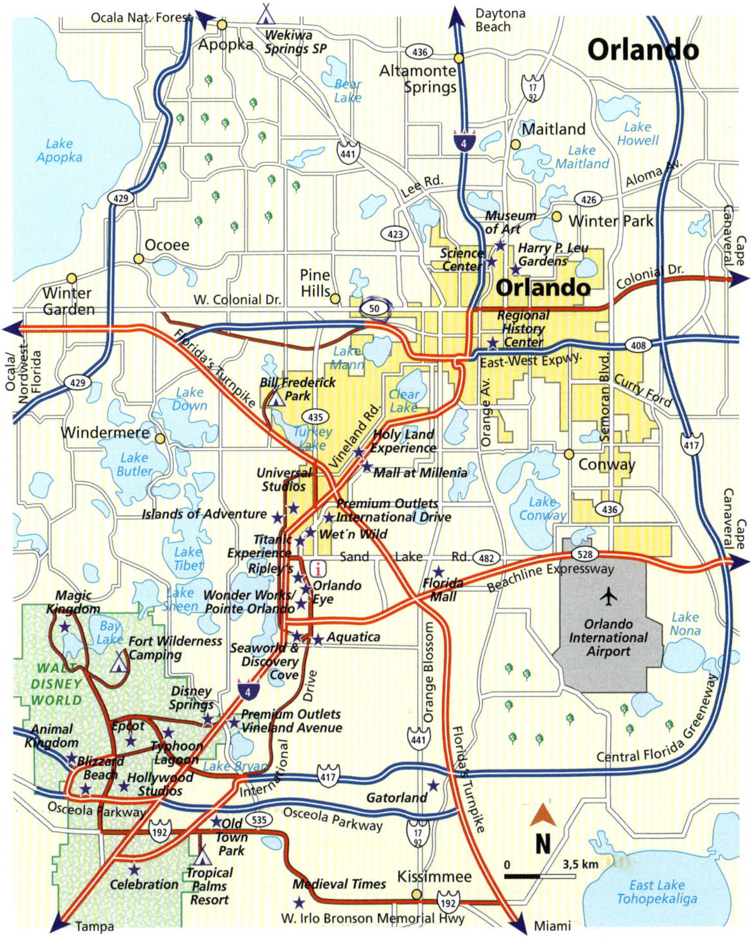

Motels und *Fast-Food Eateries* ausbreitete, wurde von vornherein nicht nur ein Vergnügungspark geplant, sondern ***Disney World*** als komplettes Ferienresort mit Unterkunft, Transport, Verpflegung und Programm konzipiert.

Nachdem die Sümpfe trockengelegt waren und 1971 das ***Magic Kingdom***, eine fast 1:1-Kopie des kalifornischen *Disneyland*, den Anfang gemacht hatte, entstanden in der Folge weitere Themenparks nicht nur in *Disney World* (1982 ***Epcot***, 1989 ***Hollywood Studios***, 1998 ***Animal Kingdom*** plus weitere Einrichtungen zur Besucherbespaßung), sondern auch im Umfeld außerhalb des *Disney*-Komplexes.

Einer der größten Konkurrenten in Kalifornien, der Vergnügungsparkriese ***SeaWorld*** war schon in der 1970er-Jahren ebenfalls auf der Bildfläche erschienen. Und auch die ***Universal Studios*** ließen sich nicht lumpen und eröffneten 1990 eine »Filiale« bei Orlando, kurz nachdem *Disney* mit den (damals zunächst so genannten) ***Disney-MGM Studios*** im Prinzip das Konzept des *Universal*-Originals in Kalifornien abgekupfert hatte.

Daneben eröffneten weitere Attraktionen vom Horrormuseum über Wasserplansch- und Rutschenparks bis hin zu allerhand neuen Themenparks. Im Laufe der Jahre gingen dabei mehrere von ihnen Konkurs und andere entstanden. In Ergänzung expandierte eine mittlerweile kaum noch zu überschauende touristische Infrastruktur sowohl innerhalb des Geländes von *Disney World* als auch entlang der Autobahn I-4 zwischen Orlando und Winter Haven und vor allem an der Straße #192 zwischen Kissimmee und *Disney World*.

Praktisches

Orientierung, Information und öffentlicher Transport

Geografie

Die weitläufige eigentliche **Stadt Orlando** mit heute ca. 255.000 Einwohnern liegt rund 40 mi westlich von Cape Canaveral in flacher Landschaft zwischen einst unzugänglichen Sumpfgebieten und riesigen Zitrusplantagen im Süden, Osten und Westen und dem *Ocala National Forest* im Norden, dem größten Waldgebiet Floridas. **Vergnügungsparks** und Tourismusindustrie mit Hunderten von Hotels, Motels und Restaurants sowie zahlreichen Shoppingzonen befinden sich fast alle südlich der Stadt im Bereich der ***Interstate* #4** und der – dazu parallel verlaufenden – Businessmeilen des **International Drive** und der **Straße #192** (Kissimmee und westlich davon durch den Südteil des Areals von *Disney World*).

Verkehrsanbindung

Die schnellste Verbindung von der Küste nach Orlando führt über den gebührenpflichtigen ***Beachline Expressway*** (#528, ca. eine Stunde Fahrt). Den *Toll* spart, wer stattdessen die **Straße #50** wählt und maximal eine halbe Stunde länger unterwegs ist.

Von/nach **Daytona Beach** am Atlantik sind es 60 mi; und die **Westküste** am Golf von Mexico ist auf kürzestem Weg in guten zwei Stunden zu erreichen (ca. 80 mi bis Weeki Wachee). Nach **Tampa** sind es auf der Hauptroute ***Interstate* #4** ca. 90 mi, nach **St. Petersburg** 110 mi. Wer ohne Umweg rasch von **Miami nach Orlando** oder umgekehrt fahren möchte, nimmt die gebührenpflichtige und daher selten verstopfte ***Florida`s Turnpike*** – oder/und in Verbindung damit die **I-95** – und kann die knapp 240 mi ohne weiteres in vier Stunden am Steuer schaffen.

Eine weitere, gut ausgebaute Route, auf der die Strecke Miami–Orlando aber zur Ganztagesetappe wird, ist die **Straße #27**. Sie verläuft weit landeinwärts, passiert den Lake Okeechobee, den südlichen Teil der Seenplatte und die Zitrusplantagen Zentralfloridas.

Airport und Transport ab dort

Viele Besucher Floridas fliegen zunächst nach Orlando. Der angenehme und großzügig gestaltete ***International Airport*** (MCO) liegt 10 mi südlich von Orlandos Innenstadt und 20 mi östlich von *Disney World*; www.orlandoairports.net.

Nur **Hotels im Flughafenumfeld** haben einen kostenlosen *Shuttle Service* von und zum Airport. Zu den **Hotel-Ballungsbereichen** (➢ oben) gelangt man ohne Mietauto **per Taxi** oder mit dem ***Shuttle*** der Firma ***Mears Motors*** (ab $18, *Roundtrip* ab $28), das man am besten vorher im Internet bucht: www.mearstransportation.com. Geld spart, wer den öffentlichen **Airport-Bus #111** (*Lynx*, ➢ Seite 212) über *Florida Mall* nach *SeaWorld* erwischt.

Information

- **Orlando-Vertretung** ➢ Seite 492
  www.visitorlando.com/de
- ***Orlando Official Visitor Center***, 8723 International Drive, ✆ 1-800-972-3304; www.visitorlando.com

  Dort gibt es Info-Material in Hülle und Fülle, darunter ***Discount Coupons*** für alles mögliche und einen **Ticketverkauf zu reduzierten Preisen** für fast alle Besucherattraktionen außer *Disney World* (!), ➢ Seite 226f. Bei der Suche nach einer Unterkunft ist man dort ebenfalls behilflich. Werbezettel mit Sondertarifen weniger gut gebuchter Motels/Hotels finden sich immer.

Transport generell

Orlando gehört – wie oben bereits angedeutet – zu den Städten, in denen man **schlecht ohne Mietwagen** auskommt, denn viele Attraktionen lassen sich sonst nur mit Taxi oder – meist ebenfalls teuren – *Van Services* erreichen. Dabei ergeben sich rasch höhere Kosten als bei einer Automiete, zumal bei den günstigen Florida-Tarifen, ➢ Seite 34. Ausflüge in die Umgebung, wie z.B. nach *Cape Canaveral* oder den diversen Quellfluss-Parks (➢ Seite 259) sind ohne eigenes Fahrzeug gar nicht oder nur per Ausflugsbus zu meist ziemlich stolzen Preisen möglich.

Überraschung beim Transport durch den Jurassic Park (Island of Adventure)

Öffentliches Bussystem Lynx

Wegen der kundenfreundlichen Tarifstruktur (Einzelticket $2, Tagespass $4,50, Wochenpass $16) sind im Großraum Orlando die Busse von ***Lynx*** (Info unter © 407-841-2279; www.golynx.com) ggf. eine Alternative. Ihre Nutzung kostet wegen der auf den meisten Routen relativ geringen Frequenz indessen viel Zeit. Das Netz ist ziemlich dünn, schließt aber den *Airport*, *Downtown*, die großen *Shopping Malls* und alle *Amusement Parks* mit ein.

Trolleys auf dem Int'l Drive

Nostalgische sog. *I-RIDE-Trolleys* (Busse) verkehren täglich 8-22.30 Uhr alle 20 bzw. 30 min auf zwei sich überschneidenden Strecken (***Red*** und ***Green Line***) entlang des Int'l Drive. Die einfache Fahrt kostet $2; der Tagespass $5. Viele Stopps, daher für Leute mit Geduld; www.iridetrolley.com/map.asp.

Unterkunft

Situation

Ein Quartier in oder um Orlando zu finden, bereitet im allgemeinen keine Probleme. Denn dem Ansturm der Besucher gegenüber stehen hohe Kapazitäten. Orlando verfügt mit fast 150.000 Hotelzimmern und ungezählten Wohnungen und Häusern (*Condos/Suites/Vacation Homes*) zur Kurzmiete nach Las Vegas über die größte Ballung an Touristenquartieren in ganz Nordamerika. Nur zum Jahreswechsel, an Winter- und Feiertagswochenenden sowie zu Ostern kann es eng werden. Zu den entsprechenden Terminen ist langfristige **Reservierung** definitiv ratsam, ebenso, wenn man in ganz bestimmten Häusern unterkommen möchte, vor allem in Hotels auf dem *Disney-World*-Gelände.

Lage der Unterkünfte

Dort finden sich die mit Abstand teuersten Unterkünfte im Raum Orlando. Erheblich preiswerter sind die **Hotels** und **Motels** an den Ausfallstraßen rund um die Parks und in der Stadt, besonders an der **Straße #192** (***Irlo Bronson Memorial Highway***, östlich und westlich der I-4 auf einer Länge von ca. 15 mi) und am ebenfalls meilenlangen ***International Drive*** parallel zur I-4.

Hotels im Airport-bereich

Wer zunächst lieber in **Airportnähe** unterkommen möchte, etwa wegen später Ankunft, hat neben dem tollen ***Hyatt Regency Airport*** im Hauptterminal (ab $249; www.orlandoairport.hyatt.com) die Wahl unter Häusern der gehobenen Kategorie wie dem ***Marriott Courtyard*** (ab $110) und diversen Mittelklassehotels ab ca. $80 wie z.B. ***Hampton***, ***Ramada Suites***, ***Fairfield***, ***La Quinta*** *u.a.m.*

Tarifniveau bei geringer Auslastung

Zu Zeiten geringer Auslastung werben selbst Hotels der Mittelklasse in Disney-/Universalnähe mit Preisen ab $59 fürs Doppelzimmer; ordentliche H/Motels gibt es dann unter $50, einfache sogar unter $40, vor allem an der Straße #192 in Richtung Kissimee. Selbst Zimmer in attraktiven Hotelanlagen mit Gastronomie etc. sind zeitweise schon unter $100 zu finden, so im empfehlenswerten ***Crown Plaza Universal***, 7800 Universal Blvd, www.cporlando.com.

Aktuelle ***Hoteldiscounts*** gibt es – individuell und als Listung – bei der ***Visitor Information***, oder man schaut mal ins Internet: www.hotelcoupons.com/hotels/florida/orlando.

Disney Hotels

Disneyeigene Hotels sind – wie gesagt – hochpreisig. Preiswerter, aber ebenfalls teurer als vergleichbare Häuser außerhalb, sind die Großhotels anderer Betreiber im *Disney-World*-Komplex, wie z.B. die Hotels in der ***Downtown Disney Resort Area*** (I-4, *Exit* 68); www.downtowndisneyhotels.com. Vor Ort zahlt man in der Regel für Hotels innerhalb von *Disney World* etwas mehr als bei einer Buchung im voraus. Das Gros der Gäste dort hat Pauschalreisen gebucht, die Anreise, Tickets etc. enthalten. Auch in Veranstalterkatalogen bei uns findet man solche ***Disney-Packages***. Generell wird dabei der Vorteil der Nähe und des kostenlosen Transports innerhalb von *Disney World* – also ohne Notwendigkeit, Auto fahren und immer wieder neu parken zu müssen – im Vergleich zu den nachfolgend aufgeführten Hotels aber recht teuer erkauft.

Unterkünfte im Einzelnen

Aus dem unüberschaubaren Angebot an Quartieren außerhalb von *Disney World* hier einige Beispiele:

An der Straße #192 (I-4, *Exit* 64) sind z.B. oft günstig (= unter $60)

- ***Red Carpet Inn***, 4700 W Irlo Bronson Hwy, © (407) 396-1133
- ***EconoLodge***, 4669 W Irlo Bronson Hwy, © (407) 396-1890
- ***Knights Inn***, 4651 W Irlo Bronson Hwy, © (407) 396-8400

Aber zu Ostern, Weihnachten oder an manchen Wochenenden können sich auch dort die Tarife verdoppeln. Im Schnitt etwas teurer als entlang der #192 sind die Unterkünfte am International Drive. Dennoch sind auch dort Tarife ab $70-$80/DZ – oft mit *Shuttle Service* zu den wichtigsten Parks – für die Mittelklasse »drin«, z.B.

- ***Days Inn***, 5858 Int'l Dr, (I-4 *Exit* 75), © (407) 351-4410
- ***La Quinta Inn***, 5825 Int'l Dr, (I-4 *Exit* 75), © (407) 351-4100

Hyatt Regency Hotel mitten im Airport-Komplex. Die im Bild gut erkennbaren kleinen Zimmerbalkons überschauen das zentrale Atrium, ➤ *links.*

Im Bereich Lake Buena Vista direkt bei *Disney World* ist das

- ***Holiday Inn Resort Lake Buena Vista***, 13351 Hwy 535, (I-4 *Exit* 68), ab $100, © (407) 239-4500; www.hiresortlbv.com

erschwinglich und eignet sich gut für **Familien mit Kindern**.

Wer **gehobener** oder sogar hochklassig logieren möchte, kann das z.B. in den folgenden Anlagen:

- ***Hapimag Orlando Lake Berkley Resort***, 1010 Park Ridge Circle in Kissimmee, I-4 *Exit* 64. Schöner Komplex mit 100 Wohnungen bzw. Reihenhäuser am Lake Berkley, ab $92 plus Reinigung, mindestens 2 Nächte; © (407) 390-9083, www.orlando-hapimag.com
- ***Renaissance Orlando Resort***, 6677 Sea Harbor Drive, I-4 *Exit* 71, in der Nähe von *SeaWorld*, ab $159; © (407) 351-5555, www.marriott.de/hotels/travel/mcosr-renaissance-orlando-at-seaworld
- ***Hyatt Regency Orlando***, 9801 Int'l Drive, I-4 *Exit* 72, Luxushotel mit Fernblickzimmern. Tolle Poollandschaft, ab $250+*Resort Fee;* © (407) 284 1234, www.orlando.regency.hyatt.com

Camping

Camping Disney World

Von der Qualität wie der Lage her ist ***Disney`s Fort Wilderness Campground*** nicht zu schlagen. Service, Komfort und parkartige Gestaltung sind vorbildlich. *Fort Wilderness* besteht aus Teilarealen, von denen die meisten um einen zentralen Bereich liegen mit riesigem **Pool**, *Shop*, Bootsverleih und **Open-air-Kino**; dort laufen jeden Abend ab Dunkelheit Disney-Filme. Busse sorgen für kostenlosen Transport zu den *Theme Parks* bzw. zur Anlegestelle des Boots in Richtung *Magic Kingdom*. Zwar kosten die Stellplätze je nach Saison und Komfort **$52-$134**, bieten dafür aber hohen Gegenwert. Reservierung unabdingbar, ➤ Seite 226.

Eine Kombination aus Komfort-Apartment und Aufenthalt im Grünen bieten die ***Cabins*** im ***Fort Wilderness Resort*** (Blockhäuser) neben den Campingarealen. Auch sie sind mit Tarifen ab $330/Tag (!) kostspielig, bieten aber bis zu 6 Personen Platz.

Weitere Campingplätze

Von den preiswerteren *Campgrounds* zu gerade einem Drittel bis zur Hälfte des Disneytarifs liegt der in jeder Beziehung hervorragende und gar nicht so stark frequentierte

- ***Bill Frederick Park at Turkey Lake*** mit großem Pool, **Abenteuerspielplatz** und viel Platz auch für Zeltcamper nur 10 Autominuten von den *Universal Studios* entfernt: I-4 *Exit* 78 auf Conroy Road und nach ca. 4 mi rechts auf die South Hiawassee Rd (Parkeinfahrt #3401); www.cityoforlando.net/billfrederick. Die erste **Ankunft ist vor 17 Uhr nötig**, sonst bekommt man keinen Schlüssel mehr für die Parkschranke. Reservierung nur telefonisch unter: © (407) 246-4486; Zelt $13; RVs ab $17, beide plus *tax*. Auch einfache ***Cabins*** können gemietet werden, $45.
- Günstig für *Disney World* und ruhig liegt das ***Tropical Palms Resort & Campground***, 2650 Holiday Trail, ab *Exit* 65 (I-4) 2 mi auf #192 nach Osten, $30-$50, www.tropicalpalms.com.

Weitere Plätze liegen näher an *Disney World/Universal* entlang der I-4, sind aber teilweise wegen der Autobahn arg lärmgeplagt.

- Über gute Campingplätze verfügen auch die ***State Parks*** der Umgebung: ***Wekiwa Springs*** (17 mi nördlich Orlando, ➤ Seite 258), ***Blue Springs State Park*** (40 mi nördlich, ➤ Seite 259) und ***Lake Louisa State Park*** (35 mi westlich bei Clermont, Straße #27).

Essengehen, Abendunterhaltung und Shopping

Park Eateries

In allen Vergnügungsparks können die Besucher in zahlreichen *Snack Bars* und Restaurants zu meist happigen Preisen ihren Hunger stillen. Die in dieser Beziehung beste Auswahl hat ***Epcot*** in seinen Länderpavillons.

Disney World/ Universal

Auf dem Gelände von *Disney World* und *Universal* bieten sich vor allem fürs Abendessen und den Kneipen-/Disco-Abend ***Disney Springs*** (früher *Downtown Disney)* und ***Universal CityWalk*** an (➤ Seiten 246 und 252). Dort bleiben kaum Wünsche offen, vorausgesetzt, es kommt auf den Dollar nicht besonders an.

International Drive

Wie bei den Unterkünften gibt es zahllose Restaurants und *Fast Food Eateries* am **Irlo Bronson Hwy** (#192) und entlang des **International Drive** mit Spezialitäten aus aller Herren Ländern, z.B.

- ***Cafe Tu Tu Tango***, 8625 Int'l Drive, Restaurant und Kneipe, bunt und vielfältig; © (407) 248-2222, www.cafetututango.com
- ***Kobe Japanese Steakhouse***, 8148 Int'l Drive; www.kobesteakhouse.com (für beide Empfehlungen ***Exit* 74 von der I-4**)

Discount Coupons

Und nicht zu vergessen: In Orlando gibt es ***Coupons*** für alles und jedes, auch **für den Restaurantbesuch**, sei es der zweite Drink frei oder 15% Discount, ein Blick in die Coupon-Seiten von Werbebroschüren lohnt sich ebenso wie in ins Internet unter www.orlandocoupons.com oder www.orlandocouponsfree.com.

Im Hard Rock Café der Universal Studios (Bereich CityWalk)

Dinner Shows

Neben den Abendprogrammen in den Themenparks sind ***Dinner Shows*** eine der beliebtesten Formen der Abendunterhaltung in Orlando. Sie kombinieren ***Dinner*** mit ***Entertainment*** in Form von Theater, Spektakel und Musik. In den letzten Jahren haben es die Großen der Branche indessen geschafft, ihr Publikum mehr und mehr auch noch in den Abendstunden mit eigenen Angeboten auf dem Gelände zu halten, ➤ z.B. ***Disney Springs*** (Seite 246) und ***Universal CityWalk*** (Seite 252). Als Folge dieser Entwicklung wurde schon eine Reihe mehrerer unabhängige Dinnertheater und anderes mehr geschlossen. Es gibt sogar eine ***Website***, die im Zeitablauf »verlorene« Attraktionen virtuell weiterleben lässt: www.lostparks.com.

Noch existieren aber u.a. folgende *Dinner Shows* außerhalb der Parks (Kosten um $50-$70, Kinder bis 11 Jahre um $40, aber Reduktionen durch ***Discount Coupons***, die man sich großenteils selbst ausdrucken kann):

- Eine der populärsten Shows heißt ***Medieval Times Dinner and Tournament*** in einem künstlichen Burggemäuer (4510 W Irlo Bronson Memorial Hwy, I-4 *Exit* 64). In der zweistündigen Show werden eindrucksvolle reiterische Höchstleistungen mittelalterlich kostümierter Ritter und Spielchen unter Beteiligung des Publikums, das derweil die Hähnchen auf dem Blechteller mit den Fingern zerteilt und alkoholfreie Getränke aus Plastikbechern trinkt, geboten; *All-inclusive-Packages* ab $63; bis 12 Jahre ab $37; ✆ 1-866-543-9637; www.medievaltimes.com.
- ***Pirate's Dinner Adventure***, 6400 Carrier Drive, I-4 *Exit* 74, parallel zum Int'l Drive unweit Universal Blvd. Musical mit einer schlichten Story und wüsten Kämpfen rund um ein und auf einem Piratenschiff, 90 min, $66, Kinder $40, ✆ 1-800-866-2469; www.piratesdinneradventure.com.
- ***Titanic Gala Dinner***, 7324 Int'l Dr (I-4 *Exit* 74), im Museum »*Titanic, the Experience*«. Die Gäste nehmen teil am *Captain's Dinner* und erleben als Passagier das Schiff – bis es passiert ..., $59, Kinder $38, http://orlando.showtickets.com/titanic-gala-dinner
- ***Capone's Dinner Show***, 4740 W Irlo Bronson Memorial Hwy, I-4 *Exit* 64. Hier stehen Chicagos Gangster der frühen 1930er-Jahre und die Prohibition im Mittelpunkt; 2,5 Std; $64, Kinder $40, ✆ 1-800-220-8428; www.alcapones.com.

Shopping Malls

- ***Orlando Premium Outlets*** unterhält zwei große *Outlet*-Zentren mit jeweils über 150 Läden (u.a. *Nike, Levis, Puma, Gap, Hugo Boss, Tommy Hilfiger, Calvin Klein, Jockey* u.v.m.). Ein Komplex befindet sich am **Nordende des *International* Drive** (#4951), Zufahrt unweit der *Universal Studios* über I-4 *Exit* 75A. Ein weiteres Zentrum liegt unweit des südlichen Int'l Dr neben der I-4, von ihr *Exit* 68, dann vom International Drive in die ***Vineland* Ave** (#8200) abbiegen; www.premiumoutlets.com.
- Die ***Florida Mall*** ist mit über 250 Geschäften das größte *Shopping Center* in Orlando, 8001 South Orange Blossom Trail, im Süden der Stadt ca. 7 mi westlich des Flughafens.
- ***Old Town Theme Park***, 5770 W Irlo Bronson Memorial Hwy, ist ein Vergnügungspark alter Art mit Achterbahnen, Riesenrad und dazu zahlreichen Geschäften und Restaurants. Er liegt unmittelbar östlich der Straße # 417; www.myoldtownusa.com.
- ***The Mall at Millenia***, 4200 Conroy Road, I-4 *Exit* 78. Über 150 *Shops* in weitläufiger Edelanlage; www.mallatmillenia.com.

Planet Hollywood, ein mit Filmrequisiten vollgestopftes Restaurant im Bereich Disney Springs

Celebration: Disneys Musterstadt

www.celebration.fl.us

Bereits *Walt Disney* hatte die Vision von einer »idealen« Stadt der Zukunft und diese ursprünglich mit *Epcot* (➤ Seite 234) verbunden. Die *Disney*-Verantwortlichen waren nach dem Tod des Gründers zwar von diesem Konzept abgewichen und hatten stattdessen einem weiteren Vergnügungspark den Vorzug gegeben, aber die Idee eines möglichst perfekten Ortes ließ sie offenbar nicht mehr los. Und so entschloss sich der Konzern, in Nachbarschaft zur Kunstwelt der *Disney*-Themenparks eine »richtige« Stadt zu gründen.

Mitte der 1990er-Jahre wurde mit dem Bau der zunächst auf 20.000 Einwohner ausgelegten Ortschaft begonnen, und man gab ihr den Namen ***Celebration*** (»Feier«). Mittlerweile ist daraus eine – für die zur Zeit nur ca. 8000 Bewohner – flächenmäßig erstaunlich große und verzweigte Villensiedlung geworden. Extrem gepflegte zwischen viel Grün und Teichen angelegte Wohnstraßen mit breiten *Walkways* und *Jogging Trails* gruppieren sich um einen kompakten Zentralbereich am Lake Rianhard oder bilden in sich geschlossene blitzsaubere Satellitendörfer zwischen noch nicht trockengelegten sumpfigen Reservegeländen und Golfplätzen. Zwar ist die vorherrschende Wohnform das freistehende *One-Family-Home*, aber es gibt auch zahlreiche Apartmentblocks höheren Standards und dicht an dicht gebaute *Townhomes*. Die oft unschöne kommerzielle Infrastruktur amerikanischer Kleinstädte entfiel dort komplett. Nur im Bereich *Downtown* gibt es eine Reihe von Cafés und Restaurants samt Open-air-Terrassen, eine Handvoll Shops gehobenen Bedarfs in der kurzen Einkaufsstraße *Market Street* und ein Hotel der tariflichen Oberklasse. Das unverzichtbare Business – als da sind Supermarkt, *Drugstore*, Tankstellen, Autoreparatur, *Fast Food* etc. – liegt je nach Wohnlage eine bis drei Meilen entfernt an der Straße #192, Kindergarten und Schule befinden sich in Randlage.

Die Architektur der meisten Gebäude ist traditionell und altmodisch; d.h., alle Gebäude orientieren sich an Baustilen der Vergangenheit – klassisch, viktorianisch oder kolonial. Die Fassaden der *Market Street* wurden Südstaaten-Vorbildern nachempfunden.

Wer nach *Celebration* zieht, muss sich in ein – auf gegenseitige Harmonie ausgelegtes – Gesamtkonzept einfügen. Undenkbar, dass dort z.B. jemand sein Haus einfach nach Gutdünken farblich neu streichen könnte. Der *Disney*-Konzern hat die totale Kontrolle über das Erscheinungsbild des Ortes. Die Bürger von *Celebration* dürfen auch ihre Gärten nicht nach eigenen Vorstellungen gestalten. Gartenanlage und die in Frage kommende Bepflanzung sind vorgeschrieben, Wäscheleinen etwa komplett verboten. Und alle Vorhänge, die von der Straße aus sichtbar sind, haben weiß zu sein.

Dagegen sieht es mit den Rechten der Einwohner eher mau aus. Auch einen gewählten Bürgermeister gibt es in *Celebration* nicht. *Disney* stellt stattdessen einen Manager, dem vor allem die Interessen seines Arbeitgebers am Herzen liegen. Wer nach Einzug ins Paradies zum Schluss kommen sollte, dass ihm die »*Disney*-Diktatur« nicht passt, hat nur eine Wahl, nämlich Umzug zurück in die reale Welt mit all ihren Unzulänglichkeiten.

Das haben in der Zwischenzeit auch schon viele getan, denen die Perfektion dieser nur scheinbar problemfreien Stadt »auf den Geist« ging. In der Aufbauphase Ende der 1990er-Jahre gab es derart viele Bewerber für Immobilien in *Celebration*, dass die trotz beachtlicher Kosten über teure Verlosungen an den Kunden gebracht werden konnten. Heute stehen jederzeit Hunderte von Häusern und Apartments in *Celebration* zu regional üblichen Marktpreisen zum Verkauf. Die Fluktuation ist also hoch, was wohl nicht zuletzt an Sterilität und Langeweile liegen mag, die man auch als Besucher schnell spürt.

Unspektakuläre Einkaufsstraße Market Street im Zentrum von Celebration.

Anfahrt via I-4, Exit 64 auf die #192 East, dann Celebration Ave. Vom Central Florida Greene Way #417 über Exit 2

Der Großraum Orlando ist vor allem bekannt als Standort zahlreicher Vergnügungsparks, aber auch die Stadt Orlando als solche ist nicht unbedeutend; hier der Lake Eola am Rande von Downton zwischen Central und Robinson Street

Stadt Orlando

Die I-4 läuft in Nord Süd-Richtung mitten durch Orlando und tangiert dabei das – durch eine kleine Hochhausballung deutlich identifizierbare – Zentrum östlich der Autobahn. Die Hauptachse der Stadt ist der Colonial Drive/Straße #50 (I-4 *Exit* 84).

Downtown Orlando liegt im wesentlichen südlich davon zwischen Robinson und Church Street mit Schwerpunkt rund um den Kreuzungsbereich Central Blvd/Orange Ave.

Downtown

In Orlando gibt es nur wenige ältere oder stadtgeschichtlich bedeutsame Gebäude. Und »Betrieb« ist in *Downtown* nach Büroschluss nur noch auf dem kurzen Stück der Orange Ave zwischen Washington und Church Street, speziell in den **Kneipen** der **Wall Street** in Nachbarschaft des Geschichtsmuseums. ***Fast Food*** konzentriert sich beim ***Plaza Cinema***, 155 Orange Avenue. Der bei Tageslicht unübersehbar schäbige Zustand vieler Lokale der Innenstadt ist nicht zuletzt auf den hohen Konkurrenzdruck der überbordenden Gastronomie am Int'l Blvd und Universal Drive wie auch auf den Geländen der *Amusementparks* zurückzuführen.

Amway Center

Betrieb herrscht in *Downtown* nur, wenn im ***Amway Center*** die **Basketballprofis** der ***Orlando Magic*** spielen, 400 West Church Street unmittelbar westlich der I-4; www.amwaycenter.com.

Geschichtsmuseum

Recht anspruchsvoll und besuchenswert ist das ***Orange County Regional History Center*** an der Ecke Central Blvd/Magnolia Ave (65 East Central Blvd, Mo-Sa 10-17, So 12-17 Uhr; Eintritt $8, bis 12 Jahre $6; www.thehistorycenter.org).

Das Museum betont die Geschichte Zentralfloridas, u.a. die der Indianer und der Zitrusindustrie. Besonders interessant ist die Ausstellung ***Walt Disney World***. Sie bezieht sich auf den Tag, an dem *Walt Disney* sich entschloss, seine *Disney World* bei Orlando zu errichten. Nur dort erfährt man objektive Details zu Planung und Bau seines ersten Vergnügungsparks *Magic Kingdom* und ausnahmsweise auch **Kritisches zum *Disney Project*** und der nachfolgenden Entwicklung: *»I wish the mouse had rather stayed in California«*, wird etwa ein Politiker zitiert. Durch die *Amusement Parks* im Umfeld entstanden nämlich nicht nur Arbeitsplätze und gestiegene Einkommen, sondern auch Probleme wie die immer chaotischere Verkehrssituation, Trinkwasserknappheit, Umweltschäden und die – nach der Krise 2008-2012 – immer noch bzw. schon wieder extrem hohen Immobilienpreise.

Loch Haven Park; weitere Museen

Die beiden anderen wichtigen Museen der Stadt findet man etwas nördlich von Downtown im ***Loch Haven Park*** ca. 2 mi nördlich des Zentrums. Man erreicht ihn am besten über die I-4, *Exit* 85:

- Das ***Orlando Science Center*** befindet sich in einem eindrucksvollen Gebäude; Ausstellungsschwerpunkte sind Naturhistorie und Naturwissenschaften. Es beherbergt auch den riesigen ***Cine Dome*** für Weltraumshows und das ***Digital Adventure Theater***, in dem **3D Hollywood-Filme** laufen; täglich 10-17 Uhr, Fr-Sa 10-21 Uhr, Eintritt $20, bis 11 Jahre $14; 777 East Princeton Street, ✆ 1-888-OSC-4FUN, www.osc.org.
- Das ***Orlando Museum of Art*** steht ganz in der Nähe. Es besitzt u.a. eine ansehnliche Sammlung präkolumbischer Kunstwerke und afrikanischer Textilien; 2416 N Mills Ave, Di-Fr 10-16 Uhr, Sa-So 12-16 Uhr, $10, bis 17 Jahre $5; www.omart.org.

Lebensgroße »Menschen« bei der Zitrusernte sind nur ein Beispiel für zahlreiche in den Harry P. Leu Gardens aufgestellte Skulpturen

Botanischer Garten

Wenn man ohnehin die Fahrt zum *Loch Haven Park* unternommen hat, lohnt sich auch noch ein Besuch der ***Harry P. Leu Gardens*** am Südufer des Lake Rowena (ca. 1,5 mi ab Kunstmuseum). Der große botanische Garten mit Arboretum eignet sich gut für einen ruhigen 60-min-Spaziergang. Ab I-4 *Exit* 85 auf Princeton Street/ Mills Ave/Virginia Drive, Ausschilderung bis 1920 N Forest Ave. Tägl 9-17 Uhr, Eintritt $10, bis 12 Jahre $3; www.leugardens.org.

Oben im Bild sieht man das enorme Contemporary Resort der Walt Disney World am Lake Buena Vista, zugleich »Hauptbahnhof« der Monorail rund um die sog. »Lagune der sieben Meere«, an der sich außer dem Magic Kingdom auch noch die Luxusresorts Grand Floridian und Polynesian befinden. Ein Extrastrang der Monorail verbindet diese Hotels und das Magic Kingdom mit Epcot. Unten rechts erkennt man eine »Ecke« vom Parkplatz für Besucher des Magic Kingdom, die Monorailstation und die diversen Bahntrassen, ebenso – noch am Anleger – einen der Raddampfer, die zusätzlich zur landgebundenen Monorail Besucher übers Wasser zum Haupteingang des Magic Kingdom transportieren.

WALT DISNEY WORLD

Geografie, Zeiten und Tickets

Trotz aller Konkurrenz ist und bleibt *Disney World* unangefochtenes Zugpferd der Orlando Vernügungspark-Agglomeration.

Die vier Themenparks

Disney World beherbergt mit dem ***Magic Kingdom***, ***Epcot***, dem ***Animal Kingdom*** und den ***Hollywood Studios*** die vier beliebtesten Themenparks in Florida. Sie liegen allesamt in der nördlichen Hälfte des sehr weitläufigen, üppig grünen und von Seen durchsetzten Disney-Geländes. Mit der Außenwelt (hier I-4 und Straße #192) und untereinander sind sie über ein eigenes autobahnartiges Straßennetz verbunden.

Neben den Themenparks betreibt das Unternehmen außerdem den Shopping- und Restaurantkomplex ***Disney Springs*** mit ***Disney Quest***, das Sportzentrum ***ESPN Wide World of Sports***, mit der ***Typhoon Lagoon*** und ***Blizzard Beach*** zwei Plansch- und Wasserrutschenparks, vier **Golfplätze**, über **30 Hotel- und Wohnanlagen** und einen, das muss man zugeben, vorbildlich angelegten **Campingplatz** (➢ Seite 214).

Zeiten

Die **Öffnungszeiten** der ganzjährig operierenden Parks hängen ab von Andrang und Jahreszeit. ***Magic Kingdom*** und ***Epcot*** sind meistens von 9-21 Uhr geöffnet, ***Animal Kingdom*** von 9-19 Uhr und ***Hollywood Studios*** von 9-22 Uhr.

Diese Zeiten sind aber flexibel. An Feiertagen, anlässlich besonderer Veranstaltungen und in der Hochsaison bleiben die Parks länger geöffnet. Oft werden die Tore auch morgens zu den ***Extra Magic Hours*** für Gäste bestimmter *Disney*-Hotels eine Stunde vor der offiziellen Zeit aufgeschlossen. Infotafeln und Flyer informieren an den Eingängen über jeweils aktuelle Öffnungszeiten.

Tagesprogramme

Im Internet findet man die tagesaktuelle Listung von Öffnungszeiten, Shows und besonderen Events mit allen Details unter https://disneyworld.disney.go.com/calendars, von wo man sich weiter auf alle vier Parks und die sonstigen Bereiche durcklicken kann.

Tagestickets

Das Tagesticket fürs *Magic Kingdom* kostet als ***One-day-one-park-Pass*** **$105** für Erwachsene und Kinder ab 10 Jahren, **$99** für Kinder 3-9 Jahre, Kinder unter 3 Jahren benötigen kein Ticket. Für die anderen drei Parks kostet das **Tagesticket jeweils $97 bzw. $91**; **Wasserparks** **➢ Seite 244.**

Wer **an einem Tag mehrere Parks** besuchen möchte, muss für die sog. ***Park Hopper Option*** **$64 zusätzlich** zahlen (dieser Betrag ist altersunabhängig). Alle Tickets kann man an der Kasse des jeweiligen Parks, im Internet und auch in den *Disney*-Hotels kaufen.

Mehrtagespässe

Mit Mehrtagespässen (gültig dann für alle vier Parks) – beliebig für 2-10 Tage erhältlich – spart man gegenüber mehreren Tageskarten bis zu 3 Tagen nur wenig, aber wer länger bleibt, kommt in den Genuss von substanziellen Ermäßigungen pro Tag; **für zwei Tage kosten sie $192, bis 9 Jahre $179**.

Park Hopper und Water Parks

Auch bei den Mehrtagespässen kann immer nur ein Park pro Tag besucht werden. Wer innerhalb desselben Tages die Parks wechseln möchte, benötigt wiederum noch zusätzlich die ***Park Hopper Option* für $64** – dann für alle Tage des *Multi Day Tickets* gültig. Man kann auch den freien Besuch der beiden Wasserparks und weiterer *Disney*-Attraktionen (u.a. *ESPN Sports Complex, Miniature Golf Courses*) während der Pass-Laufzeit mit einschließen: ***Water Park Fun & More Option***. Diese Option kostet einen Zuschlag von ebenfalls **$64**. Wer ***Park Hopper* plus *Water Park*** will, kauft die beiden als Kombi und zahlt **$90**. **Preistabellen** und Details unter www.disneyworld.disney.go.com/tickets.

Discounts

Im Gegensatz zu anderen *Amusement Parks* gewährt *Disney* (mit Ausnahme für Einwohner Floridas) keine *Discounts*. Mehr zur Thematik *Discount Ticket* für *Disney World* ➤ Seite 227.

Tickets schon vor der Reise kaufen?

Es kann **günstiger sein, Mehrtagespässe bereits hier (Reisebüros, direkt beim Veranstalter) vor der Reise zu besorgen**, da es manchmal Aktionen wie »1 Pass zum vollen Preis, 2. Pass 50%« o.ä. gibt.

Parken

Zu den Eintrittspreisen der Themenparks addiert sich eine Parkgebühr von **$20 für Pkw** und **$22 für Wohnmobile**. Das Parkticket gilt den vollen Tag für alle Parkplätze der vier Themenparks inkl. Parkplatzwechsel. Alle anderen Parkplätze – z.B. an den *Waterparks* und im Bereich *Disney Springs* – sind gratis. Gäste der *Disney*-Hotels zahlen in ganz *Disney World* keine Parkgebühren.

Information

Telefonische ***Disney World Ticket Information***: © (407) 939-5277

Eine der autobahnartig ausgebauten Einfahrten in die fröhliche Welt der Micky Maus

Anfahrt und Transport zwischen den Parks

Anfahrt I-4 von Süden

Die Themenparks erreicht man von Süden kommend am besten über die **I-4 *Exit* 64**, dann folgt man westlich der **Straße #192** (Irlo Bronson Memorial Highway) und weiter der Ausschilderung. Einmal in *Disney World* angekommen, kann nichts mehr schiefgehen. Die Verkehrsleitung zu und in den Parks ist narrensicher.

von Norden

Wer auf der **I-4 von Norden** kommt, nimmt besser *Exit* 65.

Bei Anfahrt über den ***Central Florida Greenway*** (etwa aus dem Airportbereich) verlässt man diesen über *Exit* 3 und erreicht auf dem **Osceola Pkwy** die Hauptzufahrt **World Drive** in den Park.

Bei Ziel ***Disney Springs*** bieten sich von der I-4 die *Exits* 65 (von Tampa) bzw. 68 (von Orlando) an.

Transport

In *Disney World* gibt es ein **ausgezeichnetes kostenloses Transportsystem**. ***Epcot*** ist durch eine Hochbahn mit dem ***Transportation & Ticket Center*** verbunden, das sich dem *Magic Kingdom* gegenüber am Südufer der *Seven Seas Lagoon* befindet. Von dort geht es entweder wieder per Hochbahn oder mit einer Fähre hinüber zum ***Magic Kingdom***. Ein **Boot** verbindet auch den Campingplatz *Fort Wilderness* mit dem *Transportation Center*.

Alle Anlaufpunkte für Parkbesucher und alle **Hotels** sind zudem über ein engmaschiges kostenfreies Busroutennetz miteinander verbunden. Frequenzen werden der Nachfrage angepasst; https://disneyworld.disney.go.com/guest-services/bus-transportation.

Unterkommen in Disney World

Situation

Der *Disney*-Konzern betreibt auf dem Gelände der *Disney World* selbst eine ganze Reihe von Hotels. In einem dieser Hotels abzusteigen bietet – von der Nähe zu den Parks ganz abgesehen – eine Reihe von Vorteilen: Der Besucher kann sein Auto auf dem Hotelparkplatz stehen lassen und mit den *Disney*-Verkehrsmitteln (Busse und Hochbahn) zu allen Zielen fahren. Außerdem erlaubt *Disney* Gästen ausgewählter Hotels zu den *Extra Magic Hours* den frühzeitigen Einlass in die Parks, bevor sie offiziell für alle Besucher geöffnet werden. Zu den Unterkünften im einzelnen:

Einfache/ mittlere Kategorie

Die preisgünstigsten Disney-Quartiere (ab $98) sind die folgenden vier jeweils rund 2.000 Zimmer großen Komplexe mit relativ einfachen und kleinen thematisch gestalteten Zimmern: das ***Pop Century Resort*** und das ***All-Star Movies Resort***. Auch die Außenbereiche der Anlage wurden dem jeweiligen Thema angepasst, so sind etwa im ***All-Star Sports Resort*** Footballhelme, Baseball- und Tennisschläger bevorzugte Dekoration. Selbst die Pools sind entsprechend geformt, im ***All-Star Music Resort*** kann man in einer »Gitarre« schwimmen.

Gehobenes Niveau

Der nächsten Preis- und Komfortstufe entsprechen die vier Komplexe ***Coronado Springs Resort***, ***Port Orleans Resort Riverside, Port Orleans French Quarter*** und ***Caribbean Beach Resort*** (ab $181) mit ebenfalls thematisch angepasster Gestaltung.

Luxus-quartiere

Zu den (noch) teureren Quartieren gehören u.a.:

- die ***Cabins at Wilderness Lodge*** (ab $326) beim *Magic Kingdom,* wobei es sich um eine Luxusversion der rustikalen ***Lodges*** handelt, die man aus Nationalparks des US-Westens kennt.
- das ***Beach Club Resort*** nahe *Epcot* (ab $388)
- das afrikanisch inspirierte ***Kidani Village*** (ab $398)

Luxusresort Grand Floridian auf dem Gelände von Disney World unweit des Magic Kingdom (ab $535/Nacht!)

- das ***Grand Floridian Resort & Spa*** im Stil eines viktorianischen Seebades, die luxuriöseste Unterkunft (ab $535)
- das ***Old Key West Resort***, das in seiner Anlage die Florida Keys kopiert (ab $355)

In allen Hotel-Komplexen befinden sich ***Shops*** und **Restaurants**, die sich in die jeweiligen Themen einfügen.

Reservierung Für Reservierungen bemüht man ein Reisebüro oder erledigt das im Internet: www.disneyworld.disney.go.com/resorts.

Preisniveau Trotz aller Vorzüge, die mit der Übernachtung direkt in *Disney World* verbunden sind: das Preisniveau ist happig, insbesondere, wenn man bedenkt, dass die Tarife entlang der nahen Straße #192 oder am International Drive (➤ Karte Seite 209) in vergleichbaren Kategorien oft nicht einmal halb so hoch liegen. Außerdem ist zu bedenken, dass man in *Disney World* im allgemeinen ohnehin nur wenig Zeit in seinem Zimmer zubringen dürfte.

Camping Der bereits oben (mal abgesehen von den Kosten: $52-$134) gelobte ***Fort Wilderness Campground*** (➤ Seite 214) hat ca. 800 Stellplätze. Die unterschiedlich hohen Preise ergeben sich aus saisonalen Abgrenzungen, aus der Entfernung des Stellplatzes zu Pool und Kino-Amphitheater und unterschiedlichem Komfort (Zelt/RV).

Praktisch ist die Bootsverbindung zwischen Campingplatz und *Magic Kingdom*. Angenehm sind dort die Ruhe abseits der großen Straßen und der Strand mit Kanuverleih.

Tipps und Hinweise

Park Hopper: Wer ein Ticket gekauft hat, mit dem man zwischen den *Disney*-Parks wechseln kann, darf beim Verlassen eines Parks auf keinen Fall vergessen, sich die Hand stempeln zu lassen, denn man kann den nächsten Park nur betreten, wenn man sein Ticket und den (für das bloße Auge unsichtbaren) Stempel vorweisen kann. Grund dafür: Vermeidung einer Weitergabe der Pässe an Dritte.

FastPass+: Damit sollen Wartezeiten verkürzt werden. Der Besucher kann bei ausgewählten Attraktionen für eine bestimmte Uhrzeit einen *FastPass* reservieren (online oder mit einer FastPass-App per Smartphone bis zu 30 Tage, Gäste in Disney-Hotels bis zu 60 Tage im Voraus, sofern das Ticket bereits online gekauft wurde, aber auch am selben Tag im sog. FastPass Kiosk). Wenn er/sie dann pünktlich erscheint, muss er/sie nur wenige Minuten warten. Welche *Shows* und *Rides* per *Fast Pass* zugänglich sind, ist auf der Disney-Website unter den einzelnen Parks mit dem Kürzel »**FP**« kenntlich gemacht. Der Besucher darf im Vorfeld drei FP-Attraktionen wählen (**kostet nichts!**), ist dabei aber nicht ganz frei in seiner Entscheidung, da einige Kombinationen ausgeschlossen sind. Aufpassen sollte man bei den Uhrzeiten, die das System zunächst für die Auswahl vorgibt. Sie liegen oft über den ganzen Tag verteilt auseinander. Man kann sie indessen noch in Grenzen verändern, bevor man die Auswahl bestätigt. Und noch ein anderer Grund spricht gegen eine größere Spreizung der reservierten FP-Zeiten: (erst) nach Besuch aller drei Attraktionen kann man am FP-Kiosk im Park eine weitere FP-Zeit reservieren und dies ggf. mehrfach wiederholen. Faktisch läuft ein Tag in einem Themenpark mit Fast Pass-Zeiten entspannter. Denn die Wartezeiten in langen Schlangen werden dadurch deutlich reduziert. Zum Vorgehen ➤ auch unter https://disneyworld.disney.go.com/plan/my-disney-experience/fastpass-plus.

Eine andere Möglichkeit, Wartezeiten zu vermeiden, ist bei einigen Rides die Wahl des separaten Zugangs für single riders.

Discounttickets: Bei Angeboten für *Disney*-Tickets zu Discountpreisen ist allergrößte Vorsicht geboten. In und um Orlando bieten Läden und inoffizielle Touristeninformationen immer mal wieder Eintrittskarten für *Disney Parks* zu verbilligten Tarifen an. Dabei sollen gelegentlich sogar Fälschungen vorkommen; der Eintritt klappt damit nicht.

Häufiger jedoch handelt es sich um angeblich nicht komplett aufgebrauchte Mehrtagespässe, was plausibel erscheint. Aber auch von ihnen sollte man besser die Finger lassen. Denn abgesehen davon, dass die Weitergabe dieser Tickets illegal ist (sie gelten im Prinzip nur in Verbindung mit einem Ausweis, was aber so gut wie nie kontrolliert wird), kann nur elektronisch überprüft werden, ob die Karten wirklich noch eine Restgültigkeit aufweisen. Man muss also den Angaben des Verkäufers Glauben schenken. Stimmt die Behauptung einer Restlaufzeit nicht, ist das Geld weg.

Discountcoupons: Für kleinere Parks wie *Gatorland* und für die nicht von *Disney* betriebenen Wasserparks, die *Universal Studios* und *SeaWorld* gibt es Discountcoupons bei der Touristeninformation, an Hotelrezeptionen, zum Ausschneiden aus Werbebroschüren oder zum Selbstausdrucken im Internet, mit denen sich ein paar Dollars sparen lassen, ➤ Seite 216. Nur für *Disney Parks* sind grundsätzlich (Ausnahme: Einwohner Floridas) keine Coupons erhältlich – nie! ➤ Seite 223.

Schlechtes Wetter: Regen in Orlando? Kein Problem. Fast alle *Rides* und *Shows* finden in Gebäuden statt, die Wartebereiche sind immer überdacht. Ein positiver Nebeneffekt ist zudem, dass die Parks dann nicht ganz so voll sind.

Nur ein Park? Wer aus zeitlichen oder finanziellen Gründen nur einen Park besuchen möchte, hat die Qual der Wahl. Bei hohem Interesse an Filmen fällt die Entscheidung für die *Hollywood Studios* leicht (dort auch das beste Abendabschlussprogramm!). Wer sich besonders für afrikanische Tiere und Zoos interessiert, wird das *Animal Kingdom* wählen. Ansonsten ist das *Magic Kingdom* – insbesondere mit Kindern – am abwechslungsreichsten. Nur dort finden auch Umzüge statt wie die *Festival of Fantasy Parade*.

T-Rex-Restaurant in Disney Springs: Konsumieren in der Welt der Dinosaurier

Englischkenntnisse: *Disney* bemüht sich sehr um internationale Besucher und hält z.B. die Parkübersichten *(Park Guides)* auch in deutscher und in anderen fremdsprachigen Versionen bereit. Sie sind bei der Orientierung in den Parks und bei der Suche nach Attraktionen unabdingbar (für die aktuellen Showzeiten, hat man sie nicht schon am Vortag des Besuchs aus dem Internet kopiert, sollte man aber zusätzlich die englischsprachigen einstecken, ➢ Seite 233). In den einzelnen Shows und während mancher *Rides* sind Sprachkenntnisse von Vorteil: Je besser man Englisch versteht, desto mehr Spaß hat man, wobei die Sprache in den verschiedenen Parks unterschiedlich wichtig ist. Im *Animal* und *Magic Kingdom* kommt man mit wenig Englisch vergleichsweise am besten zurecht, während vieles in den *Hollywood Studios* und mehr noch in der *Futureworld* im *Epcot* ohne einigermaßen passable Englischkenntnisse nur schwer zu verstehen ist.

Filmkenntnisse: Vorteilhaft ist in allen Parks, bestimmte Filme gesehen zu haben, auf die sich *Shows* oder *Rides* beziehen. Bei filmbezogenen Attraktionen ist natürlich auch ohne Kenntnis von Details der entsprechenden Filme oder Hauptfiguren z.B. ein *Rollercoaster* durchaus aufregend, aber der eigentliche »Witz« bleibt dann oft verborgen.

Folgende Filme zu kennen, kann nicht schaden:

Magic Kingdom: »Peter Pan«, »König der Löwen«, »Die Schöne und das Biest«

Epcot: »Liebling, ich habe die Kinder geschrumpft«

Animal Kingdom: »König der Löwen« und »Pocahontas«

Hollywood Studios: »Die kleine Meerjungfrau«, »Die Schöne und das Biest«, einen »Indiana Jones-« und einen »Star Wars-«Film.

Disney World Führer: Wer es ganz genau wissen möchte, erfährt im ***The Unofficial Guide to Walt Disney World*** von *Bob Sehlinger* auf 864 Seiten (Auflage 2016) jedes Detail und findet neben vielen Tipps auch kritische Anmerkungen. Das Buch kann in Deutschland über Amazon bezogen werden (ca. €20, als Kindle-Download ca. €10).

Achterbahn durch den Wilden Westen: »Big Thunder Mountain Railroad« im Frontierland des Magic Kingdom

Die vier Disney Themenparks

Magic Kingdom

Kennzeichnung

Das bereits am 1. Oktober 1971 eröffnete ***Magic Kingdom*** ist der Klassiker unter den Themenparks, die kaum veränderte, etwas größere Kopie des kalifornischen *Disneyland* und bis heute der populärste der vier Parks. Der Besuch ist nach wie vor ein Erlebnis. Im Schnitt kommen täglich 50.000 Besucher, in der Hochsaison – die man daher besser meidet – manchmal bis zu 100.000.

Eingang

Vor dem Einlass in das magische Königreich steht die kurze Fahrt vom Parkplatz mit dem *Park Shuttle* zur Ablegestelle der Raddampfer über die **Lagune der sieben Meere oder** zur Station einer ***Monorail*-Bahn**. Die Besucher können hier wählen, ob sie sich per Schiff oder Monorail zum eigentlichen Eingang befördern lassen.

Bereiche

Sechs Bereiche

Der Park besteht aus **sechs Bereichen**, die sich um sein »Wahrzeichen« *Cinderella Castle* herum gruppieren. Diese fast 60 m hohe Kunststoff-Burg mit Türmchen und Zinnen soll der Königsburg im spanischen Segovia nachempfunden sein; deutsche Besucher werden sich eher an Neuschwanstein erinnert fühlen. Und wie jede europäische Burg, die auf sich hält, hat auch *Cinderella's Castle* ihre eigene Sage und eine Art Hausgeist. Man erzählt sich, dass der schon 1966 kurz nach Erwerb der Ländereien für *Disney World* verstorbene *Walt Disney* unter ihr begraben liegt.

Auf der Freifläche vor dem Schloss finden häufig Musik- und Tanzshows statt, bei denen natürlich auch *Mickey*, *Minnie* und andere *Disney*-Charaktere auftreten. Im Foyer empfängt manchmal *Cinderella* höchstpersönlich die Besucher.

Die ineinander übergehenden Bereiche sind

- ***Main Street & Disney World Railroad***
- ***Tomorrowland***
- ***Fantasyland***
- ***Liberty Square***
- ***Frontierland***
- ***Adventureland***

Main Street

Hinter den Eingangstoren gerät man quasi automatisch auf die in Richtung Burg laufende Main Street. So sieht die idealisierte amerikanische Kleinstadt aus ***Disney*-Sicht** aus: sauber, nett, pastellfarben – und voller *Shops*, in denen man teure *Disney*-Produkte kaufen kann. Nur der Besuch im ***Main Street Cinema*** lohnt, im Grunde auch ein Laden, an dessen Rückwand Zeichentrickfilme laufen, darunter *Steamboat Willie*, der erste Film mit *Mickey*.

Eisenbahn

Vom hochgelegenen Bahnhof über der Eingangsplaza fährt die ***Walt Disney World Railroad*** ab, die – mit den drei Stopps *Main Street*, *Frontierland* und *Fantasyland* – in 20 Minuten das Parkgelände umrundet. Die offenen Wagen werden von einer alten Dampflok aus den 1920er-Jahren gezogen. Die Fahrt eignet sich gut – möglichst mit der Karte in der Hand – für einen ersten Überblick.

Vorm Bahnhof weht die amerikanische Flagge, die jeden Abend um 17.00 Uhr mit Musikbegleitung feierlich eingeholt wird (*Flag Retreat Ceremony*).

Tomorrowland

Im Bereich *Tomorrowland* rechts der Main Street geht es – mal mehr, mal weniger ernsthaft – um die Technologien der Zukunft. U.a. kann man im ***Astro Orbiter*** scheinbar selbst ein Raumschiff ein paar Minuten lang ins All steuern. In ***Stitch's Great Escape*** geht es um intergalaktische Bösewichte, die von den Teilnehmern des *Ride* ihrer Strafe zugeführt werden sollen. Aber die Reise durch den Weltraum ist gefährlich, denn ein Oberbösewicht möchte seine Artgenossen befreien. Am Ende siegt das Gute nach vielen Laser- und Lichteffekten in einer furchteinflößenden Galaxis.

Durch dieselbe jagt auch die Achterbahn ***Space Mountain***, in der durch enge Kurvenfahrten in der Dunkelheit des »Weltalls« die Illusion einer enormen Geschwindigkeit erzeugt wird.

Fazit

Tomorrowland gehört eher zu den etwas »schwächeren« Bereichen, in denen sich ein Anstehen in Warteschlangen weniger lohnt.

Tomorrowland, einerseits futuristisch, andererseits nicht so aufregend

Fantasyland

Auch im Bereich ***Fantasyland*** kann man auf den Spuren bekannter *Disney*-Figuren wandeln. Bei ***Peter Pan's Flight*** etwa »fliegt« man wie *Peter Pan* über das nächtliche London.

Unbedingt sehenswert ist die 3D-Show ***Mickey's PhilharMagic***. Zwar handelt es sich um eine typisch Disney'sche Zeichentrickgeschichte für Kinder, aber allein schon wegen der technischen Brillanz lohnt der Besuch auch für Erwachsene.

Small World

Der beliebteste *Ride* im *Fantasyland* ist ***It's a Small World***: per Boot schaukeln die Besucher durch Erdteilbereiche voller Kinderfiguren in verkitschten Trachten unterschiedlichster Kulturkreise, die in zahlreichen Sprachen endlos den »Ohrwurm« *It's a Small World* singen. Obwohl hier naive Klischeevorstellungen von fremden Ländern noch verstärkt werden, ist nicht zu bestreiten, dass diese Fahrt nicht nur Kinder emotional anspricht. Sie versucht außerdem, zur Völkerverständigung beizutragen.

Auf weiteren, speziell für Kinder bis 10 Jahren gedachten, aber auch von vielen Erwachsenen ganz ohne Kinder genutzten *Rides* trifft man u.a. *Winnie the Pooh, Schneewittchen* und *Dumbo*, den fliegenden Elefanten.

Erweiterung Fantasyland

Der frühere Parkbereich *Toontown* wurde geschlossen. An seiner Stelle entstanden – jetzt als Teil von *Fantasyland* – einige neue Attraktionen, so etwa inspiriert durch das Märchen »Schneewittchen und die sieben Zwerge« der ***Seven Dwarfs Mine Train***. Der rast – ähnlich wie die Wagen im *Thunder Mountain* (➤ Foto Seite 228) – kreuz und quer über einen Berg. Im eher harmlosen Rollercoaster ***The Barnstormer*** vollbringen die Insassen zusammen mit *Goofy*, dem *Great Goofini*, einen Flug-Stunt.

Liberty Square

Am *Liberty Square* steht die US-Geschichte im Mittelpunkt:

In der ***Hall of Presidents*** läuft ein Film über die amerikanische Verfassung, und alle 44 Präsidenten haben darin ihren kurzen Auftritt. Dabei richten *Abraham Lincoln* und der aktuelle *President* (noch *Barack Obama*) »persönliche« Worte ans Publikum.

Mississippidampfer

Ganz »nett« ist die gemächliche Runde auf dem ***Liberty Square Riverboat*** um *Tom Sawyer Island*. Unterwegs kann man auf diesem Nachbau eines Mississippi-Dampfers den Erzählungen von *Mark Twain* zuhören und im Vorbeifahren den *Big Thunder Mountain* samt der über ihn hinwegdonnernden Achterbahn fotografieren.

Geisterbahn

Ein absoluter Höhepunkt ist das englische Spukhaus ***Haunted Mansion***. Nach dem Überstehen gruseliger Fahrstuhlbewegungen geht es auf kleinen Wägelchen durch dunkle Räume vorbei an Spinnweben, Geistern, Grabsteinen und unheimlichen Vorkommnissen. **Eine bessere Geisterbahn gibt es nicht**!

Von außen harmloses altenglisches Gemäuer, aber drinnen herrscht das Grauen

Frontierland

Thema im ***Frontierland*** ist der **Wilde Westen**, und so läuft dort das Personal in Cowboystiefeln und -hüten herum. Ausgesprochen witzig und unterhaltsam ist das ***Country Bear Jamboree***.

Als einer der besten *Rides* des *Magic Kingdom* gilt die Achterbahn ***Big Thunder Mountain Railroad*** (➤ Foto Seite 228). Sie ist nicht superschnell, aber führt auf relativ langer Strecke rund um einen Berg, durch Tunnel und »echte« Wildwest-Landschaft.

Am ebenfalls populären ***Splash Mountain*** geht es in einem ausgehöhlten Baumstamm nach einem recht zahmen Anfang durch leichtes Wildwasser zum krönenden Abschluss in rasanter Schussfahrt einen Wasserfall hinunter.

Adventureland/Jungle Cruise

Im **»Abenteuerland«** ist Exotik angesagt. Die Boote der ***Jungle Cruise*** schippern durch tropische Vegetation über Amazonas, Nil, Mekong und Kongo gleichzeitig. Lebensechte Krokodile, Elefanten und Affen aus Plastik säumen – von Robotern bewegt – die Ufer und erschrecken hier und dort die Bootspassagiere.

Computer-animierter Plastikelefant »genießt« die Wasserfälle

Baumhaus

Das ***Swiss Family Treehouse*** bezieht sich auf einen alten *Disney*-Film von 1960, der beschreibt, wie eine Familie aus der Schweiz bei der Atlantiküberquerung Schiffbruch erleidet, auf einer einsamen Insel landet, sich dort ein Baumhaus baut und allerlei Abenteuer erlebt. Der fantasievolle Nachbau dieses Baumhauses in schwindelnder Höhe sprüht förmlich vor Einfällen zur Optimierung des Wohnkomforts allein mit Hilfe natürlicher Ressourcen, wie sie auf einer tropischen Insel zur Verfügung stehen.

Pirates of the Caribbean

Der beste *Ride* im *Adventureland*, vielleicht des ganzen *Kingdom*, ist die Bootstour ***Pirates of the Caribbean*** in sternenklarer karibischer Nacht, auf der man Zeuge blutiger Seeschlachten und von Piratenüberfällen wird und die Brandschatzung ganzer Städte miterlebt. Alles perfekt und locker inszeniert mit schmissiger Musik, die das grausame Geschehen zu angenehmer Unterhaltung macht.

Enchanted Tiki Room

Obwohl im Grundmuster schon über 50 Jahre alt und zwischenzeitlich abgesetzt, wurde diese Show wohl der großen Nachfrage wegen modernisiert und wiederbelebt – eine alberne Kurzrevue im Hula-Sound mit Hawaii-Ambiente. Muss man nicht sehen.

Programm und Gastronomie

Paraden und Feuerwerk

Außer Fahrten und laufend wiederholten Shows gehören im *Magic Kingdom* auch Umzüge (um 15 Uhr ***Festival of Fantasy Parade*** ab *Frontierland* über *Liberty Square* zur Main Street; abends sogar 2x die ***Electrical Parade*** auf derselben Route), Tänze und Auftritte von *Mickey* und seinen Freunden zum Programm. Ebenso das abendliche wirklich grandiose Feuerwerk ***Wishes Nighttime Spectacular***. Die aktuellen Anfangszeiten aller Veranstaltungen findet man im Internet und auf Tafeln gleich eingangs in der *City Hall*. Tageskartenkäufer erhalten sie automatisch am Ticketschalter.

Tipp: Hier besser in die **englischsprachige Übersicht** schauen; sie wird wöchentlich neu gedruckt und ist daher immer auf dem neuesten Stand. Auf deutschen und anderen fremdsprachigen Flyern fehlen die aktuellen Zeiten für Shows und Vorführungen.

Restaurants

Restaurants, *Fast Food* wie *Full Service*, gibt es jede Menge – zu Preisen, die sich gewaschen haben. Erschwinglicher sind kleinere Snacks (*Hot Dogs*, *Pretzels*) an den *Food Stands*. Im Rahmen des *Disney*-Angebots machen folgende *Eateries* einen guten Eindruck:

- ***Cinderella's Royal Table*** (im *Fantasyland*) lädt zum Frühstücksbuffet mit *Disney*-Charakteren ein (mit Kindern prima).
- Im ***Pecos Bill Tall Tale Inn and Café*** (im *Frontierland*) gibt es ordentliche *Sandwiches* und große Burger.
- ***The Plaza Restaurant*** (an der Main Street) eignet sich gut zum Mittagessen wie auch für eine Kaffeepause zwischendurch.

Lebensgroßer mechanischer Drachen auf der »Festival of Fantasy Parade« vom Frontierland zur Main Street

Epcot

Kennzeichnung und Bereiche

»Stadt der Zukunft«

Die Bezeichnung dieses zweiten, schon 1982 eröffneten Themenparks steht für ***E**xperimental* ***p**rototype* ***c**ommunity* ***o**f* ***t**omorrow*, »Experimenteller Prototyp eines Gemeinwesens der Zukunft«. So zumindest war ***Epcot*** geplant. Aber *Walt Disneys* Konzept, hier eine menschen- und umweltfreundliche Stadt zu errichten und zukunftsweisende Lebens- und Arbeitsmodelle unterhaltsam und verständlich zu präsentieren, wurde nicht umgesetzt. Stattdessen entstand ein zusätzlicher Vergnügungspark, der – vielfach ziemlich unkritisch – Fortschrittsglauben propagiert und einheimische Klischeevorstellungen vom Leben anderer Völker manifestiert.

Im Gegensatz zum rein spielerischen *Magic Kingdom* hat *Epcot* aber durchaus auch einen bildenden Anspruch. Besucher können, wenn sie *Epcot* aufmerksam – und mit den entsprechenden Englischkenntnissen – besichtigen, tatsächlich vom Besuch dieses Parks profitieren. Dafür fehlt der »magische« Charme.

Bereiche

Epcot besteht aus den beiden Parkbereichen ***Future World*** und ***World Showcase***. In der ***Future World*** geht es im vorderen Teil des Parks um Technologie und Fortschritt. Dahinter erstreckt sich rund um einen See der ***World Showcase***, wo verschiedene Länder und Kulturen vorgestellt werden. Diese Mischung aus technologischen Pavillons und länderspezifischen Bereichen mit Volkstanz und kulinarischen Spezialitäten dürfte allen bekannt vorkommen, die schon 'mal eine Weltausstellung besucht haben.

Future World

Die *Future World* präsentiert belehrend unterhaltende Ausstellungen und Zeitrafferfahrten durch die Entwicklungsgeschichte der Energie, des Transports, der Kommunikation und Raumfahrt, der agrarischen Nutzung der Erde etc. Die *Rides* sind meist gut gemacht, ganz interessant und manchmal sogar spannend. Zu den Angeboten im einzelnen:

Spaceship Earth

Ein heller runder Komplex in Form eines überdimensionalen Golfballs dominiert den Eingangsbereich. Im Inneren gibt's die 15-min-Show ***Spaceship Earth***, in der die Geschichte der Kommunikation von der Steinzeit bis ins Computer-Zeitalter interaktiv und mit vielen gelungenen Spezialeffekten präsentiert wird.

Energy Adventure

In ***Ellen's Energy Adventure*** geht es um die Energiegewinnung gestern, heute und morgen – eine 45-minütige Zeitreise durch die Erdgeschichte mit einigen Längen.

Mission: Space

Ein **futuristischer Pavillon** ist der Raumfahrt gewidmet. Höhepunkt ist der *Ride* ***Rocket to the Red Planet***, ein simulierter Raketenstart mit Flug in die Schwerelosigkeit. Währenddessen müssen die mitfliegenden Astronauten bzw. Besucher allerhand Aufgaben lösen. Sehr gut gemacht.

Test Track Im benachbarten Pavillon ***Test Track*** designt man zunächst am Computer einen persönlichen Prototypen, wobei man z.B. durch die Wahl der Antriebsart oder des Karosseriematerials mehr Wert auf Nachhaltigkeit oder auf Leistung legen kann, und wird damit auf die Teststrecke geschickt, auf der es Hindernisse, scharfe Kurven und wechselnde Witterungsverhältnisse zu bewältigen gilt.

Captain EO Auch wenn der Film aus der Pionierzeit des 3D-Kinos stammt: Die von *Star-Wars*-Erfinder *George Lucas* produzierte Reise mit **Captain EO** alias *Michael Jackson* durch die Galaxie ist nach wie vor sehenswert, und die 3D-Effekte sind immer noch verblüffend. Das 15-min-Musik-Video ist im Grunde einfältig, aber wunderbar gemacht und ein echter *Flashback* in die 1980er-Jahre.

Aquarium ***The Seas with Nemo & Friends*** ist zunächst ein sanfter *Ride*, der extrem auf kleine Kinder zugeschnitten wurde. Man begegnet den Figuren aus dem bekannten Zeichentrickfilm. Interessant für alle wird es danach: Aus dem *Ride* gelangt man in ein riesiges Salzwasser-Aquarium mit Haien, Rochen, Delfinen, Manatees und zahllosen bunten Fischen, die in Korallenriffen zuhause sind. Man hat dort den Eindruck, weit unter der Wasseroberfläche zu sein und ist den Meeresbewohnern ganz nah.

The Land Der Pavillon *The Land* widmet sich u.a. Ernährungsfragen. Am lohnendsten ist dort die Bootsfahrt ***Living with the Land*** durch verschiedene Klimazonen und anschließend durch mehrere Gewächshäuser, in denen *Disney* mit neuartigen Anbaumethoden experimentiert (z.B. vertikale Pflanzenzucht oder Symbiose zwischen Fischen und Nutzpflanzen).

Pavillon der »Mission Space«

Pavillon der Show Universe of Energy

Soarin'

Das Verb »*to soar*« bedeutet »hoch-/aufsteigen«, hier im Sinne von fliegen. Im *Ride* ***Soarin'*** – ebenfalls im Pavillon *The Land* – »fliegt« man per Drachen über Naturwunder und bekannte Sehenswürdigkeiten Kaliforniens. Sogar Gerüche werden in diesen *Ride* einbezogen: Beim Flug über die Nationalparks steigt einem der Duft von Tannennadeln in die Nase und über den Obstanbaugebieten riecht es nach Zitrusfrüchten. Teilnehmenswert.

World Showcase

Länderpavillons

Die elf Länderpavillons (Mexiko, Norwegen, China, Deutschland, Italien, die USA, Japan, Marokko, Frankreich, England und Kanada) des »Schaufensters der Welt« sind um einen künstlichen See herum angeordnet. In ihnen gibt es Replika bekannter Sehenswürdigkeiten, *Shops* für landestypische Produkte und Restaurants mit Spezialitäten. Das Personal stammt immer wirklich aus den jeweils dargestellten Ländern und ist in Landestracht gekleidet. Das Ganze wirkt zwar stereotyp – Franzosen tragen Baskenmützen, Deutsche Lederhosen etc., ist aber gut gemacht.

Germany

Der deutsche Pavillon sollte passender einfach »Bayern« heißen – trotz Beck's Bier. Hinter mittelalterlichen Fassaden nach dem Vorbild Rothenburg befinden sich Souvenirläden mit Bezeichnungen wie »Volkskunst«, »Süßigkeiten« oder »Das Kaufhaus«. Zum Programm gehören Volkstanz und Alphornblasen. Wen hier das Heimweh packt, darf im Biergarten bei Sauerkraut und Weißwurst vergessen, dass die Heimat fast 8000 km entfernt ist.

Empfehlungen

Sehenswert sind die **Filme *Reflections of China*** im chinesischen, ***O Canada!*** im kanadischen und ***Impressions de France*** im französischen Pavillon. Beachtliche Architektur sieht man in den Bereichen **Japan** und **Mexiko**.

Im mexikanischen Bereich sollte man sich auch noch die Zeit nehmen für die kurzweilige ***Gran Fiesta Tour***, eine Reise – teilweise per Boot – durch den südlichen Nachbarstaat der USA.

American Adventure

Vorzugsweise auf patriotisch gesinnte amerikanische Besucher zugeschnitten ist das Liedgut des A-Capella-Chors ***Voices of Liberty*** und das ***American Adventure*** im USA-Pavillon. Letzteres stellt in einer heute ein bisschen antiquiert wirkenden Multi-Media-Show die Geschichte der USA im glorifizierenden Schnelldurchgang vor. Computergesteuerte Figuren spielen die Hauptrollen. Leider ist *Mark Twain*, der zusammen mit *Benjamin Franklin* durch die Show führt, selbst für Europäer mit guten Englischkenntnissen nur schwer zu verstehen.

Feuerwerk

Nach Einbruch der Dunkelheit gibt es allabendlich um 21.30 Uhr über der *World Showcase Lagoon* ***IllumiNations: Reflections of Earth***, eine 30-min-*Sound & Light Show* zu Klassikklängen. Das sowieso schon tolle Feuerwerk wird ergänzt durch Lasereffekte.

Gastronomie

Im *Epcot* gelten die Restaurants mit landestypischen Gerichten als besondere Attraktion. Besucher aus den jeweiligen Weltregionen werden aber deren »Amerikanisierung« registrieren. In den verschiedenen Ländersektionen zu empfehlen sind:

- ***San Angel Inn Restaurante*** in Mexiko, gute Tortillas.
- ***Akershus Royal Banquet Hall*** in Norwegen, das wie ein mittelalterliches Fort aussieht. Gut ist dort das üppige Fischbuffet.
- ***Nine Dragons Restaurant*** in China, mit guter regionaler Küche
- ***Tokyo Dining*** in Japan, Sushi und andere Spezialitäten

In allen gilt ein ziemlich hohes Preisniveau. Auch für Bier und Wein ist tief in die Tasche zu greifen.

Sunset Boulevard in den Hollywood Studios mit reichlich Shops und Eateries an der »Laufmeile« zum/vom Tower of Terror (➤ Seite 238/9)

Disney's Hollywood Studios

Kenn-zeichnung

Der dritte Themenpark ist der Welt des Films gewidmet und war 1989 eine Kampfansage an den Konkurrenten *Universal,* der seit langem in Los Angeles die Vermarktung des Themas »Hinter den Kulissen der Filmproduktion« betreibt und 1991 nur wenige Meilen nördlich von *Disney World* die Florida-Variante der *Universal Studios* eröffnete (➤ Seite 247). Beide sind eine Kombination aus Vergnügungspark und echten Filmstudios.

Bereiche

Bereiche

Die *Hollywood Studios* umfassen sechs Bereiche:

- ***Hollywood Boulevard***
- ***Sunset Boulevard***
- ***Animation Courtyard***
- ***Streets of America***
- ***Echo Lake***
- ***Pixar Place***

Hollywood Boulevard

Der palmengesäumte *Hollywood Boulevard* entspricht der Main Street im *Magic Kingdom.* Es reihen sich Geschäfte und *Fast Food Places* und Restaurants aneinander; dort geht's ums Shoppen und leibliche Wohl.

Sunset Boulevard

Auf dem ***Sunset Boulevard***, vom *Hollywood Boulevard* rechts ab, geht es zunächst mit Souvenirgeschäften weiter. Kenner werden manche Fassade aus alten Filmen wiedererkennen. Mehrmals am Tag wird dort eine Kurzfassung des Broadway Musicals ***Beauty and the Beast*** aufgeführt.

Turm des Schreckens

Der ***Twilight Zone Tower of Terror*** ist eine der Hauptattraktionen der Studios. Ein scheinbar heruntergekommenes Hochhaus mit der Aufschrift ***The Hollywood Tower Hotel*** lehrt Besucher das Fürchten. Insider kennen das Gebäude aus der TV-Gruselserie *Twilight Zone.* Im noblen 1930er-Jahre Haus geht es durch eine stilvolle Lobby in den Keller und dann in einen Fahrstuhl. Schon während der Auffahrt geschehen merkwürdige Dinge, bis plötzlich die Technik versagt und der Fahrstuhl acht Stockwerke nach unten rauscht, sofort wieder nach oben rast, um abschließend dann noch einmal in scheinbar freiem Fall nach unten zu stürzen: Absolut nichts für schwache Nerven und Mägen und vielleicht der unheimlichste *Ride* in ganz *Disney World.*

Show und Achterbahn

Auf der anderen Seite des *Tower of Terror* steht die Achterbahn ***Rock'n'Roller Coaster Starring Aerosmith***. Für echte Achterbahn-Freunde ist sie vielleicht ein wenig zahm, aber bei *Disney* geht es eben nicht so sehr um eine besonders schnelle und wilde Fahrt, sondern um die phantasievolle Abrundung des Ganzen. Mit dem *Rock'n'Roller Coaster* rast man (*indoor*) durch die kalifornische Nacht, während einem dabei *Arrowsmith*-Klänge um die Ohren wehen.

Animation Courtyard

In dem sich anschließenden Bereich wird in ***The Voyage of the Little Mermaid*** einerseits die Geschichte der kleinen Meerjungfrau erzählt, aber andererseits trifft man dort ebenso auf den schwarzgruseligen ***Darth Vader*** und den zottelhaarigen *Wookie Warrior* ***Chewbacca*** aus den Filmen der ***Star-Wars*-Serie**.

Filmfans sollten ***The Great Movie Ride*** in einem dem *Chinese Theater* in Hollywood nachempfundenen Bau am Kopfende des Boulevards nicht auslassen. Hier wird an zahlreiche klassische Filme erinnert, soweit von MGM produziert: Man trifft *Tarzan, Mary Poppins* oder *Indiana Jones* und erlebt Szenen aus bekannten Filmen wie *Alien* oder *Casablanca.*

Streets of America

Die Attraktion im Bereich *Streets of America* ist die ***Lights, Motors, Action Extreme Stunt Show***. Dort sieht man live wie die aus Filmen bekannten Irrsinnsverfolgungsjagden im Auto realisiert werden und einiges mehr an Verrücktheiten.

Insbesondere, aber nicht nur für Kinder sind außerdem ganz spannend:

- ***Muppet*Vision 3D***
- ***Honey I Shrunk the Kids Movie Set Adventure***, worin die Welt um die Zuschauer herum riesengroß erscheint.

Bereich Echo Lake

Indiana Jones

Im ***Indiana Jones Epic Stunt Spectacular*** werden auf und vor einer riesigen Showbühne voller Requisiten aus »Jäger des verlorenen Schatzes« erstaunliche *Stunts* und besonders spektakuläre Szenen aus *Indiana-Jones*-Filmen nachgespielt. Bei jeder Show dürfen Zuschauer in Minirollen und als Statisten mitwirken.

Jedi-Training

Die neueste Wiederbelebung von ***Star Wars*** mit mittlerweile der **7. Episode** kommt speziell bei Kindern und Jugendlichen blendend an. Wer intergalaktisch bestehen will, muss das **Laserschwert** schwingen können und zur Not auch *Darth Vader* trotzen. Die Show ***Jedi Training, Trials of the Temple*** läuft 5-7 x täglich.

Star Tours

Bei ***Star Tours, the Adventures Continue*** handelt es sich um die Simulation eines intergalaktisches Fluges. Man »jagt« in einem raumschiffähnlichen Fahrzeug scheinbar durchs All. Die Illusion der Weltraumfahrt entsteht – wie auch in ähnlichen *Rides* anderswo – mit Hilfe von Ton- und Rütteleffekten und eines vor den Augen der »Astronauten« abgespulten Films.

Pixar Place

Ein neuerer Bereich der *Hollywood Studios* ist ***Pixar Place***. Dort stellen sich die *Pixar Studios* dar, die mit ihren Animationsfilmen in den letzten Jahren einen Welterfolg nach dem anderen ablieferten. Zur Zeit (Anfang 2016) läuft in den *Hollywood Studios* immer noch die ***Toy Story Midway Mania***, ein interaktives 3D-Abenteuer.

Programm und Gastronomie

Fantasmic

Auch zum Abschluss bieten die *Disney Studios* allabendlich mit ***Fantasmic*** eine außerordentliche Veranstaltung. Diese halbstündige multimediale Show mit Feuerwerk, Laser- und Spezialeffekten ist ein absoluter Höhepunkt und noch beeindruckender als die Feuerwerke im *Magic Kingdom* oder *Epcot*.

Das halbrunde *Fantasmic*-Stadion für bis zu 10.000 Besucher liegt hinter dem *Tower of Terror* und füllt sich oft sehr früh. Wer mit guter Sicht auf die – aus einem See mit Insel bestehende – »Bühne« im zentralen Bereich des Open-air-Runds sitzen möchte, sollte schon 60 min und mehr vor Beginn dort sein – je nach Andrang des Tages. Die Alternative für *FastPass*-Inhaber (➤ Seite 226) ist frühzeitige Platzreservierung (30 Tage im Voraus). Die Anfangszeiten variieren mit der Jahreszeit.

Restaurants

Die Auswahl an *Eateries* ist groß. Empfehlenswert sind u.a.

- ***Hollywood Brown Derby***, einst eine legendäre Kette in Los Angeles, die dort aber nicht mehr existiert; gute Steaks!
- ***50s Prime Time Café***, wo man bei *Burger* und *French Fries* von alten Filmen unterhalten wird.
- ***Sci-Fi Dine-In Theater Restaurant***, wo »aufgeschnittene« Nostalgieautos mit Rücksitzsofa und Tisch in Richtung Leinwand aufgestellt sind und das typische Autokino der 1950er- und 1960er-Jahre simulieren. Folglich läuft beim Verzehr der hier *American Items* – was sonst? – ein Filmprogramm.

Disney's Animal Kingdom

Kennzeichnung

Das *Animal Kingdom* ist eine **Kombination aus Zoo und Vergnügungspark**. Dabei stehen Show und Unterhaltung eindeutig im Vordergrund. Wer hier besonders viele und/oder exotische Tiere erwartet, könnte leicht enttäuscht sein, denn in jedem mittelgroßen Zoo bekommt man mehr davon zu sehen.

Eingang zum Themenpark Nummer 4

Das *Königreich der Tiere* ist mit über 200 Hektar zwar der flächenmäßig größte Park in *Disney World*, bleibt aber leicht überschaubar. Das Angebot an Fahrten und *Shows* ist begrenzter als in anderen Parks. Man kann – sofern er nicht überfüllt ist und man nicht zuviel Zeit in Warteschlangen verliert – durchaus an einem langen Vor- oder Nachmittag fast alles sehen bzw. mitmachen. *Animal Kingdom* schließt daher abends relativ früh (19 Uhr) – auch auf ein abschließendes Feuerwerk wird dort verzichtet.

Echt oder künstlich

Was die Tierwelt betrifft, geht es im *Animal Kingdom* in erster Linie um Afrika und Asien, wobei die Grenzen zwischen sorgfältig gestaltetem natürlichen Lebensraum und verblüffend real aussehenden künstlichen Kreationen verwischen. Oft ist kaum zu erkennen, ob ein Tier lebendig oder animiert, ob ein Fels aus Plastik oder echt ist. Neben existierenden Tieren gibt es Dinosaurier und *Disney*-Figuren wie *Mickey* oder *Minnie*, die im Safari-Outfit herumlaufen.

Discovery Island

Oasis und der Baum des Lebens

Gleich hinter dem Eingang passiert man zunächst die ***Oasis***, einen grünen tropischen Garten voller exotischer Pflanzen und Tiere. Von dort geht es geradeaus weiter in Richtung *Discovery Island*, eine große Insel inmitten eines künstlichen Sees. Sie dient als zentraler »Verteiler« für die verschiedenen Bereiche des Parks. Optisches Zentrum und mit 50 m Höhe das alles überragende Wahrzeichen des *Animal Kingdom* ist der ***Tree of Life***. Erst bei genauem Hinsehen erkennt man, dass seine Blätter aus Plastik und der Stamm und die Äste ebenfalls künstlich sind. In seinen

Wurzeln und rund um Stamm und Äste verbergen sich Hunderte von – wie geschnitzt wirkende – Tierskulpturen, die bei weniger intensiver Betrachtung und aus der Distanz insgesamt wie runzlige Baumrinde aussehen. Dass ausgerechnet ein »Lebensbaum« aus Plastik und Zement besteht, scheint niemanden zu stören.

Unter dem Wurzelwerk des großen Baums verbirgt sich ein Auditorium, in dem der hervorragende 3D-Film ***It's Tough to Be a Bug*** vorgeführt wird, ein kurzer Streifen mit tollen Spezialeffekten.

Der phänomenale »Tree of Life«, in dessen Stamm, Äste und Wurzeln Hunderte von Tieren eingearbeitet wurden – scheinbar wie geschnitzt

Die Bereiche

Um *Discovery Island* gruppieren sich jenseits des Sees folgende Bereiche:

- ***Africa***
- ***Asia***
- ***Dinoland USA***
- ***Avatar World*** (in Entwicklung, Eröffnung ca. 2017)
- ***Rafiki's Planet Watch***

Die **ersten vier Bereiche** sind von *Discovery Island* über Brücken zu erreichen, wobei *Africa, Asia* und *Dinoland* auch untereinander verbunden sind. *Rafiki's Planet Watch* kann man nicht zu Fuß, sondern ausschließlich per Parkbahn ab *Africa* erreichen.

Avatar World

Der frühere, auf Kinder zugeschnittene Bereich *Camp Minnie Mickey* – »westlich« von *Africa* – wurde 2014 geschlossen. Dort entsteht mit einiger Verspätung zur Zeit die ***Avatar World***.

Africa

König der Löwen

Über Brücken beidseitig des *Tree of Life* gelangt man nach *Asia* und *Africa*, wo sich gleich links die riesige Showbühne fürs ***Festival of the Lion King*** mit Charakteren aus dem gleichnamigen Zeichentrickfilm befindet. Die abwechslungsreiche, mehrfach tägliche Aufführung (ca. 30 min) kombiniert Gesang, Tanz und Akrobatik.

Kilimanjaro Safaris

Auf den populären ***Kilimanjaro Safaris*** durchquert man wie auf einer echten Safari im offenen Jeep die 45 ha große *Harambe Wildlife Reserve*. In dieser erstaunlich echt nachgebildeten Savanne begegnet man Löwen, Zebras, Giraffen, Nilpferden und weiterer afrikanischer Fauna. Ganz ohne Show, und sei sie noch so simpel, wäre die Safari aber keine *Disney*-Attraktion: Also werden die Jeep-Insassen zunächst Zeuge von Wildfrevel an Elefanten und erleben anschließend hautnah die Verfolgung der Bösewichter. Am Ende steht die Verhaftung der Wilderer.

Die Safari ist eine der wenigen Fahrten in *Disney World*, die jedes Mal etwas anders läuft, weil man die Tiere an immer wieder anderen Stellen sieht. *Disney* versucht zwar mit allerlei Tricks, z.B. mit beheizten Felsen, die Tiere an bestimmte Plätze entlang der Jeeproute zu locken, aber das klappt nur bedingt.

Lehrpfad

Der benachbarte ***Pangani Forest Exploration Trail*** muss zu Fuß erkundet werden, und das lohnt sich auch. Dort sind neben üppiger Vegetation Nilpferde und Gorillas die Hauptattraktion.

Harambe

Im Eingangsbereich ***Harambe Village*** erholt man sich schließlich von der Besichtigung Afrikas, probiert afrikanische Speisen und Getränke und findet die passenden Souvenirs.

Rafiki's Planet Watch

Rafiki's Planet Watch erreicht man vom Bahnhof Harambes aus: Dort fährt der *Wildlife Express* ab, ein »britischer« Zug wie aus der Kolonialzeit Indiens. Während der Reise erfährt man Details über die Logistik des Parks, darüber, wo die Tiere nachts bleiben etc. In der *Conservation Station* geht's um Artenschutz und Pflege kranker Tiere. Ein Streichelzoo heißt dort ***Affection Section***. Ansonsten gibt es eher wenig Aufregendes zu entdecken.

Asia

Anandapur

Auch im »asiatischen« Bereich, der sich (bislang) im wesentlichen auf Indien beschränkt, sind Landschaft, Bauten, Vegetation und Tiere perfekt aufeinander abgestimmt. Im Zentrum befindet sich der Ort ***Anandapur*** mit der üblichen Serviceinfrastruktur.

Flights of Wonder

Am Ortseingang erfährt man in der Flugshow ***Flights of Wonder*** (25 min) viele Details über das Verhalten von Raubvögeln. Während der Show kreisen einige der Flugkünstler über den Köpfen der Zuschauer – und rauschen dann unvermittelt haarscharf über die Köpfe hinweg zu ihren Trainern. Eigentlich könnten die Vögel bei dieser Gelegenheit leicht in die Freiheit entschwinden – aber auf das mühsame Geschäft der alltäglichen Futtersuche wollen sie sich wohl nicht mehr einlassen.

Maharajah Jungle

Auf einem ***Trek***, eher einem Spaziergang, durch den ***Maharajah Jungle*** sieht man exotische Vögel, Affen und Tiger. Das **Tigergehege** ist eindrucksvoll: dicht bepflanzt und in die malerischen Ruinen eines Maharadscha-Palastes integriert.

River Rapids

Beim Wildwasser-Trip ***Kali River Rapids*** pflügen die Rundflöße mit hoher Geschwindigkeit an Bambuswäldern und Tempeln vorbei den reißenden Kali River hinunter – die Passagiere werden dabei oft bis auf die Haut nass.

Expedition Everest

Mit rund 60 m Höhe etwas niedriger als das Original, aber dennoch weithin sichtbar ist der ***Mount Everest***. In ***Expedition Everest – Legend of the Forbidden Mountain*** dient er als Kulisse und Gipfelpunkt eines ***Rollercoaster***. Die Achterbahn läuft durch Bambusdschungel in der Ebene, durch Eishöhlen und über Gletscher.

Dinoland USA

Der letzte Bereich bezieht sich auf die Welt der Dinosaurier. Im ***Boneyard*** können die Besucher im Sand nach *Disney*-Dinosaurierknochen graben. Der ***Cretaceous Trail*** ist eine Art Lehrpfad, der sich auf Tiere wie Krokodile und Schildkröten bezieht, deren Vorfahren noch aus der Dinosaurierzeit stammen.

Achterbahn

Der erste ***Rollercoaster*** *im Animal Kingdom* war ***Primeval Whirl***, eine eher gemütliche »Primaten-Achterbahn«, deren Wagen sich zum Ausgleich für den fehlenden Tempokick während der Auf- und Ab-Fahrt um sich selbst drehen.

Dinosaur

Highlight des *Dinoland USA* ist indessen ***Dinosaur***, ein wilder, furchterregender Trip in die Welt der Dinos.

Gastronomie

Gastronomie

Im *Animal Kingdom* sind attraktive *Eateries*

- ***Flame Tree Barbecue*** im *Discovery Island* und das
- ***Rainforest Café*** am Eingang (auch von außerhalb des Parks zugänglich), wo man in einem grünbunten Plastikdschungel voller exotischer Früchte und Vögel sitzt und im Shop die dazu passenden Souvenirs kaufen kann. Weitere *Rain Forest Cafés* gibt es mittlerweile an 28 Orten in den USA, u.a. auch in *Disney Springs* (➤ Seite 246) und im *Sawgrass Mills Outlet Center* bei Fort Lauderdale, ➤ Seite 186; www.rainforestcafe.com.

Wasserparks

Welt des Wassers

Etwas seltsam ist es ja schon, nur 1-2 Autostunden von Sandstränden und Meer entfernt exorbitante Eintrittspreise zu bezahlen, um sich in einem Wasserpark in die Brandung zu werfen oder sich an dessen künstlichem Strand zu sonnen. Wenn indessen in Orlando die Temperaturen – wie häufig – die 30°C übertreffen, liegt es nahe, zwischen den Besuchen der Themenparks 'mal ein paar Stunden zu relaxen, sich abzukühlen und ein bisschen Wasserspaß zu haben.

Disney World verfügt über gleich zwei »Planschparks«:

Typhoon Lagoon

Die parkartig angelegte ***Typhoon Lagoon*** betritt man durch einen tropischen Regenwald und überquert erst einmal den Kanal fürs ***Inner Tubing***, wo man sich auf einem Plastikreifen rund um die ganze Anlage treiben lassen kann. Bei der Eröffnung vor nun schon über 20 Jahren übertrafen seine Rutschen zwar nicht die in der damaligen Paradeanlage *Wet'n Wild* (➤ Seite 257), waren aber von Anfang an fantasievoller angelegt.

Dasselbe gilt fürs riesige Wellenbad. Es ist größer als vergleichbare Becken in anderen Parks, und seine gleichmäßig 2 m hohen Wellen laufen zum flachen Ende hin kleiner und harmloser aus.

Künstliche Brandung in der Typhoon Lagoon

Etwas ganz Besonderes ist das ***Shark Reef***, ein Salzwasserpool mit echten Fischen, in dem die Besucher mit Taucherbrille, Schnorchel und Schwimmflossen (wird gestellt) herumpaddeln können.

Blizzard Beach

Der zweite Wasserpark heißt ***Blizzard Beach***. Für ihn hat man sich eine phantasievolle Entstehungsgeschichte ausgedacht. In einem ungewöhnlich kalten Winter, so heißt es, kam ein cleverer Unternehmer auf die Idee, in Florida einen Skiferienort mit Skiliften und allem, was sonst noch so dazugehört, zu bauen. Mit dem nächsten Frühling aber schmolz der Schnee, die Palmen wuchsen nach, und das Skiresort wurde zum Wasserpark umgebaut. Die winterlichen Details blieben bestehen. Man sieht immer noch einige Schneereste und Eiszapfen. Auch Skilifte sind noch da. Die Bobrennbahn wurde zur Riesenwasserrutsche. Rutschen gibt es dort gleich siebzehn, zudem länger und wilder als anderswo. Wellenbecken und Rundkurs fürs *Inner Tubing* fehlen auch nicht.

Eintritt und Zeiten

Einzeltickets kosten für ***Blizzard Beach*** oder ***Typhoon Lagoon*** für Erwachsene je **$58**, für **Kinder $50**, viel Geld für den nassen Spaß. Dazu kommt ggf. noch Schließfachmiete ($8). Wer den Badespaß häufiger genießen möchte, kauft sich am besten zum *Theme Park Ticket* für $64 die ***Water Park Fun & More Option***, ➢ Seite 223.

Die Planschparks sind **9/10-18/19 Uhr geöffnet**, denn die Leute sollen ja abends zurück in die Themenparks, nach *Disney Springs* oder zum *Boardwalk* (➢ nächste Seite) und dort (weiter) konsumieren.

Wie auch in den Themenparks sind lange **Wartezeiten** vor den Attraktionen, hier: Rutschen, oft ein Problem. Es macht daher Sinn, sich für den aktiven Besuch Randstunden am Morgen oder vor Schluss auszusuchen, wenn der Andrang abebbt, sonst wartet man mehr als man rutscht.

Disney Springs und Boardwalk

Charakter

Wer nach Besuch der Themen- und Wasserparks noch Energien besitzt, wird in *Disney World* nicht allein gelassen: ***Disney Springs*** am Lake Buena Vista bietet *Fast Food* und »richtige« Restaurants, teilweise mit *Live Music,* dazu jede Menge Shopping. Ähnlich ***Disney's Boardwalk*** in Nachbarschaft zu *Epcot* und einiger Großhotels. Dort dürfen sich Tanzwütige noch in der ***Atlantic Dance Hall*** austoben, nachdem die einst zahlreichen Discos (auf *Pleasure Island,* ➤ *The Landing*) umsatzstärkeren Konzepten gewichen sind.

Disney Springs

2015 wurde aus *Downtown Disney* ***Disney Springs*** als bereichsübergreifende Bezeichnung für das dort nun noch vielfältigere und schickere Gastronomie- und Einkaufserlebnis:

Marketplace

- Der Bereich ***Marketplace*** am östlichen Ende von *Disney Springs* ist vor allem mit *Shops* und *Eateries* gesegnet, u.a. mit ***Disney Shops*** wie der riesigen *World of Disney, Disney's Days of Christmas* und *Disney's World of Memories* und auch einem ***Lego Store***. Ein weiteres ***Rainforest Café*** (➤ Seite 244) wartet dort auf Gäste.

The Landing

- Mehr Restaurants als Shops gibt's im zentralen Bereich ***The Landing*** (früher *Pleasure Island*). Dort ist *Seafood* in ***Fulton's Crab House*** (www.fultonscrabhouse.com) in einem angedockten Mississippi-Dampfer eine Option für gehobenen Restaurant-Standard. Gleich gegenüber liegt das dem *Rainforest Café* konzeptionell ähnliche ***T-Rex Cafe***, nur eben als Dinosaurier-Welt dekoriert. Eine Terrasse am Wasser und Live Entertainment bietet das ***Paradiso 37*** (www.paradiso37.com). Und für den Cocktail oder ein *Draft Beer* käme ***Jock Lindsey's Hangar Bar*** in Frage. *Irish Live Music* gibt's am Abend in ***Raglan Road Irish Pub & Restaurant.***

Westside

- Der mit *Shops* und *Eateries* ebenfall reich gesegnete Bereich westlich von *The Landing* nennt sich ***West Side*** und beherbergt außerdem noch allerhand Unterhaltung. Neben dem *Nouba Theater* des akrobatischen ***Cirque de Soleil*** (www.cirquedusoleil.com; Show Di-Sa 18+21 Uhr, $59-$139), den ***AMC Theatres*** mit 24 Kinos und ***Disney Quest***, einem digital-interaktiven ***Entertainment Center*** für Kids und Teens, findet man dort u.a. das ***House of Blues*** (Restaurant und Jazz), ein enormes ***Planet Hollywood*** (➤ Foto Seite 217) und einen ***Harley Davidson Store***.

Eingangsportal der Universal Studios

Die Universal Parks

Universal Studios

Seit 1990 macht der Film-Themenpark *Universal Studios* den *Disney*-Parks, speziell den *Hollywood Studios* Konkurrenz. Der erweiterte und modifizierte Nachbau der *Universal City Studios* von Los Angeles bietet gegenüber dem »Original« durchaus auch Anderes, die anfangs starken Ähnlichkeiten der *Shows* und *Rides* an beiden Orten nahmen über die Jahre ab.

Anfahrt, Eintritt & Information

Anfahrt Die *Universal Studios* befinden sich westlich der Kreuzung der ***Florida Turnpike*** mit der Autobahn **I-4** und damit bereits im Bereich der südwestlichen Vororte von Orlando. Bestgeeignete Abfahrt ist ***Exit* 75A** von der I-4, dann Universal Blvd (#6000), möglich auch ***Exit* 74A**, dann Sandlake Road zum »Hintereingang«.

Parken Wer mit dem Auto kommt, taucht schon beim Parken ($20) ein in die glanzvolle Welt des Films. Die verschiedenen Teile des riesigen Parkhauses sind nach erfolgreichen Streifen wie *Jaws* (»Der weiße Hai«), *King Kong* oder *Jurassic Park* benannt. Für Campmobile/hohe Fahrzeuge gibt es eine Freifläche ($22).

Doppelpark Vom Parkplatz/Parkhaus geht es zunächst durch den *Disney Springs* entsprechenden eintrittsfreien Restaurant- und Discobereich ***CityWalk*** (➤ Seite 252). Danach trennen sich die Wege für ***Islands of Adventure*** (➤ Seite 251) und die ***Universal Studios***: www.universalorlando.com; ✆ (407) 363-8000.

Tickets Das **Tagesticket für einen Park** kostet **$102**, für Kinder bis 9 Jahre $97 (nicht inklusive ist der *Hogwart's Express* in *Harry Potters World*). Ein **Tagesticket zum Besuch beider Parks** (*Park to Park Admission inkl. Hogwart's*) kostet $147 bzw $142. Für **$195** bzw. $185 ist man **2 Tage in beiden Parks** dabei. Weitere Nachlässe/Tag gibt es für 3- und 4-Tage-Tickets; ➤ www.universalorlando.com/Theme-Park-Tickets/General-Admission.aspx.

Tickets mit »Vorfahrt«

Ähnlich wie bei *Disney* den *FastPass* zur Reduzierung von Wartezeiten an den *Rides* gibt es bei *Universal* ***Express*** und ***Unlimited Express Passes***, indessen verbunden mit **Zusatzkosten**. Mit dem »einfachen« Pass darf man an jeder Attraktion nur einmal die »Schnellschiene« nutzen. Je nach Saison, Wochentag und ein oder zwei Parks kosten diese Pässe ab $35 pro Tag extra und erlauben für jeden *Ride* jeweils einmal die Nutzung der »Schnellschiene«. Wer *Rides* doppelt oder dreifach an den Schlangen vorbei wiederholen möchte, holt sich den ***Unlimited Pass*** (ab $50/Tag). **Gäste** des ***Hard Rock Hotel*** und der beiden ***Loews Hotels*** auf dem *Universal*-Gelände zahlen dafür nichts, sondern **haben immer »Vorfahrt«**.

Zeiten

Geöffnet täglich ab 9 Uhr bis mindestens 18 Uhr, Fr-Sa bis 21 Uhr, ansonsten saisonal variabel. ***CityWalk*** 11-02 Uhr täglich. **Showzeiten** findet man vorab im Internet unter www.universalorlando.com/Resort-Infor mation/Showtimes.aspx.

Flextickets

Weitere ***Discounts*** gibt es für Intensivbesucher von Vergnügungsparks in Form von ***Flextickets***, die 14 Tage gelten und für 5 bzw. 6 Parks gekauft werden können (*Universal Studios, Islands of Adventure, SeaWorld, Wet'n Wild* und *Aquatica* plus ggf. die *Busch Gardens* in Tampa als Nummer 6): $336 bzw. $356, für Kinder bis 9 Jahre $316 bzw. $336. Mehr Details unter www.orlandoflexticket.ie.

Die Bereiche

Die *Universal Studios* sind ähnlich wie in den *Disney Parks*, aber räumlich enger, in ineinander übergehende Bereiche unterteilt:

- ***Production Central***
- ***New York***
- ***San Francisco***
- ***The Wizarding World of Harry Potter - Diagon Alley***
- ***World Expo***
- ***Woody Woodpecker's Kid Zone***
- ***Hollywood***

Production Central

Im Bereich ***Production Central*** erreicht man als erstes die Bewegungssimulator-Fahrt ***Despicable Me Minion Mayhem***. Dabei begeben sich *Gru*, seine Töchter und die *Minions* auf eine wilde **3D-Reise**. Sie basiert auf dem Computer-Animationsfilm »Ich – Einfach Unverbesserlich« (Originaltitel: *Despicable Me*), in dem kleine zu Unsinn aufgelegte Wesen, sog. *Minions*, Hauptdarsteller sind.

Rip Ride Rockit

Gegenüber steht der ***Rollercoaster Hollywood Rip Ride Rockit*** mit 90° Aufstieg und nahezu freiem Fall aus fast 50 m Höhe und darauffolgender wilder Jagd in wahnwitziger Streckenführung einschließlich Loopings.

Shrek

Eine weitere Attraktion ist dem Kassenhit »***Shrek***« gewidmet. Diesen überaus erfolgreichen komplett computeranimierten 3D-Film hat man um eine »vierte«, die *Special effects-Dimension*, erweitert und bewirkt damit tatsächlich Unglaubliches. ***4D-Shrek*** muss man gesehen haben.

New York/ Tornado

Der nächste Bereich wurde trickreich den Straßen New Yorks nachempfunden. Der 2015 abgebaute *Ride* ***Twister ... ride it out*** wird ersetzt durch einen neuen *Ride* ***Race through New York***, der 2017 funktionieren soll.

Achterbahn und Mumien

Nebenan versetzt der schnellste ***Indoor-Rollercoaster*** der Welt in ***Revenge of the Mummy*** während seiner Fahrt durch Dunkelheit und Feuer mit furchteinflößenden wieder auferstandenen Mumien und Lasereffekten die Fahrgäste in Angst und Schrecken.

San Francisco

Der nächste Stadtbereich erinnert an **San Francisco**. Dort geriet jahrelang die U-Bahn in der Tour ***Disaster*** ins Erdbeben-Chaos. Sie wurde ebenfalls 2015 eingestellt und wird 2017 ersetzt durch einen *Ride*, der auf dem Film ***Fast & Furious*** basiert.

World of Harry Potter

San Franciscos noch relativ neuer Nachbar ist die ***Wizarding World of Harry Potter***, dessen Hauptattraktion der *Rollercoaster* ***Harry Potter and the Escape from Gringotts***. Die *Gringotts* entkommenen Passagiere der Achterbahn erreichen nach einer wilden Fahrt entlang – Potter-Fans – wohlbekannten Stationen die ***Diagon Alley***, die Einkaufsmeile der Zauberer.

World Expo

Der vierte Bereich heißt zwar »Weltausstellung«, hat damit aber so gut wie nichts mehr zu tun. Zwei *Rides* warten dort:

- ***The Simpsons' Ride*** durchs imaginäre ***Krustyland***
- ***Men in Black – Alien Attack*** nach dem gleichnamigen Film. Hier darf man während der interaktiven Tour auf Außerirdische schießen. Die Treffer werden gezählt und am Ende hat eine der beiden gegeneinander aufgestellten Besuchergruppen gewonnen. Sehr populär, daher oft lange Wartezeiten.

Wartezeit verkürzen als Single Rider

Wer bereit ist, sich für die Fahrt von seiner Begleitung zu trennen und sich neben Fremde zu setzen, stellt sich bei ***Single Riders*** an. Da oft drei Personen in eine Reihe passen, die meisten Besucher aber zu zweit sind und beieinander sitzen wollen, wurde die Sonderschlange zur Auffüllung des 3. Platzes eingeführt. In der ist man rasch dran; nebenan warten Hunderte lieber 30-60 min.

KidZone

Die **Woody Woodpeckers *KidZone*** wurde speziell für **Kleinkinder** geplant. In ***A Day in the Park with Barney*** können sie mit *Cartoon*-Figuren singen und klatschen. Der tolle Spielplatz ***Fievel's Playland*** erinnert an den Zeichentrickfilm »Fievel, der Mauswanderer«. Im harmlosen ***Nuthouse Coaster*** geht's durch eine Nussfabrik und bei ***E.T. Adventure*** per Fahrrad in Richtung Himmel zur Rettung des kleinen Außerirdischen.

Hollywood

Im letzten Teil der *Studios* ist noch 'mal Action angesagt. Die ***3D-Show Terminator 2*** basiert auf Szenen des gleichnamigen Films.

Eine interessante Attraktion ist die ***Universal Horror Make-Up Show***, bei der es um Maskentricks geht. Kurze Filmbeispiele von *Psycho* über *American Werwolf* bis zu *The Mummy* zeigen besonders »gelungene« unheimliche Masken.

Blue Man Group

Die weltweit bekannte ***Blue Man Group*** tritt im ***Universal Orlando Resort*** zwischen beiden *Universal Parks* dauerhaft auf. Die 100-min-Show läuft (teilweise 2x) täglich; Eintritt $70; Kinder bis 9 Jahre $40. Discount bei Buchung im Internet. Um die blauen Jungs zu sehen, benötigt man kein Ticket für die *Universal Parks*, ➤ www.universalorlando.com/Shows/Blue-Man-Group.aspx.

Gastronomie

An Angeboten fürs leibliche Wohl herrscht natürlich in keiner Ecke der Studios Mangel, aber die Kosten sind nicht niedrig.

Es gibt nur zwei Service-Restaurants innerhalb des Geländes:

Restaurants

- ***Finnegan's Bar & Grill*** in New York
- ***Lombard's Seafood Grille*** in San Francisco.

Außerdem das ***Hard Rock Café***, das mit dem ***City Walk*** verbunden und von beiden Seiten zugänglich ist, ➤ Foto Seite 103. Im ***Mel's Drive-in*** in Hollywood serviert man in einem 1950er-Jahre-Ambiente u.a. *Milk Shakes*, ➤ Foto Seite 217.

Wahnsinns-Rollercoaster »Incredible Hulk« in den »Islands of Adventure«

Islands of Adventure

Eintritt

Der zweite Vergnügungspark von *Universal* befindet sich unmittelbar neben den *Universal Studios*. Eintrittspreise und Öffnungszeiten sind identisch, ➤ Seite 247f. *Islands of Adventure* ist heute der populärste Nicht-*Disney Park* in ganz Florida.

Bereiche

Der Park besitzt sechs thematische Bereiche, die sich um die *Islands of Adventure Lagoon* herum gruppieren:

- ***Marvel Super Hero Island***
- ***Toon Lagoon***
- ***Jurassic Park***
- ***The Wizarding World of Harry Potter - Hogsmeade***
- ***The Lost Continent***
- ***Seuss Landing***

Charakteristik

Im Gegensatz zu den *Disney*-Parks geht es hier weniger um phantasievolle Gestaltung und Geschichten, sondern fast immer um Extremsituationen. Sog. ***Thrill Rides*** sind die Spezialität: Fünf ***Rollercoaster*** versetzen die Fahrgäste durch hohe Tempi, extreme Höhenwechsel, plötzliche Dunkelheit, durch spät abgefangene oder simulierte Stürze oder Kollisionen in »Angst und Schrecken« wie nirgends.

Thrill Rides

Ein Teil der *Rides* wurde von Filmen und *Comics* inspiriert, so etwa die sagenhafte Achterbahn ***The Incredible Hulk Coaster*** (➤ Foto links, Wiedereröffnung Sommer 2016), die simulierten ***Amazing Adventures of Spider-Man in 3-D***, der irre und feuchte Floßtrip ***Popeye & Bluto's Bilge-Rat Barges***, ***Dudley Do-Right's Ripsaw Falls***, ein Wildwasser-/Rutschabenteuer im Baumstamm und das ***Jurassic Park River Adventure*** vorbei an »lebenden« Dinosauriern.

Harry Potter Teil 2

Das Splitting der ***Wizarding World of Harry Potter*** auf beide *Universal Parks* bedingt, dass die Fans ein ***Park-to-Park Ticket*** kaufen oder zwei Tage fürs volle Potter-Programm bleiben müssen – ökonomische Weitsicht der *Universal*-Manager. Dabei ist ***Hogsmeade*** im *Island of Adventure* der reizvollere HP-Bereich. Dort steht das imposante ***Hogwarts Castle*** und er bietet zwei gute *Rides*: ***Harry Potter and the Forbidden Journey***, eine abenteuerliche Tour durch *Hogwarts*, und ***Dragon Challenge***, die irre Verfolgungsjagd zweier Achterbahnen. Der nostalgische ***Hogwarts Express*** verbindet *Hogsmeade* und die *World of HP–Diagon Alley* in den *Studios*.

Shows

Sehenswert sind die *Action Shows* ***The Eighth Voyage of Sindbad Stunt Show*** und ***Poseidon's Fury*** im ***Lost Continent***.

CityWalk

Der Bereich *CityWalk* am Eingang zu den beiden Themenparks war *Universals* Antwort auf *Downtown Disney* bzw. heute *Disney Springs*. Dort gibt's eine ähnliche Mixtur aus *Shops*, *Eateries* und *Entertainment* wie den ***Bob Marley Reggae Club***, ein ***Hard Rock Café***, die Tanzclubs ***Red Coconut Club*** und ***The Groove***, die Kneipen ***Jimmy Buffett's Margaritaville***, ***Pat O'Brien's*** u.a.m.

Clubs

CityWalk kostet generell keinen Eintritt, aber in den Clubs ist eine ***Covercharge*** von jeweils $7 fällig. Die entfällt für Inhaber des ***Party Pass*** ($11 oder $15 inklusive Kinoticket im *Cineplex 20 with IMAX*), der unbegrenzten Einlass zu allen Clubs gewährt; www.citywalk.com.

Weitere Themenparks

SeaWorld

Neben den *Universal Parks* ist ***SeaWorld*** die Hauptkonkurrenz oder Ergänzung zu den *Disney Parks*, wie man's nimmt.

Kennzeichnung

SeaWorld begann in Orlando 1973 mit ein paar Aquarien und Delfin- und Killerwalvorführungen. Im Laufe der Jahre wurde daraus ein ausgewachsener Vergnügungspark. Übergeordnetes Thema blieb dabei der Lebensraum »Meer«. Im neuen Jahrhundert kamen der ***Discovery Cove*** und ***Aquatica*** dazu; ➤ Seite 254.

Kritik

Die Besucherzahlen waren zuletzt rückläufig – vor allem da die Dressur der Killerwale mittlerweile mehr und mehr als Tierquälerei wahrgenommen wird. *SeaWorld* hat reagiert und angekündigt, den Umgang mit den Tieren artgerechter zu gestalten. Voraussichtlich wird es demnach bald keine Shows mehr geben – angekündigt ist eine ***New Orca Experience***.

Lage

Der ***SeaWorld-Komplex*** liegt auf etwa halbem Weg zwischen *Universal* und *Disney World* am 7007 SeaWorld Drive südlich des *Beachline Expressway* (#528) zwischen I-4 und Int'l Drive. Bestgeeignete Abfahrt von der I-4 ist der ***Exit* 71** auf *Central Florida Pkwy*, möglich auch ***Exit* 72** über *Beachline Expressway*.

Parken

Parken: Pkw $17, Wohnmobile $22: *preferred parking* zur Vermeidung von Lauferei zum *Shuttle Bus* +$5.

Eintritt/ Discounts

Auch *SeaWorld* ist nicht ganz billig: **Tagesticket $99 für Erwachsene und Kinder ab 3 Jahre**. Bei Kauf **im Internet $89**; Mo-Fr saisonabhängig $70. In Verbindung mit dem Wasserpark ***Aquatica*** kostet das **Ticket $99**, 2-Tage-Ticket für ***SeaWorld*** und ***Busch Gardens* in Tampa** (inkl. freiem Bustransport) **$109**. 3-Tage-**Ticket** für alle **3 Parks** kommt **$119**. Zusätzlich findet man für *SeaWorld* vor Ort *Discount Coupons* und ***Flex Tickets*** (➤ Seite 248) für den Besuch von insgesamt 5 oder 6 Parks.

Skip-the-line-Ticket

Auch bei *SeaWorld* gibt es die Möglichkeit, Wartezeiten zu verkürzen. Mit dem Zusatzticket »***Quick Queue unlimited***«gilt das für acht Attraktionen (**ab $19/Person**, saisonabhängig variabel).

Information Tickets und Infos unter www.seaworld.com; © 1-888-800-5447.

Öffnungszeiten: täglich ab 9 bis mindestens 18 Uhr oder 19 Uhr, im Frühjahr und in Ferienwochen länger, dann Fr-Sa bis 22 Uhr.

Rides In *SeaWorld* gibt es vier *Rides*:

- ***Journey to Atlantis*** ist ein wilder Trip durch das versunkene Atlantis auf Wildwasserkanälen mit einer finalen steilen Abfahrt. Die Bootsinsassen nehmen dabei regelmäßig ein Duschbad.

Journey to Atlantis: abschließende Schussfahrt hinunter in den Teich ...

- ***Kraken*** ist ein riesiger ***Rollercoaster***, der bei Eröffnung schneller und wilder war als die meisten anderen Achterbahnen Orlandos.
- ***Manta*** gehört zum Typus »**Irrsinns-*Rollercoaster***« bei dem man in Liegeposition immer mit dem Kopf zuerst und hängend über schwindelerregende Höhen und mitten durchs Aquarium rast.
- 2016 soll ***Mako*** (eine schnelle Haiart) eröffnen – laut Eigenwerbung *Orlandos's tallest, fastest and longest rollercoaster*!

Shows: Killerwale In ***One Ocean*** vollbringen schwarzweiße Killerwale ihre »Kunststücke«. Nach einigen Zwischenfällen (darunter ein tödlicher) halten sich die Trainer heute nur noch am Beckenrand auf. Die Tiere gleiten, tanzen und springen durchs Becken des *Shamu Stadium* – und spritzen die Zuschauer nass; ➤ links »Kritik«.

Seelöwen Ganz amüsant ist die Show im ***Sea Lion & Otter Theater***. Die Auftritte von zwei Seelöwen und mehreren Ottern werden in ein kurzes Theaterstück (*Clyde & Seamore's Sea Lion High*) eingebaut. Die flachen Witzchen dabei sind sicher nicht jedermanns Sache, aber die Leistungen der Tiere außerordentlich.

Delfine & Zirkus In ***Blue Horizons*** im *Dolphin Theater* werden die Schwimm- und Sprungkünste von Delfinen mit menschlichen *Stunts* und Zirkuskunststücken kombiniert. Die besten Plätze kann man unter *Signature Show Seating* vorbuch: ab $14 plus zum Ticket.

Szenenbild aus der Delphin- und Fantasy-Show Blue Horizons

Antarctica/ Pinguine

Der früher *Penguin Encounter* genannte eisgekühlte Bereich mit zahlreichen der drolligen Tiere wurde zu ***Antarctica: Empire of the Penguin*** weiterentwickelt. In speziellen Fahrzeugen gleiten die Besucher übers Eis in die »Antarktis«. Dort steigt man aus und taucht ein in die Pinguin-Welt. Nicht einmal eine Scheibe trennt die Besucher von den Tieren – gleichzeitig eine eisige Abkühlung im heißen Florida.

Haie

Eine tolle Sache ist auch der transparente Tunnel durch das Haifischbecken des Aquariums.

Für Kinder

In der ***Dolphin Cove*** lassen sich Delfine ganz aus der Nähe betrachten, sogar streicheln. In einem Teich dürfen Besucher selbst Seelöwen mit Fischen füttern. Fische zum Flipper-Füttern gibt's mehrmals täglich in der *Dolphin Feeding Area*. Und der tolle **Spielplatz** für die Kleinen heißt hier ***Shamu's Happy Harbor***.

Discovery Cove

Exklusiver Marinepark

In Nachbarschaft zu *SeaWorld* liegt ***Discovery Cove*** (6000 Discovery Cove Way), ein exklusiver Marinepark, in dem die Besucher einen Tag auf einer künstlichen Südseeinsel verbringen und – von Haien nur durch Plexiglas getrennt – unter Wasser mit Meeresbewohnern auf Tuchfühlung gehen können. Gegen Aufpreis darf man sogar mit Delfinen schwimmen. Ein tropischer, beheizter Fluss und eine riesige Freiflug-Voliere runden das Ganze ab.

Tickets & Infos

Obwohl dieses Vergnügen einen hohen Eintritt kostet (saisonabhängig **$229-$399** mit, $169-$199 ohne Delfinschwimmen; keine Kinderermäßigung, ***SeaWorld*** und ***Aquatica*** immer **inklusive**), sind die maximal 1.200 Tickets pro Tag oft schon lange im Voraus vergeben. Wer noch ein bisschen mehr ausgeben möchte/kann, darf den ***Trainer for a day*** spielen, eine Art Lehrling beim Delfintraining (täglich 8.30-17.30 Uhr; $428-$538). Information und Reservierung unter © 1-877-557-7404; www.discoverycove.com.

Aquatica

Kennzeichnung

Der Wasserpark ***Aquatica*** am Int' Drive gegenüber dem *SeaWorld*-Komplex übertrifft fast noch die Vorbilder der *Disney World*. Die Strandlagune mit Seegang wird ergänzt durch tolle Wasserrutschen und einen Kanal mit (harmlosen) Stromschnellen fürs *Inner Tubing*. Der Clou der Anlage ist die ***Dolphin Plunge***, die am Ende als Transparenttunnel durch einen See voller Großfische läuft.

Eintritt und Zeiten

Erwachsene und Kinder identisch $57 (online bis zu 50% Rabatt); Kombination mit *SeaWorld* $99. Parken: Pkw $13, RV $17 bei Buchung online; Schließfach $7. Öffnungszeiten ganzjährig saisonabhängig 9-18/20/21 Uhr; www.aquaticabyseaworld.com.

Wet'n Wild

Und ein weiterer Park bietet unweit der *Universal Studios* an heißen Tagen – noch – Abkühlung und Rutschenspaß:

Kennzeichnung

Der erste und einst größte Wasserpark der USA ist ***Wet 'n' Wild*** am Nordende des Int'l Drive (ab I-4 *Exit* 75A). Er verfügt über viele besonders lange Rutschen. Auch ein großes Wellenbad (ohne Strand) ist vorhanden. Die Anlage soll aber Ende 2016 geschlossen und 2017 durch die Neuschöpfung ***Volcan Bay*** ersetzt werden.

Eintritt und Zeiten

Geöffnet täglich, im Hochsommer 9.30-21 Uhr, im Winter 10-17 Uhr, Eintritt $57, Kinder $52 (online günstiger); ✆ 1-800-992-9453, www.wetnwild.com.

International Drive

Touristische Hauptschlagader Orlandos ist der parallel zur I-4 verlaufende International Drive mit jeder Menge H/Motels aller Kategorien, Gastronomie und *Shopping*. Dort dominiert im Gegensatz zur Konkurrenz in den *Amusement Parks* ein – im US-Kontext – »normales« Preisniveau. Nicht zuletzt dieser Umstand sicherte im Zuge der Weiterentwicklung der Themenparks auch den stetigen Ausbau der touristischen Serviceinfrastruktur einschließlich kleinerer Komplexe für die Abendbespaßung der dort untergekommenen Orlando-Besucher. Vor allem *Disney World* und *Universal* zogen indessen mit Bereichen wie *Disney Springs* und *CityWalk* zunehmend auch am Abend Besucher an, die als Kunden anderswo ausfielen. Als Folge warfen die Betreiber einiger *Dinner Shows* wie kleinerer Touristenattraktionen das Handtuch (➤ Ausführungen Seite 216), zugleich entstand konkurrenzfähigeres Neues. Schon lange im Geschäft und immer noch vorhanden sind die Filialen der musealen *Entertainment*-Ketten:

- ***Ripley's Believe it or not*** befindet sich – scheinbar halb im Boden versunken – am 8201 Int'l Drive; zu Einzelheiten ➤ den Kasten Seite 275; täglich 9-24 Uhr, Eintritt $20, bis 12 Jahre $13; www.ripleys.com/orlando.
- ***Wonder Works*** am 9067 Int'l Drive steht auf dem Kopf, zumindest von außen gesehen. Es ist eine Art Wissenschaftsmuseum

für die ganze Familie, gut gemacht und unterhaltsam. Täglich 9-24 Uhr, Eintritt $27, Kinder $21 (inkl. Seilgarten und Film im 4D-Kino); www.wonderworksonline.com/orlando.

Auch schon seit Jahren existiert

- ***Titanic Experience – the Artifact Exhibition***, eine Ausstellung aller möglichen Stücke vom Grund des Meeres mit Teilrekonstruktionen des Schiffinneren und Modellen; 7324 Int'l Dr, täglich 10-18/20 Uhr, saisonal wechselnd. Eintritt $22/$16. Die an Wochenenden dort stattfindende ***Dinner Show*** wurde bereits auf Seite 216 skizziert; www.premierexhibitions.com/exhibitions/3/3/titanic-artifact-exhibition.

Was man bei *Disney* nicht mehr findet, sind **Nachtleben** und **Discos**. Außer in *Universals CityWalk* wartet aber zwischen International Drive und der Pointe Plaza Ave (gleich neben *Wonder Works*) das kompakte

- Shopping- und Restaurantcenter ***Pointe Orlando*** nicht nur mit schicken Läden und *Eateries*, sondern auch mit *Live-Music*-Kneipen und ***Night Clubs***; www.pointeorlando.com.

Keine Meile weiter (8401 International Drive) wurde der kleine Entertainmentkomplex aus dem Wachsfigurenkabinett *Madame Tussauds*, *SeaLife Aquarium* und *Skeleton Museum* (Skelette vom Käfer bis zu Dinosauriern) 2015 um das

- ***Orlando Eye*** erweitert, ein Riesenrad von 120 m Höhe mit klimatisierten Ganzglasgondeln. Der Panoramablick über Orlando und die Themenparks der Umgebung ist mit Ticketpreisen ab $20/Person nicht billig und kann durch Extras wie »mit Champagner« noch verteuert werden. Bei Kauf von Kombitickets auch für die genannten Nachbarattraktionen wird's wieder billiger. In Betrieb ist das »Auge Orlandos« täglich: Mo-Do 10-22 Uhr, Fr-So 10-24 Uhr; www.officialorlandoeye.com.

Auf dem Kopf stehendes Gebäude von »Wonder Works«, *➢ oben*

The Holy Land Experience

Kennzeichnung

The Holy Land Experience ist ein biblischer Themenpark. Er besteht aus Nachbildungen von Bauwerken des Heiligen Landes und unterhält seine Besucher mit einem – für Europäer eher befremdlich wirkenden – Programm aus Gesang, Theater und Film.

Eintritt und Zeiten

Eintritt $50/$35. Der Park ist Di-Sa 10-18 Uhr geöffnet, 4655 Vineland Road; I-4 *Exit* 78 (Conroy Rd); www.holylandexperience.com.

Bekannte biblische Szenen werden auf der Temple Plaza vorm »Theater of Life« mehrfach täglich nachgespielt

Gatorland

Kennzeichnung

Gatorland ist eine Farm mit 5.000 Alligatoren und Krokodilen, um die herum ein Zoo mit tropischer Tierbesetzung eingerichtet wurde, erweitert um eine Hochseilanlage. Dort gibt es weder Filme noch *Rides* oder moderne Technologie, aber (so der Park): »Sie werden die Abwesenheit von Besuchermassen und Wartezeiten genießen.«

Anfahrt

Gatorland befindet sich 4 mi nördlich von Kissimmee (Straße #17/ #92/#441) am 14501 South Orange Blossom Trail.

Alligator Shows

Alligatoren und Krokodile kann man dort aus nächster Nähe bestaunen, füttern und für Fotos sogar mit ihnen posieren. Zu den mehrfach täglichen Vorführungen gehört die hier so genannte ***Gator Wrestling Show***, bei der ein Wärter den einen oder anderen Alligator einfängt, ihn auf den Rücken wirft und ihm den Rachen öffnet. Solche gestellten Ringkämpfe konnte man früher fast überall in Florida sehen. Heute sind sie dank Tierschützer-Protest seltener geworden (➤ auch Seite 396). Die im *Gatorland* vorgeführte Form des *Wrestling* ist recht harmlos. Bei der ***Gator Jumparoo Show*** springen Alligatoren aus dem Wasser, um Futter zu ergattern.

Schlangeninfos

Beim ***Up-Close Encounter*** erfährt man Wissenswertes über Schlangen und andere Reptilien (anfassen erlaubt) und Verhaltenstipps für den Fall unerwarteter Begegnungen.

Zip Line

Mit der ***Screamin' Gator Zip Line*** saust man am Seil 400 m in schwindelnder Höhe übers Gelände ($70 inkl. Parkeintritt).

Restaurant

Stärken kann man sich in ***Pearl's Smokehouse*** mit *Gator Nuggets*.

Eintritt, Zeiten & Info

Tickets kosten $27, Kinder $19, *free Parking*. Täglich von 10-17 Uhr; www.gatorland.com.

Fortsetzung einer Rundreise durch Florida ab Orlando

Nach Daytona Beach und weiter

Nach dem Sonderkapitel »Orlando« geht es in diesem Buch (Seite 262) weiter via Daytona Beach an der Atlantikküste entlang in Richtung Norden. Nach Daytona Beach sind es auf der ***Interstate #4*** nur rund 60 mi, es sei denn, man legt einen – empfehlenswerten – Abstecher zu einem der Quellfluss-Parks ein. Nur wenig abseits der I-4 liegt der ***Blue Spring State Park***, ➤ rechts im Kasten, dessen Besuch man auf dieser Route nicht auslassen sollte.

Seengebiet Winter Park

Am Wege passiert man aber zunächst nördlich von Orlando und ca. 3 mi östlich der I-4 (am besten *Exit* 87, dann Straße #426) das Städtchen **Winter Park**. Am Lake Osceola starten ***Scenic Boat Tours*** über Seen und schmale idyllische Kanäle. Der Anleger befindet sich am Ende des East Morse Blvd (von der Fairbanks Ave nach 2 mi links auf die Park Ave, dann rechts auf East Morse; Abfahrten stündlich10-16 Uhr, $12/$6; www.scenicboattours.com.

Tiffany in Winter Park

Für Kunstinteressierte lohnt sich der kleine Abstecher auch wegen des ***Charles Hosmer Morse Museum of American Art***. Es beherbergt die größte Sammlung von Werken des Malers und Glaskünstlers ***Louis Comfort Tiffany*** (1848-1933). Darüberhinaus sind weitere Gemälde und Objekte amerikanischer Kunst zu sehen. Das Museum liegt nur eine halbe Meile entfernt vom Bootsanleger in der erwähnten Park Ave (445 North), Eintritt $5, bis 11 Jahre frei, Di-Sa 9.30-16, So 13-16 Uhr; www.morsemuseum.org.

Von Orlando nach Ocala

Wer von Orlando direkt nach Norden bzw in Richtung Nordwesten (Tallahassee/New Orleans) fahren möchte, erkennt leicht *Florida`s Turnpike* und die I-75 als schnellste Verbindung. Auf dieser zunächst mautpflichtigen Route sind es ca. 80 mi bis Ocala. Wer es nicht ganz so eilig hat, sollte stattdessen erwägen, Ocala über den ***Ocala National Forest*** anzusteuern. Mittendrin liegen die ebenfalls im Kasten rechts beschriebenen Parks ***Alexander*** und ***Juniper Springs***. Beide lassen sich gut via Straßen #19 und #445, dann #40 in Richtung Ocala/***Silver Springs*** verbinden. Den Einstieg in diesen 30 mi-Umweg findet man mit *Exit* 285 vom ***Florida's Turnpike***.

Ocala

Ocala hat 58.000 Einwohner und ist kein vorrangiges Besuchsziel, außer für Pferdeliebhaber. In seiner Umgebung werden edelste Pferderassen gezüchtet. Einige **Gestüte** kann man besichtigen, so etwa das der ***Kimberden Farm***, Basis des Springreit-Teams der *University of Florida*; 5400 NW 110th Ave, Anfahrt über Straße #27 (I-75 *Exit* 354 nach Westen); www.kimberdenfarm.com.

Info Ocala

Ocala/Marion County Visitors Center, 122 North Magnolia Ave, ✆ 1-888-356-2252; www.ocalamarion.com.

Silver Springs

Nur 6 mi Meilen östlich von Ocala (an der Straße #40) befinden sich die ***Silver Springs***. Aus zahlreichen Quellen sprudeln dort täglich über 2 Mio m^3 kristallklaren Wassers an die Oberfläche und bilden den **Silver River**. Bereits seit 1878 können Besucher ihm dank der – angeblich dort erfundenen – Glasboodenboote bis auf den Grund blicken. Auf 30-min-Touren sind außerdem Alligatoren und Wasserschildkröten zu sehen. U.a. den James-Bond-Filmen »*Fireball*« und »*Moonraker*« dienten die Silver Springs als Drehort. Geöffnet 8 Uhr bis Sonnenuntergang. Eintritt $8 pro Auto, Glasbodenboot-Touren $11 (Kinder unter sechs Jahren frei); auch Kanu- und Kajakverleih und ***Campground*** ($24 inkl. Eintritt); www.floridastateparks.org/park/Silver-Springs.

Floridas Quellflüsse und Spring Parks

Eine spezifische Attraktion Floridas sind seine Quellflüsse, die insbesondere **nördlich und westlich von Orlando** von ergiebigen ***Springs*** gespeist werden. Wassermengen zwischen »nur« 35.000 m³ (*Wekiwa Springs*) und über 2 Mio. m³ (*Silver Springs*) treten dort Tag für Tag an die Oberfläche. Die rund um die Quellen und um die ersten Kilometer ihrer Abflüsse herum entstandene Vegetation und die unerhörte Wassertransparenz bei sommers wie winters gleichen Temperaturen (20°C bis 24°C) sorgten früh für die Anlage von Parks, zunächst auch durch private Betreiber mit kommerziell geprägter Nutzung.

Aber nur wenige dieser Quellen sind heute noch in Privathand. Die Mehrheit befindet sich unter staatlicher Regie. In wunderbar angelegten ***State*** und ***National Forest Parks*** kann man dort zu moderaten Eintrittsgeldern baden, paddeln und campen.

Von den *Springs Parks,* die von Orlando und hier beschriebenen Routen leicht erreichbar sind, seien besonders hervorgehoben:

- ***Wekiwa Springs State Park***, 1800 Wekiwa Circle in Apopka, ist der Orlando am nächsten gelegene *State Park* mit einer gepflegten Anlage, großem Badesee und Kanuverleih (unbedingt den wunderbaren Wekiwa River bis *Katie' s Landing* paddeln: $20 für 2 Stunden, jede weitere $5; www.canoewekiva.com). Der eher schlichte **Campingplatz** liegt weit weg vom Wasser ($24); www.floridastateparks.org/wekiwasprings.
- ***Blue Spring State Park***, 2100 West French Ave in Orange City, I-4 *Exit* 114, dann Straße #472, 6 mi bis zum Park. Tiefer Quellfluss für Schwimmer und Gerätetaucher (im Winter gesperrt, dann Heimstatt von *Manatees)*, Kanuverleih, Bootstouren auf dem St. John's River, **Campground** ($24) weitab vom Wasser; www.floridastateparks.org/bluespring.

Das Quellwasser-Schwimmbecken von Juniper Springs

- ***Alexander Springs*** im *Ocala National Forest* (Straße #445, Abzweig von der #19 ca. 2 mi nördlich Lake Dorr) ist eine schöne Anlage mit flachem Badestrand und sehr großer Campingkapazität, daher beliebt bei Familien mit Kindern, aber von vielen Stellplätzen weit zum Wasser ($21), Kanuverleih; www.fs.usda.gov/ocala.
- ***Juniper Springs*** im *Ocala National Forest* mit einer gemauerten Badestelle rund um den Quellbereich hat keinen Strand, ist aber auch kleinkindgeeignet. Der Clou sind **Kanutouren** über 11 km den Juniper Creek hinunter (*Juniper Springs Run*), mit Rücktransport $35; am besten am Vortag reservieren: © (352) 625-2808; sehr schön angelegter ***Campground*** ($21); www.fs.usda.gov/ocala; www.juniper-springs.com.
- ***Ichetucknee Springs State Park,*** ➤ Seite 290
- ***Wakulla Springs State Park,*** ➤ Seite 295
- ***Ponce de Leon Springs State Park,*** ➤ Seite 297
- ***Fanning und Manatee Springs State Parks,*** ➤ Seite 349
- ***Rainbow Springs State Park,*** ➤ Seite 352
- ***Homosassa Springs Wildlife State Park,*** ➤ Seite 353

An Wochenenden, Feiertagen und während der Schulferien werden einige der Parks sehr stark frequentiert. Auf den ***Campgrounds*** kommt man dann oft nur schwer unter.

Von Orlando nach Tampa

Wer **von Orlando nicht mehr weiter nach Norden** fahren möchte, wird in vielen Fällen seine Rundreise über die Westküste nach Süden fortsetzen wollen. Auf direkter Strecke (I-4) erreicht man nach rund 85 mi Tampa bzw. 110 mi Clearwater Beach bei häufig sehr dichtem Verkehr. Die Beschreibung des **Ballungszentrums Tampa/St. Petersburg findet sich ab Seite 355**.

Umweg über Homosassa Springs und Weeki Wachee

Bei ebensolchen Reiseplänen (nach Süden via Westküste) könnte man noch einen Umweg über die ***Homosassa Springs*** einbauen, ➤ Seite 352f. Über *Florida's Turnpike* bis zur I-75, dann Straßen #44 und den *Homosassa Trail* ist es von Orlando dorthin ebenso weit wie nach Tampa. Dorthin geht es auf dem gebührenpflichtigen *Suncoast Parkway* #589 oder dem – oft extrem verkehrsbelasteten (viele Ampeln) – Hwy 19, ➤ Seite 353.

Von Orlando nach Miami: I-95 und Turnpike

Wer **von Orlando auf schnellstem Weg nach Miami** möchte, benötigt auf *Florida's Turnpike* (mautpflichtig) ca. 4 Stunden, selten weniger (ca. 240 mi). Mindestens 5 Stunden (ca. 250 mi) dauert eine Fahrt ohne Mautkosten auf den Straßen #50 und #520 und dann weiter nach Süden auf der gebührenfreien I-95.

Küstenrouten

Schöner sind die Routen entlang der Atlantikküste (➤ Seiten 179-205) oder der Golfküste (➤ Seiten 355ff), für die man aber selbst bei nur kleinen Unterbrechungen drei Tage einplanen sollte.

Straße #27

Wer beide Strecken bereits kennt oder Zeit/Lust auf eine alternative Route hat, die leicht einen langen Tag dauert, könnte auch die **Straße #27** durchs Landesinnere **via Lake Okeechobee** nehmen. Die Strecke ist zwar unspektakulär, aber am Weg liegen ein paar Anlaufpunkte für kurze oder auch längere Zwischenstopps.

Auf diese Route gelangt man verkehrstechnisch am besten zunächst über die **I-4** in Richtung Tampa, dann ***Exit* 55**.

Legoland

Ca. 20 mi südlich der I-4 passiert man die Cypress Gardens Road zum gleichnamigen Park am Lake Eloise (+ 7 mi), der früher einmal für seine Wasserskishows berühmt war. Auf einem Teil des sehr schönen Parkgeländes befindet sich jetzt ***Legoland Florida***. Der Eintritt ist doppelt so hoch wie in Deutschland: ab $74/Kinder $67 bei zeitigem Kauf online; http://florida.legoland.com.

Bok Tower

Nördlich Lake Wales bieten die ***Bok Tower Gardens*** ein Kontrastprogramm zur aktionsgeladenen Unterhaltung Orlandos: 1151 Tower Blvd, Lake Wales. **Anfahrt** von der #27 noch nördlich Lake Wales: über die East Mountain Lake Cutoff Road zur parallelen #17 wechseln und dieser nach Süden und dann der Burns Ave etwa 2 mi nach Osten folgen; www.boktowergardens.org.

Es handelt sich um einen schon im frühen 20. Jahrhundert angelegten dichtbewachsenen Park (Palmen, Magnolien, Azaleen) auf einer der höchsten Erhebungen Floridas. Auf dem Gipfel steht der Glockenturm ***Bok Tower***. 2x tägl. (13/15 Uhr) gibt's ein Glockenkonzert; **geöffnet** täglich 8-18 Uhr, **Eintritt** $12, Kinder $3.

Über Lake Wales gelangt man auch zum entlegenen ***Lake Kissimmee State Park***, 20 mi ab Lake Wales, 14248 Camp Mack Road, Lake Wales. Die Übernachtung auf dem Campingplatz kostet $20, © (863) 696-1112, www.floridastateparks.org/lakekissimmee.

Highlands Hammock State Park

Knapp 40 mi südlich von Lake Wales passiert die #27 am Westufer des Lake Jackson die Zufahrt (Straße #634) zum *State Park* ***Highlands Hammock*** bei Sebring. Das Gelände stand schon unter Naturschutz, bevor das *State-Park*-System installiert wurde und ist nach subtropischen *Hammocks* benannt, waldigen Inseln im Zypressen-Sumpfgebiet. Holzstege führen mitten hindurch. Es gibt auch Radwege (Fahrradverleih) und ein Museum zur Geschichte des *Civilian Conservation Corps*. Diese Organisation hatte während der Weltwirtschaftskrise Anfang der 1930er-Jahre das *State-Park*-System als Arbeitsbeschaffungsmaßnahme mit aufgebaut.

Ein **Campingplatz** fehlt ebenfalls nicht; © (863) 386-6094; $22; www.floridastateparks.org/highlandshammock.

Lake June-in-Winter

Ein weiterer schöner ***State Park*** liegt am Lake June-in-Winter unweit der Kleinstadt Lake Placid direkt am See mit **Badestrand** und klaren Quellen auf dem Gelände: ***Lake June-in-Winter Scrub State Park***, Daffodil Road in Lake Placid, © (863) 386-6094; www.floridastateparks.org/park/lake-june-in-winter.

Lake Okeechobee

Von Lake Placid ist es nicht mehr weit bis zum **Lake Okeechobee**, dem größten, wenn auch seit Jahren mit geringen Wasserständen kämpfendem See Floridas. Die Straße #27 führt ab Clewiston bis South Bay für 13 mi an dessen Südufer entlang. Wegen des Deiches ist der See aber von der Straße aus nicht zu sehen. Wer in diesem Bereich einen Campplatz sucht, findet unweit der #27 den ***Clewiston/Lake Okeechobee KOA*** 4 mi vom See entfernt; http://koa.com/campgrounds/okeechobee.

Von South Bay ist Miami auf der nun endgültig autobahnartig ausgebauten Strecke in einer guten Stunde zu erreichen.

3.5 Die Nordostküste von Daytona Beach bis Jacksonville

3.5.1 Daytona Beach

Kennzeichnung

Vom *Kennedy Space Center* nach **Daytona Beach**, einem weiteren populären Seebad, ist es eine gute Stunde Fahrt (ca. 60 mi). Im Gegensatz zu Miami Beach, Fort Lauderdale oder Palm Beach gilt es als Floridas **Billigbadeort**, in dem sich im Frühjahr vor allem **College-Studenten**, die ***Spring Breakers***, sonst Familien tummeln. Das Strandleben ist dort tatsächlich ganz anders als in Südflorida, nämlich lauter und lebhafter.

Autos am Strand

Der Strand darf im Bereich **Daytona** und **Ormond Beach** in drei Abschnitten, sog. ***Driving Zones***, im Sommerhalbjahr täglich 8-19 Uhr (im Winter kürzer) befahren werden; $10/Fahrzeug. **Zum Teil nur one-way**. Alle dafür geltenden Regeln finden sich unter www.volusia.org/services/public-protection/beach-safety/beach-driving-and-parking.stml, eine genaue Karte unter www.volusia.org/core/fileparse.php/4145/urlt/N-Beach-broch-2014c.pdf.

Strandzufahrt mit Kassenhäuschen - hier gesperrt wegen Sturmflut

Freie Strandabschnitte/ Leuchtturm

Einige ausgewiesene Abschnitte sind *Traffic-Free*-Zonen, darunter ein langer Abschnitt (gut 6 mi) zwischen Emilia Ave und Beach Street im Bereich Ponce Inlet. Nur ganz am Ende der vorgelagerten Sandinsel darf man wieder mit Fahrzeug auf den Strand (ca.1 km). Im ***Lighthouse Point Park*** steht dort der mit 54 m höchste Leuchtturm Floridas. Wer ihn besteigen möchte: Ende Mai bis Anfang September 10-21 Uhr, sonst bis 18 Uhr, Eintritt $5/$2; www.ponceinlet.org. Die Fahrt dorthin lohnt sich ansonsten kaum (man fährt meilenweit über viele Ampeln durch nahezu endlose Bebauung mit H/Motels, Apartments, *Business* und Villen).

Daytona Speedway

Neben den Auto-Stränden ist Daytona Beach für seine Rennstrecke bekannt. Als 1902 das erste Autorennen stattfand, rasten die Fahrer noch auf dem Atlantikstrand um die Wette. Seit 1959 finden die Rennen auf dem ***Daytona International Speedway*** statt (2 mi ab I-95 *Exit* 261, 1801 W Int'l Speedway Blvd; der legendärsten Rennstrecke der USA; www.daytonainternationalspeedway.com).

Höhepunkt der Rennsaison ist das ***Daytona 500*** Ende Februar. Aber auch zu anderen Rennen, wie der ***Bike Week*** im März mit dem Motorradrennen ***Daytona 200*** oder dem ***Coke Zero 400*** Anfang Juli kommen Hunderttausende von Fans in die Stadt. Zu Zeiten, wenn gerade keine Rennen stattfinden, kann man auf einer ***Speedway Tour*** alles über Autorennen in den USA erfahren; mehrfach täglich, $17, bis 12 Jahre $11.

Driving Experience

Ein *Highlight* für Autorennfans ist die ***Driving Experience***: Ab $109 kosten ein paar Runden auf dem *Daytona Speedway* als Beifahrer in einem echten Nascar-Rennwagen. Wer selbst hinters Steuer möchte, zahlt ab $449 für 8 Runden; www.drivepetty.com.

Halifax Historical Museum

Einen Überblick über die Geschichte der Region und Autorennen mit vielen Erinnerungsstücken findet man im ***Halifax Historical Museum***, 252 S Beach Street, Di-Sa 10.30-16 Uhr, Eintritt $5/$1; http://halifaxhistorical.org.

Boardwalk

Viel Aufhebens macht man in Daytona Beach um den ***Main Street Pier*** und den ***Boardwalk***, eine von dort nach Norden führende Promenade (600 m). Auf ihnen gibt's ein paar *Eateries* und *Shops*, an Land auch noch einen Mini-*Amusementpark* für Kinder und Jugendliche. Der Rest passiert unspannend ein paar Hochhaushotels: www.daytonabeachboardwalk.com.

Daytona Flea & Farmers Market

Südwestlich der I-95, *Exit* 261 (Kreuzung I-95/#92) findet Fr-So 9-17 Uhr der ***Flea & Farmers Market*** statt, einer der größten Flohmärkte Floridas mit über 1.000 Ständen. Neben typischem Trödel gibt's dort auch Obst & Gemüse billiger als im Supermarkt, 2987 Bellevue Ave; http://daytonaflea market.com.

Information ***Daytona Beach Area Convention & Visitors Bureau***, 126 E Orange Avenue; www.daytonabeach.com.

Unterkunft Normalerweise ist es kein Problem, in Daytona Beach ein Motelzimmer – sogar für unter $60 – zu finden, nur während des ***Spring Break*** im März und bei besonderen Veranstaltungen, speziell rund um die Daten der *Speedway Races* wird es eng; dann steigen die Tarife gerne um 100% und mehr.

Zahlreiche preiswerte Hotels und Motels ebenso wie teure *Beach Resorts* finden sich entlang der #A1A/South Atlantic Ave nicht nur in Daytona Beach, sondern auch noch südlicher in Wilbur-by-the-Sea und nördlicher über Ormond Beach hinaus.

Hier eine kleine Auswahl:

- ***Hawaiian Inn***, 2301 S Atlantic Ave, direkt am Strand, riesiger Komplex, nur Suites und Studios mit Küche, die meisten mit seeseitiger Terrasse/Balkon. Gute Poolanlage mit Bar und Grill, *Oceanfront* ab $99, ✆ 1-800-922-3023; www.hawaiianinn.com.
- ***Sun Viking Lodge***, 2411 S Atlantic Ave, Daytona Beach Shores, ab $119, ✆ 1-800-815-2846, www.sunviking.com
- ***Rodeway Inn on the Beach***, 1503 S Atlantic Ave, ab $79
- ***Atlantic Ocean Palm Inn***, 3247 S Atlantic Ave, ab $59, ✆ 1-800-634-0098; www.atlanticoceanpalm.com

- ***The Tropical Manor***, 2237 S Atlantic Ave, direkt am Strand, Apartment-Hotel mit einem aus mehreren Gebäuden bestehenden Komplex; schöne Garten- und Poolanlage am Strand, ab $79, © 1-800-253-4920; www.tropicalmanor.com
- ***Boardwalk Inn***, 301 S Atlantic Ave, ab $109, © (386) 253-8300; www.boardwalkinndaytona.com.

Häuser der **Hotelketten gehobener Kategorie** finden sich im Airport-/Speedwaybereich am Int'l Speedway Blvd (Straße #92).

Es gibt auch eine Reihe von ***B&Bs***; super ist z.B.

- ***The Villa***, 801 N Peninsula Drive, nah am *Intracoastal Waterway* und nur ein paar hundert Meter vom Strand entfernt. Tolle Einrichtung, ab $125, © (386) 248-2020; www.thevillabb.com.

Camping

- Südlich von Daytona Beach ist das komfortable ***Daytona Beach Carefree RV Resort*** eine gute Wahl; I-95 *Exit* 256 auf Hwy 421, 4601 South Clyde Morris Boulevard, ab $47; www.carefreervresorts.com/rv-parks/florida/daytona-beach
- Der ***Tomoka State Park***, 2099 North Beach St (I-95 *Exit* 273) liegt **auf dem Festland** am Halifax River; viele schattige Plätze, Kanuverleih, $24; © (386) 676-4050; www.floridastateparks.org/tomoka

An der #A1A **zwischen Daytona und Flagler Beach** gibt es nur das *Coral Sands RV-Resort* am Strand (zwischen Hotelresorts). Aber die

- ***Gamble Rogers State Recreation Area*** südlich von Flagler Beach, 3100 S Hwy #A1A, hat schöne Stellplätze gleich hinter der Stranddüne (oft voll, deshalb reservieren) und ein weiteres Areal am Halifax River, $28; www.floridastateparks.org/park/gamble-rogers

Nördlich von Flagler Beach liegt direkt am Strand das daher teure

- ***Beverly Beach Camptown RV Resort***, 2815 N Ocean Shore Rd, $60-$115, © (386) 439-5701; www.beverlybeachcamptown.com

Restaurants

- ***Dancing Avocado Kitchen***, 10 S Beach Street, Säfte und *Health Food*, vegetarische Küche; © (386) 947-2022.
- Im ***Ocean Deck***, 127 S Ocean Avenue, zwei Blocks südlich des Piers (Foto unten), gibt es Fisch und *Seafood*, © (386) 253-5224)
- ***Caribbean Jack's*** mit einer großen Terrasse am Wasser (*Intracoastal Waterway*) liegt bei der *Loggerhead Marina* im zentralen Bereich der Stadt, 721 Ballough Road, *Seafood*, Steak und amerikanische *Items*. Viele Biersorten, sogar akzeptable Weinliste, © (386) 523-3000; http://caribbeanjacks.com
- ***Joe's Crab Shack*** auf dem Pier (Foto), Filiale der *Seafood*-Kette im maritimen *Ocean Look*; www.joescrabshack.com

Main Street Pier

3

3.5.2 Von Daytona Beach nach St. Augustine

I-95

Straße #A1A

Auf der **I-95** erreicht man in einer guten Stunde St. Augustine. Wer ab Daytona Beach die Autobahn wählt, verpasst zwar nicht viel, aber mit ein wenig mehr Zeit ist wieder einmal die Straße **#A1A** die bessere Alternative. Sie läuft auf den schmalen *Barrier Islands* nördlich von Flagler Beach oft **direkt am Strand** entlang und passiert weitere Badeorte mit weniger dichter Bebauung als weiter südlich. Mehrere *State Parks* mit Strandzugang liegen am Wege. Nur die ***Gamble Rogers Memorial State Recreation Area*** südlich von Flagler Beach hat auch einen **Campingplatz**, sogar mit vielen Stellplätzen gleich hinter dem Strand, ➢ vorige Seite.

Dolphin Adventure

Aus dem früheren ***Marineland of Florida*** wurde nach Konkurs ***Marineland Dolphin Adventure***, ca. 7 mi nördlich von Palm Coast, 9600 Oceanshore Blvd/#A1A. Dort kann man einfach Delfinen zuschauen ($13, bis 12 Jahre $8) oder teurere Programme mit Delfinkontakt buchen, ähnlich wie beim *Dolphin Research Center*, ➢ Seite 158, oder in der *SeaWorld Discovery Cove*, ➢ Seite 254; täglich 9-16.30 Uhr; ✆ 1-877-933-3402, www.marineland.net.

Camping entlang I-95

Auf dem Festland finden alle, die auf dem Festland unterwegs sind, neben dem ***Tomoka SP*** (➢ vorige Seite) den ***Faver-Dykes State Park***; ab I-95, *Exit* 298, dann 2 mi auf der Faver Dykes Road. Ein komfortabler, selten voller Platz zwischen Mangroven und dichter Vegetation ($18), ✆ (904) 794-0997; www.floridastateparks.org/faverdykes.

Fort Matanzas

15 mi südlich von St. Augustine passiert man unmittelbar an der #A1A das Gelände des ***Fort Matanzas National Monument***. Vom Anleger am Matanzas River geht es zwischen 9.30 Uhr und 16.30 Uhr stündlich zur 1740 von den Spaniern errichteten Minifestung auf der gegenüberliegenden Flussinsel Rattlesnake Island. Sie ging 1821 ebenso wie das *Castillo de San Marcos* in St. Augustine auf die USA über. Die kleine Bootsfahrt hinüber ist gratis (*first-come-first-served*) und dauert mit *Ranger*-Erläuterung im Fort ca. 45 min. Empfehlenswert nur mit viel Zeit; www.nps.gov/foma.

In Saint Augustine kann man Kajaks mieten und damit am ***Castillo de San Marcos*** *entlang paddeln*

3.5.3 St. Augustine

Kennzeichnung

Rund 60 mi nördlich von Daytona Beach liegt die älteste von Europäern gegründete Stadt der Vereinigten Staaten. Saint Augustine ist ein **echtes Juwel** und **auch Umwege wert**. Es besitzt einen schönen alten Stadtkern mit Kopfsteinpflaster-Straßen und vielen restaurierten Häusern, die teilweise noch aus der spanischen Kolonialzeit stammen. Für historisch Interessierte ist St. Augustine die interessanteste Stadt in ganz Florida.

Geschichte

Spanien und Frankreich

Ostern 1513 betrat ***Don Juan Ponce de León*** irgendwo an der Küste zwischen St. Augustine und Jacksonville als erster Europäer den Boden Floridas und erklärte kurzerhand die ganze – von ihm dafür gehaltene – »Insel« zu spanischem Besitz, ➤ Seite 468. In den folgenden Jahrzehnten unternahm die spanische Krone mehrere erfolglose Versuche, in der neuen Kolonie mit Siedlungen dauerhaft Fuß zu fassen. Aber erst als Frankreich ebenfalls Ansprüche auf Florida erhob und sogar in der Nähe des heutigen Jacksonville ein Fort errichtete, wurde den Spaniern klar, dass sie in Florida ernsthafte Präsenz zeigen mussten. Also ernannte der spanische König *Phillip II* einen *Don Pedro Menéndez de Avilés* zum Gouverneur und schickte ihn nach Florida. *Menéndez* traf im August 1565 mit 800 Soldaten und Siedlern ein und gründete eine erste Siedlung, die er nach dem Heiligen Augustinus benannte, da der Tag seiner Ankunft auf dessen Feiertag fiel. Seine ersten Aktivitäten bezogen sich auf die Vertreibung der Franzosen, um so den spanischen Besitzanspruch durchzusetzen, ➤ Seite 468.

St. Augustine durchlebte in den folgenden Jahrzehnten zwar manche Krise – z.B. 1586 Plünderung durch den Piraten *Francis Drake* –, es wurde aber nie aufgegeben und kann somit völlig zu Recht für sich beanspruchen, die **älteste Stadt der USA** zu sein.

Praktisches

Information

Visitor Information Center, 10 Castillo Drive, © (904) 825-1000.

Unterkunft

In St. Augustine warten zahlreiche Hotels und Motels und eine ganze Reihe *B&Bs* in historischen Gebäuden im Stadtzentrum.

- Zu den attraktiveren ***B&Bs*** zählen z.B. das ***Southern Wind Inn*** (18 Cordova St, www.southernwindinn.com, © 1-800-781-3338, ab $99), das ***St. Francis Inn*** (279 St. George St, www.stfrancisinn.com, © 1-800-824-6062, ab $149) oder ***Kenwood Inn*** (38 Marine St, © 1-800-824-8151, ab $149, www.thekenwoodinn.com).
- Wer sich etwas Besonderes gönnen möchte, übernachtet edel im ***Casa Monica Hotel*** (95 Cordova Street beim Flagler College, ➤ Seite 271, © 904-827-1888, ab $219; www.casamonica.com).
- In prima Lage am Rand der Altstadt liegen das ***Best Western Spanish Quarter Inn*** (6 West Castillo Dr, © 904-824-4457; ab $88, ebenso ***BW Bayfront***, 16 Avenida Menedez, © ...-4844; ab $102.

- Entlang der **#A1A auf Anastasia Island** findet man viele unabhängige wie Kettenmotels, ebenso an der **Straße #1** auf dem Festland, die hier Ponce de Leon Boulevard heißt.
- Das ***Pirate Haus Inn***, 32 Treasury Street, liegt zentral und ist sehr individuell; ab $90, © (904) 808-1999, www.piratehaus.com.

Camping

- Der ***Anastasia State Park*** (Zufahrt von der #A1A auf Anastasia Park Road) schützt einen der schönsten Strände Floridas; über Kilometer bis zur Nordspitze der Insel nichts als Dünen und Sand. Nur am Strandparkplatz gibt's Infrastruktur. Der ***Campground*** abseits im Wald ist sehr beliebt und oft ausgebucht, $28; © (904) 461-2033, www.floridastateparks.org/anastasia.
- ***KOA St. Augustine Beach*** ebenfalls auf Anastasia Island, 525 W Pope Rd, ab $50; © 1-800-562-4022, www.staugustinekoa.com.
- ***Indian Forest Campground***, 1505 Straße #207, ab I-95 *Exit* 311, ab $40; © 1-800-233-4324, www.indianforestcampground.com.

Restaurants/ Kneipen

Das *Visitor Center* hat ein bebildertes Magazin: »***The Restaurant Times***« mit allen *Eateries* und Kneipen; hier eine Auswahl:

- Das ***Columbia Restaurant***, nur ein wenig nördlich im Haus 98 St. George Street, hat – passend zur Umgebung – spanische Gerichte; © (904) 824-3341, www.columbiarestaurant.com.
- Vom Garten des Restaurants ***O.C. White's Seafood & Spirits***, 118 Avenida Menendez, blickt man auf den Bootshafen am Matanzas River; © (904) 824-0808, www.ocwhitesrestaurant.com.
- Mexikanische Gerichte serviert das ***El Potro*** in der 226 San Marco Avenue; © (904) 819-0390, www.elpotrorestaurant.com.
- Von der Terrasse der ***Tini Martini Bar***, 24 Avenida Menendez, überschaut man die *Bridge of Lions* und die Bucht vor dem *Castillo*; © (904) 829-6166, www.bunnerybakeryandcafe.com.
- Für hausgebrautes **Bier** (*Ale & Lager*) geht man ins ***A1A Ale Works*** in der 1 King Street, wo oft auch Live-Musik läuft; © (904) 829-2977, www.a1aaleworks.com.

Kanonenschuss auf dem Castillo de San Marcos. Der Befehl zum Feuern kommt heutzutage per Handy

Stadtbesichtigung

Start

Die Erkundung von St. Augustine beginnt man am besten erst nach einem Besuch im großen ***Visitor Information Center*** am Nordrand der Altstadt (10 Castillo Drive – #A1A) mit einer Ausstellung zu den Anfängen der Stadt, Karten und jede Menge Infomaterial. Der dort laufend gezeigte **Film** zur Geschichte von St. Augustine ist eine gute Einstimmung. Hinter dem *Info-Center* befindet sich ein **Großparkplatz** (*Flatrate* $12). Einbahnstraßen und die Fußgängerzone St. George Street machen die Parkplatzsuche in der Altstadt weiträumig zum Problem. Sie ist oft komplett zugeparkt. Man kommt zu Fuß besser zurecht. City-Infos unter http://augustine.com und http://visitstaug.com.

Castillo de San Marcos National Monument

Die erste – beim Einfahren über die San Marco Ave von Norden oder über die #A1A/*Bridge of Lions* von Süden in die Stadt – nicht zu übersehende Attraktion ist das ***Castillo de San Marcos*** in strategisch günstiger Lage am Ufer des **Matanzas River**, am South Castillo Drive. Täglich 8.45-17.15 Uhr, Eintritt $10, bis 15 Jahre frei; www.nps.gov/casa.

Nachdem die Franzosen aus Florida vertrieben worden waren, fürchteten die Spanier vor allem ihre nördlichen Nachbarn, die Briten in Georgia und den Carolinas. Daher baute man im späten 17. Jahrhundert die enorme Anlage im Lauf von über 20 Jahren aus sog. *Coquina* (spanisch für kleine Muschel), einer mit Muscheln durchsetzten weichen Kalksteinart. Da erstmals ein Fort mit *Coquina* konstruiert wurde und Erfahrungen über Festigkeiten fehlten, errichtete man eine fast 6 m dicke Außenwand zur Küste. Die älteste erhaltene Festung der USA widerstand in der Folge tatsächlich diversen Attacken der Briten. 1740, bei einer einmonatigen britischen Kanonade, prallten die meisten Kugeln zur allgemeinen Verblüffung fast wirkungslos ab. 1821 übernahmen die USA das Fort und

3

machten daraus 1924 ein ***National Monument***. Seither kann man das Kastell mit allen seinen Einrichtungen besichtigen, den Blick über die historische Altstadt und den breiten Fluss genießen und alte Kanonen bewundern. Diese werden Fr-So 10.30-15.30 Uhr stündlich abgefeuert.

St. George Street

Egal, ob man vom *Castillo de San Marcos* oder vom *Visitor Information Center* kommt, man betritt die historische Innenstadt am besten durch das **alte Stadttor** eingangs der Orange Street und steht damit automatisch in der Fußgängerstraße **St. George Street** (auch *Calle Real*) durch die zentrale und durch *Shops* und *Eateries* ziemlich kommerzialisierte, aber nichtsdestoweniger durchaus pittoreske ***Old Town***.

Old Schoolhouse

Gleich am Anfang der St. George Street (#14) passiert man das indessen sehr schlichte ***Oldest Wood Schoolhouse*** aus dem frühen 18. Jahrhundert, eines der ältesten Schulgebäude in den USA, Eintritt $5, Kinder $4; www.oldestwoodenschoolhouse.com.

Abendstimmung in der pittoresken St. George Street

Geschichtsmuseum

Ein Stück weiter stößt man auf das ***Colonial Quarter***, 33 St. George Street. Dieser kleine Komplex mit Wohnhäusern, Taverne, Schmiede u.a. vermittelt einen Eindruck vom täglichen Leben während der spanischen und britischen Kolonialzeit. Zeitgenössisch kostümiertes Personal spielt die Rolle der damaligen Bewohner und beantwortet Fragen der Besucher, täglich 10-18 Uhr, $13, bis 12 Jahre $7; www.colonialquarter.com.

Casa Avero

Ein wenig weiter steht die ***Casa Avero*** (41 St. George Street), in der sich eine griechisch-orthodoxe Kirche und ein Museum befinden. Sie erinnern an griechische Einwanderer, die im 18. Jahrhundert nach St. Augustine kamen. Schräg gegenüber steht das ***Rodriguez-Avero-Sánchez House*** aus dem Jahre 1761.

Basilica

Zwischen Cuna und Hypolita Street passiert man dann die ***Casa de Nicholas de Ortega*** von 1740, das ***Villalonga House*** und das **Acosta House**, beide aus dem frühen 19. Jahrhundert. Zwei Blocks weiter folgt das ***Peña-Peck House*** (ca. 1750). Von dort ist es nur noch einen Block weit bis zur Plaza de la Constitución mit der 1797 im Stil einer spanischen Mission erbauten ***Basilica of St. Augustine***. Folgt man von dort der Cathedral Street 200 m nach Osten, steht man unmittelbar vor der ***Bridge of Lions*** (#A1A), eine mit Löwenfiguren verzierte alte Brücke, die über den Matanzas River nach Anastasia Island hinüber führt.

Government House Museum

Auf der Westseite der Plaza beherbergt der frühere Sitz der spanischen Kolonialregierung das ***Government House Museum*** (offizielle Adresse: 48 King Street), das detailliert die Historie der Region nachzeichnet, täglich 10-17 Uhr, Eintritt frei; www.staugustine.ufl.edu/govHouse.html.

Flagler College

Von der Plaza de la Constitución nach Westen sind es keine 200 m zum eindrucksvollen Komplex des ***Flagler College*** in der King Street; www.flagler.edu. Der Bau war einst das ***Hotel Ponce de León***, das der Eisenbahnkönig *Henry Flagler* hier errichten ließ.

Flagler College

Flagler hatte mit der Verlegung des Schienenstrangs entlang der Atlantikküste schon einiges für die Entwicklung von St. Augustine getan und versuchte zusätzlich, mit dem Bau von Luxushotels wie diesem den Tourismus weiter zu fördern.

Lightner Museum

Ein ebenfalls auf *Flagler* zurückgehendes Hotel beherbergt heute die Stadtverwaltung und das ***Lightner Museum*** (75 King Street, gegenüber *Flagler College* mit parkartigem Vorplatz) mit einer Sammlung europäischer und amerikanischer Kunst – Gemälde, Stilmöbel etc. Sie besteht größtenteils aus Objekten aus dem früheren *Hotel Alcazar* (1887). Dieses interessante Museum vermittelt einen Eindruck vom Luxus, der hier schon Ende des 19. Jahrhunderts herrschte. U.a. sind ein türkisches Bad und ein pompöser Ballsaal zu besichtigen, von dem aus man auf das einstige Schwimmbad schaut. Es war seinerzeit der größte überdachte Pool der Welt. Heute beherbergt die Halle das **Museumsrestaurant** (***Café Alcazar***). Dieses Museum ist ein Highlight der Stadt; täglich 9-17 Uhr, Eintritt $10/$5; www.lightnermuseum.org.

Zorayda Castle

Nur 50 m weiter steht das ***Villa Zorayda Museum***, 83 King Street, ein Teil-Nachbau der *Alhambra* von Granada/Spanien mit tollen Räumlichkeiten und Pretiosen; Mo-Sa 10-17, So 11-16 Uhr, $10, bis 12 Jahre $4, Kombitickets mit *Ripley's* und *Fountain of Youth*, ➤ folgende Seite; www.villazorayda.com.

Winzerei

Eine halbe Meile westlich des *Flagler College* ist die ***San Sebastian Winery*** in der 157 King Street vielleicht für manchen, der sich für Wein interessiert, ein lohnender Anlaufpunkt. Das älteste **Weingut** weit und breit bietet kostenlose Führungen und Weinproben; Restaurant im Haus und Fr-So *Jazz-Brunch* ab 11.30 Uhr. Geöffnet Mo-Sa 10-17 Uhr, So ab 11 Uhr; © 1-888-352-9463, www.sansebastianwinery.com.

Ältestes Haus in Florida

Das als ältestes noch erhaltenes Wohnhaus Floridas bezeichnete ***González-Alvarez House*** geht nach neueren Erkenntnissen auf das Jahr 1723 zurück (früher glaubte man ans 16. Jahrhundert, dann wäre es das älteste Haus der USA gewesen), ist aber nichtsdestoweniger historisch und kann natürlich besichtigt werden. Es steht ein paar Blocks südlich der zentralen Altstadt in der 14 Francis Street; geöffnet täglich 10-17 Uhr, Eintritt $8/$4; www.saintaugustinehistoricalsociety.org.

»Burganlage« von Ripley's St. Augustine

Ripleys

Nördlich des alten Zentrums an der 19 San Marco Ave nur wenige hundert Meter vom Kastell entfernt steht das burgartige Gemäuer von »***Ripleys***«, ➤ Kasten Seite 275.

Nombre de Dios

400 m östlich der Kreuzung von San Marco und Old Mission Ave – keine Meile nördlich des historischen Stadtkerns – markiert ein riesiges **Metallkreuz** die Stelle am Matanzas River, an der die eben gelandeten Spanier 1565 den ersten Gottesdienst gefeiert haben sollen. Ein **Fußweg** führt vom Parkplatz Ecke San Marco/Ocean Ave dorthin. Später entstand an der Ocean Ave die Missionskirche ***The Mission of Nombre de Dios and Shrine Our Lady of La Leche*** mit dem ältesten Marienschrein der USA; www.missionandshrine.org. Von hier aus hatten die Franziskaner (vergeblich) versucht, die Indianer der Region zum Katholizismus zu bekehren.

Jungbrunnen

Nördlich der Mission (300 m Luftlinie) befindet sich in einem Park an der Magnolia Ave (ab San Marco Ave zunächst auf die Myrtle Ave) der sog. ***Fountain of Youth***. Der spanische Entdecker *Ponce de León* glaubte, an dieser Stelle einen Jungbrunnen gefunden zu haben. Zwar handelt es sich um nichts anderes als eine schlichte Quelle mit kühlem klaren Wasser, dessen Genuss wohl bis heute keine Auswirkung auf die Lebensjahre haben dürfte. Das hinderte aber die jetzigen Eigner nicht an der Anlage einer Art historischen (*archaeological*) Parks samt *Gift Shop*, wo u.a. das segensreiche Wasser flaschenweise zu erstehen ist. Täglich 9-18 Uhr, Eintritt $15, bis 12 Jahre $9; www.fountainofyouthflorida.com.

Old Jail

Und noch etwas weiter nördlich stößt man auf das alte Gefängnis (1891) von St. Augustine, 167 San Marco Ave/Ecke Dufferin St. Neben den Zellen und einer Waffensammlung ist das Wohnhaus des ersten Sheriffs der Stadt zu sehen; täglich 9-16.30 Uhr, $9, bis 12 Jahre $5; http://augustine.com/thing-to-do/old-jail.

Outlet Shopping

An der I-95, *Exit* 318 nördlich von St. Augustine liegen unübersehbar beiderseits der Autobahn (Straße #16) große ***Outlet Center***: www.premiumoutlets.com und www.staugoutlets.com.

Alligatorfütterung in der Alligator Farm bei St. Augustine

Anastasia Island

Verlässt man St. Augustine in Südrichtung auf der #A1A über die *Bridge of Lions*, gelangt man nach **St. Augustine Beach** auf ***Anastasia Island***, ➤ auch Seite 266 (Anfahrt von Daytona Beach nach St. Augustine auf der Küstenstraße #A1A).

Alligator Farm

Unweit der Brücke passiert man ***St. Augustine Alligator Farm & Zoological Park***, 999 Anastasia Blvd, in dem alle bekannten Arten von Krokodilen und Alligatoren sowie jede Menge Schlangen Besucher anlocken. Stündliche Fütterungen und Alligator-/Reptilien-Shows. Täglich 9-17 Uhr, im Sommer bis 18 Uhr, Eintritt $23, bis 11 Jahre $12; www.alligatorfarm.com.

Leuchtturm

In Sichtweite der *Alligator Farm* steht das ***St. Augustine Lighthouse*** am 100 Red Cox Rd. Neben dem schwarz-weißen **Leuchtturm** mit seiner roten Spitze – toller Blick von oben – befindet sich im früheren Haus des Leuchtturmwärters das ***Lighthouse Museum of St. Augustine***. Täglich 9-18 Uhr, Eintritt $10 inkl. Turmaufstieg, bis 12 Jahre $8; www.staugustinelighthouse.com.

Strand

Der ***Anastasia State Park*** wurde schon Campern empfohlen, ➤ Seite 268. Auch, wer nur Lust auf Brandungsbaden und/oder Strandspaziergang verspürt, ist dort richtig. Einen besseren, dazu naturbelassenen Strand gibt's nicht am Florida-Atlantik. Anfahrt von der #A1A über Park Road gleich südlich der *Alligator Farm*.

Amphitheater

Ebenfalls auf ***Anastasia Island*** liegt unweit des *State Park* das ***St. Augustine Amphitheatre***, 1340C #A1A, mit Open-air-Theater und -Konzerten; www.staugamphitheatre.com.

Ripley's Believe It or Not! www.ripleys.com

Gegenüber dem *Visitor Information Center* wartet in St. Augustine eine Sehenswürdigkeit auf Besucher, die es auch anderswo noch gibt: *Ripley's Believe It or Not!* Das schon 1887 im maurischen Stil erbaute *Castle Warden* ist Heimat des ältesten Museums in der Kette von mittlerweile 20 *Ripley's* in den USA und 12 weiteren im Rest der Welt.

Obwohl alle diese Museen etwas anders gestaltet sind und eigene Exponate zeigen, verbindet sie doch dieselbe Grundidee. Es handelt sich um **Kuriositätenkabinette**, die von Leben und Werk des Journalisten, Karikaturisten und Weltreisenden *Robert Ripley* inspiriert wurden.

Robert Ripley wurde 1890 in Santa Rosa in Kalifornien geboren. Schon als Jugendlicher begann er zu zeichnen. Dieses Talent verhalf ihm zu seiner ersten Stelle als **Karikaturist** beim *San Francisco Chronicle*. Aber erst später, in New York, wurde er wirklich bekannt. Den Durchbruch brachte seine Cartoon-Serie *Believe It or Not*, in der er zunächst ungewöhnliche sportliche Leistungen darstellte, die vom Rekord im Seilspringen bis zum weltschnellsten Rückwärts-Sprinter reichten.

In den 1920er-Jahren begann er, die ganze Welt zu bereisen, immer auf der Suche nach dem Ungewöhnlichen und Seltsamen. Über seine Funde berichtete er in einer Cartoon-Reihe, die in 200 Zeitungen in 42 Ländern gedruckt wurde.

Robert Ripley veröffentlichte außerdem eine **Buchreihe**, produzierte **Radiosendungen**, in denen er außergewöhnliche Personen interviewte, und moderierte Ende der 1940er-Jahre eine der ersten regelmäßigen **Fernsehshows**. Bei der Weltausstellung in Chicago zeigte er 1933 seine Cartoons und Exponate, die er von seinen Reisen mitgebracht hatte, u.a. Schrumpfköpfe vom Amazonas und mittelalterliche Folterinstrumente. Obendrein konnte das staunende Publikum Rasierklingen- und Baseballschluckern zusehen.

Der unglaubliche Erfolg dieser Show, die nach der Weltausstellung in vielen amerikanischen Städten gezeigt wurde, führte zur Eröffnung der ersten permanenten Museen.

Zu ihren festen Bestandteilen gehören nach wie vor die Karikaturen des 1949 verstorbenen *Robert Ripley* und eine Sammlung von Kuriositäten. So sind z.B. Menschenfressergabeln von den Fidji-Inseln, mumifizierte Katzen aus Ägypten, ein ausgestopfter Stier mit sechs Beinen und Indianer-Skalps zu sehen. Missgebildete Menschen kann man heute nicht mehr im Original zeigen, aber immer noch als **Wachsfiguren**, z.B. einen Mann mit vier Pupillen oder eine Frau, die angeblich noch mit 101 Jahren ein Baby bekam. Von Zeit zu Zeit rotiert man die Objekte zwischen den Standorten, um der jeweiligen Umgebung wieder Neues bieten zu können.

Der Witz dieser Kuriositätenkabinette ist, dass nicht klar ist, welche Geschichten und Exponate echt sind und welche nicht – daher die Bezeichnung: *Believe It or Not!*

In Florida gibt es vier *Ripley's*, das älteste in St. Augustine (in der 19 San Marco Ave) im beschriebenen burgartigen Gemäuer, in dem es natürlich spukt. Beweis: 1944 verbrannten dort zwei Frauen unter mysteriösen Umständen.

Geöffnet täglich 9-20 Uhr, Eintritt $15, Kinder $9. In **Orlando** (8201 International Drive) ist *Ripley's* in einem Gebäude untergebracht, das im Boden versinkt. Das kleinere *Ripley's* in **Key West** findet man in einem bunten Gebäude an der belebten Duval Street und das ***Panama City Beach Ripley's*** präsentiert sich als sinkender Ozeandampfer, ➤ Foto auf Seite 344.

3

3.5.4 Jacksonville und Umgebung

Straße A1A

Zwischen St. Augustine und Jacksonville zeigt sich die Straße #A1A von ihrer besten Seite. Man sollte dieses Teilstück nicht auslassen und nur im »zeitlichen Notfall« die I-95 oder Straße #1 nehmen. Die #A1A führt dort vielfach nah an der Küste entlang und mitten durchs 30.000 ha große Naturschutzgebiet ***Guana Tolomato Matanzas National Reserve*** mit weitgehend unberührten Stränden; www.dep.state.fl.us/coastal/sites/gtm.

Wer der Küste ohne Abstecher in die Großstadt Jacksonville weiter Richtung Norden folgt, passiert zunächst die dicht besiedelten Bereiche **Ponte Vedra**, **Jacksonville** und **Atlantic Beach** und setzt mit der Fähre über die Mündung des **St. Johns River** (von Mayport nach **Fort George Island** halbstündlich, Dauer 10 min, $10/Auto, $20/RV; www.stjohnsriverferry.com) und erreicht direkt die nördlichsten historischen Sehenswürdigkeiten Floridas, ➤ Seiten 279f.

Jacksonville

Kennzeichnung

Jacksonville – nur rund 40 mi von St. Augustine entfernt – ist eine große **Industrie- und Hafenstadt**. Mit ca. 2.000 km^2 Ausdehnung ist sie die flächenmäßig größte City der USA mit enormen innerstädtischen Entfernungen.Viele der ca. 850.000 Einwohner arbeiten bei der US-Marine, dem wichtigsten Arbeitgeber vor Ort.

Praktische Informationen

Information

Die zentrale ***Visitor Info*** der Stadt residiert im Shopping- und Restaurantcenter ***Jacksonville Landing***, ➤ Karte (www.jacksonvillelanding.com); ✆ 1-800-733-2668; www.visitjacksonville.com.

Unterkunft

Im Großraum Jacksonville gibt es ein Überangebot an H/Motels (➤ Jacksonville Beach und Amelia Island), vor allem entlang der *Interstate Freeways* #10, #95 und #295.

Tipps für **Budgetbewusste** (beide ab ca. $60):

- ***Days Inn***, 5649 Cagle Road, I-95 *Exit* 346, ✆ 904-733-3890
- ***Hometown Inn & Suites***, 4940 Mustang Road, I-95 *Exit* 344, ✆ (904) 281-2244; www.hometowninnjax.com

Im **Flughafenbreich** nördlich der Stadt (I-95/I-295) findet man vor allem Häuser der bekannten Ketten, u.a. ***Crown Plaza*** (14670 Duval Road, I-95 *Exit* 363, ab $120, ✆ 904-741-4404; www.cpjacksonvilleairport.com), ***Quality Inn Airport*** (1351 Airport Road, I-95 *Exit* 363, ab $74, ✆ 904-741-0094) und das ***Red Roof Inn*** (1063 Airport Road, I-95 *Exit* 363, ab $44, ✆ 904-741-4488).

Direkt im Zentrum befindet sich bei *Jacksonville Landing* das

- ***Omni Hotel***, 245 Water Street, ab $174, ✆ (904) 355-6664; http://www.omnihotels.com/hotels/jacksonville

Am anderen Flussufer liegt verkehrsgünstig das

- ***Doubletree Hotel by Hilton***, 1201 Riverplace Blvd, obere Mittelklasse am *Riverwalk*, ab $150 mit Balkon, ✆ (904) 398-8800; http://doubletree3.hilton.com.

Camping

Campen ist bei Jacksonville etwas schwierig; der

- ***Jacksonville North/St. Mary's KOA*** z.B. liegt bereits in Georgia, 2970 Scrubby Bluff Rd, Kingsland bei St. Marys (I-95 N *Exit* 1), ✆ 1-800-562-5220; www.koa.com/campgrounds/jacksonville.
- Sehr schöne schattige Stellplätze am Myrtle Creek hat der *Campground* im ***Little Talbot Island State Park*** (12157 Heckscher Drive, 6 mi südlich Amelia Island, mit Kanuverleih; $24; www.floridastateparks.org/park/little-talbot-island).

Restaurants/ Kneipen

Am Nordufer des St. Johns River liegt – wie links erwähnt – ***Jacksonville Landing*** (Adresse: 2 Independent Drive), ein *Restaurant-/ Shopping-* und *Entertainment Center* mit gutem ***Food Court***.

Auf der anderen Seite des St. Johns River gibt es mehrere Restaurants und Kneipen an der Uferpromenade **Riverwalk**, u.a. die ***River City Brewing Company***, 835 Museum Circle am *Friendship Park* mit Terrasse am Bootshafen (www.rivercitybrew.com), und ein Restaurant der *Seafood* & *Steak*-Kette ***Chart House***, 1501 Riverplace Blvd, ebenfalls am Wasser; www.chart-house.com.

Stadtbesichtigung

Zentrum und Riverwalks

Die erwähnte auch architektonisch ansehnliche *Shopping & Restaurant Mall* ***Jacksonville Landing*** zwischen *Main Street Bridge*, dem Independent Drive und dem St. Johns River bildet samt der Uferpromenade ***Northbank Riverwalk*** (3 km, bis zum *Cummer Museum*) das Herzstück der Stadt. Am Südufer des Flusses entlang läuft ab dem ***Friendship Park*** der ***Southbank Riverwalk*** (gute 2 km). ***Rivertaxis*** verbinden beide Seiten der Stadt.

Blick

Der Blick auf die eindrucksvolle Jacksonville-*Skyline* und die Flussbrücken ist am besten vom *Friendship Park* aus.

Am *Museum Circle* dahinter befindet sich das ***MOSH***:

MOSH

Der Besuch im ***Museum of Science and History***, einer gelungenen Mischung aus Wissenschafts-/Geschichtsmuseum für Erwachsene und *Hands-on-Museum* für Kinder, lohnt den Eintritt; 1025 Museum Circle, Mo-Do 10-17 Uhr, Fr bis 20, Sa bis 18 Uhr, So 12-17 Uhr, Eintritt $10/$6, © (904) 396-6674; www.themosh.org.

Cummer Museum of Art & Gardens

Das ***Cummer Museum of Art & Gardens***, 829 Riverside Ave (I-95 *Exit* 351, unmittelbar am Nordufer des St. Johns River), ist mit Objekten von der Renaissance bis ins 20. Jahrhundert aus vielen Weltregionen eines der interessanteren Kunstmuseen Floridas. Hervorhebenswert sind die Sammlung von Meißener Porzellan und Gemälde bekannter amerikanischer Maler (u.a. *Thomas Hart Benton* und *Thomas Moran*). Auch große Europäer sind vertreten. Eine 400-jährige immergrüne Eiche überragt die **Gartenanlage** voller Skulpturen; Di 10-21, Mi-Sa 10-16, So 12-16 Uhr, Eintritt $10, Kinder & Studenten $6; www.cummer.org.

Zoo

Der fast 50 ha große ***Jacksonville Zoo & Gardens*** gehört zu den besten seiner Art im Osten der USA (größer als in New Orleans, ➤ Seite 331). Er liegt nördlich der Stadt am 370 Zoo Pkwy/Straße #105; I-95, *Exit* 358). Tierarten aus allen Erdteilen in Gehegen, die dem natürlichen Habitat nachgebildet wurden. Täglich geöffnet 9-17 Uhr, im Sommer Sa-So bis 18 Uhr. Eintritt $18, Kinder bis 12 Jahre $13; www.jacksonvillezoo.org.

Blick auf Jacksonville vom Südufer des St. Johns River; unterhalb der Hochhäuser links erkennt man Jacksonville Landing

Schlichte, aber historisch interessante Kingsley Plantation in schöner Lage am Wasser auf Fort George Island

Timucuan Ecological & Historic Preserve

Fort Caroline

Interessanter sind Ziele nordöstlich des Stadtgebietes, so am Südufer des St. Johns River – bereits als Teil des *Timucuan*-Schutzgebietes das ***Fort Caroline National Memorial*** (12713 Fort Caroline Road, etwas langwierige Anfahrt, täglich 9-17 Uhr, frei, www.nps.gov/timu), eine Nachbildung des Forts, das hier 1562 von französischen Hugenotten errichtet wurde und die spanische Krone zur Gründung von St. Augustine veranlasste (➤ Seite 468).

Kingsley Plantation

Auch die sehenswerte ***Kingsley Plantation*** (auf **Fort George Island**, 11676 Palmetto Avenue, täglich 9-17 Uhr, frei) aus dem späten 18. Jahrhundert ist Teil der *Timucuan Preserve.* Von Süden erreicht man diese Plantage, auf der einst Baumwolle, Zuckerrohr und Zitrusfrüchte angebaut wurden, **via Mayport mit der Fähre über den St. Johns River**. Die 3-mi-Zufahrt ab der #A1A führt durch ein dichtes mit Palmen durchsetztes Waldgebiet zu einem Herrenhaus und Überresten enger alter Sklavenquartiere aus ***Tabby*** (Muschelstein) in traumhafter Lage direkt am Wasser.

Die *Kingsley Plantation* ist zwar nicht annähernd so prächtig wie die großen Plantagenvillen am unteren Mississippi und das Herrenhaus nicht möbliert, die Gesamtanlage aber gut erhalten.

Amelia Island

Kennzeichnung

Zwischen Jacksonville und der Grenze zu Georgia liegt vor der Küste die 12 mi lange Amelia Island. Sie ist über Brücken mit der südlichen Nachbarinsel Talbot Island bzw. nach Westen mit dem Festland verbunden. Engländer, die dort erste Plantagen gründeten, nannten die nördlichste Insel Floridas nach Prinzessin *Amelia*, der Tochter von König *George II*. Die Orte der Insel sind dank endloser Sandstrände und -dünen beliebte Ferienziele. Nebenbei gelten die vor Amelia Island gefangenen ***Shrimps*** als besonders schmackhaft.

American Beach

Eine interessante Geschichte betrifft **American Beach** im Inselsüden. Der Ort wurde 1935 speziell für Afroamerikaner gegründet, als Floridas Strände noch rassengetrennt waren und Schwarze kaum eine Möglichkeit hatten, Ferien an der See zu verbringen.

Bemerkenswert ist, dass American Beach auch heute immer noch in erster Linier von schwarzen Urlaubern besucht wird.

Fernandina Beach

Am nördlichen Inselzipfel liegt mit Fernandina Beach der Hauptort von Amelia Island mit einem ***Historic District***. In seinen viktorianischen Häusern findet man – vor allem entlang der Centre Street – Läden, kleine Cafés und Kneipen.

Das ***Amelia Island Museum of History***, 233 S 3rd Street, informiert über die Geschichte dieses Ortes; Mo-Sa 10-16, So ab 13 Uhr, Eintritt $7, Kinder $4; www.ameliamuseum.org.

Fort Clinch SP

Unmittelbar nördlich von Fernandina Beach steht die bestens erhaltene **Festung *Fort Clinch*** aus der Mitte des 19. Jahrhunderts im gleichnamigen ***State Park***. Es war in den Seminolenkriegen und im Bürgerkrieg von Bedeutung. Der Park bietet außerdem Strände, Wanderwege und Camping: Der kleinere ***Beach*** und der ***Amelia River Campground*** (2601 Atlantic Ave, © 904-277-7274, $26) liegen beide idyllisch an der Nordspitze der Insel (reservieren, da oft voll); www.floridastateparks.org/park/fort-clinch.

Information

Visitor Center im ehemaligen Bahnhof, 102 Centre St, oder ***Amelia Island Tourist Developement Council***; www.ameliaisland.com.

Unterkunft

- Wer sich mal 'was Besonderes leisten möchte, bucht das ***Omni Amelia Island Plantation*** (39 Beach Lagoon Rd). Wunderbare Anlage am Strand mit großen Pools; Balkonzimmer, diverse Restaurants auf dem Resortgelände, ➤ unten; ab $300, © (904) 261-6161, www.omnihotels.com/hotels/amelia-island-plantation

Preiswerter übernachtet man z.B. im

- ***Seaside Amelia Inn***, 2900 Atlantic Ave, am Strand, © 1-844-347-5283, ab $140; www.seasideameliainn.com
- ***Amelia Hotel at the Beach***, 1997 S Fletcher Ave, Strand über die Straße, © 1-877-263-5428, ab $99, www.ameliahotel.com

Restaurants

- ***Steaks & Seafood*** gibt's im ***Beech Street Grill***, einer früheren Privatvilla; 801 Beech Street, www.beechstreetbarandgrill.com
- Das ***Marina Seafood Restaurant*** (101 Centre Street am St Mary's River/Anleger der *Cumberland Island Ferry*, © 904-261-5310) ist speziell für seine Fischsuppen bekannt, aber auch generell gut für *Seafood*
- ***Falcon's Nest***, 36 Amelia Village Circle/Beach Lagoon Road, wunderbar rustikales Lokal/*Pub* in Parkumgebung; gehört zum ***Omni-Resort***.

Fort Caroline, eine geschichtsträchtige Rekonstruktion aus den Tagen franzöisch-spanischer Auseinandersetzungen

Top Ten an der Atlantikküste

1. Das ***Kennedy Space Center*** *besuchen*
2. Die ***Altstadt*** und das ***Castillo de San Marcos*** in St. Augustine besichtigen
3. Die ***Strände der Atlantikküste***, speziell Anastasia SP/St. Augustine genießen
4. Sich im Hotel ***The Breakers*** in Palm Beach einen Cocktail gönnen
5. Im ***Flagler Museum*** in Palm Beach den Reichtum und Besitz des einstigen Eisenbahnmagnaten bestaunen
6. In der *Hobe Sound National Wild Life Refuge* ***Meeresschildkröten*** und/oder im *Manatee Observation Center* in Fort Pierce ***Manatees*** sehen
7. Eine ***Rundfahrt*** durch die Kanäle von ***Fort Lauderdale*** buchen
8. Einen Abstecher zur ***Kingsley Plantation*** auf Fort George Island machen
9. und gleich nach ***Amelia Island*** weiterfahren (➤ links nebenstehend)
10. In Daytona Beach die Gelegenheit nutzen, ***am Strand Auto*** zu ***fahren***

Exkurs – Abstecher nach Georgia

nach Cumberland Island

So nah an der Grenze von Georgia fällt jeder Blick auf die Karte unweigerlich auch auf **Cumberland Island**, südlichste Insel der Georgia vorgelagerten Kette und fast vollständig als ***National Seashore*** unter Naturschutz. Wer in Florida bis zum *Fort Clinch* (➤ nebenstehend) fährt, sieht jenseits des St. Marys River (hier Mündung in den Atlantik) die Strände von Cumberland Island. Sie beginnen nur einen Kilometer vom alten Fort entfernt.

zum Okefenokee Swamp

Ebenfalls auf keiner Landkarte zu übersehen ist der ***Okefenokee Swamp***, mit eine Fläche von fast 1.800 km^2 eines der größten Sumpfgebiete der USA. Rund zwei Drittel dieser Fläche gehören zu Georgia, ein Drittel befindet sich auf dem Staatsgebiet von Florida. Seine Ostgrenzen liegen ca. 40 mi von der Küste entfernt.

Der Großteil des Sumpfes in Georgia steht als ***Okefenokee National Wildlife Refuge***, ein kleinerer Teil südlich von Waycross und bei Fargo im Südwesten des Sumpfes als ***State Park*** unter Naturschutz. Nur bei **Waycross** befinden sich Areale in **Privatbesitz** und eine größere touristische Infrastruktur für Besucher.

Okefenokee in Florida

In Florida sind die Sümpfe nördlich des *Osceola National Forest* (zwische Sanderson und Lake City) kaum zugänglich. Durch sie hindurch führen nur die Straßen #250 und #2 unterhalb der Grenze zwischen Florida und Georgia.

weiter nach Georgia

Wen der Besuch eines oder beider dieser Ziele reizt, findet Hinweise zur Anfahrt und die wichtigsten Informationen in den folgenden beiden Abschnitten. Für darüberhinaus gehende Reisepläne in Richtung Georgia sei verwiesen auf die Anfahrtsrouten ab Atlanta nach Florida im Kapitel 8, speziell auf die Seiten 424-459, die sich auf die Küstenroute beziehen.

3

Nach Cumberland Island

Anfahrt und Information

Cumberland Island erreicht man nur über eine Fähre der Nationalparkbehörde ab dem Städtchen **St. Marys** am gleichnamigen Fluss in der südöstlichsten Ecke Georgias. Eine Verbindung durch das verzweigte Mündungsdelta des Grenzflusses von Florida dorthin existiert nicht. Die küstennächste Route von **Jacksonville** entspricht der I-95, die man am *Exit* 1 in Georgia wieder verlässt. Von dort sind es auf der St. Marys Road (Straße #40) noch etwa 8 mi bis zum Fähranleger und ***Visitor Center*** des *National Park Service* an der ***Waterfront***; www.nps.gov/cuis. Außerdem gibt es ein lokales ***Welcome Center*** ein paar Schritte entfernt vom Anleger in der historischen Osborne Street; www.visitstmarys.com.

Fähre

Die **Personenfähre** (keine Autos, keine Fahrräder!) nach Cumberland Island verkehrt März-November täglich um 9 Uhr und 11.45 Uhr, zurück um 10.15 Uhr und 16.45 Uhr, eine zusätzliche Abfahrt gibt's März-August Mi-Sa 14.45 Uhr. Dezember bis Februar nur Do-Mo. Das **Retourticket** kostet $25, Kinder bis 12 Jahre $15; jeweils plus $4 Nationalparkeintritt pro Person, außerdem $4/Person und Nacht für Zeltcamper auf der Insel.

Restriktion

Lediglich 300 Besucher pro Tag dürfen die Insel betreten. Unter © 1-877- 860-6787 oder per Fax (912) 673-7747 über ein im Internet herunterzuladendes Formular kann und sollte man reservieren, damit der Ausflug am Tag der Wahl klappt. Aktuelle Infos unter © (912) 882-4336 (*Park Service*) und www.nps.gov/cuis.

Auf der Insel

Auf Georgias südlichster der Küste vorgelagerter Insel warten endlose Strände und eine von Menschen weitgehend in Ruhe gelassene Flora und Fauna. Eine Besonderheit sind die **Wildpferde**, Nachkommen von Pferden, die vermutlich von ersten spanischen Expeditionen schon im 16. Jahrhundert dort zurückgelassen wurden. In den Marschen der Insel leben u.a. Alligatoren und ***Loggerhead Turtles*** (sonst seltene Schildkröten).

Einstige Villa der Carnegie Family, meistfotografierte der Ruinen auf Cumberland Island

Über die Insel verteilt stößt man auf eindrucksvolle Ruinen **früherer Millionärsvillen**, die man dem Naturschutz opferte.

Unterkunft & Camping

Früher einmal waren die *Carnegies* Eigentümer eines Großteils der Insel. Diese Familie unterhält bis heute das nostalgische ***Greyfield Inn***, © (912) 261-6408 und © 1-866-401-8581, www.greyfieldinn.com. Die Zimmer kosten ab $475/Tag inkl. Vollpension, als Information für alle, die nicht auf den Dollar schauen.

Erschwinglichere Quartiere gibt es in **St. Mary's**, z.B.:

- ***Cumberland Island Inn***, 2710 Osborne Street, gutes Mittelklasse-Motel, © (912) 882-7490 und © 1-800-768-6250, ab $69; www.cumberlandislandinn.com.
- ***Spencer House B&B Inn***, 200 Osborne Street, © 1-888-840-1872, ab $155; www.spencerhouseinn.com.
- ***Goodbread B&B*** , 209 Osborne Street, © (912) 882-7490, ab $115, www.goodbreadhouse.com.

Camping

Camper dürfen – nach Reservierung beim *National Park Service*, ➤ links – auf der Insel im ***Sea Camp*** (*Permit* $4) in der Nähe des Fährhafens oder auf einfachen *Campsites* im Hinterland (*Permit* $2) ihr Zelt aufschlagen.

Auf dem **Festland** liegt wunderbar am namensgebenden Wasserlauf der ***Crooked River State Park*** ca. 7 mi nördlich St. Mary's mit einem guten *Campground* (ab $27, *Cottages* bis 6 Personen ab $160), 6222 Charlie Smith Sr. Highway; © (912) 882-5256, www.gastateparks.org/info/crookriv.

Wildpferde am Strand von Cumberland Island

Okefenokee Swamp

Anfahrt

Waycross ist der Zentralort des *Okefenokee*-Sumpftourismus. Dorthin sind es **von St. Mary's** ca. 60 mi – auf Straße #40 und ab Folkston #23/= #1. Ebenso bei direkter Anfahrt **ab Jacksonville** – Straßen #23/#1/#301 ab Umgehungsautobahn I-295, *Exit* 28 – und **ab Brunswick** auf der Straße #82. Wer von dort kommt und kein Interesse an Waycross hat, fährt ab Nahunta über Straße #301 Süd direkt zum Osteingang südlich von Folkston, ➤ Seite 284. Camper könnten auch die Straße #177 Richtung Nordufer des *Okeefenokee* nehmen. Denn am Wege liegt der ***Laura Walker SP*** mit schattigem ***Campground*** am See, ➤ Seite 286.

Entstehung des Okefenokee

Der indianische Name des Sumpfes bedeutet »**Land der bebenden Erde**«, weil in bestimmten Bereichen feste Schritte den torfähnlichen Untergrund erzittern lassen. Diese Schicht entstand aus abgestorbenem Pflanzenmaterial über Jahrtausende. Sie findet sich auf verlandenden quellgespeisten Gewässern in Verbindung zum festen Land und auch auf Inseln, die oft schwimmen und dicht bewachsen sind. Im *Okefenokee Swamp* entspringen der vielbesungene **Suwannee River**, der in Richtung Golf von Mexiko abfließt, und der **St. Marys River**, der in den nahen Atlantik mündet und auf diesem Weg die Grenze zwischen Georgia und Florida bildet.

Vor allem die vielfältige Flora aus Wasserpflanzen und die amphibische Fauna ziehen Naturfreunde. Man schätzt, dass allein über 10.000 Alligatoren im *Okefenokee* leben.

East Entrance (Hauptzugang)

Auf einer Fahrt von Jacksonville oder St. Marys nach Waycross (Straße #1/#23) passiert man in Folkston die Abzweigung der Straße #121 (*Okefenokee Pkwy*). Von ihr geht es 8 mi weiter südlich auf die Zufahrt zum ***East Entrance** der **National Wildlife Refuge*** mit dem Bereich ***Suwannee Canal Recreation Area***; die Straße ist im Sommer täglich geöffnet 7-19.30 Uhr, im Winter 8-17.30 Uhr.

Ein kleines ***Visitor Center*** informiert dort über den *Okefenokee*. Auf einem Rundweg (***Boardwalk,*** 1,5 mi meist übers Wasser) und vom Aussichtsturm aus kommt man dem Sumpf schon näher. Ein **8 mi-Rundkurs** existiert für Auto- und Radfahrer. Details und Karte unter www.fws.gov/okefenokee.

Bei ***Okefenokee Adventures*** lassen sich Kanus und Kayaks samt Ausrüstung für eine Sumpferkundung auf eigene Faust mieten (kürzester guter Rundkurs ab *Canal Recreation Area* ca. 6 mi, Alligatoren garantiert).

Zelten für Kanu- und Kajakfahrer im Sumpfgelände an sieben ausgewiesenen Plätzen **nur mit *Permit***, Reservierung bis zu zwei Monate im voraus unter © (912) 496 3331. Infos zur Bootsmiete (Kanus halbtags ab 13 Uhr $20, ganztags $30, 2-tägig $50, dann $25 für jeden zusätzlichen Tag) und Buchung unter © 1-866-THE-SWAMP oder im Internet unter www.okefenokeeadventures.com.

Man kann bei der genannten Firma auch Ausflüge auf flachen Booten und geführte Kanu-/Kajaktouren durch die Sumpfkanäle buchen. Ebenso und Kanu-/Kayakmiete bei ***Outfitter Okefenokee Pastimes*** an der Straße #121; www.okefenokee.com.

Alligator beim Sonnenbaden im Okefenokee Swamp

Okefeenoke Swamp Park

Besucher mit begrenzter Zeit könnten eventuell eher den Besuch des kommerziell betriebenen ***Okefenokee Swamp Park*** (im Bereich des Nordzugangs) erwägen, einer Mischung aus Freizeitpark, Naturschutzgebiet und Zoo. Wiewohl die Anlage etwas in die Jahre gekommen ist, bietet sie dem Besucher ebenfalls einen Einblick in Flora und Fauna der Sumpflandschaft

Anfahrt: Von Waycroos auf der #23/#1 ca. 7 mi nach Süden, dann auf die #177 West abbiegen. Dann noch weitere ca. 6 mi (ausgeschidert). Geöffnet täglich 9-17.30 Uhr, Eintritt $15, Kinder und Senioren $14; *Discount Coupon* über $3 zum *Download* im Internet. Touren mit kleinen Motorbooten (45 min) in die Sumpfgebiete kosten $25/$20 (nur bei ausreichendem Wasserstand), © (912) 283-0583; www.okeswamp.com.

Waycross

Das 15.000-Einwohner-Städtchen Waycross hat zwar einen historischen Kern, ist aber insgesamt nicht sehr attraktiv. Das ***Tourism Bureau & Visitors Center*** befindet sich in der City Hall, 417 Pendleton St, © 912-287-2969, www.waycrosstourism.com.

Im Nordwesten des Ortes (1460 North Augusta Ave) ist das ***Okefenokee Heritage Center*** der Geschichte der Region gewidmet. In der Außenanlage stehen u.a. eine Dampflok und alte Waggons; geöffnet Di-Sa 9-14 Uhr, Eintritt $7/$5; www.okefenokeeheritagecenter.org.

Unterkunft

Waycross verfügt über reichlich Bettenkapazität. Die Häuser der **Motelketten** liegen mehrheitlich im Kreuzungsbereich des South Georgia Parkway #82 mit der #1/#23 bzw. etwas weiter diese Straße hinunter in Richtung Jacksonville, z.B.:

- ***Hampton Inn***, 1720 Brunswick Hwy, © 912-285-5515, ab $100
- ***Best Western Plus Bradbury Inn***, 2570 Memorial Drive, © 912-284-0095, ab $75
- ***Baymont Inn***, 950 City Blvd, © 912-283-3800, ab $44

Camping

- Der komfortable *Campground* des ***Laura S. Walker State Park*** liegt nah am See mit einigen Stellplätzen am Wasser, 5653 Laura Walker Road (erreichbar via #177, ➤ Seite 283, ab $30; ✆ (912) 287-4900, www.gastateparks.org/info/lwalker.
- ***Okefenokee Pastimes*** an der Straße 121 (#28244), 8 mi südlich von Folkston, gegenüber der Zufahrt zum ***East Entrance*** in den *Okefenokee*. Zelte ab $25, RVs ab $30 jeweils erste Nacht, danach billiger. Auch einfache Blockhäuser und *Cabins* stehen dort zur Verfügung (ab $60), ✆ (912) 496-4472; www.okefenokee.com.

Essen & Trinken

Viele Restaurants und *Fast Food Places* stehen in/bei Waycross am Memorial Park Drive (Straße #82) und an der Straße #1/#23, ebenso im historischen Zentrum nahe dem alten Bahnhof.

Foster State Park/ West Entrance Okefenokee

Die dritte Zufahrt in den *Okefenokee* führt von Südwesten aus zum ***Stephen C. Foster State Park***. Der Abstecher dorthin kommt eher dann in Frage, wenn die Weiterfahrt (zunächst) in Richtung Westen geplant ist oder ohnehin nur als Stippvisite im *Okefenokee Swamp* (etwa ab der I-10 über die Straße #2 nach **Fargo** und dann zurück zur I-10 über die #441 in Richtung Lake City).

Bevor man sich ggf. auf die 2 x 18 mi Hin- und Rückfahrt auf der Stichstraße #177 tief in den Park hinein macht, liegt unabweisbar ein Stopp im beachtlichen ***Suwannee River Visitor Center*** bei Fargo an; mehr unter www.gastateparks.org/info/scfoster.

Auch in diesem *State Park* gibt es einen ***Campground*** ($28-$35, *Cottages* für $150; ✆ 912-637-5274), Bootsverleih und von Rangern geführte Touren. Die Firma *Okefenokee Pastimes* (➤ oben) liefert Boote dorthin bzw. holt sie im Fall von *one-way rentals* ab/nach der *Suwannee Canal Recreation Area* dort wieder ab.

Weiterfahrt (Karte Seite 289)

Bei Fortsetzung der Reise durch Florida entsprechend der Routenführung im anschließenden Kapitel ginge es ab Waycross auf der Straße #84 zunächst nach Valdosta an der I-75 und von dort über Thomasville (➤ Seite 423) nach Tallahassee (➤ Seite 292f).

Für weitere Ziele in Georgia, speziell Atlanta, ➤ ab Seite 400.

Sumpflandschaft des Okefenokee

4. NORDFLORIDA UND DER PANHANDLE

Kurzkennzeichnung

Man muss schon ganz in den Norden des Staates fahren, um zu erkennen, dass Florida zu den amerikanischen Südstaaten gehört. Landschaft und Kultur ähneln dort mehr den Nachbarn Georgia und Alabama als dem mittelamerikanisch-karibisch geprägten Südflorida. Ausländische Touristen sieht man in Nordflorida mit dem weit nach Westen reichenden sog. *Panhandle* (➤ Seite 16) eher selten. Bei amerikanischen Urlaubern dagegen ist vor allem der *Panhandle* ein beliebtes Reiseziel, denn dessen schneeweiße Strände mit ihrer türkis leuchtenden Wassertransparenz sind mindestens genauso schön wie im Süden und großenteils sogar attraktiver. Dabei ist das Preisniveau im Norden moderater.

Tallahassee abseits der Küstenroute

Weitab der Bevölkerungszentren liegt die Hauptstadt **Tallahassee** sozusagen eingangs des »Pfannenstiels«. Wer der im folgenden beschriebenen Route ab Jacksonville oder – von Süden aus – der *Interstate*-Kombination I-75/I-10 folgt, wird Tallahassee nicht auslassen. Andererseits ist die Kapitale Floridas nicht so spannend, dass ihretwegen größere Umwege lohnen. Anders ausgedrückt: bei einer Fahrt *one-way* nach Westen oder von Westen nach Osten (etwa mit Ausgangspunkt New Orleans) durch Floridas Nordwesten ist die Küstenroute am empfehlenswertesten, wobei ein Abstecher nach Tallahassee über die ***Wakulla Springs*** durchaus in Erwägung zu ziehen wäre, wenn die Zeit reicht.

4.1 Durch Florida von Ost nach West

4.1.1 Von Jacksonville nach Tallahassee

I-10/ Straße #90

Von der Atlantikküste im Bereich Jacksonville/St. Augustine liegt Tallahassee – je nach Ausgangspunkt – nur 170-200 mi entfernt, eine Distanz, die auf der **I-10** in drei Autostunden zurückgelegt werden kann. Wer etwas mehr vom dünn besiedelten, ganz anderen Nordflorida sehen möchte, fährt zumindest abschnittsweise auf der parallel zur *Interstate* verlaufenden **Straße #90**.

Olustee Battlefield

Beide Routen führen durch den ***Osceola National Forest***, ein Pinienwaldgebiet 50 mi westlich des Atlantik, an dessen Ostrand der ***Olustee Battlefield Historic State Park*** liegt, der älteste historische Park Floridas (Zufahrt über die #90, von der I-10 *Exit* 324, ca. 6 mi nach Osten), www.floridastateparks.org/olusteebattlefield, ✆ 386-758-0400). Dort, unweit der kleinen Ortschaft Olustee, fand am 20. Februar 1864 die größte der in Florida ausgefochtenen Schlachten des Bürgerkrieges statt. Der damalige Sieg der Südstaatentruppen wird alljährlich zum Jahrestag nachgespielt (***Battle of Olustee Reenactment***; www.battleofolustee.org). Ein Museum und Schilder mit Erläuterungen an einstigen Stellungen und Kampflinien informieren über die Details des Geschehens vor gut 150 Jahren. Nur die in der Landschaft verstreuten Kanonen erinnern noch an ein Schlachtfeld. Museum 9-17 Uhr, frei.

Camping

Mitten im ***Osceola NF*** liegt der ***Ocean Pond Campground*** (Straße #90, dann #250) am namensgebenden fast runden See (Durchmesser ca. 3 km). Viele Stellplätze mit unmittelbarem Seezugang. Ein kleiner Badestrand und Wanderwege machen den Platz populär, $6-$18 (inkl. Wasser+Strom); www.fs.usda.gov/main/osceola.

Lake City

Nur wenig westlich des *Osceola National Forest* liegt zwischen den sich hier kreuzenden Autobahnen I-10 und I-75 die Kleinstadt Lake City (12.000 Einwohner; www.springsrus.com). Sie versucht, sich als »Tor zum *Osceola National Forest*« touristisch zu profilieren. Sie verfügt über eine erhebliche Bettenkapazität in fast 20 Hotels/Motels (überwiegend der bekannten Ketten) vor allem im Bereich der Autobahnausfahrt #427 der I-75.

Stephen Foster State Park

Wer sich für *Folk Music* interessiert, sollte dem ***Stephen Foster Folk Culture Center State Park*** einen Besuch abstatten, tägl 9-17 Uhr. Dieses Kulturzentrum liegt bei White Springs, 11016 Lillian Saunders Drive, ca. 13 mi nördlich von Lake City am Ufer des Suwannee River (✆ 386-397-4331, www.floridastateparks.org/stephenfoster). Es ehrt den ersten professionellen *Songwriter* der USA. Er schrieb u.a. *»Oh, Susanna«*, *»My Old Kentucky Home«* und *»Old Folks at Home«*; letztere sind heute Staatshymnen von Kentucky bzw. Florida. Zum *Center* gehören ein 60 m hoher Turm, dessen Glockenspiel alle zwei Stunden seine bekanntesten Melodien intoniert, eine gepflegte Parkanlage und ein Museum.

Nebenbei verfügt der *State Park* über einen schattigen **Campingplatz** etwas abseits des Flusses; $20, auch ***Cabins*** für $100. Reservierung über *ReserveAmerica*, ➤ Seite 69.

Suwannee River State Park

Ein weiterer schöner *State Park* liegt nicht nur am Suwannee River, sondern heißt auch so – Zufahrt über *Exit* 275 der I-10, dann Straßen #90 und #132 der Ausschilderung nach; www.floridastateparks.org/suwanneeriver. Der Park ist Ausgangspunkt des ***Suwannee River Wilderness Trail***, einer 207 mi langen Kanustrecke bis zur Mündung des Flusses in den Golf von Mexico, ➤ Seite 349 (*Manatee Springs State Park*). Neben **Kanuverleih** (www.suwanneerivercanoerental.com) und einigen Wanderwegen gibt es in der dichten Waldlandschaft des Parks einen guten **Campingplatz**, $22 (✆ 386-362-2746, $22, ***Cabins*** $100, Reservierung ➤ Seite 69).

Von dort sind es noch etwa 70 mi bis Tallahassee.

Stephen Foster Culture Center

Exkurs Von Lake City nach Süden

Routen-überlegungen

Wer die Atlantikküste bis Jacksonville hinauf gefahren ist und nicht beabsichtigt, auch noch Tallahassee und den *Panhandle* zu besuchen, gelangt via I-75 rasch (zurück) in den Süden Floridas bzw. an die Golfküste an und unterhalb der Tampa Bay. Sofern man auf einen Zwischenstopp im *Osceola National Forest* und in Lake City verzichtet, spart man auf der direkten **Straße #301** (ab *Exit* #343 von der I-10) nach Gainesville/Ocala erhebliche Meilen. Wer auf der Küstenroute zunächst Orlando zugunsten eines späteren Besuchs ausgelassen hat, findet mit der vierspurigen Straße #301 auch eine durchgängige Rückfahrtroute nach/über Orlando.

Gleichzeitig ist die I-75 für Floridatouristen, die in oder via Orlando oder Tampa starten und in den Norden bzw. Nordwesten wollen, der schnellste Zubringer mit Möglichkeiten für Zwischenstopps wie im folgenden beschrieben.

Abstecher von der I-75

Zwischen Lake City und Gainesville liegen **2 *Springs Parks***, die manchem einen Abstecher von der Autobahn wert sein dürften.

Ichetucknee Springs

Da wäre zum einen der ***Ichetucknee Springs State Park*** bei Hildreth (I-75 von Norden *Exit* 423, dann Straßen #47+ #27; von Süden *Exit* 399, Straßen #441/27); www.floridastateparks.org/ichetuckneesprings).

Taucher in den Ichetucknee Springs

Der kleine quellgespeiste und daher glasklare Ichetucknee River mäandert bis zur Mündung in den Santa Fe River ca. 6 mi durch eine hübsche Parklandschaft und gilt zu Recht als ideales Revier fürs ***River Tubing***, ➤ Seite 82. Seine Uferbereiche sind *State Park* Gelände. Wer sich auf dem Fluss treiben lassen möchte, bringt entweder seinen eigenen »Reifen« oder sein Kanu mit oder leiht sich an einer der Stationen unmittelbar außerhalb des Parks den gewünschten Untersatz.

Die ***Tubes*** kosten ab $5/Tag; Eintritt in den *Park* $6/Fahrzeug. Zwischen Start- und Abholpunkten gibt es einen *Shuttle Service*. Beliebt ist dieser wie andere *Springs Parks* auch bei Gerätetauchern (*Scuba Diving*), die tief in die Quellöffnungen hinunterschwimmen bzw. -tauchen können; www.ichetucknee-tube-center.com.

Wer einen entsprechenden Tauchschein mitbringt, kann komplette Tauchausrüstungen leihen; © (386) 497-2929.

Ginnie Springs

Ein weiteres *Tubing*- und *Scuba*-Revier sind die ***Ginnie Springs*** (und weitere) bei der Ortschaft High Springs (Ausfahrten 399 oder 414 von der I-75, 5000 NE 60th Ave), die ebenfalls in den Santa Fe River abfließen. Dieser Park wird kommerziell betrieben und ist nicht so »romantisch« wie *Ichetucknee*, hat aber mehrere schöne Quellteiche. Eintritt $13, Kinder $3; *Tubes* $6.

Dort gibt es außerdem einen **Campingplatz**, ab $21/Person, Kinder 7-14 $6; © (386) 454-7188; www.ginniespringsoutdoors.com.

Campen (und schwimmen) kann man auch im ***O'Leno State Park*** ($5 pro Auto), 10 mi nördlich von High Springs ebenfalls am Santa Fe River, 410 SE O'Leno Park Road, © (386) 454-1853, Camping $18; www.floridastateparks.org/oleno.

Gainesville

Kennzeichnung

Gainesville ist von Stränden und Urlaubsorten so weit entfernt, wie es in Florida eben möglich ist, und wird ganz von der ***University of Florida*** dominiert, der ältesten Universität im Staat. Gut 50.000 der 128.000 Einwohner sind Studenten, die das Leben nicht nur auf dem Campus, sondern auch in der Innenstadt prägen. Entlang der belebten Hauptstraße West University Avenue, speziell im Bereich der Kreuzung mit der Main Street, findet man Buchhandlungen und preiswerte *Eateries* und Cafés.

Information

- ***Alachua County Visitors & Convention Bureau***, 30 East University Avenue, ✆ 1-866-778-5002, www.visitgainesville.net.

Unterkunft

- Unter den zahlreichen Motels bieten das ***Super 8*** (4202 SW 40 Blvd, ✆ 352-378-3888) und das ***Days Inn*** (7516 W Newberry Road, ✆ 352-332-3033) ordentliche Quartiere. Beide ab ca. $60.
- ***The Magnolia Plantation***, 309 SE 7th St, bietet Nostalgie und liegt ruhig, ab $145; ✆ 1-800-201-2379, www.magnoliabnb.com.

Camping

Der ***Paynes Prairie Preserve State Park*** verfügt über einen *Campground* und Picknickplatz am **Lake Wauberg** bei Micanopy südlich von Gainesville, $18. Von der I-75 *Exit* 374, dann Straße #234 und #441 nach Nordosten, dann rechts auf den Savannah Blvd, $18; ✆ 352-466-3397, www.floridastateparks.org/park/paynesprairie.

Essen und Trinken

- Die ***Wine and Cheese Gallery***, 113 North Main Street, ein Bistro mit Käse- und Weinshop, eignet sich gut fürs *Lunch*; ✆ (352) 372-8446, www.wineandcheesegallery.com.
- Im ***Ale House Gainesville***, 3950 SW Archer Road, gibt es u.a. *Seafood* und 75 Biersorten im Ausschank; ✆ (352) 371-0818, www.millersalehouse.com.

Graffiti-Art

Westlich der 13th Street/SW Archer Road (Straße #24) liegt die Mehrheit der Universitätsgebäude. Die Ausdehnung des Campus' ist größer als ganz *Downtown* und reicht bis zur 34th Street, wo man südlich der Kreuzung mit der 2nd Ave (Straße #26A) eine wild bemalte bunte Mauer nicht übersehen kann. Diese sog. ***34th Street Wall*** ist eine Art »Denkmal für Toleranz«. Sie wurde ganz offiziell freigegeben für Graffiti-Künstler, die sich an ihr austoben dürfen und der Mauer ein immer wieder neues Aussehen geben.

Museumsmeile

Der Campuskomplex umfasst über 900 Gebäude und Sportanlagen, darunter zwei eintrittsfreie Museen (Spenden möglich):

- Das ***Samuel P. Harn Museum of Art*** (3259 Hull Road, Di-Fr 11-17 Uhr, Sa ab 10 Uhr, So ab 13 Uhr, www.harn.ufl.edu) am Westende des Campus in einem postmodernen Bau zeigt afrikanische, asiatische und amerikanische Kunst; frei.
- Nebenan steht das ***Florida Museum of Natural History*** (3215 Hull Road, Mo-Sa 10-17 Uhr, So ab 13 Uhr, frei, aber der Zutritt zum *Butterfly Rain Forest* kostet $11/$6; www.flmnh.ufl.edu).

Beide Museen liegen an der Cultural Plaza, Zufahrt von der SW 34th Street, von dort auf Hull Road.

Kanapahah Botanical Gardens

Ein wunderbar angelegter **Botanischer Garten** mit vielen unterschiedlichen Teilbereichen und einem kleinen Arboretum liegt am **Lake Kanapah** westlich der I-75. Auch ein Picknickplatz ist vorhanden. Erreichbar sind die *Botanical Gardens* auf der Straße #24 (SW Archer Road, von der I-75 *Exit* 384). Geöffnet Fr-Mi 9-17 Uhr, Sa-So ggf. länger bis zur Dämmerung. Eintritt $7, Kinder bis 13 Jahre $4; © (352) 372-4981; www.kanapaha.org.

Paynes Prairie

Hauptattraktion des ***Paynes Prairie Preserve SP*** sind seine **Mustang- und Bisonherden**. Vom Aussichtsturm (kurzer Fußmarsch) hat man eine gute Chance, die Tiere in der sumpfigen Landschaft zu entdecken. Unweit der Straße #441 wartet außerdem der ***Ecopassage Observation Boardwalk*** zur Tierbeobachtung (Alligatoren, Otter, Damwild, *Bald Eagles*); 8 Uhr bis Sonnenuntergang, $6/Auto; Anfahrt und Internetportal auf Seite 291 unter »Camping«.

Marjorie Kinnan Rawlings

Ein Ausflugsziel für Literaturbegeisterte ist der ***Marjorie Kinnan Rawlings Historic State Park*** zwischen Island Grove und Micanopy an der Straße #325, schon fast auf halber Strecke von Gainesville nach Ocala, 18700 S County Road 325 in Cross Creek östlich des Orange Lake. Der bekannteste Roman der Schriftstellerin ist *The Yearling* (deutsch: »Frühling des Lebens«). Für ihn erhielt sie den Pulitzerpreis. Sie beschreibt darin eine Kindheit im ländlichen Florida. Gelände täglich 9-17 Uhr geöffnet, Führungen durchs Haus Do-So von Oktober bis Juli um 10, 11, 13, 14, 15 und 16 Uhr; www.floridastateparks.org/marjoriekinnanrawlings.

Ocala

Ocala, rund 40 mi südlich von Gainesville, und die Möglichkeit eines Abstechers zu den ***Spring Parks*** im ***Ocala National Forest*** wurden oben am Kapitelende »Orlando« beschrieben, ➤ Seite 258.

4.1.2 Tallahassee

Geschichte

Tallahassee heißt in der Sprache der *Muskogee*-Indianer »alte Stadt«. Obwohl nur wenige Gebäude älter als 150 Jahre sind und Tallahassee aufgelockert modern und sehr »grün« wirkt, passt der Name durchaus, denn die Siedlungsgeschichte ist für US-Verhältnisse lang. Indianische Grabhügel am Südufer des Lake Jackson nördlich der Innenstadt beweisen, dass sich dort um das Jahr 1200 eine indianische Kultstätte befand (3600 Indian Mounds Road, www.floridastateparks.org/lakejackson). Der spanische Entdecker *Hernando de Soto* hat mit seinen Leuten schon 1539 im Bereich des heutigen *DeSoto Site Historic State Park* (De Soto Park Dr) überwintert. Später errichteten die Spanier – nordwestlich des Zentrums – die ***Mission San Luis***, von der aus Franziskaner-Mönche die Bekehrung der Indianer Nordfloridas betrieben, ➤ Seite 294.

Hauptstadt

Bereits kurz nachdem Florida 1821 von den USA übernommen worden war, einigte sich die verfassungsgebende Versammlung des zukünftigen US-Bundesstaats auf Tallahassee als – noch zu errichtende – Hauptstadt, ➤ Seite 346. Zu der Zeit war Südflorida ein undurchdringliches Sumpfgebiet; Pensacola im Westen und St. Augustine an der Ostküste waren die einzigen Städte.

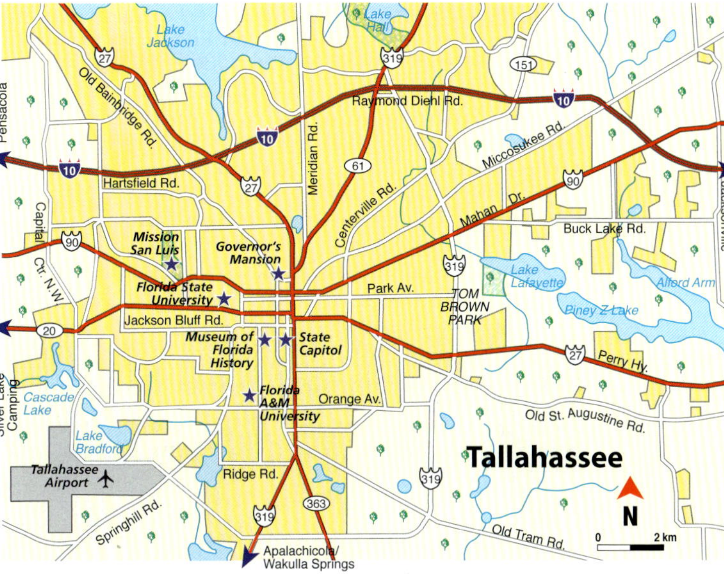

Praktisches

Information

Tallahassee Area Visitor Information Center, 106 E Jefferson St, © 1-800-628-2866, www.visittallahassee.com, und – praktischer – ***Visitors Center*** im ***New State Capitol*** (Eingang Duval Street).

Unterkunft

An der **North Monroe Street** (Straße #27, I-10 *Exit* 199) ballen sich nördlich und südlich des ***Freeway*** an die **20 Hotelketten-Quartiere** auf nur 1,5 mi Länge überwiegend der unteren bis mittleren Mittelklasse von der ***Econolodge*** und ***Red Roof*** (ab $50) über ***BW*** und ***La Quinta*** (ab $70) bis ***Fairfield Inn*** (ab $95). Bei Großereignissen und an speziellen Wochenenden wird es deutlich teurer. Im selben Bereich konzentriert sich auch die Gastronomie. Bis Downtown sind es ab der I-10 ca. 4 mi die Monroe Street 'runter.

Ca. 4 mi weiter östlich verbindet die Raymond Diehl Road die Straßen #61 und #319 (I-10, Exit 203). An ihr findet man diverse Hotels der gehobenen Kategorie wie ***Marriott Courtyard***, ***Hilton Garden Inn***, ***Residence Inn*** und ***Hampton Inn*** (ab ca. $100).

- Ein prima Nostalgiequartier ist das ***Governors Inn*** im Zentrum, 209 S Adams St; © (850) 681-6855, ab $119; www.thegovinn.com
- Der ***Wakulla Springs State Park***, ca. 15 mi südlich der Hauptstadt, hat eine altmodische ***Lodge*** mit Gastronomie in schöner Lage unmittelbar am Quellwasserteich, 550 Wakulla Park Dr, ab $119; © (850) 421-2000, www.wakullaspringslodge.com.

Camping

- ***Tallahassee RV Park***, 6504 Mahan Dr (ab I-10 *Exit* 209A, westlich #90) $46; © 850-878-7641, www.tallahasseervpark.com.

- ***Ochlockonee River State Park***, Straße #319, ca. 40 mi südwestlich von Tallahassee und 6 mi von der Küste entfernt bei Sopchoppy. Schöne Stellplätze im Wald, Flussstrand, $18; © (850) 962-2771, www.floridastateparks.org/ochlockoneeriver

Gastronomie

- ***Po' Boys Campus Café***, 1944 W Pensacola Street, bietet Südstaatenküche und *BBQ*; © (850) 574-4144, www.poboysfsu.com
- Meeresfrüchte und Fisch hat ***Barnacle Bill's Seafood Restaurant***, 1830 N Monroe St; © (850) 385-8734, http://barnaclebills.com
- Preisgünstige *Thai Food* überzeugt im ***Bahn Thai*** südlich *Downtown*, 1319 S Monroe St; © (850) 224-4765, www.bahnthai.org
- ***Uptown Café***, 1325 Miccosukee Road, Salate & Sandwich und *Brunch* – bis 14/15 Uhr; www.uptowncafeandcatering.com

Floridas Old State Capitol, dahinter das Hochhaus des neuen Kapitols

Stadtbesichtigung

Südstaaten-villen in der Park Ave

Tallahassee ist berühmt für seine herrlichen Alleen und weißen – für den US-Süden typischen – Villen. In der schattig-grünen E Park Ave zwischen N Duval und N Gadsen Streets sieht man beachtliche Beispiele, so ***The Columns*** an der Kreuzung Duval/Park sowie *Knott, Murphy* und *Chittenden Houses* (323 E Park Ave; www.theparkavenueinn.com) und gegenüber das *Lewis House*. Führungen nur im ***Knott House*** (#301) Mi-Fr 13, 14, 15 Uhr, Sa auch 10 & 11 Uhr, frei; www.museumoffloridahistory.com/about/sites/knott/about.cfm.

Canopy Roads

Canopy Roads sind mit *Spanish Moss* dicht bewachsene Eichenalleen, die kaum Sonnenlicht durchlassen. Sie finden sich in Tallahassee sowohl im erweiterten Stadtkern, etwa in der **Centerville Rd**, als auch außerhalb, z.B. **Pisgah Church Rd** (über #151 dorthin).

New State Capitol

Das Zentrum der 190.000-Einwohner-Stadt wird in jeder Hinsicht von der **Staatsregierung** dominiert, die für 25.000 Arbeitsplätze Tallahassees verantwortlich zeichnet. Ihren Sitz hat sie im unübersehbaren ***Florida (New) State Capitol***, einem unattraktiven

Hochhaus im Herzen von *Downtown* (400 South Monroe; dort auch ***Visitor Info***, ➤ Seite 293). Von dessen ***Observation Deck*** im 22. Stock erkennt man, was für eine grüne Stadt Tallahassee ist. Zugang Mo-Fr 8-17 Uhr, Eintritt frei; www.myfloridacapitol.com.

Old State Capitol

Das *New State Capitol* ist erst seit den 1970er-Jahren Regierungssitz. Vorher genossen Gouverneur und Abgeordnete im ***Old State Capitol*** (1845) ein stilvolleres Ambiente. Es steht vor dem *New State Capitol* und ist zu besichtigen, Mo-Fr 9-16.30 Uhr, Sa ab 10 Uhr, So ab 12 Uhr, frei, aber Spende; www.flhistoriccapitol.gov.

Geschichtsmuseum

Auch ein Besuch des ***Museum of Florida History***, 500 S Bronough Street zwei Blocks westlich des *State Capitol*, könnte bei Interesse erwogen werden. Präsentationen zu Indianerkultur, spanischer Zeit, Bürgerkrieg u.a.m. Mo-Fr 9-16.30 Uhr, Sa ab 10 Uhr, So ab 12 Uhr, frei; www.museumoffloridahistory.com.

Mission San Luis

Nicht weit entfernt steht auf historischem Boden das Museum ***Mission San Luis***, 2100 W Tennessee Street (Straße #90, ca. 1 mi nordwestlich des FSU-Campus). Kloster, Kirche und indianisches Rundhaus wurden kürzlich rekonstruiert und bilden ein Freilichtmuseum. ***Visitor Center*** (einführender Film) und Gelände Di-So 10-16 Uhr, Eintritt $5, Kinder $2; www.missionsanluis.org.

Universitäten (FSU & FAMU)

Sehr beeindruckend sind die riesigen Gelände der ***Florida State University*** (FSU/42.000 Studenten) gleich westlich des Zentrums (und südlich der Tennessee Street/#90) und der ***Florida Agricultural & Mechanical University*** (FAMU/9000, ursprünglich eine rein »schwarze« Uni) gleich südlich des Regierungsviertels. Speziell FSU ist eine Stadt in der Stadt. Wen das interessiert: mal durchfahren!

Wakulla Springs

Kaum eine halbe Autostunde südlich von Tallahassee liegt der ***Wakulla Springs State Park*** an der Straße #267, Eintritt $6/Auto, ✆ (850) 561-7276, www.floridastateparks.org/wakullasprings.

Mit ca. 2 Mio m^3, die dort im täglichen Durchschnitt an die Oberfläche treten, sind die *Wakulla Springs* eine der ergiebigsten Quellen Floridas (➤ Seite 259). Leider ist sie nicht mehr so kristallklar wie früher. Man kann am geschützten Strand alligatorsicher baden und sogar in der ***Park Lodge*** übernachten, ➤ Seite 293. **Bootstouren** (30 min; 12, 13, und 14 Uhr) führen durch unberührten Florida-Dschungel, ein Paradies für exotische Vögel, Fische und Alligatoren. Nicht ohne Grund war *Wakulla* ein Drehort der ersten Tarzanfilme mit *Johnny Weissmuller*.

4.1.3 Von Tallahassee nach Pensacola

I-10 und Straße #90

Auch westlich von Tallahasse verlaufen die I-10 und die Straße #90 nach wie vor parallel zueinander, wobei es im weiteren Verlauf durch Alabama und Mississippi bis New Orleans – und darüberhinaus bis San Antonio in Texas – bleibt. Man kann daher weiter alternativ Autobahn oder Landstraße benutzen.

Zeitzonen-wechsel

Etwa 40 mi westlich von Tallahassee überquert man auf beiden Routen den **Apalachicola River**. Der Flusslauf markiert in Nordflorida – außer im Mündungsbereich – den Übergang von ***Eastern Time* zur *Central Time***. Je nach Fahrtrichtung ist dort beim Zeitzonenwechsel die Uhr um eine Stunde vor- oder zurückzustellen.

Lake Seminole

An der Grenze mit Georgia bildet der aufgestaute Apalachicola River den vielarmigen **Lake Seminole** ein beliebtes Naherholungsgebiet. Die Straße #90 passiert den See in nur kurzer Distanz.

East Bank

Die Pioniere der *US Army* betreiben gute 2 mi nördlich von Chattahoochie (von dort ausgeschildert) – bereits in Georgia – den sehr komfortablen ***Campground »East Bank«*** mit zahlreichen Seeblick-Stellplätzen, ab $22; © (229) 662-9273, www.sam.usace.army.mil/Missions/CivilWorks/Recreation/Camping.aspx.

Westufer

Am westlichen Seeufer liegt der ***Three Rivers State Park*** (Straße #271 ab **Sneads**, dort Versorgungsinfrastruktur, kaum in Chattahoochie) dessen Bezeichnung auf die drei Flüsse Chattahoochee, Flint und Apalachicola zurückgeht. Die ersten beiden vereinigten sich dort zum Apalachicola River. Picknick-/Spielplätze, Bootsanleger und **Campground** im Wald, $16, nicht so gut wie *East Bank*; © (850) 482-9006, www.floridastateparks.org/threerivers.

Tropfsteinhöhle

Nördlich von **Marianna**, der einzigen ansehnlichen Ortschaft zwischen Tallahassee und Pensacola, warten im ***Florida Caverns State Park*** bunt beleuchtete Tropfsteinhöhlen auf Besucher (I-10 *Exit* 136, von dort nördlich Jefferson Street/#166). Ein historisches *Visitor Center* informiert über Entstehung und Geschichte der Höhlen. Man darf dort auch auf dem Chipola River paddeln, Kanuvermietung. Parkeintritt $5/Auto; Höhlentouren täglich 9-16 Uhr, $8/$5. Durchschnittlich guter ***Campingplatz***, $20; © (850) 482-9598, www.floridastateparks.org/floridacaverns.

Ponce de Leon Springs

Unmittelbar nördlich der I-10 liegt beim gleichnamigen Dorf mit ***Ponce de Leon Springs*** ein weiterer um einen glasklaren Quellfluss entstandener ***State Park***, ein Kleinod für sich ➤ Seite 259. Baden von 8 Uhr bis zur Dämmerung bei immer gleicher Wassertemperatur von 20°C. Kanu- und Kajakverleih. Anfahrt über *Exit* 96 vom *Freeway*. Von dort auf die Straße #90 und dann wieder südlich auf die Ponce de Leon Springs Road. Eintritt $4/Fahrzeug; © (850) 836-4281, www.floridastateparks.org/poncedeleonsprings.

Eglin AFB

Westlich von De Funiak Springs passiert die Interstate #10 auf einer Strecke von 55 mi die ***Eglin Air Force Base***, den größten Luftwaffenstützpunkt der USA. Über die Straße #85 (Crestview) gelangt man durch das Gebiet der *Air Base* auf dessen Südseite. Dort befindet sich das ***Air Force Armament Museum***, ➤ Seite 340.

Blackwater River SP

Nordwestlich Crestview liegt nördlich von Autobahn und Straße #90 der *Blackwater River State Forest*, ein ausgedehntes Waldgebiet unter Staatsverwaltung. Dessen schönster, südlicher Teil gehört zum ***Blackwater River State Park***, Eintritt $4/Auto; © (850) 983-5363, www.floridastateparks.org/blackwaterriver.

Von der I-10 über *Exits* 45 bzw. 31 auf die Straße #90 nach Westen bzw. Osten bis Deaton Bridge Road; ca. 5 mi bis zum Park. An ihr passiert man mehrere Vermieter von **Kanus, Kajaks und *Inner Tubes*** (➤ Seiten 82 und 290), u.a. ***Blackwater Canoe Rental & Sale***, © (850) 623-0235, www.blackwatercanoe.com.

Der wegen seines Untergrundes dunkle, aber glasklare Fluss ist ein Traumrevier. An seinen teils hellsandigen Ufern darf man zelten. Der ***Campground*** des *State Park* kostet $20; © 850-983-5363.

Wasserspaß am Big Coldwater Creek

Nördlich des Städtchens Milton (an der #90) schlängelt sich der **Big Coldwater Creek** bis zum Blackwater River. Der Bach ist ebenfalls ein beliebtes Revier fürs ***Inner Tubing*** und Kanutouren. Zufahrt ab Milton auf der Straße #191 (Munson Hwy). Kanu- und Schlauchvermietung bei ***Bob's Canoes***, ca. 6 mi ab Milton (© (850) 623-0235). Noch 10 mi weiter sind es ins Camp von ***Adventures Unlimited*** (ab Spring Hill nach links auf die gleichnamige Straße, ausgeschildert). Außer Wasserspaß auf dem Big Coldwater Creek gibt's dort auch noch Seilbahnen durch die Baumwipfel, ***Camping*** (ab $25) und einfache ***Cabins*** zur Miete ($49-$69); © 1-800-239-6864, www.adventuresunlimited.com.

4.1.4 Pensacola und Pensacola Beach

Kennzeichnung

Pensacola ist mit 53.000 Einwohnern im Citybereich und ca. 440.000 im Großraum die größte Stadt des Florida-Pfannenstiels. Von Key West im äußersten Süden ist sie über 800 mi entfernt.

Dank seiner wechselvollen Geschichte verfügt Pensacola über ein historisch und architektonisch ganz interessantes Zentrum und auf der vorgelagerten Santa Rosa Island (Pensacola Beach) über herrliche schneeweiße Sandstrände.

Geschichte

Die ersten spanischen Siedler, die sich 1559 an der Bucht, die sich heute Pensacola Bay nennt, niedergelassen hatten, gaben bereits nach wenigen Jahren auf. Wären sie geblieben, könnte Pensacola für sich in Anspruch nehmen, die älteste von Europäern gegründete Stadt in ganz Nordamerika zu sein. Diese Ehre wurde dadurch St. Augustine zuteil, ➢ Seite 267.

Erst 1698 gründeten die Spanier erneut eine nun dauerhafte Siedlung. Aber die spanische Flagge wehte nicht lange über der Stadt. Die Kolonialherren wechselten immer wieder, ➢ »Geschichte Floridas« auf den Seiten 468ff. Pensacola konnte auf Perioden spanischer, französischer, britischer und wieder spanischer Herrschaft zurückblicken, bevor Florida 1821 endgültig an die USA fiel. Die offizielle Übergabe der spanischen Kolonie erfolgte in Pensacola. Über kurze 3 Jahre war Pensacola danach Hauptstadt des neuen amerikanischen Territoriums, bevor Tallahassee zum Regierungssitz bestimmt wurde.

Wichtigste Wirtschaftszweige Pensacolas waren lange Fischerei und Holzindustrie, aber im 20. Jahrhundert wurde die US-Marine der dominierende Faktor der Region.

Praktisches

Information

- ***Pensacola Visitors Information Center***, 1401 East Gregory Street, ✆ 1-800-874-1234; www.visitpensacola.com

Unterkunft

Zahlreiche Häuser der Hotelketten liegen unweit der **I-10/*Exits* #7/10 und 13**, außerdem auf Santa Rosa Island. Wer ein Quartier in **Strandnähe** sucht, sollte daher hinüber nach **Pensacola Beach** fahren, ➢ Karte. Dort gibt es Motels und Hotelresorts an der Strandstraße Via de Luna Drive und jede Menge Ferienhäuser, die nicht tageweise, sondern minimal für ein Wochenende vermietet werden. Die Tarife schwanken je nach Auslastung stark.

Pensacola Beach Nordstrand am Santa Rosa Sound mit Blick auf Gulf Breeze und Sikes Bridge

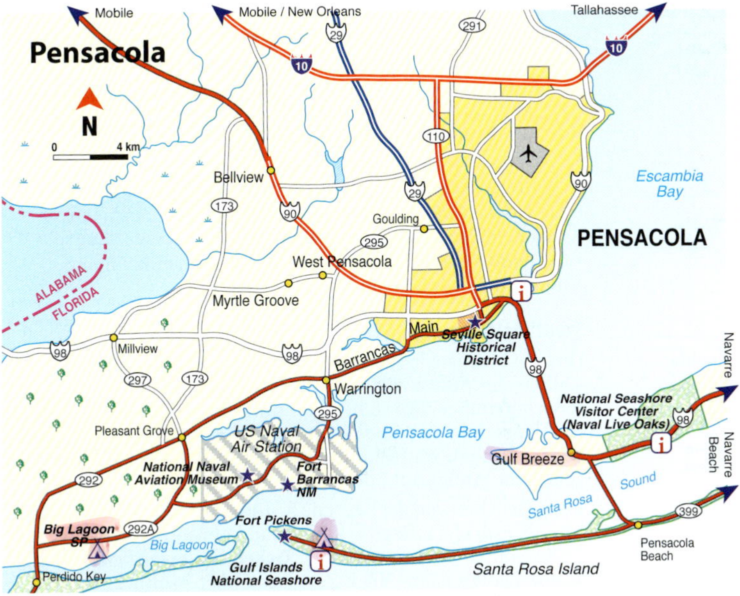

Im zentralen Bereich liegt beim *Historic Pensacola Village*

- das ***New World Inn***, ein individuell gestaltetes Hotel mit plüschig-gemütlichen Zimmern, 600 South Palafox Street, ab $159; © (850) 432-4111, www.newworldlanding.com

B & B

Im historischen Zentrum befinden sich auch einige ***Bed & Breakfast***-Quartiere w.z.B. das

- ***Noble Manor***, 110 West Strong Street im North Hill Noble District, ab $145; © 1-877-598-4634, www.noblemanor.com

Camping

- ***Fort Pickens Campground*** der ***Gulf Islands National Seashore*** am Westende von Santa Rosa Island mit zwei Arealen. Der kleinere Platz liegt strandnah (200 m), der größere und großzügigere Platz etwas weiter vom Strand entfernt auf der Nordseite der Insel (ca. 600 m), $22; © (850) 934-2600, www.nps.gov/guis
- Über einen schön angelegten, wiewohl strand- und wasserfernen ***Campground*** verfügt auch der ***Big Lagoon State Park*** 20 mi südwestlich von Pensacola auf der Straße #292, dann den *Gulf Beach Highway* nach links und noch weitere 1,5 mi bis zur Bauer Road, dann rechts ab, $20; © (850) 492-1595, $20; www.floridastateparks.org/biglagoon.

Hinweis: Wer vom *Museum of Naval Aviation* kommt (*Blue Angel Pkwy*), biegt ca. 4 mi westlich (links) auf den *Gulf Beach Highway* ab (Straße #292A); dann noch ca. 4 mi bis zur Einfahrt Bauer Road in den *State Park*.

Gastronomie

- Für *Seafood* ist das ***Fish House*** am Hafen eine prima Wahl; 600 S Barracks St, © (850) 470-0003, www.fishhousepensacola.com

Das »Nachtleben« von Pensacola spielt sich im Wesentlichen im ***Seville Quarter*** (130 E Government Street; www.sevillequarter.com) ab – in diesem Komplex ballen sich mehrere Kneipen und Restaurants unter einem Dach, u.a.

- der *Saloon* ***Rosie O'Grady's***, oft mit *Live Music*
- die urige Kneipe ***Lili Marlene's World War I Aviators Pub***
- das ***Palace Café***, in der es außer Austern auch noch andere regionale Spezialitäten und ***Wine Tasting*** im Gift Shop gibt
- die ***End O' the Alley Bar*** mit einem hübschen kleinen Innenhof; Cocktails und oft *Live Music*.

Stadtbesichtigung

Seville Square

Die alte Innenstadt von Pensacola liegt unweit der Pensacola Bay südlich der Straße #98 und der Autobahn I-110. Mehrere **historische Straßenzüge** stehen dort unter Denkmalschutz. Manche der Häuser um den ***Seville Square*** und entlang der **Government Street** erinnern mit schmiedeeisernen Balkonen und Verzierungen an die Architektur des *French Quarter* in New Orleans.

Historic Village

Einige nah beieinander liegende historische Gebäude sind als ***Historic Pensacola Village*** definiert und können besichtigt werden. Dafür gibt es ein **gemeinsames Ticket**, das man im ***Tivoli High House*** kaufen kann (205 E Zaragoza Street, geöffnet Di-Sa 10-16 Uhr; © 850-595-5985; www.historicpensacola.org, Eintritt $8, Kinder bis 14 Jahre $4). Dort beginnen auch geführte Rundgänge durch vier der Häuser (90 min, gut nur bei lokalem Interesse).

Museen im Village

Zum *Village* gehören die drei folgenden Museen (Eintritt inkl.):

- das ***Museum of Commerce*** (201 E Zaragoza neben dem *Tivoli High House*), in dem u.a. historische Transportmittel, ein alter Laden, eine ganze Häuserzeile aus der Zeit um die vorletzte Jahrhundertwende und eine alte Druckerei gezeigt werden.

Nostalgisches Feuerwehrauto, dauerhaft geparkt vor diesem Haus aus der französischen Periode mit typischen Arkadengittern à la New Orleans im Historic Village

Vorm Museum of Naval Aviation bei Pensacola

- das ***Pensacola Children's Museum***, 115 E Zarragossa Street, Di-Sa 10-16 Uhr, www.historicpensacola.org/events.cfm. Dort wird Geschichte für Kinder mit einem kleine Fort und einem Indianerdorf erlebbar gemacht.
- das ***T.T. Wentworth Museum***, 330 South Jefferson Street, mit Exponaten zur Geschichte der Region, u.a. Kunsthandwerk aus der Kolonialzeit. Di-Sa 10-16 Uhr.

Kunstmuseum

Schräg gegenüber steht das ***Pensacola Museum of Art*** (407 South Jefferson Street) mit wechselnden Ausstellungen, Di-Sa 10-17 Uhr; dort wieder Eintritt: $7/$5; www.pensacolamuseum.org.

Beurteilung

Einzelne Anlaufpunkte im alten Zentrum der Stadt und manche Präsentationen in den Museen sind durchaus sehenswert und aufschlussreich, aber alles in allem muss man in Pensacola – speziell bei knapper Zeit – nicht unbedingt alles gesehen haben.

Wer sich für Flugzeuge interessiert, darf die größte Sehenswürdigkeit Pensacolas auf keinen Fall auslassen und sollte für die Besichtigung mindestens drei Stunden einplanen:

200 Militärflugzeuge

Das grandiose ***National Museum of Naval Aviation***, mit jährlich über 1 Mio Besuchern eines der meistbesuchten Museen Floridas, liegt ca. **10 mi südwestlich** des Zentrums auf dem riesigen Gelände der *Pensacola Naval Air Station*, einerrypson der wichtigsten Basen der US-Marineflieger.

Die **Zufahrt** ab *Downtown* erfolgt über den Straßenzug Main Street/Barrancas Avenue (Straße #292), dann auf dem Navy Blvd (Straße #295)/Duncan Road über den Bayou Grande auf die Militärbasis. Am Schlagbaum an der Einfahrt muss man nur das Ziel nennen und seinen Pass zeigen. Die Weiterfahrt zum Museum ist ausgeschildert, geöffnet täglich 9-17 Uhr. **Der Eintritt ist frei**. Kostenpflichtig sind die Flugsimulatoren ($6-$20) und das IMAX-Kino ($9); www.navalaviationmuseum.org.

Austellungs-halle und Open-Air-Bereich

Im *Open-Air*-Bereich und Museumsgebäude stehen und hängen bestens erhaltene Militärflugzeuge aller Generationen, teilweise integriert in Kriegsschauplätze (z.B. Hangar eines Flugzeugträgers, Marinefliegerbasis im Pazifik).

Unbedingt einen Blick sollte man in das ***Cubi Bar Café*** werfen, Teil des Museums und zugleich sein Restaurant. Es wurde einem legendären *Officers Club* der 1950er-Jahre auf den Philippinen nachempfunden und ist sehenswert.

Pendelbusse – ***Flight Line Trolley Tours*** – umrunden in 20 min (ohne Ausstiegsmöglichkeit) den Instandsetzungshangar auf dem Rollfeld mit 50 ausgestellten Flugzeugen (frei, Anmeldung im Foyer).

Blue Angels

Pensacola ist die Heimatbasis der bekannten **Kunstflugstaffel *Blue Angels***. Ihre halsbrecherischen Manöver lassen sich in den USA auf vielen *Air Shows* bewundern, Training immer Di und Mi 11.30 Uhr in Pensacola, Sitzplatz $3 auf dem Museums-Rollfeld. Die blaugelben *F-18 Hornets* der Formation stehen auch im Museum; www.blueangels.navy.mil.

Fort Barrancas

Wenige hundert Meter entfernt vom Museum steht das ***Fort Barrancas*** (täglich 8.30-16.30 Uhr; www.nps.gov/guis/planyourvisit/fort-barrancas.htm, freier Zutritt), eine mächtige Backsteinanlage, die einst zusammen mit dem *Fort Pickens* (➤ nächste Seite) auf Santa Rosa Island die Einfahrt in die Pensacola Bay sperrte.

Pensacola Beach

Weiße Strände

Historisches Zentrum hin, Flugzeugmuseum her – das beste an Pensacola sind die Strände auf den vorgelagerten Inseln, die man über die *Pensacola Bay Bridge* und die *Bob Sikes Bridge* erreicht (Pensacola Beach Blvd). Der Sand ist dort blendend weiß, das Wasser kristallklar und von türkiser Färbung.

Ort

Pensacola Beach hat einen kleinen Zentralbereich mit Shops, Restaurants, Bike- und Mopedverleihern. Darüber hinaus besteht der weitläufige Ort fast nur aus zahllosen Sommerhäusern zwischen Stränden und Durchgangsstraße #399. Einige Apartmentblocks, **Hotels und Motels** stehen in der ersten Linie gleich hinter dem Strand. Info im ***Visitors Information Center***, 735 Pensacola Beach Blvd, © 1-800-635-4803, www.visitpensacolabeach.com.

Gulf Islands National Seashore

Große Teile der langgestreckten schmalen **Santa Rosa Island** gehören jedoch zur ***Gulf Islands National Seashore***, in der es keine private Bebauung gibt. Zu diesem Nationalpark zählen neben Santa Rosa die weiter westliche Insel Perdido Key, ein Sumpfgebiet und einige Inseln vor der Küste von Mississippi.

Eine **Parkinfo** für den Florida-Teil der Nationalküste befindet sich bei Gulf Breeze (Landzunge zwischen den beiden Brücken) in der ***Naval Live Oaks Area*** an der Straße #98; www.nps.gov/guis.

Fort Pickens

Von Pensacola Beach sind es fast 10 mi durch den Nationalpark bis zum ***Fort Pickens*** am Westende von Santa Rosa (täglich 8.30-16.30 Uhr; für alle Bereiche der *National Seashore* $15/Auto, $7/Person oder *Interageny Pass*, ➤ Seite 20). Das fünfeckige Backsteinfort entstand – wie auch das links erwähnte *Fort Barrancas* auf der gegenüberliegenden Seite – in der ersten Hälfte des 19. Jahrhunderts und schützte die Einfahrt in die Pensacola Bay. Während des ganzen Bürgerkriegs wurde *Fort Pickens* von der Union gehalten, während *Fort Barrancas* in der Anfangsphase des Krieges zunächst von der Südstaatenarmee besetzt worden war.

In den 1880er-Jahren diente *Fort Pickens* als Gefängnis für den Apachenhäuptling *Geronimo* und 15 seiner Krieger.

Strandzugänge

Die gesamte Inselküste besteht aus Strand und Dünen. In den Abschnitten der Nationalküste gibt es regelmäßig Strandzugänge bei kompletter Abwesenheit kommerzieller Infrastruktur.

Am schneeweißen Strand von Pensacola Beach auf Santa Rosa Island

4.2 Abstecher nach New Orleans

4.2.1 Lohnenswert?

Lohnt sich ein Abstecher nach New Orleans? Für viele Ziele muss man in Abhängigkeit von Interessen und Präferenzen sagen: » Es kommt darauf, je nach dem ...«. Im Fall New Orleans gilt für fast jeden Geschmack: ja, wenn der Zeitrahmen nicht zu eng wird. Die möglichen Zwischenstopps am Wege und vor allem das Ziel selbst bieten eine Menge, was in Florida nicht zu finden ist.

Routen und Zeitbedarf

Von Pensacola sind es auf der *Interstate* #10 noch knapp 200 mi bis New Orleans. Mit einer Unterbrechung beim **Schlachtschiff »*Alabama*«** am Ufer der Mobile Bay (➪ Seite 306), vielleicht noch kurz im alten Zentrum von Mobile und mit Umweg über die Mississippi-Küste werden daraus leicht 250 mi und eine lange Ganztagsunternehmung. Zwei bis drei Tage kann ohne weiteres »verbrauchen«, wer statt der I-10 zunächst die Route über Alabamas Küste wählt, an dessen Stränden pausiert und/oder sich noch zum Besuch der **Spielkasinos in Biloxi** und **Gulfport** animieren lässt.

Aufenthalt in New Orleans

Ein Aufenthalt in New Orleans unter zwei Tagen und mindestens einem Abend ist definitiv zu kurz, ein bisschen mehr wäre besser. Das vorausgeschickt ergibt sich ein absolutes Zeitminimum für einen Abstecher nach New Orleans von drei Tagen (ab Pensacola retour). Entspannter wären vier Tage, wenn zumindest eine Strecke nicht voll auf der Autobahn »abgerissen« werden soll.

Hard Rock Café & Casino in Biloxi und rechts gleich daneben das nächste Spielkasino (Beau Rivage)

4.2.2 Küstenroute in Alabama

Alabamas Küste

Die Strandqualität des *Florida Panhandle* setzt sich fort bis Alabama. Wen das lockt: Über die Insel ***Perdido Key*** kann man ohne Umwegmeilen weiter der Küste folgen, hier und dort eine Strandpause einlegen und vom ***Fort Morgan*** nach ***Fort Gaines*** auf Dauphin Island die **Fähre** nehmen. Dauphin Island ist über einen ***sog. Causeway*** mit dem Festland verbunden; über ihn gelangt man auf die Straße #188 und auf ihr auf die I-10 zurück bzw. auf die Straße #90 Richtung Mississippiküste und New Orleans.

Straße #182

Die hinter den Küstendünen und Strand verlaufende #182 ist vor allem zwischen den Bereichen **Gulf Shores** und **Orange Beach** abschnittsweise dicht mit Hotels & Motels, Apartmentkomplexen, Ferienhäusern und der dazugehörigen **Infrastruktur** besetzt.

Information

Gulf Shores Welcome Center, 3150 Gulf Shores Parkway (Straße #59), © 1-800-745-7263; www.gulfshores.com.

Camping

Ein Riesengelände bei Gulf Shores rund um die verbundenen *Shelby Lakes* belegt der ***Gulf State Park*** mit allen Schikanen, Sportmöglichkeiten inkl. Golfplatz und meilenlanger weißer Strände. Eine neuere Errungenschaft dort sind miteinander verbundene Seilbahnen (*Ziplines*). Die Stellplätze des *Campground* liegen landeinwärts am See, ebenso *Cottages & Cabins*; Camping $34-$48, *Cabins* $118; © 1-800-252-7275, www.alapark.com/gulfstate.

Bon Secour Refuge

Westlich von Gulf Shores finden Naturfreunde, speziell ornithologisch Interessierte die ***Bon Secour National Wildlife Refuge***; www.fws.gov/bonsecour. Dorthin geht's auf der Mobile Street, die zwischen Gulf Shores und *Fort Morgan* von der Straße #180 abzweigt.

Traumstrand am West Beach Blvd

Die Straße läuft zwar bis an den Strand, hat aber keine Verbindung mit der Strandstraße West Beach Blvd (#182), die 6 mi westlich von Gulf Shores quasi im Sand endet.

Fort Morgan

Das ***Fort Morgan*** ganz am Ende der gleichnamigen Straße (#180) ist eine weitere Backsteinfestung ähnlich den oben beschriebenen *Forts Pickens* und *Barrancas* bei Pensacola. Es beherrschte einst die Einfahrt in die Mobile Bay und diente im Bürgerkrieg der Sicherung des Nachschubs für die Südstaaten. Heute ist der Bau aus dem Jahr 1834 ein ***National Historic Landmark***, 9-16.30 Uhr, Eintritt $7, bis 12 Jahre $4; www.fort-morgan.org.

Fähre

Der Anleger für die ***Mobile Bay Ferry*** nach Dauphin Island befindet sich in direkter Nachbarschaft zum *Fort Morgan*; Abfahrten 8x täglich 8.45-19.15 Uhr, **keine Reservierung**, Fahrtzeit ca. 30 min, Info unter © (251) 861-3000 und www.mobilebayferry.com. Pkw mit Fahrer $16; Motorhome $35; Extrar-Person $4,50. An Wochenenden und generell im Sommer ergeben sich schon mal Wartezeiten, die sich zur Besichtigung des Forts nutzen lassen.

Dauphin Island

Auf **Dauphin Island** setzen sich die hellen **Strände** fort, wenngleich nicht mehr mit ganz der gleichen Brillanz wie weiter östlich, da hier schon die beginnende Sumpfküste des Festlands die Wasserqualität beeinflusst.

Neben einer Handvoll Motels und Ferienhäuser gibt es den ***Dauphin Island Campground***, ruhig und grün unter hohen Pinien zwischen Strand und Mississippi Sound, 109 Bienville Blvd, ab $36. ✆ 251-861-2742, www.dauphinisland.org/camping.

Fort Gaines

Auch auf dieser Seite der Einfahrt in die Bucht steht eine Befestigungsanlage ähnlich *Fort Morgan*. ***Fort Gaines***, 51 Bienville Blvd, wurde ebenso wie sein Gegenüber 1864 von der Union eingenommen und bis zum 2. Weltkrieg militärisch genutzt, täglich 9-17 Uhr, $8/$4; www.dauphinisland.org/fort-gaines.

Bellingrath Gardens

Zurück **auf dem Festland** könnten Gartenfreunde einen Abstecher (ab der #188 auf #59 in Richtung Theodore) zu den ***Bellingrath Gardens & Home*** erwägen, einen attraktiven, für seine immer blühenden Blumenmeere bekannten Park rund ums Haus des einstigen Industriellen *Bellingrath*; Park geöffnet täglich 8-17 Uhr, das museale *Mansion* 9-16 Uhr; Eintritt nur in die Gärten $12, bis 12 Jahre $7 (mehr muss hier nicht sein). Kombiticket mit Haus $20/$12; ✆ 1-800-247-8420, www.bellingrath.org.

4.2.3 Auf der I-10 durch Alabama

Zur Route

Auf der Küstenroute lässt man den ***Battleship Memorial Park*** südöstlich von **Mobile** »links« liegen. Wer den besichtigen möchte, fährt am besten ab Gulf Shores auf der #59 wieder nach Norden zur I-10. Er liegt bei einer ggf. geplanten Rückfahrt auf der *Interstate* aber ohnehin am Wege. **Von Pensacola direkt nach Mobile** sind es knapp 60 Autobahnmeilen, also eine Stunde Fahrt.

Battleship Park

Das riesige **Weltkrieg-II-Schlachtschiff *Alabama*** (Straße #90 ca. 2 mi östlich von Mobile, auch *Exit* 27 von der I-10) ist Hauptattraktion des Waffenparks mit einem ausrangierten U-Boot, B-52-Bomber, A-2-*Blackbird* und weiterem Fluggerät, Panzerfahrzeugen und Geschützen. Das waffenstarrende Ungetüm darf von der Kommandobrücke bis zum Maschinenraum auf eigene Faust erkundet

USS Alabama bei Mobile mit Waffenpark an Land

werden, ebenso das U-Boot. Täglich April-September 8-18 Uhr, sonst bis 17 Uhr; $15/$6; Parken $2; www.ussalabama.com.

Mobile

Wer nicht nach Mobile hineinfährt, versäumt nicht so ganz viel. Die 200.000-Einwohner-Stadt wirbt zwar gerne mit ihren *Historical Districts* und einem schönen Bestand an *Antebellum Mansions*, aber gesehen haben »muss« man das als Tourist auf dem Weg nach New Orleans nicht, denn dort sind *French Quarter* und die Villen der *Garden City* noch um einiges eindrucksvoller.

Information

Einige *Highlights* in den historischen Straßen der Stadt und die *Old Town Houses* samt dem *Fort Condé* gleich daneben rechtfertigen aber durchaus einen Zwischenstopp. Im Fort residiert u.a. die ***Visitor Information***; © 1-800-566-2453, www.mobile.org.

Unterkunft

Da Mobile Kreuzungspunkt der I-65 mit der I-10 und Kongressstadt mit einem – architektonisch beachtlichen – ***Convention Center*** am Mobile River ist (Water Street), gibt es **hohe Unterkunftskapazitäten**. Wenn nicht gerade ein Kongress stattfindet, sind daher Zimmer reichlich und preiswert vorhanden.

Motels und Hotels ballen sich vor allem am *Exit* 15 der I-10 westlich von Mobile und der Stadtumgehung beim *Exit* 3 (Airport Blvd) der I-65, außerdem im Zentrum, *Exit* 26 von der I-10, dort eher gehobene Kategorie. Dank seiner vielen alten Villen verfügt Mobile zudem über eine ganze Reihe von ***B&B Places***.

Das ***Welcome Center* im *Fort Condé*** hat eine Liste aller Quartiere.

Camping

Stadtnächster Campingplatz ist der ***I-10 Kampground*** ca. 15 mi westlich von Mobile. Er liegt nicht weit von der Autobahn entfernt. Anfahrt von der I-10, *Exit* 13, ca. 1 mi auf Theodore Dawes Road nach Süden, ab $25; © 1-800-272-1263, www.rvparking.com/al/theodore/i-10-kampground.

Orientierung

Die I-10 quert den Mobile River per Tunnel und berührt die Innenstadt in ihrer südöstlichsten Ecke. Wer die Autobahn an der Ausfahrt #26B (Water Street) verlässt, gelangt fast automatisch zum ***Fort Condé*** mit der ***Visitor Information*** (➤ oben, 150 South Royal/Church Street, 9-17 Uhr, Parkplatz, © 251-208-7304). Das Fort ist ein guter Ausgangspunkt für Stadtbesichtigungen.

Museum of Mobile

Unweit nördlich des Forts steht in der 111 South Royal Street das ***History Museum of Mobile*** (Mo-Sa 9-17, So 13-17 Uhr, $10/$5, www.museumofmobile.com). Dort erfährt man alle Details zum früheren Leben in und zur Geschichte von Mobile.

Downtown

Dauphin Street und **Church Street** markieren zwischen Water Street und Washington Ave den zentralen Bereich von Mobile mit einigen Hochhäusern in Flussnähe und einer Reihe von nostalgischen Gebäuden im westlichen Teil von *Downtown*. Eine ansehnliche katholische ***Kathedrale*** (*of the Immaculate Conception*) steht an der Ecke Dauphin/Claiborne Street.

Historisches Viertel

Sehenswerter ist der ***Oakleigh Garden Historical District*** im Dreieck zwischen Broad, Texas und Palmetto Streets rund um den Washington Square noch ein paar Blocks weiter westlich.

Ohr-O'Keefe Museum of Art, ein architektonisch ungewöhnlicher Frank Gehry-Entwurf unter Eichen an der Strandstraße in Biloxi

4.2.4 Die Mississippi-Küste

Mississippi

Die Golfküste des Staates Mississippi ist nicht mit natürlichen Stränden gesegnet. Versumpfte Uferbereiche erstreckten sich vom westlichen Alabama über Hunderte von Meilen bis nach Texas. Die ununterbrochenen **Sandstrände** zwischen **Biloxi** und **Bay St. Louis** lassen das nicht vermuten, aber sie wurden tatsächlich – und nach *Katrina* (➤ Seite 312) breiter denn je – **aufgespült**, die Sümpfe dort weitgehend trockengelegt.

Strände Gulf Islands/ Fähre

Echte Sandstrände und Dünen gibt es indessen auf den vorgelagerten Inseln der ***Gulf Islands National Seashore***. Von Gulfport verkehrt eine Fähre nach **Ship Island**. Die anderen Inseln sind nur mit privaten Booten erreichbar. Anleger für die **Überfahrt Gulfport-Ship Island** am Ende der Straße #49 in die #90 (23rd Ave). Frühjahr/Herbst Fahrten Mi-Fr 9 Uhr, Sa 9+12 Uhr, So 12 Uhr; Mitte Mai-Anf. September täglich 9 und 12 Uhr, Überfahrt ca. 60 min; zurück 14.30 Uhr oder 17 Uhr. Retourticket $27, Kinder $17. Infos unter ✆ 1-866-466-7386, www.msshipisland.com.

Kasinos

Nachdem der Staat Mississippi Anfang der 1990er-Jahre zunächst nur den Betrieb schwimmender Kasinos erlaubt hatte, dauerte es nicht lange, bis auf dem Mississippi River und an der Golfküste in Biloxi, Gulfport und Bay St. Louis Kasinoschiffe festmachten. Später wurde das Privileg auf die Ufer bzw. Küste ausgedehnt (bis maximal 250 m landeinwärts) und so entstanden **Kasinokomplexe** vor allem bei Biloxi. Nach Zerstörung durch den Hurrikan *Katrina* wurden die betroffenen Kasinos teilweise bombastischer als vorher neu errichtet. Sie liegen fast alle an der Straße #90.

Küstenstraße #90

Auch wer sich nicht für Spielkasinos interessiert und sich ein paar Extra-Stunden Zeit lassen kann, sollte die Küstenstraße #90 der I-10 vorziehen. Eine Fahrt entlang der weißen Strände und der in der letzten Dekade wiederaufgebauten Infrastruktur bei Vermeidung von Bebauungsdichte ist erfreulicher als die Fahrt auf der *Interstate* durchs weitgehend reizlose Hinterland. An Mississippis Küste finden sich im Übrigen en route viele neue bzw. renovierte **Motels/Hotels** zu eher moderaten Tarifen.

Davis Bayou der Gulf Islands NSS

Östlich von **Ocean Springs** passiert man im Ortsteil Fontainebleau die Einfahrt zum ***Davis Bayou*** der ***Gulf Islands National Seashore*** (3500 Park Road, aber **Achtung**: schlecht ausgeschildert; man übersieht auf der vierspurigen #90 leicht die Abzweigung), einem Mangrovensumpfgebiet mit ***Visitor Center*** und ein paar *Trails*. Es wurde vor der Trockenlegung bewahrt und blieb naturbelassen; © (228) 875-9057, www.nps.gov/guis.

Auch ein schöner Picknickplatz sowie ein komfortabler **Campground** sind vorhanden; $22. Zufahrt wie beschrieben.

Ocean Springs

In **Ocean Springs** (östlich der Brücke über die Biloxi Bay) ist ein kleiner Umweg an die dort besonders hübsche Küste mit Uferparks, Badestellen und kleinem **Fischerbootshafen** (Front Beach Drive/Harbor Road) keine schlechte Idee – von Norden ggf. schon von der Washington Ave bis zum Strand durchfahren. In dieser und in den meisten Straßen von Ocean Springs wartet typisches **Südstaatenflair**: weiße Villen, viel Grün, Eichen und *Spanish Moss*.

Von Biloxi nach Bay St. Louis

Der berühmte **Mississippi-Strand** beginnt eine halbe Meile westlich der *Biloxi Bay Bridge* und endet erst nach ca. 30 mi jenseits der Brücke über die Saint Louis Bay. Die in diesem Bereich mit vielen Parkplätzen auf der Seeseite komplett neu angelegte #90 verläuft unmittelbar dahinter. Auch die Yacht- und Fischerhäfen sind neu.

Kunstmuseum in Biloxi

Außer Stränden und Kasinos gibt's in Biloxi auch ein Kunstmuseum in einem beachtlichen Komplex, der von Stararchitekt ***Frank Gehry*** entworfen wurde: ***Ohr-O'Keefe Museum of Art***, 386 Beach Blvd (500 m westlich des *Harrah Casino*). Es ist benannt nach *George Ohr* (1857-1918), einem lokalen Keramiker mit deutschen Wurzeln, und *Jerry O'Keefe*, einem früheren Bürgermeister der Stadt, der dem Museum seine Privatsammlung zur Verfügung stellte. Ein Stopp lohnt bereits wegen des Gebäude-Ensembles; Di-Sa 10-17 Uhr, $10/$5; © (228) 374-5547, www.georgeohr.org.

Information Biloxi

Eine ***Visitor Information*** mit Lokalmuseum für Biloxi passiert man 2 mi weiter westlich, 1050 Beach Blvd gegenüber dem alten Leuchtturm an der Strandseite der Straße; www.biloxi.ms.us/visitor.

Jefferson Davis Home

Ein ***Info Center*** für die ganze Golfküste befindet sich im *Convention Center* am 2350 Beach Blvd (www.gulfcoast.org) gleich neben einer interessanten historischen Sehenswürdigkeit, dem ***Jefferson Davis Home & Presidential Library***. Die als ***Beauvoir Mansion*** bezeichnete weiße Villa von 1852 gehörte einstmals *Jefferson Davis*, dem Präsidenten der Südstaaten; täglich 9-17 Uhr, Eintritt mit Führung $12,50, Kinder bis 11 $7,50; www.visitbeauvoir.org.

4.2.5 New Orleans

Anfahrt von Osten

Ab Mobile sind es bis New Orleans auf der I-10 knapp 150 mi, bei Wahl der #90 entlang der Mississippi-Küste noch ein bisschen mehr. Die Einfahrt von Osten ist gekennzeichnet durch spektakuläre Brückenkonstruktionen über zahlreiche *Bayous* und Kanäle. Ebenfalls beeindruckend ist die Fahrt nach New Orleans über den ***Lake Pontchartrain Causeway***, eine 24 mi lange Trasse ab Mandeville, die man ab der I-10/Slidell und weitere 20 mi auf der I-12 in Richtung Westen erreicht. Wer so auf New Orleans zufährt, könnte meinen, sich einer Insel zu nähern, die nur durch diese schmale Brücke mit dem Festland verbunden ist.

Wissenswertes

Lage

New Orleans liegt tatsächlich inselartig zwischen **Mississippi** und **Lake Pontchartrain**, einem großen, vom Meer gespeisten Binnensee. Der alte Stadtkern befindet sich in einer weiten sichelförmigen Biegung des Flusses und ist auf einstigem Sumpfgelände errichtet, das großenteils unter den Hochwassermarken von Fluss und See liegt. Entwässerungskanäle und laufend betriebene Pumpanlagen sorgen dort für trockenes Gelände.

Klima

Das Klima in diesem Bereich ist fast **subtropisch** mit Temperaturen von ca. 20°C (max. 26°C, min. 15°C) im Jahresmittel. Die Sommerdurchschnittstemperaturen (Juni-August) betragen 27°C, im Winter liegt der Durchschnitt bei beachtlichen 12°C, in den Frühjahrs- und Herbstmonaten sind es angenehme 21°C. Man beachte, dass es sich hier um 24-Stunden-Durchschnitte handelt.

Regen

Weniger angenehm sind die meist hohe **Luftfeuchtigkeit** und starke, wiewohl eher kurze **Regenfälle**: ca. 1600 mm Niederschlag pro Jahr machen New Orleans zu einer der – rechnerisch – nassesten Großstädte der USA. Gewitter mit sintflutartigen Güssen gibt es vor allem im Juli und August. Dann bringt fast jeder zweite Tag Regen mit sich. Oft scheint aber wenig später wieder die Sonne.

Reisezeiten

Für Besucher ist folgendes wichtig zu wissen: **Tagestemperaturen** oft deutlich **über 30°C** sorgen in Verbindung mit Schwüle **von Juni bis einschließlich September** für ein Klima, das ohne *Air Conditioning* nur schwer zu ertragen wäre. Nachts sinken die Temperaturen in dieser Zeit nicht unter 20°C und bleiben oft deutlich darüber. Die **Winter** sind mild mit einer – nach unseren Maßstäben – frühlingshaften bis frühsommerlichen Witterung. Doch Kälteeinbrüche mit Nachtfrösten kommen auch vor. **Beste Besuchszeit** sind die Monate **März-Mai** und **Oktober-November**.

Historisches

1718 von Franzosen gegründet wurde die Stadt 1762 Teil des spanischen Kolonialreiches und fiel 1800 wieder an Frankreich, bevor sie 1803 im Rahmen des *Louisiana Purchase* von den Vereinigten Staaten gekauft wurde. Die Kreolen, Nachkommen der ersten Siedler aus Spanien und Frankreich, bildeten aber noch lange die gesellschaftliche Elite der Stadt. Erst mit dem vermehrten

Zuzug von Amerikanern löste das Englische Französisch als vorherrschende Sprache ab. Dennoch haben sich bis heute zahlreiche französische Begriffe erhalten, wenn auch oft mit verballhornter englischer Aussprache.

New Orleans entwickelte sich bald nach Übernahme durch die USA zum Verkehrsknotenpunkt – mit dem Mississippi als Schlagader – und drittgrößten Stadt der USA. Sie wurde 1812 (bis 1849) Hauptstadt von Louisiana. Doch mit dem **Bürgerkrieg** brachen harte Jahre an: Da Louisiana zur Konföderation gehörte, besetzten Unionstruppen 1862 bald nach Kriegsbeginn die Stadt und sicherten damit für die Kanonenboote der Union den Zugang zum Mississippi.

Wirtschaft

Nach dem Krieg ließ die wirtschaftliche Erholung lange auf sich warten. Erst nach Entdeckung von Ölquellen 1901 ging es mit der Region wieder aufwärts. Industrie siedelte sich an, und New Orleans wurde nach Ausbaggerung eines Tiefwasserkanals im Hauptstrom des Mississippideltas zu einer der wichtigsten Hafen- und Industriestädte der USA. Der ***Port of South Louisiana*** ist heute der größte Hafen der USA. Er erstreckt sich über fast 90 km flussaufwärts. Innerhalb der Stadtgrenzen ist der ***Port of New Orleans*** Teil dieses wichtigen Hafenkonglomerats; www.portno.com.

Bevölkerung

Im **Großraum New Orleans** leben heute etwa 1,3 Mio Menschen, in der City etwa 380.000. Rund 60% der Bevölkerung sind Afro-Amerikaner. Die Kreolen (➤ links unten) sind dabei ein wesentlicher Faktor: sie zählen zu den rund 30% »Weißen« der Stadt.

Fazit

Die spanischen und französischen – aber auch afrikanischen und karibischen – Einflüsse machen New Orleans zur exotischsten Großstadt der USA mit sehr eigenem Rhythmus und Charakter.

Jeanne d'Arc in Gold und die Trikolore symbolisieren am Rande der Altstadt die Verbundenheit mit der französischen Schwesterstadt Orleans

Hurrikan »Katrina« und die Folgen

Der Hurrikan *Katrina* sorgte am 29. August 2005 in New Orleans und den Küstenregionen des Staates Mississippi mit einer Schadenssumme von $108 Mrd für die schwersten Schäden durch eine Naturkatastrophe in den USA seit dem großen Erdbeben in San Francisco im Jahr 1906. Dabei richteten nicht so sehr die direkten Wirkungen des Sturms den größten Schaden an, sondern die nachfolgenden Flutwellen. Die durch keinerlei Deiche geschützten Küstenstriche Louisianas nordöstlich von New Orleans und Mississippis wurden kurzzeitig von einer Riesenwelle überrollt. Insgesamt waren 1.200 Todesopfer zu beklagen.

Der mit dem Golf von Mexico verbundene Binnensee Lake Pontchartrain (maximale Breite ca. 36 km, Länge ca. 60 km), unter dem sich im wahrsten Sinne des Wortes ein Großteil von New Orleans erstreckt, trat über seine ebenfalls ungeschützten Nordufer und setzte die dort liegenden Orte unter Wasser, zog sich aber im Gegensatz zum offenen Meer nicht wieder binnen kurzem zurück. Gleichzeitig drückte er auf und über die New Orleans schützenden Deiche des Südufers und auf die dünnen Schutzmauern entlang breiter die Stadt durchziehender Entwässerungskanäle und eines Verbindungskanals mit dem Mississippi. An mehreren Stellen kam es zu Deich- bzw. Mauerbrüchen. Alle unter dem Pegel des Sees liegenden Stadtteile liefen voll Wasser. 160.000 Häuser wurden zerstört oder irreparabel ruiniert.

Rund 300.000 Menschen verließen zumindest vorübergehend die Stadt. Im eigentlichen Stadtgebiet leben bis heute deutlich weniger Menschen als vor der *Katrina*-Katastrophe, während die Bevölkerung im Großraum New Orleans in etwa so viele Köpfe zählt wie früher. Auch die von Touristen meistbesuchten Viertel, etwa das French Quarter, verzeichnen weitgehend wieder die »alten« Einwohnerzahlen, nur die einstigen Bewohner von Problemvierteln kehrten zögernd oder gar nicht zurück. Von den stärksten Abwanderungsverlusten betroffen ist der fast nur von Afro-Amerikanern bewohnte Stadtteil Lower 9th Ward.

Autobahnen und alle großen Zufahrtstraßen sind samt Brücken lange wieder intakt. Die Deiche, Wehren und Pumpstationen, so heißt es, seien heute in einem besseren Zustand als 2005. Und es wird weiter gebaut und verstärkt. Kritische Stimmen behaupten indessen, die Situation sei weit weniger positiv als offiziell dargestellt, ein neuer Sturm der *Katrina*-Kategorie würde New Orleans ein weiteres Mal unter Wasser setzen. Kritik gibt es auch wegen des immer noch desolaten Zustands einiger Areale der seinerzeit überfluteten Gebiete.

Im Jahr vor dem Hurrikan registrierte New Orleans mit 10,1 Mio die bis dato höchste Besucherzahl. Im Jahr nach *Katrina* 2006 kamen nur noch 3,7 Mio. Dank der von BP nach dem sog. ***Oil Spill*** im Golf von Mexico 2010 als Entschädigung überwiesenen Summen konnte New Orleans immense Marketingkampagnen mit durchschlagendem Erfolg finanzieren. 2015 blieb die Stadt mit ca. 9,8 Mio. Touristen nur noch knapp unter der Rekordzahl von 2004.

Die üblichen Holzhäuser hatten Sturm und Wasser nichts entgegenzusetzen

Praktisches

Information ***New Orleans Convention & Visitors Bureau***, 2020 St. Charles Avenue und 529 St. Anne (www.neworleanscvb.com) Das ***Jean Lafitte's French Quarter Visitor Center*** befindet sich in der 419 Decatur Street (mit sehenswerter Ausstellung zur Stadthistorie).

Airport Der Flughafen liegt nur 14 mi nordwestlich von *Downtown* im Vorort Kenner: ***Louis Armstrong Int'l Airport***, 900 Airline Drive, © (504) 303-7500; www.flymsy.com.

Transport ***Jefferson Transit Bus E2*** verkehrt zwischen *Downtown* und *Airport*, alle 30-40 min, Ticket $2; www.jeffersontransit.org.

Der ***Airport Shuttle*** zu Hotels in *Downtown* verkehrt alle 30 min und kostet $20 one-way, retour $38, © 1-866-596-2699; www.airportshuttleneworleans.com.

Orientierung

Anfahrt Die ***Interstate* #10** läuft durch die ganze Stadt und besitzt mehrere **Ausfahrten in Zentrumsnähe**. Sie bildet westlich des ***Louisiana Superdome*** (➤ Seite 329) ein Autobahndreieck mit der ab dort als *Freeway* ausgebauten **#90 *Business***. Diese überquert auf imposanten Hochbrücken den Mississippi (**Brückenmaut**, zahlbar nur bei West-Ost-Fahrt) südlich des *French Quarter* und wird auf dem Westufer zum ***West Bank Expressway***.

Bezirke ***Downtown*** umfasst den ***Central Business District*** (Kürzel: ***CBD***) und das angrenzende ***French Quarter***. ***Uptown*** oder ***Upriver*** nennt man Stadtteile weiter stromaufwärts, was heißt: westlich des *CBD*. Dazu gehören u.a. der ***Garden District***, das **Universitätsviertel**, der ***Audubon Park*** und **Carrollton**.

Den großen Bereich zwischen Carrollton Ave, Esplanade Ave und Mississippi nennt man auch **Riverside** im Gegensatz zu **Lakeside**, das sich nördlich der I-10/I-610 erstreckt.

Parken Es ist so gut wie unmöglich, im zentralen Bereich von New Orleans kostenlos zu parken. Im ***CBD*** (westlich der zentralen Achse Canal Street) steht eine Reihe gut ausgeschilderter **Parkhäuser**.

Großflächige **Parkplätze** befinden sich zwischen *French Quarter* und Canal Street ($6/1. Stunde). Es gibt zwar in der ganzen Stadt und auch im und rund um das ***French Quarter*** viele **Parkuhrenplätze**, doch die sind meist besetzt; zudem gelten dort begrenzte Parkzeiten (freie Parkuhren finden sich noch am ehesten an der Rampart Street oder an der Esplanade Avenue, ➤ Karte Seite 323).

Eine gute Parkoption (nicht für Campfahrzeuge, mit denen man aber ohnehin lieber nicht in die Innenstadt fahren sollte) im zentralen Bereich ist das **Parkhaus** über der *Shopping Mall* »***Canal Place***« am unteren Ende der Canal Street, ➤ Seite 320. Zwischen den drei Stockwerken des *Canal Place* und dem *Westin Hotel* in den oberen Etagen ist dort viel Platz. **Zufahrt** am besten von der Canal Street in die North St. Peter Street, *Canal Place* passieren und rechts ab in die Iberville Street und wieder rechts Front Street zur Einfahrt (gut ausgeschildert; hört sich komplizierter an, als es ist). Alternativ: von Canal Street vorm Aquarium in Badine Street.

Wer einigermaßen zentral übernachtet und einen **Parkplatz am Hotel** hat, sollte das Auto am besten dort stehen lassen, zu Fuß gehen, per Taxi fahren oder öffentliche Verkehrsmittel nutzen.

Öffentlicher Transport und Touren

Streetcars

Tatsächlich lassen sich von einem günstigen Ausgangspunkt in *Downtown* oder *Garden District* die wichtigsten Attraktionen in New Orleans zu Fuß oder mit den fünf Straßenbahnlinien der *New Orleans Regional Transit Authority (NORTA)* erreichen.

Die ***Riverfront Line*** verkehrt trotz der Bezeichnung außer Sichtweite des Mississippi jenseits der Eindeichung. Zwei weitere *Streetcar*-Linien verkehren auf der **Canal Street** von der *Riverfront* bis zum *City Park/Museum of Art*; die ***Loyola Line*** läuft entlang der Loyola Avenue.

Uralt, und daher eine eigenständige Sehenswürdigkeit ist die berühmte ***St. Charles Streetcar Line***.

Busse

NORTA betreibt außerdem ein relativ gut ausgebautes Busnetz. Tarife: $1,25, Umsteiger (*Transfer*) $0,25; Expressbus $1,50.

Tages-tickets

Es gibt auch Tages-Pässe für $3 und 3-Tage-Pässe für $9. Sie gelten für *Streetcars* und Busse.

Aktuelle Information zu Fahrplänen und Tarifen bei der ***Regional Transit Authority***, ✆ (504) 248-3900; www.norta.com.

Geführte Touren

In New Orleans werden zahllose geführte Trips angeboten, seien es Stadtrundfahrten oder Ausflüge zu Attraktionen der Umgebung wie den ***Bayous*** und ***Ante Bellum Plantations***. Auch an ***Voodoo-Ritualen*** und ***Jazz Funerals*** (Beerdigungen mit Jazzmusik) kann man teilnehmen. Gemeinsam ist fast allen Touren ein recht hohes Preisniveau.

Walking Tours

Aber es gibt auch sog »***Free Walking/Bike Tours***«, für die man sich anmelden und nach der Tour selbst entscheiden kann, ob und wieviel einem die Führung wert war: www.freetoursbyfoot.com.

Free Walking Tours bietet auch Touren durch den *Garden District* und über Friedhöfe an. Historisch orientierte Führungen gibt es bei kleineren Spezialveranstaltern:

- ***Historic New Orleans Tours***; www.tourneworleans.com
- ***Haunted History Tours***; www.hauntedhistorytours.com

Ebenfalls kostenlos sind die von Rangern des ***Jean Lafitte Nat'l Park*** Di-Sa um 9.30 Uhr durchgeführten ***Riverfront History Walks*** zum Thema »Mississippi«. ***Free Tickets*** ab jeweils 9 Uhr beim *Nat'l Park Visitor Center* (419 Decatur Street), *first-come-first-served*.

Um das ***French Quarter*** kennenzulernen, benötigt man genaugenommen gar keine Führung, da reicht die ***Self-Guided French Quarter Walking Map*** vom *Visitor Center* (➤ Seite 313).

Kommerzielle Touren

Einen guten Überblick über kommerzielle Standardtouren in New Orleans vermittelt die Website von ***Tours by Isabelle*** (© 1-877-665-8687; www.toursbyisabelle.com), darunter auch eine ***Post Katrina Tour*** durch die seinerzeit besonders heimgesuchten Gebiete der Stadt, die aber nur noch auf besonderen Wunsch.

Swamp Tours

Im Umkreis von New Orleans werden unterschiedlichste Touren durch die Sümpfe angeboten, teils mit lauten ***Airboats***, teils mit **Ruderbooten** in großen Gruppen oder nur für ein paar Leute, z.B.:

- ***Honey Island Swamp Tour***, 41490 Crawford Landing Road bei Slidell (I-10, *Exit* 266, östlich auf der Straße #190, 4 mi bis Honey Island) auf kleinen geräuscharmen Flachbooten; 2 Std, $23/$15, © (985) 641-1769; Zeiten unter: www.honeyislandswamp.com.

Riverboats

Zu einem New Orleans-Besuch gehört auch eine Fahrt auf dem Mississippi mit einem der traditionellen Schaufelraddampfer. Am ansehnlichsten von den ***Riverboats*** ist die große ***Natchez***, die noch mit Kohlen befeuert wird. Sie startet mehrmals täglich vom Anleger am Einkaufszentrum *Shops at Jax Brewery*, ➤ Seite 322.

Vom Anleger beim Ladenzentrum *The Outlet Collection at Riverwalk* legt die ***Creole Queen*** ab; www.creolequeen.com.

Unterkunft

Unterkunft im French Quarter

Als touristische Hochburg und Kongressstadt verfügt New Orleans über jede Menge Quartiere in allen Preislagen. Es gilt zwar nach wie vor: **je näher am *French Quarter*, umso teurer**, aber das Tarifniveau ist – mit temporären Ausnahmen (*Mardi Grass*, Feiertage, Jazzfestival etc.) – generell eher moderat.

Für die Unterkünfte im *French Quarter* oder im *Garden District* sprechen die dort zu findenden Hotels mit Nostalgie-Charakter. Abhängig von Saison und Auslastung kommt man in durchaus akzeptablen Häusern bisweilen in der Woche schon ab $60 fürs DZ unter, in guten Hotels und B&Bs oft um die $100. An normalen Wochenenden wird's meist um $20-$30 teurer. Zu Hochsaisontagen und -wochen sollte man nur mit prallvoller Brieftasche nach New Orleans reisen. Dann kann ein $60-Zimmer ohne weiteres $150 und mehr kosten. In den *Info Centers* und im Internet finden sich die jeweils aktuellen Angebote. Für die Nächte von Sonntag- bis Donnerstag spricht außer den Tarifen auch der Umstand, dass dann eher Platz im Wunschquartier ist.

Außerhalb

In der weiteren Umgebung der Stadt findet man in erster Linie die Häuser der bekannten Motel- und Hotelketten. Dort kommt man durchaus unter $60 in der einfachen Kategorie und ab $80 in der Mittelklasse unter. Relativ citynah liegt der *New Orleans International Airport* in **Metairie** mit zahlreichen Betten im Umfeld. Am **Veterans Memorial Blvd** (parallel zur I-10 *Exit* 223 nördlich des Flughafens) wird man rasch fündig. Wer ggf. noch 20 mi oder mehr Fahrt (ab *Downtown*) in Kauf nimmt, stößt in und um **Slidell** (I-10 *Exit* 266) und bei **Covington** (I-12 *Exit* 63, jenseits der Brücke über den Lake Pontchartrain) auf die USA-übliche Ballung von Motels an den Ausfahrten.

Steuern

Auf alle Unterkunftsrechnungen werden in New Orleans 13% *tax* und fixe $1-$3 *Hotel Occupancy Tax* pro Nacht aufgeschlagen.

B & B

B&B ist in New Orleans wegen der hohen Zahl an Quartieren dieser Art nicht ganz so teuer wie andere Hochburgen des B&B (z.B. Charleston, Natchez). Bei der Suche und -reservierung von *Bed & Breakfast*-Quartieren ist behilflich:

- ***New Orleans Bed & Breakfasts***: www.neworleansbandbs.com

Ein gutes Haus in touristisch günstiger Lage ist das

- ***Green House Inn***, 1212 Magazine Street, stilvolles ***B&B*** in Gehweite des French Quarter im *Lower Garden District* drei Blocks südlich der St. Charles Avenue, ab $129; ✆(504) 525-1333, www.thegreenhouseinn.com

Hostel

- Das ***India House International Hostel***, 124 South Lopez Street, liegt zwar in einer eher wenig erfreulichen Gegend, aber dafür in Fußgängerdistanz zum *French Quarter* einen Block westlich der Canal Street, Bett ab $17, DZ ab $45, sehr einfach, Pool; ✆ (504) 821-1904, www.indiahousehostel.com

Moderat

Erschwinglich sind:

- ***Inn on St. Peter***, 1005 St. Peter, Bau aus dem frühen 19. Jahrhundert mit hübschen Balkonen und Innenhof, ab $119; ✆ 1-800-535-7815, www.frenchquarterguesthouses.com
- ***Frenchmen Hotel***, 417 Frenchmen, kreolisches Stadthaus mit Pool und Spa im Innenhof; *French Quarter*-Randlage, ab $99; ✆ (504) 945-5453, www.frenchmenhotel.com
- ***Place d'Armes Hotel***, 625 St. Ann St, nah am Jackson Square mit Innenhof; ab $119; ✆ 1-888-626-5917, www.placedarmes.com
- ***Prytania Park Hotel***, 1525 Prytania Street im *Garden District*, etwas plüschiges kleineres Hotel, ab $109; ✆ 1-800-862-1984, www.prytaniaparkhotel.com

Mittlere Preislage

Ein paar Dollar mehr kosten:

- ***Hotel Monteleone***, 214 Royal St, in günstiger *French Quarter*-Lage, ab $189; ✆ 1-866-338-4684, www.hotelmonteleone.com
- ***The Blake Hotel*** (11-stöckiger Glaspalast), 500 St. Charles Ave, *Downtown*, Mittelklasse in prima Lage mit Pool und Café, ab $139; ✆ (504) 522-9000, www.blakehotelneworleans.com
- ***Le Richelieu***, 1234 Chartes Street im *French Quarter*, ab $149; ✆ 1-800-535-9653, www.lerichelieuhotel.com

Höhere Kategorie

- Hohen Komfort und Mississippi-Blick bietet ***The Westin at Canal Place*** über eben dieser *Shopping Mall*, 100 Rue Iberville, ab $200. Weitblick aus allen Zimmern, auch vom Restaurant im 11. Stock. Ideale Lage in Gehdistanz zur *Riverfront* und zum *French Quarter*. Parkgarage des Einkaufszentrums auch für Hotelgäste; ✆ (504) 566-7006, www.westinneworleanscanalplace.com

Camping

State Parks

Von Anlage und Ausstattung her zu empfehlen sind Campern in erster Linie die Campingplätze der vier ***State Parks*** im Umfeld von New Orleans; www.crt.state.la.us/louisiana-state-parks:

- ***Bayou Segnette***, auf der Westbank, nur 12 mi von der City entfernt (7777 Westbank Expressway, Westwego), hat nicht nur einen Campingplatz, sondern sogar ein Wellenbad und am Bayou übers Wasser gebaute Häuschen
- ***St. Bernard State Park***, 501 St. Bernard Parkway, Braithwaite, 16 mi bis New Orleans (am *Chalmette Battlefield Park* vorbei).
- ***Fontainebleau*** (62883 Hwy 1089, Mandeville) und ***Fairview Riverside*** (119 Fairview Drive, Madisonville) liegen beide am Nordufer des Lake Pontchartrain einige Meilen östlich bzw. westlich von Mandeville; Anfahrt auf der Brücke über den See (je 40 mi)

Zentrale Reservierung unter www.reserveamerica.com, ➤ Seite 69: ✆ 1-877-226-7652, $14 (Zelte) bis $28 mit *Hook-up:*

KOA Camping

- Vergleichsweise citynah im Stadtwesten liegt der **KOA-Platz *New Orleans West***: 11129 Jefferson Hwy/Straße #48 (ab I-10/*Exit* 223), hoher Komfort, $33-$45. *Shuttle Service* in die City; ✆ 1-800-562-5110, www.koa.com/where/la/18125

Essen & Trinken

Cajun & Creole Cooking

Eine Besonderheit der Region Südost-Louisiana sind die ***Cajuns*** (Käih-dschns). Das seltsame Wort *Cajun* geht auf eine eigenwillige Aussprache der Bezeichnung *Acadians* für französischstämmige Siedler zurück, die nach der Einnahme der Kolonie Acadia (entspricht in etwa den heutigen maritimen Atlantik-Provinzen Kanadas) durch die Briten um 1755 in Louisiana eine neue Heimat fanden. In und um New Orleans existiert eine eigene *Cajun Culture*, von Touristen am ehesten wahrzunehmen auf den Speisekarten der Restaurants: ***Cajun Cooking*** bietet mit Fisch- und Krabbenspezialitäten eine angenehme Abwechslung zum US-Einerlei der Hamburger-, Steak- und Chickengerichte. Das gilt auch für die ähnliche, aber etwas »feinere« ***Creole Cuisine***, die auf den spanisch-französischen Einfluss der Gründerzeit zurückgeht.

Jambalaya

French Quarter

Besonders viele Restaurants konkurrieren im ***French Quarter*** um Gäste, wo ein hohes Preisniveau nicht unbedingt auch überdurchschnittliche Qualität signalisiert.

Mit folgenden Lokalen kann man wenig verkehrt machen:

Beignets

- Ein ***Café au lait*** mit ***Beignets*** (Gebäck voller Puderzucker) im ***Café du Monde*** (800 Decatur, am Rande des *French Market*) gehört zu jedem New Orleans-Besuch, bereits seit 1862 werden dort Kaffeespezialitäten serviert; täglich rund um die Uhr geöffnet – nur bei Durchzug von Wirbelstürmen wird (laut *Homepage*) geschlossen; www.cafedumonde.com. Weitere **Filialen** des *Café du Monde* servieren die gleichen tollen *Beignets* z.B. in der ***Outlet Collection at Riverwalk***.
- Im ***Gumbo Shop*** (630 St. Peter Street, © 504-525-1486, www.gumboshop.com) gibt es den besten *Gumbo* (Gemüseeintopf mit Fisch, Krabben, Hühnerfleisch etc.) des *French Quarter*.
- Im attraktiven, aber touristischen ***Court of Two Sisters*** (613 Royal Street; www.courtoftwosisters.com) ist es immer voll, vor allem beim täglichen *Jazz Brunch Buffet* mit hauseigenem Jazz-Trio.
- Das ***Pat O'Brien's*** (718 St. Peter Street; www.patobriens.com) ist seit 1933 eine Institution und bekannt für seinen ***Cocktail Hurricane*** (auf Rumbasis) und ***Mint Julep*** (für Bourbonfans).
- Das ***Upperline Restaurant*** (1413 Upperline Street, © 504-891-9822; www.upperline.com) ist eine Art Gemäldegalerie mit erstklasssiger kreolischer Küche, dafür noch moderate Preise.

- Das ***Three Muses*** (536 Frenchmen St, ✆ 504-298-8746, www.3musesnola.com) bietet Musik, Cocktails, leichte Gerichte und ist bekannt für *Late Night Food*. Von außen unauffällig.

Straßenmusiker in der Bourbon Street

Unterhaltung

Musik, Jazz

Artisten aller Art und **Straßenmusiker** unterhalten tagtäglich das touristische Publikum rund um den Jackson Square und am kleinen Washington Artillery Park zwischen *Jax Brewery* und *French Market*. Die Bourbon Street, vor allem die Blocks ab Iberville bis St. Ann Street, ist populär wegen ihrer dichten **Kneipenszene**, in der Bier und Cocktails in Strömen fließen. **Jazz pur** gibt es bekanntlich in der ***Preservation Hall***, aber auch in einer Reihe von Jazzkneipen und auf dem ***Dinnertrip*** des ***Riverboat Natchez***:

Empfehlenswerte ***Live Places*** sind u.a.:

- ***Crescent City Brewhouse*** (527 Decatur Street, ✆ 1-888-819-9330, www.crescentcitybrewhouse.com), diversen Eigenbräus, dazu moderne amerikanische Küche im Bistro-Stil, aber nicht ganz billig.
- ***House of Blues***, (225 Decatur Street, ✆ 504-310-4999, www.houseofblues.com/neworleans), Restaurant, Bar und *Music Hall*.
- ***Preservation Hall*** (726 St Peter St; www.preservationhall.com), die wahre Legende ohne Ausschank, ➢ Seite 325.
- ***Tropical Isle*** (600 Bourbon Street, ✆ 1-800-475-3649, www.tropicalisle.com), Kneipe mit *Live Music*.
- ***Palm Court Jazz Café*** (1204 Decatur Street, ✆ (504) 525-0200, www.palmcourtcafe.com) mit kreolischer Küche bei *Old Time Jazz*, nur Mi-So 19-23 Uhr geöffnet;.
- ***Tipitina's*** (501 Napoleon Ave, *Uptown*; www.tipitinas.com), ein beliebter, der Legende *Henry Roeland Byrd* gewidmeter Club. Der als *Professor Longhair* bekannt gewordene Pianist und Komponist prägte viele Jahre die Musikszene von New Orleans.

Shopping

Tax free

Dank des ***Louisiana Tax Free Shopping*** (***LFTS***), an dem viele Shops auch in New Orleans teilnehmen (unübersehbare *Tax Free*-Aufkleber im Fenster oder an der Tür), können sich ausländische Besucher – gegen Vorlage des Reisepasses, des Airline-Tickets und der Kaufquittungen plus Voucher, der die gezahlte Umsatzsteuer ausweist – in der *Outlet Collection at Riverwalk*, im *International Airport* und im *Lakeside Shopping Center* die entrichteten *Sales Tax*-Beträge erstatten lassen (nicht auf Dienstleistungen); www.louisianataxfree.com.

Situation

Speziell in den Straßen des ***French Quarter*** und des ***Garden District*** gibt es ungewöhnlich viele originelle Läden für alles und jedes. Zwischen Decatur und North Peters Street erstreckt sich außerdem der ***French Market*** mit zahlreichen Ständen für Souvenirs, T-Shirts, Schmuck und allem, was man Touristen in New Orleans so verkaufen kann.

Shopping Malls

Wer in Anbetracht von Hitze und meist hoher Luftfeuchtigkeit lieber in klimatisierten *Shopping Malls* einkauft, findet mit den ***Shops at Jax Brewery*** (www.jacksonbrewery.com) zwischen Jackson Square und Mississippi-Riverfront einen von der Brauerei zum feinen Einkaufs- und Restaurantzentrum umfunktionierten Komplex. Noch distinguierter geht es im ***Shops at Canal Place*** (ca. 50 Geschäfte mit Edelmarken) am unteren Ende der Canal Street zu.

Bereits mehrfach erwähnt wurde die ***Outlet Collection at Riverwalk*** (www.riverwalkneworleans.com), laut Eigenwerbung *»the nation's first upscale outlet center in a downtown setting«*, mit rund 75 *Outlet*-Geschäften (vorwiegend hochwertige Marken) und Restaurants. **Haupteingang** gegenüber der Poydras Street.

Kennzeichen des French Quarter sind die umlaufenden schmiedeeisernen Arkaden- und Balkongitter vor den Gebäuden.

Stadtbesichtigung

French Quarter und Umgebung

Kennzeichnung

Als New Orleans 1803 ein Teil der USA wurde, hatte es ganze 8000 Einwohner und bestand in etwa aus dem Gebiet des heutigen ***Vieux Carré*** oder ***French Quarter***. In diesem ältesten Viertel schlägt das Herz der Stadt, die gerne ***Big Easy*** genannt wird.

Das *French Quarter* ist eigentlich ein *Spanish Quarter*, denn als es nach dem großen Brand von 1788 wieder aufgebaut wurde, befand sich New Orleans in spanischem Besitz. Viele Stilelemente der französischen Zeit davor blieben dennoch erhalten bzw. wurden restauriert, vor allem die schmiedeeisernen, oft reich verzierten **Balkon-** und **Arkadengitter** im ersten und zweiten Stock der Gebäude. Sie sind typisch für die Altstadt. Ebenso wie der Jazz und die dichte kommerzielle Infrastruktur.

Souvenirshops, Boutiquen aller Art, Restaurants und Kneipen machen mit dem Tourismus ein Bombengeschäft. Das Leben und Treiben konzentriert sich dabei im Wesentlichen auf den Bereich zwischen Mississippi und Bourbon Street.

Orientierung

Die Orientierung im *French Quarter* macht dank des schachbrettartigen Straßenrasters, der überschaubaren Größe (1,5 km²) und des begrenzenden Mississippi-Ufers keine Probleme. Das Zentrum des Viertels bildet der grüne **Jackson Square**. Der Platz ist nach *Andrew Jackson* benannt, dem Sieger der *Battle of New Orleans* 1815, ➤ Seite 333. Die Reiterstatue des Generals und späteren Präsidenten der USA ist nicht zu übersehen.

Jackson Square

Der Jackson Square war in französischer und spanischer Zeit Zentrum des politisch-religiösen Lebens der Stadt. Heute sorgen dort, speziell in der Chartres Street vor der Kathedrale, Straßenkünstler für Kurzweil, ➤ Foto nächste Seite.

Kathedrale

Die den Platz überragende weiße ***St. Louis Cathedral*** ist zwar eine französische Gründung, aber das ursprüngliche Gebäude wurde – wie die meisten Häuser im historischen Stadtkern – bei einem großen Feuer zerstört und 1851 wieder aufgebaut. Die Kathedrale reflektiert den hier starken Katholizismus. Bis heute zählt New Orleans zu den wenigen Städten der USA mit hoher katholischer Bevölkerung und ist Sitz einer Erzdiözese; www.stlouiscathedral.org.

Cabildo

Gleich neben der Kirche befindet sich das sog. ***Cabildo*** (Di-So 10-16.30 Uhr, $6/bis 12 Jahre frei; www.louisianastatemuseum.org/museums/the-cabildo), einst Sitz des spanischen Gouverneurs. In ihm wurde 1803 das wieder französische Louisiana offiziell an die USA übergeben. Heute beherbergt es ein ***Museum of History***. Dort erfährt man alles über die Geschichte des Staates Louisiana von der Ankunft der ersten europäischen Siedler über New Orleans' Rolle im Sklavenmarkt und die Zeit des Bürgerkriegs bis heute.

Presbytère

Auf der anderen Seite der Kathedrale steht das sog. ***Presbytère***, es fungiert als – sehenswertes – ***Mardi Gras*-Museum** zur Entwicklung des Karnevals in Louisiana; Di-So 10-16.30 Uhr, Eintritt $6; www.louisianastatemuseum.org/museums/the-presbytere.

Pontalba Buildings

Die den Platz seitlich flankierenden Gebäude (St. Ann/St. Peter Street) stammen aus den Jahren 1849-51 und gehen zurück auf *eine Baroness de Pontalba*. Diese Dame ließ 16 Apartmenthäuser mit je vier Stockwerken errichten: Unter dem Dach hausten die Sklaven, im Erdgeschoss befanden sich Läden, dazwischen komfortable Wohnetagen mit Gasleitungen, fließend Wasser und WCs, damals hochmodern.

Das *Lower Pontalba Building*, das sog. ***1850 House*** (523 St. Ann St), vermittelt eine Vorstellung vom Leben der kreolischen Oberschicht zur Mitte des 19. Jahrhunderts, Di-So 10-16.30 Uhr, $3; www.louisianastatemuseum.org/museums/1850-house.

Moonwalk

Das pralle Leben am Jackson Square setzt sich fort vor der Bühne am kleinen ***Washington Artillery Park*** zwischen Decatur Street und Mississippi. Dahinter läuft – auf und vor dem Flussdeich mit weitem Blick über den Mississippi und auf die Hochbrücken weiter westlich – die Promenade ***Moonwalk***. Sie führt vom French Quarter zum *Aquarium of the Americas* und weiter über die Spanish Plaza bis zur *Outlet Collection at Riverwalk*.

Mississippi Dampfer

Gleich hinter dem Komplex ***Jax Brewery*** befindet sich der Anleger des hier größten Mississippidampfers, der ***»Natchez«***. Wenn ein Mississippitrip in New Orleans, dann mit diesem Boot (2 Std-Touren $30/$13, Abfahrten 11.30, 14.30 Uhr täglich, www.steamboatnatchez.com). In seinem Maschinenraum wird eindrucksvoll die Funktion des Heckantriebs dieser *Sternwheeler* demonstriert. Nicht billig, aber stimmungsvoll sind abendliche ***Buffet Dinner Cruises*** mit **Jazzband** im Restaurant.

Akrobatische Vorführung am Jackson Square;
im Karton (links Mitte) werden hinterher Dollars eingesammelt

William Faulkner/ Tennessee Williams

Vom Jackson Square führen zwei schmale Fußgängerstraßen an der Kathedrale und dem dahinterliegenden *St. Anthony's Garden* entlang in Richtung Royal Street. In der Nummer 624 der ***Pirate's Alley*** lebte in den 1920er-Jahren ***William Faulkner***. Er schrieb dort seinen ersten Roman, *A Soldiers' Pay*. *Faulkner* war aber nicht der einzige Literat, der sich von New Orleans angezogen fühlte. Auch ***Tennessee Williams*** brachte sein Stück ***A Streetcar Named Desire*** im *Vieux Carré* zu Papier. Die Straßenbahn fuhr früher durch das Viertel und trug den Namen ihrer Endstation – »Sehnsucht«. Im Viertel findet jedes Jahr Ende März das mehrtägige ***Tennessee Williams Literary Festival*** an mehreren Veranstaltungsorten statt; www.tennesseewilliams.net.

Napoleon House

An der Ecke St. Louis/Chartres St steht das ***Napoleon House***, in dem Napoleon nach seiner Abdankung Zuflucht nehmen sollte – so war zumindest der Plan des damaligen Bürgermeisters der Stadt. Bekanntlich kam es anders; www.napoleonhouse.com.

Royal Street

In der Royal Street (täglich 11-16 Uhr Fußgängerzone) ballen sich Kunst- und Antiquitätengeschäfte. Dort könnte man einen Blick in die ***Historic New Orleans Collection*** werfen (533 Royal Street, Di-Sa 9.30-16.30 Uhr; www.hnoc.org, frei), ein historisches Kabinett mit Dokumenten und Gemälden, dazu eine Ausstellung zur Geschichte Louisianas und der Stadt.

Gallier House Museum

Ein Prachtstück unter den Privathäusern ist das ***Gallier House***, das sich der Architekt *James Gallier* noch vor dem Bürgerkrieg bauen ließ (1132 Royal Street, Mo, Di, Do, Fr Touren um 10, 12 und 14 Uhr, Sa 12, 13 und 14 Uhr, $15/$12, © 504-525-5661, www.hgghh.org). Neben zeitgenössischer Möblierung beeindruckt die Luxusausstattung mit sanitären Anlagen (fließend Wasser, WC).

Bourbon Street/ Live Music

Nur einen Block oberhalb der Royal Street läuft die bekannteste Straße des *French Quarter*. In der **Bourbon Street** befindet sich eine Bar neben der anderen, und abends wälzen sich an guten Tagen Massen durch die dann autofreie Straße. Manchmal ist es sogar schwer, in einem der **Clubs**, in denen heute Musik aller Stilrichtungen gespielt wird, Platz zu finden. ***Live Music***, speziell **Jazz**, gibt es aber nicht nur in der Bourbon Street, sondern in vielen Lokalen des *French Quarter*.

Open-air Alkohol

Im Gegensatz zum gesamten Rest der USA (sieht man vielleicht von Key West an der äußersten Südwestspitze Floridas ab), wo der Konsum alkoholischer Getränke auf öffentlichen Straßen und Plätzen streng untersagt ist, darf man auf der Bourbon Street mit dem vollen Plastikglas oder der Bierdose in der Hand einfach so herumlaufen und zwar ohne Sperrstunde und ohne dass die Polizei einschreitet. Diese Freiheit wird nur zu gern genutzt, und so sieht die Bourbon Street frühmorgens auch aus.

New Orleans Jazz

Die Ursprünge des Jazz liegen in Afrika. Die aus ihrer Heimat verschleppten Schwarzen bewahrten sich auch in der Gefangenschaft die gewohnten Rhythmen, die sich allmählich mit populärer »weißer« Musik vermischten. Das Ergebnis waren *Spirituals* und *Gospel Songs*.

Ab der Jahrhundertwende entwickelte sich der *New Orleans Jazz*. Es heißt, er sei im damaligen Rotlichtviertel *Storyville* entstanden, aber manches spricht dafür, dass er auf ältere Straßenmusik zurückgeht. Denn in den Jahren nach dem Bürgerkrieg wurden die Instrumente der Militärkapellen billig verkauft. Viele schwarze Musiker gelangten so an gebrauchte – vor allem – Blasinstrumente und schlossen sich zu *Marching Bands* zusammen, die bei Paraden, Tanzveranstaltungen und Beerdigungen aufspielten. Auf dem Weg zum Friedhof war tragende religiöse Musik üblich, aber auf dem Rückweg improvisierte man lebendigere Varianten *(jazzing them up)*, die Anfänge des Jazz. Er wurde zwar zunächst vorwiegend von Schwarzen gespielt, bald aber auch von weißen Musikern übernommen und modifiziert.

Voodookönigin Marie Laveau (1794-1881)

Der Ursprung des *Voodoo*-Kultes ist afrikanisch. Der Voodooglaube basiert auf der Annahme, dass man Geister durch Zeremonien oder das Tragen von Amuletten und Talismanen beeinflussen kann. Außerdem äußert sich der Kult in wilden Tänzen und von Gesang begleiteten Ritualen, bei denen Schlangen angebetet und Hühner geopfert werden.

In Louisiana verstand man es, *Voodoo* und Katholizismus miteinander zu kombinieren und *Voodoo*-Geister mit katholischen Heiligen zu identifizieren.

Mit bestimmten Objekten (*Gris-Gris*), die in ***Marie Laveau's House of Voodoo*** (739 Bourbon Street, So-Do 10-23.30 Uhr, Fr/Sa bis 1.30 Uhr; www.voodooneworleans.com), einem winzigen, gruselig wirkenden Laden, nach wie vor angeboten werden, soll man sich Gesundheit, Liebe oder Geld sichern und ggf. auch anderen helfen – oder schaden – können.

Marie Laveau, berühmteste *Voodoo*-Priesterin aller Zeiten, habe sogar einige ihrer Konkurrentinnen durch *Voodoo*-Zauber, so munkelt man, unauffällig aus dem Weg geräumt. Unter ihr war der Kult zeitweise gar gesellschaftsfähig.

Marie Laveau liegt auf dem ältesten Friedhof der Stadt begraben, dem ***St. Louis Cemetery No. 1*** (Basin/St. Louis Street, einen Block über der North Rampart Street westlich des *Louis Armstrong Park)*, und ist offenbar unvergessen. Vor ihrem Grab finden sich immer wieder neue Opfergaben dankbarer Anhänger, denen die Verstorbene – so wird berichtet – sogar posthum noch Wünsche erfüllen konnte.

Besondere Kneipen

Bei der großen Auswahl an Pubs, Clubs und Restaurants in der Bourbon Street sei hier zusätzlich (➤ oben) auf zwei historisch besonders beachtliche Kneipen hingewiesen:

- Einer hochprozentigen Mixtur aus Wermut, Anis und Fenchel verdankt das ***Old Absinthe House*** an der Ecke Bourbon/Bienville Street seinen Namen; www.oldabsinthehouse.com. Der grüne Absinth wurde wegen seiner durchschlagenden Wirkung in den USA (und Europa) 1915 verboten – ist heute aber wieder erhältlich.
- Eine der urigsten Kneipen, ***Lafitte's Blacksmith Shop***, liegt am etwas ruhigeren östlichen Ende der Bourbon Street (Ecke St. Philip; www.lafittesblacksmithshop.com). Das Fachwerkhaus der »Schmiedewerkstatt« soll einst den berüchtigten Piraten *Jean* und *Pierre Lafitte* gehört haben.

Preservation Hall

Von der Bourbon sind es nur ein paar Schritte um die Ecke in die 726 St. Peter Street zur ***Preservation Hall***, dem Mekka des traditionellen Jazz. Dort spielt in einem kleinen kargen Raum mit knapp 100 Plätzen (davon 60 Stehplätze) tagtäglich ***The Preservation Hall Jazz Band***. 45-minütige Sessions beginnen täglich um 20, 21 und 22 Uhr (nur frühes Kommen -- ab 19 Uhr– sichert Einlass, $15-$20); nur wenige Tickets sind online zu reservieren (*Big Shot Seating*), dann $35-$50; www.preservationhall.com.

Pat O'Briens

Neben der *Preservation Hall* ist ***Pat O'Brien's*** unübersehbar, ein immer volles Lokal und Institution des *Quarter*, ➤ Seite 318.

Voodoo Museum

An der 724 Dumaine Street zwischen Bourbon und Royal Street befindet sich das ***Historic Voodoo Museum***. Dort lassen sich in engen, vollgestopften Räumen jede Menge an Voodoo-Utensilien wie Schrumpf- und Totenköpfe, Schlangen und Knochen, ein Voodoo-Altar und nicht zuletzt das Portrait der Voodoo-Priesterin ***Marie Laveau*** bewundern (➢ Kasten Seite 325). Geöffnet täglich 10-18 Uhr, $7/$4.

Congo Square

Der einst berüchtigte ***Congo Square*** zwischen der St. Ann und St. Peter Street ist heute Teil des ***Louis Armstrong Park***, in dem der berühmteste Sohn der Stadt mit einer Statue geehrt wurde.

Auf diesem Platz durften sich einst sonntags (ausnahmsweise) Sklaven versammeln, die eigene Musik spielen und ihre Religion praktizieren. Im Gegensatz zu anderen Regionen der USA konnten sich daher in New Orleans afrikanische Musiktraditionen öffentlich entfalten.

US Mint

In der nordöstlichen Ecke des ***French Quarter*** befindet sich an der Decatur St die ***Old US Mint*** (400 Esplanade Ave), einst Münzprägeanstalt (Ausstellung dazu im Untergeschoss) und heute Heimat des ***New Orleans Jazz Museum*** voller Fotos und Instrumente. Interessant sind Hörproben von Jazzgrößen wie *Armstrong, The Dixieland Jazz Band, Sidney Bechet* u.a. Di-So 10-16.30 Uhr, frei; www.louisianastatemuseum.org/museums/the-old-us-mint.

French Market

Zwischen der *US Mint* und Jackson Square erstreckt sich entlang North Peters und Decatur Street der ***French Market*** mit Teilbereichen wie ***Farmers*** und ***Flea Market***, vor allem jedoch voller Stände für **New Orleans Souvenirs** und 1000 Produkte aus aller Welt, die man nicht braucht; www.frenchmarket.org.

Café du Monde

An der Ecke Jackson Square/French Market lässt sich das ***Café du Monde*** nicht übersehen. Dort »muss« man einfach ***Beignets*** (heiß) und einen ***Café au lait*** bestellen, ➢ Seite 318.

Im French Market

Central Business & Arts District

Canal und Poydras Streets

Die **Canal Street** markiert die **Trennline** zwischen ***French Quarter*** und ***Central Business District***. Sie separierte bis weit ins 19. Jahrhundert hinein den kreolischen und amerikanischen Teil der Stadt und war ursprünglich nicht als Straße, sondern als Kanal zwischen Mississippi und Lake Pontchartrain geplant, was ihre ungewöhnliche Breite von über 50 m erklärt. **Hauptverkehrsader** in diesem Teil der Stadt ist dennoch die **Poydras Street** mit sehenswerter moderner **Hochhausarchitektur**.

Mississippifähre nach Algiers

Am Ende der Canal Street geht es abwärts zum Anleger der Autofähre zum Westufer des Flusses nach Algiers. Auf der ***Algiers Canal Street Ferry*** kann man die *Skyline* von New Orleans vom Wasser aus auf sich wirken lassen; Mo-Fr 6-21/23 Uhr, Sa+So 10.30-21.30/23.30 Uhr alle 30 min, Fußgänger $2; www.nolaferries.com. **Algiers** am anderen Mississippiufer lohnt kaum einen Besuch.

Aquarium

Unmittelbar am Wasser befindet sich oberhalb der Fährenrampe das ***Audubon Aquarium of the Americas*** mit IMAX-Kino am Ende des *Moonwalk*, 1 Canal Street, Di-So 10-17, Tickets: $24/ $18 bzw. $29/$23 (inkl. IMAX); www.auduboninstitute.org.

Spanish Plaza

Gegenüber dem Aquarium auf der Westseite der Canal Street steht das Hochhaus des ***World Trade Center***, davor liegt als Aussichtsterrasse am Mississippi die ***Spanish Plaza***, gleich unterhalb am *Riverwalk* der Anleger des ***Riverboat »Creole Queen«***. Die Tour zum *Chalmette Battlefield* (2,5 Stunden) kostet $28, bis 12 Jahre $13, täglich um 10 und 14 Uhr; www.creolequeen.com.

Spielkasino

Zwischen Canal und Poydras Street klemmt sich das ***Harrah's New Orleans Casino***; www.harrahsneworleans.com.

Convention Center/ Riverwalk

Dort, wo früher Lagerhäuser das Flussufer säumten, zieht sich ab der Poydras Street flussaufwärts *The Outlet Collection at Riverwalk* (guter *Food Court* mit Ableger des *Café du Monde*). An die *Shopping Mall* schließt sich das langgestreckte **Kongresszentrum** an, das die Uferlinie bis unter die Hochbrücke (*Freeway* #90) über den Mississippi zubetoniert.

Arts District/ Warehouse District

Das einstige Lagerhausviertel ***Warehouse District*** südlich von *Downtown* wird heute offiziell als ***Arts District*** bezeichnet. Dort entstanden einst Lagerhallen für den Güterumschlag von Binnen- auf Seeschiffe und umgekehrt. Als die nicht mehr gebraucht wurden, verwaiste das einst betriebsame Viertel. Seit Ende des 20. Jahrhunderts wurden die alten Gebäude zu Ateliers und *Lofts* umfunktioniert. Vor allem in der Julia Street und generell zwischen Camp und Magazine Street haben sich Künstler und Galerien eingemietet; www.neworleansartsdistrict.com.

Auch drei Museen sind dort zu Hause:

World War II Museum

- Das ***National WWII Museum*** steht in der 945 Magazine Street. Das erst im Jahr 2000 als *D-Day Museum* eröffnete Museum (damals gesponsort von *Tom Hanks* und *Steven Spielberg*) war zunächst nur der Invasion 1944 in der Normandie gewidmet, wurde

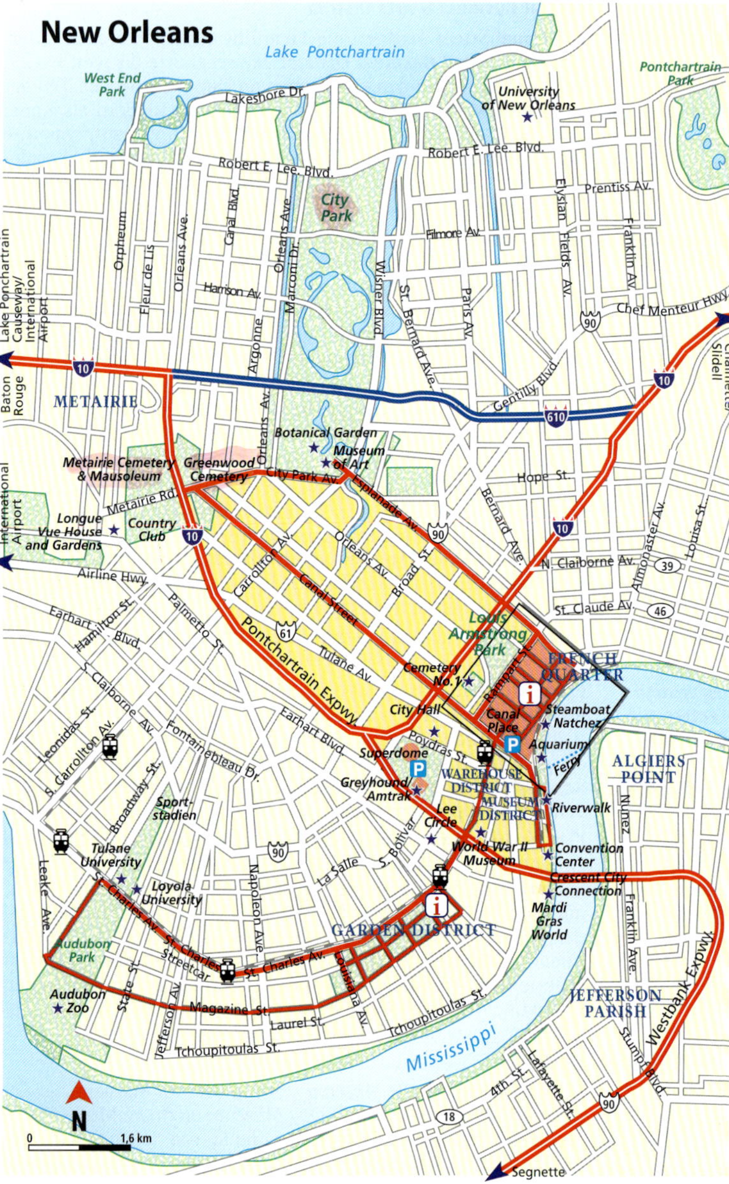
New Orleans
Lake Pontchartrain
West End Park
Pontchartrain Park
University of New Orleans
Lakeshore Dr.
Robert E. Lee. Blvd.
Robert E. Lee. Blvd.
Prentiss Av.
City Park
Filmore Av.
Orpheum
Fleur de Lis
Orleans Ave.
Canal Blvd.
Orleans Ave
Marconi Dr.
Wisner Blvd.
Elysian Fields Av.
Franklin Av.
Harrison Av.
St. Bernard Ave.
Paris Av.
Chef Menteur Hwy.
Argonne
Lake Ponchartrain Causeway/ International Airport
Baton Rouge
Chalmette/ Slidell
METAIRIE
Gentilly Blvd.
Orleans Av.
Botanical Garden
Museum of Art
Metairie Cemetery & Mausoleum
Greenwood Cemetery
City Park Av.
Esplanade Av.
Hope St.
Metairie Rd.
Longue Vue House and Gardens
Country Club
International Airport
Carrollton Av.
Orleans Av.
Broad St.
Bernard Ave.
N. Claiborne Av.
Almonaster Av.
Louisa St.
Airline Hwy.
Canal Street
St. Claude Av.
Earhart Blvd.
Hamilton St.
Palmetto St.
Pontchartrain Expwy.
Tulane Av.
Louis Armstrong Park
FRENCH QUARTER
Rampart St.
S. Claiborne Av.
Cemetery No.1
City Hall
Canal Place
Steamboat Natchez
Earhart Blvd.
Poydras St.
Aquarium
Ferry
ALGIERS POINT
Leonidas St.
S. Carrollton Av.
Fontainebleau Dr.
Superdome
Broadway St.
Greyhound/ Amtrak
WAREHOUSE DISTRICT
MUSEUM DISTRICT
Riverwalk
Nunez
Sport-stadien
Lee Circle
S. Bolivar
Tulane University
World War II Museum
Convention Center
Leake Ave.
Napoleon Ave.
La Salle
Crescent City Connection
Loyola University
Mardi Gras World
St. Charles Av.
GARDEN DISTRICT
Franklin Ave.
Audubon Park
St. Charles Streetcar
St. Charles Av.
Louisiana Av.
Westbank Expwy.
State St.
JEFFERSON PARISH
Audubon Zoo
Magazine St.
Jefferson Av.
Laurel St.
Tchoupitoulas St.
Tchoupitoulas St.
Mississippi
Stumpf Blvd.
Lafayette St.
4th St.
N
0
1,6 km
Segnette
10
610
90
61
39
46
18

aber bald auch auf die späteren Kriegsschauplätze in Europa und im Pazifik und alle Facetten der Kriegsführung erweitert und stark ausgebaut. Spezialabteilungen beschreiben u.a. den weltweiten U-Boot-Krieg und die Geschichte der *Boeing Company*. Täglich 9-17 Uhr, $24, bis 18 Jahre $15; www.nationalww2museum.org.

Bürgerkriegsmuseum

- Das ***Confederate Memorial Hall Museum***, 929 Camp Street, residiert in einer ehemaligen Kirche. Das Thema Bürgerkrieg wird dort mit einer relativ kleinen Sammlung von Originalobjekten und -dokumenten mäßig spannend abgehandelt, Di-Sa 10-16 Uhr, $8, bis 14 Jahre $5, www.confederatemuseum.com.
- Einen Block weiter präsentiert das ***Contemporary Arts Center***, 900 Camp Street, mit wechselnden Exponaten moderne Kunst; Mi-Mo 11-17 Uhr, Eintritt $10/$8; www.cacno.org.

Lee Circle/ Skulpturen

Am westlichen Rand des *Arts District* quert die St. Charles Ave den ***Lee Circle*** (unmittelbar östlich des *Pontchartrain Expressway*). Mittendrin steht auf einer 23 m hohen Säule die Statue des Südstaatengenerals *Lee*.

Superdome

Erst recht nicht zu übersehen ist der riesige ***Mercedes-Benz Superdome*** zwischen Poydras Street, I-10 und *Freeway* #90; www.superdome.com. Dort absolviert das *Football-Team* der Stadt, die ***New Orleans Saints***, seine Heimspiele; www.neworleanssaints.com. Bekannt wurde der *Dome* über die Sportwelt hinaus, als er 2005 vielen tausend *Katrina*-Opfern Zuflucht bot. Danach wurde die Halle dann wegen schwerer Schäden geschlossen und aufwendig saniert.

St. Charles Streetcar

Die nostalgische ***St. Charles Streetcar***, die dank *Tennessee Williams* und dessen Roman und Film »Endstation Sehnsucht« (*A Streetcar named Desire*) weltweit Berühmtheit erlangte, verkehrt täglich rund um die Uhr tagsüber alle 10 min, abends alle 20 min. Die Schienen laufen ab Canal Street über die volle Länge auf der grünen Mitteltrasse der St. Charles Avenue durch den *Central Business District*, den Garden *District* und *Uptown* bis Carrollton.

St. Charles Streetcar auf der gleichnamigen auf fast ganzer Länge von Eichen beschatteten Avenue

Diese älteste bis heute durchgehend betriebene Straßenbahnlinie der Welt wurde zunächst (1835) von Maultieren und später von Dampfloks gezogen, aber bereits 1893 elektrifiziert. Trotz ihres nostalgischen Charakters wären diese *Streetcars* kaum so populär geworden, führten die Schienen nicht über die wunderbare St. Charles Ave, eine Eichenallee, an der zahlreiche palastartige Villen und parkartige Gärten liegen. Die Fahrt ist daher wie eine ***Sightseeing-Tour*** **zum Niedrigtarif**.

Garden District

Garden District

Südlich der St. Charles Ave sind die Blocks zwischen Jackson und Louisiana Ave bis zur Magazine Street als ***Garden District*** definiert, wobei der engere und romantische Bereich zwischen Philip Street und Washington Ave liegt. Dort glaubt man sich in andere Städte des alten Südens wie Natchez oder Charleston versetzt. Gepflegte **Villen** stehen inmitten großzügiger subtropischer Gärten. Da aber die Häuser ausnahmslos in Privatbesitz sind, können sie nicht von innen besichtigt werden, sieht man von einer 9-tägigen ***Spring Fiesta*** (www.springfiesta.com) jeweils Ende März ab, während der einige Eigentümer ihre Türen für Besucher öffnen; www.gardendistrictassociation.com.

Aber das macht wenig, denn bereits eine langsame Fahrt, besser noch ein **Spaziergang** durch die Straßen des *Garden District*, ist für sich bereits lohnenswert. Dabei kommt es nicht unbedingt darauf an, viele Details der jeweiligen Häuser zu kennen. In den New Orleans ***Visitor Informations*** gibt es aber für Interessierte Unterlagen mit Einzelheiten und auch Adressen für geführte ***Walking Tours***.

Anne Rice

Das ***Toby's Corner*** an der Ecke First/Prytania Street ist das älteste Gebäude des Viertels (1838). Zwei Blocks weiter, an der Ecke Chestnut/First Street steht das mit viel Liebe restaurierte Wohnhaus der Autorin ***Anne Rice*** mit einem der schönsten Gärten des Distrikts (www.annerice.com). *Rice*-Fans fühlen sich im *Garden District* teilweise wie an die Schauplätze ihrer Romane versetzt. Ihre Werke sind im *Garden District Book Shop* neben dem *Rink Shopping Center* zu haben, 2727 Prytania Street, © (504) 895-2266, www.gardendistrictbookshop.com.

Friedhof

Der *Garden District* hat mit dem ***Lafayette Cemetery No. 1*** seinen eigenen Friedhof zwischen 6th Street und Washington Ave. Die Grabmäler sind wie überall in New Orleans überirdisch angelegt und wie kleine Häuser gebaut; www.lafayettecemetery.org.

Eichenalleen

An die übliche **Abgrenzung des *Garden District*** muss man sich bei einer Tour durch diesen Bereich durchaus nicht halten. Kaum minder interessant und mit ihren grandiosen Villen durchaus ähnlich attraktiv wie die St. Charles Ave sind die Eichenalleen **Louisiana, General Pershing**, **Napoleon** und **Nashville Ave** sowie – westlich des *Audubon Park* – der **Broadway**.

Shops/Whole Foods Market

Originelle **Läden** findet man an der Magazine Street zwischen Washington und Louisiana Ave, speziell im Bereich Pleasant und Toledano. Eine **Sehenswürdigkeit** für sich ist der ***Whole Foods Market***, ein **Bio-Supermarkt** gehobener Kategorie, noch ein wenig weiter westlich in der 5600 Magazine Street zwischen Joseph und Arabella; © 504-899-9119, www.wholefoodsmarket.com.

Audubon Place

Entlang der St. Charles Avenue werden die Villen westlich der Napoleon Ave immer größer und repräsentativer. Die nobelsten Privathäuser von New Orleans stehen indessen am ***Audubon Place*** gegenüber dem *Audubon Park*. Die Zufahrt in diese Straße der Superreichen ist gesperrt. Der neugierige Normalbürger darf nur aus der Distanz der St. Charles Ave die beachtlichen Fassaden des *Audubon Place* bestaunen.

Prachtvolle Villa eingangs der privaten Nobelstraße Audubon Place

Audubon Park

Der ***Audubon Park***, benannt wie auch der *Audubon Place* nach dem Ornithologen *John James Audubon*, verfügt über Teiche, Spiel- und Picknickflächen, Golf- und Tennisplätze und ist ein beliebtes **Jogging- und Grill-Revier**. Zahlreiche mächtige alte Eichbäume hängen voller *Spanish Moss*; www.auduboninstitute.org.

Universities

Ebenfalls eindrucksvoll und weitgehend frei zugänglich sind die Areale der Universitäten ***Tulane*** (www.tulane.edu) und ***Loyola***, (www.loyno.edu), die sich hier oberhalb des **Audubon Park** weiträumig zwischen Audubon Blvd und Calhoun Street erstrecken.

Zoo

Der südliche Teil des Parks zwischen Magazine Street und Mississippi gehört dem ***Audubon Zoo*** (Di-Fr 10-16, Sa/So 10-17 Uhr; Eintritt $19, Kinder $14, Kombiticket mit dem Aquarium ➤ Seite 327; www.auduboninstitute.org/zoo.

Bereich City Park

City Park/ Botanical Garden

Mit 5,3 km² Fläche zählt der ***City Park*** zu den größten Stadtparks in den USA (zum Vergleich: der berühmte *Central Park* in New York hat 3,4 km²). Er reicht von der City Park Avenue etwas südlich der I-610 bis zum Robert E. Boulevard im Norden – und damit fast bis an den Lake Pontchartrain. Im südlichen Areal befindet sich der ***Botanical Garden***, täglich 10-17 Uhr, Eintritt $4, Kinder unter 90 cm frei; www.neworleanscitypark.com/botanical-garden.

NOMA

Das ***New Orleans Museum of Art***, kurz *NOMA*, steht am Südrand des *City Park*, 1 Collins Diboll Circle; Di-Do 10-18, Fr 10-21, Sa-So 11-17 Uhr, $10, bis 17 Jahre $6; www.noma.org.

Sammlung

Das Museum verfügt u.a. über eine beachtliche Sammlung von Werken europäischer Im- und Expressionisten, darunter *Degas, Picasso, Braque, Dufy* und *Miró*. Außerdem zu sehen sind frühe amerikanische Kunst aus präkolumbischer bis zur spanischen Epoche, Mobiliar und altes Kunsthandwerk. Beachtlich ist auch der Skulpturengarten zwischen Museum und Victory Ave.

Longue Vue House

Südwestlich des *City Park* steht nahe der I-10 mit dem ***Longue Vue House & Gardens*** ein weiterer musealer Komplex, 7 Bamboo Road, der einst kultureller Mittelpunkt der Stadt gewesen sein soll. Im Haus beeindrucken die Räumlichkeiten als solche, das Mobiliar und viele moderne Kunstwerke, Mo-Sa 10-17, So 13-17 Uhr; Eintritt $12, Kinder $8; www.longuevue.com

Friedhöfe

Rund um den *City Park* gibt es gleich mehrere weitläufige Friedhöfe, die man ***Cities of the Dead*** (»Totenstädte) nennt, weil sie mit ihren unzähligen Grabmonumenten und Mausoleen und den mit Autos befahrbaren Straßen eher kleinen Städten als – wie sonst – grünen Parkanlagen ähneln. Vor allem der ***Greenwood Cemetery*** (5200 Canal Ave, I-10 *Exit* 232 östlich auf City Park Ave; www.greenwoodnola.com) und ***Metairie Cemetery*** (5100 Pontchartrain Blvd, I-10 *Exit* 231A in Ostrichtung) mit ihrer teilweise bombastischen Grabarchitektur sind einen Besuch wert. Man kann viele Friedhöfe problemlos mit dem Auto befahren.

Als gefährlich gilt der Besuch heute zu belebteren Tageszeiten nicht mehr. Infos zu allen Friedhofen von New Orleans unter www.saveourcemeteries.org.

Auf dem Saint Louis Cemetery No.3

Chalmette Battlefield

Schlachtfeld der Battle of New Orleans

Am Ufer des Mississippi liegt rund 7 mi östlich *Downtown* das ***Chalmette Battlefield*** als Teilbereich des ***Jean Lafitte National Historical Park***, 8606 St. Bernard Hwy #46 im Stadtteil Arabi; Anfahrt ab Innenstadt über Rampart Street/St. Claude Ave, frei).

Dort fand 1815 die berühmte ***Battle of New Orleans*** statt. Es gibt zwar außer alten Kanonen und einem Monument nicht mehr viel zu sehen, aber der im *Visitor Center* gezeigte Film über Hintergründe, Verlauf und Irrsinn dieser Schlacht nach bereits erfolgtem Friedensschluss zwischen England und den USA (was nicht bis New Orleans gedrungen war) rechtfertigt den Abstecher, Di-Sa 9-16 Uhr, Eintritt frei; www.nps.gov/jela/chalmette-battlefield.htm.

Mardi Gras in New Orleans

von Eric Ulken/New Orleans (übersetzt von Burghard Bock)

Karneval wird seit Jahrhunderten von Katholiken rund um den Globus gefeiert und hat seine Wurzeln eigentlich in griechischen und römischen Frühjahrsritualen. Das Wort *carnival* stammt vermutlich aus dem Lateinischen: *carne levare* bedeutet »Fleisch beiseite schaffen« und bezieht sich auf Lustbarkeiten und Gelage vor dem Fasten in der Passionszeit, was bis zum Fastnachtsdienstag (***fat tuesday***, franz. ***mardi gras***) dauert. Historisch war Karneval ein Feiertag mit wilden Exzessen, eine Art zeitweilige Anarchie, während der die Grenzen des Anstands ungestraft ausgelotet werden konnten.

Etwas weniger heftig lebt dieser Geist in **New Orleans' *Mardi Gras*** fort, dessen bekannteste Eindrücke die lärmenden Massen im *French Quarter* liefern. Das ist jedoch nur das große Finale von Wochen mit eher gedämpfter Belustigung. Obwohl *Mardi Gras* genaugenommen nur den Tag vor Aschermittwoch bezeichnet, wird der Begriff häufig auf die gesamte Karnevalsaison bezogen, die am 6. Januar startet. Die Feierlichkeiten beginnen langsam und nehmen mehr und mehr an Häufigkeit und Ausmaß bis zum Karnevalsdienstag zu.

Mardi Gras hat vor allem mit Paraden zu tun. Jährlich gibt es im Bereich New Orleans etwa 90 davon. Jede wird von einer *Krewe* organisiert. Die Mitglieder der *Krewes*, die von einem gewählten »König« oder einer »Königin« geführt werden, stehen bei den Paraden auf riesigen, thematisch gestalteten Festwagen. Die kostümierten Fahrer werfen beim Vorbeifahren billigen Schmuck wie Plastikperlen und -pokale auf die Schaulustigen. Blasmusik und andere Arten der Unterhaltung runden die Paraden ab. Die Einheimischen kommen vor allem wegen der »*throws*« und sind ziemlich ehrgeizig, sie zu fangen.

Die ***Krewe of Rex*** gilt als Spitze der Karnevalshierarchie, denn ihrem König wird während *Mardi Gras* symbolisch die Herrschaft über die Stadt übertragen. Andere beliebte *Krewes* sind *Endymion*, *Bacchus*, *Orpheus* und *Zulu*. *Bacchus* und *Orpheus* haben es sich zur Regel gemacht, Prominente als Könige und Königinnen zu krönen (in der Vergangenheit waren illustre Mitfahrer u.a. der Komiker *Bob Hope*, die Schauspieler *Charlton Heston* und *Whoopi Goldberg* sowie der Musiker *Stevie Wonder*), was ihren Paraden ein gewisses Hollywood Flair verleiht. Neben den Paraden veranstalten die *Krewes* aufwändige *Mardi-Gras*-Bälle, die in New Orleans den gesellschaftlichen Winterkalender bestimmen. Dazu haben nur geladene Gäste Zutritt.

Fortsetzung umseitig

Die andere, populärere Seite von *Mardi Gras* kann man beim alkoholisierten Gedränge beobachten, das am Fastnachtsdienstag und den Tagen davor durch das *French Quarter* wogt. Öffentliche Nacktheit, obwohl offiziell illegal, ist dort nichts Ungewöhnliches, da Frauen dazu ermuntert werden, ihre Brüste »gegen Perlen« zu zeigen (*»boob flashing for beads«*). Fotografen, die Fotos und Videos davon verkaufen, haben *Mardi Gras* zu dem zweifelhaften Ruhm verholfen, den es heute genießt. Wer *Mardi Gras* kennenlernen will, wie man es im Fernsehen zeigt, muss am Fastnachtsdienstag ins *French Quarter* gehen.

Für ein echtes **New Orleans Karnevalserlebnis** sollte man sich auf mindestens eine **Parade in *Uptown*** einlassen. Jede Parade folgt zwar einer leicht unterschiedlichen Route (genaue Wege und Zeiten in *The Times-Picayune*, im *Gambit Weekly* oder im Internet unter www.mardigras.com), aber auf der St. Charles Ave kann man kaum eine der *Uptown*-Paraden verpassen. Man sucht sich einfach einen Platz an der Route und wartet auf die Festwagen.

*Die **Ausstellung** (mit Shop) **Mardi Gras World** befindet sich am westlichen Ende des Convention Center: 1380 Port of New Orleans Place, ✆ 504-361-7821; www.mardigrasworld.com. Dort kann man Führungen durch die Lager voller Karnevalsfiguren buchen; $20, Studenten $16.*

4.2.6 Ante Bellum Plantations am Mississippi

Plantations

Zwischen New Orleans und Baton Rouge gab es in der Blütezeit der Baumwollplantagen vor dem Bürgerkrieg zahlreiche herrschaftliche Villen der – dank Sklavenarbeit – reich gewordenen Pflanzer. Einige dieser Villen blieben über die Jahre beidseitig des Flusses erhalten und sind heute touristische Anziehungspunkte erster Ordnung. Wer New Orleans besucht, hat meist schon prächtige Fotos von ihnen gesehen und den Wunsch, diese sog. ***Mansions*** oder ***Plantation Houses*** zu sehen.

Besuchsplanung

Dafür kann man sich geführten, zeitaufwendigen und ziemlich teuren Bustouren anschließen, die überwiegend mehrere Häuser abfahren, oder den Besuch auf eigene Faust unternehmen, wozu hier ausdrücklich geraten wird.

Eintritt

Zunächst einmal muss man aber wissen, das **in all diesen *Mansions* mindestens $15, in den meisten $18-$20 Eintritt** fällig sind (Kinder unter 12/16/17 Jahren $7,50-$10), ermäßigte Kombitickets für den Besuche mehrerer Mansions gibt es nicht. Dabei ist die Qualität des Gebotenen, also die Attraktivität der Villen und ihrer Gärten und Parks, sehr unterschiedlich. Nicht nur auf Fotos, sondern auch in Wirklichkeit geht nichts über ***Oak Alley Plantation*** am Südufer des Flusses. Wer gerne in einer solchen Villa übernachten möchte, was in mehreren möglich ist, sollte die ***Nottoway Plantation*** in Betracht ziehen. Nur dort befinden sich die Zimmer fürs *Bed & Breakfast* im Haupthaus und nicht in irgendwelchen Nebengebäuden (w.z.B. im Fall *Oak Alley*). Indessen ist das nicht ganz billig und der kleine Park von Nottoway gehört nicht zu den reizvollsten.

Hinweis

Wem $15-$20 Eintritt/Person – speziell bei mehreren Besuchen an einem Tag – zu hoch erscheinen, kann alle Häuser und ihre Parks mehr oder weniger intensiv auch ohne Eintrittsgeld von außen bewundern. Das berühmte **Foto von der *Oak Alley Plantation*** durch die Eichenallee hindurch lässt sich mit einem mäßigen Zoom sogar von der Straße aus durch den Zaun machen.

Führung

Alle **Führungen** haben den Nachteil, dass sie oft in recht großen Gruppen erfolgen und ermüdend lange Detailerläuterungen (auf Englisch!) die Regel sind. Richtig lohnenswert sind sie nur bei starkem Interesse an Einzelheiten des einstigen Plantagenlebens.

Anfahrt

Für alle *Plantations* gilt: sie liegen an ***River Roads***, die sich beidseitig des Flusses hinter dem Deich entlangschlängeln, oft an Raffinerien, stillgelegten Fabriken und Verladeanlagen vorbei. Der Mississippi bleibt dem Auge verborgen, selbst von den *Plantations* aus. Überschauten seine Bewohner im 19. Jahrhundert noch den ungezähmten Fluss, fällt der Blick nun auf die Deiche. Also bloß nicht zur weiträumigen Anfahrt den kurvenreichen *River Roads* folgen, obwohl diese unverfehlbar alle *Plantations* und viele nicht zur Besichtigung offenstehende Villen passieren. Der schnellste Weg zum Ziel ist für alle *Plantations* zunächst die **I-10** und dann die geeignete Stichstraße Richtung Mississippi.

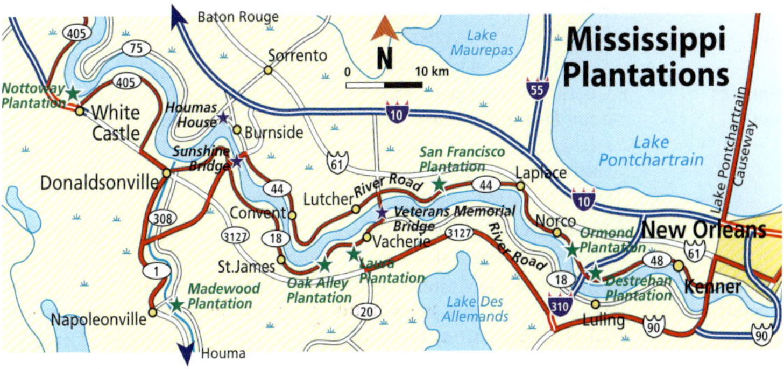

Oak Alley Plantation (schwer zu fotografieren; am besten am späten Nachmittag)

Anfahrt für Laura, Oak Alley und Nottoway

Für die besonders empfohlenen *Plantations* ***Oak Alley*** (bei Vacherie, ab dort ausgeschildert) und ***Nottoway*** (Donaldsonville/White Castle, ebenfalls ausgeschildert) ist für Fahrten **ab New Orleans die beste Route zwar (zunächst) auch die I-10, dann aber die I-310 über den Mississippi** und danach die breit ausgebaute, jedoch gering befahrene **Straße #3127 nach Westen**.

Information

Umfangreiche Informationen zu den zehn bekanntesten *Plantations* finden sich unter www.neworleansplantationcountry.com.

Auch das Portal der Nationalparkverwaltung www.nps.gov/nr/travel/louisiana/sitelist.htm zu Kultur und Geschichte von Louisianas Südosten beschreibt diese, dazu weitere historische Gebäude.

Die wichtigsten Häuser am **Nordufer des Mississippi** sind:

Destrehan & Ormond Plantations

- ***Destrehan Plantation***, 13034 River Road/Straße #48, etwa 4 mi von der I-310 über den Mississippi; täglich 9-16 Uhr, $18/$7; ✆ 1-877-453-2095; www.destrehanplantation.org.
- Nicht weit entfernt liegt die ***Ormond Plantation***, 13786 River Road. Sie dient heute als ***Bed&Breakfast*-Quartier**, ab $160; ✆ 985-764-8544, www.plantation.com.

San Francisco Plantation

- Eine der stilistisch ungewöhnlichsten *Mansions* ist das ***San Francisco Plantation House***, 2646 River Road/Straße #44 in Garyville, I-10 *Exit* 194, südlich auf der # 641, 10 mi bis *Plantation*. Dort wurden diverse Baustile originell kombiniert, täglich 9.30-16 Uhr, $17, bis 17 Jahre $10; www.sanfranciscoplantation.org.

Houmas House

- Ca. 30 mi weiter westlich steht das von riesigen Säulen umgebene ***Houmas House***, 40136 River Road/Straße #942 in Darrow, I-10 *Exit* 182, südlich auf der #22. Es ist innen nicht so bombastisch wie *San Francisco*, aber durchaus stilvoll; täglich 9-19 Uhr; geführte Tour $24; www.houmashouse.com.

Am **Südufer des Mississippi** sind in erster Linie die drei folgenden Häuser sehenswert (alle westlich der *Veterans Memorial Bridge*):

Laura Plantation

- Nur ein paar Meilen westlich der Brücke passiert man auf der Straße #18 (führt auch zur *Oak Alley Plantation*) zunächst die ***Laura Plantation***, ein vergleichsweise bescheidenes Anwesen mit alten Sklavenhütten, 2247 River Road/Straße #18 in Vacherie. Touren $20/$6; 10-16 Uhr; www.lauraplantation.com.

Oak Alley Plantation

- Unmittelbar an der #18 vorm Mississippideich endet die namensgebende 400 m lange auf das Haupthaus des Komplexes zuführende Eichenallee. Die ***Oak Alley Plantation***, 3645 Straße #18, ist wahrscheinlich das meistfotografierte und bestbekannte *Ante Bellum Mansion* der USA. Tatsächlich findet man ähnliche Eichenalleen auch noch anderswo, aber nirgends so lang, knorrig und alt (300 Jahre) wie hier. Dadurch allein wirkt das Anwesen gleich doppelt attraktiv. **Die besten Fotos** von der Eichenallee gelingen am frühen Vormittag oder späten Nachmittag. Dazwischen steht die Sonne ungünstig. Bedingt durch die große Popularität erfolgen die **Führungen** (Mo-Fr 9-16.30 Uhr, Sa-So 9-17 Uhr) in recht großen Gruppen durch Damen in zeitgenössischer Tracht (*Southern Belles*); $20, bis 18 Jahre $7,50; ✆ 1-800-442-5539, www.oakalleyplantation.com.

Die *Oak Alley Plantation* ist von einem besonders großen und gepflegten Park umgeben. In separaten *Guest Cottages* kann man ***Bed & Breakfast*** buchen (ab $165). **Restaurant**, **Café** und *Gift Shop* sind in einem separaten Komplex untergebracht.

Nottoway Plantation

- Die ***Nottoway Plantation***, 31025 Straße #1, liegt noch einmal ca. 30 mi weiter westlich bei White Castle ebenfalls direkt hinter dem Deich des Mississippi. Von der *Sunshine Bridge* sind es ca. 15 mi dorthin; ✆ 1-866-527-6884, www.nottoway.com.

Die palastartige schneeweiße Villa eines einstigen Zuckerproduzenten fällt architektonisch ziemlich aus dem Rahmen des Üblichen. Erbaut um 1850 zählte *Nottoway* zu den größten und modernsten Privathäusern der Zeit, hatte fließend Warm- und Kaltwasser, Badezimmer und Gaslampen. Die Besichtigung lohnt hier noch am meisten; Führungen täglich 9-16 Uhr, $20/$6.

***B&B*-Gäste** können im Haupthaus wunderbar nostalgisch übernachten, bezahlen dafür aber saisonabhängig $270-$420. In den Nebengebäuden ist es preiswerter, aber bei weitem weniger romantisch: ab $160. Ein **Restaurant** fehlt auch nicht.

Nottoway Plantation Hauptgebäude

4.3 Von Pensacola nach Apalachicola

Strände ohne Ende

Die Golfküste im Bereich Pensacola bis Panama City wird seiner endlosen herrlichen Strände und Dünen wegen gerne *Miracle Strip* (wörtlich »Wunderabschnitt«) oder – wegen des smaragdgrünen Wassers – auch *Emerald Coast* genannt. Die Straße #98 heißt in den Orten am Wege denn auch ***Miracle Strip Parkway*** oder ***Emerald Coast Parkway***.

Und wirklich gehören die Strände zwischen Pensacola und Panama City zu den schönsten der ganzen USA. Ihr Quartzsand ist so blütenweiß und fein, dass es Einheimischen während der Weltwirtschaftskrise 1930 gelungen sein soll, ihn andernorts – in Tüten abgepackt – als Zucker zu verkaufen.

Das Ende der Strände

Östlich von Panama City verändert sich die Küstenlandschaft langsam. Sumpfiges Terrain wechselt mit sandigen Abschnitten, das Wasser verliert die glasklare Transparenz. Auf der St. Joseph Peninsula und St. George Island finden sich noch einmal lange Sandstrände, aber sie sind nicht mehr so attraktiv wie weiter westlich. Danach verschwinden die Strände nach und nach ganz und machen bis fast hinunter nach Tarpon Springs sumpfigen Ufern Platz.

4.3.1 Die Emerald Coast

Santa Rosa Island/ Straße #399

Von Pensacola/Gulf Breeze aus könnte man gleich der Straße #98 folgen, aber schöner verläuft die #399 auf Santa Rosa Island. Sie führt hinter dem Dünengürtel festlandseitig bis nach Navarre, wo sie auf die #98 stößt. An ihr passiert man weitere Strandzugänge, u.a. den Abschnitt ***Opal Beach*** der *Gulf Islands National Seashore* und – vor der Brücke hinüber zum Festland – die ***Navarre Beach***, einen reinen Strandpark ohne Camping, aber mit einer populären *Fishing Pier* (über 400 m).

Fort Walton Beach

Fort Walton Beach (www.fwb.org) ist nach Pensacola der nächste größere, sich kilometerlang hinstreckende Ort an der Küste. Vor zwanzig Jahren war er wegen der vorgelagerten und kaum bebauten Strand- und Düneninsel **Okaloosa Island** (faktisch das Ostende von Santa Rosa Island) noch ein Geheimtipp. Heute säumen zahlreiche Motels der Unter- und Mittelklasse und *Fast Food Places* die alte Hauptstraße durch das kleine Zentrum. Und die Westseite von *Okaloosa* (Santa Rosa Blvd jenseits der gleichnamigen

Fort Walton, Okaloosa Island Beach. Der Dunst resultiert aus den feinen Sandpartikeln, die der starke Wind über den Strand bläst

Wasserstraße parallel zur #98) ist fast komplett zugebaut mit Apartmenthochhäusern und Hotels. Zwischen ihnen gibt es in regelmäßigen Abständen immerhin auch öffentliche Strandzugänge.

Information

Das ***Emerald Coast Convention & Visitors Bureau*** (1540 Miracle Strip Pkwy in Ft. Walton Beach, © 1-800-322-3319; www.emeraldcoastfl.com) hat Werbebroschüren und das unverzichtbare Heft ***See Emerald Coast*** mit der ganzen Palette des Angebots der lokalen Gastronomie wie auch für Wassersport und alle Aktivitäten. Im Internet gibt's das auch unter www.emeraldcoastguide.net.

Indian Mound

Sieht man ab von den Stränden, kommt ein Zwischenstopp auch am ***Indian Temple Mound & Museum*** in Frage (139 Miracle Strip Parkway im zentralen Bereich, Juni-Aug. Mo-Sa 10-16.30, sonst ab 12 Uhr; $5/$3; www.fwb.org/museums). Neben dem 600 Jahre alten Tempelhügel steht dort ein kleines Museum zur Geschichte der Indianerkulturen an der Golfküste.

Gulfarium

Das ***Gulfarium*** (1010 Miracle Strip Parkway, täglich 9-17.30 Uhr, im Winter bis 16.30 Uhr, Eintritt $22, Kinder $14) ist ein Marinepark der »ersten Stunde« (Eröffnung 1955), in dem Alligatoren, Delfine, Seelöwen, Pinguine und Meeresschildkröten in Pools und Gehegen zu sehen sind und die üblichen Shows stattfinden. Mit größeren Parks dieser Art wie z.B. *Sea World* kann das *Gulfarium* nicht konkurrieren; www.gulfarium.com.

Straße #98

Die Straße #98 (Miracle Strip Pkwy) läuft über das gesamte Ostende von Okaloosa Island weiter nach Destin (ab Fort Walton Beach 6 mi). Eine lockere Infrastruktur aus Gastronomie, *Shopping* und *Amusement* (Minigolf, Wasserrutschenpark etc.) prägt zunächst das Bild entlang ihres dort breiten Verlaufs. Nur die östlichsten 3,5 mi der Insel blieben von Bebauung weitgehend verschont. *Beach Parks* gewähren dort den Strandzugang; schön ist der John ***Beasley Park***.

Flugzeugmuseum

Vom ***Air Force Armament Museum*** bei der *Eglin Air Force Base* (Straße #85) war weiter oben bereits die Rede, ➤ Seite 297. Es steht an der Straße #85, ca. 6 mi nördlich von Fort Walton Beach (Anfahrt auch über die Straße #189). Rund 30 Bomber und Kampfjets vom Weltkrieg-II-Modell bis zum SR 71-Spionageflugzeug sind dort (überwiegend im Außengelände) zu besichtigen. Mo-Sa 9.30-16.30 Uhr; Eintritt frei; © 850-651-1808, www.afarmamentmuseum.com. Sehenswert für Flugzeugfans, aber nicht so eindrucksvoll wie das *Museum of Naval Aviation*, ➤ Seite 301.

Destin

Jenseits der fast einen Kilometer langen Brücke über die Einfahrt in die Choctawhatchee Bay liegt das einstige Fischerdorf **Destin**, heute die größte sich über viele Meilen hinziehende Agglomeration von riesigen Apartmentblocks, unzähligen Villen und einer dichten kommerziellen Infrastruktur entlang des *Emerald Coast Parkway*. *The world's luckiest fishing village* heißt es zwar in der Werbung für Destin aber die paar verbliebenen Fischerboote verlieren sich förmlich im Gewirr der Yachten und Ausflugsboote im Hafen gleich hinter der *Destin Bridge*; www.cityofdestin.com.

Der hier in den letzten 30 Jahren ausgebrochene bzw. nach Destin getragene Wohlstand sucht seinesgleichen. Die Kombination aus unendlichen weißen Stränden und geschützten Naturhäfen sowohl an der Golfküste wie auch am landseitigen *Intracoastal Waterway* sorgte seit den 1980er-Jahren für einen enormen Zuzug und touristischen Betrieb von März bis Oktober.

Harborwalk

Ein zentraler Bereich gleich östlich der Brücke ist das ***Harbor-Walk Village*** mit ***Marina*** hinter dem bombastischen Hochhaus *Emerald Grande Resort*. Entlang einer kurzen Promenade ballen sich dort **Shops**, **Restaurants** und **Bars** mit Aussichtsterrassen auf die Bucht und die gegenüberliegenden – hier kaum einen Steinwurf entfernten – schneeweißen Strände. Wer **Abendunterhaltung** sucht, wird in den Bars dieses Bereichs ebenfalls fündig; weitere Details unter www.emeraldgrande.com/harborwalk-village.

Bootstrips

An den Stegen der Marina dahinter warten zahlreiche Schiffe auf Kundschaft. Im Angebot sind ***Fishing Trips*** auf Spezialbooten mit Hochsee-Angelausrüstung, Fahrten zum Muschelsammeln oder

Nur über diese schmale Fahrrinne ist die weite Bucht des Destin Harbor mit dem offenen Meer verbunden. Dem Emerald Grande Resort und HarborWalk gegenüber liegt eine fast 1000 m lange flache Nehrung mit weißem Traumstrand

Dr. Beach: Wo ist der schönste Strand im Land?

In Sachen Strand gibt es in den USA eine unangefochtene Autorität: *Dr. Stephen P. Leatherman*, der Direktor des *Internationalen Hurrikanzentrums* an der *Florida International University*, veröffentlicht jedes Jahr eine **Hitliste mit den schönsten Stränden des Landes** und ist der Verfasser des Buches *America's Best Beaches*. Der unter dem Spitznamen ***Dr. Beach*** bekannte Autor geht dabei wissenschaftlich zur Sache. Er bewertet die 650 bekanntesten amerikanischen Strände nach fünfzig Kriterien, zu denen u.a. die Qualität des Sandes, die Sauberkeit des Wassers und die Höhe der Wellen gehören. Auch optische Aspekte – wie eine verbaute oder unverbaute Umgebung oder die Vegetation – werden berücksichtigt.

Die begehrten ersten Plätze auf der Liste des Stranddoktors werden fast immer von Stränden in **Hawaii, Florida** und **Kalifornien** belegt. Um für Abwechslung auf den ersten Plätzen zu sorgen, dürfen Strände, die einmal als der schönste Strand im Land ausgezeichnet wurden, in der Folge nicht mehr am Wettbewerb teilnehmen. Mehrere **Traumstrände in Florida**, obwohl nach wie vor schwer zu toppen, finden sich aus eben diesem Grund nicht mehr auf den aktuellen Listen. Mehr dazu unter www.drbeach.org.

Bisher trugen sich **sieben Floridastrände als Sieger** in die alljährliche Bestenliste des *Dr. Beach* ein: ***Siesta Beach Sarasota*** (2011), ***Fort De Soto Park's North Beach*** (2005) und die Strände der folgenden *State Parks*: ***Caladesi Island*** (2008), ***St. Joseph Peninsula*** (2002), ***St. Andrews*** (1995), ***Grayton Beach*** (1994) und ***Bahia Honda*** (1992).

2015 kamen die ***Barefoot Beach*** bei Naples (Platz 2) sowie ***St. George Island*** (östl. Panhandle) und ***Delnor-Wiggins Pass State Parks*** bei Naples (Plätze 3 und 9) in die Liste der Top 10.

Schnorcheln oder Delfinbeobachtung, www.southernstardolphincruise.com. Schnellboote (»*Blaster*«, www.seablasterdestin.com) rasen mit 50 km/h samt Passagieren übers Wasser, aber auch nostalgische **Segelboote** für Tagestrips wie ***Sunset Cruises*** fehlen nicht. Am ***Harbourwalk*** gibt es meist noch kurzfristig Plätze.

Küste bei Destin

Wer weiter die Strände genießen möchte, fährt nach Passieren des *Destin Harbor* über den ***Gulf Shore Drive*** auf der vorgelagerten Halbinsel bis zum Ende. En route sind nicht nur (wieder) Hochhäuser am Strand zu bewundern, sondern auch beneidenswerte Villen an Kanälen mit eigenem Bootssteg vor der Tür.

Wenn die Zeit reicht, kann man östlich von Destin nach Passieren des *Henderson Beach State Park* auf der **»alten« #98** direkt an der Küste entlang fahren und staunen, dass die Bebauung überhaupt nicht aufzuhören scheint. Tatsächlich wird sie erst nach Meilen unterbrochen durch Privatareale der *Upper Class* und die großen Gelände der *State Parks Topsail Hill* und *Grayton Beach*.

Unterkunft Emerald Coast

Entlang des *Miracle Strip/Emerald Coast Highway* gibt es im Bereich Fort Walton Beach und Destin **jede Menge M/Hotels**, darunter zwar etliche in der absoluten Hochpreisliga ($200+), aber auch viele mit – außerhalb der Hochsaison (Ostern und Ende Mai bis Anfang September) – durchaus moderaten Tarifen. Das gilt speziell für die immer flexiblen Kettenhäuser. Sie sind **entlang der #98** in Fort Walton und Destin nicht zu verfehlen und werben bei schlechter Auslastung teilweise weit sichtbar mit Sonderpreisen.

Ganz hervorragend unmittelbar am Strand liegt das individuelle ***Beachside Inn***, 2931 *Scenic Hwy* #98/Hutchinson Street etwas östlich des *Henderson State Park*; DZ ab $139 in der Nebensaison, HS $214; ✆ 1-888-232-2498; www.destinbeachsideinn.com.

Camping

Mit einer Ausnahme gibt es keine kommerziell geführten Komfort-Campingplätze direkt am Strand. Und dieser Platz gehört zu den teuersten in den ganzen USA, tariflich nur vergleichbar mit ähnlich exquisit gelegenen *Campgrounds* auf den Florida Keys: ***Camp Gulf***, 10005 Emerald Coast Hwy in Miramar Beach, $85-$192, ✆ 1-877-226-7485; www.campgulf.com.

State Parks

Aber im Bereich Destin warten gleich drei wunderbar gelegene *State Parks* mit Campingplätzen hinter den weißen Dünen und ebenso schönen Stränden. Wer dort campen möchte, sollte sie möglichst langfristig reservieren: ➤ Seite 69.

- Die ***Henderson Beach State Park*** liegt unweit westlich des Straßendreiecks #98/#293. Zum *State Park* gehören gute 2 km Strand und ein *Campground* im Wald mit 60 Plätzen ($30), 17000 Emerald Coast Parkway, ✆ (850) 837-7550, www.floridastateparks.org/hendersonbeach.
- Um den ***Topsail Hill Preserve State Park*** zu erreichen, verlässt man ca. 10 mi östlich von Destin die #98, die sich hier einige Meilen von der Küste entfernt, und nimmt die küstennähere **Straße #30A**. Es handelt sich um einen Spitzenpark, was auch bei den Campingtarifen zum Ausdruck kommt ($24-$42). Er verfügt über einen 5 km langen Strand und ein großes Naturschutzgebiet. Neben dem *Campground* gibt's dort **Bungalows** für $100/Nacht, 7525 Hwy 30A, Santa Rosa Beach, ✆ (850) 267-8330; www.floridastateparks.org/topsailhill.
- Der ***Grayton Beach State Park*** liegt nur ein paar Meilen weiter, Zufahrt ebenfalls über den Hwy 30A, 357 Main Park Road. Das Gelände des Parks dehnt sich hinter den Dünen weit ins Inland aus, nur ca. 1 mi der Küste ist *State Beach*. Auch *Grayton* brachte es schon zur Auszeichnung »schönster Strand der USA« (1994), ➤ Essay *Dr. Beach*, ➤ Seite 341. Der vom Meer ca. 500 m entfernte *Campground* (34 schön zugewachsene Plätze, $24-$30) grenzt an den kleinen Binnensee Western Lake. ***Cabins*** für bis zu 6 Personen sind ebenfalls vorhanden, $110-$130/Tag; ✆ (850) 267-8300, www.floridastateparks.org/graytonbeach.

Grayton Beach

Die Dünen in Seaside sind besetzt mit sog. Cottages, von denen sich viele – zu heftigen Tarifen – auch mieten lassen

Seaside

Nur 2 mi östlich der Grayton Beach läuft die #30A durch Seaside, einen »Vorzeigeort«, der **unbedingt einen Zwischenstopp** erfordert. Seaside ist eine bereits in den 1970er-Jahren geplante und 1981 »eröffnete« **Retortenstadt**, der perfekt sichere und saubere Ort. Seaside wirkt tatsächlich ungewöhnlich aufgeräumt und ist ohne aufdringliche Werbung und *Fast Food Places*. Wie in einem Bilderbuch gruppieren sich rund um den Central Square mit Cafés und Restaurants wie auch entlang des Strandes nur gepflegte weiße, hellrosa oder hellblaue Holzbauten. In den Wohnstraßen steht ein makelloses Haus mit hübschem Garten und weißem Zaun neben dem anderen. Die Perfektion bewirkte, dass Seaside schon in mehreren Filmen als Kulisse diente, so u.a. als »**Seahaven**« in der grandiosen ***Truman Show*** mit *Jim Carrey*. Mehr zu diesem bemerkenswerten Ort unter: www.seasidefl.com.

Wer dort übernachten möchte, findet zahlreiche sog. *Cottages*, kleine und große Häuser, teilweise am Strand, zur – indessen teuren – Vermietung (ab ca. $200); www.cottagerentalagency.com.

Eden Gardens State Park

Nördlich von Seaside wartet bei Point Washington im ***Eden Gardens State Park*** (zurück zur Straße #98, dann 1 mi #395) eine völlig andere Welt. Inmitten einer gepflegten Gartenanlage voller mit *Spanish Moss* behangener Eichen, Magnolien und Azaleen steht ein **schönes Herrenhaus im Plantagenstil** der Südstaaten. Täglich zugänglich 8 Uhr bis zur Dämmerung. Zutritt $4/Auto. Besichtigung Do-Mo 10-15 Uhr stündlich $4, Kinder $2; www.floridastateparks.org/hours-and-fees/eden-gardens.

#98 Alt bis Panama City Beach

Etwa 10 mi östlich von Seaside vereinigen sich die Straßen #30A und #98 und laufen vierspurig als Panama City Beach Parkway in Richtung Panama City. Parallel dazu führt die **Front Beach Road** als endloser breiter ***Business Strip*** weiter an der Golfküste entlang. Die Bebauung auf den etwa 20 mi von Laguna bis Panama City Beach ist vor allem seeseitig nahezu lückenlos. Im Gegensatz zu den Seebädern weiter westlich wechseln sich neue mondänere Bereiche mit älteren Strukturen ab. Die gesamte Strecke ist gekennzeichnet durch zahllose H/Motels, Beach-Apartments, Amusementbereiche, *Shopping* und jede Menge *Fast Food*.

4.3.2 Panama City Beach

Amusement und Shopping

Neben dem meilenlangen Strand, der mit seinem schneeweißen Sand und türkisfarbenen Wasser noch zur ***Emerald Coast*** gehört, ziehen im Bereich Panama City vor allem kommerziell orientierte Attraktionen Besucher an. Da dürfen natürlich auch *Shopping Center* nicht fehlen. Das beste ist der **Pier Park** mit ca. 120 Läden, vielen Restaurants und IMAX-Kino zwischen Front Beach Road und Straße #98, www.simon.com/mall/pier-park.

Museum

An der hier küstenabseits verlaufenden Straße #98 befindet sich das ***Man in the Sea Museum***, 17314 Panama City Beach Pkwy. Die Ausstellungen drehen sich um die Geschichte des Tauchens und zeigen zahlreiche Objekte wie alte Tauchanzüge, erste U-Boote und aus gesunkenen Schiffen geborgene Schätze. Ganz originelle Exponate befinden sich auch auf dem frei zugänglichen Außengelände; Mi-Sa 10-17 Uhr, Eintritt $5; www.maninthesea.org.

Gulf World

Den ***Gulf World Marine Park***, ein **Aquarium** und **Florida-Zoo** mit Alligatoren, Flamingos etc., passiert man an der Strandstraße Front Beach Road (15412). Shows mit Delfinen, Seelöwen und Haien. Für $175 darf man **mit Delfinen schwimmen**, ➢ auch Seiten 158 und 254; täglich 9.30-16.30 Uhr, Eintritt $29; bis 11 Jahre $19, bis 4 Jahre frei; www.gulfworldmarinepark.com.

Delfine vor der Küste

Hinweis: In Panama City Beach muss man zur Delfinbeobachtung nicht ins Aquarium: Delfine sind in freier Natur extrem neugierig und am *Panhandle* in Küstennähe anzutreffen. Man kann dafür Touren buchen oder in Eigeninitiative ein Boot mieten. Delfine lassen sich von ruhigen Schwimmern sogar berühren.

Shipwreck Island

Als lokale Top-Attraktion gilt der Planschpark ***Shipwreck Island*** noch etwas östlicher zwischen #98 und Strandstraße, 12201 Middle Beach Road, täglich Ende Mai-Mitte August 10.30-17.00 Uhr, mit Wellenbad und Rutschen; Eintritt $30/$35 (bis/ab einer Größe von 1,27 m); www.shipwreckisland.com.

Das *Ripley's* in Panama City in Form eines sinkenden Ozeanriesen wurde der *Titanic* nachempfunden

Urlaubsregion Nordwestflorida Beaches

Der Küstenstreifen von Pensacola bis Panama City Beach (ca. 100 mi) ist seit Jahren nach Orlando und Miami & Beaches die drittmeist besuchte Touristenregion in Florida (2015 ca. 14 Mio Besucher). Da sich die Gäste im Nordwesten – im Gegensatz zu Südflorida und dem Großraum Orlando mit vielen internationalen Touristen – überwiegend aus »weißen« Bewohnern des ländlichen Südens rekrutieren, werden die Strände des *Panhandle* gerne als ***Redneck Riviera*** bezeichnet – *Redneck* ist der wenig schmeichelhafte Spitzname für ebendiese Gruppe wegen ihrer (früher) von der Landarbeit sonnenverbrannten Nacken.

Tatsächlich gibt es für Strand- und Wassersporturlaub zwischen April und Oktober in den USA kaum eine attraktivere Zielregion. Und die liegt bei Autoanreise aus den Nachbarstaaten obendrein geographisch nahe. Und bei Studenten, die während der Frühlingssemesterferien, dem sog. *Spring Break*, ein paar Tage in der Sonne verbringen wollen, war speziell Panama City Beach bislang ein ähnlich beliebtes Ziel wie Daytona Beach, ➤ Seite 262. Man bemüht sich dort aber, diese besondere Form eines temporären Sauftourismus wegen der dabei üblichen alkoholischen und anderer Exzesse zurückzudrängen.

Ripley's

Ein *Eye Catcher* ist in Panama City Beach das Kuriositätenkabinett von ***Ripley's Believe it or not!*** ➤ Foto links und Seiten 275+255, 9907 Front Beach Road, tägl. ab 10 Uhr, So-Do bis 18 Uhr, Fr/Sa bis 20 Uhr; $18, bis 12 Jahre $13; www.ripleyspanamacitybeach.com.

Wonder Works

Auf der anderen Straßenseite wird im ***WonderWorks*** im wahrsten Sinne des Wortes alles auf den Kopf gestellt, ➤ auch Seite 255f. Eine Art Wissenschaftsmuseum mit *Hands-on-Exhibits*; täglich 9-19 Uhr, Sa bis 21 Uhr; Eintritt $24, bis 12 Jahre $19 inkl. Seilgarten und 4D-Kino; www.wonderworksonline.com/panama-city-beach.

Information

Panama City Beach Chamber of Commerce, 309 Richard Jackson Blvd, © (850) 235-1159; www.pcbeach.org.

Unterkunft

An der Front Beach Road stehen zahllose Motels, neben den üblichen Häusern der Ketten z.B. unmittelbar am Strand

- ***The Driftwood Lodge on the Gulf***, 15811 Front Beach Road, © 1-800-442-6601, ab $90; www.driftwoodpcb.com

Camping

- Der ***St. Andrews State Park*** besetzt den kompletten östlichen Teil der Landzunge von Panama City Beach. Dort kann man den letzten Abschnitt des *Panhandle*-Traumstrandes genießen, ➤ Essay *Dr. Beach*. Der große Campingplatz liegt auf der Lagunenseite der Halbinsel, $28; www.floridastateparks.org/standrews.
- ***Camper's Inn***, 8800 Thomas Dr, $45-$55; www.campersinn.net

Shell Island

Zum *State Park* gehört auch der westliche Teil von **Shell Island**; Überfahrt mit dem Boot $17/$9; www.shellislandshuttle.com.

Gastronomie

Wie bereits angedeutet, gibt es am Strip und in den Parallel- und Nebenstraßen jede Menge *Fast Food*, aber auch »richtige« Restaurants und Kneipen ohne Ende. Hier nur diese Empfehlung:

- ***Capt. Anderson's***, 5551 N Lagoon Drive an der Brücke über die Lagune; Nov.-Feb. und So geschlossen. Lokales Spitzenrestaurant und *Waterfront Market*; www.captanderson.com.

4.3.3 Von Panama City nach Apalachicola

Östlich von Panama City nähert sich die Straße #98 nach Passieren der *Tyndall Air Force Base* wieder der Küste, die nun nicht mehr mit sensationellen, ununterbrochenen (wenngleich immer noch hellen) Stränden aufwartet und auch sonst nichts landschaftlich Spektakuläres zu bieten hat. Am Wege liegen bis Port St. Joe (ca. 40 mi) nur noch kleinste Ortschaften.

Port St. Joe

In dieser kleinen **Hafenstadt** konstituierte sich 1838 die erste verfassunggebende Versammlung Floridas, an die das ***Constitution Convention Museum*** erinnert (200 Allen Memorial Way, Do-Mo 9 bis 17 Uhr, Eintritt $2; etwas für stark historisch Interessierte; www.floridastateparks.org/park/constitution-convention). Die nach einigen Überarbeitungen verabschiedete Verfassung, sorgte dafür, dass Florida 1845 der 27. US-Staat werden konnte. Heute ist Port St. Joe bedeutungslos; es hat ganze 3.500 Einwohner.

Verfassunggebende Versammlung von 1838, nachgestellt im historischen Museum von Port St. Joe

Unterkunft

Mitten im Ort steht an der 501 Monument Ave das nostalgische ***Port Inn***. Wenn auch Port St. Joe ansonsten nicht sonderlich einladend wirkt, dieses Hotel mit feiner Bar ist ein Geheimtipp, ab $139; www.portinnfl.com

Apalachicola

Auf direkter Route (Straße #98, ca. 24 mi) erreicht man Apalachicola, ein altes Hafenstädtchen (2.200 Einwohner) an der Mündung des gleichnamigen Flusses. Es ist einer der hübschesten Orte an der Küste des *Panhandle* und für seine **Austern** in den ganzen USA bekannt. 90% aller Austern, die Florida auf den Tisch kommen, stammen aus der Apalachicola Bay.

Im Ort gibt es keine Ferienresorts und nicht einmal eine *Shopping Mall*, dafür aber einen historischen Stadtkern mit einigen nostalgischen Gebäuden, die heute mehr oder weniger originelle Läden beherbergen, und das unverfehlbare ***Gibson Inn***, in dem man stilvoll übernachten kann (➤ Foto, Seite 348). Rund um das kleine Zentrum stehen in den grünen Nebenstraßen voller *Live Oaks* mit *Spanish Moss* zahlreiche **alte Villen**, die dem Ort sein besonderes Flair verleihen. Einige davon bieten ***Bed & Breakfast***.

State Museum/ Kühlschrank-erfinder

Außerdem verfügt Apalachicola über den hier unerwartet interessanten ***John Gorrie Museum State Park*** (46 6th Street, Do-Mo 9-17 Uhr, $2; www.floridastateparks.org/johngorriemuseum). Er erinnert an den Arzt ***John Gorrie*** aus Apalachicola, der Mitte des 19. Jahrhunderts nach einer Möglichkeit suchte, für seine Patienten kühlere Räume zu schaffen. Dabei erfand er die erste Eismaschine und damit die Technik, nach der bis heute Kühlschränke, Gefriertruhen und Klimaanlagen funktionieren.

Gleich gegenüber liegt der kleine **Ortspark** unmittelbar am Wasser (unterhalb der Brücke über die Bay). Ideal für eine Fahrpause mit kleinem Picknick.

Information

- ***Apalachicola Bay Chamber of Commerce Visitor Center***, 122 Commerce Street, © 850-653-9419; www.apalachicolabay.org

Unterkunft

- Das hellblaue ***Gibson Inn*** (51 Avenue C, ab $120; © 850-653-2191, www.gibsoninn.com, ➤ Foto nächste Seite) und das ***Coombs House Inn*** (80 6th Street, , ab $120; © 1-888-244-8320, www.coombshouseinn.com) stehen beide mitten in Apalachicola.
- Das ***Rancho Inn*** (240 Highway #98, © 850-653-9435, www.rancho-inn.com), ist ein normales, tarilich moderates Motel der unteren Mittelklasse am westlichen Ortseingang, $72-$85.
- ***Apalachicola River Inn*** (123 Water Street am Fluss, © 850-653-9364, www.apalachicolariverinn.com) ab $149 inkl. *Breakfast*, einige Zimmer mit Terrasse; Restaurant und *Oyster Bar*.

Gastronomie

- ***Boss Oyster*** gehört zum *River Inn*, © (850) 653-9364, und offeriert Austern in diversen Zubereitungsarten (unbedingt probieren, anderes nicht so toll), 125 Water Street; www.bossoyster.com.
- ***Chef Eddie's Magnolia Grill*** (99 11th Street, © 850-653-8000) ist ebenfalls für Austern und *Seafood* bekannt.
- ***Owl Cafe and Wine Room*** (15 Ave D beim *Gibson Inn*, © 850-653-9888, www.owlcafeflorida.com). Fangfrische Fischgerichte, beachtliche Wein- und Bierauswahl für den kleinen Ort.

St. Joseph Peninsula

Wer aber auf dem Weg in Richtung Süden noch Zeit hat, macht einen Abstecher auf die **St. Joseph Peninsula**. Etwa 1 mi südlich von Port St. Joe trennen sich die Straßen #98 und #30A. Die **#30A** läuft weiter die Küste entlang und vereinigt sich später wieder mit der #98 (bis Apalachicola auf dieser Route ca. 30 mi). Die Stichstraße **Cape San Blas Road** (#30E) führt bis ans Ende dieser hakenartigen Halbinsel. Deren Außenküste besteht aus endlosen hellen Stränden bei guter Wassertransparenz. Entlang der Straße gibt es immer wieder Strandzugänge.

Sand und Wasser sind optimal an der Spitze des Hakens, die ganz zum ***Stone Memorial St. Joseph Peninsula State Park*** gehört, www.floridastateparks.org/stjoseph. Über die markierten Strandzugänge #1 und #2 gelangt an einen wunderbaren Strand- und Badebereich. Im State Park kann man hinter der Küstendüne in unmittelbarer Strandnähe auch campen (© 850-227-1327, $24). ***Cabins*** für bis zu 6 Personen sind ebenfalls vorhanden ($100/Tag).

Top Ten in Nordflorida und dem Panhandle

1. An den Stränden der *Emerald Coast* oder auf Santa Rosa Island (*Gulf Island National Seashore*) **Sonne und Meer** genießen
2. Das ***National Museum of Naval Aviation*** bei Pensacola besuchen
3. Im ***Ichetucknee Springs State Park*** das *Tubing* ausprobieren
4. In **Apalachicola Austern** essen
5. In Destin einen Trip zur **Delfinbeobachtung** buchen
6. ***Fort Pickens*** und/oder ***Fort Barrancas*** bei Pensacola besichtigen
7. Einen Abstecher zum ***Air Force Armament Museum*** bei Fort Walton machen
8. In **Seaside** den dort scheinbar Realität gewordenen *American Dream* bewundern und in einem der Restaurants mit Strandterrasse ausspannen
9. In **Panama City** im ***Ripley's*** staunen, was es nicht alles gibt
10. Im ***Blackwater River State Park*** ein Kanu leihen und auf dem »schwarzen« Fluss die Zivilisation hinter sich lassen

St. George Island

Ebenso schön wie auf der St. Joseph Peninsula sind die Strände rund um die Ostküste von **St. George Island**. Eine 4 mi-Brücke führt ab Eastpoint dorthin. Ein Teil der Strände ist unzugänglicher Privatbesitz, aber das gesamte Ostende der 30 mi langen Insel mit 9 mi ursprünglichem Strand und Dünen ist *State Park*-Terrain. Am attraktivsten ist der vierte Strandzugang rechts. An der *East Sloug Beach* wartet ein *Boardwalk*; www.seestgeorgeisland.com.

Campground im ***St. George Island SP,*** 1900 E Gulf Beach Drive, $24; © 850-927-2111, www.floridastateparks.org/stgeorgeisland.

Unterkunft

- ***Buccaneer Inn*** (160 W Gorrie Dr, © 1-800-847-2091, ab $105; www.buccinn.com), eines der preisgünstigeren Quartiere.
- ***St. George Inn*** (135 Franklin Blvd, © 850-927-2903, ab $ 115; www.stgeorgeinn.com); altmodisch-gemütlich, 200 m zum Strand.
- Eine Übersicht aller Quartiere auf St. George Island findet sich unter www.apalachicolabay.org.

Nostalgisches, sehr empfehlenswertes Gibson Inn in Apalachicola, ➤ *Seite 347*

5. VOM PANHANDLE NACH SÜDEN ZUR TAMPA BAY

Zur Route

Ab Apalachicola

Die Straße #98 führt (gemeinsam mit der #319) **ab Apalachicola** zunächst wieder an der Küste entlang. Der Wald wächst auf den nächsten 40 mi bis Panacea häufig bis ans Wasser und sorgt damit für einen reizvollen Streckenverlauf.

Straße #319

Östlich von Lanark Village löst sich die Straße #319 von der #98 und führt durch den *Apalachicola National Forest* in Richtung Tallahassee. Wer in dieser Region einen romantischen Platz zum Campen sucht, findet ihn im ***Ochlockonee River State Park***, ➤ Seite 294. Weiterfahrt ggf. über ***Wakulla Springs***, ➤ Seite 295.

Verlauf

Von dort gelangt man ohne Rückkehr auf die Küstenroute und Weiterfahrt via Panacea auch weiter östlich wieder auf die dort mittlerweile landeinwärts laufende #98. Wegen der vollständig versumpften Golfküste zwischen Panacea und dem zentralen Florida bis ungefähr Tarpon Springs gibt es keine Küstenroute mehr nach Süden. Die küstennächste Strecke entspricht dem Verlauf der Straße #98 und – ab Perry – der von Tallahassee kommenden #19. Bis über *Homosassa Springs* hinaus trägt diese breit ausgebaute Straße nach Süden beide Nummern (#98 und #19).

Distanz & Zeitbedarf

Von Panacea bis zur Tampa Bay sind es knapp 300 mi, eine Strecke, die bei zügiger Fahrt ohne längere Pause und Abstecher an einem Tag gerade gut zu schaffen ist (keine Autobahn! Meist Maximaltempo 65 mph, streckenweise und ab Crystal River verkehrsbedingt weniger). Im nördlichen Bereich dieser Route findet sich wenig, was zu Zwischenstopps Anlass gibt, aber die beiden folgenden Abstecher, speziell zu den *Manatee Springs*, sind sehr erwägenswert. Ein Besuch in Park und Zoo der weiter südlichen *Homosassa Springs* lohnt sich ebenfalls. Für die Fahrt ab dem *Panhandle* bis zur Tampa Bay kann man gut zwei Tage einplanen.

Abstecher und Zwischenstopps

Fanning Springs

Der kleine Ort **Fanning Springs** hat seinen Namen von den Quellen gleich östlich der *Suwannee River Bridge* (#98). Diese *Springs* sind nicht spektakulär, bieten aber einen **Badepool** mit *Boardwalk*. Unterhalb der Brücke ist ein beliebter Startpunkt für einen 10-mi Kanutrip auf dem Suwannee bis zum *Manatee Springs SP*. Bootsmiete und geführte Touren unter www.suwanneeguides.com.

Manatee Springs

Ein Abstecher sollte unbedingt dem ***Manatee Springs State Park*** gelten. Bei Chiefland zweigt die Straße #320 dorthin von der #19/#98 ab; www.floridastateparks.org/park/manatee-springs. Die glasklare Quelle sprudelt unweit des Suwannee River ca 8 mi von der Hauptstraße entfernt. Ein gut gepflegter Park umgibt Quelle und Quellfluss. Kleiner **Badestrand** (die Temperatur des glasklaren Wassers beträgt immer konstant 20°C; Badezeug ist Pflicht).

Schwimmen im klaren Wasser der Manatee Springs ist bei Wassertemperaturen um 20°C ein erfrischender Genuss

Kanumiete

Kanuvermietung dort auch durch *Suwannnee Guides Outfitters*, www.suwanneeguides.com. Ein 300 m langer Holzsteg (*Boardwalk*) führt über Mangrovensumpf zum Ufer des hier breiten und sich scheinbar träge dahinwälzenden Flusses. Aber Achtung: Wer sich mit dem Kanu zu weit auf den Suwannee traut, muss ganz schön kräftig gegen den Strom paddeln, um wieder zum Quellfluss zurückzukehren. Bis zum Golf von Mexico sind es 33 mi.

Camping

Ein ***Campground*** (200 m abseits der *Springs*) ist auch vorhanden. Die Stellplätze sind von dichter Vegetation umgeben. Abendunterhaltung beim Barbecue liefern zirpende Grillen, $20.

Der Komfortplatz ***Yellow Jacket RV Resort*** liegt gut 10 mi südlich Old Town (Straße #349) am Westufer des Suwannee, 55 SE 503 Ave, ab $32, © (352) 542-8365; www.yellowjacketrvresort.com.

Anfahrt Cedar Key

Ein weiterer Abstecher könnte **Cedar Key** gelten, einer den Küstensümpfen vorgelagerten, über Brücken erreichbaren Insel. Südlich von Chiefland zweigt die Straße #345 ab, die beim einstigen Dorf Rosewood (➤ Essay) auf die Straße #24 stößt, der direkten Verbindung zwischen Hauptstraße #19 und Insel (ab Chiefland etwa 28 mi, zurück auf die #19 ca. 20 mi bis Otter Creek).

Ortschaft Cedar Key

Cedar Key ist ein kleiner Ort mit 700 Einwohnern. Der Name der Insel erinnert daran, dass dort und auf dem nahen Festland einst Zedernwälder standen. In der zweiten Hälfte des 19. Jahrhunderts wurden sie aber von der Firma *Faber (!)* aufgekauft und für die Bleistiftproduktion komplett abgeholzt. Cedar Key verfügt außer exponierter Lage über keine besonderen Attraktionen, aber ein paar hübsche Ministrände an der Westseite des Ortes und – in Verlängerung eines alten Anlegers am Hafen – die auf Pylonen übers Wasser zur C Street geführte Dock Street. Dort warten ein paar rustikal-originelle *Fish-* & *Seafood*-Restaurants (Austern), *Shops* und Bars auf Gäste; gut ist ***Steamer's Clam Bar & Grill***.

Das Massaker von Rosewood

An der Straße #24 passiert man auf Höhe des Straßendreiecks mit der #345 ein Schild mit dem Schriftzug »Rosewood«. Es ist schwer vorstellbar, dass sich an diesem knapp 10 mi von der Golfküste entfernten Fleckchen Erde eines der furchtbarsten Ereignisse in der modernen Geschichte Florida abgespielt hat; www.rosewood-heritage.net.

Anfang des 20. Jahrhunderts war Rosewood ein Dorf mit etwa 350 Einwohnern, fast ausnahmslos Afroamerikanern. Es gab einen Bahnhof, ein Hotel, eine Post, eine Schule, zwei Kirchen und ein Geschäft, das einem der wenigen weißen Bürger gehörte. Die Bevölkerung lebte teilweise von der Landwirtschaft, viele der Männer arbeiteten aber in einer Sägemühle in Sumner, einem ca. 2 mi entfernten, überwiegend »weißen« Ort. Auch einige schwarze Frauen waren dort angestellt – als Dienstmädchen oder Köchin.

Am Neujahrstag 1923 behauptete die 22-jährige verheiratete *Frances Taylor* in Sumner, sie sei von einem schwarzen Unbekannten überfallen und vergewaltigt worden. Zeugen für diesen Vorfall fehlten, und vereinzelt glaubte man auch, sie hätte Handgreiflichkeiten mit einem Liebhaber gehabt und mit diesem Vorwurf wollte sie ihrem Ehemann eine plausible Erklärung für die Existenz ihrer blauen Flecken liefern. Dennoch machte sich sofort eine Gruppe empörter Nachbarn auf die Suche nach dem »Täter«, den man, da angeblich schwarz, in Rosewood vermutete.

Gleich der erste Einwohner von Rosewood, auf den der weiße Stoßtrupp stieß, überlebte das Zusammentreffen nicht. Er konnte keine Auskunft über den vermeintlichen Verbrecher geben und wurde kurzerhand erschossen. Danach begann ein fünftägiges Morden und Brandschatzen, das in Rosewood keinen Stein auf dem anderen ließ. Mit tatkräftiger Unterstützung aus anderen weißen Orten der Umgebung zerstörte der Mob aus Sumner das komplette Dorf Rosewood und brachte einen Großteil der Einwohner um. Diejenigen, die flüchten konnten, kehrten nie mehr nach Rosewood zurück.

Obwohl die Verbrechen weit über die Umgebung von Cedar Key hinaus bekannt waren, wurde in den folgenden Jahren niemand für die Morde verurteilt oder auch nur vor Gericht gestellt. Die weiße Bevölkerung schwieg aus nachvollziehbaren Gründen. Die schwarzen Überlebenden waren verängstigt und rechneten wohl ohnehin nicht mit Unterstützung durch Behörden.

Erst 70 Jahre danach kam es zur Untersuchung des Massakers von 1923. Als 1993 endlich die Einzelheiten geklärt und veröffentlicht wurden, war es zu spät, um die damaligen Täter zur Rechenschaft zu ziehen. Aber die Regierung Floridas stellte zumindest eine Summe von mehreren Millionen Dollar für die Überlebenden und ihre Nachkommen zur Verfügung.

Das öffentliche Interesse an der so lange verschwiegenen Geschichte war groß. Alle amerikanischen Zeitungen schrieben Berichte, Fernsehteams interviewten in der Gegend von Rosewood Zeitzeugen. 1995 nahm sich der Hollywood-Regisseur *John Singleton* der Geschichte an. Er suchte Überlebende, informierte sich vor Ort und drehte anschließend einen Spielfilm, der 1997 mit dem schlichten Titel ***Rosewood*** in die Kinos kam.

Lesetipp:
In dem historischen Roman *Like Judgment Day, The Ruin and Redemption of a Town Called Rosewood* schildert *Michael d'Orso* die Ereignisse des Jahres 1923. Im Vorwort erzählt *John Singleton*, wie er darauf aufmerksam wurde und wie die Filmarbeiten in Florida abliefen.

Das Natur- und Vogelschutzgebiet ***Cedar Keys National Wildlife Refuge*** (www.fws.gov/cedarkeys) und der ***Cedar Key State Park*** (**Museum**: Do-Mo 10-17 Uhr; www.floridastateparks.org/cedarkeymuseum, Eintritt $2) sind nur etwas für naturkundlich bzw. lokalhistorisch besonders interessierte Besucher.

Information

- ***Cedar Key Chamber of Commerce***, 450 Second Street, © (352) 543-5600; www.cedarkey.org

Unterkunft

- ***Cedar Key B&B***, 810 Third Street, © (352) 543-9000, ab $105; www.cedarkeybandb.com
- Originell ist das nostalgische ***Island Hotel***, 373 Second Street, © 1-800-432-4640, ab $90, www.islandhotel-cedarkey.com
- Zu einem ähnlichen Tarif kommt man unter im ***Faraway Inn***, 847 Third St, © 1-888-543-5330, ab $90, www.farawayinn.com
- Empfehlenswert sind auch die ***Cedar Key Harbour Master Suites***, 390 Dock Street, ab $90, am Dock mit Aussicht übers Wasser, © (352) 543-9146, www.cedarkeyharbourmaster.com

Camping

An der #24, 1,5 mi nördlich des Ortes, hat der ***Sunset Isle RV Park*** Plätze am Wasser, $39; © 1-800-810-1103, www.cedarkeyrv.com.

Rainbow Springs State Park

Ein weiterer Abstecher bietet sich **ab Inglis** an. Von dort sind es auf der Straße #40/#41 über Dunnellon #41 ca. 20 mi bis zu den extrem ergiebigen ***Rainbow Springs***. Aus mehreren Quellen tritt dort täglich die enorme Wassermenge von ca. 1,6-2,4 Mio m^3 an die Oberfläche und bildet den ungemein attraktiven ca. 10 km langen Rainbow River, der in Dunnellon in den Withlacoochee River mündet. Die Hauptquelle mit **Badepool** (22°C) befindet sich an der 81 Place Road (von der #41 rechts ab ca. 5 mi nördlich Dunnellon), dort *Visitor Center* und *Tube-*, Kanu- und Kajakvermietung (www.rainbowspringspark.com). Der ***State Park*** ist daher überaus populär und hat auch eine eigene Vermietstation für Schwimmreifen und Startpunkt am Fluss weiter südlich am Ostufer (Anfahrt über SW 180 Ave Road). An Wochenenden gibt es oft Wartezeiten. Alle Details und Restriktionen unter © (352) 465-8525 bzw. www.floridastateparks.org/park/Rainbow-Springs. Ein ***Campingplatz*** ist auch vorhanden, $30; Anfahrt ebenfalls auf SW 180 Avenue Road.

Sonnenuntergang auf Cedar Key

Schwimmbereich der Rainbow Headsprings

Crystal River State Park

Bei Crystal River lohnt sich ein kleiner Abstecher für alle, die sich für Frühgeschichte interessieren. Ausgrabungen bewiesen, dass dort schon 500 v. Chr. Menschen lebten. Auf ein religiöses Zentrum der frühen indianischen Bewohner der Golfküste weisen sechs Hügel hin, sog. *Indian Mounds*. Das Museum des ***Crystal River Archaeological State Park*** präsentiert Töpferwaren und prähistorische Kunstgegenstände, 3400 N Museum Point (von Straße #19/ #98 zunächst auf West State Park Road abbiegen); Do-Mo 9-17 Uhr, $3; www.floridastateparks.org/crystalriverarchaeological.

Tipp: Das mondäne ***Plantation on Crystal River***, ein weitläufiges Golfhotel und ***Spa Resort*** am 9301 West Fort Island Trail unweit der Hauptachse #19 hat saisonabhängig Zimmer ab ca. $119, © 1-800-632-6262; www.plantationoncrystalriver.com.

Homosassa Springs

Nur wenige Meilen weiter passiert man den ***Homosassa Springs Wildlife State Park*** (*Visitor Center* und *Boat Dock* direkt an der #19/#98, täglich 9-17.30 Uhr, Eintritt $13, Kinder bis 12 Jahren $5, © (352) 628-5343: www.floridastateparks.org/homosassasprings).

Per Boot (ca. 15 min) geht es zu einem offenen Zoo der Florida-Tierwelt: Flamingos, Adler, Alligatoren, Pumas, Schlangen und sogar ***Manatees***. Es gibt zwar diverse Parks, in denen Meereskühe leben, *Homosassa* ist indessen der einzige, der seinen Besuchern garantiert, diese Tiere wirklich zu Gesicht zu bekommen. Vom Unterwasser-Observatorium aus oder bei Fütterungen mit Kohlköpfen (11.30, 13.30 und 15.30 Uhr) sieht man sie in voller Größe aus nächster Nähe. Sehr empfehlenswerter Park.

Tipp: Die Bootsfahrt ist witzlos und kostet mit Anstehen nur Zeit und Anstrengung. Man kann per Auto direkt zum Eingang (*West Entrance*) des eigentlichen Parks – hier auch der Zoo und ein *Visitor Center* – fahren und zwar auf der West Halls River Road unmittelbar nördlich des Besucherzentrums von der #98/#19 kurz nach Westen und dann die nächste Straße südlich ab (West Fishbowl Drive/Straße #490A). Ab der Hauptstraße ist das nur ca. 1 mi. Einziges Problem ist am ***West Entrance*** die Parkplatzkapazität.

Verkehrsdichte

Ab Bereich Homosassa Springs wird der Verkehr auffällig stärker und die Bebauung beidseitig der vier- bis sechsspurigen Straße

Einen Besuch im Homosassa Park sollte man nicht auslassen – sehenswert sind vor allem die Manatees

immer dichter, Folge der flächendeckenden Urbanisierung weiter Gebiete Floridas auch ohne unmittelbare Anbindung an historisch gewachsene Ortschaften. Die Trennung der Straßen #19 und #98 rund 7 mi südlich von Homosassa Springs bewirkt aufkommenstechnisch nur wenig. Starke Verkehrsfrequenz und Ampeln sorgen auf der Küstenroute #19 auch weiterhin für ein nur langsames Vorankommen. Je weiter man sich der Tampa Bay nähert, umso dichter wird die Infrastruktur und die Straße bald zum Großstadtboulevard mit reichlich *stop-and-go* zu Stoßzeiten.

Weeki Wachee Springs State Park

Die ***Weeki Wachee Springs*** waren lange kommerziell ausgebeutete Quellen beim gleichnamigen Ort (an der #19 südlich dessen Separierung von der #98), bis sie in das *State Park*-System eingegliedert wurden, www.floridastateparks.org/weekiwachee. Was das Programm betrifft, hatte das aber kaum Konsequenzen.

Dort läuft bereits seit 1947 tagtäglich eine etwas kitschige **Unterwasser-Unterhaltung mit »Meerjungfrauen«**. Jedoch keine Frage: die Schwimm- und Tauchleistungen der Wasserakrobatinnen blieben beachtlich. Die Show ist zentraler Punkt des ganzjährig geöffneten Parkteils, in dem auch Flussfahrten auf dem kristallklaren Weeki Wachee River und Vorführungen mit Tieren stattfinden; weitere Details dazu unter www.weekiwachee.com.

Im ebenfalls zum Komplex gehörenden **Wasserpark *Buccaneer Bay*** mit Badestrand, Rutschen und *Inner Tubing* sind die *Rides* im Hochsommer täglich nutzbar (sonst nur an den Wochenenden). Schwimmen kann man dort immer.

Geöffnet täglich 9-17.30 Uhr. Der Eintritt von $13, bis 12 Jahre $8, schließt den Besuch der Shows und der *Buccaneer Bay* mit ein.

Weiter zur Tampa Bay

Mit *Weeki Wachee* ist die Tampa Bay fast erreicht.Weitere Ziele nördlich des Ballungszentrums Tampa/St. Petersburg, die man bei Anfahrt von Norden passiert bzw. noch ansteuern könnte, wie etwa **Tarpon Springs** oder ***Honeymoon Island***, sind auf den Seiten 372f beschrieben.

6. DIE SÜDLICHE GOLFKÜSTE

6.1 Die Tampa Bay

Geographie

Das Bild des Ballungszentrums Tampa/St.Petersburg/Clearwater wird geprägt durch seine Lage am Golf von Mexico rund um die Tampa Bay. Entlang unendlicher Meilen Uferlinie an großen und kleinen Buchten, künstlichen Seen und Kanälen drängen sich Ferienanlagen, Hotelpaläste und Privatvillen. Ein Yachthafen reiht sich an den anderen. Wer es sich leisten kann – und das sind viele –, hat sein Boot vor der Haustür liegen. Eine langgestreckte Inselgruppe mit scheinbar endlosen Sandstränden vom Egmont Key im Süden bis Honeymoon Island im Norden ist der Küste vorgelagert und mit ihr durch zahlreiche Brücken verbunden.

Anfahrt

Wer **von Norden** kommt, fährt entweder auf der küstennahen Straße #19 via **Tarpon Springs** und **Clearwater** ein oder folgt südlich von Homosassa Springs zunächst der #98 und dann dem (gebührenpflichtigen) ***Suncoast Parkway***. Auf ihm erreicht man bei normaler Verkehrsbelastung der Strecke in einer guten Stunde das zentrale Tampa und – via I-275 – St. Petersburg.

Bei **Anfahrt von Orlando** auf der I-4 (➤ Seite 258) braucht man ca. 90 min bis Tampa und maximal zwei Stunden bis St. Pete Beach.

Bei **Anfahrten von Süden** sollte man auf keinen Fall die sagenhafte ***Sunshine Skyway Bridge*** (I-275, ➤ Seite 367) über die Einfahrt in die Tampa Bay auslassen, selbst wenn zunächst ein Ziel im zentralen Tampa angesteuert werden soll und daher die (langweilige) I-75 östlich der Bay die schnellere Route darstellt.

6.1.1 Tampa

Kennzeichnung

Tampa wirkt ein wenig wie die kleine Schwester von Miami. Unter den vielen Einwanderergruppen haben hier wie dort besonders Kubaner das Gesicht der Stadt geprägt, und im Geschäftszentrum glitzern die Türme moderner Hochhäuser, deren Glasfassaden sich im Hillsborough River spiegeln. Nur wenige Meilen vom Zentrum entfernt befinden sich ausgedehnte Strände.

St. Pete Beach Ende Oktober

Floridas Zentraler Westen

Geschichte und Entwicklung

Entdecker

Die Tampa Bay ist die größte Bucht der Florida-Golfküste. Kaum ein spanischer Entdecker oder Abenteurer, der sie nicht schon im 16. Jahrhundert als natürlichen Hafen genutzt hätte. *Juan Ponce de León* entdeckte sie 1521. Er fand nichts als ein kleines indianisches Fischerdorf. Ihm folgten ein *Panfilo de Narvaez* im Jahre 1528 und schließlich *Hernando de Soto*, der im Mai 1539 mit einer 600 Köpfe zählenden Expedition zeitweise in der Tampa Bay vor Anker ging. Da sie alle auf der Suche nach Gold und schnellem Reichtum waren, konnte sie und ihre Männer in dieser Gegend voller Sümpfe und flacher Strände nichts halten.

Fort Brooke

Ganz anders anglo-amerikanische Pioniere, die ab dem frühen 19. Jahrhundert nach und nach auftauchten: Sie waren vor allem an Grund und Boden interessiert und blieben. 1824 beschloss die Bundesregierung, in der Nähe der Bay ein Reservat für die Seminolen einzurichten und daneben ein Fort zu dessen Überwachung. Um die Befestigung herum entstand eine Siedlung, die zunächst deren Namen trug: ***Fort Brooke***. Später besann man sich auf die indianische Bezeichnung der Region »**Tampa**«.

Henry B. Plant

Der Ort entwickelte sich, die Bevölkerung wuchs, aber es ging lange nicht recht voran. Wie auch im Fall vieler Städte an der Ostküste Floridas brachte erst der Bau einer Eisenbahnlinie den wirtschaftlichen Aufschwung. Der Industrielle ***Henry B. Plant*** sorgte in den 1880er-Jahren für die Schienentrasse von Tampa nach Norden. Er investierte außerdem in den Ausbau der Stadt und ließ u.a. das *Tampa Bay Hotel* errichten, das heute zur *University of Tampa* gehört und das *Henry B. Plant Museum* beherbergt.

Vicente M. Ybor

Neben *Plant* prägte der aus Kuba stammende Zigarrenfabrikant ***Vicente Martinez Ybor*** die Entwicklung Tampas. Er verlegte 1886 seine Zigarrenproduktion von Key West hierher. Das nach ihm benannte Viertel ***Ybor City*** war für Jahrzehnte weltweit größtes Zentrum der Zigarrenproduktion.

Wirtschaftszweige

Im 20. Jahrhundert kamen Stahl- und Elektroindustrie sowie Brauereien hinzu. Mittlerweile sind **Dienstleistungsunternehmen** aller Schattierungen die mit Abstand wichtigsten Arbeitgeber in Tampa. Auch das **Militär**, speziell die *MacDill Air Force Base* am Ende der weit in die Bucht hineinragenden Landzunge im Südwesten der Stadt, ist ein wichtiger Arbeitgeber.

Bevölkerung

Heute verzeichnet der gesamte Ballungsraum um die Tampa Bay insgesamt 2,9 Mio Bewohner. Dabei entfallen auf die zentralen Bereiche der Städte ca. 360.000 auf Tampa, ca. 250.000 auf St. Petersburg und ca. 110.000 auf Clearwater.

Wegen ausgedehnter Villenbereiche mit großen Grundstücken, nur auf kleinen Flächen verdichteter Bebauung und der durch die riesige Tampa Bay, Buchten, Kanäle und die vorgelagerten Inseln auseinandergezogenen Stadtteile vermittelt die Region den Eindruck einer weit größeren urbanen Konglomeration.

Praktisches

Information

Für ganz **Tampa** und Umgebung:

- ***Visit Tampa Bay***; © 1-800-448-2672, www.visittampabay.com

Speziell für **Ybor City**:

- ***Ybor City Visitor Information Center***, 1600 East 8th Avenue, Suite B104; © (813) 241-8838, www.ybor.org

Flughafen

Der ***Tampa International Airport*** liegt nur ca. 7 mi westlich von Downtown unweit der Tampa Bay; www.tampaairport.com.

Transport

Zwischen Ybor City und *Downtown* verkehrt die ***Tampa-Ybor Streetcar***, \$2,50, bis 17 Jahre \$1,25; Tagespass \$5; www.tecolinestreetcar.org. Der öffentliche Nahverkehr (***HART*** – *Hillsborough Area Regional Transit*) bietet ein flächendeckendes Busnetz, Einzelfahrt \$2, Tageskarte \$4; www.gohart.org.

Unterkunft

Unterkünfte aller Kategorien ballen sich vor allem in **Airportnähe** (I-275 *Exit* 40A auf North Westshore Blvd und West Cypress Street), im Bereich der ***Busch Gardens*** (I-275 *Exit* 51 auf Fowler Ave/Straße #582) und an der **Straße #60** (Adamo Drive/Brandon Blvd) über I-75 *Exits* 256 (von Süden) und 257 (von Norden):

- ***Quality Inn Airport***, 1020 S Dale Mabry Hwy, I-275 *Exit* 41A, © (813) 254-3005, ab \$79
- Wer das Nachtleben von Ybor City genießen möchte, erreicht die Clubs und Restaurants der Gegend vom ***Hilton Garden Inn*** aus zu Fuß (1700 9th Avenue, I-4 *Exit* 1, © 813-769-9267, ab \$179).

Die Auswahl an Motels der (unteren) Mittelklasse ist in der Umgebung der *Busch Gardens* besonders groß:

- ***Days Inn Busch Gardens North***, 701 E Fletcher Avenue, I-275 *Exit* 52, © (813) 977-1550, ab ca. \$60
- ***Red Roof Inn***, 2307 East Busch Boulevard, I-275 *Exit* 50, © (813) 932-0073, ab \$90
- ***La Quinta Inn***, 9202 North 30th Street, I-275 *Exit* 50, © (813) 930-6900, ab \$80; www.laquintatampabuschgardens.com

In Tampa existiert mit ***Gram's Place Hostel*** auch eine Billigunterkunft, 3109 North Ola Avenue, I-275 *Exit* 46, © (813) 221-0596; ab \$50; www.grams-inn-tampa.com.

Camping

- Nur 15 mi von *Downtown* liegt der riesige, sehr komfortabel angelegte Campingplatz ***Bay Bayou RV Resort***, 8492 Manatee Bay Drive, Zufahrt über Straße #580 (W Hillsborough Avenue) Richtung Oldsmar. Auch für Zelte sind Plätzchen vorhanden, ab \$43; © 1-888-692-2968, www.baybayou.com.
- Die schöneren Stellplätze hat der ***Hillsborough River State Park***, 15402 Hwy 301, etwa 25 mi nordöstlich *Downtown*; \$24 (**Anfahrt** am besten zunächst I-4, *Exit* 14, dann auf McIntosh Rd zur #301; © 813-987-6771, www.floridastateparks.org/hillsboroughriver). In diesem »Waldpark« gibt es außer dem Campingplatz einen ***Boardwalk*** über die »Schlucht« des Hillsborough River

zu Stromschnellen. Im Park befinden sich auch ein **Kanu- und Bikeverleih** und ein großer **Pool** samt Gastronomie; freies **Wifi**. Die rekonstruierte, zum Park gehörende Palisadenfestung ***Fort Foster*** aus den Seminolenkriegen (➤ Seite 473) auf einem Gelände jenseits (östlich) der #301 ist nur Sa und So zu besichtigen.

Gastronomie

- Die bekannteste Adresse in **Ybor City** ist das riesige Traditionslokal ***Columbia*** (2117 E 7th Avenue, www.columbiarestaurant.com, © 813-248-4961), das seit 1905 spanische Küche serviert, immer noch in Familienbesitz ist und abends die Gäste mit Flamenco-Vorführungen unterhält. Dennoch moderate Preise.
- Speziell am Abend kommt ein Besuch in der ***Tampa Brewing Company*** (1600 East 8th Ave) in Frage. Ein Dutzend dort gebraute, z.T. ungewöhnliche Biersorten sind dort im Ausschank. Abends oft Live-Musik; www.tampabaybrewingcompany.com.
- Immer gut für *Seafood* und Steak ist in Tampa wie überall das ***Red Lobster***, hier am 2625 E Busch Blvd; www.redlobster.com.
- Wer im Bereich ***Downtown*** ein »besseres« Restaurant sucht, findet mit dem ***Bistro Mise en Place*** gegenüber der *University of Tampa* ein Lokal mit innovativer amerikanischer Küche, 442 West Kennedy Blvd; © (813) 254-5373, www.miseonline.com.

Shopping

Ein typisches Tampa-Mitbringsel sind Zigarren; am besten kauft man sie auf der Einkaufsmeile der 7th Ave in Ybor City z.B. bei

- ***Long Ash Cigars***, 1728 East 7th Avenue, www.thelongashcigars.com
- ***Tabanero Cigars***, 1601 E 7th Ave, www.TabaneroCigars.com, bietet auch Besichtigung der Manufaktur
- ***King Corona Cigars***, 1523 E 7th Avenue, www.kingcoronacigars.com

Einst das Tampa Bay Luxushotel an sich, heute das Zentralgebäude der University of Tampa mit dem Henry B. Plant Museum im Untergeschoss, ➤ übernächste Seite

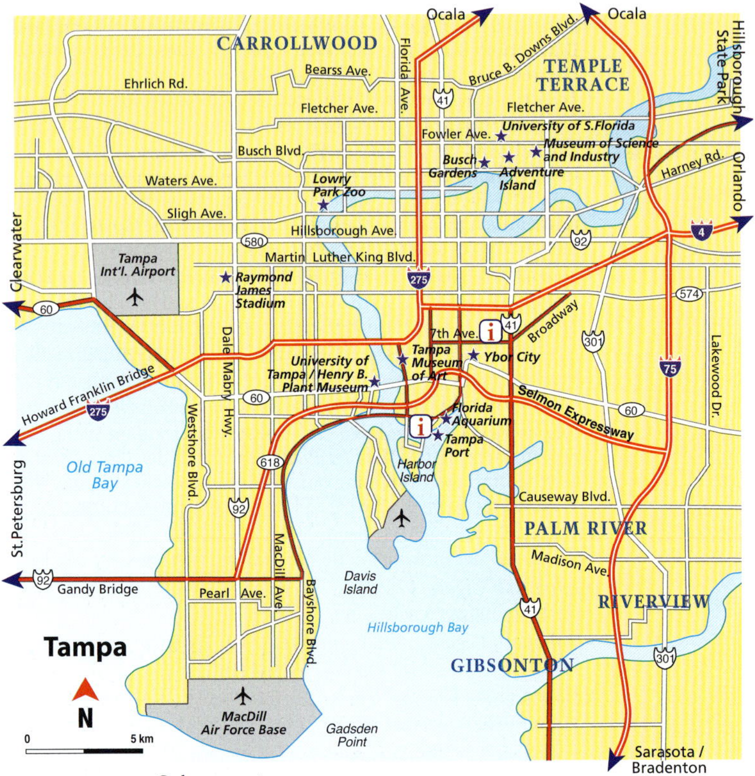

Sehenswertes

Downtown

Tampas Innenstadt liegt zwischen der Autobahn I-275 im Norden und dem Garrison Channel der Tampa Bay im Süden. Außer der *University of Tampa* mit dem *Plant Park* findet sich Sehenswertes vor allem östlich des Hillsborough River. Der zentrale Bereich zwischen dem Fluss im Westen und dem Hafenbecken Ybor Channel im Osten besitzt eine moderne ***Skyline***. Außer bei Vorbeifahrt auf den *Downtown* umklammernden *Freeways* bekommt man sie am besten vom *Plant Park* oder vom *Channelside Walkway* auf Harbour Island in den Blick.

Altes Tampa Bay Hotel

Nachdem die Schienen nach Tampa verlegt worden waren, ließ *Henry B. Plant* 1891 das ***Tampa Bay Hotel*** errichten (401 West Kennedy Blvd), das den Gästen einen für die damalige Zeit neuen Luxus bot wie z.B. den ersten Fahrstuhl Floridas. Alle 511 Zimmer hatten elektrischen Strom- und Telefonanschluss. Die Beleuchtung des Hauses hatte niemand anders als der berühmte – damals im nahen Fort Myers lebende – *Thomas A. Edison* entworfen.

Der eigentliche Clou aber war und ist die phantasievolle **orientalische Architektur** des Baus, der von silbernen Minaretten gekrönt wird und manche Betrachter an die spanische *Alhambra* erinnert.

University of Tampa

Das Hotel wurde in der Weltwirtschaftskrise 1929/30 geschlossen. Heute dient es u.a. als zentrales Verwaltungsgebäude der *University of Tampa*. Der umgebende, mittlerweile stark bebaute Park samt Uferbereich am Hillsborough River gehört zum Universitätscampus. Einmal dort sollte man sich nicht nur mit der Außenansicht begnügen. Das Gebäude ist zu Bürozeiten frei zugänglich, einziges Problem meist die Parksituation rund um den Campus.

Henry B. Plant Museum

Im Untergeschoss des Südflügels residiert das ***Henry B. Plant Museum*** in Erinnerung an den Erbauer. Seine Themen sind u.a. die Bedeutung von Tampa im spanisch-amerikanischen Krieg, die Person des *Henry Plant*, die Geschichte seiner Eisenbahn, das Hotel und die Anfänge des Tourismus in Florida; Di-Sa 10-17 Uhr, So ab 12 Uhr; Eintritt $10/$5; www.plantmuseum.com.

Kunstmuseum

Das ***Tampa Museum of Art*** steht in *Downtown* am Ostufer des Hillsborough River. Neben einer ständigen Sammlung, speziell antiker griechischer und römischer Kunst, gibt es anspruchsvolle wechselnde Ausstellungen. Museumscafé/Terrasse, 120 W Gasparilla Plaza, Mo-Do 11-19, Fr bis 20 Uhr, Sa-So 11-17 Uhr, Eintritt $15, Studenten $5; www.tampamuseum.org.

Florida Aquarium

Das exzellente ***Florida Aquarium*** liegt am Rand von *Downtown* an der ***Waterfront*** (701 Channelside Drive, täglich 9.30-17 Uhr, Eintritt $24/$19; © 813-273-4000, www.flaquarium.org).

Die immensen Glascontainer zeigen unzählige Meerestier- und Pflanzenarten und die farbenfrohe Welt der Korallenriffe. Auch Übergangszonen vom Wasser zum Land wie Sümpfe und Strände mit ihrer Tierwelt sind berücksichtigt. Das Aquarium veranstaltet außerdem **Katamaran-Delfintouren** in die Tampa Bay und ein *Behind-the-Scenes-Program* mit Hai- und Rochen-Fütterungen.

Das Aquarium in Tampa liegt gleich hinter den Terminals der Kreuzfahrtschiffe am Ybor Channel. Anfahrt am besten über den Selmon Expressway: Exit 6B von Südwesten, Exit 7 von Osten

Marinemuseum

In der Nachbarschaft des Aquariums befinden sich die Anleger der Kreuzfahrtschiffe und des ***American Victory Museum*** in Form eines Weltkrieg-II-Versorgungsschiffes (Di-Sa 10-17, So+Mo ab 12 Uhr, $10/$5, www.americanvictory.org). Eine auf die Kreuzfahrerpassagiere zielende

Shopping

Shopping Mall ***Channelside Bay Plaza*** wartet gleich nebenan auf Kunden; www.channelsidebayplaza.com.

Filmpalast

Ein restaurierter und von der *Tampa Theatre Foundation* betriebener Filmpalast (1926) ist das ***Tampa Theatre*** in der 711 North Franklin Street im Stadtzentrum zwischen I-275 und *Selmon Expressway*. Filmprogramm unter www.tampatheatre.org. Dort auch Infos zur Führung ($10) durch das üppig dekorierte Innenleben mit funkelnden Sternen und »römischen« Statuen.

Das Centro Ybor ist in erster Linie ein Restaurantzentrum mitten in Ybor City. Das Foto entstand am frühen Nachmittag. Erst gegen Abend belebt sich der Stadtteil

Ybor City

Nordöstlich von *Downtown* liegt zwischen *Selmon Expressway* #618 und I-4 mit **Ybor City** das historische Tampa des 19. Jahrhunderts, benannt nach einem Herrn *Ybor*, der dort eine Zigarrenfabrik betrieben hatte. Vor allem die **7th bis 9th Avenues zwischen 15th und 20th Streets** wurden ansehnlich restauriert und sind seit Jahren das angesagte und – zumindest am Abend – auch optisch attraktivste **Kneipen- und Restaurantviertel** Tampas. Zahlreiche Lokale und Shops (speziell auch für Havanna-Zigarren), säumen die genannten Straßen, ➤ auch Seite 359.

Im Zentrum (8th Ave/16th Street) beherbergt das ***Centro Ybor*** (➤ Foto) die ***Visitor Information***, jede Menge weitere *Eateries*, ein *Comedy-Theater* und Kinos; www.centroybor.org.

Museum

Im ***Ybor City Museum State Park*** (1818 9th Ave, täglich 9-17 Uhr, Eintritt $4; www.ybormuseum.org) sind u.a. alte Zigarrenetiketten und Erinnerungsstücke aus der einst »großen« Zeit der Tabakproduktion zu sehen, außerdem ein Film über Ybor Citys Geschichte und Entwicklung.

José Martí

An der Kreuzung 8th Ave/13th Street steht die Statue des kubanische Freiheitshelden ***José Martí*** (1853-95). Sie erinnert an einen

Die Renaissance der Zigarre

Raucher haben es in Florida – wie mittlerweile überall – nicht gerade leicht. In öffentlichen Gebäuden, Flugzeugen, Bussen, Museen, Kinos, Einkaufszentren, den meisten Restaurants ist Rauchen untersagt. Zumindest soweit es Zigaretten betrifft.

Zigarren dagegen sind in bestimmten amerikanischen Kneipen wieder »in«. Dort entspannt man sich neuerdings nicht mehr nur bei Bier und Chips, sondern bei *Martini* (kein Vermouth wie bei uns, sondern eine Art »Grappa«) und einer Zigarre.

In den letzten Jahren sind sog. ***Cigar Bars*** aus dem Boden geschossen, die vor allem das zahlungskräftige Publikum anziehen. Sie bieten eine große Auswahl an Zigarren und Hochprozentigem. In ihnen sieht man nicht nur ältere Männer, den bislang überwiegenden Zigarrentyp, genussvoll an dicken Havannas ziehen, sondern auch erstaunlich viele Frauen. Wer dem Trend folgen möchte:

Im ***Havana Room*** von ***Central Cigars*** (273 Central Ave, St. Petersburg, © 727-898-2442, www.centralcigars.com) genießt man in braunen Ledersesseln Zigarre oder Drink.

Wer mehr Abwechslung möchte, kann im ***Club Skye*** (1509 E 8th Avenue, © 813-247-6606, www.skyetampa.com) zu Hip-Hop, Rap, House, Techno, Latin, Reggae oder Rock tanzen und zwischendurch an der Bar Zigarren rauchen.

Hundertschaften von Arbeitskräften drehten in riesigen Sälen bis in die 1930er-Jahre hinein in Ybor City Zigarren. Heute gibt's das in ähnlicher Form nur noch in Cuba

6

Attentatsversuch auf ihn im Jahr 1893. *Martí* lebte im späten 19. Jahrhundert im Exil in Tampa und wetterte von dort gegen die spanische Herrschaft in Kuba.

Zoo

Der ***Lowry Park Zoo*** ist besonders mit Kindern einen Besuch wert. Für sie gibt es neben den Tiergehegen mit Streichelzoo auch noch eine Reihe von *Rides* und ein lehrreiches Unterhaltungsprogramm; täglich 9.30-17 Uhr, Eintritt $30, Kinder bis 11 Jahre $23. Anfahrt über I-275 *Exit* 48, dann westlich bis 1101 Sligh Avenue West; www.lowryparkzoo.com.

Parkartige Anlage der Busch Gardens mit Rollercoaster

Busch Gardens/

Für viele Besucher Tampas sind die ***Busch Gardens*** die Hauptattraktion der Stadt (jährlich über 4 Mio Besucher); 10165 North McKinley Drive nördlich der City, Anfahrt über die I-275 *Exit* 50;

Zeiten

täglich geöffnet: Hochsommer 9-21 Uhr, sonst 10-18 Uhr, Sa, So und an Feiertagen länger; www.buschgardens.com.

Eintritt/ Kombitickets

Einzeleintritt $89 (für alle ab 3 Jahre; Ticket gilt 2 Tage, Jahreskarte $99!). Kombiticket mit *Seaworld* in Orlando $109. ***Tampa Bay Citypass*** mit *Florida Aquarium, Lowry Zoo, MOSI* (➤ rechts) und *Clearwater Aquarium* (➤ Seite 373) **nur $99**, **Kinder $89**. Auch **Flextickets** in Kombination mit *Universal, Seaworld/ Aquatica* und *Wet'n Wild* in Orlando (➤ Seite 248). Interessant sind auch ***Play&Dine-Tickets*** für $10 (Kinder $5) Aufpreis für *all-you-can-eat & drink*. Warteschlangen an acht *Rides* umgeht jeweils einmal bei Zahlung von $21 extra pro Person (***Quick Queue***).

Parken für Pkw und Campmobile Einheitspreis $17.

Kennzeichnung

Die *Busch Gardens* sind eine **Kombination aus Freizeitpark mit vielen Shows und Zoo**. Das Leitthema bei Busch ist »**Afrika**«. Das dort präsentierte Bild von Afrika hat indessen mit der Realität nicht ganz viel gemein. Wer jedoch den Park einfach als Zoo und **Ansammlung spektakulärer Achterbahnen** nimmt, kann sich dort bestens amüsieren.

Parkaufbau

Der Park gliedert sich in ineinander übergehende Bereiche, die weitgehend nach afrikanischen Ländern oder Gebieten benannt wurden und neben Tieren des Kontinents auch afrikanische Geographie berücksichtigen. So kann man z.B. im »**Congo**« die *Congo River Rapids* bezwingen und im Bereich »**Stanleyville**« die *Tanganjika Tidal Wave* überleben, obwohl Ebbe und Flut am Binnensee Lake Tanganjika nicht bekannt sind.

Die Affen in der ***Myombe Reserve*** und die Orang-Utans wie bengalischen Tiger in ***Jungala*** muss man auf jeden Fall ansehen. Im ***Edge of Africa*** erlebt man u.a. Löwen, Hyänen, Zebras, Giraffen und Nilpferde aus nächster Nähe, z.T. nur durch eine Glasscheibe von ihnen getrennt. Vom ***Skyride*** über die ***Serengeti*** und von der ***Serengeti Railway*** aus sieht man sie aus der Ferne.

Vor allem einige der ***Roller Coaster*** sind bemerkenswert: ***Montu*** befördert seine Passagiere streckenweise über Kopf durch die Kurven. ***Kumba*** ist eine grausame Spiralbahn. ***Scorpion*** überwindet enorme Höhenunterschiede in kürzester Zeit und erreicht eine Geschwindigkeit von 160 km/h. »Schlimm« ist ***SheiKra***, in der die Passagierplattform quasi im freien Fall 90° nach unten jagt; ***Cheetah Hunt*** mit einer Wahnsinnsroutenführung ist mit über 1,3 km Strecke die längste Achterbahnfahrt in den *Busch Gardens*. ***Cobra's Curse*** eröffnet 2016 und rotiert während der auch ohnedem schon wüsten Fahrt im Bereich »Ägypten«. ***Falcon's Fury*** ist ausnahmsweise keine Achterbahn, sondern ein 103 m hoher Turm mit über 80 m freier Fallhöhe. Der hat's auch in sich.

Wasserspaß

Der Wasserpark ***Adventure Island*** gehört ebenfalls dem Brauerei-Konzern *Anheuser-Busch*. Er liegt nur ein paar hundert Meter weiter nördlich »um die Ecke«: 10001 North McKinley Drive (= 40th Street; täglich Mitte März-Anfang September, Hochsommer 9-21 Uhr, sonst 10-17 Uhr, Sa, So und an Feiertagen länger, Eintritt $49, Kinder 9 Jahre $44, Kombitickets mit *Busch Gardens* und mehr, ➤ links; Parken $13; www.adventureisland.com.

Science Museum

Etwa 2 mi nördlich von *Adventure Island* steht an der E 4801 Fowler Avenue (I-275 *Exit* 51) ganz in der Nähe des Campus' der *University of South Florida* das riesige ***Museum of Science and Industry***; Mo-Fr 9-17 Uhr, Sa-So bis 18 Uhr; Eintritt $23, bis 12 Jahre $19, ***IMAX-Dome Theatre*, Seilgarten und *Zipline*** kosten extra: $7-$20; www.mosi.org.

Das anschaulich gestaltete ***MOSI*** widmet sich Themen wie »Umwelt«, »Wetter« und »Raumfahrt«. Die »*Hands-on*-Experimente« und Wissensvermittlung zielen in erster Linie auf (Englisch sprechende) Kinder und Jugendliche. Das *IMAX* Kino verfügt über eine Projektionsfläche von 1000 m² in der Kuppel des Komplexes.

6.1.2 St. Petersburg und St. Pete Beach

Kennzeichnung

Kennzeichnung

Der Gegensatz zwischen den durch die Tampa Bay getrennten und über zwei 10 km lange Brückentrassen (für I-275 und Straße #92) miteinander verbundenen Nachbarstädten Tampa und St. Petersburg ist auffällig. In St. Petersburg gibt es weder Industrie- noch kommerzielle Hafenanlagen. Das St. Petersburg *Business* besteht im wesentlichen aus Dienstleistern. Die Stadt entwickelte sich zunächst als Winterrefugium wohlhabender Nordstaatler, die sich dort in vielen Fällen auch ganz niederließen. Die Strände auf den vorgelagerten Inseln sind insgesamt nicht so blütenweiß wie im *Panhandle*, aber speziell die im ***Fort de Soto Park*** (➤ Seite 371) gehören dennoch zu den ***Top Beaches*** Floridas bzw. der USA.

6

Tarpon Springs
Intracoastal Waterway
Lake Tarpon
Keystone Lake
Lutz
Hillsborough RiverSP
Trout
Honey-moon Island SP
Palm Hbr.
Caladesi Island State Park
Oldsmar
Carrollwood
Museum of Science & Industry
Lake Thonotosassa
Orlando
Dunedin
Busch Gardens
Adventure Island
Egypt Lake
Clearwater Beach
Rocky Creek
Tampa Int'l. Airport
Belleair Beach
Clearwater
Old Tampa Bay
Ybor City
Brandon
Howard Frankland Bridge
TAMPA
Florida Aquarium
Largo
Gandy Bridge
Indian Rocks Beach
Alafia
Hillsborough Bay
MacDill Air Force Base
Seminole
Pinellas Park
ST. PETERSBURG
Pier
Dali Museum
Treasure Island
S. Pasadena
Apollo Beach
Bullfrog
St. Pete Beach
TAMPA BAY
Ruskin
Sun City Center
Don Cesar
Pass-A-Grill-Beach
Little Manatee River SP
Ft.de Soto Park
Sunshine Skyway Bridge
Mullet Key
Fort de Soto
Egmont Key
Gamble Plantation
Gamble
Anna Maria
Anna Maria Island
Holmes Beach
Lake Manatee SP
Lake Manatee
Manatee
GOLF VON MEXICO
Bradenton
Cortez
Bradenton Beach
Longboat Key
Sarasota Bay
Sarasota Classic Car Museum
Braden
Verna
Ringling Museum
Van Wezel Arts Hall
St. Armands Circle
Sarasota
Selby Botanical Gardens
Sarasota Springs
Lido Key/ Beach
Myakka Lake
Siesta Key
Myakka River State Park
Venice
Fort Myers
19 41 60 64 70 72 92 301 580 581 582 589 595 597 611 618 672 675 679 682 684 694 699 780 789
275 375 75 4
Tampa Bay
N
0 10 km

Geschichte

Die Besiedelung der ***Pinellas Peninsula*** im Westen der Tampa Bay durch Weiße begann erst in den letzten Jahrzehnten des 19. Jahrhunderts. Mann der ersten Stunde war ein russischer Einwanderer, dem es zu danken ist, dass der Eisenbahnanschluss Tampas an das Schienennetz bis nach St. Petersburg verlängert wurde. Er hatte auch bewirkt, dass die junge Stadt 1888 nach St. Petersburg in Russland, seinem Geburtsort, benannt worden war. Erst 1924

Brücken über die Old Tampa Bay

bzw. 1934 wurden die ersten Straßenbrücken ***Gandy Bridge*** und ***Courtney Campbell Causeway*** (Straße #60 nach Clearwater) über die obere Bucht, die Old Tampa Bay, fertiggestellt. Die ***Howard Frankland Bridge*** sorgt seit 1960 via Tampa für die Anbindung von St. Petersburg an das *Interstate*-Netz (I-275).

Sunshine Skyway Bridge

Die Fortsetzung der I-275 nach Süden über die Tampa Bay wurde 1970 in Betrieb genommen, aber 1980 durch einen Frachter derart beschädigt, dass man sich für einen Neubau entschied. Über diesen, die grandiose ***Sunshine Skyway Bridge***, läuft der Verkehr seit 1987. Das Design dieser Brücke ist nicht nur ein statisches, sondern auch ein ingenieurtechnisches Meisterwerk, ➤ Foto. Die ursprüngliche Konstruktion wurde im mittleren zerstörten Bereich abgerissen und die auf Pylonen dorthin führenden alten *Causeways* zu kilometerlangen ***Fishing Piers*** umfunktioniert (im Norden 1,1 km, auf der Südseite 2,7 km). Sie sind beidseitig mit dem Auto zugänglich und bis zum Ende befahrbar ($4/Fahrzeug + $4/Person, RV $12); www.floridastateparks.org/skyway.

Praktisches

Info

- ***St. Petersburg Area CVB***, 100 2nd Ave, © (727) 821-4069; www.visitstpeteclearwater.com. Unter www.stpete.com kann man sich einen gut gemachten ***Visitor Guide*** herunterladen.

Transport

- Alle 15 min macht der ***Downtown Looper*** eine 30 min-Runde durchs zentrale St. Petersburg. Er passiert bei 15 Stopps alle wichtigen Sehenswürdigkeiten und Shoppingzonen ($0,50/ beliebige Fahrtstrecke; im Pierbereich frei; http://loopertrolley.com).

Busnetz

- Öffentliches Busnetz St. Petersburg & Clearwater ***PSTA*** (***P****inellas* ***S****uncoast* ***P****ublic* ***T****ransit*), $2, Tageskarte $5; www.psta.net.

Unterkunft St. Petersburg

- Sehr zentral liegt das ***Ponce de Leon Hotel***, 95 Central Ave/Ecke Beach Dr, ab $102; © (727) 550 9300 http://poncedeleonhotel.com
- ***Watergarden Inn at the Bay Bed & Breakfast***, 126 4th Ave NE, © 1-888-873-2122, ab $130; www.innatthebay.com
- ***Dickens House Bed & Breakfast***, 335 8th Avenue NE, © 1-800-381-2022, ab $119, eine restaurierte Villa. Die Pier erreicht man von dort leicht zu Fuß, ➤ Seite 369; www.dickenshouse.com
- Das ***Boutiquehotel Indigo***; 234 Third Ave N, liegt in der Nachbarschaft des Einkaufszentrums *Sundial St. Pete* und unweit der Waterfront; ab $149; © 1-800-181-6068, www.hotelindigo.com.

Unterkunft St. Pete Beach

- Am **Gulf Boulevard** direkt an der Beach gibt es zahllose, auch preiswerte H/Motels, z.B. das ***Suncoast Motel*** (10264 Gulf Blvd, © 1-800-379-9428, ab $70; www.suncoastmotel.com).
- Ein toller rosa Palast ist das ***Don CeSar Hotel St. Pete Beach***, 3400 Gulf Blvd, ab $259, ➤ Seite 370f; www.doncesar.com.

Airport St. Petersburg-Clearwater

Eine kleine **Hotelballung der Mittelklasse** findet man am Executive Drive parallel zur Ulmerton Road (Straße #688 Richtung *Airport St. Petersburg* – I-275 *Exit* 31). Realisierbare Zimmertarife in guten Kettenhotels (*Courtyard, La Quinta, Extended Stay, Fairfield* etc.) liegen dort bei $70-$150.

Stellplatz im Fort de Soto Park unter Palmen mit viel Platz – traumhaftes Campen mit Blick aufs Wasser, dazu auch noch relativ günstige Gebühr

Camping

- Auf Höhe Madeira Beach, noch östlich der Boca Ciega Bay, gibt es einen riesigen ***Campground: St. Petersburg/Madeira Beach KOA***, 5400 95th Street North, Anfahrt in Bay Pines von Straße #19 auf die 95th Street, ab $40; www.koa.com/where/fl/09144.
- Der *Campground* im ***Fort de Soto Park*** (3500 Pinellas Bayway 679) gehört mit seinen von Palmen eingefassten und überwiegend am Wasser liegenden Stellplätzen zur **Camping-Spitzenklasse**, ist aber preislich moderat (ab $30). Trotz des Wassers ringsum kann man dort nicht gut baden; die Strände befinden sich weiter südlich, © (727) 582-2267; www.pinellascounty.org/park.

Gastronomie St. Petersburg

- In der ***Kopper Kitchen***, 5562 Central Ave, gibt es alles typisch Amerikanische, © (727) 345-6339; www.kopperkitchenfl.com.
- Im ***4th Street Shrimp Store*** (1006 N 4th Street, © 727-822-0325, www.theshrimpstore.com) serviert man zu relativ moderaten Preisen Fisch und Meeresfrüchte, speziell Krabbenvariationen.
- ***Fresco's Waterfront Bistro*** liegt brillant eingangs des Piers (2nd Ave/Ecke Bay Shore Dr); © (727) 894-4429, www.frescoswaterfront.com. Open-air-Tische, empfehlenswert von *Breakfast* bis *Dinner*, lange *Happy Hour* 15-19 Uhr. Für die Lage nicht teuer.

St. Pete Beach

Am Gulf Blvd ist die Zahl der **Restaurants** und ***Fast Food Places*** jeder Provenienz kaum zu überbieten, viele davon am Strand.

Sehenswertes

Pierbereich

Der populäre ***St. Petersburg Pier*** ist eine in die Bucht hineingebaute 600 m-Verlängerung der 2nd Avenue mit Marina, Park und – an seinem Ende – einer auf den Kopf gestellten Pyramide mit Gastronomie und Aquarium. Nach deren Abriss soll bis 2018 ein neuer *Pier Park* fertig sein, ➤ Entwurf unter www.newstpetepier.com.

Museen

St. Petersburg besitzt diverse gute Museen; der Besuch der bekanntesten Sehenswürdigkeit der Stadt dürfte für viele ein Muss sein:

Dalí Museum

- Das ***Salvador Dalí Museum*** steht eine gute halbe Meile südlich des Pier am Ufer der Tampa Bay (Bay Shore Drive SE, der dort zum Dali Blvd wird). Fast allein schon das architektonisch raffinierte Gebäude ist einen Stopp wert, ➤ Foto unten.

  Der Eintritt ist nicht niedrig, beinhaltet aber die Nutzung eines *Audio Guide* (auch auf Deutsch). Ohne dessen Erläuterungen entdeckt man oft die Wechselbilder gar nicht, die *Dali* in viele seiner Werke eingebaut hat; täglich 10-17.30, Do bis 20 Uhr, Eintritt $24, bis 12 Jahre $10, www.thedali.org.

  Leider ist von der rund 100 Werke umfassenden Sammlung *Dalis* oft ein Teil als Leihgabe weltweit »unterwegs«, so dass nicht jeder Besuch gleich ergiebig ist. Zusätzlich gibt es Sonderausstellungen zu Leben und Werk des spanischen Surrealisten (1904-1989). Skulpturengarten mit Labyrinth und die Cafeteria mit Außenterrasse runden das Ganze ab.

Science Museum

- Gegenüber dem *Dalí Museum* befindet sich das *Science Museum* ***Great Explorations***, 1925 4th Street North. Es macht mit Experimenten und *Hands-on-Exhibits* Wissenschaft anschaulich und richtet sich in erster Linie an Kinder und Jugendliche. Mo-Sa 10-16.30 Uhr, So ab 12 Uhr, Eintritt $10 www.greatex.org.

Geschichtsmuseum

- Am Ende der 2nd Avenue (#335 kurz vor dem Pier) steht das ***Museum of History***, das Geschichte und Entwicklung von St. Petersburg und Umgebung unterhaltsam erläutert, Di-Sa 10-17, So ab 12 Uhr, Eintritt $15; bis 17 Jahre $9; www.spmoh.org.

Kunstmuseum

- Gleich um die Ecke (200 m) steht im *Straub Park* das ***Museum of Fine Arts*** (Eingang 255 Beach Drive). Die Highlights der permanenten Ausstellung sind europäische Impressionisten (*Monet, Renoir, Cézanne,* Rodin, *Gauguin u.a.)* und Werke bekannter amerikanischer Künstler (*Moran, O'Keeffe, Tiffany u.a.).* Daneben präsentiert man auch Stücke aus der Antike, afrikanische und indianische Kunstwerke sowie zahllose historische Fotos. Mo-Sa 10-17 Uhr, So ab 12, Do bis 20 Uhr, Eintritt $17; bis 18 Jahre $10; www.fine-arts.org.

Sundial St Pete

Ein schicker Shopping- und Entertainmentkomplex ist ***Sundial St. Pete*** (153 2nd Ave North; www.sundialstpete.com) im *Waterfront District* zwei Blocks vom Bayshore Drive entfernt.

St. Petersburg Beaches

Etwa 12 Meilen ununterbrochener Strände von den Reddington Shores über **Madeira Beach** bis zur Südspitze von **Long Key** liegen im Bereich von St. Petersburg.

Der schnellste Weg von *Downtown* St. Petersburg zu den Stränden führt trotz einiger Mehrmeilen via I-275 ganz im Süden der Pinellas Peninsula über den tollpflichtigen ***Pinellas Bayway*** (#682). Besonders breit und hellsandig sind die Strände ***St. Pete Beach*** und auf ***Treasure Island***.

Info für alle Strände: www.tampabaybeaches.com/visitors.

Hotel Don CeSar

An die Beaches kommt man in erster Linie, um Sonne, Strand und Meer zu genießen. Sehenswürdigkeiten im eigentlichen Sinn gibt es keine – mit Ausnahme des bereits erwähnten ***Don CeSar Beach Resort***. Bei Anfahrt über die Halbinsel Pinellas ist dieser riesige rosafarbene Hotelkomplex nicht zu übersehen. Die bombastische Anlage stammt aus den 1920er-Jahren

und hat in ihren »Glanzzeiten« Prominente wie den Schriftsteller *F. Scott Fitzgerald* und den Gangster *Al Capone* beherbergt. Nach wie vor gehört die Anlage zu den luxuriösesten Quartieren in ganz Florida. Ein Besuch lohnt sich auch für Nicht-Logiergäste.

Generell sind die Nächte im ***Don CeSar*** nicht billig; in der Nebensaison starten die Tarife bei $250; www.loewshotels.com/don-cesar.

Gulf Beaches Museum

An der *Pass-a-Grille Beach*, gut 2 mi südlich des *Don CeSar*, steht das kleine ***Gulf Beaches Historical Museum*** (115 10th Ave, Do-Sa 10-16 Uhr, So 13-16 Uhr, frei, www.gulfbeachesmuseum.com). Wer sein Sonnenbad für 30 min unterbricht, erfährt dort aus historischen Fotos, alten Postkarten und vielen Objekten alles über die Entwicklung der vorgelagerten Sandinseln zum Urlaubsziel.

Rental Station für Wassersportgeräte am Boardwalk von John's Pass Village

John's Pass Village

Nördlich des *John's Pass Canal* zwischen Shoreline Island (*Madeira Beach*) und Treasure Island befindet sich das ganz attraktive Shop- und Restaurantcenter ***John's Pass Village & Boardwalk***. Entlang der Promenade am Wasser drängen sich *Fast Food Eateries* und *Seafood Restaurants* mit Open-air Terrassen ebenso wie Vermieter von *Surfboards*, Segel-/Motorbooten und *Waverunners*. Tourboote starten zu Fahrten durch Kanäle und Bayous zwischen den Strandinseln und St. Petersburg. *Fishing Trips* aufs Meer hinaus kann man dort auch buchen; www.johnspass.com.

Mullet Key

Fort de Soto Park und Beaches

Mitten in der Einfahrt in die Tampa Bay liegt die hakenförmige Insel **Mullet Key**. Auf ihr gibt es keine private Bebauung oder kommerzielle Nutzung. Als ***Fort De Soto Park*** steht sie unter Naturschutz. Die **kilometerlangen Strände** (am schönsten die *North Beach*) werden nur an Wochenenden intensiv genutzt. Picknickplätze, *Nature Trails* und dazu ein altes Fort warten auf Besucher. Der Bau der Festung wurde während des spanisch-amerikanischen Krieges Ende des 19. Jahrhunderts begonnen, aber nie vollendet. Das winzige ***Quartermaster Museum*** (9-16 Uhr) beim Fort sagt warum und erzählt u.a. die Story der Hiroshima-Piloten, die von Mullet Key aus den Atombombenabwurf trainierten.

Die **Zufahrt** erfolgt auf dem – über mehrere Inseln geführten – gebührenpflichtigen ***Pinellas Bayway*** **South** (#679), der von der #682 abzweigt. Kurz nach Passieren des *Fort de Soto Campground* (➤ Foto Seite 368) erreicht man den Park; Eintritt $6/Fahrzeug.

6.1.3 Clearwater und die Golfküste nördlich der Tampa Bay

Gulf Boulevard bis Clearwater

Der Gulf Boulevard/Straße #699 führt über rund 20 mi von Insel zu Insel bis Clearwater Beach. Dort stößt er auf die #60 bzw. die nördlichste von insgesamt acht Brücken zwischen Inselkette und Festland. Die Küstenstraße passiert immer wieder neue Strandabschnitte mit eigener Bezeichnung, die sich aber kaum voneinander unterscheiden. Die Bebauung auf der gesamten Strecke ist nur selten unterbrochen. Hotels, Motels, Apartmentanlagen, Marinas, Restaurants, Tankstellen, Minigolf, Shopping-Zonen, Strandparkplätze, *Fishing Piers* und bisweilen ein kleiner *Beach Park* mit Palmen besetzen beide Seiten der Durchgangsstraße.

Hochpreisige, gepflegte Bereiche lösen sich mit auch mal schäbigen Zonen ab. An Wochenenden und generell in der Wintersaison bis nach Ostern geht es auf dieser Route mit zahllosen Ampeln oft nur stop-and-go voran. Herausragende Sehenswürdigkeiten gibt es entlang des Gulf Boulevard nicht.

Clearwater Beach

Kennzeichnung

Der Strand von Clearwater Beach gilt als besonders attraktiv, die Unterschiede zu den südlichen Nachbarn sind aber marginal. Auf der dem Festland zugewandten Seite drängen sich zahllose Villen und Yachthäfen. Das Zentrum des Strandlebens (Volleyball & Wassersport) ist die helle *Public Beach* im Bereich des **Pier 60**.

Information

Das ***Clearwater Tourist Info Center*** befindet sich im 333 South Gulfview Blvd beim *Hyatt Regency Hotel*, © 1-888-799-3199; www.beachchamber.com mit *Visitor Guide* zum *Download*.

Unterkunft

Am **Gulf Blvd** in Clearwater Beach stehen **Motels und Hotels** aller Kategorien **dicht an dicht**. Dort ein Zimmer zu finden, ist meist kein Problem, sondern »nur« eine Frage des Preises.

- Noch preislich halbwegs im Rahmen hält sich das ***Beachview Inn***, 325 S Gulfview Blvd, Räume mit Balkons und Meerblick ab $125; © (727) 461-7695, http://thebeachviewhotel.com.

Günstigere Preis-/Leistungsverhältnisse bieten nur Häuser in den Nebenstraßen jenseits des Strandes oder auf der Festlandseite:

- z.B. das prima ***Best Western Plus Yacht Harbor***, 150 Marina Plaza in Dunedin (Nord Clearwater) direkt am Wasser, mit Gastronomie, © (727) 733-4124, ab $114; www.yachtharborinn.com.

Camping

Auf den vorgelagerten Inseln gibt es im Bereich St. Pete und Clearwater Beach keinen Campingplatz; Camper müssen aufs Festland ausweichen. An der Straße #19 passiert man mehrere kommerziell geführte *Campgrounds*, alle (zu) nah am Verkehrslärm.

- Bei Palm Harbor liegt der ***Clearwater & Tarpon Springs Campground***, 37061 Hwy #19, © 1-877-420-2267, www.clearwatertarponspringscampground.com, RV ab $40; Zelt $30.

Gastronomie

- ***Frenchy's Original Café***, 41 Baymont Street, ist ein gemütliches Restaurant mit Fischspezialitäten; www.frenchysonline.com.

- Etwas edler wie teurer ist ***Bob Heilman's Beachcomber***, 447 Mandalay Ave; seit 1948 erstklassige Seafood- und Grillgerichte, abends oft Klaviermusik; www.heilmansbeachcomber.com.

Sunset Fiesta

Eine »Institution« sind die ***Sunsets at Pier 60***. Jeden Abend trifft man sich etwa zwei Stunden vor dem Untergang auf der Pier, um der Sonne zuzusehen, wie sie im Golf von Mexico versinkt, www.sunsetsatpier60.com. Genau wie beim gleichen, aber bekannteren Ritual in Key West (➢ Seite 168) treten dabei Jongleure, Musiker oder Feuerspucker auf. Händler verkaufen Kunsthandwerk, Souvenirs und Getränke. Nach gelungener Sonnenvorstellung brandet Applaus auf und der Trubel geht weiter.

Aquarium

Im ***Clearwater Marine Aquarium – CMA*** (249 Windward Passage auf Sea Island, am *Clearwater Memorial Causeway*/# 60, täglich 10-17 Uhr, **Eintritt $22/$17**) werden kranke und verletzte Tiere »aufgepäppelt« und nach Genesung möglichst wieder freigelassen.

Großer Star ist der Delfin ***Winter***, der bei der Rettung aus einem Fischernetz Schwanz und Teile seiner Flossen verlor. Heute lebt er quietschfidel mit Prothesen und hat eine eigene Ausstellung: ***Winter's Dolphin Tale Adventure – WDTA*** – (300 Cleveland Street in Clearwater, kostenloser *Trolley Ride* oder *Boat Shuttle* im Eintritt fürs *CMA* inklusive). Erwägenswert sind die vom Aquarium organisierten 90 min-Bootstrips, sog. ***Sea Life Safaris*** mit Meerestierbestimmung, mehrmals täglich, $26, bis 12 Jahre $17. In Kombination mit Eintritt CMA $41/$30. Weitere Infos unter © (727) 441-1790 bzw. www.seewinter.com/visit-us.

Caladesi und Honeymoon Islands

Caladesi Island

Unmittelbar nördlich von Clearwater Beach liegt **Caladesi Island**, eine 3 mi lange als ***State Park*** geschützte, unbewohnte Insel mit jeder Menge hellem Sandstrand – keine Straße verbindet Caladesi mit dem Festland. Aber von Clearwater Beach kann man der Mandalay Ave bis ans Ende folgen. Von dort sind es auf einer Verengung nur ca. 1000 m Strandspaziergang (ab Pier 60 ca. 4 km). **Ab Honeymoon Island** (➢ nächste Seite oben) verkehrt eine Fähre täglich 10-16 Uhr; www.caladesiferry.org. Ticket retour $14/$7.

Dr. Beach (➢ Seite 341) erklärte ***Caladesi Island Beach*** 2008 zum schönsten USA-Strand; www.floridastateparks.org/caladesiisland.

Honeymoon Island

Die »Flitterwochen Insel« ist durch den ***Dunedin Causeway***/#586 mit dem Festland verbunden. Wie Caladesi steht auch Honeymoon Island komplett unter Naturschutz. Nichtsdestoweniger ist sie als

Sonnenuntergang an der Clearwater Beach mit Piraten-/Ausflugsschiff vor Pier 60

State Park mit riesigen Parkplätzen hinter den breiten (aber nicht so tollen) Stränden ausgewiesen. Die Attraktivität liegt hier im wesentlichen in der Abwesenheit von Hotelbeton und Kommerz. Es gibt riesige Picknickplätze, aber kein Camping. Die Bezeichnung der Insel, die einst *Hog Island* (Wildschwein-Insel) hieß, geht auf Hütten am Strand zurück, mit denen man vor Zeiten Brautpaare zur Buchung von Flitterwochen am Golf von Mexico animieren wollte; www.floridastateparks.org/honeymoonisland.

Tarpon Springs

Griechische Gründung

Das hübsche Küstenstädtchen Tarpon Springs, etwa 7 mi nördlich des *Dunedin Causeway*, wurde von griechischen Einwanderern gegründet und ist bis heute die Stadt mit dem höchsten griechischen Bevölkerungsanteil in den USA. Die griechisch-orthodoxe Kathedrale ***St. Nicholas*** (36 N Pinellas Avenue) im ***Downtown Historic District*** legt davon Zeugnis ab. Außer ihr, ein paar Elementen der Hafenanlage und einiger alter Boote weist nur wenig auf die Wurzeln der Stadt hin. Nichtsdestoweniger wurde der **Hafenbereich** fürs Tourismusgeschäft »griechisch« aufgemotzt, was sich vor allem in **griechischen Restaurants** manifestiert. Das zweite große Thema sind dort die **Naturschwämme**.

Sponge Capital Tarpon Springs

Denn vor der Küste bei Tarpon Springs befinden sich große sog. Schwammbänke, einst Motiv für die Einwanderung griechischer Schwammtaucher. In zahlreichen Shops von Tarpon Springs kann man denn auch Naturschwämme in allen Formen und Größen kaufen. Von Bord des nostalgischen Bootes **St. Nicholas** springt ein Taucher mit Uralt-Tauchglocke ins Wasser. Eine Tour eher für Kinder: täglich 10-16.30 Uhr, Frequenz der 30 min-Trips variiert; $8/$4; http://stnicholasboatline.com. Wer Lust auf einen »richtigen« Bootstrip hat, sollte ***Dolphin & Beach Tours*** erwägen, ➤ z.B. unter http://spongeoramacruiselines.com.

Anfahrt/ Information

Anfahrt zum Hafenbereich über die Pinellas Ave (#19 *Alt* parallel zur #19). Der **Dodecanese Blvd** ist auf ein paar hundert Metern Länge Zentrum des Geschehens. Gleich eingangs der Straße stößt man auf das Büro der ***Tourist Information***; www.tarponspringschamber.org.

Hafen von Tarpon Springs: die Kisten sind voller Naturschwämme

Strandinseln

Südlich der Docks liegen nicht nur die kleine **Altstadt** (Pinellas Ave/Tarpon Ave), sondern auch ausgedehnte Villenviertel rund um den Whitcomb Bayou und entlang der Küste. Der Clou sind jedoch die vorgelagerten kleinen Strandinseln ***Sunset Beach*** und ***Fred Howard Park*** (www.pinellascounty.org/park/beaches.htm), beide durch Dämme mit dem Festland verbunden: weißer Sand, klares flaches Wasser und Palmen bilden vor allem an der *Sunset Beach* eine regelrechte Idylle. Mit Hilfe eines Navi oder der Ortskarte der *Tourist Information* findet man problemlos dorthin.

6.2 Von der Tampa Bay nach Naples/Marco Island

6.2.1 Zur Route

I-75 mit Alligator Alley

Wer von der Tampa Bay (zurück) nach Miami fahren möchte, kann die rund 280 mi auf der Interstate #75 in einem Rutsch glatt in fünf Stunden zurücklegen. Dabei ist ein schnurgerade quer durch Südflorida führendes Teilstück der Strecke, die ***Alligator Alley*** von Naples nach Fort Lauderdale **gebührenpflichtig**. Weder der Verlauf der I-75 von Tampa bis Naples noch die *Alligator Alley* (auch *Everglades Parkway* genannt) bieten viel fürs Auge, wenngleich mancher eine erste Fahrt durch das zentrale Sumpfgebiet vielleicht gerade wegen seiner ungewöhnlichen Monotonie als durchaus interessant empfinden mag und dort sogar einige der namensgebenden Alligatoren sichten kann. Ein Besuch im Indianerreservat *Big Cypress* und des ***Ah-Tah-Thi-Ki Museum*** ist nur via *Alligator Alley* möglich, ➢ Seite 396.

Straße #41

Die I-75 entlastet seit den 1980er-Jahren mit parallelem Verlauf von teilweise nur wenigen Meilen die früher einzige durchgehende **Küstenstraße** (**#41**) zwischen Tampa und Naples, den ***Tamiami Trail*** (Abkürzung für **Tampa-Miami**). Dieser führt weiter südlich unmittelbar oberhalb des *Everglades Park* bis nach Miami hinein, ➢ auch Karte Seite 142.

Empfehlung

Für eine touristisch geprägte Fahrt an der südlichen Golfküste entlang ist die #41 die Route der ersten Wahl, wobei viele der dort besonders reizvollen Ziele nicht direkt an der – teilweise durchaus küstenfern verlaufenden – Hauptstraße liegen, sondern über Stichstraßen und kleine oder größere Umwege angesteuert werden müssen. Wer nicht viel Zeit hat und nur ausgesuchte Ziele besuchen möchte, kann dabei zwischendurch auf die I-75 wechseln. Das empfiehlt sich bisweilen auch wegen der stellenweise hohen Verkehrsbelastung der #41 und der »bremsenden« Ampeldichte in manchen Ortsbereichen.

Sunshine Skyway Bridge

Oben wurde der ***Sunshine Skyway Bridge*** bereits ein eigener Abschnitt gewidmet, ➢ Seite 367. Sie ist Teil der I-275, die als Alternativroute zur I-75 durch ganz Tampa und St. Petersburg läuft und sich unterhalb der Tampa Bay wieder mit der I-75 vereinigt. Die Fahrt über diese ungewöhnliche Abfolge mehrerer Brücken und *Causeways* sollte man sich nicht entgehen lassen.

6

Gamble Plantation

Die I-75 wie auch die Straße #41 überqueren südlich der Tampa Bay den dort kilometerbreiten Manatee River. Noch nördlich der Flussbrücken verbindet die Straße #301 beide Routen. An ihr liegt der ***Gamble Plantation Historic State Park***, eine frühere Zuckerrohr-Plantage, www.floridastateparks.org/gambleplantation.

Das einzig erhaltene sog. ***Antebellum Mansion*** in Südflorida mit weißen Säulen ringsum ist von Eichen voller *Spanish Moss* umgeben, wie man es aus dem tiefen Süden kennt. *Visitor Center* mit Museum Do-Mo 9-17 Uhr. Eintritt frei; Führungen $6/Person.

6.2.2 Bereich Sarasota/Venice

Die Sarasota und Bradenton vorgelagerten Inseln

Anna Maria Island, Longboat und Lido Key

Die der Küste vorgelagerten Inseln setzen sich auch südlich der Tampa Bay noch gute 300 km fort und reichen bis über Fort Myers Beach hinaus. Im Bereich Bradenton/Sarasota liegen **Anna Maria Island**, **Longboat Key und Lido Key**, die miteinander über die Straße #789 verbunden sind. Der Nordteil von Anna Maria ragt weit in die Tampa Bay hinein. Helle Strände säumen die Golfküste der Inseln. Breit und populär sind ***Manatee County Beach*** auf Höhe der gleichnamigen Avenue und ***Coquina Beach*** mit schattigen Palmen ganz im Süden von Anna Maria (nördlich der Brücke über den *Longboat Pass*). Große, freie Parkplätze.

An der Golfküste im zentralen Florida gibt es keine vergleichbar attraktive Uferstraße über eine derart lange Strecke.

Unmittelbar südlich der Brücke zwischen Long Boat und Lido Key zweigt der Ken Thompson Pkwy nach Osten ab. An ihm liegt mit dem ***Marine Laboratory*** ein Forschungszentrum für Haie und Rochen mit ***Aquarium***. Spannend sind dort u.a. die Hai-Fütterung (Mo, Mi, Fr jeweils 11 Uhr) und ein ***Hurricane Simulator***. Außerdem gibt's dort Manatees, Seeschildkröten, Otter und viele Infos zur Meeresfauna im Golf von Mexico. Täglich 10-17 Uhr, Eintritt $20, bis 12 Jahre $15; www.mote.org.

Observation Tower der Strandaufsicht an der Manatee County Beach auf Anna Maria Island

St. Armands Circle

Rund um den Verkehrsverteiler ***St. Armands Circle*** auf dem gleichnamigen von Lido abgetrennten Key erstreckt sich ein **Shopping- und Restaurantkomplex der gehobenen Klasse**, für den man gut eine Extrastunde Bummeln einplanen kann; www.starmandscircleassoc.com. Neben oft originellen Shops gibt es allerhand Bistro- und Café-Terrassen. Sie bieten das seltene Bild geschmackvoller Möblierung (keine Plastikstapelstühle!) und guter Deko. Die Speisekarten überraschen mit Vielfalt.

Von dort führt der ***Ringling Causeway*** ins Zentrum von Sarasota.

Sarasota

Sarasota ist eine attraktive Stadt, deren ausgedehnte Villenviertel sich über Meilen an der Sarasota Bay hinziehen. Sie wirkt weit größer als ihre 54.000 Einwohner vermuten lassen.

Riesenskulptur »Unconditional Surrender« am Bayfront Drive unmittelbar südlich des Ringling Causeway

Information

Sarasota Visitor Info Center, 1710 Main St am Ende der »Shoppingmeile« der Stadt, ✆ 1-800-800-3906; www.sarasotafl.org

Anfahrt von Norden

Wer von Norden aus über die Straße #41 oder die I-75 (dann *Exit* 213 und University Pkwy) nach Sarasota fährt, erreicht ca. 3 mi vor dem Zentrum bzw. der Abzweigung des ***Ringling Causeway*** auf die Inseln die **Sehenswürdigkeit No. 1** der Stadt:

Ringling Estate

Das ***Ringling Estate*** liegt zwischen der Straße #41 und Sarasota Bay. Dieser parkartige Komplex war einmal einer der Wohnsitze des amerikanischen Zirkuskönigs ***John Ringling***, ein Sohn deutscher Einwanderer. Er machte im frühen 20. Jahrhundert mit seinem Zirkus ein Vermögen, das er u.a. in seine Villa und eine Kunstsammlung investierte.

Kunstmuseum

Die riesigen Besucherparkplätze sind nicht zu übersehen. Gleich gegenüber steht das ***John & Mable Ringling Museum of Art*** (5401 Bay Shore Road) in einem von römischen Vorbildern inspirierten Bau. Dessen Garten (➤ Foto nächste Seite) beherbergt Kopien bekannter Statuen und Skulpturen, unter denen die Bronzekopie von *Michelangelos* »David« auffällt. Ein Schwerpunkt des Museums ist klassische europäische Kunst (u.a. *Rubens, Tizian, El Greco*).

Die Villa Ca'd'Zan der Ringling Familie an der Sarasota Bay

Ca'd'Zan

Das palastartige Wohnhaus der *Ringlings*, ca. 300 m entfernt vom Museum unmittelbar am Wasser, trägt den seltsamen venezianischen Namen ***Ca'd'Zan***, der so viel wie »Haus des Johannes« bedeutet und sich auf den Vornamen des Erbauers *John Ringling* bezieht. Auch die Architektur der Villa wirkt italienisch, der Turm erinnert an den Dogenpalast von Venedig.

Welt des Zirkus

Der dritte Teil des Anwesens, das ***Circus Museum***, ist eher etwas für Zirkus-Fans: nostalgische Zirkuswagen, Requisiten und bunte Plakate aus der großen »*Ringling*-Zeit«.

Zeiten/ Eintritt

Gesamtkomplex täglich 10-17 Uhr, Do bis 20 Uhr; Eintritt $25 für *Museum of Art*, Villa und *Circus Museum*; bis 17 Jahre $5, © (941) 359-5700; www.ringling.org.

Classic Cars

Das ***Sarasota Classic Cars Museum***, 5500 North Tamiami Trail (Straße #41) gegenüber dem *Ringling Estate*, hat eine große Kollektion nostalgischer Modelle (darunter Originale aus dem Besitz der *Ringlings* und *Beatles*). Der Pflegezustand vieler Fahrzeuge in vollgestopfter Halle war 2015 jedoch schlecht, Informationen fehlten. Täglich 9-18 Uhr, $10/$7; www.sarasotacarmuseum.org.

Windhund-rennen

Von November bis Mai finden Mo-Sa um 12.30 und Fr-Sa auch um 19.30 Uhr im ***Sarasota Kennel Club***, 5400 Bradenton Rd, ca. 1 mi östlich des *Ringling*-Komplexes, Windhundrennen statt. Beim ***Greyhound Racing*** wird ähnlich gezockt wie beim Pferderennen – jeder ab 18 Jahre darf mitwetten; www.sarasotakennelclub.com.

Van Wezel Hall

Zwischen Tamiami Trail und Sarasota Bay steht die architektonisch auffällige ***Van Wezel Performing Arts Hall*** direkt am Wasser. Sie verbirgt sich ein wenig hinter ausgedehnten Parkplatzflächen, lohnt aber vor allem für ein Foto den minimalen Abstecher von der Hauptstraße in die **10th Street** zum Parkplatz an der Bucht.

Neben dem rosafarbenen Faltendach sind sogar die Straßenlaternen und andere Objekte in rosa gehalten. Wer Zeit genug hat, sollte auf das aktuelle Programm achten, 777 N Hwy 41; www.vanwezel.org

Botanischer Garten

Keine Meile südlich des *Ringling Causeway* passiert der Bayfront Drive/#41 die ***Marie Selby Botanical Gardens*** (Adresse 900 South Palm Ave). Sie sind berühmt für ihre **Orchideen**; täglich 10-17 Uhr, aber Eintritt mit $19 heftig, bis 11 Jahre $6; www.selby.org.

Unterkunft

Am Tamiami Trail (#41) zwischen *Downtown* und dem *Ringling Estate* stehen zahlreiche Motels/Hotels aller Preisklassen, z.B.:

- ***Golden Host Resort***, 4675 North Tamiami Trail, ab $89, © (941) 355-5141; www.goldenhostresort.com
- ***The Inn at Midtown***, 1425 South Tamiami Trail, ab $119, © (941) 955-9841; www.bwmidtown.com
- ***La Quinta***, 1803 N Tamiami Trail, ab $119, © (941) 366-5128
- ***Hotel Ranola***, 118 Indian Place, ruhige Lage im zentralen Sarasota, kleines Design-Hotel mit großen Zimmern, ab $119, © (941) 951-0111; www.hotelranola.com

Camping

- Wer auf Strandlage Wert legt, bucht den ***Turtle Beach Campground*** am Südende von **Siesta Key** südlich von Sarasota, 8862 Midnight Pass Road, Sommer $32-$42, Winter $45-$60; © (941) 349-3839, www.scgov.net/turtlebeachcampground.

Siesta Key

Etwa 3 mi südlich von Sarasota geht es auf dem Siesta Drive (Straße #758) hinüber nach Siesta Key. Der lange, teilweise tiefe, aber schattenlose Strand im Süden der Insel ist äußerst populär. ***Dr. Beach*** urteilte 2011 sogar: schönster Strand der USA (➤ Seite 341). Mehr dazu unter www.siestakeychamber.com. Für Touristen mit Kurzaufenthalt im Bereich Sarasota hat Siesta Key aber gegenüber den im Vorabschnitt beschriebenen Inseln nichts Neues zu bieten.

- Der ***Myakka River State Park*** liegt ca. 10 mi landeinwärts, Sugar Bowl Road/#72 (I-75 *Exit* 205). Er schützt ein Wald-, Sumpf- und Flussgebiet, verfügt über 40 mi *Trails* (z.T. als *Boardwalk*) und Aussichtsturm. ***Myakka Wildlife Tours*** (ca. 60 min) starten mehrmals täglich mit riesigen *Airboats*, $12/$6; auch Kanu- und Fahrradvermietung. 3 Campareale; am besten ist ***Palmetto Ridge***, $26; © (941) 361-6511, www.florida stateparks.org/myakkariver.
- Die Zufahrt zum ***Oscar Scherer State Park*** bei Osprey erfolgt unmittelbar von der Straße #41 aus, ca. 14 mi südlich von Sarasota. Der mit Mangroven dicht bewachsene Campingplatz des Parks (ebenfalls $26) liegt ruhig am Wasser des South Creek – weit genug entfernt von der Straßenhektik. Auch ein kleiner Stausee mit Badestelle ist vorhanden, ebenfalls ein Kanuverleih; © (941) 483-5956, www.floridastateparks.org/oscarscherer.

Gastronomie

- In seiner tollen Lage am Wasser ist ***Olearys Tiki Bar & Grill*** im Island Park (5 Bayfront Drive) kaum zu übetreffen, täglich bis 23 Uhr, Live-Musik; © (941) 953-7505, www.olearystikibar.com
- Interessant ist die Kombination aus Asien- und Hawaii-Küche in ***Roy's Restaurant***, 2001 Siesta Drive/Ecke Hwy 41, ab 17 Uhr; © (941) 952-0109, www.roysrestaurant.com/locations/fl/sarasota.

Nach Venice und Gasparilla Island

Barrier Islands

Die mit Sarasota verbundene Insel **Siesta Key** ist etwa 10 mi lang, wird zum südlichen Ende hin immer schmaler und geht (ohne Straßenverbindung) über in **Casey Key**. Diese Insel – wieder mit endlosen Sandstränden gesegnet – reicht bis kurz vors Städtchen

Venice

Venice. Von Sarasota sind es auf der Straße #41 ca. 20 mi dorthin.

Die ***Venice Visitor Information*** befindet sich am 597 Tamiami Trail S; © (941) 488-2236, www.venicechamber.com. Den **Stadtkern** mit Geschäften, Banken und Restaurants findet man in der sog. ***Old Town*** an Venice und Miami Ave zwischen Tamiami Trail und Harbor Drive. Besondere Sehenswürdigkeiten gibt es keine. Mit breiten Alleen, hübschen Parks und restaurierten alten Häusern im Zentrum wirkt der Ort aber sympathisch und gepflegt.

Die lange ***Venice Beach*** kann es durchaus mit den Stränden weiter nördlich aufnehmen, nicht mehr und kaum weniger. Im Ortsbereich Venice in Strandnähe zu parken, ist indessen nicht ganz einfach. Die Parkmöglichkeiten sind dort stark eingeschränkt. Viel leichter ist es weiter südlich bei der ***Fishing Pier*** (Zutritt $5).

Haizähne

Venice wird als ***Shark Tooth Capital*** von Florida bezeichnet, was keine leere Werbung ist. Denn an den Stränden um Venice (und auch auf Casey Key) findet sich wirklich leicht der eine oder andere Haizahn. Man muss nur ein paar Schritte ins Wasser laufen und sich den Sand durch die Finger rinnen lassen. Im April findet sogar ein ***Shark's Tooth Festival*** statt; www.sharkstoothfest.com.

Gasparilla Island

Südlich von Venice setzen sich die Strandinseln fort. Bis hinunter nach **Gasparilla Island** sind sie über Fähren und Brücken mit dem Festland verbunden. Zubringer ist die stark verkehrs- wie kommerzbelastete Straße #776 bzw. (weiter südlich) #775. Nur wer viel Zeit hat, sollte sich diesen Umweg vornehmen, so Gasparilla reizt.

Ab Venice sind es bis zur Südspitze von Gasparilla Island ca. 32 mi bzw. mindestens eine Stunde Fahrtzeit. Der *Boca Grande Causeway* auf die Insel kostet $6; parken im ***Gasparilla Island State Park*** $3. Dort steht das *Boca Grande Lighthouse* mit **Besucherzentrum**; www.floridastateparks.org/gasparillaisland. Toll bei Sonnenuntergang. Den Drink dazu liefert die ***South Beach Bar*** am Strand; www.southbeachbarandgrille.com.

Fishing Pier in Venice

6.2.3 Bereich Fort Myers

Kennzeichnung

Der Bereich Fort Myers, zu der u.a. Cape Coral, eine reine Wohnstadt mit schönen Villen entlang zahlloser Kanäle, Fort Myers Beach auf Estero Island und viele neue Urbanisationen rund um ausgedehnte Golfplätze gehören, zählt zu den am schnellsten wachsenden Regionen in Florida. Der Großraum (*Lee County*) verzeichnete zwischen 2000 und 2015 einen Bevölkerungszuwachs von über 50% auf z. Zt. rund 680.000 Einwohner. Denn gerade in dieser Ecke Floridas lassen sich wohlhabende Nordstaatler und zunehmend auch Ausländer, darunter viele Deutsche, nach der Pensionierung vorzugsweise nieder. Einerseits wegen des angenehmen Winterklimas, andererseits wegen der Freizeitmöglichkeiten (in erster Linie Golfen, Fischen und Wassersport) und der zahlreichen »Gleichgesinnten« unter den Senioren.

Geschichte

Der militärische Name der Stadt geht auf ein Fort zurück, das hier 1841 angelegt worden war, um die Seminolen zu bekämpfen. Die weiße Besiedelung der Gegend erfolgte nur zögerlich. Noch 1885, als sich dort der Erfinder *Thomas Alva Edison* einen Winterwohnsitz einrichtete, hatte der Ort gerade mal 349 Einwohner.

Erst im 20. Jahrhundert erhöhte sich die Bevölkerungszahl ernsthaft, wenngleich viele der – vor allem in den 1920er-Jahren errichteten – prächtigen Häuser zunächst nur als Saisonresidenzen dienten. Aus jenem Jahrzehnt stammen ebenfalls nicht wenige der mediterran wirkenden Gebäude im Zentrum.

Stadt Fort Myers

6

Stadtbild

Stadt und Umgebung strahlen gepflegten Wohlstand aus. Die Anlage mancher Villengrundstücke kann hier fast mit Botanischen Gärten konkurrieren; viele Straßen werden von Palmen gesäumt – so auch die 15 mi lange Hauptstraße **McGregor Boulevard** entlang des Caloosahatchee River in Richtung Sanibel Island. Die ersten Palmen waren einst von *Thomas Edison*, dem bekanntesten Bürger der Stadt, vor sein Anwesen gepflanzt worden. Das Geschäftszentrum im ***Historical District*** um die Kreuzung Hendry/First Street wirkt weniger edel. Zwischen modernen Shops und Lokalen gibt es immer noch heruntergekommene Gebäude. Im Gegensatz dazu stehen die hübsche Fußgängerzone um den ***Patio de Leon*** und die großen Marinas am Fluss.

Information

Lee County Visitor & Convention Bureau, 2201 2nd Street, Fort Myers, © 1-800-237-6444; www.fortmyers-sanibel.com/german

Unterkunft

- ***Super 8***, 2717 Colonial Blvd, I-75 *Exit* 136, © (239) 275-3500, ab $60
- ***Downtown Holiday Inn***, 2431 Cleveland Ave, I-75 *Exit* 138, © (239) 332-3232, ab $90; www.holidayinn.com/ftmyersdwntn
- Bungalows am Teich im ***Rock Lake Resort***, 2937 Palm Beach Blvd, I-75 *Exit* 138, ab $69; www.rocklakeresort.com.

Zahlreiche H/Motels findet man in der ***Fort Myers Area*** speziell am ***Daniels Parkway*** (I-75 *Exit* 131). Über Ausfahrt 131 gelangt man auch am schnellsten nach **Fort Myers Beach**. Am Estero Blvd (Straße #865) stehen viele Häuser der meisten Ketten und jede Menge unabhängiger Billigmotels, ➤ Seite 385.

Camping

Über einen guten schattigen Campingplatz verfügt der ***Koreshan State Historic Site*** (Hwy 41 ca. 15 mi südlich von Fort Myers, 3800 Corkscrew Road, © 239-992-0311, $26), Kanuverleih, www.floridastateparks.org/koreshan, ➤ unten rechts.

Gastronomie

- Das ***Prawnbroker Restaurant***, 13451 McGregor Blvd, I-75 *Exit* 131, hat jede Menge *Seafood*; http://prawnbrokerfortmyers.com
- Im ***Connection Bar & Grill***, 2282 First Street, gibt's *Soups*, *Salad* und *Seafood*; oft *Live Music*; www.theconnectionbarandgrill.com

Edison & Ford Estate

Am McGregor Boulevard (2350 Straße #867) etwas südlich *Downtown* befinden sich das ***Edison Winter Estate & Laboratoy*** und das ***Henry Ford Winter Estate***. Dort sind neben einem **Museum**, das zahlreiche geniale *Edison*-Erfindungen detailliert erläutert (so die Stufen der Entwicklung der Glühbirne), sein einstiges Wohnhaus und die frühere Wintervilla des Autotycoons *Henry Ford* zu besichtigen. *Ford* hatte es dort bei einem Edison-Besuch so gut gefallen, dass er ein Haus in unmittelbarer Nähe kaufte.

Man kann entweder Museum und Labor oder das gesamte Anwesen besichtigen (inklusive der beiden Wohnhäuser mit Park). Letzteres ist am ergiebigsten, da in den Häusern manche Erfindung besser zur Geltung kommt als im Museum bzw. im Labor. Beide weisen einige Schwächen auf.

Täglich 9-17.30 Uhr, *Museum-/Laboratory-Tour* $12/$5, komplettes Anwesen $20/$11 (beides als Audiotour, auch auf Deutsch möglich), geführte Touren $25/$15; © (239) 334-7419, www.edison fordwinterestates.org.

Edisons Labor

Museum

Im ***Southwest Florida Museum of History*** (2031 Jackson Street, Di-Sa 10-17 Uhr, So ab 12 Uhr, $9,50/$5; www.swflmuseumofhistory.com) geht es u.a. um die Seminolenkriege und den Namensgeber der Stadt, *Colonel Myers*.

Orangenmarkt

Wer ab Fort Myers auf der Straße #41 nach Süden bleibt, könnte einen Stopp im ***Sun Harvest Citrus Market*** einlegen. In der grünen Markthalle am 14810 Metro Parkway gibt es massenhaft Orangen und -säfte; Zufahrt über I-75 *Exit* 131/Daniels Pkwy; www.sunharvestcitrus. com.

Koreshan Historical Site

Der ungewöhnliche ***Koreshan State Historical Site*** liegt südlich von Fort Myers zwischen der Straße #41 und der Estero Bay, Zufahrt über die Corkscrew Road. Er geht zurück auf eine Gruppe religiöser Siedler, die sich hier gegen Ende des 19. Jahrhunderts niedergelassen hatte. In den 1960er-Jahren vermachten die letzten Mitglieder der Gemeinschaft Land und Gebäude dem Staat Florida unter der Auflage, daraus einen historischen *State Park* zu machen. Im *Visitor Center* gibt es einen Film zu Glauben und Geschichte der *Koreshans*; auch Führungen durch das Dorf starten dort; www.floridastateparks.org/koreshan.

Zum Park gehören ein Picknick- und ein schattiger ***Campground*** (➤ oben), Naturlehrpfade und ein Kanuverleih. Auf dem Estero River mit dschungelartig überwachsenen Ufern kann man ins Landesinnere und zur *Mound Key* (ca. 3,5 mi) paddeln. Auf der Insel befinden sich Floridas besterhaltene indianische Grabhügel; www.floridastateparks.org/moundkey.

Kanus bereit zur Paddeltour auf dem Estero River (Vermietung im Koreshan Historical Site, ➤ vorige Seite ganz unten)

Estero Island (Fort Myers Beach)

Kennzeichnung

Südlich von Fort Myers trennt Estero Island die gleichnamige Bay vom Golf von Mexico. Nord- und Südspitze der ca. 8 mi langen Insel sind über die Straße #865 mit dem Festland verbunden, die auf der Insel als strandnahe Hauptstraße **Estero Blvd** weiterläuft. Sie ist eine gute Alternative zur Straße #41 auf dem Festland. Zwar wird ein Teil der Strecke (ca. 1 mi) im Bereich **Fort Myers Beach** und weiter unten in **Bonita Beach** von Durchschnittsamerika mit dem üblichen Kommerz, H/Motels und von Apartmentkomplexen dominiert, aber es gibt in kurzen Abständen viele Zugänge an den weißen und teilweise breiten Strand, so z.B. am Südende der Insel. Die Strände sind – nebenbei – generell attraktiver als auf Sanibel Island und abseits der zentralen Fort Myers Beach nie überlaufen. Zudem warten als schöne Ziele für einen Zwischenstopp weiter südlich Lovers Key und Little Hickory Island, ➤ nächste Seite.

Fort Myers Beach

Wer Estero Island von Norden aus über die *Matanzas Pass Bridge* ansteuert, fährt direkt auf das touristische Zentrum um ***Times Square*** und ***Fishing Pier*** zu. Dort ballen ich gleich hinterm Strand Shops und Restaurants samt Großparkplätzen. Dank der zahlreichen Hotels und Motels, die ihre Betten füllen müssen, kommt man in diesem Bereich oft zu relativ moderaten Preisen unter (aber nicht am Wochenende!). Fort Myers Beach ist deshalb ggf. ein gute Option als **Standquartier** für einige Tage, in denen man Abstecher in die Umgebung, nach Sanibel und Captiva Island etc. unternimmt. Obendrein ist dort auch abends noch etwas »los«.

Information

Fort Myers Beach, 1661 Estero Blvd; www.fortmyersbeach.org

Unterkunft

Am Estero Boulevard findet man die Häuser der bekannten Ketten und darüber hinaus oft günstigere unabhängige Motels.

- Das ***Matanzas Inn Resort***, 414 Crescent St, liegt am Wasser unterhalb der *Matanzas Pass Bridge*, ab $89; www.matanzas.com
- ***Pink Shell Beach Resort & Marina*** ist ein Großkomplex an der Nordspitze der Insel mit allen Schikanen und Gastronomie, 275 Estero Blvd, ab $199; ✆ 1-888-222-7465, www.pinkshell.com

- ***Island House Motel***, 701 Estero Blvd, ab $79, © (239) 463-9282
- ***Outrigger Beach Resort*** im Inselsüden ist eine prima Wahl; 6200 Estero Blvd, ab $89; © 1-800-655-8997, www.outriggerfmb.com

Camping

Von den auf Estero Island kommerziell betriebenen Campingplätzen kann man nur im kleinen ***Red Coconut RV Resort***, 3001 Estero Blvd, direkt am Strand campen, dieser Luxus kostet allerdings $70-$110, © 1-888-262-6226; www.redcoconut.com

Gastronomie

- ***Cottage Beach Bar & Gulfshore Grill***, 1250 Estero Blvd, also mittendrin mit Terrasse am Strand. Sowohl für den Drink am Nachmittag und das Dinner abends geeignet, *Seafood* und mehr zu noch moderaten Preisen; © (239) 765-5440, www.gulfshoregrill.com
- Im einfachen Restaurant ***Fish House***, 7225 Estero Blvd, im Inselsüden, gibt es Großportionen von *Seafood* zu moderaten Preisen. Ein Giftshop ist auch dabei; http://ftmyersfishhouse.com

Tagestrip nach Key West

Ab Fort Myers Beach und **Marco Island** (➤ unten, Seite 392) kann man Tagesausflüge nach Key West buchen. Schnelle Katamarane benötigen für die 130-mi-Distanz nur gut drei Stunden. Nach ca. sechs Stunden Aufenthalt geht es wieder zurück. Angesichts der langen Autofahrt nach Key West bei oft dichtem Verkehr über die Florida Keys und hoher Hoteltarife in Key West ist das eine erwägenswerte Möglichkeit für einen Besuch in der südlichsten Stadt der kontinentalen USA. Der Trip kostet von beiden Häfen $154, bis 12 Jahre $91 (online bis 4/8 Tage vorher billiger). ***Key West Express***, © 1-888-539-2628; www.seakeywestexpress.com.

Lovers Key

Von Estero Island geht es über die *Big Carlos Pass Bridge* auf eine kleine Insel mit dem hübschen Namen ***Lovers Key***, die fast komplett als ***State Park*** unter Naturschutz steht; Eintritt/Parken $8; www.floridastateparks.org/loverskey.

Nature Trails, von denen aus sich Flamingos, Reiher und *Sea Turtles* beobachten lassen, führen dort durch Sumpfvegetation. Den wunderbaren Strand (teilweise mit Mangroven besetzt) erreicht man vom Parkplatz aus nur über ein paar hundert Meter Fußweg. Mit Mietkanus kann man die Wasserwege der Insel erkunden.

Belebte Fort Myers Beach auf Estero Island

Little Hickory Island

Von Lovers Key geht es auf die Hickory Islands. Von **Little Hickory Island** wendet sich die #865 in Bonita Beach nach Osten aufs Festland. Wer von dort auf dem Barefoot Beach Blvd noch 2,5 mi weiter nach Süden bis an dessen Ende fährt, erreicht den ***Barefoot Beach Preserve County Park***, eine bis auf Straße und Parkplätze unerschlossene Wildnis mit dem preisgekrönten gleichnamigen Strand (2014 und 2015 jeweils zweitplaziert in der Bestenliste von *Dr. Beach*, ➤ Seite 341); www.friendsofbarefootbeach.org.

Barefoot Beach

Muscheln und Haifischzähne sind auf Sanibel und Captiva Islands ein großes Thema. Hier die Zungenbrecherwerbung eines Sea Shell Shop (1157 Periwinkle Way)

Sanibel & Captiva Island

Sanibel Island

Der Küste bei Fort Myers vorgelagert sind drei große Inseln. Während sich Pine Island nur über Cape Coral erreichen lässt und insgesamt für Besucher keine besonderen Reize bietet, ist das im Fall der Inseln Sanibel und Captiva Island ganz anders. Die **Straßen #867 und #869** führen von Fort Myers geradewegs auf den ***Sanibel Island Causeway*** zu. Die **Gebühr für die kurze Brücke beträgt $6**, ist also eher eine Art Eintrittsgeld für den Inselbesuch. Gleich hinter der Brücke erhält man im ***Visitor Center*** Inselkarte und Info-Material. Vorbei an luxuriösen Anwesen und durch eine üppige subtropische Vegetation (Mangroven und Palmen) führt nur eine durchgehende Straße über die volle Länge der Insel bis Captiva Island. Kaum sichtbar ist die durchaus vorhandene Infrastruktur aus Tankstellen, *Fast Food* und *Shops* gehobenen Niveaus. Wer als *Non-Resident* die Insel besucht und sein Auto (Fußgänger dürfen gar nicht erst über die Brücke – Fahrradvermietung aber vor Ort) mal abstellen möchte, sieht sich überall Halteverbotsschildern gegenüber und wird auf einige wenige ***Public Beaches*** mit (zu) geringer Parkkapazität verwiesen.

Radfahren/ Bike Rental

Es macht (nicht nur) daher Sinn, Sanibel und Captiva Islands (12 mi bzw. 5 mi lang; maximal 3 mi bzw. 0,5 mi breit) **per Fahrrad** zu erkunden. Wenn man zumindest einen vollen Tag für die Inseln hat, ist das ergiebiger als das motorisierte Abfahren der wenigen Straßen. Manche reizvolle Wege sind per Auto gar nicht befahrbar, die Strände in vielen Fällen wegen der Parkproblematik nur nach längeren Fußmärschen erreichbar. Mehrere ***Bike Rentals*** warten, z.B. www.billysrentals.com oder www.finnimores.com.

Information

• ***Sanibel Captiva Chamber of Commerce***, 1159 Causeway Rd, eingangs der Insel rechts; ✆ (239) 472-1080; www.sanibel-captiva.org.

Unterkunft

In der Frühjahrshauptsaison ist es fast unmöglich, auf Sanibel eine Unterkunft unter $200/Nacht zu finden, von Captiva Island nicht zu reden. Zu anderen Jahreszeiten kommt es auf die Auslastung an, aber unter $120 ist schon auf Sanibel meist nix zu machen, auf Captiva geht's dann los bei $200. Ggf. hilft das *Visitor Center*.

Sanibel

• Noch einigermaßen erschwinglich sind die ***Seahorse Cottages*** in Leuchtturmnähe, 1223 Buttonwood Lane, Hauptsaison ab $245, sonst $120; ✆ (239) 472-4262, www.seahorsecottages.com

• In Hotels der oberen Mittelklasse sind in der Hochsaison über $300/Nacht keine Ausnahme, z.B. ***Holiday Inn Beach Resort***, 1231 Middle Gulf Drive; www.sanibelbeachresort.com

Captiva

• Die beste aller Welten bietet das ***Tween Waters Inn Resort*** auf Captiva Island an dessen Schmalstelle (ca. 200 m) mit Strand auf der einen und Bootsanlegern auf der anderen Seite, 15951 Captiva Drive, ab $220, ✆ 1-800-472-1433, http://tween-waters.com

Preiswertere Quartiere findet man – wie gesagt – in **Fort Myers Beach**, sozusagen um die Ecke auf Estero Island, ➤ Seite 384.

Camping

Der einzige Campingplatz auf Sanibel/Captiva ist der ganz ordentliche ***Periwinkle Park***, 400 m westlich der Kreuzung Causeway/Periwinkle Road. Restaurants/Shops im Umfeld; Strandzugang ca. 1 km; $40-$55; ✆ (239) 472-1433, www.sanibelcamping.com

Gastronomie

Auf **Sanibel Island** gibt es zahlreiche Lokale. Die meisten liegen – wie auch das Gros der Shops und Dienstleister – unverfehlbar auf den ersten 3 mi am Periwinkle Way. Etwa in Inselmitte wartet

• ***Doc Ford's Rum Bar &Grille*** mit *Seafood* zu überschaubaren Preisen, 975 Rabbit Rd; ✆ (239) 472-8311, www.docfordssanibel.com

• Auf **Captiva Island** konzentriert sich eine Handvoll bunter Lokale auf den zentralen Bereich (Andy Rosse Lane). Direkt am Strand liegt das ***Mucky Duck Restaurant*** mit typisch amerikanischer Karte und ***Seafood*** (gehobene Preise); http://muckyduck.com

Populäre Restaurantkneipe »RC Otter's« auf Captiva Island inmitten subtropischer Vegetation (an der Ecke Captiva Drive/Andy Ross Lane)

6

Muscheln

Rund um Sanibel kann man Muscheln sammeln wie sonst nirgendwo in den USA. Anleitungen für erfolgreiches Muschelsammeln gibt's im ***Bailey-Matthews Shell Museum***, 3075 Sanibel-Captiva Road, wo man außerdem alles über in Florida heimische wie weltweit verbreitete Muschelarten erfährt, täglich 10-17 Uhr, Eintritt $11, bis 16 Jahre $5; www.shellmuseum.org.

Strände Sanibel

Die Sandstrandküste von Sanibel Island ist weitgehend durch Villen, Hotel- und Apartmentkomplexe zugebaut und besitzt insgesamt nur wenig Reiz. Ausnahmen sind ***Lighthouse Point Beach Park*** am Ostende und ***Bowman's Beach*** ganz im Nordwesten.

Tipp

Genaugenommen sind die kleinen Strände im ***Causeway Islands Park*** (die Sanibel-Zufahrt führt über zwei Sandinseln) reizvoller als die auf der Inselwestseite; freies Parken, ein paar schattige Bäume und Picknicktische; nachteilig ist nur der Verkehr im Hintergrund.

Wildlife Refuge

Im Norden von Sanibel liegt das ***J.N. Ding Darling National Wildlife Refuge***, das mit 25 km^2 rund ein Drittel der Inselfläche beansprucht. Geöffnet täglich ab 7 Uhr, Schluss variiert jahreszeitlich 17.30-20 Uhr. *Education Center* Mai-Dez tägl 9-16 Uhr, sonst 9-17 Uhr, $5/Auto, $1/Radfahrer, www.fws.gov/refuge/jn_ding_darling. In diesem sumpfigen Naturschutzgebiet ist eine vielfältige typische **Südflorida-Fauna** beheimatet, u.a. Reiher, Flamingos, Seeadler, Otter und Alligatoren. Am ***Wildlife Drive*** (4 mi-Einbahnstraße, Fr geschlossen) gibt es Halte- und Aussichtspunkte. Nicht immer ist der Besuch trotz *Boardwalk* und *Observation Tower* ergiebig; geführte Kajaktouren (90 min, $30/$20) bringen mehr; ✆ (239) 472-8900, www.tarponbayexplorers.com.

Captiva Island

Captiva Island ist nur durch einen schmalen Kanal von Sanibel getrennt. Im Übergang zwischen den Inseln findet man beidseitig der Brücke **schöne Badestrände**. Entlang des Captiva Drive nach »*Downtown*« ist dank Halteverbot ein *Sightseeing* »nur ab Auto« möglich. Sagenhafte Villen säumen mehr oder weniger versteckt die Straße. Im subtropisch-attraktiven zentralen Bereich warten ein paar **pittoreske Restaurants** mit Parkplätzen ausschl. für Gäste. Nur ganz am Ende des Captiva Drive am (nicht ganz tollen) Strand gibt es einen öffentlichen Parkplatz mit begrenzter Kapazität.

Resort

- Das ***South Seas Island Resort***, ein Luxuskomplex mit Hotel und Ferienvillen, Tennisplätzen und Yachthafen, beherrscht die Inselspitze, ab $219; (✆ 1-866-565-5089, www.southseas.com.

Captiva Boattours

In der *South Sea Marina* befindet sich auch der Anleger für Bootstouren mit ***Captiva Cruises***: **Delfinbeobachtung** täglich 16 Uhr, 90 min, $28/$18 oder Tour zur Insel **Cabbage Key** (täglich 10 Uhr, 5 Std, $40/$25); ✆ (239) 472-5300 www.captivacruises.com.

Cabbage Key

Auf Cabbage Key gibt es das kleine ***Cabbage Key Inn & Restaurant*** auf einem parkartigen Grundstück am Wasser. Zimmer oder *Cottages*: $99-$385; ✆ (239) 283-2278, www.cabbagekey.com. Im Restaurant ist dank Yachtkundschaft immer viel Betrieb, und in der Bar hängen jede Menge handsignierter Dollarscheine an den Wänden – auch mit Namen von Berühmtheiten.

6.2.4 Naples & Umgebung

Kennzeichnung

Etwa 35 mi südlich von Fort Myers – bzw. von Bonita Springs ca. 14 mi, wo man bei Umweg über Estero Island wieder die Straße #41 erreicht – liegt mit dem 1886 gegründeten **Naples** ein weiterer wohlhabender Küstenort, der als »Millionärswinkel« gilt. Beispiele beneidenswerter Wohnkultur findet man allerorten, besonders aber in den allesamt auf den Strand zulaufenden Avenues (Ost-West-Straßen), speziell ab 15th Ave South und südlicher sowie entlang des Gulf Shore Blvd parallel hinter den Stränden.

Die Stadtplaner müssen sich bei der Namensgebung aber irgendwie vertan haben, denn während man in Venice vergeblich nach Ähnlichkeiten mit der Lagunenstadt Venedig sucht, wird Naples (= Neapel) von zahllosen Kanälen durchzogen, in denen die Yachten der Anwohner »parken«. Die Architektur vieler Villen und Stadthäuser erinnert zudem an italienische Vorbilder.

Italienisch angehauchte Fassaden an der Bayfront Plaza in Naples

Information

- ***Naples Visitors Center***, 900 5th Avenue South (Ecke Tamiami Trail #41); attraktive Broschüre zum Download »*Naples on the Gulf*«; © (239) 262-6141, www.napleschamber.org.

Trolley

Wer ein bisschen Zeit mitbringt und sich intensiver für Naples interessiert, kann auf den *Hop-on-hop-off-Trolley* springen. Eine Rundfahrt mit den ***Naples Trolley Tours*** dauert gut 90 min bei 19 Haltepunkten; täglich 8.30-17.30 Uhr, $27/Tag mit beliebigen Unterbrechungen, bis 12 Jahre $13; www.naplestrolleytours.com.

Unterkunft

Viele Unterkünfte findet man in Naples entlang der #41 und – günstiger – an den Ausfahrten 101 und 107 der I-75. Wegen der hohen Kapazität sind in Naples außerhalb der Hochsaison (Weihnachten bis Ende April) gute Quartiere um $60-$90 zu haben:

- So z.B. das ***Lemon Tree Inn***, 250 9th Street S (Tamiami Trail); © 1-888-800-5366, www.lemontreeinn.com; *off-season* ab $89.
- Ruhiger unweit der *Naples Fishing Pier* gelegen ist das ***Mariner Beach Motel***, 1295 Gulf Shore Blvd S, *off-season* ab $90; © (239) 261-7313, www.marineraptsmotel.com
- Gehobenes Niveau bietet das ***The Inn on Fifth*** mitten in *Old Naples* im historischen Bau einer früheren Bank, 699 5th Ave S, *off-season* **ab $179**; © 1-888-403-8778, www.innonfifth.com.

- Unmittelbar am Strand liegt ***Naples Beach Hotel & Golf Club***, 851 Gulf Shore Blvd North, mit einer großen Poolanlage unter Palmen und Gastronomie. Golfplatz gleich gegenüber; *off-season* ab $289; © 1-800-237-7600, www.naplesbeachhotel.com

Camping

Kommerzielle Plätze bei Naples liegen überwiegend im Hinterland und sind auf Langzeitcamper mit Groß-RVs zugeschnitten. Rustikal campt man im ***Collier Seminole State Park***, ➤ Seite 392.

Ein guter Platz ca. 2 mi südwestlich der #41 ist der ***KOA Naples/Marco Island***, 1700 Barefoot Williams Road, Zufahrt über Straße # 951, Tarife ab $50; www.koa.com/campgrounds/naples.

Gastronomie

- In der eleganten ***Ridgway Bar & Grill***, 1300 3rd Street S, gibt's »Amerikanisches«, *Seafood* und regionale Gerichte. Schöne Gartenterrasse; © (239) 262-5600, www.ridgwaybarandgrill.com
- ***Tommy Bahamas***, 1220 3rd Street South, verfeinerte Südstaaten- und karibische Küche; © (239) 643-6889, www.tonysoffthird.com
- Der ***Watermark Grille***, 11280 N Tamiami, populär mit *Seafood*, *Steak* und Pasta; © (239) 596-1400, www.watermarkgrille.com
- ***M Waterfront Grille***, 4300 Gulf Shore Blvd North im *Village on Venetian Bay*; *Organic & Seafood* und *Steak*; Terrasse am Wasser; © (239) 263-1662, www.mwaterfrontgrille.com

Zentrum Shopping

Das Zentrum der Stadt liegt unmittelbar westlich des Tamiami Trail #41. Die ***5th Ave South*** samt Umfeld bis etwa zur 3rd St South nennt sich ***Old Naples***. Dort konzentrieren sich Galerien, teure Boutiquen und Straßencafés; www.fifthavenuesouth.com.

3rd Street Shopping/ Restaurants

Eine Ballung von *Shops* und Restaurants findet man speziell an der **3rd Street South** zwischen Broad Ave und 14th Street South keine Meile entfernt von *Old Naples*; www.thirdstreetsouth.com (➤ auch die beiden Empfehlungen oben unter »Gastronomie«).

Die größte ***Mall*** der Region ist das ***Coastland Center*** an der #41 unweit des *Naples Zoo*, ➤ unten; www.coastlandcenter.com.

Strandzugang

Palmen säumen die meilenlangen besonders weißen **Sandstrände** der Stadt. Man erreicht sie – wie oben bereits erwähnt – über alle Avenues und findet auch viele Zugänge. Aber das Parken ist dort oft ein Problem. Einen großen Parkplatz gleich hinter dem Strand

Naples Beach an einem Wochenende im März, Blick von dem 300 m langen »Fishing Pier« aus

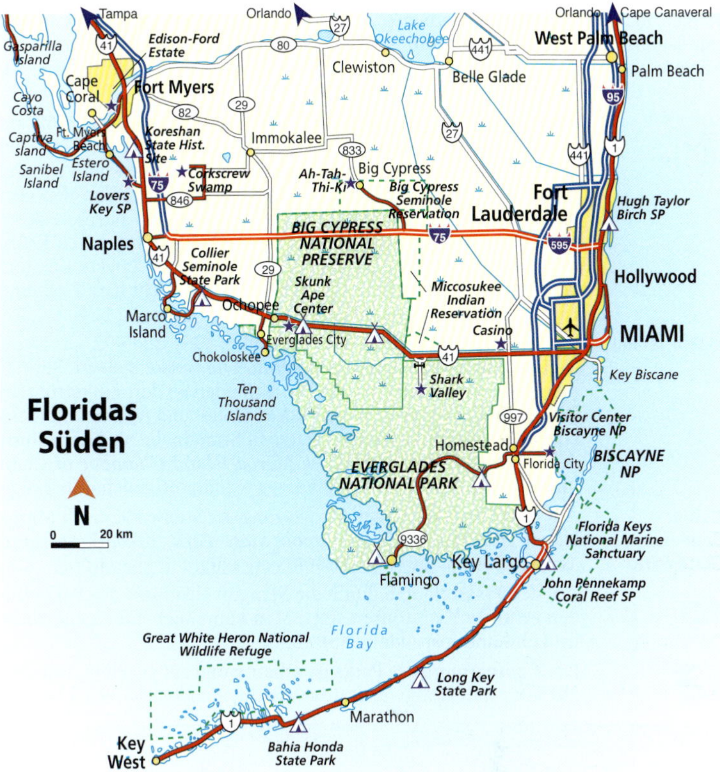

gibt es im ***Lowdermilk Beach Park*** am Ende des Banyan Blvd im Stadtnorden (zweigt von der #41 ab). Gut an die *Beach* kommt man auch beim beliebten, 300 m langen ***Fishing Pier*** (Zutritt frei) am Ende der 12th Ave – Parkplatz am Gulf Blvd (150 m).

Zoo

Am Nordrand von Naples wartet der ***Naples Zoo at Caribbean Gardens*** auf Besucher, eine originelle Mischung aus tropischem Park und Zoo an der 1590 Goodlette-Frank Road (Anfahrt ab #41 über Fleischmann Blvd). Inkl. 15 min-Bootstour um eine »Affeninsel« $20, bis 12 Jahre $15; täglich 9-17 Uhr; www.napleszoo.org.

Kunstmuseum

Etwa 4 mi weiter nördlich davon steht der beachtliche Komplex ***Artis-Naples*** mit dem ***Baker Museum*** und der Konzerthalle der *Naples Philharmonic*, 5833 Pelican Bay Boulevard (westlich der #41 oberhalb der ***Shopping Mall Waterside Shops***). Das Museum hat eine breit gefächerte Sammlung von amerikanischen bis zu chinesischen Kunstwerken; außerdem viele wechselnde Ausstellungen, Di-Sa 10-16 Uhr, So ab 12 Uhr, $10; www.artisnaples.org.

Korkenzieher- und andere Sümpfe

Ein stark beworbenes Ziel in der Umgebung von Naples ist der ***Corkscrew Swamp***, ein sog. ***Sanctuary*** der *Audubon Society* (375 Sanctuary Road, täglich 7-17.30 Uhr, Eintritt $14, bis 18 Jahre $4; www.corkscrew.audubon.org).

Der Sumpfpark liegt nordöstlich der Stadt und ist etwas mühsam anzufahren (Straße #846, 17 mi östlich vom *Exit* 111 der I-75). Den Umweg wert ist der 4-km-*Boardwalk* durch Zypressenwald und Mangroven nur bei großem biologischen Interesse. Von den dort beheimateten Vogelarten und Alligatoren sieht der normale Besucher, ohne sich geduldig auf die Lauer zu legen, bisweilen kaum etwas. In den *Everglades,* auf Sanibel Island oder Lovers Key und per Kanutour im *Collier Seminole State Park* erlebt man Flora und Fauna der Sümpfe mindestens ähnlich gut oder sogar besser.

Marco Island

Ein Umweg über ***Marco Island***, Straßen #951 und #92, ca. 17 mi südlich von Naples lohnt sich kaum. Die trockengelegte Sumpfinsel ist hinter relativ grauen Sandstränden an dort eingetrübtem Wasser meilenweit mit gesichtslosen Hotel- und Apartmentblocks zugebaut. Es gibt kaum Parkplätze in Strandnähe für Nicht-Residenten, speziell nicht für RVs. ***Marco Island Chamber of Commerce***, 1102 North Collier Blvd; www.marcoislandchamber.org.

Collier Seminole State Park

Auf dem Festland, an der Abzweigung der Straße #92 nach Marco Island, liegt der ***Collier-Seminole State Park***, 20200 East Tamiami Trail (#41); www.floridastateparks.org/collierseminole.

Auf den Wasserläufen durch die Mangrovensümpfe des Parks finden geführte Kanutouren statt. Man kann auch auf eigene Faust im Leihkanu lospaddeln ($5/Stunde, $25/Tag).

Der ***Campground*** des Parks ist schattig und gut angelegt, war aber 2015 ungepflegt und moskitoverseucht, ✆ 239-394-3397, $24.

Top Ten an der Golfküste

1. **Sonne und Meer genießen** bei Tarpon Springs, in St. Pete Beach, im Fort de Soto Park, auf Santa Maria Island, in Venice, auf Estero und Sanibel Island oder in Naples
2. Auf Captiva Island einen **Bootsausflug** nach **Cabbage Key** oder zur **Delfinbeobachtung** buchen
3. Das ***Ringling Estate*** in Sarasota besichtigen
4. Das ***Florida Aquarium*** in Tampa besuchen
5. Die Werke von ***Salvador Dalí*** in St. Petersburg bestaunen
6. In einem der *State Parks Oscar Scherer*, *Myakka River*, *Koreshan* und/oder *Collier Seminole* ein **Kanu leihen** und **durch die Sumpflandschaft paddeln**
7. Einen Abend durch die **Kneipen in Ybor City** (Tampa) ziehen
8. Die **Sonnenuntergangsfiesta** an der Pier von Clearwater Beach erleben
9. Sich im **Hotel *Don CeSar*** in St. Pete Beach umsehen und an der ***Pass-A-Grille Beach*** sonnenbaden/schwimmen
10. Einen Tag Rollercoaster-Spaß in den ***Busch Gardens*** in Tampa haben

Werbung für Sumpftouren mit großrädrigen Spezialfahrzeugen (Swamp Buggies) am Tamiami Trail

7. VOM GOLF NACH MIAMI/FORT LAUDERDALE

Von Naples gibt es zwei Routen nach Osten an die Atlantikküste:

- Zum einen den Tamiami Trail als weiter gut ausgebaute Straße #41 oberhalb der Nordgrenze des *Everglades National Park* **nach Miami** (110 mi; auch ohne Stopps bis 3 Stunden Fahrt).
- Zum anderen die schnelle I-75, die bereits erwähnte ***Alligator Alley*** (➤ Seite 396), die schnurgerade und gebührenpflichtig durch die nördlichen *Everglades* **nach Fort Lauderdale** führt (gut 100 mi, ab 90 min Fahrtzeit + ggf. 20 mi/30 min bis Miami).

Der Tamiami Trail ist die reizvollere Alternative mit einem erwägenswerten Abstecher nach Everglades City und einigen Anlaufpunkten für Zwischenstopps. Nur über die *Alligator Alley* gelangt man zum *Ah-Tah-Thi-Ki Museum* der Seminolen, ➤ Seite 396f.

7.1 Tamiami Trail nach Miami

Abstecher nach Everglades City

Von Naples bis zum links erwähnten *Collier Seminole State Park* sind es auf direkter Route ca. 15 mi, von dort weitere 18 mi bis zur Abzweigung der Straße #29 nach **Everglades City** an der Nordwestgrenze des Nationalparks. Der Ort verfügt über eine komplette touristische Infrastruktur und ist End-/Ausgangspunkt des ***Wilderness Waterway*** von/nach **Flamingo**, ➤ Seite 143.

An der Straßenkreuzung #41/#29 wartet das ***Everglades City Welcome Center***, www.evergladeschamber.org, auf Besucher. Südlich des Ortes liegt das ***Gulf Coast Visitor Center***, 815 Oyster Bar Lane (Abzweig von der Copeland Ave #29); www.nps.gov/ever.

Beide haben Unterlagen für die lokalen ***Motels*** und ***B&Bs***. Am besten ist ***Ivey House B & B***, 107 Camellia Street in Hafen- und Gastronomienähe; ab $ 99; © (239) 695-2101 http://iveyhouse.com.

Mehrere ***RV-Resorts***; für Übernachter am geeignetsten ist der ***Chokoloskee Island Park*** auf eben dieser Insel am Ende der #29, RVs ab $44; Zelte $39; © (239) 695-2414, www.chokoloskee.com.

Tourinfos

Ebenfalls in den *Visitor Centers* findet man alle Informationen zu ***Airboat Rides***, **Kanuvermietung** und geführten **Boat Tours** in die Welt der *Ten Thousand Islands* und in die Mangroven-Wildnis.

Airboats

Am nördlichen Ortsende haben ***Jungle Erv's*** (Collier Ave/#29) und ***Everglades City Airboat Tours*** (Dupont Street, Abzweig von der #29) Boote mit gepolsterten Sitzen und Kopfhörern (= Ohrenschutz). Die Boote zeichnen sich durch extrem flache Bootskörper und Propellerantrieb am Heck aus und gleiten erstaunlich schnell über die Sumpfgewässer. Das Vehikel indessen ist exotischer als die durchquerten Sümpfe. Denn Tiere haben sich großenteils aus Bereichen verabschiedet, die von ihnen lärmverseucht werden.

Sie düsen nachfrageabhängig mehrmals täglich in die *Glades* hinein (30-120 min), bleiben aber außerhalb der Grenzen des Nationalparks. 60 min-Trips $40, bis 12 Jahre $21/$24; www.evergladescity-airboattours.com, www.jungleervairboatworld.com.

Airboats am Tamiami Trail

Man muss für ein *Airboat*-Erlebnis aber nicht unbedingt den Abstecher nach Everglades City machen. Auch direkt am Tamiami Trail/#41 gibt es Anbieter von ***Airboat Rides***, die indessen nicht durch Mangrovensümpfe, sondern die sog. ***Grasslands*** führen.

Ochopee

Am professionellsten unter den diversen Anbietern solcher Trips wirken ***Wooten's Everglades Airboat Tours*** bei **Ochopee**, auf deren Booten man meist ohne längere Wartezeit unterkommt; © 1-800-282-2781, www.wootenseverglades.com. Für 30 min zahlt man $28/$20. **Alligatoren** schwimmen im firmeneigenen *Alligator Park*.

Postamt

Ochopee ist nebenbei Standort für das **kleinste Postamt der USA**, eine Hütte von gerade 5 m^2 Fläche, ein gutes Fotomotiv, ➤ Seite 94.

Big Cypress National Preserve

Das Postamt liegt bereits in der ***Big Cypress National Preserve***, die nahtlos nördlich an den Nationalpark anschließt. Das Gebiet ist ebenfalls Teil der einst viel größeren *Everglades*, aber der Naturschutz wird dort nicht ganz so konsequent betrieben. Die Gründung der *National Preserve* 1974 war eine Art Kompromiss-

lösung: Viehzucht und Ölförderung wurden damals nicht komplett verboten, wie es sich die Umweltschützer gewünscht hätten, aber weitere Nutzungsausdehnungen und Ausbauten zumindest gestoppt. Die *Big Cypress Preserve* bildet eine Art Übergangszone zwischen dem streng geschützten Park und der wirtschaftlich genutzten Umgebung; www.nps.gov/bicy.

Am Westeingang, keine Meile östlich von *Wooten's Airboats*, versorgt das ***Big Cypress Swamp Welcome Center*** und am Osteingang das ***Oasis Visitor Center*** (beide unverfehlbar am Tamiami Trail) Besucher mit Informationen. In der *Big Cypress*-Karte (auch zum *Download* verfügbar) sind die – überwiegend sanitär sehr einfachen und mückenverseuchten – ***Campgrounds*** und eine mäßig spannende *Loop Road* (überwiegend nicht asphaltiert) durch die Sümpfe angezeigt. Der ***Midway Campground*** östlich des *Oasis*-Besucherzentrums ist o.k.; $24, mit *hook-up* $28.

Skunk Ape Center

Eine gute Meile östlich des *Ochopee Post Office* passiert man das ***Skunk Ape Research Center***, das dem Geheimnis des sagenumwobenen »Stinktier-Affen« auf der Spur ist, einer Art Florida-Wolpertinger; www.skunkape.biz. Da fehlt auch der themenbezogene Giftshop nicht. Ganz »normale« Kayak- und Kanu-Touren durch die Sümpfe sind dort ebenfalls im Angebot.

Zum Komplex gehört der komfortabelste ***Campground*** weit und breit. RVs $35, Zelte $25 inkl. *free Wifi*. Interessant sind dort die auf Stelzen stehenden *Cabins*, sog. ***Chickee Cottages*** ($179) oder rundum verglaste ***Chobees*** ($199); www.evergladescamping.net.

Shark Valley

Wer keine Zeit für den langen Weg in den Südostteil des ***Everglades National Park*** hat, aber von der Westküste hinüber nach Miami fährt oder umgekehrt, könnte im *Shark Valley* sozusagen eine Stippvisite im Park machen. Die Zufahrt zum ***Shark Valley Visitor Center*** zweigt im Bereich der *Miccosukee Indian Reservation* vom Tamiami Trail/#41 ab; www.nps.gov/ever. Von dort geht es auf einer für den Autoverkehr gesperrten Straße per ***Tramtour*** (www.sharkvalleytramtours.com) mit vielen Erläuterungen durch *Park Ranger* ca. 8 mi in den Sumpf hinein bis zu einem Aussichtsturm (2 Stunden retour $23, Kinder $13, 9-16 Uhr, 4-8 Abfahrten täglich saisonabhängig). Ganz ohne Rangeraufsicht und -kommentar kann man das auch per **Mietfahrrad** für $9/Stunde.

Miccosukee und Seminole Indianer

An das *Big-Cypress-Areal* grenzen zwei Indianerreservate: die ***Miccosukee Indian Reservation*** und die ***Big Cypress Seminole Indian Reservation***. Die verwandten Stämme leben heutzutage großenteils vom Glücksspiel; ➤ unten.

Miccosukee Indian Village

Die *Miccosukee*-Indianer unterhalten außerdem am Tamiami Trail gleich westlich des *Shark Valley* das ***Miccosukee Indian Village***, täglich 9-17 Uhr, Eintritt inklusive Führung $12/$6; www. miccosukee.com/indian-village.

Im »Indianerdorf« geht es in erster Linie um die Dollars der Besuchers. Die teilweise im Dorf hergestellte und teilweise real vorgeführte *Indian Handicraft* gibt's zu hohen Preisen im *Gift Shop*.

Ein **Museum** zu Kultur und Geschichte der *Miccosukee* ist ebenfalls vorhanden. Der vielleicht wichtigste Besuchsaspekt dürfte für manche die ***Alligator Show*** sein – mit »Ringkampf« zwischen Mensch und Alligator, die es anderswo kaum mehr zu sehen gibt.

Werbung für den Ringkampf Mensch gegen Alligator

Wer möchte, kann auch per *Airboat* ($20/$12) zu einem »authentischen« *Miccosukee*-Dorf in den Sümpfen düsen oder sich im **Restaurant** mit indianischen Spezialitäten verwöhnen lassen.

Resort & Gaming

Kurz vor Miami passiert man an der Kreuzung der Straßen #41/#997 ***Miccosukee Resort & Gaming***, den Spielkasino-, Hotel- und Entertainmentkomplex der Indianer; www.miccosukee.com.

7.2 Alligator Alley

Auf der I-75 nach Fort Lauderdale

Die I-75 zwischen Naples und Fort Lauderdale erhielt den Beinamen *Alligator Alley*, weil an den Ufern der Kanäle entlang der Autobahn fast immer Alligatoren zu sehen sind. Die ***Toll Road*** (80 mi: $2,75) ist normalerweise nicht übermäßig stark befahren.

Seminole Reservation

Museum und Boardwalk

Etwa 60 mi östlich von Naples zweigt die Straße #833 in die ***Big Cypress Seminole Reservation*** nach Norden ab. Bis zur – in diesem Fall echten – indianischen Siedlung **Big Cypress** sind es auf guter Straße ca. 16 mi. Motiv für einen Abstecher liefert das ***Ah-Tah-Thi-Ki Museum*** auf der Nordseite des Ortes, noch 'mal 2 mi weiter; täglich 9-17 Uhr, Eintritt $10/$8; www.ahtahthiki.com.

Der Besuch lohnt sich nur bei großem Interesse für die Indianer generell und speziell für die Seminolen. Im recht guten, architektonisch aufwändigen Museum erhellt ein 20-min-Film Kultur und Geschichte dieses besonderen Stammes. Zum Museum gehört ein 2 km langer Boardwalk, zugleich ein Lehrpfad, über ein bewaldetes Sumpfareal.

Der Stamm der Seminolen, Casino und Hard Rock Cafés

Von den nur etwa 3.600 Indianern, die heute noch in Florida leben, gehören rund 3.000 zu den ***Seminole Indians***. Sie verteilen sich auf fünf kleine Reservate am Stadtrand von Tampa, bei Brighton, Immokalee, Fort Pierce und im Küstenort Hollywood zwischen Miami und Fort Lauderdale, und ein großes, die ***Big Cypress Reservation***, wie links erläutert

Die Seminolen hatten in den 1970er-Jahren in mehreren Instanzen bis zum Obersten Gerichtshof der USA als erster Stamm die Zulassung von Glücksspielen in ihrem Reservat erstritten und damit eine Vorreiterrolle für andere Indianerstämme übernommen. Heute gibt es in den gesamten USA kein indianisches Territorium mehr, und sei es noch so klein, das kein Kasino betreibt. Mit den Einnahmen finanzieren die Indianer Schulen und öffentliche Einrichtungen. Die Seminolen sind zwar auch in anderen Wirtschaftszweigen aktiv – wie etwa im Anbau von Zitrusfrüchten, der Viehzucht oder dem Tabakhandel –, der mit Abstand wichtigste ist aber der Betrieb ihrer zahlreichen ***Hard Rock Cafés & Hotels*** mit und ohne Kasino. Tatsächlich hat dieser Indianerstamm 2007 die international aktive Hard Rock-Kette gekauft und zwar dank der exorbitanten Gewinne aus dem mittlerweile seit Dekaden existierenden, lange einzigen Spielkasino in Florida.

So leben die Seminolen in zwei Welten. Nach wie vor geben sie sich große Mühe, ihre Kultur zu bewahren. So werden ihre beiden Sprachen – ***Maskókî*** und ***Mikisúkî*** – trotz der nur noch wenigen Sprecher gepflegt und traditionelle Geschichten, Lieder, Tänze und Handwerkstechniken von Generation zu Generation weitergegeben. Sogar Medizinmänner und -frauen sollen in den Reservaten noch aktiv sein.

Andererseits betreibt der Stamm ein Spielkasino samt einer global agierenden Restaurantkette und – neben einer eigenen Zeitung, die ***Seminole Tribune*** (www.semtribe.com/SeminoleTribune) – ein Webportal, das ausführlich über Geschichte, Politik, Wirtschaft und Kultur der Seminolen informiert (www.semtribe.com).

Interessanterweise sind die Stammesfarben schwarz-rot-gelb.

Seminole Casino

Die beachtliche Anlage wurde finanziert aus den Überschüssen des vom Stamm in Hollywood (bei Ft. Lauderdale) betriebenen Spielkasinos ***Seminole Hard Rock Hotel & Casino***, 1 Seminole Way/Straße #441; www.seminolehardrockhollywood.com.

Camping

In Sichtweite des Museums in Big Cypress liegt ein gut angelegter ***Campground*** (*Good Sam*) mit Pool und Minigolf; RV ab $40, Zelte $35, *Cabins* $85; www.bigcypressrvresort.com.

Floridareise mit Ausgangspunkt Atlanta

8. FLORIDAREISE MIT AUSGANGSPUNKT ATLANTA

Reisestart in Atlanta

Ein sinnvoller Ausgangspunkt für die Reise nach/durch Florida kann auch Atlanta sein, Georgias Hauptstadt mit dem riesigen ***Atlanta Hartsfield Int'l Airport***. Das flugtechnische Drehkreuz der Südstaaten ist der nach Passagieraufkommen (fast 100 Mio/ Jahr) größte Flughafen der Welt und wird von vier *Airlines* (*Air France, British Airways, KLM, Lufthansa*) ab Europa in hoher Frequenz non-stop bedient. Bei eher nördlicher Schwerpunktsetzung der Reise ist Atlanta besser als Ankunftsairport geeignet als die großen Flughäfen in Südflorida. Nebenbei lassen sich damit neben Atlanta weitere attraktive Ziele wie Charleston, Savannah u.a.m. in die Reiseroute einbinden.

One-way Car Rental

Bis vor kurzem verzichtete überdies *Alamo* auf die Einweggebühr für in Atlanta übernommene Fahrzeuge bei Rückgabe in Florida und umgekehrt. Das verbilligte einen ***Florida-Atlanta-one-way-Trip*** immerhin um $300 und mehr. Indessen führte die Firma die *one-way-fee* für den Trip von/nach Atlanta wieder ein. Keine Extragebühr kostet *one-way* nach wie vor innerhalb Floridas.

Routen ab Atlanta nach Florida

Das dichte Straßennetz Georgias bietet viele Routen in Richtung Florida. **Im Anschluss an das Kapitel »Atlanta«** werden die vier wichtigsten Strecken skizziert, als da sind:

- Der direkte Weg führt über **Macon** auf der **I-75** nach Tampa mit guter Anbindung nach Tallahassee/*Florida Panhandle* (I-10 Richtung Westen), nach Jacksonville (I-10 Richtung Osten) und nach Orlando (*Florida Turnpike*); ➤ Seiten 420ff.

- Ebenfalls über **Macon** geht es auf der I-75, dann **I-16** nach **Savannah** unweit des Atlantik und weiter auf der Küstenroute I-95 nach Jacksonville; ➤ Seiten 423ff.
- Einen größeren Schlenker auf der **I-20** zunächst nach Osten muss machen, wer ggf. noch die Südstaatenperle **Charleston** in **South Carolina** in seine Reiseroute einbauen möchte; ➤ Seiten 435ff.
- Südwestlich geht es auf der **I-85**, dann **I-65** nach Mobile/Alabama für alle, die von Atlanta zunächst nach **New Orleans** und danach über den ***Panhandle*** nach Florida fahren wollen; ➤ Seiten 460ff.

8.1 Atlanta und Umgebung

8.1.1 Kennzeichnung, Geschichte und Klima

Hochhäuser

Atlanta ist nach New York und Chicago die Stadt mit den höchsten Wolkenkratzern Nordamerikas: ***Bank of America Plaza*** (600 Peachtree Street NE, 311 Meter, www.boaplazaatlanta.com), ***Sun Trust Plaza*** (303 Peachtree Street NE, 274 Meter, www.suntrustplaza.com) und ***One Atlantic Center*** (1201 West Peachtree Street NE, 249 Meter, www.1ac.com).

Wichtigste Attraktionen

Nur einen kurzen Spaziergang von diesen Hochhäusern entfernt liegen am ***Centennial Olympic Park*** die beiden Top-Attraktionen Atlantas, das ***Georgia Aquarium*** und die ***World of Coca Cola*** mit dem ***CNN Studio*** in nächster Nachbarschaft. Ein wichtiger Anziehungspunkt für viele Besucher der Stadt ist auch der ***Martin Luther King Jr. National Historic Site*** mit dem ***King Center*** und dem Grab des Friedensnobelpreisträgers.

Knapp 25 mi östlich der City erstreckt sich mit dem ***Stone Mountain Park*** die größte natürliche Touristenattraktion Georgias.

Business

Atlanta ist die **Wirtschaftsmetropole des Südostens**. Dort haben viele börsennotierte Unternehmen eine Vertretung oder sogar den Hauptsitz, darunter Weltkonzerne wie *Coca Cola, Delta Airlines* und der Nachrichtensender *CNN*. Das typische Erscheinungsbild vieler US-Millionenstädte prägt auch das Zentrum von Atlanta. Zu den Bürostunden wirken *Mid-* und *Downtown* belebt und quirlig, aber abends und an Wochenenden ist es dort eher ruhig.

Keine »Altstadt«

Atlanta besitzt **keine historischen Sehenswürdigkeiten**, nicht einmal eine nennenswerte Zahl »echter« Südstaaten-Villen. Denn die Stadt wurde im Bürgerkrieg fast komplett niedergebrannt (➤ unten). Das heutige Bild basiert auf der Neuanlage Atlantas nach 1864. Im **Stadtwappen** symbolisiert ein aus der Asche steigender Phönix diese »Wiederauferstehung«.

Geschichte

Erste »weiße« Anwesen waren 1833 in der Nähe des *Cherokee*-Dorfes ***Standing Peachtree*** am Ufer des Chattahoochee River entstanden. Nach Anbindung an das Eisenbahnnetz der *Western & Atlantic Railroad* 1837 wurde daraus eine größere Siedlung mit der Bezeichnung ***Terminus***, später ***Marthasville***. 1845 erhielt sie ihren endgültigen Namen **Atlanta**.

General Sherman am 27. Juni 1864 auf dem Vormarsch nach Atlanta bei der Schlacht am Kennesaw Mountain, keine 30 km vom Ziel entfernt. Aber erst am 2. September gelang es den Truppen der Union, Atlanta endgültig einzunehmen.

Ende 1864 zerstörten Unionstruppen unter ***General Sherman*** und eigene Einheiten auf ihrem Rückzug den damals 10.000 Einwohner zählenden Handels- und Verkehrsknotenpunkt weitgehend. Von vormals über 4000 Gebäuden überstanden nicht einmal 400 die Brandschatzung.

Atlanta wurde jedoch innerhalb weniger Jahre wieder aufgebaut und **1868 Hauptstadt Georgias**. Bereits 1870 war die Bevölkerung mit 20.000 Menschen doppelt so groß wie vor dem Bürgerkrieg.

Für Atlantas weitere Entwicklung war **1886** ein denkwürdiges Jahr: ***Coca Cola*** war von einem *John Pemberton* »erfunden« (➤ Seite 461) und in Atlanta produziert worden. Der Firmensitz des heute weltweit vertretenen Konzerns befindet sich immer noch in Atlanta.

Schon Ende des 19. Jahrhunderts war Atlanta die wirtschaftlich wichtigste Stadt im Südosten der USA. Neben dem damals noch ausschließlich weißen Geschäftszentrum entstand der *Black Business District* ***Sweet Auburn*** unweit des Kernbereichs *Five Points*. In den 1960er-Jahren wurde Atlanta **Zentrum** des **von M.L. King inspirierten *Civil Rights Movement***.

Olympische Spiele

Mit der Entwicklung zu einem Kommunikations- und Dienstleistungszentrum des US-Südens seit den 1980er-Jahren (➤ z.B. *CNN*, Seite 412) gewann Atlanta weltweite Aufmerksamkeit, die zur Vergabe der **Olympischen Spiele 1996** an Atlanta beitrug.

Im Großraum Atlanta leben heute fast **6 Mio. Menschen**, davon aber nur rund **450.000** in der eigentlichen *City of Atlanta*. Während sich die erste Zahl in den letzten drei Jahrzehnten mehr als verdoppelt hat, blieb sie im engeren Stadtgebiet im selben Zeitraum nahezu konstant

M.L. King/ Jimmy Carter

Atlantas berühmteste Namen sind der Bürgerrechtler ***Martin Luther King***, der dort 1929 geboren wurde, und ***Jimmy Carter***, der es 1976 zum ersten und nach wie vor einzigen US-Präsidenten aus Georgia brachte.

Klima

Bei einer Höhenlage von gut 300 m in der sanften Hügellandschaft von Georgias Norden werden Hitzeschübe aus dem Süden zwar ein wenig abgemildert, aber Atlanta gehört mit Temperaturen, die zwischen Juni und September 30°C fast täglich übersteigen, und hoher Luftfeuchtigkeit im Sommer zu den klimatisch weniger angenehmen Städten. Die Winter sind dagegen mild mit nur seltenem Schneefall, dafür umso mehr Regen. Vor Kälteeinbrüchen wird Atlanta durch die Berge im Norden und Nordwesten weitgehend geschützt. Frost ist in Atlanta fast unbekannt. **Beste Besuchszeiten sind** das Frühjahr und der etwas trockenere **Herbst**.

8.1.2 Ankunft, Orientierung, Transport und Information

Airport

Der ***Hartsfield-Jackson Atlanta International Airport*** (10 mi südlich *Downtown*, © 1-800-897-1910; www.atlanta-airport.com) ist – wie gesagt – bezüglich der Passagierzahlen der größte und mit knapp 2.400 Starts und Landungen täglich auch der verkehrsreichste Flughafen der Welt und von enormen Ausmaßen. Mit über 63.000 Beschäftigten ist er gleichzeitig einer der größten Arbeitgeber in Georgia.

Eine **U-Bahn** verbindet ihn direkt mit der City. Frequenz je nach Wochentag und Tageszeit alle 10-20 min Fahrzeit bis *Downtown/Five Points* ca. 15 min; Fahrpreis $2,50 (➤ auch Seite 405).

Außerdem gibt es Shuttlebusse, die ihre Passagiere direkt zu den größeren *Downtown*-Hotels bringen: ***Atlanta Airport Shuttle***, www.atlairportshuttle.com (ab $17), SuperShuttle, www.supershuttle.com (ab $12 im Van). Transportfragen klärt man leicht im ***Airport Ground Transport Center*** in der Ankunftshalle.

Bahn/Bus

Die ***AMTRAK Station*** befindet sich an der 1688 Peachtree Street, ca. 3 mi nördlich von *Downtown*. Jeweils ein Zug täglich fährt nach New Orleans und New York; www.amtrak.com.

Das ***Greyhound Terminal*** liegt in der Südecke von *Downtown* an der 232 Forsyth Street bei der U-Bahn Station *Garnett*, einen Block südlich des Knotenpunkts *Five Points* (© 404-584-1728).

Großzügige zentrale Halle im Atlanta Hartsfield Int'l Airport.

8

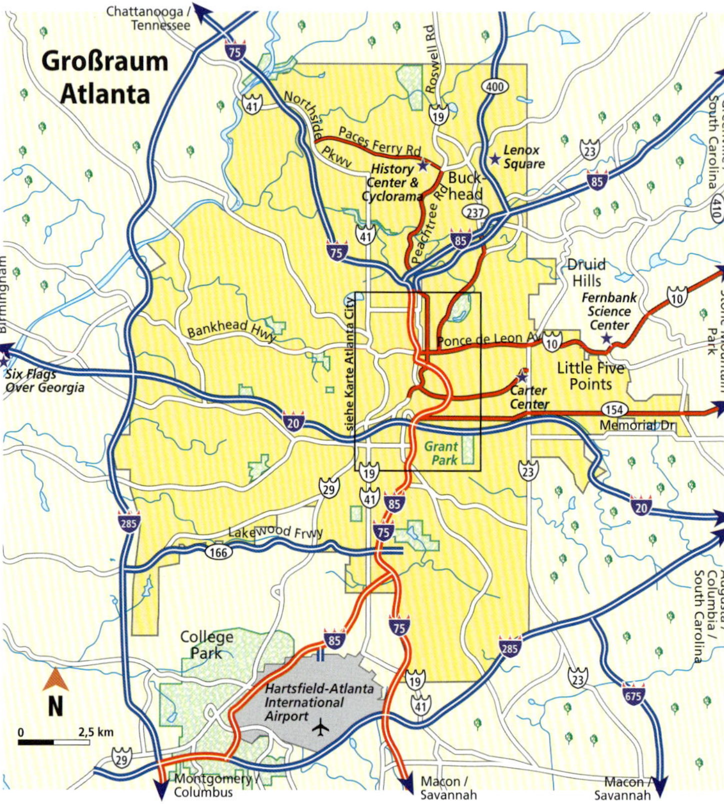

Orientierung Innenstadt

Downtown* Atlanta** liegt unmittelbar nordwestlich des Schnittpunktes der *Interstate*s #20 und #75/#85. Letztere umschließt im Norden und Osten dank ihres bogenförmigen Verlaufs *Downtown* und den unteren Teil der nördlich daran anschließenden ***Midtown mit einigen auch für Besucher wichtigen Anlaufpunkten (*Fox Theatre, High Museum of Art u.a.*), vielen Restaurants und Hotels. Die in Süd-Nord-Richtung mitten durch die Innenstadt verlaufende **Peachtree Street** ist **zentrale Verkehrsachse** der Stadt.

Orientierung Großraum

Der **Großraum** des sich aus vielen Unterzentren zusammensetzenden Atlanta wird im wesentlichen beschrieben durch den fast kreisförmigen Verlauf der **Ringautobahn #285**, den ***Perimeter Highway***, der Atlanta weiträumig umfasst und die strahlenförmig in die City führenden *Freeways* miteinander verbindet. Außerhalb von *Downtown* sollte man sich unbedingt weitmöglichst an ihnen orientieren, da Atlanta ein relativ schwer überschaubares

Straßennetz europäischen Zuschnitts mit vielen fast identischen Straßennamen besitzt (vor allem ***Peachtree*** in allein 71 Varianten mit Street, Road, Place, Avenue etc). Das Vorankommen auf den mitunter schlechten Straßen außerhalb der *Freeways* ist zudem wegen langer Ampelphasen ohne Koordinierung mühsam und zeitraubend. **Ohne einen genauen Stadtplan (gratis bei jeder *Visitor Information*) bzw. Navi kann man sich leicht »verfransen«.**

Auch ein Ziel wie den ***Stone Mountain Park*** sollte man daher ab *Downtown* nur über den scheinbaren Umweg der *Freeways* I-20 und I-285 (dann #78/*Stone Mountain Parkway*) ansteuern.

Downtown

Im Bereich *Downtown* fällt die Orientierung etwas leichter, das Autofahren wird aber durch Einbahnstraßen erschwert. Zwar gibt es viele Parkuhren, -plätze und -häuser, aber *Motorhome*-Fahrer sollten ihr Fahrzeug besser in U-Bahn-Nähe oder im Bereich des ***Grant Park*** (➤ unten) stehenlassen.

Nahverkehr: U-Bahn

Die *Metro Atlanta Rapid Transit Authority* ***MARTA*** (✆ 404-848-5000, www.itsmarta.com) unterhält vier U-Bahnlinien. Die rote und gelbe Linie laufen in Nord-Süd-Richtung, die blaue und grüne Linie in Ost-West-Richtung weitgehend parallel. Alle treffen sich in *Downtown* an der Station ***Five Points*** und verzweigen sich im Norden bzw. Westen. An vielen Stationen findet man große Gratis-Parkplätze. Verkehrszeit der U-Bahn Mo-Fr 5-2 Uhr und Sa+So 6-2 Uhr. Die Automaten für ***Token*** (Einheitspreis $2,50) gibt es an jeder Station. **Tagespässe** für unbegrenzte Fahrten im System für 1, 2, 3,4 und 7 Tage kosten $9, $14, $16, $19 bzw. $23,75.

Busse

Das **Busnetz** ist im Zentrum dicht und in der Frequenz ausreichend, in der Fläche relativ dünn, reicht aber immerhin bis zum *Stone Mountain Park*.

Sightseeing Touren

Die besten Sightseeing-Touren in Atlanta finden in Kleingruppen per Elektromobil, *Segway* oder Fahrrad statt. Nicht ganz billig, dafür aber in dieser Stadt besonders geeignet. Details z.B. unter www.biketoursatl.com und www.atlantamovietours.com.

Die ***Tourist Information*** in Atlanta hat Beschreibungen für sog. ***Gone-with-the-Wind-Tours*** für literarisch interessierte Besucher, die in Eigeninitiative die einzelnen Zielpunkte abfahren mögen.

Ganz witzig, speziell mit Kindern, sind ***Ride-the-Duck-Tours***, kombinierte Land-/Wasser-Trips im einem Amphibienfahrzeug im *Stone Mountain Park*, Einheitspreis $14; www.rideTheducks.com.

Information

Visitor Information Centers (www.atlanta.net) findet man

- in ***Underground Atlanta***, 65 Upper Alabama Street
- im ***Hartsfield Int'l Airport***

In den Besucherinformationen hat man u.a. die alle zwei Monate neu aufgelegte Zeitschrift »***Atlanta Now***« mit Unterkunfts- und Restaurantverzeichnis, Veranstaltungskalender und allen sonstigen touristisch relevanten aktuellen Informationen.

8.1.3 Unterkunft und Camping

Hotels/ Motels

Eine preiswerte Unterkunft zu finden, ist in Atlanta kein besonderes Problem. Alle bekannten Motelketten sind gleich mit mehreren Häusern vertreten. Besonders viele Quartiere der mittleren und gehobenen Kategorie findet man in ***Downtown*** & ***Midtown*** und in **Buckhead** (im Stadtnorden) entlang der sich meilenlang in Nord-Südrichtung durch die Stadt ziehenden Peachtree Street, im Flughafenbereich und entlang der Ringautobahn I-285. Wer ohne Reservierung nach Atlanta kommt und Wert auf moderate Tarife (ab $60) legt, wird am leichtesten in der Nähe der großen **Kreuzungen der *Interstates*** (I-20, I-85, I-75 und I-675) mit dem ***Perimeter Highway*** fündig. Hilfreich bei der Suche sind die überall verteilten Hefte mit *Hotel Coupons* (➤ Seite 58), die gleichzeitig die genaue Lage und Anfahrt zu den darin aufgeführten Häusern enthalten. In der Regel befinden sich in deren Nachbarschaft unübersehbar weitere Unterkünfte.

Bereich Airport

In Atlanta sind selbst im sonst oft teureren ***Airport*-Bereich** die Unterkunftskosten nicht sonderlich hoch. Ab $70-$80 gibt's auch dort ordentliche Zimmer in der unteren Mittelklasse. Für $80-$120 kann man schon einen relativ guten Standard buchen, z.B.:

- ***Courtyard by Marriott***, 2050 Sullivan Rd in College Park südwestlich des Airport, I-85 *Exit* 69 über Riverdale Rd, ✆ 770-997-2220, ab $99; schöne 2-stöckige Anlage mit Bistro. Gute Chancen auf Zimmer in Autonähe (Parkplatz rund ums Gebäude).
- ***Country Inn & Suites***, Atlanta Airport South, 5100 West Fayetteville Road in College Park südlich des Flughafens, I-285 *Exit* 60, ✆ 770-991-1099, ab $75. Große Zimmer. Bar & Restaurant.
- ***Renaissance Concourse***, 1 Hartsfield Pkwy nördlich des Flughafens, ✆ 404-209-9999. Großes Hotel hinter den *Runways*. Vom Indoor-Pool und vielen Zimmern aus freier Bick auf den Flughafen (Lärmschutzfenster); gutes Restaurant. *Weekend Rates* schon mal ab $109, mit Aussichtsterrasse mehr. Parken teuer.

Zentraler Bereich

In **Down-/Midtown** sind bei mittlerem bis gutem Standard folgende Ketten einigermaßen erschwinglich, wobei die angegebenen Minimaltarife bei Auslastung deutlich höher sein können:

- ***Best Western Plus Inn at the Peachtrees***,
  330 West Peachtree Street NW, ✆ 404-577-6970, ab $107
- ***Motel 6 Downtown***,
  311 Courtland Street, ✆ 404-659-4545, ab $70
- ***Aloft Atlanta Downtown***,
  300 Spring Street NW, ✆ 678-515-0300, ab $120;
  www.aloftatlantadowntown.com
- ***Fairfield Inn & Suites Atlanta Downtown***,
  54 Peachtree Street SW, ✆ 678-702-8600, ab $170
- ***Hampton Inn & Suites Atlanta Downtown***,
  161 Spring Street NW, ✆ 404-589-1111, ab ca. $135

Die beiden folgenden Edel-Hotels liegen nah beieinander:

- ***Westin Peachtree Plaza,***
  210 Peachtree Street NW, © 404-659-1400; ab $160
  Markantes Hochhaus mit Drehrestaurant in der 73. Etage auf 220 m Höhe; www.westinpeachtreeplazaatlanta.com
- ***Hyatt Regency Atlanta,***
  265 Peachtree Street NE, © 404-577-1234; attraktive Atrium-Lobby; ab $145; http://atlantaregency.hyatt.com

Erwägenswert wäre auch eine Übernachtung außerhalb im

- ***Stone Mountain Inn,*** ➢ Seite 419

B & B

Es gibt auch *Bed & Breakfast* Quartiere, wiewohl nicht billig. Ersteres liegt relativ zentral, *Sugar* östlich von *Downtown*.

- ***Shellmont Inn***, 821 Piedmont Ave NE fast noch *Downtown*, © 404-872-9290, www.shellmont.com, ab $179;
- ***Sugar Magnolia***, 804 Edgewood Ave NE, © 404-222-0226, www.sugarmagnoliabb.com, ab $150; schöne alte Villa (1892)

Sehr verkehrsgünstig und ruhig in *Midtown* liegt das

Hostel

- ***The Atlanta Hostel***, 908 Tift Avenue, ab $30, DZ ab $50, © 404-643-5584; www.theatlantahostel.com.

Camping

Fürs Campen gibt es in Atlanta kaum etwas Besseres als den Platz im ***Stone Mountain Park***, der aus mehreren großen Arealen besteht. Bei der Einfahrt in den Park ($15 pro Fahrzeug, ➢ unten) erhält man eine Karte, die den Weg weist. Ganzjährig geöffnet, Reservierung unter © 770-498-5710 oder © 1-800-385-9807; www.stonemountainpark.com; Zelte ab $25, RVs $31-$58, An Wochenenden oft früh voll.

Fontänen im Centennial Olympic Park; rechts der Turm ist das Westin Peachtree Plaza Hotel

8.1.4 Restaurants und Shopping

Essen & Trinken

Im Großraum Atlanta gibt es Restaurants und *Fast Food Places* mit allen Varianten amerikanischer wie internationaler Küche in Hülle und Fülle. Atlantas Touristiker preisen ihre Stadt heute als Geheimtipp für Gourmets. Und egal, ob *Fast Food* oder *First Class Restaurant*, das Preisniveau ist vergleichsweise moderat.

- Reich bestückt mit *Eateries* für den schnellen Happen und Restaurants sind die ***Shopping Malls Underground Atlanta*** und die ***Mall at Peachtree Center*** (➤ unter *Shopping*).

Fast Food

- Als Atlanta-Institution gilt das ***Varsity***, 61 North Ave (unmittelbar östlich an und über der I-85, *Exit* 249, U-Bahn Station *North Ave*), **das größte *Drive-in* der Welt** für bis zu 600 Autos (mit enormer Sitzkapazität auch drinnen) und großen Portionen *Hamburgers, Hot Dogs, French Fries* etc., www.thevarsity.com.

Southern Food

Für Südstaatenküche sollte man zur

- ***South City Kitchen Midtown*** fahren (1144 Crescent Ave NE; ✆ 404-873-7358, http://midtown.southcitykitchen.com) oder
- ***Pittypat's Porch*** aufsuchen (25 Andrew Young Int'l Blvd NW; ✆ 404-525-8228, www.pittypatsrestaurant.com).
- ***Mary Macs' Tea Room*** (*Atlanta's Dining Room*), 224 Ponce De Leon Ave NE, ✆ 404-876-1800, www.marymacs.com, serviert seit 1945 in *Midtown* Südstaatengerichte wie ***PotLikker***, einen Gemüsesud, oder langstieliges paniertes ***Fried Okra***.

Seafood/ Steaks

- ***Ocean Prime*** ist ein höherpreisiges Restaurant mit kreativer amerikanischer Küche: *Seafood* und *Steaks* (3102 Piedmont Road NE in Buckhead, ✆ 404-846-0505, www.oceanprimeatlanta.com).
- *Live Jazz* gibt's im ***Westin Plaza Hotel*** (➤ Seite 407) im ***Sun Dial*** **Drehrestaurant** im 73. Stock; www.sundialrestaurant.com.

Mini-brauereien

Die Kette ***Gordon Biersch Brewery Restaurant*** ist mit zwei Lokalen in Atlanta vertreten. Neben diversen Biersorten aus der Hausbrauerei stehen amerikanische Gerichte und Pizza auf der Karte. Die Biere von *Gordon Biersch* gibt's auch in Supermärkten:

- 848 Peachtree Street NE in ***Midtown***, ✆ 404-870-0805
- 3242 Peachtree Road NE in **Buckhead**, ✆ 404-264-0253

Shopping

Bereits erwähnt wurde ***Underground Atlanta***, ein zentraler Shoppingkomplex in *Downtown*, auf den unten noch näher eingegangen wird. Ebenfalls zentral liegt ***The Mall at Peachtree Center*** (225 Peachtree Street NE, www.peachtreecenter.com) mit ca. 80 Shops.

Weit außerhalb ist ***Lenox Square*** im edlen Vorort Buckhead (3393 Peachtree Road NE, U-Bahn *Lenox Station*, Anfahrt über die I-85 und die Straße #400) mit zur Zeit 250 Shops etc. die größte *Mall* Georgias, www.lenoxsquare.com.

Noch weiter nördlich liegt bei Dunwoody unweit der I-285, *Exit* 29, die ***Perimeter Mall***, ein Einkaufszentrum mit ca. 200 Läden, 4400 Ashford Dunwoody Rd; www.perimetermall.com.

Zuschauersport

Atlanta hat auch Sportfans einiges zu bieten:

- die ***Falcons*** sind Atlantas ***American Football Team*** (NFL, September-Januar) im ***Georgia Dome***. Ein neues Stadion, das ***Mercedes-Benz Stadium***, soll zur Saison 2017 fertig sein. Der *Georgia Dome* wird dann Parkplätzen fürs neue Stadion weichen.
- die ***Braves*** spielen Apr.-Okt. auf dem *Turner Field* ***Baseball*** (MLB).
- die ***Hawks*** sind die **Basketballer** (NBA) und treten November-April in der ***Philips Arena*** zu ihren Spielen an.

Zemtrale Shopping Mall »Underground Atlanta« mit nostalgischer Lokomotive im Untergeschoss

8.1.5 Sightseeing Atlanta

Downtown

Situation 2016

Downtown Atlanta, ein Konglomerat architektonisch unterschiedlichster Bereiche, ist von überschaubarer Größe. Alle dortigen Sehenswürdigkeiten lassen sich problemlos zu Fuß erkunden.

Die Olympischen Spiele von 1996 haben im Stadtbild kaum Spuren hinterlassen. Das erst zu den Spielen eingeweihte Olympiastadion wurde bald nach der Abschlussfeier halbseitig abgerissen und als *Turner Field Baseball Stadium* einer neuen Bestimmung zugeführt. Andersherum der ***Centennial Olympic Park*** (benannt nach dem hundertjährigen Jubiläum der Spiele 1896-1996) mitten in *Downtown*. Den weihte man erst zwei Jahre nach den Spielen ein, und richtig funktional wurde er ein Jahrzehnt später, als die modernisierte ***World of Coca Cola*** dorthin umzog und und man das ***Georgia Aquarium*** endlich fertigstellte.

Stadtplanung

Derweil zieht das einstige Vorzeigeobjekt ***Underground Atlanta*** nicht mehr so viele Besucher an wie ehedem. Neue Projekte zur weiteren Entwicklung des zentralen Atlanta wurden vollendet, so das ***Georgia World Congress Center*** (www.gwcc.com), bzw. sind in der Umsetzung wie das ***Football-Stadium***, ➤ oben. Die **Straßenbahn** entlang der Ost-West-Achse Auburn Ave nach Sweet Auburn ging 2015 endlich in Betrieb; www.theatlantastreetcar.com. Beim neuen Verkehrsprojekt ***BeltLine*** (www.beltline.org) sollen 22 mi früherer Schienentrasse nun multifunktional genutzt werden (Straßenbahn, Wege für Fußgänger, Fahrräder und *Rollerskates*).

Ausgangspunkt Five Points (Alabama/ Peachtree Streets)

Für touristische Besucher sind in *Downtown* im wesentlichen drei Bereiche von Interesse, die in Fußgängerdistanz voneinander entfernt liegen, aber auch per **U-Bahn** (Stationen ***Five Points*** bzw. ***Peachtree Center***) oder Bus leicht miteinander zu verbinden sind:

- Gleich ab *Five Points* erstreckt sich der Komplex ***Underground Atlanta*** überwiegend unterirdisch in Richtung ***State Capitol***.
- Nordöstlich von *Five Points* ballen sich **entlang der Peachtree Street** die eindrucksvollsten **Hochhäuser** Atlantas.
- Ebenfalls nicht weit ist es zum ***Centennial Olympic Park*** nordwestlich von *Five Points* mit dem **CNN Center**, der ***World of Coca Cola*** und dem ***Georgia Aquarium***.

Underground Atlanta

Zwischen Peachtree Street und Central Ave an und unterhalb der (hier verkehrsfreien) **Upper Alabama Street** befindet sich das *Shopping-*, *Restaurant-* und *Entertainmentcenter* ***Underground Atlanta*** mit rund 80 *Shops*, *Eateries* und *Bars* auf drei, davon zwei »unterirdischen« Ebenen; www.underground-atlanta.com.

Die unterste Ebene entsprach vor dem Bürgerkrieg dem Bahnhof von Terminus (➤ Geschichte) und wurde später überbaut. Nachdem man die in Vergessenheit geratene Fläche wiederentdeckt und erhalten gebliebene Fassaden restauriert hatte, entwickelte sich *Underground Atlanta* zu einem Hauptanziehungspunkt der City nicht nur am Tage, sondern auch am Abend unten in den Musikkneipen der *Kenney's Alley*. Indessen ist die Unterwelt ersichtlich in die Jahre gekommen und *Underground Atlanta* zur Zeit keine wirkliche Sehenswürdigkeit mehr.

Georgia State Capitol

Von der mittleren Ebene aus gibt es einen unmittelbaren Zugang zur U-Bahn und zum Südwestausgang an der Central Ave.

Regierungsgebäude

Nur einen Block von dort entfernt steht im Georgia Plaza Park das ***Georgia State Capitol*** mit *Museum of Georgia History* im 5. Stock (206 Washington Street/Mitchell Ave, zugänglich Mo-Fr 8-17 Uhr; www.libs.uga.edu/capitolmuseum). Das Regierungsgebäude (1889) ist eine weitgehende Kopie des Kapitols in Washington und trägt zudem eine Goldkuppel. Schräg gegenüber steht die ***Atlanta City Hall***, das Rathaus der Stadt.

Peachtree Street

Folgt man der Peachtree Street NW ab *Five Points* nach Nordosten, steht man bald zwischen Wolkenkratzern aus Beton, Stahl und Glas. Sechs Blocks sind es bis zum Glasturm des *Westin Plaza Hotel* (210 Peachtree Street NW; U-Bahn Station *Peachtree Center*). Das

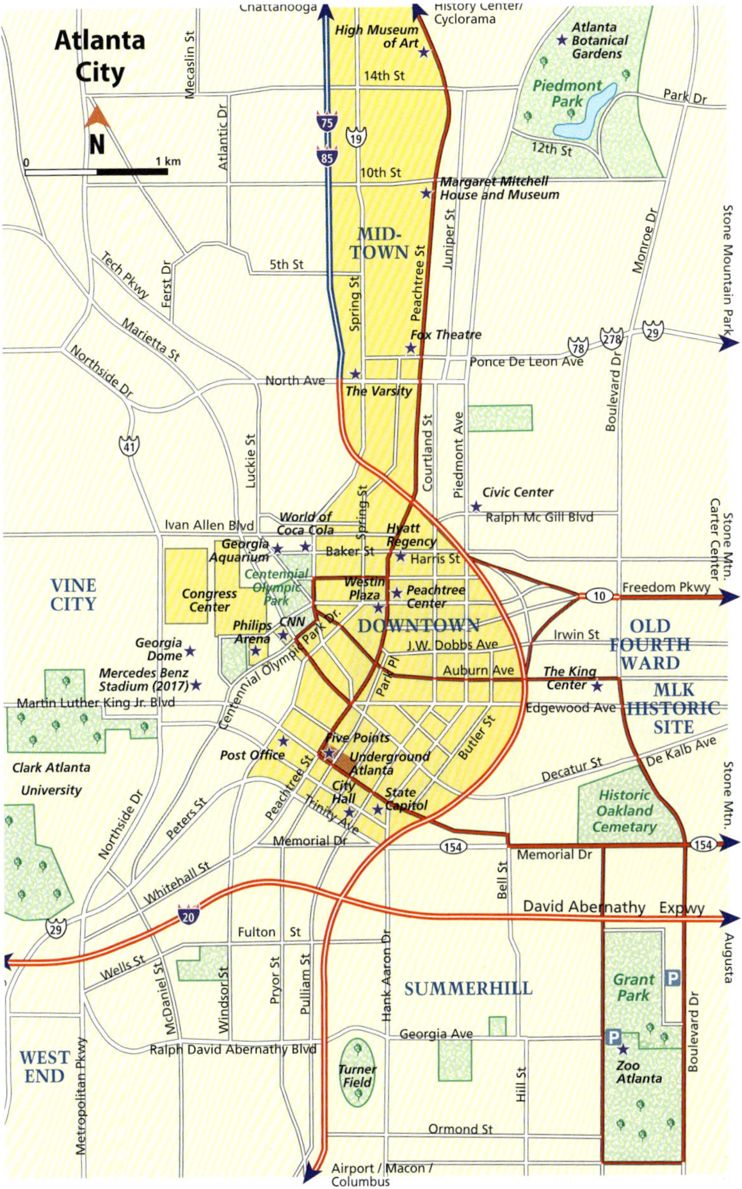
Atlanta City
N
0
1 km
Chattanooga
History Center/ Cyclorama
High Museum of Art
14th St
Atlanta Botanical Gardens
Piedmont Park
Park Dr
12th St
10th St
Margaret Mitchell House and Museum
Mecaslin St
Atlantic Dr
MID-TOWN
5th St
Tech Pkwy
Ferst Dr
Spring St
Peachtree St
Juniper St
Monroe Dr
Stone Mountain Park
Marietta St
Northside Dr
Fox Theatre
Ponce De Leon Ave
Boulevard Dr
North Ave
The Varsity
Luckie St
Courtland St
Piedmont Ave
Civic Center
Ralph Mc Gill Blvd
Ivan Allen Blvd
World of Coca Cola
Hyatt Regency
Georgia Aquarium
Baker St
Harris St
Centennial Olympic Park
Westin Plaza
Peachtree Center
Congress Center
VINE CITY
Freedom Pkwy
Stone Mtn. Carter Center
Philips Arena
CNN
DOWNTOWN
Irwin St
OLD FOURTH WARD
Georgia Dome
J.W. Dobbs Ave
Mercedes Benz Stadium (2017)
Auburn Ave
The King Center
MLK HISTORIC SITE
Martin Luther King Jr. Blvd
Centennial Olympic Park Dr.
Park Pl
Edgewood Ave
Five Points
Underground Atlanta
Butler St
De Kalb Ave
Clark Atlanta University
Post Office
Decatur St
City Hall
State Capitol
Historic Oakland Cemetery
Stone Mtn.
Northside Dr
Peters St
Trinity Ave
Memorial Dr
Memorial Dr
Whitehall St
Bell St
David Abernathy Expwy
Fulton St
Augusta
Wells St
McDaniel St
Windsor St
Pryor St
Pulliam St
Hank Aaron Dr
SUMMERHILL
Grant Park
WEST END
Georgia Ave
Metropolitan Pkwy
Ralph David Abernathy Blvd
Turner Field
Zoo Atlanta
Boulevard Dr
Hill St
Ormond St
Airport / Macon / Columbus
8

bereits erwähnte ***Sun Dial Restaurant*** dreht sich einmal stündlich um 360° und bietet einen tollen Blick über Atlanta und Umgebung, am Abend aufs Lichtermeer der Stadt. Das kostet natürlich ein paar Dollars extra; ✆ 404-589-7506.

Einen Block weiter nördlich stößt man auf die ebenfalls schon erwähnte ***Mall at Peachtree Center***. Sie verfügt über 80 Shops und diverse Restaurants. Nördlicher Endpunkt der *Mall* ist der Hotelturm des ***Hyatt Regency*** mit einem beachtlichen Atrium; www.atlantaregency.hyatt.com.

Centennial Olympic Park/ Riesenrad

Von der Peachtree Street NE führen mehrere Querstraßen hinüber zum ***Centennial Olympic Park*** westlich des gleichnamigen geschwungenen Park Drive (ca. 300 m). Von *Five Points* sind es via Marietta Street NW ca. 700 m bis zum *CNN Center* bzw. zur südlichen Ecke des Parks, einer offenen Grünanlage mit einer Fläche voller musikgesteuerter Fontänen, die bei der vorherrschenden Hitze nicht nur von Kindern als kühlender Wasserspaß genutzt werden. Eine neuere Attraktion ist dort das 60 m hohe **Riesenrad** (täglich 12-22 Uhr, Sa 10-23 Uhr; $14/Person, Kinder $9; www.skyviewatlanta.com). Ob man da nicht besser den Fahrstuhl hinauf zum ***Viewing Level*** (+ Bar/Restaurant) des ***Westin Peachtree Hotel*** in 220 m Höhe nimmt ($8/$4; täglich ab 10 Uhr; ➤ Seite 407)?

CNN Center

Das ***CNN-Center*** (*Cable **N**ews **N**etwork*) umfasst Büros, das *Omni Hotel* und eben die *CNN Studios*. Im Foyer befindet sich ein guter ***Food Court*** für jedermann.

Wer mag, kann 50-min-Touren durch die ***Studios*** dieses global führenden Nachrichtensenders buchen. Mit Glück erwischt man Live-Sendungen. Interessant, aber kein »Muss« (Start alle 10 min; täglich 9-17 Uhr, Reservierung unter ✆ 404-827-2300, www.edition.cnn.com/tour, $16/Person, Kinder $13).

Georgia Aquarium

Das bombastische ***Georgia Aquarium***, 225 Baker Street, nördlich des *Olympic Centennial Park* toppt seit Eröffnung 2006 das bis dato weltgrößte Aquarium in Chattanooga/Tennessee mit einem noch größeren und aufwändigeren Bau.

Aufgeteilt in sechs Bereiche – tropische Gewässer, offene Ozeane, Delfine, Flüsse, kalte Gewässer, Georgia zu Wasser und zu Lande inkl. Reptilien – plus 4-D-Kino bietet dieses Aquarium tatsächlich noch mehr als die gerade in den USA erhebliche Konkurrenz. Toll ist der transparente Tunnel »durch den Ozean«, »irre« das Kino mit »interaktiven« Sitzen und virtuellen »Berühreffekten«, die vierte Dimension.

Das *Georgia Aquarium* ist täglich geöffnet, So-Fr 10-17 Uhr, Sa 9-18 Uhr; ✆ 404-581-4000, www.georgiaaquarium.org. Eintritt $39, Kinder bis 12 Jahren $33; Senioren ab 65 Jahren $35.

World of Coca Cola

Unweit des Aquariums steht an der Ecke Centennial OlympicPark Drive/ Baker Street der Neubau der ***World of Coca Cola***; So-Fr 10-17 Uhr, Sa 9-18 Uhr, ✆ 1-800-676-2653; www.worldofcocacola.com. Eintritt $16 (!), Kinder $12. Es handelt sich dabei um ein **Firmenmuseum** mit Objekten rund um das – laut Eigenwerbung – »beliebteste Erfrischungsgetränk der Welt«. Per *self-guided-tour* geht es durch thematische Galerien zur nie versiegenden Coca-Cola-Quelle: »*Coke, all you can drink*« ist im Eintritt enthalten.

Congress Center/ Georgia Dome

Den äußersten Westzipfel von *Downtown* markieren die riesigen Gebäude des ***Georgia World Congress Center*** sowie (noch, ➤ Seite 409) der ***Georgia Dome***, eines der größten Sportstadien der Welt mit freitragender Kuppel. Östlich gegenüber steht jenseits der International Plaza die ***Philips Arena*** (u.a. Basketball) zwischen Andrew Young Blvd und dem Centennial Olympic Park Drive westlich des *CNN Center*.

Sweet Auburn

Martin Luther King NHS

Die »schwarze« ***Neighborhood* Sweet Auburn** erstreckt sich beiderseits der Auburn Ave vom ***Woodruff Park*** (zwischen Pryor und Peachtree Street NW nördlich *Five Points*), unter der hier extrem breiten I-75/I-85 hindurch bis zum ***M.L. King Jr. National Historic Site*** und dessen ***Visitor Center*** an der 450 Auburn Ave; *Memorial* bis *Labor Day* täglich 9-18 Uhr, sonst bis 17 Uhr; Eintritt frei. Aktuelle Infos unter www.nps.gov/malu.

King wurde 1929 in *Sweet Auburn* geboren (501 Auburn Ave) und hielt Predigten in der ***Historic Ebenezer Baptist Church*** (407 Auburn Ave, www.historicebenezer.org). Er wurde 30 mal verhaftet und im Alter von nur 39 Jahren 1968 in Memphis ermordet. Sein Sarkophag steht auf einer Insel im langgestrecken Pool des NHS. Der Komplex umfasst neben Kirche und Geburtshaus das ***King Center*** in der 449 Auburn Ave, ein Forschungsinstitut mit Museum, geöffnet wie oben, Eintritt frei; www.thekingcenter.org.

Midtown und Buckhead

Definition

Unmittelbar an die *Downtown* schließt nördlich des Ralph McGill Blvd die ***Midtown*** an. Sie wird in etwa durch den gemeinsamen Verlauf der I-75/I-85 nach Norden beidseitig der Autobahn definiert und endet nach der Trennung der beiden *Interstates* nach Nordwest (I-75) bzw. Nordost (I-85). Nördlich des Autobahndreiecks liegt zwischen der I-75 und dem *Freeway* #400 nach Norden die Vorstadt **Buckhead**.

Midtown

Die südliche *Midtown* bildet so etwas wie ein zweites Stadtzentrum entlang der Peachtree Street nördlich der North Avenue. Wie in *Downtown* gibt es auch dort moderne Hochhäuser, darunter die 311 m hohe ***Bank of America Plaza*** mit einer vergoldeten Spitzkuppel (600 Peachtree Street NE), das höchste Gebäude Nordamerikas abseits von Chicago und New York.

Varsity

Bereits unter dem Stichwort »Restaurants« wurde die *Fastfood Eatery* ***The Varsity*** erwähnt (61 North Ave NW an der I-75/I-85). Der eher schäbige Bau von 1940 zeigt u.a. Elemente des *Art-Deco* und hat draußen zahlreiche *Drive-in* Autoboxen. Die *Hamburger* und *Hot Dogs* seien dort unübertroffen, heißt es, noch wichtiger aber sei die Atmosphäre des Lokals und der Umstand, dass bis zu 30.000 Gäste täglich *The Varsity* aufsuchen. Nun ja ... Einen Umweg muss man dennoch für *The Varsity* nicht unbedingt fahren.

The Varsity, Atlantas Fast Food Legende

Fox Theatre

Einen Kontrapunkt zur Sachlichkeit der Neuzeit setzt draußen und drinnen das ***Fox Theatre*** (Ponce de Leon Ave/660 Peachtree Street NE), ein **riesiger Kinopalast** mit über 4.600 Plätzen aus den 1920er-Jahren . Das Südstaatenepos »Vom Winde verweht« (»*Gone with the Wind*«) erlebte dort 1939 seine Uraufführung. Das Gebäude war ursprünglich als orientalischer Versammlungsraum von Freimaurern geplant worden, aber der Orden kam in finanzielle Schwierigkeiten und vermietete es daher an den Filmmogul *William Fox* als Kino. Als in den 1960er-Jahren mit dem Fernsehen das »Kinosterben« begann, musste auch das *Fox Theatre* Mitte der 1970er-Jahre seine Tore schließen und verfiel. Eine Bürgerinitiative konnte den Abriss zum Glück noch stoppen. Nach der folgenden Restaurierung wird dieser phänomenale Theaterbau heute wieder intensiv genutzt, ➤ www.foxtheatre.org.

Geführte Touren hinter die Kulissen werden angeboten, 60 min, $18. **Anmeldung** notwendig unter © 404-881-2100.

Margaret Mitchell House

Für Fans von »Vom Winde verweht« ist vielleicht auch das Domizil der Autorin, das ***Margaret Mitchell House***, von Interesse (979 Crescent Ave NE, Ausstellung, Film und Shop, Touren Mo-Sa 10-17.30 Uhr, So ab 12 Uhr, $13, Kinder $9, ✆ 404-249-7015; www.atlantahistorycenter.com/mmh.

Margaret Mitchell bewohnte in diesem Bau aus dem Jahr 1899 nur ein kleines Apartment im Erdgeschoss. In den 1990er-Jahren brannte das Haus zweimal ab und wurde jeweils wieder aufgebaut.

High Museum of Art

Einen guten Kilometer höher liefert die ungewöhnliche Architektur des ***High Museum of Art***, eines der großen Kunstmuseen der USA, schon fast allein ein Motiv für den Besuch. Neben das 1983 entstandene mehrfach preisgekrönte Hauptgebäude traten im neuen Jahrtausend weitere schneeweiße Strukturen, die die Ausstellungsfläche auf über 28.000 m^2 verdoppelten und nun zusammen ein ***Village for the Arts*** bilden. Die schiere Menge der ausgestellten Stücke aus aller Welt und allen Epochen, darunter viele Werke von Künstlern mit großem Namen, ist sagenhaft. Die Website vermittelt bereits ein detailliertes Bild des Museums und seiner permanenten wie Sonderausstellungen: www.high.org.

Der Komplex liegt an der 1280 Peachtree Street NE, **U-Bahn *Arts Center***, Di-So 10-17 Uhr, Fr bis 21 Uhr, So ab 12 Uhr; ✆ 404-733-4400; Eintritt $20, ermäßigt $12.

Buckhead

Das weiter nördliche **Buckhead** bietet aber neben der größten *Shopping Mall* der Region (*Lenox Square*, ➤ oben) und vielen guten Kneipen und Restaurants noch etwas mehr:

Atlanta History Center

Die ***Atlanta Historical Society*** unterhält in Buckhead auf einem Gelände 9 mi nördlich des Zentrums das ***Atlanta History Center***, ein Museum zu Stadt- und Regionalgeschichte mit schönen Gärten rund um die historischen Gebäude. Die sehenswerte Anlage liegt an der 130 West Paces Ferry Rd NW. Geöffnet Mo-Sa 10-17.30, So ab 12 Uhr, Eintritt $17/$11; www.atlantahistorycenter.com.

High Museum of Art

Villenviertel/ Buckhead

Ein weiteres, vielleicht das beste Motiv für einen Abstecher in den Vorort **Buckhead und Umgebung** sind die sagenhaften **Wohnbezirke der Wohlhabenden und Reichen**. Eine Fahrt auf der Collier Road, der Peachtree Battle Ave, der Paces Ferry Road und auf den zahllosen Nebenstraßen beidseitig der I-75 durch eine wunderschöne Parklandschaft ausgedehnten Privatbesitzes demonstriert eindrucksvoll die nach wie vor krassen und in den letzten Jahren sogar wieder gewachsenen Gegensätze. Sie prägen hier und anderswo in den USA die Gesellschaft stärker als bei uns.

Populärer Saloon an der Peachtree Road NW mitten im Stadtteil Buckhead(

Weitere Sehenswürdigkeiten

Grant Park/ Atlanta Cyclorama

Südlich des *Martin Luther King District* (*Exit* 59A I-20) kann man im ausgedehnten ***Grant Park*** noch Schanzen und Geschütze des Bürgerkriegs und Überreste eines *Fort Walker* bewundern. Hauptsächlich aber ist der Park für das ***Cyclorama* & *Civil War Museum*** bekannt. Das *Cyclorama* ist ein bislang 109 m langes und 12 m hohes Rundgemälde, das die Schlacht um Atlanta darstellt. Die Besucher betrachten das mit Lichteffekten und Kriegslärm unterlegte und um realistische Gemäldeergänzungen erweiterte Werk von einer Drehtribüne aus. Sehr besuchenswert!

2015 wurde das *Cyclorama* geschlossen und der Umzug in ein ganz neues Gebäude beim vorstehend beschriebenen *History Center* vorbereitet, Eröffnung 2017; www.atlantacyclorama.org.

Gleich neben alten *Museumsbau* liegt der Eingang zum ***Atlanta Zoo***. Besonders populär ist dessen vierköpfige Pandafamilie. Mo-Fr 9.30-17.30, Sa/So bis 18.30 Uhr; $23/$18; www.zooatlanta.org.

Carter Presidential Center

Ein ***Carter Presidential Center*** darf in Atlanta natürlich nicht fehlen, denn jeder US-Präsident hat Anspruch darauf in seinem Heimatstaat. Die ***Jimmy Carter Library* & *Museum*** liegt am 441 Freedom Parkway NE (Straße #10) im Stadtteil Little Five Points, drei Meilen nordöstlich der Innenstadt. Leben und Werk ***Jimmy Carters***, der es vom Erdnussfarmer zum – scheinbar – weniger erfolgreichen US-Präsidenten brachte (1977-1981). Aber immerhin wurde ihm 2002 der Friedensnobelpreis verliehen Seine politischen Leistungen, insbesondere Friedensbemühungen in Nahost (!) werden dort ausführlich gewürdigt. Zu sehen sind Filme, Photos, Schautafeln und ein Teil der 27 Mio. Dokumente aus der Amtszeit des heute wieder im Heimatort Plains lebenden *Carter*, ➤ Seite 422.

Öffnungszeiten: Mo-Sa 9-16.45, So ab 12 Uhr, Eintritt $8, unter 16 Jahre frei, www.jimmycarterlibrary.org.

Fernbank Museum

Nur 2 mi weiter östlich (767 Clifton Road NE) steht das ***Fernbank Museum of Natural History***, das nach dem *Chicago Field Museum* zweitgrößte Naturkundemuseum der USA. Schwerpunkte sind Erdgeschichte speziell in Georgia und Dinosaurier. Geöffnet Mo-Sa 10-17 Uhr, So ab 12 Uhr, www.fernbankmuseum.org, Eintritt $18, Kinder $16; mit IMAX-Kino $26/$22, nur IMAX $13/$8.

Ein weiterer Nobelort Atlantas (➤ Buckhead, im vorstehenden Abschnitt) ist **Druid Hills**, noch etwas weiter nördlich entlang der Clifton Road. Druid Hills ist Standort der auch international bekannten, privat finanzierten *Emory University*; www.emory.edu.

Six Flags over Georgia

Einer der achtzehn, besonders wegen ihrer *Roller Coaster* populären ***Six Flags Amusementparks*** liegt 12 mi westlich von Atlanta am Chattahoochee River (Six Flags Pkwy SW an der I-20, *Exit* 46). Rund 2 Mio. Besucher haben dort alljährlich Spaß an über 100 *Rides*, darunter allein zwölf Achterbahnen einschließlich dem Nachbau des legendären *Georgia Cyclone* im nostalgischen Holzbalkendesign. Ein weiteres Highlight ist ***Goliath***, eine 60 m hohe und über 110 km/h schnelle Bahn, noch relativ neu der ***SkyScreamer*** mit rotierenden Gondeln in über 74 m Höhe.

Mitte Mai bis Mitte August täglich ab 10 Uhr bis ca. 19 Uhr, Wochenenden 22 Uhr geöffnet. Ab Mitte März bzw. bis Oktober nur Wochenendbetrieb;Tagespass $64, Kinder unter 1,20 m $44; mehr Details unter www.sixflags.com/overGeorgia.

Stand-up Rollercoaster Georgia Scorcher im Six Flags Park

8

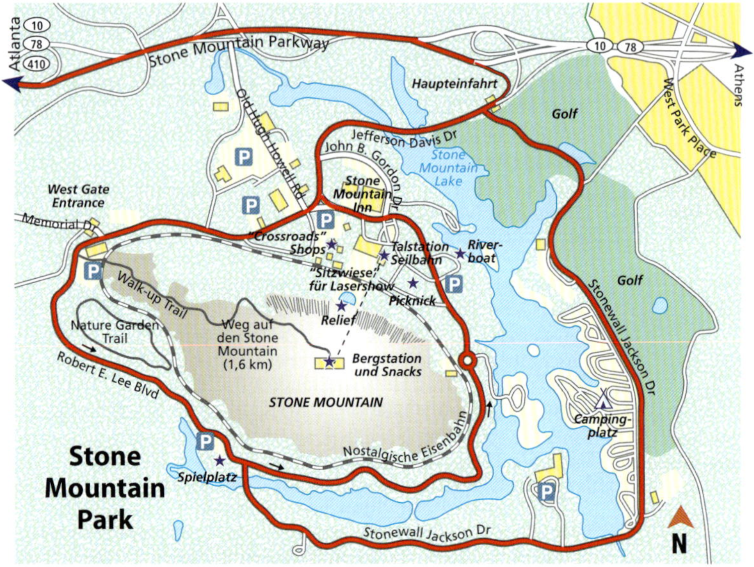

Stone Mountain Park

Anfahrt ab Atlanta

Atlantas Hauptattraktion für Touristen wie die Einwohner der Region ist der ***Stone Mountain Park***, 20 mi östlich der City (**Stone Mountain Freeway**/Straße #410, **Ponce de Leon Ave**/Straße #10 oder **Memorial Drive**/Straße #154 mit – etwa ab Höhe I-285 – Übergang auf die Straße #10. Aber sowohl die #410 als auch die #10 steuert man am besten über die **I-20** und **Ringautobahn I-285** an, denn die direkte Route ab *Downtown* kostet meist mehr Zeit (ab I-285 Ausfahrten 39, 40 und 41)

Zeiten/ Eintritt

Die Einrichtungen des Parks sind normalerweise ab 10 Uhr morgens geöffnet; die Schlusszeiten variieren und hängen auch davon ab, ob *Lasershows* stattfinden. In den Park als solchen kann man normalerweise täglich 5-24 Uhr einfahren. **Pro Fahrzeug zahlt man bei der Einfahrt $15**. Radfahrer und Fußgänger haben freien Zugang; www.stonemountainpark.com.

Relief im Stone Mountain (Foto rechts)

Im Mittelpunkt der auch kommerziell genutzten 12 km² großen Parkanlage mit Amusementparkkomponenten steht der ***Stone Mountain***, ein 251 m hoher, kuppelförmiger **Granitfelsblock von fast 8 km Umfang**, in dessen Nordwand ein Relief (Größe 27 m x 57 m) der Helden der Südstaaten – *Jefferson Davis*, einziger Präsident der kurzlebigen Konföderierten Staaten von Amerika, und die Generäle *Jackson* und *Lee* – gemeißelt wurde (Fertigstellung 1970 nach über 47 Jahren Arbeit). Eine Art Südstaaten-Gegenstück zum *Mount Rushmore Memorial* in South Dakota.

Aufstieg und Skyride

Auf die Kuppe des nur zu einem Drittel seiner vollen Größe aus der Erde ragenden Felsmassivs gelangt man von der Westseite des Massivs **zu Fuß** (ca. 1,6 km Aufstieg, bei normaler Kondition in unter einer Stunde hinauf machbar. Lohnenswert, aber im Sommer und an manchen Wochenenden sind dort Massen unterwegs) oder per **Seilbahn** (*Skyride*: $6 für eine Strecke, $10 retour). Von oben hat man grandiose Aussichten über die Umgebung und hinüber nach Atlanta. Wer nicht so gut zu Fuß ist, fährt mit der Seilbahn nach oben und läuft zurück.

Parkeinrichtungen

Im rund um den riesigen Granitblock angelegten Park existieren zahlreiche Sport- und Zerstreuungsmöglichkeiten – Jogging- und Bikepfade, Bootsverleih, *Riverboat*, Reitställe etc. **Picknicktische** säumen die Straßen zwischen Felsblock und halbkreisförmigem See. Vom **Campingplatz** am Wasser war bereits die Rede, ➤ Seite 407. Zentral mittendrin liegt das sehr schöne ***Stone Mountain Inn*** mit – sonst seltenen – Terrassen und Balkons. So-Do ab $110, Fr+Sa ab $165; www.marriott.com, © (770) 469-3311.

Eine nostalgische **Eisenbahn** aus den 1940er-Jahren umrundet den Felsblock, ein Spaß eher für Kinder, aber dennoch ist der Zug voller Erwachsener ohne Nachwuchs.

Pfiffig ist der ***SkyHike*** auf schwankenden Verbindungen in luftiger Baumwipfelhöhe zwischen 3 m und 12 m Höhe. Eine Kletterwand im Fels ist ebenfalls vorhanden, mit $14 nicht ganz billig.

An ***Shopping*** und leibliches Wohl wurde auch gedacht; im **Servicedorf *Crossroads*** fehlt nichts, was Besucher nachfragen könnten.

Höhepunkt Lasershow

Ende Mai bis Anfang August täglich, ab April bzw. bis Oktober nur Sa wird eine Stunde nach Sonnenuntergang die Lasershow ***Spectacular*** in *3D-Mountainvision* auf die Felsfläche rund um die Helden der Südstaaten projiziert, ein sagenhaftes Spektakel voller Patriotismus, das allein bereits den Besuch des Parks lohnt. Dafür wird kein gesonderter Eintritt erhoben. Das Publikum sitzt auf der großen ansteigenden Rasenfläche vor der Felswand.

Damit die Vorführung ungetrübten Spaß macht, warme Decke und Jacken nicht vergessen! Viele nutzen die Vorführung zum Picknick, genießen alkoholische Getränke aber nur gut »getarnt«.

8.2 Alternative Routen nach Florida

8.2.1 Die direkte Route und der Umweg über Savannah

Nach Macon und weiter auf der I-75 nach Süden

Zur Route

Von Atlanta auf der I-75 nach Florida zu fahren, macht vor allem Sinn **bei direkter Zielsetzung »Zentrales Florida«** mit Orlando und/oder der südlichen **Golfküste**, ebenso auch bei Ziel ***Florida Panhandle*** via Tallahassee. Weniger sinnvoll ist es, südlich von Macon weiter der I-75 zu folgen, wenn eine Weiterfahrt entlang der Atlantikküste geplant ist, ➤ Seiten 423ff.

Zwischenhalt in Macon?

Am Wege liegt zunächst die für eine Fahrtunterbrechung mäßig spannende 90.000-Einwohner-Stadt Macon, wäre da nicht südlich der Stadt die *Robins US Air Force Base* mit dem ***Museum of Aviation***, einer enormen Ausstellung unzähliger Militärflugzeuge, die fast mit dem berühmten *National Museum of Naval Aviation* bei Pensacola konkurrieren kann, ➤ Seite 301.

F-16 im Museum of Aviation bei Macon

Unterkunft Macon

Macon ist von Atlanta nur 80 mi entfernt und damit nach einem Besichtigungstag in Atlanta durchaus noch ein erwägenswertes Zwischenziel, um preiswerter zu übernachten und am nächsten Morgen – ggf. nach Besichtigung von Stadt und/oder Flugzeugmuseum – die Fahrt fortzusetzen. Bei Macon ballen sich an der I-75, speziell *Exit* 169, und an der I-475, *Exit* 3 (Eisenhower Pkwy/ Chambers Road) **Häuser fast aller bekannten Motelketten** der unteren Kategorie bis zur oberen Mittelklasse.

Macon

Macon entstand ab 1823 am Westufer des Ocmulgee River. Im Bürgerkrieg blieb die Stadt unbeschädigt und avancierte danach rasch zum Wirtschaftsszentrum der Region. Heute macht sie keinen besonders dynamischen Eindruck mehr, aber einige Relikte der prosperierenden Vergangenheit lohnen eine kleine Rundfahrt. Der dafür relevante Zentralbereich liegt zwischen M. Luther King Blvd und Spring Street einerseits sowie Washington Ave/Poplar Street und Walnut Street andererseits (ca. 1 km^2).

Information

Ein örtliches ***Welcome Center*** (www.maconga.org) befindet sich am Martin Luther King Blvd 450 (*Exit* 2 von der I-16). Dort kann man sich Unterlagen und einen Stadtplan besorgen. Die Orientierung in Macon fällt leicht.

Museen

Eine Ecke weiter nördlich unweit des alten Bahnhofs wartet in der 301 Cherry Street ein neueres Kulturzentrum mit der ***Georgia Sports Hall of Fame*** auf Besucher; Di-Sa 9-17 Uhr, Eintritt $8/Kinder $3,50, www.georgiasportshalloffame.com.

Gegenüber öffnete 2015 (nach Umzug neu) das ***Tubman African American Museum*** seine Pforten, 310 Cherry Street, Di-Fr 9-17 Uhr; Sa ab 11 Uhr, Eintritt $8/$4-$6; www.tubmanmuseum.com

Downtown

Downtown Macon liegt in etwa zwischen First und Spring Street mit Hauptachse Cherry Street. Sie wird von der neugotischen ***Saint Joseph's Catholic Church*** überragt, 830 Poplar Street.

Ante Bellum Houses

In deren Umfeld befindet sich der ***Victorian District*** mit schönen historischen Gebäuden (www.historicmacon.org). Sehenswert sind in erster Linie das ***Cowles-Woodruff House*** auf einem Hügel an der 988 Bond Street und das ***Hay House***, 934 Georgia Ave, Ecke Spring Street, Mo-Sa 10-16 Uhr, So 13-16 Uhr; $11 (www.hay-house.org). Letzteres galt zur Zeit seines Baus 1859 als ***Palace of the South*** und als Ausdruck höchster Modernität. So gab es Bäder mit fließend heiß und kalt Wasser, und statt Kerzen gab es Gaslampen, außerdem zentrale Heizung, Aufzug u.a.m. Heute nagt ein wenig der Zahn der Zeit daran.

Einen Besuch wert ist auch das ***The Cannonball House***, 856 Mulberry Street. Es wurde 1853 in *Greek-Revival*-Architektur erbaut und als eines der wenigen Häuser der Stadt im Bürgerkrieg durch Kanonenschuss beschädigt – was den Namen erklärt. Mo-Sa 10-16 Uhr, $6 Eintritt; www.cannonballhouse.org.

Hay House auf dem Coleman Hill in Macon

Ocmulgee National Monument

Das ***Ocmulgee Nat'l Monument*** jenseits des Flusses gut 2 mi entfernt vom Zentrum sollte sich nur ansehen, wer großes Interesse für die untergegangenen Indianerkulturen Nordamerikas mitbringt (1207 Emery Hwy, täglich 9-17 Uhr, www.nps.gov/ocmu). Am interessantesten ist noch das moderne Museum inmitten üppigen Grüns. Immerhin hat man vom höchsten der Grabhügel weite Aussicht über die schon fast subtropische Vegetation des Parks.

Museum of Aviation

Wie angedeutet ist dagegen das ***Museum of Aviation*** sehenswert, etwa 20 mi südlich der Stadt an der Straße #129; Höhe Russell Parkway; www.museumofaviation.org. Der museale Komplex besteht aus mehreren Hallen und »Parkplätzen« voller Militärflugzeuge, faktisch einer fast lückenlosen Sammlung aller jemals von den USA gebauten Typen seit dem 1. Weltkrieg plus ausländischer Modelle und Raketen. Täglich 9-17 Uhr; frei (➤ Foto auf Seite 420).

Das Zentrum von Plains, Heimatort des früheren Präsidenten Jimmy Carter (1978-82), besteht im wesentlichen aus dieser Ladenzeile inkl. »Historic Inn« (ganz rechts) ohne Gegenüber

Andersonville National Historic Site

Südlich von Macon bietet sich ein **Abstecher** zum tragisch eindrucksvollen ***Andersonville National Historic Site*** an (*Exit* #127 von der I-75, dann knapp 20 mi auf Straße #26 nach Westen, dann Straße #49 Richtung Americus). Bei Andersonville hatten die Konföderierten im Bürgerkrieg *Camp Sumter* errichtet, das als Gefangenenlager für bis zu 45.000 »Blauröcke« diente, von denen 13.000 umkamen. Das Leiden und Sterben der Gefangenen in Andersonville gehört zu den besonders düsteren Kapiteln des Bürgerkriegs.

Rund um das damalige Lagergelände mit einigen nachgebauten Strukturen in einer gepflegten Parkanlage läuft eine Straße mit Haltepunkten und Erläuterungen an markanten Stellen. Eindrucksvoller ist indessen das ***National Prisoner of War Museum*** (täglich 9-16.30 Uhr, www.nps.gov/ande; frei). Die dort ausgestellten Fotos, Objekte und Szenerien beziehen sich nicht nur auf Andersonville sondern global auf das hier behandelte Thema.

Americus

Auf identischer Strecke oder über das Städtchen **Americus** geht es zurück auf die I-75. An der Hauptstraße durchs Zentrum steht das nostalgische ***Windsor Hotel*** von 1892 (ab $104, www.windsor-americus.com). Von dort führt ein kurzer Abstecher (10 mi) nach **Plains**, Heimatdorf, des ehemaligen Präsidenten ***Jimmy Carter***.

Plains

Er war nicht nur der 39. US-Präsident, sondern wurde 2002 auch Friedensnobelpreisträger, ➤ Seiten 416f. In Plains bilden einige Gebäude zusammen den ***Jimmy Carter National Historic Site***, www.nps.gov/jica. Die alte Schule dient als Museum und ***Visitor Center***; täglich 9-17 Uhr. Lohnenswert bei großem Interesse.

Weiter nach Florida

Wer nun (über die Straße #280) auf die I-75 zurückkehrt und auf ihr weiter nach Süden fährt, findet den Anschluss auf Seite 287.

Nach Tallahassee

Mit Zielsetzung ***Florida Panhandle*** wäre es ab Americus/Plains sinnvoller, die Schnellstraße #19 über Albany zu nehmen und ab Thomasville der #319 nach Tallahassee zu folgen.

Moultrie B & B

Etwas abseits dieser Route liegt eines der makellosesten *Bed & Breakfast* Häuser Georgias. Das ***Barber-Tucker Inn*** von 1905 im Städtchen Moultrie (704 3rd Street SW, © 1-866-205-6913, www.barbertuckerinn.com) ist eine Art »Südstaatenpalast« auf einem Parkgrundstück und bietet nostalgischen Luxus zu Kosten, die auf dem Niveau weit weniger attraktiver *B&B Places* liegen (ab $135). Dafür lohnt sich ggf. der Umweg von der #19 bzw. von der I-75. Man sollte aber reservieren; das Haus ist oft ausgebucht.

Thomasville

Thomasville, eine Kleinstadt 60 mi südlich von Albany, war nach dem Bürgerkrieg zeitweise ein bekanntes Winterferienziel für »*Yankees*«, bevor Florida touristische Infrastrukturen aufgebaut hatte. Die »gute alte Zeit« jener Tage blieb noch ein wenig in der ***Pebble Hill Plantation*** erhalten, 5 mi südlich des Ortes (Straße #319); geöffnet Di-Sa 10-17, So 13-17 Uhr, Eintritt $5, 1251 US Highway 319 S, www.pebblehill.com.

Nach weiteren 30 mi ist Tallahassee erreicht; ➤ Seite 292.

Nach Florida über Savannah

I-75/I-16 oder I-75/I-10?

Für alle, die in Florida ohnehin die Atlantikküste hinunter fahren wollen, ist die Kombination **I-75/I-16** über **Macon nach Savannah** und von dort die **I-95** (ggf. mit Abstechern) nach Süden die **optimale Route**. Bis Jacksonville bleibt es sich entfernungsmäßig zudem ziemlich gleich, ob man dieser Route oder der Kombination I-75/I-10 folgt. Man könnte auf letzterer zwar gut einen Umweg zum ***Okefenokee Swamp*** (südlich von Waycross/Georgia, Straße #82, ➤ Seiten 284f) einbauen, aber dieses Sumpfgebiet dürfte für die meisten Florida-Reisenden kein prioritäres Ziel sein.

Von Macon fährt man auf der **I-16 bis Savannah** noch etwa drei Stunden (170 mi). Entlang der Strecke gibt es keine wichtigen Gründe für längere Zwischenstopps.

Savannah

Kenn zeichnung

Savannah ist eine der schönsten Städte der US-Ostküste. Ihr historischer Kern reflektiert Architektur und Atmosphäre des alten Südens. Die geometrische Anlage der Stadt erinnert bereits an das schachbrettartige Gittermuster, das auch für viele später gegründete amerikanische Städte so charakteristisch ist. Schon beim ersten Blick auf Savannahs Stadtanlage fallen außerdem die vielen planvoll angelegten Plätze auf.

Roman über Savannah

Mit dem Buch »*Midnight in the Garden of Good and Evil*« von *John Berendt* und dessen Verfilmung 1997 (Regisseur: *Clint Eastwood*) erfuhr Savannah eine international beachtete literarische Würdigung. Das Buch (deutsch: »Mitternacht im Garten von Gut und Böse«) schildert einen abstrusen Kriminalfall. Lesenswert ist es vor allem wegen der genauen Stadtbeschreibung und der Charakterisierung real existiert habender Exzentriker Savannahs.

Praktisches

Information

Savannah Area CVB, © 912-644-6400, www.visitsavannah.com. ***Savannah Visitor Center*** im Bahnhof, 301 M.L. King Blvd, Mo-Fr 8.30-17, Sa-So 9-17 Uhr; © 912-944-0455; © 1-877-728-2662.

Infostände auch im *Airport*. Im Besucherzentrum gibt es einen kostenlosen **Reservierungsservice** für Hotels, Motels sowie *B&B*.

Parken

Das **zentral** am westlichen Rand des historischen Savannah gelegene ***Visitor Center*** ist ein guter Ausgangspunkt für einen Stadtrundgang zu Fuß, zumal man dort und im Umfeld im allgemeinen auch freie Parkplätze findet.

Unterkunft

Wer sich Luxus und nostalgisches Flair gönnen möchte, findet ***über 30 Historic Inns***. Aber es gibt auch jede Menge ganz normale Kettenmotels und *Motor Inns* zu moderateren Tarifen. Dabei gilt: je weiter vom Zentrum entfernt, umso preiswerter. Die meisten Hotels der Mittel- bis Oberklasse im Innenbereich stehen entlang

Bay Street zwischen Savannah River/*Factors Walk* und der Altstadt, darunter eng beieinander an der **West Bay Street** mit noch relativ erschwinglichen Tarifen ***Best Western***, ***Hilton Garden Inn*** und ***Days Inn at Ellis Square***. In der Nachbarschaft zum *Visitors Bureau* liegen ***Hampton Inn*** und ein ***Courtyard by Marriott***. Dort sind die Parkmöglichkeiten besser als in Flussnähe.

Savannah H/Motels an der I-95

Für Besucher ohne Vorausplanung gibt's nichts Besseres als die *Motel*- und *Inn*-Konzentration am ***Savannah Gateway***, ***Exit* 94** von der I-95. Die Ketten der unteren bis mittleren Kategorie sind dort mit ihren Häusern stark vertreten und werden ergänzt durch eine passende *Fast Food*-Gastronomie. Dort kommt man schon ab $60 unter. Nachteil sind die 13 mi bis in die City.

Rund um den ***Exit* 102** (Hwy #80 nach *Downtown*) findet man ebenfalls diverse Kettenmotels der **Mittelklasse**, zusätzlich auch die **Oberklasse** beim ***Exit* 104** (Abfahrt für den Savannah Airport).

Sonstige

Ein gutes Preis-/Leistungsverhältnis in weniger weit von Savannah entfernter Lage (ca. 5 mi) bieten z.B.

- ***Oglethorpe Inn & Suites***, 7110 Hodgson Memorial Dr, ab I-95 *Exit* 94 Abercorn Expwy/Street via Eisenhower Dr, ✆ 912-354-8560, ✆ 1-800-344-4378, www.oglethorpeinn.com, ab ca. $90,
- ***Best Western Central***, 45 Eisenhower Drive, ebenfalls ab ab I-95 *Exit* 94 Abercorn Expwy/Street, ✆ 912-355-1000, ab $77.

Ein »Geheimtipp«, da abgelegen, aber in schöner Umgebung im Grünen zwischen Airport und City (*Exit* 102), ist das

- ***Days Inn***, 2500 Dean Forest Rd (#307), ✆ 912-966-5000, ab $60

Hostel

Die ***Savannah International Pensione***, ein ***Hostel*** in der 304 E Hall Street am südlichen Rand der Altstadt, nimmt $26-$29/Bett, EZ/DZ $54-$85, ✆ 912-236-7744, www.savannahpensione.com.

Savannah Riverfront

Camping

In Stadtnähe gibt es keine Campingplätze. Die nächstgelegenen kommerziell geführten Plätze befinden sich auf Tybee Island (➤ unten) und westlich der I-95: ***Savannah Oaks RV Resort,*** 805 Fort Argyle Road, schattiger Platz am Fluss, ca. 3 mi ab *Exit* 94 auf der Straße #204 westlich, © 912-748-4000, www.savannahoaks.net.

Einen guten *Campground* hat der ***Skidaway Island State Park*** (52 Diamond Causeway, © 912-598-2300, Strand und Pool, ab $26, www.gastateparks.org/info/skidaway). Anfahrt zur Insel ca. 14 mi.

Essen & Trinken

Am ***City Market***, Bull und Broughton Streets, findet man eine ganze Reihe beliebter Restaurants wie ***The Lady & Sons*** (102 W Congress Street, © 912-233-2600), ***City Market Café*** (224 W Saint Julian St, © 912-236-7133), im Bereich ***Riverfront*** die ***Moon River Brewery*** (21 W Bay St, © 912-447-0943), ***The Boar's Head*** (One North Lincoln, © 912-651-9660) oder das ***Olympic Café*** (5 East River Street, der »Grieche« der Stadt, © 912-233-3131). Außerdem das ***Chart House*** (202 West Bay Street; © 912-234-6686, www.chart-house.com) mit gehobenen Preisen.

Viele ***Seafood Places*** gibt's auf Tybee Island, ➪ Seite 430.

Spezifisch zu empfehlen sind außerdem:

- ***Mrs. Wilkes Dining Room***, 107 W Jones Street, nur ***Lunch*** Mo-Fr 11-14 Uhr, © 912-232-5997, www.mrswilkes.com. *Mrs. Wilkes* Küche *family style* ist **ein Muss** auch bei Warteschlange: Fleisch und Beilagen kommen in laufend nachgefüllten Schüsseln auf die Tische. *Self-service*-Pauschalpreis $20, Kinder $10.
- ***Clary's Café***, 404 Abercorn Street, © 912-233-0402, wurde zwar nach *John Berendts* Roman (➪ oben) noch bekannter, gehörte aber bereits vorher zur Altstadtszene; www.claryscafe.com.

Freier Transport

Folgende Transportmittel in Savannah sind **gratis**: Straßenbahn entlang der River Street (***River St. Streetcar***), Altstadt-Rundfahrt-Bus (***dot Shuttle***), Rundkurs durch nordwestliche Altstadt mit Stop an 5 Parkhäusern (***Liberty St. Parking Garage Shuttle***) und Fähren über den Savannah River (***Savannah Belles Ferry***); www.catchacat.org.

Hop-on-hop-off gibt's als kommentierte Sightseeing-Runde mit Lokalkolorit auch noch; www.trolleytours.com/savannah (ab $25)

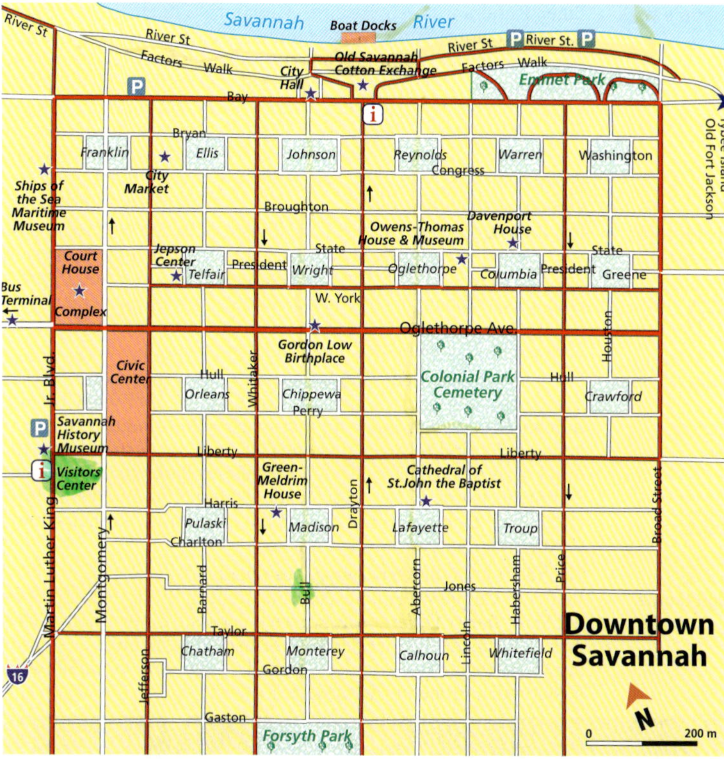

Die Altstadt

Orientierung

Die Orientierung in Savannah fällt nicht schwer: Beginnend an der ***Riverfront*** ist die **Bull Street** die **Hauptachse** in Nord-Süd-Richtung. Sie wird nach jeweils zwei Blocks unterbrochen von *Squares*, quadratischen Plätzen. Die ersten beiden, Johnson und Wright Square, sind zugleich die ältesten. Weitere 20 *Squares* unterbrechen jeweils östlich und westlich in regelmäßigen Abständen von 4 Blocks (Nord-Süd) bzw. 2 Blocks (Ost-West) den Straßenlauf zwischen den Plätzen. Sie sind fast alle nach Persönlichkeiten benannt, deren Denkmäler auf der Platzmitte stehen.

Die ohne Unterbrechung durch *Squares* verlaufenden doppelspurigen **Oglethorpe** und **Liberty Aves** mit breiten Mittelstreifen voller uralter Eichen sind neben dem die Altstadt nach Süden abschließenden **Victory Drive** die zentralen Ost-West-Achsen.

Die folgende Beschreibung entspricht einem möglichen Stadtrundgang, der alle wichtigen Anlaufpunkte mit einschließt:

Factor`s Walk

Einen Rundgang durch Savannah kann man sehr gut am Savannah River bzw. am *Factor's Walk* beginnen. Wo früher mit Baumwolle gehandelt wurde, dominieren heute Shops und eine Gastronomie für Touristen. Über Treppen, Fahrstuhl oder steile Kopfsteinpflastergassen geht es hinauf zum ***Factor's Walk***, einer Straße entlang der Obergeschosse ehemaliger Lagerhallen und Büros der Baumwollhändler, die zu Wohnungen, Boutiquen und Restaurants umgebaut wurden. Man achte auf das rote Gemäuer der ***Cotton Exchange***, die Baumwollbörse, einst die *Wall Street d*er Südstaaten.

Historical District

Die **Bull Street** eignet sich gut als »Einstieg« in den *Historical District*. Schon nach wenigen Schritten gelangt man auf den ältesten der **22 Plätze** der Stadt. Der **Johnson Square** ist – wie alle Plätze – eine üppig bepflanzte Grünanlage. Große *Live Oaks* spenden dort Schatten. An diesem PLatz steht außerdem die erste Kirche Georgias, die 1733 gegründete *Christ Episcopal Church*.

Atmosphäre

Der nächste Platz, der **Wright Square**, folgt wenig später. Dieser Teil Savannahs ist zwar nicht spektakulär, hat aber viel Charme. In manchen Straßen steht ein historisches Wohnhaus neben dem anderen. Es sind weniger einzelne Gebäude, sondern Gesamteindruck und Atmosphäre, die den Reiz dieses Bereichs ausmachen: Schmiedeeiserne Gitter, einladende Veranden und hölzerne Fensterläden – nichts erinnert hier an die langweilige Einheitsarchitektur vieler amerikanischer Städte.

James Oglethorpe

Nachdem man die Oglethorpe Ave überquert hat, ist der nächste Platz der **Chippewa Square**. Auf ihm steht in Bronze der Gründer der Stadt ***James Oglethorpe***, zugleich der erste Gouverneur Georgias. Aber ausgerechnet der einzige nach einem Indianerstamm benannte Platz wird von der Statue des mit gezücktem Schwert posierenden Eroberers dominiert.

Forsyth Park voller Eichen mit Spanish Moss

Als **Hafenstadt** spielte Savannah bei der Erschließung Georgias eine wichtige Rolle. Sie war die am wenigsten englische Siedlung der britischen Kolonien, denn gut die Hälfte der Bewohner stammte aus Deutschland, der Schweiz und Schottland.

Tom Hanks

Auf dem ***Chippewa Square*** stand – nebenbei – die **Parkbank**, auf der ***Tom Hanks*** in ***Forrest Gump*** auf den Bus wartete und währenddessen Passanten seine Lebensgeschichte erzählte.

Madison Square

Auf den Chippewa Square folgt der ***Madison Square***, dann – weiter auf der Bull Street – der ***Monterey Square***. Südlich davon führt die East Gordon Street nach Osten zum Calhoun Square. Dem Platz gegenüber steht das ***Massie Heritage Interpretation Center*** (207 East Gordon Street). U.a. findet man dort eine Übersicht über alle in Savannah vertretenen Baustile. Mo-Sa 10-16 Uhr, So 12-16 Uhr; Eintritt $7, bis 12 Jahre $5; www.massieschool.com.

Clary`s Café

Zwischen Calhoun und Lafayette Square sollte man rechts auf das Haus **Abercorn 404** achten. In dem eher unscheinbar wirkenden ***Clary's Café*** (➪ oben) spielen Szenen des Buches *Midnight in the Garden of Good and Evil*; daher pilgern Krimi- und Filmfans dorthin. Die Speisekarte bezieht sich immer noch auf das Buch; so heißt es z.B. für Salate »*from our garden of good and evil*«.

Zurück zur Riverfront

Nördlich des Lafayette Square passiert man den Friedhof ***Colonial Park Cemetery***. Von dort gelangt man weiter geradeaus über Oglethorpe und Reynolds Square zurück an den Savannah River mit solchen **Ausflugsbooten à la Mississippi**.

Ausflugsdampfer an der Riverfront von Savannah

Tybee Island

Einmal in Savannah sollte man auch einen Abstecher ans Meer nach Tybee Island in Erwägung ziehen (rund 20 mi ab der Innenstadt). Am Wege liegen zwei alte Fortanlagen. Von der Bay Street/*Riverfront* in *Downtown* Savannah führt die President Street als ***Islands Expressway*** zur Insel. Ebenso gelangt man über die Verlängerung des **Victory Drive** (Straße #80) nach Tybee Island. Die letzten Meilen vor der Insel führen durch eine pittoreske Marschlandschaft. Über eine Hochbrücke erreicht man dann Tybee Island.

Fort Jackson Historic Site

Das ***Old Fort Jackson*** (www.chsgeorgia.org), ein altes Backsteinfort am Fluss, ist nur bei gutem Wetter besuchenswert (kleines *Visitor Center*, täglich 9-17 Uhr, $7). Man erreicht es über die Fort Jackson Road, 3 mi östlich der *Riverfront* ab *Expressway*.

Fort Pulaski National Monument

Erheblich interessanter ist das 1829-1847 errichtete ***Fort Pulaski*** (www.nps.gov/fopu) auf Cockspur Island ca. 15 mi östlich von Savannah (tägl. 9-17 Uhr, © 912-786-5787, Eintritt $7). Die meterdick angelegten Mauern dieser Inselfestung in der Mündung des Savannah River waren nach damaligem Stand des Wissens durch weiter entfernte Artillerie nicht zu knacken. Als aber 1862 die Union von Tybee Island aus mit neuen Kanonen ein 30-stündiges Dauerfeuer startete, hielt die Armierung dem nicht stand.

Das Fort liegt in einem großen Park mit Zugang über ein ***Visitor Center***. Vom offenen Obergeschoss des enormen, mit alten Kanonen armierten Bauwerks hat man einen tollen Weitblick.

Tybee Island

Tybee Island, die nördlichste der der Georgia-Küste vorgelagerten Inseln, erreicht man über eine Hochbrücke.

Ein ***Visitor Center*** liegt am Ortseingang an der Hauptstraße #80, 802 First Street. Dort hilft man ggf. bei der Quartiersuche, © 912-786-5444 oder © 1-877-344-3361, www.visittybee.com.

An der Nordspitze steht unübersehbar der alte **Leuchtturm** von 1773 (Aussichtsplattform in 45 m Höhe) mit kleinem Regionalmuseum, Mi-Mo 9-17.30 Uhr, $9/$7; www.tybeelighthouse.org.

Von der Hauptroute Butler Ave führen kurze Stichstraßen in Richtung Strand. An deren Ende findet man Fußwege durch die Dünen zum Strand. Oft ist dort aber der Parkraum rar; mehr Platz steht auf Höhe der Seebrücke (*Fishing Pier*) im Süden zur Verfügung.

Restaurant

Originell ist das Open-air-Lokal ***The Crab Shack***, 40 Estill Hammock Road, etwa 1 mi östlich der Brücke rechts ab, © 912-786-9857, www.thecrabshack.com. Dort gibt's *Seafood* mit dem besten Preis/ Leistungsverhältnis weit und breit in subtropischem Ambiente am Wasser. Auch für einen Krabbencocktail oder einen Durstlöscher lohnt der Besuch (ausgeschildert).

Am Strand von Tybee Island

Von Savannah nach Jacksonville

Abstecher

Zur Weiterfahrt von Savannah nach Jacksonville sollte man die I-95 bevorzugen (**145 mi**). Einen Abstecher zu den ***Golden Isles*** (➤ unten) wird man nicht bereuen. Dazu verlässt man bei **Darien** den *Freeway* (*Exit* 49) und setzt die Fahrt auf der #17 fort. Dieser Ort an einem Arm des verzweigten Mündungsdelta des Altamaha River ist ein Zentrum des *Shrimp-Fishing*.

Fort King George

Am südöstlichen Ortsende befindet sich der ***Fort King George State Historic Site*** (302 McIntosh Rd SE, ausgeschildert ab Straße #17, Di-So 9-17 Uhr, www.gastateparks.org/FortKingGeorge, $7,50), eine sehenswert nach alten Plänen neu errichtete britische Befestigung mit Palisaden auf Erdwällen, alten Kanonen, einigen Blockhäusern und einem Museum im *Visitor Center*. Anfang des 18. Jahrhunderts befand sich dort der südlichste Außenposten der Kolonialmacht Großbritannien in Nordamerika.

Hofwyl-Broadfield

Ein paar Meilen weiter südlich (I-95, *Exit* 42) liegt die ehemalige Reisplantage ***Hofwyl-Broadfield Plantation***, ein weiterer ***State Historic Site***, in den Sümpfen des Altamaha Mündungsdelta (5556 Straße #17 N, Mi-So 9-17 Uhr, www.gastateparks.org/HofwylBroadfield, $8). Das Herrenhaus ist faktisch ein Museum zum Leben auf der Plantage und Reisanbau und zugleich eine Alternative zu Besuch der oft sehr teuren *Plantations* in Privatbesitz.

Brunswick Karte Seite 432

Golden Isles

Gute 15 mi südlich von Darien (Straße #17 oder I-95, *Exit* 36) erreicht man die Stadt Brunswick (16.000 Einwohner), die sich mit der Bezeichnung ***Gateway to the Golden Isles*** schmückt. Die ***Golden Isles*** sind Teil der *Barrier Islands* vor der Atlantikküste und umfassen vier Inseln im südlichen Georgia. Über Brücken mit dem Festland verbunden sind drei davon: **St. Simons Island**, **Sea Island** und **Jekyll Island**.

Information

Golden Isles Visitors Bureau, 4 Glynn Ave, ✆ 912-265-0620 und ✆ 1-800-933-2627, täglich 9-17 Uhr, www.goldenisles.com. Auch ***Welcome Center*** an der I-95 zwischen *Exits* 38 und 42.

Unterkunft

Entlang der I-95, vor allem zwischen *Exit* 49 (Darien) und 36 (Brunswick) gibt es zahlreiche H/Motels (ab $49), u.a.

- ***Clarion Inn***, 5252 New Yesup Hwy, I-95 *Exit* 36B, Brunswick, ✆ 912-264-4033, ab $75 inkl. Frühstück
- Die preiswerteste Alternative im Raum Brunswick ist das ***Hostel in the Forest***, 3901 Straße #82 (I-95 *Exit* 29), ✆ 912-264-9738, $25/Person im Mehrbettzimmer, www.foresthostel.com.

In Brunswicks *Old Town* gibt es mehrere *B&Bs*, z.B.:

- ***Brunswick Manor***, 825 Egmont St, ✆ 912-265-6889, ab $129, www.brunswickmanor.com; schönes Haus und Grundstück
- ***Waters Hill B&B***, 728 Union St, ✆ 912-264-4262, ab $85, www.watershill.com; Einrichtung etwas »kitschiger« als *Br. Manor*.

8

Camping

Gut zu erreichen ist der komfortabel angelegte ***Blythe Island Regional Park & Campground*** (6616 Blythe Island Hwy, ab I-95 *Exit* 36 von Norden kommend, *Exit* 29 von Süden), ✆ 1-800-343-7855, ab $40. Auch ein Badestrand ist vorhanden; www.glynncounty.org/index.aspx?NID=178

Essen und Trinken

- ***Ole Times Country Buffet***, 665 ScrantonRoad (Straße #25) bei der Glynn Place Mall, Kette mit *Southern Food*; www.oletimes.com
- ***Captain Joe's Seafood***, 5296 New Jesup Highway (I-95 *Exit* 36), www.captainjoesseafood.com

Old Town Brunswick

In der kleinen verkehrsberuhigten ***Old Town*** von Brunswick (zwischen London/King and Prince und Albany/Ellis Street) wirken ein paar viktorianische Fassaden ganz pittoresk. Als herausragend gilt dort das ***Mahoney-McGarvey House***; 1709 Reynolds St gegenüber dem *Courthouse* (Union/I-H Street). Bei knapper Zeit ist ein Besuch in Brunswick nicht prioritär.

Die Golden Isles

Östlich von Brunswick liegt ***St. Simons Island***, die größte der *Golden Isles*.

The Village

Am Ende des ***Torras Causeway*** (*Toll*) führt der Kings Way zum Hauptort der Insel, **The Village**. Im Bereich des Dreiecks Mallery Street/ Kings Way und Ocean Blvd gibt es Shops, Lokale und ein ***Welcome Center***, 529 Beachview Drive. Eine Pier ragt in den St. Simons Sound.

Am Ostende des sich anschließenden ***Neptune Park*** steht unübersehbar ein weiß/schwarzer Leuchtturm. Das ***Saint Simons Island Lighthouse Museum***, 101 12th Street, Mo-Sa 10-17 Uhr, So ab 13.30 Uhr, Eintritt $12, bis 11 Jahre $5, vermittelt Details der lokalen Historie; www.saintsimonslighthouse.org.

Shopping/ Restaurants

Ein weiteres kommerzielles Zentrum (Shopping und Restaurants) auf der dicht mit Privatvillen bebauten Insel befindet sich im Kreuzungsbereich der Frederica und Demere Road (verlängerte Fortsetzung des *Torras Causeway*) unmittelbar nördlich des Flughafens (***Redfern & Retreat Villages***).

Fort Frederica

Das bereits 1736 gegründete ***Fort Frederica*** wurde 1758 durch Feuer weitgehend zerstört und nicht wieder aufgebaut. Das heutige ***National Monument*** erreicht man auf der Frederica Road nach Norden (#6515, ca. 5 mi ab Kreuzung *Redfern Village*, täglich 9-17 Uhr, www.nps.gov/fofr; Eintritt frei). Es ist wegen seiner schönen Lage am Frederica River einen Abstecher mit Spaziergang übers Gelände wert. Neben erodierten Erdwällen, ein paar Grundmauern und alten Kanonen gibt's aber nicht viel zu sehen .

Unterkunft

Auf St. Simons Island sind die Quartiere nicht ganz billig, empfehlenswert sind z.B. folgende Häuser:

- ***Sea Gate Inn***, 1015 Beachview Drive, © 912-638-3351, ab $199, Apartments am Strand/Pool; www.seapalms.com/sea-gate.
- ***Island Inn***, 301 Main Street, © 1-800-673-6323, ab $99, damit noch relativ günstig, Pool; www.islandinnstsimons.com.

Campingplätze existieren nicht auf St. Simons Island.

Sea und Little St. Simons Island

Über den *Sea Island Causeway* (ab Frederica Road südlich der Fortanlage) geht es von St. Simons nach **Sea Island**. Der überwiegende Teil der Insel ist Privatbesitz. Der öffentliche Zugang zum Strand ist faktisch kaum möglich, weil überall – einschließlich der kurzen Stichstraßen an den Strand – Halteverbote gelten. Für Normalsterbliche lohnt sich die Anfahrt nur zur Bewunderung des hier versammelten Immobilienbesitzes.

Jekyll Island

Geschichte

Ende des 19. Jahrhunderts kauften reich gewordene Unternehmer wie *Rockefeller, Pulitzer* oder *McCormick* die nur 23 km^2 große Insel für ganze $125.000, gestalteten sie für ihrer Zwecke um und machten daraus einen Club für Millionäre. Durch die Weltwirtschaftskrise in den 1930er-Jahren verloren viele der Mitglieder ihr Vermögen und der Inselclub seine Exklusivität. Dann kam der Weltkrieg, und 1947 übernahm der Staat Georgia Jekyll Island.

Heute ist die Insel ein beliebtes Ferienziel der amerikanischen Mittelklasse. Zwar logieren Bessergestellte immer noch im nach wie vor als Hotel existierenden ***Jekyll Island Club***, aber das Gros der Unterkünfte gehört zur Zwei- und Dreistern-Kategorie und steht am Beach View Drive hinter einem kilometerlangen Strand. Zahlreich sind auch als Ferienhäuser vermietete Anwesen.

Anfahrt

Verlässt man Brunswick auf der #17 Richtung Süden, zweigt gleich nach der imposanten Hochbrücke über den Brunswick River die *Jekyll Island Road* #520 ab. Nach 4 mi durch Marschlandschaft auf dieser auch *Jekyll Causeway* genannten Zufahrt passiert man das ***Jekyll Island Welcome Center***, Mo-Sa 9-18, So 10-17 Uhr, © 1-877-453-5955. Dort gibt es u.a. eine Inselkarte und den obligatorischen ***Parking Pass*** (Tagespass $6); www.jekyllisland.com.

Strand

Nach Überquerung der hier fast 500 m breiten Wasserstraße Jekyll Creek stößt man bei Geradeausfahrt (Ben Fortson Pkwy) automatisch auf den **Beachview Drive**, der hinter der Küstendüne am Ostufer der Insel entlangläuft.

Jekyll Island Club Hotel

Der ***Jekyll Island Club*** legte sich auf der Westseite der Insel nördlich der Brücke ein großes Clubgebäude zu, das seinen Mitgliedern als Gästehaus diente. Später bauten diese sich eigene Villen rund um das Clubgelände, und aus dem einstigen Club wurde das ***Jekyll Island Club Hotel***, in dem heute die besseren Zimmerkategorien über $300 kosten, © 1-855-535-9547; www.jekyllclub.com.

Millionaire's Village

Die alten Zeiten hält heute der ***Jekyll Island Club Historic District*** hoch. Dort stehen noch 34 Villen der einstigen Clubgründer. Eine 90-miütigeTram-Tour *»Passport to the Century«* startet am **Museum** an der 100 Stable Road (hinter dem Hotel), täglich 11, 13, 15 Uhr, $16. Wer auf Erläuterungen verzichten mag, kann sich die Millionärsdomizile auch auf einem Spaziergang oder per Fahrrad ansehen. Das ***Museum*** ist täglich 9-17 Uhr geöffnet und frei.

Und sonst noch?

Radtouren auf dem großen Wegenetz rund um die Insel sind ebenfalls recht populär. Per Rad, mit Auto sowieso, liegen auch die **Picknickplätze** an beiden Enden der Insel in Reichweite.

Fahrräder ($14/Tag) mietet man bei ***Jekyll Island Bike Rentals***, North Beachview, © 912-635-2648.

Unterkunft & Camping

Günstiger als im *Jekyll Island Club Hotel* kann man in mehreren Häusern direkt am Atlantikstrand nächtigen, z.B.:

- ***Days Inn***, 60 South Beachview Drive, © 1-888-635-3003, www.daysinnjekyll.com, ab $90, auf der Atlantikseite mit Balkon/Terrasse ab $100. Gute Anlage
- Apartments und **Ferienhäuser** mietet man (wochenweise) unter www.parker-kauf man.com/jekyll, © 1-888-453-5955.
- Am Nordende liegt strandnah unter Bäumen der ***Jekyll Island Campground***, 1197 North Beachview Drive, schöne Waldanlage mit unterschiedlich großen Plätzen, $24-$38; © 1-866-658-3021.

Weiter nach Florida

Nach ca. 100 mi (ab Savannah) auf der I-95 erreicht man Florida. Noch gut 30 mi sind es von der Grenze bis **Jacksonville**, ➤ Seiten 276f.

Zum nördlichsten Strandbereich Floridas, **Fernandina Beach**, fährt man von der I-95, *Exit* 373, ca. 15 mi, ➤ Seite 280.

Jekyll Island Bridge

8.2.2 Über Charleston und Savannah nach Jacksonville

Kennzeichnung

Wer mindestens zwei, besser drei Tage Extrazeit investieren mag, könnte bei Favorisierung einer Anreise von Atlanta nach Florida über Savannah überlegen, ob nicht eventuell auch ein Umweg über Charleston/South Carolina eine gute Idee wäre. Zum Erlebnis Florida würde dieser Kurztrip durch einige ***Highlights* der alten Südstaaten** der Reise noch eine besondere Qualität hinzufügen. Der Zeitbedarf errechnet sich aus einem Minimum von drei Tagen bis Savannah (ca. 430 mi) minus erspartem Tag der Fahrt von Atlanta via Macon nach Savannah (ca. 250 mi). Dabei wäre nur ein voller Tag Aufenthalt in Charleston einkalkuliert, was extrem knapp für diese Stadt samt Umgebung ist. Ein voller Tag geht auch für die Strecke Charleston-Savannah drauf, es sei denn, man verzichtet auf den kleinen Abstecher nach Beaufort/Hunting Island, was schade wäre. Optimal hätte man für die gesamte Strecke von Atlanta über Charleston nach Savannah vier Tage Zeit, und zwar in etwa wie folgt:

ein Tag Anfahrt bis Charleston, den Abend in der Stadt verbringen
+ **ein voller Tag** für die Stadt und Patriots Point
+ **ein halber Tag** für *Charles Towne Landing plus* eine *Plantation*
+ **ein halber Tag** Anfahrt bis Beaufort, dort übernachten
+ **ein voller Tag** Beaufort und Hunting Island (bei Strandambition)
Danach abends oder am folgenden Morgen früh nach Savannah

Von Atlanta nach Charleston via Augusta

Zur Route

Von Atlanta nach Charleston geht es am schnellsten auf der *Interstate*-Kombination #20/#26 über Columbia, die Hauptstadt von South Carolina (ca. 330 mi). Die Strecke ab Augusta über die Straßen #278 und #78 meilenmäßig abzukürzen, führt zu Zeitverlust ohne Ausgleich durch Landschaftserlebnis. Anders wäre es mit der Abkürzung #178 (ab *Exit* 39 der I-20) über Orangeburg zur Auffahrt 154 (Straße #301) der I-26. Diese Abkürzung spart zwar nur 30 mi, aber man umfährt den staubelasteten Autobahnring um Columbia.

Trotz eines – wie immer – sehenswerten *State Capitol* und einiger ganz ansehnlicher Museen verpasst nichts von Bedeutung, wer **Columbia** nicht besucht. Es macht Sinn, sich auf lohnenswertere Ziele zu konzentrieren, vor allem Charleston.

Madison

Aber nur 60 mi östlich von Atlanta ist die Kleinstadt **Madison** eine Stippvisite wert: ca. 3 mi nördlich der I-20 (*Exits* 113 und 114). Im ***Historic District*** stehen vor allem entlang der South Main Street pittoreske Villen aus der Zeit 1830-1860. Unionsgeneral *Sherman* ließ sich bei der Einnahme erweichen, den Ort nicht zu brandschatzen; so wurde er zur *»town Sherman refused to burn«*. Das *Visitor's Bureau* in der 115 East Jefferson Street (*County Courthouse*) hat eine Liste aller sehenswerten Gebäude; http://visitmadisonga.com. Auch von innen zu besichtigen ist die ***Heritage Hall*** von 1811, 277 S Main Street, Mo-Sa 11-16 Uhr, So 13.30-16.30 Uhr, Eintritt $7, www.friendsofheritagehall.org.

Harlem: Museum für »Dick & Doof«

Etwa 70 mi weiter liegt 6 mi südlich der I-20 (*Exit* 183) Harlem, ebenfalls ein hübscher Ort, dazu mit der Besonderheit des privaten »***Laurel & Hardy Museum***«, 250 North Louisville Street (#221). *Oliver Hardy* wurde in Harlem geboren und so fand sich auch ein Fan, ***Gary Russeth***, der dieses Museum betreibt und zugleich ***Oldtimer*** in Originalgröße und -aussehen **aus Holz** bis ins kleinste Detail nachgebaut hat; staunenswert! Di-Sa 10-16 Uhr; Spende; www.laurelandhardymuseum.com.

Augusta

Augusta, eine der neben Atlanta wenigen nennenswerten Städte Georgias liegt am Savannah River, der natürlichen Grenze zwischen den Staaten Georgia und South Carolina, ein paar Meilen abseits der I-20. Das Zentrum an der *Riverfront* erreicht man am besten über den ***River Watch Parkway*** (*Exit* #200 von der I-20). Er geht über in die Jones Street, die auf die 10th Street stößt. Von dieser biegt man einen Block weiter nördlich auf die Reynolds Street ab. An der Ecke 560 Reynolds/6th Street steht das ***Augusta Museum of History*** (Do-Sa 10-17 Uhr, So ab 13 Uhr, $4/$2, www.augustamuseum.org). Im identischen Gebäude befindet sich auch die lokale ***Visitor Information***; www.visitaugusta.com.

Riverwalk

Von dort ist es einen Block zum ***Riverwalk***, einer mäßig attraktiven Promenade und Parkanlage am Savannah River zwischen 10th Street und *Augusta Marina* (5th Street und Flussbrücken).

Beurteilung

Augusta muss man nicht besucht haben. Wer in dieser Region ein **Motel** sucht, wird an den Ausfahrten der I-20/I-520 leicht fündig.

Weiterfahrt

Für welche der möglichen Routen ab/über Augusta weiter nach Charleston man sich auch entscheidet, letztlich landet man auf der I-26 und gelangt auf ihr direkt ins Zentrum der Altstadt.

Charleston

Kennzeichnung

Charleston ist mit seinen gepflegten Wohnstraßen und der historischen *Old Town* eine der **attraktivsten US-Städte mittlerer Größe**.

Neben schönen Villen in beneidenswerten Lagen und geschichtlich bedeutsamen Sehenswürdigkeiten gibt es noch eine Reihe weiterer Anlaufpunkte, für deren Besuch sich eine Reise oder ein Umweg nach Charleston lohnt, vor allem einige der Herrenhäuser auf altem Plantagenbesitz in der Umgebung, die musealen Kriegsschiffe am *Patriots Point* und das sehr gute Aquarium. Ganz nebenbei verfügt Charleston im nahen Umfeld auch noch über lange Strände.

Geschichte

Gründung und Entwicklung

Erste englische Siedler kamen 1670 in das Gebiet und gründeten am Ashley River eine Siedlung (➤ ***Charles Towne Landing Park***, Seite 450). Zehn Jahre später verlegte man sie auf die Halbinsel zwischen Ashley und Cooper River und nannte sie zu Ehren des

Königs **Charles Towne**. Dank Reis, Baumwolle und Indigo gewann Charles Towne rasch wirtschaftliche Bedeutung, und war zu Beginn der amerikanischen Revolution 1776 mit 12.000 Einwohnern die fünftgrößte Stadt Nordamerikas.

Nach Sezession der Südstaaten von den USA führte die Beschießung und Eroberung des Fort Sumter vor Charleston im April 1861 zum amerikanischen Bürgerkrieg

Unabhängigkeit

Als der Ruf nach Unabhängigkeit vom Mutterland danach auch in den südlichen Besitzungen Großbritanniens immer lauter wurde, kam es zunächst zu einer Besetzung durch britische Truppen. Nach dem Abzug der Engländer wurde Charles Towne 1783 zu **Charleston** und die vormalig britische Kolonie **South Carolina** zu einem Territorium der jungen USA und 1788 US-Bundesstaat.

Bürgerkrieg

Am 20.12.1860 unterzeichnete South Carolina in Charleston den Austritt aus der Union amerikanischer Staaten. Die Eroberung des von Unionstruppen gehaltenen ***Fort Sumter*** auf einer Insel in der Mündung der beiden Charleston umschließenden Flüsse markierte im April 1861 den Beginn des Bürgerkriegs zwischen Nord- und Südstaaten. Er endete für Charleston 1865 mit der Besetzung durch Unionstruppen und teilweiser Zerstörung.

Der vor dem Bürgerkrieg speziell in Charleston florierende **Sklavenmarkt** war damit ebenfalls beendet. Charleston fiel über Dekaden in Bedeutungslosigkeit.

20./21. Jahrhundert

Es dauerte über 50 Jahre, bis man in den 1920er-Jahren daranging, die Spuren des Bürgerkriegs endgültig zu beseitigen und Charleston – dank weitsichtiger Bürgerinitiativen – nach alten Plänen wieder aufzubauen. So blieb auf der Halbinsel zwischen den Flüssen, der Old Town, das frühere Aussehen der Stadt erhalten.

Heute sorgen in erster Linie **Tourismus** und das **Militär** – seit dem 2. Weltkrieg besetzt ein riesiger US-Marinestützpunkt die nördlichen Ufer des Cooper River und eine *Air Force*-Basis grenzt an den Zivilflughafen – für die wirtschaftliche Prosperität der Stadt.

Orientierung und praktische Informationen

Charleston heute

Charleston ist heute eine 135.000-Einwohner-Stadt mit einem weiträumig dicht besiedelten Umfeld, was den Eindruck einer mindestens dreimal so großen Stadt vermittelt. Tatsächlich hat auch die Vorstadt Mount Pleasant 75.000 Einwohner, und North Charleston, das sich entlang der I-26 meilenweit Richtung Norden erstreckt, zählt eine Bevölkerung von knapp 105.000.

Anfahrt in die Altstadt

Das **zentrale Charleston** liegt auf einer langen, von Ashley und Cooper River gebildeten Halbinsel. Die gemeinsame Mündung beider Flüsse bildet eine große geschützte Bucht, den ***Charleston Harbor***. Die im Raum Charleston als Autobahn ausgebaute Straße #17 (***Crosstown Expressway***) überquert Ashley und Cooper River und läuft mitten durch die Stadt. Sie markiert ungefähr die Trennlinie zwischen der engeren City of Charleston und weiter nördlichen (großenteils beachtlichen) Wohnvierteln. Ins Zentrum gelangt man am besten über diese Straße oder über die *Interstate* #26 (von Nordwesten), die in den ***Crosstown Expressway*** mündet.

Altstadt

Haupteinfallstraßen für *Downtown* sind **Meeting** und **King Street**, die bis an die ***Battery*** (➤ Seite 447) an der Spitze der Halbinsel führen. Die historische **Altstadt** liegt **südlich der Calhoun Street**, etwa auf halber Strecke zwischen *Crosstown Expressway* und der Südspitze der *Charleston Peninsula*.

Parken/ Transport

In der gesamten *Old Town* findet man reichlich Parkplätze und Tiefgaragen. Außerdem gibt es viele – wiewohl knapp limitierte – Parkuhren. Für Besucher leicht zu finden und erreichbar ist der **Parkplatz am *Charleston Visitor Center*** mit ***Shuttleservice*** in die Altstadt. Der ***Downtown Area Shuttle*** (***DASH***; eine Fahrt $1,75, Tageskarte $6, 3 Tage $12) bedient von 6.30 Uhr bis 22.00 Uhr drei verschiedene Innenstadtrouten; www.ridecarta.com.

Vororte/ Umfeld

Neben dem zentralen Bereich sind in/bei Charleston noch von Interesse der nordöstliche **Vorort Mount Pleasant** (mit dem Flugzeugträger-Museum ***Patriots Point*** unweit der Straße #17) und die vorgelagerten Strandinseln **Sullivans** (dort auch das alte ***Fort Moultrie***) und Isle of Palms. Nordwestlich liegen in West Ashley der ***Charles Towne Landing State Historic Site*** und noch weiter westlich an der Ashley River Road/#61 gleich drei der bekanntesten ***Plantations*** von South Carolina wie Perlen an einer Kette.

Information

Das ***Charleston Visitor Center*** in einem restaurierten Lagerhaus am Rand der Altstadt ist die beste erste Anlaufstation: 375 Meeting Street, täglich 8.30-17 Uhr, © 843-853-8000 oder © 1-800-774-0006. Dort gibt es Stadtplan und – wie üblich – Broschüren und Werbeflyer in Hülle und Fülle für das touristische Angebot der Stadt, außerdem den sehenswerten **Film*: »Forever Charleston«*** (36 min, beginnt alle 45 min, $2).

Internet

Die offizielle Website ist www.charlestoncvb.com

Hilfreich sind auch die kommerzieller orientierten Portale

- http://discovercharleston.com
  mit *Travelmagazine* zum Download und
- www.charleston.com

Heritage Passport

Im ***Visitor Center*** gibt es den ***Heritage Passport***, ein Kombiticket für die wichtigsten historischen Häuser samt Kunstmuseum und zwei Plantagen (*Drayton* und *Middleton*) in der Umgebung, für $46 (2 Tage gültig) bzw. $63 (3 Tage gültig). Wer das Ticket voll nutzt, spart immerhin ca. 40%. Damit sich der Kauf lohnt, müssen mindestens fünf der neun enthaltenen Attraktionen besucht werden; www.charlestoncvb.com/charlestonheritagefederation.

Abendstimmung über dem Cooper River

Walking Tours

Charlestons Altstadt kann und sollte man weitgehend zu Fuß erkunden. Wer mehr wissen möchte, als aus diesem Buch und Broschüren des *Visitor Center* zu entnehmen ist und gut Englisch spricht, könnte geführte ***Walking Tours*** buchen (je 2-3 Stunden):

- ***Charleston Strolls*** starten täglich am *Mills House Hotel* um 10+14 Uhr und ab weiteren Hotels in Zeitabständen, © 843-722-8687, $20, Kinder $10; www.charlestonstrolls.com.
- ***Architectural Walking Tours of Charleston***, Reservierung unter © 1-800-931-7761, starten Mo, Mi, Do, Fr und Sa um 10 Uhr und um 14 Uhr am *Meeting Street Inn* (#173) und kosten $20; www.architecturalwalkingtoursofcharleston.com.

Bike Rental

Eine gute Idee in Charleston ist, sich ein Fahrrad zu mieten, da die Entfernungen nicht ganz gering sind und sich der Aktionsradius mit Fahrrad merklich erhöht. Bikeverleih z.B. bei ***affordabike***, 573 King Street, ab $7/Stunde, ab $25/Tag; © 843-789-3281, www.affordabike.com/rentals.

Unterkunft und Camping

Situation

In einer Touristenstadt wie Charleston gibt es naturgemäß eine hohe Bettenkapazität. Das gilt sowohl für die *Old Town* als auch für das Umfeld entlang der Hauptzufahrtstraßen und der I-26. Faustregel ist: je näher am historischen Zentrum, umso teurer.

Man tut hier gut daran, Wochenenden und Ferienzeiten zu vermeiden. So hoch die Tarife dann teilweise sind, so sehr purzeln sie bei freier Kapazität. Beachtliche Sonderangebote gibt es in der Nebensaison ab Oktober bis April. Im ***Visitor Center*** bedient eine **Zimmervermittlung** kurzfristige Nachfragen.

City Hotels

In Charleston mitten in der Stadt zu unterzukommen, hat den Vorzug, abends zu Fuß unterwegs sein zu können, was sonst nur in wenigen Städten der USA möglich oder angezeigt ist. Indessen sind selbst außerhalb stark gebuchter Perioden und/oder Wochenenden Quartiere in guter Lage noch **ziemlich hochpreisig**. Nur von Dezember bis Februar liegen die Tarife unter den Angaben rechts.

- ***Days Inn Historic District***, 155 Meeting, © 843-722-8411, ab $145; großer Motelkomplex mittendrin.
- ***Meeting Street Inn***, 173 Meeting, © 1-800-842-8022, ab $209; nostalgisches Boutique-Hotel; www.meetingstreetinn.com
- ***Indigo Inn***, 1 Maiden Lane, © 1-800-845-7639, auch ab ca. $239; noch ein kleines Romantikhotel; www.indigoinn.com.
- ***The Francis Marion***, 387 King St, © 1-877-756-2121, ab $240; Nostalgiehotel von 1924; www.francismarioncharleston.com

Hostels

Definitiv die preiswertesten Übernachtungen bietet das *Notso Hostel* in der nördlichen Ecke von Downtown:

- ***Notso Hostel***, 156 Spring, © 843-722-8383; $28/Bett, EZ/DZ ab $68. Mehrere schöne alte Häuser wurden hier zum *Hostel* kombiniert. Tarife inkl. Frühstück; www.notsohostel.com.

Bed & Breakfast

In kaum einer anderen Stadt und Umgebung gibt es derartig viele ***B&Bs*** und ***Historic Inns***. Wie immer sind dafür die Tarife hoch (ab ca. $200 im günstigen Fall, weit über $300 Fr+Sa in der Hauptsaison im Frühling/Herbst für bessere Quartiere durchaus keine Ausnahme). Eine Liste (fast) aller ***B&Bs*** der Stadt hat man im *Visitor Center*. Ein paar Tipps für Direktbuchung:

- ***Fulton Lane Inn***, 45 Zimmer-Haus, 202 King St, Höhe Market Street, ab $239, ✆ 1-800-720-2688; www.fultonlaneinn.com
- ***Elliott House***, 78 Queen Street mitten im *Historic District*, ✆ 843-518-6500, stilvolles Ambiente um Gartenanlage mit Whirlpool, nachmittags gratis Wein und Käse im Garten, Radverleih gratis; ab $280; www.elliotthouseinn.com.
- ***Vendue Inn***, 19 Vendue Range, prima Lage mit Dachterrasse und Blick über Stadt und Cooper River; ab $230 inkl. Wein und Snacks; ✆ 1-800-845-7900; www.vendueinn.com
- ***Palmer Home B&B***, 5 East Battery, ✆ 1-888-723-1574, ab $185, eines der besten Häuser in Charleston mit freiem Blick über Garten und Wasser, Pool; Tarif inkl. Wein und Snacks am Nachmittag; www.palmerbnb.com
- ***Palmer's Pinckney Inn***, 19 Pinckney Street nahe *City Market*, ✆ 843-722-1733, ab $185; 5 Zimmer; *Full Breakfast* plus $7,50 pP im *Palmer Home*; palmers-pinckney-inn.charlestonhotels24.com
- ***Inn at Middleton Place***, 4290 Ashley River Road 14 mi nordwestlich Straße #61, ✆ 1-800-543-4774, modernes Hotel mit 55 Zimmern in mehrereren Gebäuden auf dem Gelände der *Plantation* am Flussufer. Architektur eher europäisch, Räume mit hohen Fenstern und Blick auf Wald und/oder Ashley River. Am besten die ***Grand Rooms*** ab $279, sonst ab $199. Tarife schließen neben einfachem Frühstück und Nachmittagsempfang (Bier, Wein, Snacks) **Eintritt für die *Plantation*** ein. Helles teilverglastes Restaurant mit guter Küche im Park.

  Eines der besseren Preis-/Leistungsverhältnisse in/bei Charleston und damit Empfehlung für alle, die sich etwas gönnen möchten. Entscheidungshilfe unter www.theinnatmiddletonplace.com.

H/Motels im Umfeld

Preiswertere Motels und Hotels stehen überwiegend im Westen der Stadt (Straße #17/Savannah Highway), in North Charleston (entlang der I-26 bzw. I-526 im Airport-Bereich sowie Ausfahrten 208 und 209) und in Mount Pleasant an der Straße #17, z.B.:

- ***BW Sweetgrass Inn***, 1540 Savannah Hwy, die gute Mittelklasse ab $130; © 843-571-6100, www.thesweetgrassinn.com
- ***Holiday Inn Express***, 1943 Savannah Hwy (#17), Nähe Südwestende I-526, © 843-402-8300, modernes Haus ab $120
- ***Rodeway Inn***, 2311 Ashley Phosphate Road, am *Exit* 209 der I-26, © 843-572-2228 , Standard Hotel ab $60
- ***Red Roof Inn***, 7480 Northwoods Blvd, I-26 *Exit* 209, neben der *Northwoods Mall*, © 843-572-9100, untere Mittelklasse, üblicher *Redroof*-Standard ab $59. Ein weiteres *Red Roof Inn* befindet sich in Mount Pleasant in der Nähe von *Patriots Point*, 301 Johnnie Dodds Blvd, © 843-884-1411, ab $75
- ***Shem Creek Inn***, 1401 Shrimp Boat Lane in Mount Pleasant, von der #17 auf die #703 ca. 2 mi; © 843-881-1000 & © 1-800-523-4951, kleines Hotel in prima Lage am Yachthafen ab $150, www.shemcreekinn.com

Marriott Courtyard Riverfront Inn *am Ashley River mit Poolanlage auf der Flussseite. Etwas abseits nordwestlich der Old Town, aber verkehrsgünstig und sehr komfortabel.*

Camping

Die in bzw. bei Charleston entfernungsmäßig noch akzeptablen Campingplätze sind rar, am besten sind folgende beiden:

- ***James Island County Park Campground***, gut angelegt in schöner Lage am James Island Pkwy beim Planschpark *Splash Zone* 6 mi von *Downtown* entfernt. Anfahrt via Brücke/Straße #30 (James Island Expwy) über den Ashley River nach Süden auf Folly Road rechts, Central Park Road links, von ihr bis zum 871 Riverland Drive/Einfahrt in den Park), © 843-795-4386, Zelte ab $25, RVs ab $43. Vom Campground *Shuttle Bus* nach *Downtown* und *Folly Beach*; www.ccprc.com/1434/Campground.
- ***KOA Mt. Pleasant*** am Ostufer des Cooper River, 3157 Highway 17 N, ca. 5 mi östlich der I-526 (*Exit* 30), 12 mi bis *Downtown*, © 1-800-562-5796; Zelte ab $33, RVs ab $62, teuer, aber gut.

- der kleine **Campingplatz** im ***Givhans Ferry State Park***, 30 mi nordwestlich von Charleston (746 Givhans Ferry Rd, Straße #61 vorbei an drei der bekanntesten *Plantations*, ➤ unten) in wunderbarer Lage am Edisto River, ✆ 1-866-345-7275, keine Duschen, aber *Hook-up*; $14; www.southcarolinaparks.com/givhansferry

Filiale von Bubba Gump, Sea Food-Kette mit Open-air Terrasse in Charleston

Leibliches Wohl und mehr

Essen & Trinken

In Charleston gibt es jede Menge ***Eateries***, seien es Stände mit Snacks an Brennpunkten der Touristik oder *Fast Food* (z.B. im *City Market* in der östlichen Altstadt) und »richtige« Restaurants aller Kategorien. Empfehlenswert sind z.B.

- ***Charleston Crab House***, 41 S Market St, ✆ 843-853-2900, und 145 Wappoo Creek Drive auf James Island am Wasser, Anfahrt via #17/#171/#700, ✆ 843-795-1963, Krabben u. Muschelfleisch in jeder Zubereitung; www.charlestoncrabhouse.com
- ***Hyman's Seafood Company***, 215 Meeting Street, preiswerte frische Fischgerichte, sehr populär, oft Wartezeiten, keine Reservierung möglich; www.hymanseafood.com
- ***Bubba Gump Shrimp Company***, 99 S Market Street, darf auch in Charleston nicht fehlen. Filiale der bekannten Südstaatenkette für Krabben, Hummer, *Ribs* und mehr; ein besserer *Fast Food Place*, dafür erschwinglich, www.bubbagump.com
- ***Sticky Fingers***, 235 Meeting Street, *Ribs* und *Barbecue* bei Appetit auf Gegrilltes, mittlere Preise,www.stickyfingers.com
- ***Poogan's Porch***, 72 Queen Street, ✆ 843-577-2337, mit exquisiter regionaler Küche, stilecht in einem großen zweistöckigen viktorianischen Haus von 1888 mit Terrasse und Veranda; www.poogansporch.com
- ***Southend Brewery & Smokehouse***, 161 E Bay Street (im *Wagener Building* von 1880), frisch gebrautes Bier, Pizza und amerik. Küche, ✆ 843-853-4677, www.southendbrewery.com

8

Veranstaltungen

Ein großes Ereignis ist Ende Mai/Anfang Juni (2016: 27.05-12.06.) das ***Spoleto Festival*** (✆ 843-579-3100, www.spoletousa.org). Das mittelalterliche Landstädtchen Spoleto in Italien und Charleston veranstalten in gegenseitigem Austausch (in Italien »*Festival of Two Worlds*«) ein jeweils 17-tägiges Kulturfest mit Konzerten, Lesungen und Aufführungen in der Altstadt.

Weitere Veranstaltungen sind u.a. das ***Festival of Houses & Gardens*** (Mitte März bis Mitte April; www.historiccharleston.org) und die ***Fall Tours of Homes & Gardens*** (im Oktober). Bei letzterem öffnen private Villenbesitzer ihre Pforten; www.thefalltours.org.

Shopping

Shopping wird natürlich auch in Charleston großgeschrieben. Speziell auf den Laufstrecken des Tourismus (King und Meeting Street) gibt es jede Menge Läden. Der *Shopping District* an sich in der Altstadt ist indessen der ***Charleston City Market*** mit Ständen und Läden für alles (Market östlich der Meeting Street).

Das größte *Shopping Center* der Stadt ist die ***Northwoods Mall*** in North Charleston an der I-26, *Exit* 209, 2150 Northwoods Blvd, mit 130 Läden; www.shopnorthwoodsmall.com.

Stadtbesichtigung

Rundgang

Ein guter **Ausgangspunkt** für einen Stadtrundgang (2-3 Std, Besichtigungen nicht eingerechnet) ist das ***Visitor Center*** an der Meeting Street. Die Reihenfolge der beschriebenen Sehenswürdigkeiten entspricht einer sinnvollen Anordnung im Rahmen eines »konventionellen« Rundgangs. Der Kilometer zwischen dem *Visitor Center* und zentraler Altstadt mit der größten Dichte an Sehenswürdigkeiten kann gut mit dem *Dash-Shuttle* überbrückt werden, ➢ Seite 439. Das ist ggf. preiswerter als die hohen Parkgebühren weiter südlich zu bezahlen.

Charleston Museum

Unverfehlbar gegenüber dem *Visitor Center* steht das ***Charleston Museum*** (360 Meeting Street, Mo-Sa 9-17 Uhr, So ab 12 Uhr, Eintritt $10, bis 12 Jahre $5, Kombitickets mit *Manigault* und *Heyward-Washington House* kosten $16 bzw. $22); www.charlestonmuseum.org, ✆ 843-722-2996). In diesem – so heißt es dort – ältesten Museum der USA (1773) geht es um Geschichte, Kultur und Natur von Charleston und Umgebung.

Manigault House

Organisatorisch verbunden mit dem Museum ist das dreistöckige ***Joseph Manigault House*** von 1803 (350 Meeting St, Mo-Sa 10-17, So ab 12 Uhr, $12, bis 12 Jahre $5). Auffällig sind an dem Haus die ganz ums Haus führenden Terrassen in den Obergeschossen.

Aiken-Rhett House

Ein kurzer Abstecher nach Osten in die Elizabeth Street führt zum ***Aiken-Rhett House*** (#48, Mo-Sa 10-17, So ab 14 Uhr, Eintritt $12, Kombiticket mit *Nathaniel Russell House* möglich ($18), ✆ 843/723-1159), einem Antebellumhaus von 1820 mit zeitgenössischer Möblierung. Es diente im Bürgerkrieg als Hauptquartier der um Charleston stationierten Truppen und später dem Gouverneur *William Aiken* als Wohnsitz.

Nur in diesem Haus sind noch **Sklavenquartiere** zu sehen, sonst selten ein Thema in Charleston, obwohl die Stadt eine **Sklavenhochburg** war, www.historiccharleston.org/experience/arh.

City Market Bereich

Am Rande der Altstadt, die Meeting Street hinunter nach Süden, stößt man auf den ***Charleston City Market*** (doppelte Straßenführung mit breitem Trennstreifen, auf dem die Markthallen stehen). Hinter der tempelartigen ***Market Hall*** an dessen Westende; www.thecharlestoncitymarket.com befindet sich das ***Confederate Museum***, das die Thematik »Charleston und der Bürgerkrieg« beleuchtet (188 Meeting Street), Eintritt $5, Di-Sa 11-15.30 Uhr; www.confederatemuseumcharlestonsc.com.

Powder Magazin

Vom *City Market* folgt man am besten der Meeting Street in den zentralen Bereich der Altstadt. Ein Abstecher könnte dem ***Old Powder Magazin*** von 1713 gelten, 79 Cumberland Street, Mo-Sa 10-16 Uhr, So ab 13 Uhr, $5. Wie der Name andeutet, wurde es einst als Munitionsdepot genutzt. Ein kleines Museum wartet darin heute auf Besucher; www.powdermag.org.

Kunstmuseum

An der Meeting Street befindet sich zwischen Cumberland und Queen Streets das gerade renovierte ***Gibbes Museum of Art*** (135 Meeting St, Di-Sa 10-17 Uhr, So ab 13 Uhr, ✆ 843-722-2706, Eintritt $9, bis 18 Jahre $5). Im Mittelpunkt der Ausstellung stehen Werke regionaler Künstler von der Kolonialzeit bis zur Gegenwart. Ungewöhnlich sind miniaturisiert nachgebaute Zimmer und zahlreiche Porträts im Kleinformat; www.gibbesmuseum.org.

Die Market Hall über dem City Market in der Meeting Street, ➤ *Seite 445*

Unübersehbar ist die ***Circular Congregational Church*** mit einem kleinen Friedhof schräg gegenüber dem Kunstmuseum, 150 Meeting Street; www.circularchurch.org.

Hibernian Hall

Auffällig ist gegenüber der Einmündung der Chalmers Street die ***Hibernian Hall*** mit ihrer imposanten Säulenhalle, 105 Meeting St.

Fireproof Building

Das ***Fireproof Building*** (100 Meeting/Ecke Chalmers), ist Sitz der *South Carolina Historical Society*. Der Bau diente als Archiv für wichtige Dokumente und Akten. Der umgebende Park wurde als Schutz für den Fall einer Stadtbrandes konzipiert.

Four Corners of Law

Rund um die Kreuzung Meeting/Broad Street, einst Mittelpunkt der Altstadt, stehen vier Gebäude, die zur Bezeichnung des Bereichs als ***Four Corners of Law*** führten. Sie verkörperten in ihrer Funktion Stadtrecht, Staatsrecht und Bundesrecht sowie die Religion als vierte Instanz. Ins Auge fällt dort sofort die ***St. Michael's Episcopal Church***, deren uralte Turmuhr dank moderner Wartung auch über 250 Jahren noch korrekt tickt; sie wurde 1761 eingeweiht und ist älteste Kirche Charlestons. Diagonal gegenüber befindet sich das ***Charleston County Probate Court*** (Nachlassgericht), in einer Ecke des Washington Square die ***City Hall***. Um Bundesrecht geht's im zurückliegenden ***US District Court*** an der Broad Street.

Nathanial Russell House

Eineinhalb Blocks weiter passiert man das hinter Bäumen gut versteckte ***Nathaniel Russell House*** (51 Meeting Street, Mo-Sa 10-17 Uhr, So ab 14 Uhr, © 843-724-8481, Eintritt $12), einen auch sonst unauffälligen Bau, dessen Qualitäten sich nur im Inneren erschließen. Prachtstück ist die freitragende Mahagonitreppe.

Villenviertel

Ein Bummel durch die Tradd Street und Nebenstraßen bis zum westlichen Ende und zurück via Battery und/oder Murray Blvd in der südlichen Ecke der Halbinsel führt vorbei an vielen bestens instand gehaltenen Wohnhäusern aus der Zeit vor dem Bürgerkrieg, aber auch an neueren **Villen im Südstaatenstil**, besonders entlang der Uferlinie, der besten Wohnadresse der Stadt.

Calhoun Mansion

Das ***Calhoun Mansion*** in der 14-16 Meeting Street wurde 1876 als einer der ersten Prachtbauten nach dem Ende des Bürgerkrieges errichtet und später aufwändig restauriert. Der sehenswerte Komplex hat eine Wohnfläche von über 2000 m^2. U.a. befindet sich ein 15 m hohen Ballsaal mit Glasdach im Haus. Besichtigung täglich 11-17 Uhr; Eintritt $16, www.calhounmansion.net.

The Battery

An der Südspitze Charlestons liegt der schlichte, aber schattige Park ***White Point Gardens***. Diese Ecke am Zusammenfluss von Ashley und Cooper River nennt sich ***The Battery***, ein beliebter Treffpunkt am Nachmittag und frühen Abend. Rund um die *Battery* läuft eine Promenade am Wasser entlang. Bemerkenswerte Villen stehen auch dort dicht an dicht.

Als weiteres *Highlight* gilt in diesem Bereich das ***Edmondston-Alston House*** (21 East Battery, Di-Sa 10-16.30 Uhr, So+Mo ab 13.30 Uhr, Eintritt $12/$8; www.edmondstonalston.com), aber auch die Nachbarvillen bis zum Park sind Schmuckstücke. Dem Haus angeschlossen ist ein teures ***B & B***.

Heyward-Washington House

Über die Atlantic oder Water Street gelangt man in die Church Street. In diesem Bereich fallen die dörflichen Anfänge Charlestons noch ins Auge. Das ***Heyward Washington House*** in der 87 Church Street wurde schon 1772 errichtet und sah einst *George Washington* als Gast. Besichtigung Mo-Sa 10-17 Uhr, So ab 12 Uhr, $10, bis 12 Jahre $5; ✆ 843-722-0354.

Wieder weiter oben auf der Church Street passiert man an der Ecke Queen Street die ***French Protestant Church***, eine der relativ seltenen Hugenotten-Kirchen in den USA. Exakt gegenüber steht das heutige ***Dock Street Theatre***, 135 Church Street. 1736 nahm an dieser Stelle das erste Theater Nordamerikas seinen Spielbetrieb auf; www.charlestonstage.com.

Waterfront Park

Wendet man sich auf der Queen Street nach Osten, sind es von der Ecke Church Street rund 500 m bis zum ***Waterfront Park***, wo man sich unter schattigen Bäumen oder auf der *Fishing Pier* (mit *Fast Food*) auf Schaukelbänken bei einer frischen Brise von Pflastertreterei und Besichtigungsstress erholen kann.

Villenstrecke in der East Battery Street am Südende der Charleston Halbinsel

Old Exchange

Wem nach einer Pause der Sinn nach Fortsetzung der Besichtigungstour steht, geht vom *Waterfront Park* die paar Schritte hinüber zur East Bay Street/Ecke Broad Street. Dort steht ***The Old Exchange & Provost Dungeon*** (122 East Bay, täglich 9-17 Uhr, www.oldexchange.com, Eintritt $10, bis 12 Jahre $5), wo u.a. 1788 die Ratifizierung der US-Verfassung erfolgte. *The Old Exchange* gilt daher als eines der historisch wichtigsten Gebäude der USA. Das Verließ (*Dungeon*) unter dem Gebäude war einst Kerker der britischen Kolonialmacht für revolutionär umtriebige Bürger.

Rainbow Row

An der East Bay Street (#83-#107) befindet sich auch die ***Rainbow Row***: 14 bis aufs Jahr 1720 zurückgehende Häuser – die größte zusammenhängende Ansammlung erhaltene Bauten aus dieser Zeit in den USA – markieren mit heute pastellfarbig bunten Fassaden den Verlauf der ***Waterfront*** im 18. Jahrhundert.

Am Liberty Square

Der enorme Kubus am Ufer des Cooper River Höhe Calhoun Street ist das ***South Carolina Aquarium***. Rund um den grünen Liberty Square an der Concord Street gibt es dort auch noch ein ***4D-Kino***, den Anleger des *National Park Service* für die **Boote zum *Fort Sumter*** samt **Museum** und eine Bootsmarina.

100 m entfernt vom Liberty Square steht an der Calhoun Street ein riesiges **Parkhaus** mit moderaten Tarifen; man kann auch in den Straßen parken, aber nur an zeitlimitierten Parkuhren.

Aquarium

Das ***South Carolina Aquarium***, 100 Aquarium Wharf, ist nicht nur architektonisch und wegen seiner Lage direkt am Ufer beeindruckend, sondern auch sein Innenleben stellt viele ältere Aquarien in den Schatten. Kernstück ist ein 1.400 m^3-Tank voller ozeanischer Meerestiere. Die Präsentation beschränkt sich nicht auf Wasserlebewesen, vielmehr wird die Fauna in nachgebildeten Lebensräumen (mit Flora) zwischen Blue Ridge Mountains und der Küste gezeigt unter Betonung der Sümpfe und Salzmarschen

Alte Kanone auf neuer Lafette im rekonstruierten Fort Sumter

der Region. März-August täglich 9-17 Uhr, sonst bis 16 Uhr. Eintritt $25, bis 11 Jahre $18; www.scaquarium.org.

Im **4D-Kino** nebenan zeigt man die dabei üblichen Filme in Großprojektion; Tickets nur als Kombi mit Aquarium $30/$23.

Fort Sumter National Monument: Überfahrt

Der ***National Park Service*** hat beim Liberty Square ein ***Visitor Education Center***, 340 Concord Street, samt Anleger für die **Boote zum *Fort Sumter*** an den Cooper River gesetzt, faktisch ein eintrittsfreies attraktives Museum, das die Bürgerkriegsgeschehnisse um das Fort anschaulich macht. Eine Stunde Wartezeit lässt sich dort sehr gut überbrücken; danach geht man bestens informiert an Bord Richtung Fort Sumter; www.nps.gov/fosu.

Abfahrtszeiten März-November: 9.30, 12.00, 14.30 Uhr.
Tickets $19, Kinder bis 11 Jahre $12, **Tourdauer** ca. 135 min
Info: ✆ 1-800-789-3678; www.fortsumtertours.com.

Fort Sumter: Lage und Geschichte

Fort Sumter liegt in beherrschender Position auf einer Insel mitten im *Charleston Harbor*, der gemeinsamen Mündung von Ashley und Cooper River in den Atlantik ca. 4 mi entfernt von Charlestons Südspitze. Das Fort sah am 12. April 1861 die ersten Kampfhandlungen zwischen Nord und Süd, nachdem die Besatzung der Festung sich geweigert hatte, den neu ausgerufenen Konföderierten Staaten von Amerika das Fort zu übergeben. Ein 34-stündiger Beschuss durch benachbarte Festlandsforts (u.a. ***Fort Moultrie***, ➤ unten »Mount Pleasant«) führte zur Kapitulation der Unionsbesatzung. In den Folgejahren versuchte die Union mehrfach, auch von See her (➤ U-Boot *Hunley* nächste Seite), das Fort zurückzuerobern, um Charlestons Hafen abzusperren. Alle Anlagen des Fort wurden dabei komplett zerstört, aber die Südstaatler räumten es dennoch erst kurz vor Kriegsende im Februar 1865.

Das Fortgelände, heute ein ***National Monument***, wird dominiert von einem bunkerartigen Komplex, der später während des spanisch-amerikanischen Kriegs entstand. ***Park Ranger*** veranstalten innerhalb der nur teilweise restaurierten Mauern Führungen. Man kann das *Fort Sumter* aber auch ohne Rangerbegleitung per *self-guided tour* besichtigen. Wirklich empfehlenswert ist dieser Ausflug nur bei großem Interesse und Lust auf die Bootsfahrt. Die komplette Historie um *Fort Sumter* erfährt man auch im *Education Center*. Außerdem ist das leicht erreichbare *Fort Moultrie* (➤ Seite 453) auf Sullivan's Island die sehenswertere Festung.

U-Boot »Hunley«

Entwicklung und Einsatz des ersten erfolgreichen Unterseeboots der Welt ist eng mit dem *Fort Sumter* verknüpft, die Story von Bau, Antrieb, Erfolg (ein das Fort belagerndes Kriegsschiff der Union wurde versenkt) und gleich darauf Untergang ist ebenso abenteuerlich wie die Bergung des Bootes 136 Jahre später (➤ Film dazu). Die ***H.L. Hunley*** ist ausgestellt im ***Warren Lasch Conservation Center*** der US-Marine; I-26, *Exit* 216 B, von dort via Cosgrove Ave North und Spruill Ave North auf die MacMillan Ave. Bei Einfahrt auf das US-Navy Gelände muss man den Besuchszweck mitteilen (»... *Conservation Center*, 1250 Supply Street«). Besichtigung nur Sa 10-17 Uhr, So ab 12 Uhr; © 1-877-448-6539; www.hunley.org. Eintritt $16/$8. Tickets telefonisch oder im Internet unter www.etix.com; vor Ort *first-come-first-served*.

Charles Towne Landing

Etwa 7 mi nordwestlich von *Downtown* Charleston befindet sich am Ort der ersten englischen Siedlung am Ashley River (➤ unter »Geschichte«) der ***Charles Towne Landing State Historic Site***.

Anfahrt aus der Stadt über die westliche Brücke der #17, dann Straße #61 (St. Andrews Blvd), dann #171 (1500 Old Towne Road). Wer von Norden kommt, verlässt die I-26 beim *Exit* 216 und folgt der Straße #7 (Rittenberg Blvd) über den Ashley River, dann #171. Tägl. 9-17 Uhr, $10, Kinder $6; www.southcarolinaparks.com/ctl.

Nachbau der »Adventure«, mit der die ersten Siedler 1670 in den Ashley River einfuhren, im Charles Towne Landing Park

Der Park am verschilften Ufer des Olde Town Creek, einem Zufluss des Ashley River steht voller alter mossbehangener Eichen. Zwar sind große Teile des Geländes eher für edukative Zwecke angelegt – so das rekonstruierte Minidorf *Settlers Life Area* und das *Visitor Center* – und damit ein typisches Schulausflugsziel. Aber der Park als solcher, der Spaziergang hinüber zum erstaunlich kleinen Nachbau der ***Adventure***, dem Schiff der Ankömmlinge, und vor allem die Eichenallee vorm ***Legare Waring House*** lohnen den Besuch. Dieses *Plantation Mansion* gehört nicht ganz zur Oberklasse, ist aber durchaus ansehnlich. Die Innenräume sind nicht zugänglich, aber die Allee mit Blick auf die Villa wirkt ähnlich attraktiv wie die der *Oak Alley Plantation* bei New Orleans, ➤ Seite 336f; www.legarewaringhouse.com.

Plantations bei Charleston

Plantations an der Ashley River Road

Fährt man die Straße #61 nach Norden (Anfahrt ab Charleston zunächst wie zum *Charles Towne Landing Park*, von der I-26 am besten über die Stadtumgehung I-526 nach Westen), passiert man in wenigen Meilen Abstand drei stark besuchte und auch täglich von vielen Tourbussen angefahrene ***Plantations***. So unterschiedlich sie im Detail auch sind, gemeinsam ist ihnen allen die leider happige Eintrittspreisgestaltung, die zum Teil über den Kauf des ***Heritage Pass*** (➤ Seite 439) gemildert werden kann, hier sind im Pass enthalten *Drayton Hall* und *Middleton Place*.

Drayton Hall

Drayton Hall, 3380 Ashley River Road, ist die erste der drei *Plantations* und ca. 10 mi von *Downtown* Charleston entfernt. Puristen gilt sie als prächtiges Beispiel der frühen Kolonialarchitektur, zumal das Haus seit seiner Errichtung 1738 fast unverändert blieb.

Mo-Sa 9-17 Uhr, So 11-17 Uhr, stündliche Touren; Eintritt $22, bis 11 Jahre $6; ✆ 843-769-2600, www.draytonhall.org (wer nur die *Gardens* besucht und auf die geführte Hausbesichtigung innen verzichtet – *Drayton Hall* ist nicht möbliert – zahlt nur $12).

Magnolia Plantation

Nur ein paar Meilen weiter nördlich liegen die ***Magnolia Plantation and Gardens***, 3550 Ashley River Road, die insgesamt eindrucksvollste, aber auch teuerste Plantage in Charlestons Umkreis mit großem Park voller Azaleen- und Kamelienarten.

Magnolia ist von März bis Oktober täglich 8-17.30 Uhr, sonst von 8.30-16.30 Uhr geöffnet; www.magnoliaplantation.com.

Der **Eintritt** aufs Gelände kostet $15, bis 12 Jahre $10, die geführte **Tour durchs *Plantation House*** (ca. 1680, rekonstruiert) $8/$5 extra für 30 min.

Eine ***Tram Tour*** (45 min) über die Plantage kostet ebenso wie ein **Bootstrip** oder ein Besuch des ***Swamp Garden*** mit der für die Sümpfe des Südens typischen Flora und Fauna oder ein Rundgang zu den ***Cabins* der Sklaven** jeweils $8 extra. Wer dort das gesamte Besichtigungsangebot voll wahrnimmt, kommt auf die beachtliche Summe von $55 pro erwachsener Person.

Middleton Place

Noch weitere 4 mi sind es von der Einfahrt zu *Magnolia* bis zum ***Middleton Place***, 4300 Ashley River Rd. Der Park – mit Kamelien, Magnolien, Teichen und uraltem Eichenbestand – wurde 1741 nach französischem Muster streng symmetrisch angelegt. Ihm fehlt jedoch ein Herrenhaus. Seit es im Bürgerkrieg zerstört wurde, dient der ehemalige Gästeflügel von 1755 als Haupthaus (45 min Touren; Möbel, Utensilien und Dokumenten aus der Vor- und Nach-Bürgerkriegszeit). In den sog. ***Stableyards*** werden handwerkliche Fertigkeiten aus dem 19. Jahrhundert vorgeführt. Sehr schön sitzt man im parkeigenen Restaurant; fürs Dinner (18-21 Uhr; nicht eintrittspflichtig) unbedingt reservieren: © 1-800-782-3608.

Täglich 9-17 Uhr, Haustouren Di-So 10-16.30 Uhr, Mo ab 12 Uhr, Eintritt für *Gardens* & *Stableyard* $28, Haustour $15. Gäste im ***Middleton Place Inn*** frei, ➤ Seite 441; www.middletonplace.org.

Boone Hall

Nördlich von Mount Pleasant liegt die ***Boone Hall Plantation***, 1235 Long Point Road (von Straße #17 auf Long Point Road, Zufahrt auch über I-526, *Exit* 28). *Boone Hall* ist sehenswert und eine erwägenswerte Alternative zu den oben beschriebenen Anlagen am Ashley River – auch mit schöner Eichenallee.

Geöffnet Sept-Feb Mo-Sa 9-17 Uhr, So 12-17 Uhr, März bis *Labor Day* Mo-Sa 8.30-18.30 Uhr, So 12-17 Uhr; Touren dauern ca. 30 min; Eintritt $20, bis 12 Jahre $10; www.boonehallplantation.com.

Cypress Gardens

Neben Plantagen mit historischen Herrenhäusern gibt es auch reine Gartenanlagen, wie die ***Cypress Gardens***. Dieser Park, gut 25 mi nördlich von Charleston (I-26, *Exit* 209A auf Straße #52, 3030 Cypress Gardens Road), entstand Anfang der 1930er-Jahre auf den Feldern einer ehemaligen Reisplantage beim Cooper River. Seinen Namen hat er von großen Zypressen, die pittoresk mitten aus dem Wasser eines sumpfigen Sees wachsen, auf dem man auch per Boot herumpaddeln (inklusive, geführte Bootstour $5) und die Alligatoren stören darf.

Täglich 9-17 Uhr, mit $10 Eintritt, bis 12 Jahre $5, tariflich etwas moderater; © 843-553-0515, www.cypressgardens.info.

Mount Pleasant und Sullivan's Island

Naval & Maritime Museum

Am sog. ***Patriots Point*** südlich der *Cooper River Bridge* (Straße #17N, dann Coleman Blvd/#703, 40 Patriots Point Road, täglich 9-18.30 Uhr, www.state.sc.us/patpt, $20, bis 11 Jahre $12), liegt das ***Naval & Maritime Museum*** am Ufer bzw. vor Anker.

In erster Linie geht es dort um den **Weltkrieg-II-Flugzeugträger *USS Yorktown*** mit 30 Kampfflugzeugen (www.ussyorktown.com). Außerdem sind noch ein Zerstörer, ein U-Boot, ein Flusspatrouillenboot samt Basis aus dem Vietnamkrieg und ein Schiff der Küstenwache zu besichtigen. Wer sich für maritime Kriegsführung interessiert, bekommt hier eine Menge geboten.

2x bis 3x täglich fahren ab *Patriots Point* ebenfalls **Boote zum *Fort Sumter***, ➤ oben, Seite 449.

Die gut erhaltenen Wallanlagen des Fort Moultrie mit Weitblick hinüber nach Charleston

Sullivan's Island

Die Straße #703 in Richtung *Patriot's Point* läuft weiter über flache Marschen, Sümpfe und den *Intracoastal Waterway* zu den vorgelagerten Inseln **Sullivan's Island** und **Isle of Palms**. Auf beiden erstrecken sich seeseitig ununterbrochene Strände und dichte private Küstenbebauung. Eine Ferien- oder Ausflüglerinfrastruktur existiert auf den Inseln nicht. Trotz öffentlicher Strandzugänge ist es dort selbst an Wochenenden relativ ruhig. Die Bürger Charlestons zieht es eher nach ***Folly Island***, ➢ nächstes Kapitel.

Fort Moultrie

Historische Bedeutung erlangte Sullivan's Island zunächst durch das bereits 1776 (gegen die Engländer) errichtete ***Fort Moultrie***, das dank seiner Lage nah an der Hauptfahrrinne die Einfahrt in den *Charleston Harbor* leicht sperren konnte. Da auf der gegenüberliegenden Seite das (heute nicht mehr existierende) *Fort Johnson* weit weg von der Fahrrinne stand, baute man auf einer künstlichen Insel südlich des Tiefwasssers das gewaltige *Fort Sumter*, das gerade zu Beginn des Bürgerkriegs vor der Fertigstellung stand und bereits eine erste Besatzung hatte. *Fort Moultrie* nahm 1861 an der Beschießung von *Fort Sumter* und dessen Fall aktiv teil (➢ Seite 437). Nach dem Bürgerkrieg war es in keine Kampfhandlungen mehr verwickelt, blieb aber weiter aktiv und wurde bis zum 2. Weltkrieg waffentechnisch angepasst, 1214 Middle St; www.nps.gov/fomo.

Die Anlage am Westende der Insel ist bestens erhalten. Das ***Visitor Center*** des ***National Monument*** erläutert die Historie mit Film und Ausstellung von Objekten und Dokumenten.

Täglich 9-17 Uhr, Eintritt $3 oder *National Parks Pass*.

Flugzeugträger USS Yorktown und Zerstörer 724 am Patriot's Point

Von Charleston nach Savannah

Zur Route

Zur Route

Von Charleston nach Savannah sind es auf der Straße #17, dann I-95, nur 110 mi. Die #17 verläuft alternativlos relativ weit landeinwärts, da Buchten und Meeresarme tief ins Land hineinreichen. Stichstraßen führen ans Meer und zu vorgelagerten Inseln. An- und Rückfahrten dorthin sind zeitaufwendig. Lohnenswert auf dieser Strecke ist vor allem der Abstecher nach **Beaufort**, einer Art Charleston en miniature.

Folly Beach

Der Charleston nächstliegende Strand befindet sich auf **Folly Island** (20 mi südwestlich, Straßen #30/#171). Entlang des 10 km langen Strandes sorgte der Immobilienboom bis 2008 für astronomische Preise; in der Krise brachen die Werte dann böse ein. Mittlerweile erholten sie sich wieder; www.cityoffollybeach.com.

Camping

Ursprünglicher und naturnäher ist ***Edisto Island*** mit dem ***Edisto Beach State Park*** (Straße #174). Salzmarschen, Strand und Palmen, ein fast subtropisches Paradies. Delfinbeobachtung gehört dort wie an der gesamten Südküste South Carolinas zu den populären Aktivitäten. Der Park verfügt über zwei **Campingareale** direkt hinter dem Strand und unter mossbehangenen Eichbäumen; $21-$55, www.southcarolinaparks.com/edistobeach/camping.aspx.

Beaufort (sprich: »Bjufort«)

Lage

Die zweitälteste Stadt South Carolinas, Beaufort, liegt 75 mi südlich von Charleston und 45 mi nördlich von Savannah. Von der Hauptroute #17 führt die #21 dorthin (ca. 20 mi ab Gardens Corner) und – über tolle Hochbrücken – weiter bis Hunting Island. Die Altstadt, der *Historic District* voller nostalgischer Villen und mit einer südlichen *Waterfront* samt Geschäftsbereich, besetzt komplett eine vom meeresarmartigen Beaufort River und dem Port Royal Sound umspülte Halbinsel.

Start zur Kayak-Tour durch Marschen und Flussarme rund um Beaufort unmittelbar hinter dem Villenviertel der Stadt in Fußgängerentfernung zum zentralen Bereich

Geschichte/ Gründung

Bereits 1562 landeten französische Hugenotten auf einer von der Halbinsel nach Süden ragenden Landzunge und nannten sie **Port Royal**, gaben aber diese erste weiße Siedlung in der Region nach nur zwei Jahren wieder auf. Mit der Etablierung der britischen **Kolonie *Carolina*** strömten später immer mehr Einwanderer in die *Lowlands* entlang der Küste und es kam im Jahr **1711** zu dieser nach Charleston zweiten **Stadtgründung** der Kolonie.

Entwicklung

In der Folge entwickelte sich Beaufort dank Baumwollplantagen und billiger Sklavenarbeit prächtig. Zur Zeit der Unabhängigkeit der USA hatte Beaufort bereits 4000 Einwohner. Zahlreiche grandiose Villen aus der Zeit vor dem Bürgerkrieg spiegeln vor allem an Beauforts Uferlinien den erstaunlichen Reichtum der wenigen Glücklichen jener Zeit.

Bürgerkrieg

Im Bürgerkrieg wurden die vorgelagerten Inseln dieses Gebietes einschließlich Beaufort schon wenige Monate nach Kriegsbeginn von See her fast kampflos von Truppen der Union besetzt, was Beaufort das Schicksal ersparte, zerstört zu werden.

20. Jahrhundert

Nach Dekaden des Niedergangs entdeckten Anfang des 20. Jahrhunderts reiche Finanzmagnaten den Küstenstrich bis hinunter nach Brunswick als ideales Jagd- und Freizeitrevier und kauften sich auf den Inseln ein. Parris Island unterhalb Port Royal wurde zum Trainingscamp fürs *Marine Corps* der US-Streitkräfte.

Beaufort heute

Erst nach dem 2. Weltkrieg begann in der Region der Tourismus, der heute eine große wirtschaftliche Rolle spielt und wieder Wohlstand brachte. Beaufort hat heute 13.000 Einwohner plus 12.000 in Port Royal, wirkt aber wegen der Ausdehnung weit über die Halbinsel der Altstadt hinaus erheblich größer.

Information

Greater Beaufort Chamber of Commerce & Visitors Center, 713 Craven Street in der Südostecke der Altstadt, © 1-800-638-3525, www.beaufortsc.org.

Unterkunft

Vor der Einfahrt in die *Historic Old Town* auf der #21passiert man auf einer langen Meile zahlreiche Häuser der bekannten H/Motel-

8

Ketten und die üblichen *Fast Food Places* ebenso wie eine Reihe von besseren Restaurants. Weitere Häuser stehen an der Straße #802 Richtung Port Royal/Parris Island. Ein ordentliches Preis-Leistungsverhältnis bei schöner Lage bietet das

- ***Quality Inn at Town Center,*** 2001 Boundary Street (#21 schräg gegenüber der Abzweigung der Straße #281), ab $60; © 843-524-2144, www.choicehotels.com/hotel/sc395

Auch nicht schlecht ist etwas weiter vor den Toren der Stadt

- ***Howard Johnson Express***, 3651 Trask Pkwy (Straße #21), viele Zimmer zum Fluss hin, ab $78; © 843-524-6020, www.hojo.com

Unweit der Restaurantzeile an der Waterfront liegt ruhig das

- ***Best Western Plus Sea Island Inn***, 1015 Bay St, © 843-522-2090, tolle Lage an der Uferallee, von dort nur 100 m bis zu den Restaurants am Wasser, ab $120; www.sea-island-inn.com.

In Beaufort gibt es diverse sehr schöne **historische *B&Bs***, z.B.

- ***The Cuthbert House Inn***, 1203 Bay Street, eindrucksvolle Villa, ab $159; © 1-800-327-9275, www.cuthberthouseinn.com
- ***Two Suns Inn***, 1705 Bay Street mit Blick über die Bucht, ein paar Blocks westlich des *Cuthbert House Inn*, ab $159; © 1-800-532-4244; www.twosunsinn.com.

Restaurants

Wer an der Zufahrt (Straße #21) nicht das Richtige findet, wird an der Bay Street auf der Waterfront-Seite sicher fündig. Alle Restaurants haben dort eine Außenterrasse:

- ***Panini's on the Waterfront***, 926 Bay Street, Italiener, drinnen ganz gemütlich, www.paninisonthewaterfront.com
- ***Saltus River Grill***, 802 Bay Stree ganz nah am Wasser, *Seafood*, www.saltusrivergrill.com
- ***Luthers Rare & Well Done***, 910 Bay Street, *Steaks & Live Music*

Cuthbert House B&B Inn an der Bay Street mit freiem Blick übers Wasser

Sonntagsbetrieb am Strand von Hunting Island

Camping Hunting Island

Gut 15 mi südöstlich von Beaufort belegt der ***Hunting Island State Park*** am Ende der Straße #21 die komplette gleichnamige Insel, die ähnlich wie Edisto Island strukturiert ist: Kilometerlange unbebaute Strände, Dünen, Salzmarschen, Mangrovensümpfe. Am Nordende befindet sich gleich hinter dem Strand der ***Campground*** mit vielen Stellplätzen unter Palmen. Südlich des Leuchtturms vermietet der *State Park* so bezeichnete ***Cabins***, in Wahrheit ausgewachsene **Strandvillen**. Camping $17-$38; *Cabins* $210 bis zu 6 Personen, Miete z.T. nur wochenweise. © 843-838-2011, www.southcarolinaparks.com/huntingisland.

Strandzugang

Zum diesem meist besuchten *State Park* des Staates South Carolina gehört auch ein **Leuchtturm** (Eintritt $2); dort gibt's einen öffentlichen Strandzugang und Picknicktische plus einen kleinen Kiosk. Schöner und ruhiger ist die ***Beach*** beim Parkplatz am Beginn der Straße auf die Landzunge (bei den *Cabins* Halteverbot!). **Strand und Baden direkt in/bei Beaufort gibt es nicht**.

Ortsbesichtigung Beaufort

Zu einem **Rundgang** durch Beaufort braucht man keine Anleitung. Die besten Häuser stehen auf »verwunschenen« Grundstücken im **Viertel östlich der Carteret Street, also zwischen der #21 und Beaufort River**. Das Gebiet ist nicht einmal einen Quadratkilometer groß. In maximal 2 Stunden kann man gemütlich das ganze Viertel ablaufen (Besichtigung der Häuser innen nicht möglich). Wer Details wissen und sich nicht nur mit ein wenig *Sightseeing* zufrieden geben möchte, kann ***Walking Tours*** oder **Kutschfahrten** mit Erläuterungen buchen. In Beaufort sind auch **Fahrräder zu mieten** (*Lowcountry Bicycles*, 102 Sea Island Pkwy, © 843-524-9585; www.lowcountrybicycles.com), was bei schwüler Witterung eine gute Alternative zu Spaziergängen ist.

Ebenfalls sehenswert sind manche Häuser **oberhalb (nördlich) der #21**, vor allem auf den Ufergrundstücken. In den schachbrettartig angelegten Straßen zwischen der südlichen *Waterfront* und der abknickenden #21 sind beachtliche Gebäude eher dünn gesät.

Bay Street

Unbedingt ablaufen oder mit Bike abfahren sollte man dagegen die Bay Street westlich der kommerziellen *Waterfront*. Die Uferlinie setzt sich dort als wunderbar (einseitig) bebaute Allee fort. Einige der Häuser sind ***B&B-Places***, ➤ oben.

8

Gullah Kult

Die Region um Beaufort ist ein Zentrum der ***Gullah Culture*** mit eigener Sprache, Kunst, Küche und bizarrer Religion, die sich in Zeiten des Sklavenhandels entwickelte. *Gullah* überlebte außer bei Beaufort nur noch an wenigen Stellen entlang des ***Gullah Heritage Corridor*** in North Carolina und Florida, mehr dazu unter www.nps.gov/guge. Jedes Jahr im Mai findet in Beaufort das ***Gullah Festival*** statt: www.theoriginalgullahfestival.org.

Eine besonders ungewöhnliche Ausprägung erfährt der *Gullah*-Kult im ***Kingdom of Oyotunji***, einer Art afrikanischem Dorf mit selbsternanntem »König« (bei Sheldon, Straße #17/#21, dann Bryant Lane, täglich 11 Uhr bis Dämmerung, Touren 45 min $10/$5. Weitere Details dazu unter www.oyotunji.org.

Hilton Head Island

Anfahrt

Von Beaufort erreicht man die **Insel Hilton Head** nur auf verschlungenen Wegen via Straßen#170 und #462, dann auf der Zufahrt #278. Bis zum südlichen Zentralbereich der Insel sind es knapp 50 mi und mindestens eine Stunde Fahrt. Etwa ebenso weit ist es von Savannah (schnellste Zufahrt über die I-95, dann Straße #278; alternativ auch direkt aus der City Straße #17, dann #170 direkt oder ggf. #46 über Bluffton bis zur #278, ➤ unten).

Geschichte

Hilton Head Island ist mit 179 km^2 die zweitgrößte Insel vor der US-Atlantikküste (nach Long Island vor New York), wobei 72 km^2 auf Wasserfläche entfallen. Schmale Buchten reichen tief ins Innere; der Broad Creek, eher ein Meeresarm, teilt die Insel fast in zwei Hälften. Während *Marshland* und Sümpfe die Westseite kennzeichnen, zeigt sich die Ostseite bewaldet mit Dünen vor endlosem Strand. Nach dem Bürgerkrieg wurde die Insel zunächst den im Süden befreiten Sklaven, den ***Gullah*** (➤ oben) überlassen. Frühere Plantagen verkamen. Nur Ruinen sind erhalten.

Tourismus

Erst 1956 wurde Hilton Head über eine Brücke mit dem Festland verbunden und durch den Bau erster Ferienanlagen zu einem bis dato kaum bekannten touristischen Ziel. **Heute ist Hilton Head komplett erschlossen** durch eine perfekte Infrastruktur aus zahlreichen Golf- und Tennisplätzen, abgeschotteten teuren Ferienanlagen, Yachtmarinas und allem, was man für die gut 37.000 mehrheitlich finanzkräftigen Residenten und jährlich über 2 Mio. Urlauber so braucht. Trotz der Expansion in solche Größenordnungen kam es nicht zu Bausünden und Auswüchsen des Billigkommerzes wie anderswo. Die Insel ist die Antwort der amerikanischen Ober- und gehobenen Mittelschicht auf Rummelplätze wie Myrtle und Virginia Beach und ähnliche Küstenorte in Florida. Entsprechend höher ist dort das Preisniveau.

Abstecher machen?

Das bekannte Ziel reizt vielleicht zu einem Abstecher. Aber es ist nichts für Kurzfristbesucher. Ohne eine Resortbuchung und/oder vorgeplante Aktivitäten gerade dort bleibt nichts weiter als die Besichtigung des allgemeinen Wohlstands und eine Visite an eher langweiligen Stränden, die anderswo schöner, ursprünglicher und ohne Parkprobleme sind (z.B. Edisto oder Hunting Island, ➤ oben).

Sightseeing

Wer sich Hilton Head dennoch mal ansehen möchte, sollte sich eingangs rechts halten und auf dem *Cross Island Parkway* zunächst Richtung Süden fahren. Am Kreisverkehr ***Sea Pines Circle*** hält man sich wieder rechts und gelangt auf dem Greenwood Drive bis zum ***Greenwood Circle***. Von da geht's zurück auf dem Northern Sea Pines Drive, dem South Forest Beach Drive und über den Coligny Circle auf der Pope Ave zum erstgenannten Kreisverkehr und dann auf der Straße #278 in großem Bogen über die Insel wieder zur Festlandsbrücke. Auf dieser Route erhält man mit Stopps und kleinen Umwegen (ggf. auf der Lighthouse Road bis zur hübschen **Harbour Town** mit einem pittoresken Leuchtturm über der Marina oder zu den Überresten der *Plantations*) schon einen guten Eindruck; www.harbourtownlighthouse.com.

Strandzugang

Beim ***Coligny Circle*** (zwischen North und South Forest Beach Drive) kommt man am einfachsten an den Strand (Parkuhren). Dort ist auch die Infrastruktur aus Shops, Kneipen und *Eateries* dicht und für Tagesbesucher geeignet.

Information

Ein ***Welcome Center*** befindet sich eingangs der Insel an der #278, ✆ 1-800-523-3373, www.hiltonheadisland.org. U.a. hält man dort einen ***Island Vacation Planner*** und einen speziellen ***Golf Vacation Planner*** bereit. Alle Quartiere der Insel findet man unter www.hiltonheadisland.org/lodging/hotels-inns-and-resorts.

Unterkunft

Auf/bei Hilton Head ist ein Zimmer in der Mittelklasse im Sommer unter $150 kaum zu bekommen, außerdem vermieten viele Resorthotels nur wochenweise. Es gibt nur eine Handvoll *Motels/Inns* der unteren Mittelklasse. Vergleichsweise günstig ist das

- ***Redroof Inn***, 5 Regency Pkwy/#278, ✆ 843-686-6808, in noch halbwegs strandnaher Lage, ab $85 im Sommer, sonst ab $75.

Nach Savannah

Von Hilton Head geht's via Bluffton zurück auf die Straße #46, dann #170 und am Ende auf der hier wieder von der I-95 separierten #17 über die eindrucksvolle *Savannah River Bridge* direkt hinein ins Zentrum der Stadt.

Fortsetzung der Reise durch Savannah und weiter nach Florida **➤ Seiten 423ff.**

Sonnenuntergangsszenerie in Harbour Town auf Hilton Head Island

8.2.3 Über Mobile nach New Orleans und/oder Pensacola

Zur Route

Eine ganz interessante Variante einer **Floridareise mit Start in Atlanta** wäre die **Kombination mit einem Besuch in New Orleans**, von wo aus man danach von Westen (Pensacola) in den ***Florida Panhandle*** hineinfährt und dann weiter der Golfküstenroute folgt, ➤ Seiten 338ff. Der schnellste Weg von Atlanta nach New Orleans führt auf der I-85 bis Montgomery, dann weiter auf der I-65 nach Mobile und von dort auf der I-10 zum Ziel. Auf dieser Route erreicht man bereits nach gut 80 mi Alabama. Dort »gewinnt« man vorübergehend eine Stunde, denn man wechselt von der *Eastern* zur *Central Time Zone.*

Grenze Georgia/ Alabama

Der in seinem Verlauf mehrfach aufgestaute Chattahoochee River bildet im südlichen Bereich Alabamas die **Grenze zu Georgia**. Auf der I-85 überquert man den Fluss bei den Ortschaften Lanett und Valley. Von dort sind es noch einmal 80 mi bis nach Montgomery, der Kapitale von Alabama. Wer einen halben Tag Extrazeit mitbringt, könnte über die noch in Georgia von der I-85 abzweigende I-185 einen **Abstecher nach Columbus** einplanen. Das Hauptmotiv für diesen Umweg wäre ein Besuch in den Militärmuseen für ***Naval Civil War*** und ***Infantery***, ➤ Kasten. Ohne Interesse daran lohnt sich der Umweg eher nicht.

Bei Rückkehr auf die I-85 über die Straße #280/#431 ergäben sich ca. 40 mi zusätzlich. Bei Nutzung der Straße #80 parallel zur *Interstate* bis Tuskegee, einer kleinen Universitätsstadt, die einst eine wichtige Rolle in der Bürgerrechtsbewegung spielte, kostet der Abstecher nur ca. 20 Mehrmeilen, spart aber kaum Zeit.

Montgomery

Montgomery, 1819 hervorgegangen aus einem Zusammenschluss zweier Siedlungen am Alabama River, wurde bereits 1846 **Hauptstadt Alabamas**. Dort proklamierten die konföderierten Staaten im Februar 1861 den ehemaligen US-Senator, Staatssekretär und Offizier ***Jefferson Davis*** zu ihrem Präsidenten. Nach dem Bürgerkrieg wurde Montgomery wegen der ersten elekrischen Straßenbahn der USA bekannt. Die Stadt zählt heute 202.000 Einwohner.

Alabama State Capitol

Exkurs: Abstecher nach Columbus/Georgia

Kennzeichnung
Columbus entwickelte sich vom kleinen Handelsposten am Ostufer des Chattahoochee River in weniger als 200 Jahren zur zweitgrößten Stadt Georgias mit über 200.000 Einwohnern. Heute dominiert die riesige **Militärbasis *Fort Benning*** (im Stadtsüden) Columbus und ist Hauptarbeitgeber der Region. Die I-185 endet bzw. beginnt (konsequenterweise) im Gelände von *Fort Benning*.

Information
Columbus Conventions & Visitors Bureau, 900 Front Avenue, © 1-800-999-1613, www.visitcolumbusga.com.

Altstadt/ Riverfront
Im Zentrum von Columbus (**I-185**, *Exit* 6, Macon/Wynnton Rd) konzentriert sich das Interesse auf die pittoreske **Altstadt** entlang des grünen Broadway (mit ansehnlichen alten Klinkerbauten und südlich der 8th Street vielen schönen Villen) und die ***Riverfront*** am Chattahoochee River. Ein ***Walk*- & Bikeway** führt über 15 mi am Flussufer entlang. Die **Stromschnellen** (bester Zugang über die 12th Street) sind ein beliebtes Revier des Kayaksportler.

Stromschnellen des Chattahoochee River mitten in der Stadt

Historic District
Die Blocks zwischen Broadway und 2nd Ave sowie 8th bis 6th St gelten als Zentralbereich des ***Historic District***. Herausgehoben werden dort einige restaurierte Gebäude aus dem 19. Jahrhundert, die aber durchaus nicht allen anderen Villen den Rang ablaufen. Das unscheinbare ***Pemberton Haus*** (#11 7th Street) heißt nach seinem einstigen Bewohner und »Erfinder« von Coca Cola.

Naval War Museum
Das ***National Civil War Naval Museum*** steht am Victory Drive (#1002) südlich von *Downtown* am Fluss. Was dort ausgestellt ist, wird nirgendwo sonst geboten: gesunkene, gehobene und teilrestaurierte Flusskampfboote aus dem Bürgerkrieg und jede Menge Objekte, Fotos und Dokumente. Historisch wie kriegstechnisch hochinteressant. Geöffnet Di-Sa 10-16.30 Uhr, So+Mo 12.30-16.30 Uhr, $7,50, Schüler/Studenten $6; www.portcolumbus.org.

Infanteriemuseum
Erdverbundener ist das ***National Infantry Museum*** auf dem *Fort-Benning*-Gelände, dem größten Trainingszentrum der *US-Army*. Dort wird die Entwicklung der Infanterie von 1750 bis zum *High-Tech-Soldier* unserer Tage anhand aller Kriege vorgeführt, an denen die USA beteiligt waren. Auch die Infanterie der Kriegsgegner wird mit vielen Originalstücken gewürdigt. Enormer Komplex mit IMAX-Kino und *Combat Simulator* am Legacy Way; Mo-Sa 9-17 Uhr, So ab 11 Uhr, frei; www.nationalinfantrymuseum.org.

Anfahrt und Information

Der zentrale Bereich der Stadt liegt zwischen Alabama River und der I-85 und wird durch die I-65 nach Westen begrenzt. Von der I-85 fährt man am besten vom *Exit* 1 ins Zentrum. Von der I-65 nimmt man den *Exit* 172 (Clay Street).

Von beiden Zufahrten gelangt man relativ rasch zum ausgeschilderten ***Visitor Center*** in der bombastischen ***Union Station*** am Rand der Innenstadt über dem Ufer des Alabama River (300 Water Street, © 334-262-0013, www.visiting montgomery.com).

In der hohen Halle dieses alten Bahnhofs befindet sich neben der *Touristinfo* auch ein ***Shop*** für Südstaatenprodukte und -objekte. Nordöstlich hinter dem Bahnhof erstreckt sich die ***Riverfront***, ein Parkgelände mit Promenade, Tourbootanleger etc.

Unterkunft

Die bekannten Kettenmotels/-hotels aller Kategorien **zu Tarifen ab $50** findet man geballt an den **Ausfahrten 6** und **11** der **I-85** im Osten der Stadt und am ***Exit* 168** von der **I-65**, ca. 5 mi südlich von *Downtown*. Im zentralen Bereich gibt es nur ein paar Hotels ausschließlich gehobenen Standards. Von ihnen liegen am besten für eine Stadtbesichtigung wie auch für abendliche Zerstreuung:

- ***Hampton Inn & Suites,*** 100 Commerce Street, älteres renoviertes Gebäude gleich neben dem *Hank Williams Museum* und dem Kneipenviertel *The Alley*, © 334-265-1010; ab $130.
- ***Marriott Renaissance Hotel,*** 201 Tallapoosa gegenüber von *The Alley* und *Hank Williams Museum*, bestes Hotel der Stadt mit Restaurants und Außenterrassen, © 334-264-2231; ab $179.

B & B

- Das ***Red Bluff Cottage*** ist ein *Downtown* nahes kleines ***B&B Inn*** mit Zimmern ab $110 inkl. Frühstück. Schöne, ruhige Lage mit Weitblick von der Terrasse (551 Clay Street, keine Meile bis zur *Riverfront*); © 1-888-551-2529, www.redbluffcottage.com.

Camping

- ***Woods RV Park*** liegt unweit der City an der Straße #80 östlich der Ausfahrt #168 von der I-65 (4350 Sassafras Circle, verfügt über einen kleinen See (Fischteich) und nimmt auch Zelte auf; © 1-866-386-0776, www.woodsrvpark.com.
- Der ***Gunter Hill Park*** am Bob Woodruff Lake (Erweiterung des Alabama River), ca. 13 mi westlich von Montgomery, hat einen prima gelegenen Platz am Seeufer. Zufahrt über Old Selma Road, dann Booth Road, © 334-269-1053; $18-$22, www.recreation.gov

Essen & Trinken

In Montgomery geht nichts über ***The Alley***, eine kleine Ansammlung von Restaurants, Kneipen und Bistros in einem Innenhof an der Ecke Commerce/Tallapoosa Street gegenüber dem *Renaissance Hotel* und nur ein paar Schritte ab *Hank Williams Museum*. Häufig *Live Music*, im Sommer auch draußen.

Das ***Irish Bred Pub & Restaurant*** in einem alten Klinkerbau mit Gusseisenterrassen in der 78 Dexter Ave/Ecke Perry Street auf halbem Weg zwischen *Riverfront* und *State Capitol* hat 13 Sorten Bier im Ausschank und noch mehr als Flaschenbier. Dazu preiswerte, ungewöhnlich gute *Pub Food*; © 334-834-7559, www.irish bredmontgomery.com. Fr und Sa Abend *Live Music*.

Alabama State Capitol

Wichtigstes und auffälligstes Gebäude der Stadt ist das ***Alabama State Capitol*** auf dem Goat Hill an der Bainbridge Street. Auf der breiten Dexter Ave fährt man genau darauf zu. Wie viele seiner Art ist auch der Regierungssitz Alabamas (1851) dem *Capitol* in Washington nachempfunden, Mo-Sa 9-16 Uhr, Eintritt frei.

First White House of the Confederacy

An der Südseite des Capitols, wo die Vereidigung des einzigen Präsidenten der Südstaaten stattfand, steht in der 644 Washington Ave das – bescheidene – ***First White House of the Confederacy***. *Jefferson Davis* verbrachte dort 1861 nur ganze drei Monate bis zum Umzug der konföderierten Regierung nach Richmond in Virginia. Besichtigung Mo-Fr 8.30-16.30 Uhr, Sa 9-16 Uhr, frei; www.firstwhitehouse.org.

Geschichtsmuseum

Nebenan liegt der riesige Bau des ***State Archives and History Museum*** (624 Washington Ave, Mo-Sa 8.30-16.30 Uhr; Eintritt frei) mit einer umfangreichen Ausstellung zur Geschichte Alabamas und der Südstaaten.

Civil Rights Area

In der ***King Memorial Baptist Church***, 454 Dexter Ave, war *Martin Luther King* 1954-1960 Pfarrer; Führungen (nach Anmeldung) zur vollen Stunde Di-Fr 10-15 Uhr, Sa 10-13 Uhr, Eintritt frei, © 334-263-3970; www.dexterkingmemorial.org.

Hank Williams Museum

Fans der Country-Musik interessieren sich vielleicht für das ***Hank Williams Museum*** in der 118 Commerce Street, in dem man alles über diesen Altstar der Szene aus den 1950er- und 1960er-Jahren erfährt. Mo-Fr 9-16.30 Uhr, Sa 10-16, So 13-16 Uhr; Eintritt $10/ Kinder $3; © 334-262-3600, www.thehankwilliamsmuseum.net.

Museum of Fine Arts

Das ***Montgomery Museum of Fine Arts*** residiert in einem riesigen Bau im *Blount Cultural Park*, 1 Museum Drive (*Exit* 6 von der I-85, Woodmere Blvd nach Osten und nach gut einer halben Meile Festival Drive nach rechts), Di-Sa 10-17, Do bis 21, So ab 12 Uhr, frei). Der Schwerpunkt liegt dort auf amerikanische Werken von Künstlern großen Namen wie *Hopper, Sargent, O'Keefe, Russell* oder *Remington*; , © 334-240-4333, www.mmfa.org.

Weiter nach Mobile und New Orleans

Von Montgomery sind es auf weitgehend ereignisloser Strecke durch Wald- und Agrarland noch **170 mi bis Mobile** an der gleichnamigen Bucht, ➤ **Seiten 306f, weiter nach New Orleans 308f.**

8

In Mobile geht's auf einer dieser Straßen weiter, ***links*** *nach New Orleans,* ***rechts*** *nach Pensacola/ Florida*

ANHANG: FLORIDA WISSEN

1. Geschichte

Indianerkulturen

Besiedelung

Es ist unklar, wann genau die ersten Menschen in das Gebiet des heutigen Florida kamen. Die Vorfahren der nordamerikanischen Indianer, die nach dem Ende der Eiszeit in mehreren Wellen von Asien nach Amerika kamen, erreichten die Halbinsel vermutlich vor etwa 10.000 Jahren. Sie waren Jäger, Fischer und Sammler und ließen sich vor allem an den Küsten nieder.

Frühe Kulturen

Die interessantesten Spuren, die diese frühen Indianerkulturen hinterlassen haben, sind sogenannte ***mounds***, Hügel, die aus den unterschiedlichsten Gründen entstanden. Neben Grabhügeln gab es zeremonielle Hügel, außerdem Anhöhen, die als Fundamente für Behausungen dienten, und schließlich solche, die schlicht aus aufgehäuften Abfällen bestehen. Da viele Hügel fast komplett aus Muscheln und den Überresten von Schalentieren bestehen, kann man z.B. davon ausgehen, dass an den Küsten Floridas schon vor Tausenden von Jahren Meerestiere gegessen wurden. Tonscherben und Gefäßfragmente belegen, dass manche Stämme das Töpfern beherrschten. Zudem fand man – besonders entlang der Golfküste – auch Reste einfacher Waffen, Werkzeuge und Schmuck.

Wo?

Die besterhaltenen Hügel der beschriebenen Art findet man auf der kleinen Insel ***Mound Key*** bei Fort Myers, die indessen nicht ganz leicht zu erreichen ist (➤ Seite 384). Einfacher ist der Besuch des ***Crystal River State Archaeological Site*** weiter nördlich mit mehreren *Mounds*. Auch ein kleines Museum gehört zu der Anlage (➤ Seite 352). Über die indianische Frühzeit berichtet ebenfalls das ***Indian Temple Mound Museum*** in Fort Walton Beach im Florida *Panhandle*, auf dessen Gelände sich ein weiterer indianischer Tempelhügel befindet, ➤ Seite 339.

Calusa Indianer

Als im 16. Jahrhundert die ersten Europäer nach Florida kamen, lebten im heutigen Staatsgebiet Floridas wahrscheinlich knapp 100.000 Indianer, die verschiedenen Stämmen angehörten. Die ***Calusa*** im Südwesten waren Fischer, die mit ihren Kanus bis Kuba und Hispaniola ruderten und vor allem von Austern und

Indian Mounds sind zwar kulturhistorisch interessant, aber nichts weiter als simple Erdhügel geringer Höhe

Fischen lebten. Sie setzen sich bereits beim Auftauchen der ersten Weißen vehement zur Wehr. Der spanische Entdecker *Ponce de León* wurde von einem Pfeil der *Calusas* so schwer verwundet, dass er an der Verletzung starb. Keine spanische Missionsstation konnte sich in ihrem Gebiet je halten.

Weitere Stämme

Die an der südlichen Atlantikküste lebenden ***Tequesta*** und ***Ais*** waren nicht ganz so kriegerisch. In ihrem Gebiet konnten die Spanier erfolgreich missionieren. Am Ufer des Miami River z.B. gab es bereits im 16. Jahrhundert eine spanische Missionsstation.

An der nördlichen Atlantikküste lebten damals die ***Timucua***, die im Gegensatz zu den südlichen Stämmen Landwirtschaft betrieben. Sie kamen früh mit europäischen Siedlern in Kontakt, da eine Gruppe Hugenotten 1564 dort ein Fort errichtet hatte. Unter den Franzosen, die in *Fort Caroline* bei Jacksonville (➤ Seite 279) siedelten, war auch der Maler *Jacques Le Moyne*, dem die ersten bildlichen Darstellungen der Indianer Floridas zu verdanken sind.

Im Gebiet des Panhandle waren die ***Apalachee*** zu Hause, die wie die *Timucua* in großen Siedlungen lebten und sich von Ackerbau und Jagd ernährten. Auch in ihrem Gebiet konnten franziskanische Mönche manche Indianer zum Christentum bekehren.

Kontakte mit Weißen

Nur wenige der indianischen Ureinwohner Floridas überlebten den Kontakt mit den europäischen Siedlern, die ab dem 16. Jahrhundert in ihr Gebiet einfielen. Manche kamen bei gewaltsamen Auseinandersetzungen ums Leben, die große Mehrheit fiel den von den Weißen eingeschleppten Krankheiten zum Opfer. Eine letzte Gruppe verließ später mit sich zurückziehenden Spaniern die Region. Es gibt in Florida keine überlebenden Nachkommen der indianischen Ureinwohner mehr. Die heute in Florida lebenden Indianer stammen aus Gebieten weiter nördlich.

Erste Europäer

Spanische Expeditionen

Als erster Europäer betrat am 3. April 1513 der bereits erwähnte Spanier ***Juan Ponce de León*** den Boden des heutigen Florida. Er legte irgendwo an der nördlichen Atlantikküste an und erklärte seine Entdeckung, die er damals noch für eine Insel hielt, zu spanischem Besitz. Auf ihn geht auch der Name **Florida** zurück. Er könnte sich auf die üppige Vegetation der Halbinsel beziehen (*florido* = blühend) oder darauf, dass die Spanier in der Osterzeit eintrafen (*pascua florida* = Ostern).

Hernando de Soto

In den folgenden Jahren unternahmen die Eroberer weitere Expeditionen, um ihren Besitz zu erkunden. ***Hernando de Soto*** ging z.B. 1539 mit 600 Soldaten in der großen Bucht an der Golfküste vor Anker, die heute Tampa Bay heißt. Seine Suche nach Gold und Reichtümern führte ihn durch das Landesinnere ins Gebiet des späteren Gainesville, dann weiter nach Norden bis zum heutigen Tallahassee, wo er mit seinen Männern überwinterte. Erst 1987 wurde sein Winterquartier von Archäologen entdeckt – weniger als 2 km vom Kapitolgebäude der Staatsregierung entfernt.

Ponce de León

De Sotos Hoffnungen auf Gold wurden enttäuscht, genau wie *Ponce de Leóns* Suche nach einem mythischen **Jungbrunnen**, den er u.a. in Florida vermutete. Diese Misserfolge erklären teilweise die zunächst nur zögernden Kolonisierungsbemühungen Spaniens: Mit den reichen Azteken- und Inkakulturen in Mittel- und Südamerika konnte Florida einfach nicht mithalten. 1559 starteten die Spanier in Pensacola zwar einen ersten Versuch, sich dauerhaft niederzulassen, scheiterten aber und verloren vorübergehend das Interesse an ihrer nördlichsten Kolonie.

Ponce de León Denkmal in St. Augustine

Fort Caroline

Erst als sich 1564 eine Gruppe von 300 französischen Siedlern an der Mündung des St. Johns River beim heutigen Jacksonville niederließ und ***Fort Caroline*** errichtete, wurde den Spaniern klar, dass sie Florida an andere europäische Mächte verlieren würden, wenn sie dort nicht bald ihre Kolonie etablierten.

St. Augustine

Am 8. September 1565 war es soweit: *Pedro Menéndez de Avilés* traf mit 500 Soldaten, 200 Seeleuten und 100 Zivilisten ein und gründete ca. 60 km südlich der französischen Festung die Siedlung **St. Augustine** und begann mit dem Bau einer Befestigung. Noch ehe *Menéndez* sich nach Fort Caroline aufmachen konnte, um die Franzosen zu vertreiben, unternahmen diese den Versuch, St. Augustine anzugreifen. Aber sie erlitten auf dem Weg dorthin Schiffbruch; die Überlebenden wurden von den Spaniern getötet.

Das dreijährige französische Intermezzo in Floridas Geschichte war damit vorbei und der spanische Anspruch auf die Kolonie gesichert. Die Überreste des ***Fort Caroline***, das die spanische Krone seinerzeit zur Gründung von St. Augustine veranlasst hatte, blieben erhalten und sind heute noch zu besichtigen (➢ Seite 279).

Missionskirchen

In St. Augustine nahm neben der europäischen Besiedlung auch die **Christianisierung** Floridas ihren Ausgang. Priester errichteten bei St. Augustine die erste **Missionskirche *Nombre de Dios***, an deren Errichtung heute ein kleiner Marienschrein erinnert (➢ Seite 273). Über 200 Jahre bevor die erste kalifornische Mission entstand, begann man – ausgehend von *Nombre de Dios* – mit der systematischen Bekehrung der Indianer Floridas. Franziskanische Mönche sorgten mit Hilfe der bekehrten Indianer für eine Kette von rund 70 Kirchen an der Atlantikküste und im Landesinneren. Diese und die um sie herum entstandenen Siedlungen waren aus Holz und blieben daher nicht erhalten. Viele wurden im frühen 18. Jahrhundert auch durch englische Überfälle zerstört.

Vom spanisch-indianischen Zusammenleben kann man sich am besten in der rekonstruierten, äußerst interessanten ***Mission San Luis*** in Tallahassee ein Bild machen, ➤ Seite 292+ Foto unten.

Piraten

Nach dem schnellen Sieg über die Franzosen wurden die spanischen Siedler von St. Augustine mit anderen Problemen konfrontiert. Der Boden an der Atlantikküste stellte sich als nicht sonderlich fruchtbar heraus, so dass man lange auf Hilfslieferungen aus Mexiko angewiesen waren. Außerdem machten Überfälle englischer Piraten den Spaniern das Leben schwer.

Erste Stadt Nordamerikas

Trotzdem wurde St. Augustine als wichtigster Hafen Hauptstadt der Kolonie und blieb ein militärisches Zentrum. Als im frühen 17. Jahrhundert in Virginia und in Neu-England die ersten englischen Niederlassungen entstanden, war St. Augustine schon eine komplette Stadt mit Kirche, Fort, Markt, vielen Geschäften und über hundert Wohnhäusern. Eine ganze Reihe der historischen Gebäude blieb erhalten und steht heute Besuchern offen, so das Fort ***Castillo de San Marcos*** oder das schlichte *González-Alvarez House*, eines der ältesten Häuser der USA, ➤ Seite 273.

Gebäude und zeitgenössische »Bewohner« der rekonstruierten Mission San Luis in Tallahassee

Britisches Zwischenspiel und 2. spanische Periode

7-jähriger Krieg

Das Schicksal Floridas wurde im 18. Jahrhundert in Europa entschieden. Da Spanien mittlerweile die englische Kolonialmacht mehr fürchtete als Frankreich, ließ es sich in den 7-jährigen Krieg hineinziehen, der in Nordamerika ***French and Indian War*** hieß und mit einem Sieg Englands über Frankreich endete. Die Franzosen wurden 1763 gezwungen, einen Teil ihrer Ansprüche in Nordamerika aufzugeben (u.a. die Kolonien in Ostkanada) und an England abzutreten. Die Spanier mussten nur das relativ kleine und damals noch relativ uninteressante Florida aufgeben.

Britische Besetzung

Kurz nach Kriegsende traf britisches Militär in Florida ein. Die Kolonie wurde in zwei Hälften geteilt und der Apalachicola River zur Grenze erklärt. St. Augustine blieb Hauptstadt Ost-Floridas, Pensacola wurde Hauptstadt West-Floridas. Die Bevölkerung von

Britische Besatzersoldaten als Wandbild in St. Augustine

St. Augustine flüchtete großenteils nach Kuba. Briten übernahmen deren Gebäude und änderten die Namen von Kirchen und Straßen. Neusiedler und Zuwanderer aus den nördlicheren englischen Kolonien errichteten in der Umgebung erste Plantagen.

Rückgabe an Spanien

Als sich 1776 dreizehn aufmüpfige nordamerikanische Kolonien für unabhängig erklärten und die Vereinigten Staaten gründeten, beteiligte sich Florida nicht an dieser Revolution, sondern stellte sich auf die Seite des englischen Königs. Doch die Krone zeigte sich nicht dankbar für diese Loyalität. Als England nach verlorenem Krieg 1783 die Unabhängigkeit der USA akzeptieren musste, wurde gleichzeitig ein Tauschhandel mit Spanien abgeschlossen. Man gab den Spaniern ihre ehemalige Kolonie Florida zurück und erhielt dafür die Bahamas sowie Gibraltar.

Verkauf Floridas an die USA

Als die Spanier nach zwei britischen Jahrzehnten Florida wieder übernahmen, war schon ziemlich klar, dass dies nicht von Dauer sein konnte. Die USA hatten sich als neue Macht des Kontinents etabliert und expandierten nach Westen und Süden. Da Spanier kein besonderes Interesse an einer Auswanderung nach Florida zeigten, fand sich die Kolonialregierung damit ab, dass immer mehr **anglo-amerikanische Siedler** über die Grenze kamen.

Und so begann – gewissermaßen durch die Hintertür – die amerikanische Eroberung Floridas. Die spanische Regierung wusste, dass sie dagegen letztlich machtlos war und verkaufte Florida daher **1821** für 5 Mio. Dollar an die USA. Nach über 300 Jahren war es mit der spanischen Herrschaft in Florida endgültig vorbei.

Die »Amerikanisierung« Floridas

Neue Hauptstadt Tallahassee

Als Florida Teil des US-Territoriums wurde, gab es mit Pensacola an der Westgrenze und St. Augustine nur zwei größere Siedlungen. Man war sich unschlüssig, welcher der beiden Orte die **Hauptstadt** werden sollte. Die neue gesetzgebende Versammlung traf sich daher 1822 zunächst einmal in Pensacola, im nächsten Jahr dann in St. Augustine. Da die Abgeordneten für die Seereise von der Atlantikküste bis in den äußersten Zipfel des Panhandle fast zwei Monate (!) gebraucht hatten, kamen sie auf die Idee, die Regierung weder im extremen Westen noch an der Ostküste, sondern irgendwo dazwischen anzusiedeln. Das würde nicht nur die Anreise der Politiker erleichtern, man konnte so zudem die Entscheidung zwischen den Rivalen Pensacola und St. Augustine umgehen. Als Standort kam das heutige **Tallahassee** zustande und schon 1824 tagte man dort zum ersten Mal.

Gründungsphase

Danach gab es eine regelrechte Bevölkerungsexplosion. In Nordflorida entstand eine **Plantage** nach der anderen. Eine der größten war die bis heute gut erhaltene *Kingsley Plantation* bei Jacksonville (➤ Seite 279). Auch viele neue Orte wurden gegründet.

27. US-Staat

Der nächste Schritt war die Anerkennung Floridas als **US-Bundesstaat**. Um vom locker organisierten Territorium zum Staat zu werden, waren mehrere Bedingungen zu erfüllen. Eine notwendige Bevölkerung von 60.000 hatte Florida schon bald. Außerdem war eine **Verfassung** zu entwerfen, die vom Kongress in Washington abzusegnen war. Zu eben diesem Zweck kam man in Florida 1838 in der Hafenstadt Port St. Joe zusammen, wo heute ein kleines Museum an dieses Ereignis erinnert (➤ Seite 346). Die Verhandlungen mit Washington zogen sich aber hin, und erst 1845 wurde Florida zum vollwertigen (27.) Staat der USA.

Florida im Bürgerkrieg

Sklavenwirtschaft

In der Mitte des 19. Jahrhunderts war Florida noch zweigeteilt: der Süden bestand – von wenigen Ausnahmen abgesehen – aus unerschlossener Wildnis. Im Norden aber blühte die Plantagenwirtschaft. Man produzierte Zucker, Reis und Baumwolle. Tallahassee hatte sich zu einer typischen Südstaatenstadt voller Villen entwickelt: ein wichtiger Umschlagplatz für Baumwolle. Fast die Hälfte der Einwohner Nordfloridas bestand damals aus Sklaven.

Sezession

Als 1861 die Südstaaten die USA verließen und der Bürgerkrieg gegen den Norden begann, gehörte Florida nach South Carolina und Mississippi zu den ersten Staaten, die diese Entscheidung unterstützten. Nach der spanischen, der französischen, der britischen und der amerikanischen wurde jetzt in Florida die **fünfte Flagge** gehisst, die der Konföderierten Staaten von Amerika.

Bedeutung im Bürgerkrieg

Floridas Bedeutung im Bürgerkrieg lag zum einen in seiner **Landwirtschaft**, die Lebensmittel für die Südstaaten-Armee produzierte, zum anderen in seinen Häfen. Sie dienten als Nachschubbasis und zur Sicherung der Seewege. Wegen ihrer strategischen Rolle wurden drei der exponiertesten Festungen Floridas während des gesamten Bürgerkrieges von Nordstaatenbesatzungen gehalten: *Fort Pickens* vor der Küste Pensacolas (➤ Seite 303), *Fort Taylor* auf Key West (➤ Seite 173) und *Fort Jefferson* auf den Dry Tortugas (➤ Seite 176). Die einzige größere **Schlacht** des Bürgerkrieges in Florida fand 1864 östlich von Lake City, fast an der Grenze zu Georgia statt und endete mit einem Sieg der Konföderierten. Heute erinnert daran der ***Olustee Battlefield Historic State Park***, wo bis heute aufwändige Nachstellungen der Schlacht in historischen Kostümen stattfinden (➤ Seite 287).

Ruinen ehemaliger Sklavenquartiere auf der Kingsley Plantation in Nordostflorida bei Jacksonville

Nach dem Krieg

Nach Kriegsende wurde Florida von Nordstaatentruppen besetzt, die Sklaverei abgeschafft. 1868 trat eine neue Verfassung in Kraft, die zum ersten Mal allen Männern – auch Schwarzen – über 21 Jahren das Wahlrecht gab. Nach Abzug des Nordstaatenmilitärs 1877 begann man aber bald damit, Regelungen – wie etwa die Einführung einer Wahlsteuer – zu erfinden, die schwarzen Wählern die Ausübung dieses Rechts unmöglich machten.

Die Jahrhundertwende

Eisenbahnbau

Da Florida im Vergleich zu anderen Südstaaten im Bürgerkrieg eher wenig gelitten und kaum Zerstörungen erlebt hatte, erholte sich der Staat relativ schnell. In den 1880er-Jahren begann der Bau der großen **Eisenbahnstrecken**, die Florida mit dem Rest der USA verbanden. An die 5.000 km Schienenstrecken wurden verlegt und dadurch der Transport landwirtschaftlicher Produkte und die Anreise von Urlaubern erheblich erleichtert und beschleunigt.

Eisenbahnmagnaten Plant und Flagler

Die Eisenbahnen waren vor allem zwei reichen Industriellen aus dem Norden zu verdanken: ***Henry B. Plant*** finanzierte den Schienenstrang von Jacksonville nach Tampa an der Golfküste. Um Nordstaatler dazu zu bringen, diese Strecke auch zu nutzen, ließ er in Tampa das exotische *Tampa Bay Hotel* errichten, in dem heute das *Henry B. Plant Museum* residiert, ➤ Seite 360f.

Ähnlich ging ***Henry M. Flagler*** an der Atlantikküste vor. Zunächst kaufte er die bereits existierende kurze Strecke von Jacksonville nach St. Augustine und ließ dann in St. Augustine mehrere stilvolle Luxushotels erbauen, u.a. das *Hotel Ponce de León*, in dem heute das *Flagler College* untergebracht ist (➤ Seite 271). Er ließ die Schienen bis Palm Beach verlängern, wo er wiederum Hotels – darunter das legendäre und immer noch als Hotel betriebene ***The Breakers*** (➤ Seite 191) – und auch eine Residenz für

Die Seminolenkriege

Als erste weiße Siedler in die Gebiete der heutigen Südstaaten eindrangen, stießen sie dort auf mehrere große Indianerstämme. Manche verhielten sich friedlich und übernahmen bald sogar weiße Lebensweisen, so etwa die ***Cherokee***. Andere Stämme, wie z.B. die ***Creek***, setzten sich aber zur Wehr.

Nachdem General ***Andrew Jackson*** 1814 in der Schlacht von Horseshoe Bend in Alabama einen blutigen Sieg über die ***Creek*** errungen hatte, flüchteten viele der Überlebenden nach Florida. Schon im späten 18. Jahrhundert waren kleinere Gruppen von Indianern aus Georgia und den Carolinas vor den weißen Siedlern nach Süden geflüchtet. Florida war damals noch so dünn besiedelt, dass sie sich leicht in den unendlichen Wäldern und Sümpfen der Halbinsel verstecken konnten. Die meisten dieser Indianer stammten zwar aus dem Stamm der *Creek*, aber in Florida wurden sie bald ***Seminoles*** genannt, was in der Sprache der *Creek* so viel wie »Abtrünnige« oder »Fortgelaufene« heißt.

Im sogenannten **ersten Seminolenkrieg** fiel General *Andrew Jackson* 1817/18 in Florida ein. Dass Florida damals noch eine spanische Kolonie war, störte ihn dabei nicht. Er zog durch das Gebiet zwischen dem Suwannee River und Pensacola und zerstörte alle Indianersiedlungen, die er finden konnte.

Nach der Übernahme Floridas versuchten die USA, die *Seminoles* – ähnlich wie die *Cherokee* – zur mehr oder weniger freiwilligen Umsiedlung in Reservate zu bewegen. Und man brachte auch einzelne Seminolen-Häuptlinge dazu, Verpflichtungen zur Übersiedlung ihrer Stämme in Oklahoma-Reservate zu unterschreiben. Aber die meisten Seminolen weigerten sich, Florida zu verlassen. Der damit manifestierte Bruch geschlossener Verträge diente in der Folge der US-Regierung als Rechtfertigung für den **zweiten Seminolenkrieg**.

Als 1835 das amerikanische Militär nach Florida kam, um die Seminolen zwangsweise umzusiedeln, stieß man auf massiven Widerstand. Der Seminolen-Häuptling ***Osceola***, Sohn eines Weißen und einer *Creek*-Indianerin, war dabei zunächst die indianische Leitfigur. Durch geschickte Guerilla-Taktiken gelang es den Seminolen, den überlegenen US-Truppen über sieben Jahre Widerstand zu leisten. Erst 1842 endeten die Kämpfe und Tausende von Seminolen wurden nach Westen deportiert.

Einer kleinen Gruppe gelang indessen die Flucht, und sie zog sich noch weiter nach Süden in die unwegsamen *Everglades* zurück. Dort kam es 1855 bis 1858 zum **dritten Seminolenkrieg**, in dem wiederum ein Teil des Stammes getötet und ein weiterer Teil nach Westen transportiert wurde. Nur etwa 200 Seminolen überlebten versteckt in den Sümpfen. Sie sind die Vorfahren der heutigen Indianer Floridas (zu ihrer jetzigen Situation ➢ Seite 396). Da sie in keinem der Seminolenkriege je kapitulierten, nehmen sie heute noch für sich in Anspruch, **der einzige unbesiegte amerikanische Indianerstamm** zu sein.

sich und seine Frau errichtete. Eigentlich hatte in Palm Beach Schluss sein sollen, doch die Landbesitzerin ***Julia Tuttle*** überredete den Eisenbahnkönig dazu, die Strecke bis in ein noch südlicheres – und damit noch wärmeres – Fischerdorf names **Miami** weiterzuführen. Als dort 1896 der erste Zug eintraf, gab es gerade 300 Einwohner. Der ehrgeizige *Flagler* fasste damals den ebenso mutigen wie riskanten Entschluss, die Strecke über die gesamte Inselgruppe der **Florida Keys** bis Key West fortzusetzen.

Kubanisches Exil

Ebenfalls um die vorletzte Jahrhundertwende begann eine zweite Entwicklung, die Florida entscheidend prägen sollte. Die Bewohner der Karibik-Insel **Kuba** wollten sich nicht mehr mit der spanischen Kolonialherrschaft abfinden und begannen zunehmend, politischen Widerstand zu organisieren, der in den letzten drei Jahrzehnten des 19. Jahrhunderts laufend zu Auseinandersetzungen zwischen kubanischen Freiheitskämpfern und der Kolonialregierung führte. Für unzufriedene Kubaner und die Vordenker des Freiheitskampfes, die um ihr Leben fürchten mussten, diente Florida schon damals als Zuflucht. Der bekannteste kubanische Autor und Politiker dieser Zeit, ***José Martí***, lebte z.B. im Exil in Ybor City in Tampa, wo sich Tausende von Kubanern angesiedelt hatten (➤ Seite 362).

Die »goldenen« 1920er-Jahre

Nach dem 1. Weltkrieg

Obwohl Florida von den Schauplätzen des ersten Weltkrieges denkbar weit entfernt liegt, hatte er doch massive Auswirkungen auf Wirtschaft und Bevölkerung des Staates. Auf seinen **Marine- und Armeestützpunkten** wurden Schiffe gebaut und Soldaten ausgebildet. Vielen von ihnen gefiel Florida so gut, dass sie nach Kriegsende dorthin zogen oder im Urlaub zurückkehrten.

Prohibition

Eine indirekte Folge des Weltkrieges war die **Prohibition**, die Herstellung, Transport und Verkauf von alkoholischen Getränken verbot. Auch in Florida gelang es nie, das Alkoholverbot wirklich durchzusetzen. Zumal es auf den Bahamas und auf Kuba viele Destillen gab, die ihre Produkte nach Florida verschifften. Die langen Küsten des Staates komplett zu kontrollieren, war unmöglich. Miami galt damals als die »feuchteste« Stadt der USA und wichtigster Hafen für den Import illegalen Alkohols.

Beginn des Tourismus

Nach Ende des Krieges erlebte Florida einen phänomenalen **Boom**. In den frühen 1920ern überschritt die Einwohnerzahl des Staates erstmals die Millionengrenze. Besonders Miami und Umgebung zogen Investoren, Spekulanten und Bauherren an. Miami Beach, das noch 1915 eine leere Sandbank gewesen war, besaß 1925 bereits 8 Spielkasinos, 56 Hotels mit 4.000 Zimmern, 178 Apartmenthäuser, drei Golf- und vier Polo-Plätze. Strom und Telefon erreichten bald selbst die kleinsten Orte im Landesinneren. Überall schossen Restaurants, Geschäfte und Tankstellen aus dem Boden. Die Verbreitung des Automobils machte es für immer mehr Amerikaner möglich, im Urlaub in den Süden zu fahren.

Weltwirtschaftskrise und Auswirkungen des 2. Weltkriegs

Niedergang

Während im Rest der USA die Wirtschaft 1929 kollabierte und das Land in die schwerste Krise des 20. Jahrhunderts stürzte, begann der Zusammenbruch in Florida bereits drei Jahre früher. Der Auslöser war 1926 der ungewöhnlich starke ***Great Miami Hurricane***. Er forderte 373 Todesopfer und ramponierte ganze Städte. Die Zerstörung der meisten Brücken der Eisenbahnlinie nach Key West bereitete dem ersten Tourismusboom ein jähes Ende. Hinzu kam, dass eine **Invasion von Fruchtfliegen** das Gros der Zitrusindustrie ruinierte und viele Banken und Firmen schließen mussten.

New Deal unter Präsident Roosevelt

Hilfe erhofften sich die Wähler in Florida – wie anderswo – von ***Franklin D. Roosevelt***. Der demokratische Kandidat wurde bei den Präsidentschaftswahlen 1932 in Florida mit überwältigender Mehrheit gewählt. Die von ihm initiierten Arbeitsbeschaffungsmaßnahmen sorgten danach auch wirklich für die Wiederbelebung der Wirtschaft. Viele öffentliche Gebäude in Florida – etwa die Hauptpost in Miami Beach – entstanden in jenen Jahren.

2. Weltkrieg und danach

Aber erst der **zweite Weltkrieg brachte Florida** das endgültige Ende der Wirtschaftskrise und einen neuen Boom. Nachdem die USA 1941 in den Krieg eingetreten waren, wurde Florida zum wichtigsten **Trainingslager** der US-Luftstreitkräfte. Praktisch alle amerikanischen Piloten des 2. Weltkriegs wurden in Florida ausgebildet. Allein in Miami Beach wurden quasi über Nacht 80.000 Hotelzimmer mit Soldaten belegt, die an den Stränden der Region trainierten. Plötzlich waren Restaurants und Bars wieder so voll wie in den »goldenen« 1920ern; es wurde Geld ausgegeben. Und ähnlich wie im Fall des ersten Weltkrieges nahmen diesmal Hunderttausende von Soldaten Erinnerungen an Florida mit in den Krieg. Nach dessen Ende kehrten sie – für immer oder auch nur für die Ferien – in Scharen in den Sonnenstaat zurück.

Nicht nur Art Deco Hotels aus den 1920er- und 1930er-Jahren sind in Miami Beach noch vorhanden, sondern auch nostalgische Automodelle

Bürgerrechtsbewegung

Rassismus

Wie auch in anderen Südstaaten wurde in den 1950-60er-Jahren die politische Debatte in Florida von heftigen Auseinandersetzungen über die **Gleichstellung der Afroamerikaner** beherrscht. Vor 1960 durften Schwarze in Florida noch nicht wählen; ihr Leben wurde von strikter Rassentrennung regiert. Sie lebten in separaten Stadtteilen und gingen auf »schwarze« Schulen. Auch Krankenhäuser, Busse, Züge, Kinos, Restaurants, Hotels, sogar Strände waren rassengetrennt. Genau wie in den anderen Staaten begannen die schwarzen Einwohner Floridas zunehmend, sich gegen diese Zustände zu wehren.

Nord-/ Südgefälle

Rassismus und Diskriminierung waren aber in den Regionen Floridas unterschiedlich ausgeprägt, wobei es ein gewisses Nord/Südgefälle gab. In Nordflorida einschließlich des *Panhandle*, wo vor dem Bürgerkrieg auf Plantagen Tausende von Sklaven gehalten worden waren, blieb auch im 20. Jahrhundert das Verhältnis zwischen Weißen und Schwarzen angespannt. Im Süden Floridas dagegen schien es – oberflächlich betrachtet – weniger Probleme zu geben, denn als einzige Stadt im Staat hatte sie schon 1960 die öffentlichen Schulen für alle Rassen geöffnet, dies aber nur unter dem Druck eines bereits 1954 ergangenen Gerichtsbeschluss.

Wahlrecht für Schwarze

Die vom obersten Gerichtshof der USA vorangetriebene schrittweise **Aufhebung der Rassentrennung** verlief in Florida friedlicher als in anderen Südstaaten. Am Ende des Jahrzehnts war es mit der offiziellen Benachteiligung der Schwarzen vorbei, ihr Wahlrecht endgültig durchgesetzt. Hotels und Geschäfte konnten keinen Kunden mehr wegen seiner Hautfarbe abweisen und dabei das Gesetz auf ihrer Seite wissen. 1968 wurde sogar mit *Joe Lang Kershaw* aus Coral Gables zum ersten Mal ein Schwarzer ins Parlament gewählt.

Einwanderung aus Kuba und Haiti

Entwicklung

Die Verbindung zwischen Florida und Kuba war – wie erwähnt – seit langem eng. Flug- und Schifffahrtslinien verbanden die Nachbarn, und der Handel florierte. Viele Amerikaner verbrachten den Urlaub auf Kuba, und in Florida gab es schon seit Ende der 1860er-Jahre eine wachsende kubanische Gemeinde. Waren die frühen kubanischen Einwanderer anti-spanische Revolutionäre und sozialistisch gesinnte Zigarrenarbeiter, kamen nach dem Sieg *Fidel Castros* vor allem wohlhabende Kubaner nach Florida.

Als *Castro* 1959 das korrupte *Batista*-Regime auf Kuba stürzte, wurde dies in den USA zunächst mit Sympathie verfolgt. Als sich dann aber in den folgenden Jahren zeigte, dass es auf Kuba keine freien Wahlen geben würde, und sich Castro der Sowjetunion annäherte, verschlechterte sich das Verhältnis.

Flüchtlinge aus Kuba

In Miami, das seit jener Zeit **Zentrum** der **kubanischen *Castro*-Gegner** ist, wurde auch die im April 1961 gescheiterte Schweinebuchtinvasion geplant. Danach flüchteten wiederum Tausende von Kubanern nach Südflorida. In Miami entstand das rein kubanische Viertel ***Little Havana*** (➤ Seite 122). Ein Höhepunkt der Einwanderung aus Kuba war das Jahr 1980, als sich im sogenannten ***Mariel boatlift*** fast 125.000 Kubaner übers Meer nach Florida absetzten. Sie ließen sich, wie die Einwanderer und Flüchtlinge vor ihnen, überwiegend in Miami nieder. Dort leben mittlerweile eine knappe Million Menschen mit kubanischen Wurzeln.

Flüchtlinge aus Haiti

Als 1991 das haitianische Militär eine Terrorherrschaft installiert hatte, setzte sich ein neuer **Flüchtlingsstrom** in Bewegung. In allem, was irgendwie schwimmen konnte, segelten und paddelten Tausende von Haitianern nach Florida. Ein Armenviertel im nördlichen Miami erhielt prompt die Bezeichnung ***Little Haiti***, wo viele von ihnen untergekommen waren. Die Reaktion auf die haitianischen Flüchtlinge unterschied sich erheblich von der im Fall ihrer kubanischen Vorgänger. Die Kubaner waren fast ausnahmslos wohlwollend aufgenommen worden. Trotz der dadurch verursachten Probleme wurde nie ernsthaft daran gedacht, sie abzuweisen. Ganz anders im Fall der Haitianer: Wen die Küstenwache im Wasser aufgriff, wurde sofort nach Haiti zurückgebracht. Auch wer die Küste Floridas erreichte, war damit nicht sicher gerettet, sondern wurde oft wieder abgeschoben.

»Ewige« Flamme für die bei der missglückten Landung in der Schweinebucht 1961 gefallenen »Märtyrer« des Kampfes gegen Castro in Miamis Little Havana

Florida im neuen Jahrtausend

Heute ist der **Tourismus** die wichtigste wirtschaftliche Kraft in Florida. Dessen Zentren sind Orlando, Miami und die Karibikküste zwischen der Tampa Bay und Naples. Aber auch viele kleinere Ziele wie Daytona Beach, Key West, Panama City Beach, Pensacola oder St. Augustine ziehen zahlreiche Besucher an.

Tourismus, Bedeutung und Probleme

Die Dominanz des Tourismus hat Vorteile und Nachteile. Die Millionen von Urlaubern haben dem Staat Wohlstand gebracht. Die Arbeitslosigkeit ist relativ gering und das Wachstum scheint kein Ende zu nehmen. Nur Umweltschützern bereitet diese Entwicklung ernsthaft Sorgen. Denn die Natur zahlt für die immer dichtere Besiedelung und die – früher mögliche – Bebauung der Küsten den höchsten Preis. Viele Tierarten sind vom Aussterben bedroht; das Ökosystem der *Everglades* schrumpft stetig, und die Flüsse und Seen des Staates sind nicht immer so sauber wie sie aussehen. Dennoch hat sich Floridas Regierung – egal, welche Partei gerade Gouverneur und Parlamentsmehrheit stellte – meist wirtschaftsfreundlich gezeigt und Wachstum den Vorrang vor anderen Aspekten eingeräumt.

Immobilienkrise 2008

2008 schlug die Immobilienkrise in Florida besonders hart zu. Leerstände und Preisverfall kennzeichneten vorübergehend den Haus- und Wohnungsmarkt auch für Ferienimmobilien bis Ende 2011. Seit 2013 steigen die Preise wieder und haben mittlerweile das Vorkrisenniveau teilweise wieder erreicht.

Kriminalität

Obwohl die Wirtschaft florierte, war das Image des Sonnenstaates in den 1980er- und frühen 1990er-Jahren nicht das beste. Florida stand für Drogenhandel, Bandenkriege und Kriminalität, eine Vorstellung, die insbesondere von der Fernsehserie ***Miami Vice*** auf der ganzen Welt verbreitet wurde. Eine Serie von Touristenmorden bedrohte in den 1990er-Jahren nicht nur die Besucher Floridas, sondern auch die wichtigste Einkommensquelle des Staates. Dank rigoroser Maßnahmen bekam man die Schwerkriminalität seither offenbar in den Griff, zumindest, soweit sie Urlauber betraf. Obwohl es natürlich immer noch ungemütliche Viertel gibt, gilt selbst die einstige Verbrechenshauptstadt Miami mittlerweile nicht mehr als gefährlicher als andere Metropolen.

Nur an der Bedeutung des Drogenhandels hat sich nicht viel geändert. Dank enger Verbindungen nach Mittelamerika und in die Karibik sowie langer, schwer kontrollierbarer Küsten war und bleibt Florida für den Handel mit verbotenen Gütern – so scheint es – prädestiniert.

2. Bevölkerung

Rassengemisch

Sogar für US-Verhältnisse sind die Bewohner Floridas ein ausgesprochen buntes Völkchen. Angloamerikaner, Menschen lateinamerikanischer Abstammung und Afroamerikaner bilden die drei größten Bevölkerungsgruppen. Hinzu kommen Vertreter fast aller Nationalitäten der Welt, von Chinesen, Vietnamesen und Indern über Finnen, Tschechen und Griechen bis hin zu Jamaikanern, Haitianern und Frankokanadiern.

Immigranten

Alle der knapp 20 Millionen Bewohner Floridas sind entweder selbst Einwanderer oder Nachkommen von Einwanderern. Selbst die wenigen heute in Florida lebenden Indianer stammen – wie bereits weiter oben ausgeführt – nicht von den Ureinwohnern ab, sondern sind Nachfahren der im 17. und 18. Jahrhundert aus dem Norden eingewanderten *Creek*. Die ca. **600 *Miccosukees*** und **3.000 *Seminoles***, beide mit Reservaten in Südflorida (➤ Seite 395 ff), bilden heute nur noch eine verschwindend kleine Minderheit gegenüber der Gesamtbevölkerung.

Angloamerikaner

Nicht hispanische Weiße

In Miami gewinnt man heute fast den Eindruck, dass weiße, englischsprechende Amerikaner eine vom Aussterben bedrohte Spezies sind. Doch ganz so ist es noch nicht: Obwohl die ethnischen Minderheiten in Florida rasant zunehmen, bilden **Angloamerikaner** zu Beginn des neuen Jahrtausends nach wie vor eine **Mehrheit**. Beim letzten Zensus im Jahr 2014 ordneten sich 56% der Einwohner Floridas als »nicht-hispanische Weiße« ein. Diese Gruppe hat damit in den vergangenen Jahrzehnten zwar stetig abgenommen – 1990 waren es noch 73% –, von einer Situation wie in Texas (44%) oder Kalifornien (39%), wo Angloamerikaner langsam zu einer Minderheit werden, ist man in Florida noch relativ weit entfernt.

Cracker und Yankees

Die »nicht-hispanischen Weißen« sind in Florida keine einheitliche Gruppe. Zu unterscheiden sind zunächst die Nachkommen der alteingesessenen Familien einerseits und diejenigen, die erst in den letzten Jahrzehnten nach Florida gezogen sind. Erstere werden in Florida traditionell als ***Crackers***, die Zugezogenen pauschal als ***Yankees*** bezeichnet. Beide Begriffe waren ursprünglich abwertend gemeint, werden heute aber je nach Betonung und Kontext auch positiv oder humorvoll verwendet. Die beiden Gruppen sprechen anders, essen anders, haben andere Berufe und leben in anderen Teilen des Staates. Was sie voneinander trennt, ist ungefähr dasselbe, was den amerikanischen Norden von den Südstaaten unterscheidet: eine unterschiedliche Vergangenheit und – daraus resultierend – ein anderes Selbstverständnis.

Ein ***Cracker*** stammt – dem Stereotyp zufolge – aus einer Familie, die schon im 19. Jahrhundert nach Florida kam, lebt im Landesinneren oder im *Panhandle*, arbeitet in der Landwirtschaft, geht in seiner Freizeit zum Rodeo oder zum Autorennen und spricht mit einem Südstaatenakzent.

Der stereotype ***Yankee*** andererseits ist erst vor kurzer Zeit aus dem amerikanischen Norden oder dem Mittleren Westen in den Sonnenstaat gezogen, lebt an der Küste, arbeitet als Geschäftsmann, spielt Golf und hat keine echte Bindung an seinen Wohnort. Die Zugezogenen sind längst die größere und finanzkräftigere Gruppe. Nur noch **etwa 19%** der heutigen **Einwohner** sind **in Florida auf die Welt gekommen**. Stammbäume, die hundert Jahre oder mehr zurückreichen, sind eine Rarität. Dementsprechend hat sich durchaus Stolz auf die Tradition der *Crackers* entwickelt. Geschäfte und Restaurants (»*Cracker Barrel*«) schmücken sich mittlerweile gerne mit der Bezeichnung. Es gibt in der Architektur und auch in der Küche einen ***Cracker Style***, womit immer das Ortstypische und Traditionsbewusste gemeint ist.

Afroamerikaner

Bürger 2. Klasse

Als Florida 1845 zum amerikanischen Bundesstaat wurde, machten **Afroamerikaner** fast die Hälfte der damals nur rund 70.000 Einwohner aus. Mit wenigen Ausnahmen waren die Schwarzen

Sklaven und arbeiteten auf Plantagen. Nach dem Ende der Sklaverei verließen zwar manche von ihnen Florida, um in den Industriestädten des Nordens ihr Glück zu suchen, doch auch zu Beginn des 20. Jahrhunderts waren immer noch etwa 45 Prozent der Bevölkerung schwarz. Heute machen Afroamerikaner nur noch etwa 16% der Bevölkerung aus. Grund ist die hohe weiße Einwanderung aus dem Norden und von *Hispanics* aus Lateinamerika.

20. Jahrhundert

Wie bereits im Kapitel »Geschichte« ausgeführt, blieben Schwarze auch nach Abschaffung der Sklaverei in Florida noch lange Bürger zweiter Klasse. Sie wurden häufig an der Ausübung ihres Wahlrechts gehindert. Lynchmorde und Einschüchterungsaktionen des *Ku Klux Klan* kamen in Florida ebenso vor wie in anderen Südstaaten. Der Alltag der Afroamerikaner wurde noch bis in die zweite Hälfte des 20. Jahrhunderts von Rassentrennung und Diskriminierung beherrscht. Ungewöhnlich sind in Florida indessen die von Afroamerikanern gegründeten **rein schwarzen Orte**, die sich ohne weiße Bevormundung selbst regierten und verwalteten, z.B. **Rosewood** (➤ Seite 351) bei Cedar Key und **Eatonville**, Heimatort der Schriftstellerin *Zora Neale Hurston* (➤ Seite 206). 1935 gründeten Afroamerikaner sogar den von ihnen bewohnten bzw. besuchten **Badeort American Beach** auf Amelia Island (➤ Seite 279). Da früher neben Schulen und Geschäften auch die Strände in Florida rassengetrennt waren, schufen sich Schwarze damit eine erste Möglichkeit, Ferientage am Strand zu verbringen.

Ghettobildung

Während Afroamerikaner noch vor 100 Jahren in erster Linie in kleinen Orten und auf dem **Land** lebten, ist die große Mehrzahl mittlerweile in die **Metropolen** des Staates gezogen: Hohe schwarze Bevölkerungsanteile kennzeichnen z.B. Miami, Fort Lauderdale, Jacksonville, Orlando und Tampa. Auch nach Ende der Rassentrennung und kompletter gesetzlicher Gleichberechtigung leben viele Schwarze innerhalb dieser Großstädte in separaten Wohngegenden. Der Stadtteil **Liberty City** in Miami ist z.B. ein schwarzes Ghetto, in dem es noch 1980 zu Rassenunruhen kam, den schwersten in der neueren Geschichte des Staates.

»Schwarzenghetto« mit Wahlwerbung

Hispanics

Größte Minderheit

Anfang des Jahrtausends überholten die Bürger **lateinamerikanischer Abstammung** in Florida die Afroamerikaner, die bis dato die größte Minderheit im Staat gewesen waren. Heute machen die *Hispanics* gut 23% der Bevölkerung aus.

Latinos

Für diese weiter wachsende Gruppe gibt es mehrere Begriffe. Oft werden sie ***Latinos*** genannt, obwohl die offizielle Bezeichnung *Hispanics* ist. Sie umfasst alle, die ihre Wurzeln in spanischsprachigen Ländern haben, egal ob sie nun aus Mexiko, Nicaragua, Kuba oder anderen karibischen, mittel- oder südamerikanischen Staaten stammen. Sie sind großenteils weißer Hautfarbe, aber gerade in Florida gibt es auch viele schwarze *Hispanics*, überwiegend spanisch sprechende Einwanderer aus der Dominikanischen Republik. Manche *Hispanics* sprechen auch in Florida nur Spanisch, andere haben ihr Spanisch längst vergessen. Die große Mehrheit ist zweisprachig.

Cuban Americans

Während in anderen stark hispanisch geprägten amerikanischen Staaten – wie Texas und Kalifornien – die *Mexican Americans*, Amerikaner mexikanischer Abstammung, die größte Gruppe unter den *Hispanics* sind, sieht es in Florida anders aus. Dank der kubanischen Einwanderungswellen (➤ Seite 476f) bilden die rund 1,2 Mio. ***Cuban Americans*** heute die größte und einflussreichste Gruppe unter den *Hispanics* in Florida.

Im Gegensatz zu anderen Einwanderern aus der Karibik, die fast immer arm sind, gehörten die vor Castro geflüchteten Kubaner überwiegend der **Mittelschicht** an. Viele waren Unternehmer, Lehrer und Ärzte und brachten neben einer guten Ausbildung auch Vermögen mit nach Florida. Sie lebten sich rasch ein und brachten es verblüffend schnell zu **wirtschaftlichem Erfolg**, auf den bald auch **politischer Einfluss** folgte.

Der Traum vieler älterer *Cuban Americans*, nach dem Tod *Fidel Castros* nach Kuba zurückkehren zu können, könnte sich auch ohnedem schon 2016 realisieren. Die jüngere Generation ist aber so integriert, dass sie die USA bzw. Florida als Heimat betrachten.

Hispanics aus Nicaragua

Von den etwa **140.000 *Hispanics* nicaraguanischer Abstammung** in Südflorida kamen die meisten in den 1970er-Jahren. Sie leben mehrheitlich in Vororten wie Sweetwater am westlichen Stadtrand von Miami. Und wie das Zentrum kubanischen Lebens *Little Havana* genannt wird, heißt diese Gegend *Little Managua*.

Weitere Gruppen

Weitere große hispanische Gruppen sind ***Mexican Americans*** (ca. 630.000) und ***Puerto Ricans*** (ca. 850.000). In Orlando z.B. leben mehr **puertoricanische** als kubanische Amerikaner. In ländlichen Gegenden – etwa in den Bezirken Collier oder Okeechobee – dominieren **mexikanisch-stämmige** Amerikaner, die häufig in der Landwirtschaft arbeiten. Hinzu kommen Tausende von Kolumbianern, Venezolanern, Peruanern, El Salvadorianern, Bolivianern und Argentiniern, die mit ihrer Sprache und Kultur ebenfalls in starkem Maße zur **Latinisierung Floridas** beitragen.

3. Staat und Politik

Verfassung

Im Laufe der Geschichte als US-Bundesstaat kam es in Florida zwei Mal zu einem kompletten Wechsel der Verfassung. Die ursprüngliche Fassung wurde zu Beginn des Bürgerkrieges durch eine neue ersetzt, als Florida wie die anderen Südstaaten aus den USA austrat und sich den Konföderierten anschloss. Nach dem Bürgerkrieg schrieb die Bundesregierung Florida wie auch den anderen Südstaaten eine neue Verfassung vor, die die Sklaverei verbot und Schwarzen das Wahlrecht versprach.

Regierungssystem

Auch im 20. Jahrhundert reagierte man in Florida auf politische Krisen wieder mit radikal überarbeiteten Verfassungen. Das Ergebnis ist ein ungewöhnlich demokratisches und **transparentes Regierungssystem**. So war Florida einer der ersten Staaten, in dem Kandidaten für wichtige Ämter nicht intern in den Parteien bestimmt, sondern offen von den Wählern in sog. *Primaries* gewählt werden. In wichtigen politischen Fragen dürfen die Bürger Floridas in **Volksabstimmungen** mitentscheiden .

Florida ist außerdem der einzige US-Staat, in dem der Gouverneur die Mitglieder seines Kabinetts nicht ernennen darf: sie werden alle direkt von den Bewohnern des Staates gewählt. Daher gab es schon zahlreiche Kabinette, in denen Mitglieder anderer als der Regierungspartei saßen.

Darüberhinaus verpflichten besondere Gesetze Politik und Verwaltung zu völliger **Offenheit**. Diesen sog. ***Sunshine Laws*** zufolge müssen alle Sitzungen des Parlaments und von Kommissionen öffentlich sein. Staatliche Dokumente dürfen jederzeit von jedem/jeder Bürger/in des Staates eingesehen werden.

Verfassung

Floridas heutige Verfassung lehnt sich in ihrer Struktur an die US-Verfassung an. Die staatliche Gewalt ist in die Exekutive, Legislative und Judikative aufgeteilt. Im Kapitol von Tallahassee bestimmt der **Gouverneur** die Regierungsgeschäfte

Oberster Gerichtshof (Supreme Court) gegenüber dem Florida State Capitol

(➤ Seite 294). Er wird alle vier Jahre neu gewählt und darf – wie der US-Präsident – nur bis zu acht Jahre sein Amt ausüben.

Parlament

Im *Capitol* tagt auch das Parlament des Staates Florida. Es setzt sich aus **zwei Kammern** zusammen, dem für zwei Jahre gewählten Repräsentantenhaus, das 120 Mitglieder hat, und dem für vier Jahre gewählten Senat, der sich aus nur 40 Mitgliedern zusammensetzt. Beide Kammern sind für die Gesetzgebung zuständig und sollen sich gegenseitig kontrollieren. Die Parlamentarier tagen immer nur 60 Tage im Jahr und zwar im März und April.

Gerichtsbarkeit

Tallahassee ist auch Sitz des **obersten Gerichtshofes** des Staates. Seine Mitglieder werden vom Gouverneur ernannt. Sie kontrollieren Gesetze auf ihre Verfassungsmäßigkeit und sind für die Auslegung der Verfassung zuständig.

Parteien und Gouverneur

Lange Zeit galt Florida als regelrechter Einparteienstaat, denn die **Demokraten** gewannen laufend Gouverneurs- und Parlamentswahlen. Als 1986 der Republikaner *Bob Martinez* zum Gouverneur gewählt wurde, war dies eine Sensation. Danach änderte sich das Wählerverhalten grundlegend. 1994 gelang es den **Republikanern**, im Senat die Mehrheit zu erobern und 1996 auch im Repräsentantenhaus. Die Wahl von *Jeb Bush*, dem Bruder von Präsident *George Bush*, zum Gouverneur 1998 und seine Wiederwahl 2002 galten als Höhepunkte republikanischen Erfolgs. Zwar musste *Bush* nach zwei Legislaturperioden Ende 2006 abtreten, die Regierungsgewalt blieb aber bis heute bei den Republikanern. Seit 2010 heißt der Gouverneur Floridas ***Rick Scott***, der als Anhänger der ultra-konservativen *Tea Party*-Gruppierung gilt.

Wählergruppen

Die Verfestigung der republikanischen Vorherrschaft in Florida hat mehrere Gründe, am wichtigsten ist die Demographie. Zuwanderer, die ständig aus dem Norden und dem Mittleren Westen nach Florida ziehen, sind tendenziell eher Republikaner als die prozentual immer weniger werdenden alteingesessenen Bürger, die traditionell eher demokratisch wähl(t)en. Auch Amerikaner kubanischer Abstammung wählen eher republikanisch. Sie sind in der Regel radikal **anti-kommunistisch** eingestellt und sahen bei republikanischen Politikern eher die erwünschte harte Position gegenüber der Partei *Fidel Castros*. Die zweitgrößte Minderheit des Staates – die **Afroamerikaner**, mehrheitlich Wähler der **Demokraten** – hat in letzter Zeit eher an Einfluss verloren.

Politische Zweiteilung

Obwohl also das politische Klima in Florida seit nahezu 30 Jahren konservativer wird, gingen die Wahlen bislang immer ziemlich knapp aus. Im Prinzip ist die Bevölkerung des Staates in zwei Hälften gespalten, wobei die Demokraten den Großraum Miami als ihre Hochburg betrachten, während die Republikaner den Westen und den Norden dominieren. Diese **politische Zweiteilung** des Staates sorgte bei der Präsidentschaftswahl im November 2000 sogar für internationale Aufmerksamkeit. Die Kandidaten lagen so nah beieinander, dass damals letztlich nur eine Handvoll Stimmen in Florida den Ausschlag für *George Bush* gab.

4. Wirtschaft

Dynamik ohne Ende?

In der Mitte der zweiten Dekade des 21. Jahrhunderts zeigt sich die Wirtschaft Floridas dynamischer als je zuvor. Das Bruttosozialprodukt betrug 2015 fast US-$ 900 Mrd (Deutschland ca. €3.000 Mrd.) Die Arbeitslosigkeit liegt heute unter 6%, was in den USA einem sehr guten Wert entspricht. Und die Besucherzahlen brechen nach der Krise 2008-2011 seit 2014 wieder neue Rekorde.

Wirtschaftszweige

Dienstleistungen

Der wichtigste Wirtschaftszweig Floridas sind **Dienstleistungen** mit den Schwergewichten **Tourismus** und **Gesundheitswesen**. **Banken** und **Handelsfirmen** haben ihren Sitz in Miami, dem wichtigsten Platz für Finanztransaktionen und Warenverkehr zwischen Nord- und Südamerika. Auch die **Unterhaltungsbranche**, speziell Film- und Musikproduktionen, hat in Miami und Orlando in letzter Zeit viele Arbeitsplätze geschaffen.

Industrie

Die **industrielle Produktion** hat nur einen Anteil von unter 10% der Wirtschaftsleistung. Dabei spielt *High Tech* eine stärker werdende Rolle. Computerfirmen zog es besonders an die südliche Atlantikküste, die Einheimische daher schon mal gerne als ***Silicon Beach*** bezeichnen.

Landwirtschaft

In der Kolonialzeit stand »Wirtschaft« in Florida fast ausschließlich für »Landwirtschaft«. Man baute zunächst vor allem **Baumwolle** und **Zuckerrohr** in großem Maßstab an und exportierte beides in den Norden und nach Europa. Bereits spanische Missionare hatten die ersten Zitrusfrüchte auf die Halbinsel gebracht und in den Gärten der Missionsstationen Orangen und Zitronen angebaut. Im 20. Jahrhundert entwickelten sie sich zu einem wichtigen Exportprodukt. Die Orangen werden zwar auch als Früchte verkauft, größtenteils aber bereits vor Ort zu Saft oder Konzentrat verarbeitet. **Zitrusplantagen** findet man heute vor allem im zentralen Florida südlich und nordwestlich von Orlando. Im Süden des Staates widmet man sich mehr dem Gemüseanbau.

Der Sektor hat indessen in den vergangenen Jahrzehnten extrem an Bedeutung verloren und spielt keine nennenswert Rolle mehr. Inklusive Fischerei und Forstwirtschaft trug der Agrarsektor 2015 unter $5 Mrd zum Sozialprodukt bei, das ist entspricht 0,54%.

Tourismus

Als Teilbereich des Dienstleistungssektors ist der **Tourismus** mit rund 10% Anteil am Bruttosozialprodukt nicht zu übertreffen. Im Jahr 2015 gaben knapp über 100 Mio (!) Urlauber, darunter rund 11,5 Mio. aus Übersee, über $90 Mrd. in Florida aus. Schon jetzt ist fast die Hälfte aller Arbeitnehmer im **Dienstleistungsbereich** beschäftigt, davon über 1,3 Mio direkt im Tourismussektor. Da auch ein Großteil der Bauunternehmen, des Einzelhandels, der Lebensmittelindustrie und weiterer Branchen indirekt vom Fremdenverkehr profitiert, ist der **Tourismus Dreh- und Angelpunkt der Wirtschaft** des Sonnenstaates.

Beginn

Die Anfänge des Tourismus reichen in Florida über hundert Jahre zurück. Nach Verlegung der ersten Eisenbahnstrecken im späten

19. Jahrhundert begannen Nordstaatler, im Winter nach St. Augustine, Tampa oder Palm Beach zu reisen. Während das zunächst nur etwas für gut betuchte Urlauber war, setzten sich mit der zunehmenden Verbreitung des Autos immer mehr Amerikaner Richtung Florida in Bewegung. Schon 1933 überschritt die Besucherzahl erstmals die Millionengrenze.

Erste Amusement Parks

Viele kamen damals wegen der schönen Strände und des warmen Klimas. Andere wurden durch das Nachtleben von Miami Beach angelockt. Aber bereits vor dem 2. Weltkrieg begann man, künstliche Touristenattraktionen zu schaffen. Als **erster Vergnügungspark** wurde 1938 das ***Marineland of Florida*** südlich von St. Augustine eröffnet (heute nicht mehr existent). Wenig später folgten die – ebenfalls mittlerweile geschlossenen – ***Cypress Gardens*** südwestlich von Orlando mit spektakulären Wasserski-Shows.

Disney und mehr

Als 1971 der *Disney*-Konzern mit dem ***Magic Kingdom*** seinen ersten Park startete, begann ein neues Kapitel in der Geschichte des Fremdenverkehrs. Innerhalb weniger Jahre wurde der Raum Orlando zum populärsten Reiseziel der Welt. Hotels und Restaurants wuchsen wie Pilze aus dem Boden; und *Disney* eröffnete eine Attraktion nach der anderen (➤ Seite 208ff). Hinzu kamen andere Unternehmen, die um die Tourismus-Dollars konkurrierten: ***Busch Gardens*** (➤ Seite 364), ***SeaWorld*** (➤ Seite 252), ***Universal Studios*** (➤ Seite 247) u.a.m. Mittlerweile könnte man mit dem Besuch aller Vergnügungsparks allein im Großraum Orlando/Tampa Wochen verbringen.

Probleme des Tourismus

Der Tourismus ist jedoch nicht nur ein wirtschaftlicher Segen, er hat auch Schattenseiten. So wurden über die Jahrzehnte der Expansion ganze Landstriche einbetoniert und Naturlandschaften zerstört. Die über viele hundert Kilometer »zugebauten« Küsten zeigen negative Folgen nicht nur für die Natur, sondern auch für die Attraktivität Floridas.

Entwicklung

Spätestens nach den Terroranschlägen von 09/11 zeigte sich zudem deutlich, dass der Tourismus ein ziemlich **anfälliger Wirtschaftszweig** sein kann. Politische und wirtschaftliche Krisen haben oft genug weniger Reiseaktivität zur Folge. Auch die Immobilienkrise von 2007-2011 hatte spürbare Auswirkungen auf den Tourismus.

5. Kunst und Kultur

Aktuelle Situation

Die wechselvolle Geschichte und die vielen Bevölkerungsgruppen haben in Florida für eine Vielfalt an **Kulturdenkmälern** und **Kunstschätzen** gesorgt. Sie reichen vom Kunsthandwerk präkolumbischer Indianerstämme über Bauten aus der spanischen Kolonialzeit und mit Kunstsammlungen gespickten Winterresidenzen reicher Industrieller bis zu Art-Deco-Palästen und postmodernen Wolkenkratzern. Auch die gegenwärtige Kulturszene ist lebendig und abwechslungsreich. Im Sonnenstaat wird gemalt und geschrieben, Theater gespielt und gesungen, wobei Florida besonders als Hochburg der Film- und Musikproduktion gilt.

Spanische Architektur

Indianerstämme, die vor Ankunft der ersten Europäer in Florida lebten, haben keine Bauwerke hinterlassen. Auch die ersten spanischen **Missionsstationen** sind leider nicht erhalten geblieben. Man kann sich aber in der vorbildlich rekonstruierten *Mission San Luis* in Tallahassee einen Eindruck von der schlichten Architektur dieser frühen spanischen Bauten verschaffen (➢ Seite 292). Aus der spanischen Zeit stammen auch einige alte Gemäuer in St. Augustine (➢ Seite 273). Architektonische Spuren der spanischen Kolonialzeit findet man außerdem im historischen Zentrum von Pensacola im *Panhandle* (➢ Seite 300).

Plantagen

An die Anfänge der angloamerikanischen Besiedlung erinnern die mit Terrassen und weißen Säulen im frühen 19. Jahrhundert entstandenen Plantagenhäuser. In Nordflorida ist die ***Kingsley Plantation*** auf Fort George Island (➢ Seite 279) ein gutes Beispiel für die Architektur jener Zeit. In Südflorida steht dafür die ***Gamble Plantation*** bei Bradenton (➢ Seite 376).

Baustil in Key West

Am südlichsten Zipfel Floridas, auf Key West, entwickelte sich ein völlig anderer Baustil, der bis heute zu bewundern ist. Hier entstanden Holzhäuser, deren Architektur verspielte **viktorianische** Elemente – wie Türmchen und Erker – mit der Bauweise der **Karibik** kombiniert, von der man die großen schattigen Veranden übernahm. Wenn man es sich dort mit einem kühlen Drink in einem Schaukelstuhl bequem macht, ist die tropische Hitze der Insel leichter zu ertragen. Heute sind viele dieser einladenden Holzhäuser *B&B-Places* (➢ Seite 64).

Art Deco

Als in der ersten Hälfte des 20. Jahrhunderts der Tourismus Südflorida entdeckte, wurde besonders Miami Beach von einem Bauboom erfasst. Innerhalb kürzester Zeit entstanden dort an die 1000 Gebäude, die man im damals hochmodernen Stil des ***Art Deco*** errichtete. Die Architekten imitierten dabei aber nicht bloß den in Europa und in den nördlichen USA verbreiteten Stil, sie verbanden ihn vielmehr mit einheimischen Elementen wie knallig bunten Farben oder Flamingo- und Palmenmotiven und schufen so die Stilrichtung des ***Tropical Deco***, den man besonders im südlichen Miami Beach in Reinkultur sieht (➢ Seite 136).

Moderne Hochhäuser

In der zweiten Hälfte des 20. Jahrhunderts entstanden zwar in erster Linie langweilige und austauschbare Gebäude, gegen Ende des Jahrhunderts wurden aber besonders in Miami auch einige originelle Bauwerke errichtet. Eines der bekanntesten Gebäude im Geschäftszentrum ist z.B. der nachts neonfarben angestrahlte *Nations Bank Tower* von *I.M. Pei*.

Architektonisch interessante Hochhäuser findet man auch entlang der ***Brickell Avenue***. Dort steht u.a. ein aus dem Vorspann der Serie *Miami Vice* bekanntes Gebäude, in dessen Mitte eine Lücke – wie ein großes Fenster – klafft, in der eine Palme wächst. Die mediterran wirkende ***Miami Cultural Plaza*** zwischen *History Miami* und *Main Public Library* wurde vom Stararchitekten der amerikanischen Postmoderne, *Philip Johnson*, geplant.

Museen

Auch andere Museen in Florida sind in bemerkenswerten Gebäuden untergebracht. Eine der größten Kunstsammlungen des Staates etwa ist im 1990 eröffneten ***Samuel P. Harn Museum of Art*** in Gainesville in einem beeindruckenden postmodernen Bau zu sehen (➤ Seite 291). Das ***Salvador Dalí Museum*** in einem architektonisch beachtlichen Bau in St. Petersburg beherbergt eine Sammlung von Werken des spanischen Surrealisten (➤ Seite 369).

Manche Sammlung befindet sich in vormals privaten Villen, deren Architektur alte europäische Bauformen aufgreift. Die ***Villa Vizcaya*** in Miami etwa wurde erst zu Beginn des 20. Jahrhunderts im Stil der italienischen Renaissance errichtet und ist heute ein äußerst populäres Museum voller europäischer Kunstwerke und Antiquitäten (➤ Seite 127).

Über eine umfangreiche Sammlung vor allem klassischer Gemälde von *Rubens* über *Bernini* bis *Frans Hals* verfügt das ***Ringling Museum of Art*** in Sarasota. Es residiert in einer prächtigen, italienisch anmutenden Palastanlage, die ebenfalls erst im frühen 20. Jahrhundert entstand (➤ Seite 377).

6. Sport

Übersicht

In Florida sind alle bekannten amerikanischen Sportarten bestens vertreten. In den größeren und in vielen kleineren Städten wird Basketball, Football, Baseball und Eishockey gespielt.

Sportmuseen

Zu den bekanntesten Sportmuseen der USA gehören die ***Florida Sports Hall of Fame*** (http://floridasportshalloffame.blogspot.de) in Auburndale westlich von Orlando (I-4, *Exit* 41), die über in Florida populäre Sportarten bzw. erfolgreiche Teams informiert, und das ***International Swimming Hall of Fame Museum*** (www.ishof.org/museum.html) in Fort Lauderdale, das dem Schwimmsport und seinen bekanntesten Athleten gewidmet ist (➤ Seite 183).

Basketball NBA

In Florida mischen zwei Teams in der Basketball-Profiliga ***NBA*** mit (*National Basketball Association*; www.nba.com, Spielzeit November bis April): Die ***Miami Heat*** (www.miamiheat.com) spielen in der *American Airlines Arena* (www.aaarena.com), die ***Orlando Magic*** (www.orlandomagic.com) im *Amway Center* (www.amwaycenter.com) westlich von *Downtown* (I-4 *Exit* 83).

Football NFL

Drei Mannschaften spielen in der Football-Profiliga ***NFL*** (*National Football League*; www.nfl.com, Spielzeit September bis Januar): Die ***Tampa Bay Buccaneers*** (www.buccaneers.com) in einem neuen Stadion (www.newmiamistadium.com), die ***Miami Dolphins*** (www.miamidolphins.com) im *Raymond James Stadium* (www.raymondjamesstadium.com) und die ***Jacksonville Jaguars*** im Stadion *Everbank Field* (www.jaguars.com/everbank-field.

College Football

Besonders beim *Football* können Spiele von ***College Teams*** (www.ncaa.com) die Gemüter der Fans noch stärker erregen als Profi-Spiele. Zu den besten Teams der USA im *College Football* gehören drei aus Florida: die ***Miami Hurricanes*** (www.hurricane

sports.com) der *University of Miami*, die ***Florida Gators*** (www.gatorzone.com) der *University of Florida* in Gainesville und die ***Florida State Seminoles*** (www.seminoles.com) der *Florida State University* in Tallahassee. Die College-Mannschaften spielen in geographisch definierten Ligen. Nach Saisonende treten die besten Teams in den ***Bowl Championship Series*** an.

Baseball

Zwei Mannschaften aus Florida spielen in der Baseball-Profiliga ***MLB*** (*Major League Baseball*; www.mlb.com, Spielzeit April-September). Die ***Florida Marlins*** spielen in Miami im *Marlins Park* (http://miami.marlins.mlb.com), die ***Tampa Bay Rays*** (www.raysbaseball.com) treten im Stadion *Tropicana Field* in St. Petersburg an (http://rays.mlb.com/tb/ballpark).

Wer sich für Baseball interessiert und im Frühling nach Florida kommt, dem bietet sich hier eine einmalige Möglichkeit, die Superstars dieser Sportart in Aktion zu sehen. Es ist in der *MLB* nämlich üblich, **vor dem Beginn der Spielzeit** für ein paar Wochen zum ***Spring Training*** in den warmen Süden zu reisen. Die **Übungsspiele** sind öffentlich und die Eintrittskarten nicht teuer. Die ***New York Yankees*** z.B. trainieren auf dem *Steinbrenner Field* in Tampa (www.steinbrennerfield.com), das dem Stadion der *Yankees* in New York nachempfunden wurde.

Eishockey

In der Eishockey-Profiliga ***NHL*** (*National Hockey League*; www.nhl.com, Spielzeit Oktober bis Mitte April) spielen die ***Florida Panthers*** (www.floridapanthers.com) in Miamis *BB&T Center* (www.thebbtcenter.com) und die ***Tampa Bay Lightning*** (www.tampalightning.com) in der *Amalie Arena* (www.amaliearena.com).

Autorennen

Die NASCAR (*National Association for Stock Car Auto Racing*, www.nascar.com) veranstaltet die mit Abstand populärste Autorennserie der USA.

Die *Nascar*-Produktionswagen beginnen Ende Februar traditionell mit ihrem populärsten Rennen, dem ***Daytona 500***, ➤ auch Seite 263. Dieses Rennen verzeichnet mittlerweile eine doppelt so hohe Zuschauerquote wie das *Indy 500* in Indianapolis. Das Abschlussrennen findet auf dem *Homestead Miami Speedway* statt, www.homesteadmiamispeedway.com.

In der ***Indy Car Series***, www.indycar.com, drehen der Formel 1 ähnliche Boliden ihre Runden. Sie beginnt mit dem *Honda Grand Prix* in St. Petersburg, www.gpstpete.com.

Daytona Speedway mit Nascar Fahrzeugen für ein »Riding Experience«, das man dort buchen kann, *➤ Seite 263*

Touristische Vertretungen

Offizielle Tourismus-Seite der USA: www.discoveramerica.com

Visit USA Committee Germany
info@vusa.travel; www.vusa-germany.de

New Orleans/Louisiana
c/o *Wiechmann Tourism Service* in 60385 Frankfurt/Main,
✆ 069 255 38 270, www.neworleans.de und www.louisianatravel.de

Georgia
c/o *Wolfgang Streitbörger* in 33613 Bielefeld,
✆ 0521 986 0425, www.georgia-usa.de

Visit Florida c/o *LMG Management* in 80336 München
✆ 089 452 186 0, www.visitflorida.com/de,

Bradenton, Anna Maria Island, Long Boat Key
c/o *Vera H. Sommer Touristik* in 63739 Aschaffenburg,
✆ 06021 583 9042, www.bradentongulfislands.de

Florida Keys & Key West
c/o *Get it Across Marketing* in 50667 Köln,
✆ 0221 2336451, www.fla-keys.de

Fort Lauderdale c/o *Lieb Management* in 80336 München,
✆ 089 6890 63830; www.sunny.org

Fort Myers & Sanibel
c/o *Global Communication Experts GmbH* in 60414 Frankfurt,
✆ 069 1753 7100, www.fortmyers-sanibel.com/german

Miami c/o *Touristikdienst Truber* in 63811 Stockstadt,
✆ 06027/402820, www.miamiandbeaches.de

Naples, Marco Islands, Everglades CVB
c/o *DiaMonde* in 70173 Stuttgart,
✆ 0711 91257610, www.paradisecoast.de

Orlando Tourism Bureau in 56076 Koblenz,
✆ 0261 9730673; www.visitorlando.com/de

Panama City Beach c/o *Lieb Management* in 80336 München,
✆ 089 6890 63829, www.visitpanamacitybeach.com

St. Petersburg/Clearwater c/o *MS Wolf Marketing* in 61288 Bad Homburg,
✆ 06172 388 094 80, www.visitstpeteclearwater.com/intl/de

Tampa c/o *Vera H. Sommer Touristik* in 63739 Aschaffenburg,
✆ 06021 325 303, www.visittampabay.com

SeaWorld Parks *c/o Noble Communications* in 63263 Neu-Isenburg,
✆ 06102 366636, www.seaworldorlando.de

Universal Orlando c/o *AKB Consulting*
✆ 06131 6277414, www.universalorlando.com

Walt Disney, http://parks.disney.de,
für ***Disneyworld Florida*** Kooperation mit dem
Reiseveranstalter *DerTour* in Frankfurt, ✆ 069 153 225 533,
www.dertour.de/freizeitparks/usa/disneyworld-orlando

Fotonachweis

Eyke Berghahn Hamburg: Seite 56

David Dolder Lustmühle/Schweiz www.daviddolder.ch:
Coverfoto und Seiten 12, 106, 108/9, 215, 247, 374, 382

©**fotolia.com**: BrianLasenby Seite 284

Escape Campervans, San Francisco: Seite 41

©**gettyimages.de**: Jupiterimages Seite 473

Mareike Hartl Eckenhaid: Seiten 37, 64 rechts, 73 oben, 146, 180, 205, 396

©**iStockphoto.com** (Fotograf Seite)

ayzek 001
Bkamprath 20
JunotPhotography 35
andylid 77, 169
ManuelVelasco 80
sanzari 97
rvlsoft 99
Mickrick 100, 141, 464/465
llevin1 112
photosvit 113
felixmiziozuikov 116
typhoonski 118
Linda Moon 119
Rauluminate 124
abstrand 128
FotoMak 138
teamtime 135
nighthawkphotography 145
delray77 150, 173
Meinzahn 159, 168, 337, 475
KennethWiedemann 160
Ruskpp 175
Travel_Bug 192
HeatherNicaise 197
SeanPavone 213; 271, 398/399, 403, 425, 428, 442
rgaydos 219
Aneese 221
Manakin 224
Russell102 233
zhuzhu 256
lauradyoung 282, 286
filo 283
BrianLasenby 285
ClarissaPainter 302
Denis TangneyJr 304
cpurser 312
bhofack 318 oben
herlein 318 unten
simplyphotos 319
Wilsilver77 322
picturist 326
Lorey 353
DelmasLehman 367
Marje 378
sorsillo 389
HultonArchive 402
jcarillet 407, 447
Mari 415
Paulbr 417
ConstanceMcGuire 419
mstroz 423
personalproducer 434
duncan1890 437
skiserge 439
Rolf_52 446
visionsofmaine 449
fallbrook 459
mj0007 460
benkrut 463
NaluPhoto hintere Umschlagklappe »Manatee«

Edith Kölzer Bielefeld: Alligatoren auf dem Umschlag hinten (U4)

Ute Ritzenhofen Mainz: Seiten 19, 65, 111, 134, 137, 158, 172, 176, 177, 178, 183, 228, 232, 233, 240, 245, 253, 257, 272, 291, 359, 363, 373, 384, 468, 469, 470, 472, 477

Werner Schmidt Ganderkesee: Seiten 38+194

SeaWorld Orlando: Seiten 21, 25, 254

Julia Strauch Osterholz-Scharmbeck/**Hanno Saade** Essen: 17, 18, 103, 122, 127, 156, 162, 164, 167, 174, 182, 189, 207, 231, 235, 250, 251, 278, 346, 355, 361, 488, 500

Jörg Vaas Steinheim: Seiten 279+280

Alfred Vollmer Neubiberg: Seiten 82, 126, 153, 154

Bernd Wagner Duisburg: Seiten 185, 195, 203, 266, 268, 273, 274, 303, 340

Peter Schickert Fröndenberg www.schickert.info:
Seiten 10/11, 23, 81, 121, 129, 133, 139, 140

Hans-R. Grundmann, Westerstede: alle weiteren Fotos

ISBN 978-3-89662-742-1

Hans-R. Grundmann, Isabel Synnatschke

USA der ganze Westen

Der Westen der USA lockt nicht nur mit Highlights wie San Francisco und Los Angeles, Grand Canyon und Yellowstone Park, Las Vegas und dem Wilden Westen. Grandiose Landschaften und Naturwunder, präkolumbische Relikte und Indianerkultur, wildromantische Küsten, glasklare Seen und Flüsse machen das Reisen auch abseits der üblichen Pfade zum Erlebnis.

21. Auflage 2017 · 836 Seiten · € 26,50

ISBN 978-3-89662-292-1

Grundmann, Synnatschke, Hundt

Kalifornien mit Las Vegas

Dieser Individual-Reiseführer konzentriert sich auf Süd- und Zentral-Kalifornien. Denn: Man muss für eine abwechslungsreiche Amerikareise nicht unbedingt durch alle Südweststaaten düsen. Allein der in diesem Buch intensiv behandelte Teil Kaliforniens zwischen San Francisco/Lake Tahoe/Reno und der mexikanischen Grenze liefert attraktive Routen und Ziele für mehrwöchige Touren.

2. Auflage 2016 · 644 Seiten · € 23,50

ISBN 978-3-89662-293-8

Berghahn, Thomas, Grundmann, Opel

Kanada Osten / USA Nordosten

Der grenzübergreifende Reiseführer für Reisen zwischen Atlantik und Großen Seen in beiden Ländern Nordamerikas. Dieses komplette Reisehandbuch beschreibt den Nordosten der USA und den Osten von Kanada als geographisch-historische Einheit und wendet sich an alle, die diese Region auf eigene Faust entdecken wollen.

Mit Beileger ‚New York City extra'.

10. Auflage 9/2016 · 800 Seiten · € 25,-

Alphabetisches Register – Index

Im Register finden sich alle Ortsnamen, Sehenswürdigkeiten und geografischen Bezeichnungen ebenso wie alle wichtigen Sachbegriffe. Egal, wonach man sucht, alles ist unterschiedslos alphabetisch eingeordnet, wobei heißt

NP = National Park **NM** = National Monument **SP** = State Park

Sie wollen lieber mit
leichtem Gepäck verreisen?
Kein Problem: Alle unsere Reiseführer gibt es auch
als E-Book – immer und überall.
15,99 €
Florida

Kartenverzeichnis

Regionenkarten

Atlantikküstenstreifen

Andere

Städte in Florida

Städte Nachbarstaaten

Sonstige

Nur im Bereich Daytona/New Smyrna Beach (Atlantikküste) dürfen in Florida – für $10 Flatrate – Autos auf den Strand